Biographie

# JACQUES PARIZEAU

## Tome III
# Le Régent
### 1985-1995

**Du même auteur**

**Jacques Parizeau, tome I, Le Croisé, (1930-1970)**, Québec Amérique, 2001.

**Jacques Parizeau, tome II, Le Baron, (1970-1985)**, Québec Amérique, 2002.

# Pierre Duchesne

# JACQUES PARIZEAU

## Tome III
# Le Régent
### 1985-1995

QUÉBEC AMÉRIQUE

**Données de catalogage avant publication (Canada)**

Duchesne, Pierre
Jacques Parizeau
(Biographie)
Comprend des réf. bibliogr. et des index.
Sommaire : t. 1. Le Croisé, 1930-1970 - t. 2. Le Baron, 1970-1985 - t. 3. Le Régent, 1985-1995.
ISBN 2-7644-0105-1 (v. 1)
ISBN 2-7644-0153-1 (v. 2)
ISBN 2-7644-0280-5 (v. 3)

1. Parizeau, Jacques, 1930-    . 2. Québec (Province) – Politique et gouvernement
– 1994-    . 3. Parti québécois - Histoire. 4. Québec (Province) – Histoire – Autonomie et
mouvements indépendantistes. 5. Premiers ministres – Québec (Province) – Biographies.
6. Hommes politiques – Québec (Province) – Biographies.
I. Titre. II. Collection : Biographie (Éditions Québec Amérique).

FC2926.1.P37D82 2001            971.4'04'092            C2001-940339-9

Nous reconnaissons l'aide financière du gouvernement
du Canada par l'entremise du Programme d'aide au
développement de l'industrie de l'édition (PADIÉ)
pour nos activités d'édition.

Gouvernement du Québec – Programme de crédit
d'impôt pour l'édition de livres – Gestion SODEC.

Les Éditions Québec Amérique bénéficient du
programme de subvention globale du Conseil des Arts
du Canada. Elles tiennent également à remercier la
SODEC pour son appui financier.

Collaboration spéciale du photographe Jacques Nadeau.

L'auteur remercie le Conseil des arts du Canada pour son soutien financier.

Québec Amérique
329, rue de la Commune Ouest, 3e étage
Montréal (Québec) Canada H2Y 2E1
Téléphone : (514) 499-3000, télécopieur : (514) 499-3010

Dépôt légal : 2e trimestre 2004
Bibliothèque nationale du Québec
Bibliothèque nationale du Canada

Révision linguistique : Danièle Marcoux
Mise en pages : André Vallée et Andréa Joseph [PAGEXPRESS]

*À Gabrielle, Félix et Rose,*
*mes enfants tant aimés,*
*porteurs d'espoirs et bâtisseurs du nouveau siècle.*

## NOTE DU BIOGRAPHE

L'idée d'entreprendre la biographie d'un personnage qui vit toujours est plutôt intrépide. Dans le cas de Jacques Parizeau, le défi est d'autant plus périlleux que sa présence et son influence sur le paysage politique continuent de se faire sentir. Malgré les risques que comporte cet exercice, l'entreprise recèle de nombreux avantages. D'abord, les événements qui doivent être racontés n'ont pas encore atteint la dimension mythique que certains souvenirs gagnent parfois avec le temps. Nous ne sommes pas encore très éloignés de l'action racontée et la majorité des acteurs sont encore là pour en témoigner. Le biographe a donc pu confronter Jacques Parizeau à certaines réalités et l'opposer à de nombreux témoignages. Sur une période de sept ans, le sujet d'étude a accordé plus de cent cinquante heures d'entrevues réparties sur soixante rencontres. Personne auparavant n'avait eu un tel accès à cet ancien premier ministre du Québec.

Le cadre dans lequel se déroulaient les discussions fut déterminé dès le départ : comme il s'agit d'une biographie non autorisée, Jacques Parizeau a collaboré à la réalisation de l'ouvrage par les nombreuses heures d'entrevues qu'il a accordées, mais il n'a exercé aucun contrôle sur le texte final. Il lui a été impossible de consulter le manuscrit avant la publication. Aucun privilège ne lui a été accordé. Il n'a lu l'ouvrage que lorsque le livre a été disponible en librairie. Par précaution, le biographe s'est assuré de choisir une maison d'édition qui n'entretient aucun lien avec Jacques Parizeau ou avec son entourage. Il en va de même pour l'employeur du biographe, Radio-Canada, qui n'a pas lu le manuscrit avant sa publication.

Afin de ne jamais être prisonnier de la version du sujet d'étude, le biographe a mené trois cents entrevues avec plus de cent soixante personnes. L'échantillonnage incluait des gens proches de Jacques Parizeau et d'autres plus critiques à son endroit. Toutes les entrevues ont été enregistrées, transcrites et classées.

Ce que l'auteur de cet ouvrage propose donc aux lecteurs, c'est la première biographie non autorisée de Jacques Parizeau. Il ne croit pas cependant que son livre constitue une biographie définitive. L'héritage économique et politique que ce personnage controversé a légué au Québec et au Canada sera peut-être évalué différemment avec le passage des années. L'auteur de cette biographie espère toutefois qu'elle deviendra un ouvrage de référence pour tous ceux et celles qui cherchent à mieux définir et comprendre le rôle que ce personnage authentique et unique a joué dans l'histoire du Québec.

# TABLE DES MATIÈRES

## Cinquième partie

## EN RÉSERVE DE LA RÉPUBLIQUE

## Sixième partie

## LE RETOUR DE L'INDÉPENDANTISTE

## Septième partie

## LA DERNIÈRE BATAILLE

# EN RÉSERVE
# DE LA RÉPUBLIQUE

CHAPITRE 1

# La mort d'un roi

« *Je succède à une légende, à celle du père fondateur,
à René Lévesque. Il faut que je me démarque clairement. Il y avait un bonhomme qui avait des intui-
tions absolument extraordinaires, une figure très
charismatique à tous égards, avec des fausses humilités
qui faisaient tout à fait Québécois un peu tapoché,
victime, un peu martyr. J'avais le choix de représenter
l'opposé de cela, le bourgeois sûr de lui et distant. Si
Lévesque avait été moi, j'aurais été Lévesque.* »

Jacques Parizeau[1]

En cette froide nuit d'automne, des sirènes hurlent dans les rues de
l'Île-des-Sœurs à Verdun. Leur inquiétante plainte sonore persiste
jusqu'au moment où une ambulance s'immobilise brusquement au pied
d'un immeuble à condominiums : le 30, rue Berlioz. Les ambulanciers
sortent du véhicule et se dirigent rapidement vers l'intérieur de l'édifice.
Leur course les mène, haletants, au huitième étage, où ils s'engouffrent
dans un appartement dont la porte est grande ouverte. Une femme en
larmes les dirige vers le corps d'un homme gisant au sol. Trop occupés à
réanimer l'homme d'une soixantaine d'années qui demeure inconscient,
les techniciens d'Urgences-Santé ne réalisent pas encore qu'ils essaient de
ramener à la vie un porteur de rêve, l'incarnation la plus vive du nationalisme québécois des vingt-cinq dernières années.

---

1. Entrevue avec Jacques Parizeau, le 7 décembre 2000.

17

C'est dans l'anonymat le plus complet que le corps du patient est transporté jusqu'à l'Hôpital Général de Montréal. Vers 21 h 45, quand l'ambulance fait son entrée à l'urgence, des curieux aperçoivent une femme éplorée accrochée à la civière de son mari. Après d'innombrables tentatives de réanimation, le personnel médical constate que cet illustre patient n'ouvrira plus jamais les yeux. René Lévesque est déclaré mort à 22 h 45… Les sirènes ne hurleront plus pour lui. Dans quelques heures et pour plusieurs jours, c'est un autre type de gémissement qui se fera entendre à la grandeur du territoire québécois. L'affliction profonde, la peine de toute une nation vont s'exprimer avec une touchante sincérité.

## Les vigiles du chef

Ce soir-là, vers 21 h 30, une incroyable rumeur commence déjà à courir dans certains milieux : «René Lévesque, le chef des souverainistes, serait mort!» La voix manque à plusieurs pour commenter la nouvelle, tant elle chavire ceux qui en sont informés. Peu à peu, des journalistes se massent devant l'entrée de l'Hôpital Général de Montréal. C'est rapidement la cohue.

De sa maison, rue Robert à Outremont, Jacques Parizeau est alerté par un bulletin spécial diffusé à la télévision. On annonce que René Lévesque vient d'être hospitalisé d'urgence. On ne précise pas quel est l'état de santé de l'ex-premier ministre du Québec, mais on sait qu'il a été admis à l'Hôpital Général de Montréal. L'ancien ministre des Finances qui, depuis sa démission en 1984, est redevenu professeur d'université aux HÉC, s'inquiète pour son vieux compagnon d'armes. Il ne tient pas en place. Il fait les cent pas, puis il se décide à appeler son ami Yves Michaud[2].

Au même moment, ce dernier s'apprête à se rendre au chevet de René Lévesque, mais il est retenu par la sonnerie du téléphone. Il répond et réalise qu'à l'autre bout du fil, Jacques Parizeau, consterné et inquiet, exprime un besoin criant : «Il faudrait être là!», répète-t-il. Comme Yves Michaud sait bien que son interlocuteur ne conduit pas d'auto, il lui offre alors d'aller le chercher avant de se rendre à l'hôpital. Jacques Parizeau, qui n'attendait que cette offre, s'empresse d'accepter.

---

2. L'épisode suivant provient des témoignages d'Yves Michaud, entrevue du 21 février 2000, et de Jacques Parizeau, entrevue du 28 juin 2000.

Quelques minutes plus tard, ils arrivent à l'hôpital. Des journalistes se précipitent vers eux. Pour les éviter, les deux hommes empruntent rapidement un couloir interdit aux médias. Certains ont tout de même le temps d'apercevoir « le visage défait » de Jacques Parizeau. Le personnel de l'hôpital les place dans un endroit isolé, à une bonne distance de la chambre où se trouve René Lévesque. De tous les compagnons de lutte que René Lévesque a connus, seuls Jacques Parizeau et Yves Michaud se trouvent alors à l'hôpital. Ils deviennent les vigiles de celui qu'ils considèrent toujours comme leur chef. Pendant deux heures, dans un grand corridor blanc, ils veilleront à distance la dépouille de l'homme qu'ils ont connu et aimé. Au loin, Jacques Parizeau aperçoit Corinne Côté-Lévesque qui elle, aveuglée par la douleur, ne voit personne d'autre que son mari[3]. « Nous sommes tous les deux, Michaud et moi, sur un banc, raconte Jacques Parizeau. Nous sommes restés là un bout de temps pour voir si on pouvait faire quelque chose pour Corinne... Enfin, si on pouvait être utiles...[4] » Yves Michaud se souvient d'une attente marquée par « davantage de silence que de paroles. » Puis, des pas viennent soudainement briser cette torpeur. Les deux hommes lèvent la tête et voient un médecin s'approcher. Il leur apporte la nouvelle tant redoutée : René Lévesque, « le patron », est décédé. Les deux hommes sont atterrés. « Jacques Parizeau s'effondre », se souvient Yves Michaud. « Et puis là, nous sommes repartis », raconte simplement Jacques Parizeau. Il préfère ne pas s'étendre sur un souvenir qui, manifestement, est trop pénible pour lui.

Sur le chemin du retour, Jacques Parizeau semble perdu dans ses souvenirs. Il revoit ce jeune journaliste, cigarette aux lèvres, à qui il accordait une entrevue en janvier 1958. René Lévesque animait alors l'émission *Point de mire* à la télévision de Radio-Canada. Lui, Parizeau, n'avait que 27 ans et il en était à bâtir sa réputation de grand professeur d'économie doté d'un prestigieux doctorat londonien. Deux ans plus tard, un formidable vent de réformes allait les propulser au cœur de l'action. Ils allaient devenir des révolutionnaires tranquilles. D'abord complices dans le dossier de la sidérurgie, le ministre Lévesque et le conseiller Parizeau ne s'arrêteraient pas là. Leur discrète mais solide alliance au moment de la nationalisation

---

3. Elle ne sera informée de la visite d'Yves Michaud et de Jacques Parizeau que le lendemain. Entrevue avec Corinne Côté-Lévesque, le 2 octobre 2000.
4. Entrevue avec Jacques Parizeau, le 28 juin 2000.

de l'hydroélectricité allait démontrer de façon éclatante la redoutable efficacité de ce nouveau duo.

Tout au long de cette période agitée, les deux hommes allaient effectivement agir comme de véritables catalyseurs d'énergie. Le 15 septembre 1967, alors que René Lévesque signait un manifeste de souveraineté-association, Jacques Parizeau remettait sa lettre de démission à titre de conseiller du premier ministre Daniel Johnson. Un mois plus tard, au cours de la même fin de semaine, René Lévesque à Québec et Jacques Parizeau à Banff, ces deux géants liés par un destin commun, en arrivaient à la conclusion que le Canada n'était plus un pays viable pour les Québécois. Le 19 septembre 1969, sous les ordres de René Lévesque, Jacques Parizeau s'engageait dans ce qui allait devenir le combat de toute une vie : faire du Québec un pays souverain. L'équipe qu'il formerait avec lui à la tête du Parti québécois allait à son tour donner des résultats époustouflants : « Lévesque essaie de donner une âme au Québec, déclarait Jacques Parizeau en 1971, moi, je tente de lui donner une économie. Lui s'occupe du cœur, moi de l'estomac[5]. » Ensemble, ils allaient vivre la crise d'Octobre et fonder un journal souverainiste, *Le Jour*, en collaboration avec Yves Michaud. Comme de fidèles compagnons de guerre, c'est d'abord dans l'épreuve qu'ils allaient apprendre à se connaître, en subissant côte à côte les défaites électorales de 1970 et de 1973. Puis, ils commenceraient à se disputer sérieusement sur la façon d'accéder à l'indépendance du Québec. René Lévesque souhaiterait aller au rythme de la population, en privilégiant une démarche « étapiste », alors que Jacques Parizeau préférerait offrir aux Québécois une alternative claire, la souveraineté, et les pousser par l'action politique à s'engager dans cette voie.

Ainsi, dès l'arrivée au pouvoir du Parti québécois en novembre 1976, Jacques Parizeau, devenu ministre des Finances, allait contester constamment la stratégie souverainiste prônée par son chef, mais sans jamais lui être déloyal pour autant. En 1984, lorsque René Lévesque choisirait « le beau risque », qui consiste à donner une autre chance au fédéralisme et, par conséquent, à remiser l'option souverainiste pour un temps, Jacques Parizeau ne pourrait plus suivre son « patron ». Il démissionnerait avec fracas et quitterait le parti. Moins d'un an plus tard, René Lévesque

---

5. Citation de Jacques Parizeau tirée d'un article de Réjean Tremblay, « Si René Lévesque veut donner une âme au Québec, Parizeau s'acharne sur l'économie », *Progrès-Dimanche*, le 31 janvier 1971.

abandonnerait à son tour son siège de premier ministre. Les frères d'armes d'autrefois ne se reparleraient plus. C'est la mort de René Lévesque, en cette froide nuit d'automne qui viendrait mettre un terme à une relation complexe, mais terriblement étroite, entre les deux hommes.

Des années plus tard, Jacques Parizeau expliquera sa présence à l'Hôpital Général de Montréal ce soir-là, de la façon suivante : « Un réflexe de vieux *chum*. J'ai un très grand respect pour lui, mais aussi beaucoup d'affection. Vous savez… cela m'arrive quelquefois dans ma vie d'être émotionnel. Et ce moment en fut un...[6] »

Deux jours après le décès de son vieux *chum*, Jacques Parizeau écrit un texte en hommage au disparu : « René Lévesque aura été le grand révélateur des dernières trente années. Il aura été à la fois l'étendard, et, à bien des égards, l'âme de cet éveil du Québécois à sa propre valeur. » Par ce geste, Jacques Parizeau veut contribuer à préserver, dans l'imaginaire québécois, un bon souvenir de René Lévesque : « C'est un beau cas, dit-il, la façon dont le souvenir de Lévesque est revenu brutalement quelques années en arrière, en gommant l'époque récente... C'est remarquable, insiste-t-il, au point où, pendant des années, je ne voulais pas bouleverser le souvenir de Lévesque chez les gens. C'était devenu un beau souvenir collectif[7]. » Jacques Parizeau préfère ainsi garder le souvenir du Lévesque combatif et audacieux, père de la nationalisation de l'électricité et fondateur du Parti québécois, plutôt que l'image ambiguë du porte-parole du « beau risque » accolée aux dernières années de sa carrière politique. Alice Parizeau écrit elle aussi un texte qui rend un hommage bien senti à René Lévesque. Toutefois, elle n'hésite pas à souligner l'une des faiblesses de l'homme politique : « Comme eux [les Québécois], il était capable de grandes choses et incapable de se faire confiance[8]. »

## Une réconciliation qui n'a jamais eu lieu

Plusieurs mois avant la mort de René Lévesque, Yves Michaud soupe avec lui dans un restaurant du Vieux-Montréal[9]. Corinne Côté-Lévesque

---

6. Entrevues avec Jacques Parizeau, le 15 novembre 1999 et le 17 octobre 2002.
7. Entrevue avec Jacques Parizeau, le 28 juin 2000.
8. Alice Parizeau, « Un homme très seul », publié dans *La Presse*, le 6 novembre 1987.
9. L'épisode qui suit provient des souvenirs d'Yves Michaud, entrevue de novembre 1995.

*Malgré une mauvaise grippe, René Lévesque assiste à l'assemblée
de nomination de Jacques Parizeau dans le comté de l'Assomption,
le 7 mars 1976.
Archives de Jacques Parizeau, ANQ, Montréal.*

participe elle aussi au repas. Tout en discutant de la situation politique, Yves Michaud finit par poser une question claire et précise à son ami : « René, qui serait le meilleur pour te remplacer ? » Étant donné que Pierre Marc Johnson préside alors les destinées du Parti québécois, la question laisse sous-entendre qu'un autre chef devrait plutôt le diriger. René Lévesque préfère ne pas s'avancer sur ce terrain… Yves Michaud insiste et répète sa question : « Allez, allez René ! Qui ? » Après avoir fait la moue, il répond sèchement, sans donner d'explications : « Mouais… Je pense que… Je pense que c'est Parizeau[10] ! » Yves Michaud lui rappelle alors que Parizeau a pourtant quitté le parti après le virage du « beau risque », qu'il a démissionné et que, depuis, il existe un froid entre eux. Michaud, qui est un ami intime de Parizeau, veut aller plus loin. Il demande à René Lévesque si ce dernier l'autorise à aller raconter ça à Parizeau : « Et là,

---

10. Propos attribués à René Lévesque et rapportés par Yves Michaud lors d'entrevues menées en novembre 1995 et le 21 février 2000. Confirmé par Corinne Côté-Lévesque, le 2 octobre 2000.

René me dit, oui, oui tu peux lui dire.» Conscient de l'effet que cet aveu risque d'avoir sur Jacques Parizeau, Yves Michaud termine son repas et, le soir même, il se rend chez l'ancien ministre des Finances. Accueilli par un Jacques Parizeau attentif, Yves Michaud va droit au but : «Jacques, j'ai une nouvelle importante à t'annoncer.» Parizeau reste muet. «Je viens de voir René… Il m'a dit que pour diriger le PQ, il croyait que tu étais le meilleur.» Dans son style fort imagé, Yves Michaud raconte que le professeur des HÉC reçoit la nouvelle avec grand plaisir, comme s'il venait de «manger plusieurs canaris».

Jacques Parizeau confiera plus tard qu'il y voit l'influence de Corinne Côté-Lévesque, avec qui il a établi et maintenu de bonnes relations. Puis, il ajoute : «On ne peut pas rester insensible à une déclaration semblable de la part d'une personne que l'on admire tant.» Très mal à l'aise, il poursuit : «Là, là, vous entrez dans les états d'âme… et vous savez, je ne suis pas bon dans ce genre de choses[11]!» L'aveu est suivi d'un rire nerveux. Jacques Parizeau n'en dira pas davantage.

Au cours de la dernière année de vie de René Lévesque, Jacques Parizeau a pourtant eu l'occasion de revoir son ancien patron à deux reprises. À chaque fois, ces deux rencontres ont été rendues possibles par l'entremise de Bernard Landry. La première a lieu le 6 avril 1987, lors du lancement du livre de Bernard Landry intitulé *Commerce sans frontières – Le sens du libre-échange*. Après le lancement, qui réunit une bonne partie du gratin montréalais, Bernard Landry, alors professeur à l'Université du Québec à Montréal, invite certaines personnes à prolonger l'événement à sa résidence d'Outremont. Jacques Parizeau, qui a rédigé la préface de l'ouvrage, répond à l'invitation tout comme René Lévesque.

Pendant la soirée, Lévesque et Parizeau se retrouvent assis l'un près de l'autre. Une seule personne les sépare, Monique Michaud, l'épouse d'Yves Michaud. De loin, Bernard Landry observe la scène. Il sent bien que «le ton, l'atmosphère, est à la réconciliation[12].» Monique Michaud, quant à elle, entend René Lévesque aborder Jacques Parizeau et lui proposer qu'ils se rencontrent dans un avenir rapproché. Surpris et gêné, Jacques Parizeau acquiesce. Si Monique Michaud a l'impression de participer à un moment déterminant, de son côté, Jacques Parizeau n'y voit rien de majeur : «Il

11. Entrevue avec Jacques Parizeau, le 21 juin 2000.
12. Entrevue avec Bernard Landry, le 12 juin 2000.

n'y a pas de geste précis [de la part de René Lévesque], croit-il. On devisait gentiment en évitant d'aborder quoi que ce soit de contentieux[13]. » Pour sa part, Corinne Côté-Lévesque y voit plus qu'un geste de courtoisie : « Connaissant René, je dirais plutôt que c'est un gros geste[14]. »

La deuxième rencontre a lieu en présence du politicien français Michel Rocard, qui deviendra premier ministre de la République en 1988. Parmi la quinzaine d'invités de Bernard Landry, on compte René Lévesque et son épouse Corinne Côté-Lévesque. Pendant quelques minutes, Jacques Parizeau tient « une conversation politique avec Lévesque. Mais Rocard, amateur de Jacques Perret fait dévier la discussion sur cet écrivain[15]. » L'ancien ministre des Finances a bien senti cependant que René Lévesque n'a pas voulu, par ses propos, gêner Pierre Marc Johnson, son successeur à la tête du Parti québécois. Le jeune leader dirige alors un parti en pleine déroute. Sans grand succès, il tente de rallier les troupes péquistes autour d'un concept flou, celui de « l'affirmation nationale ». Jacques Parizeau a l'impression que les agissements de Pierre Marc Johnson « ne plaisent pas beaucoup à Lévesque[16]. » Ces réticences sont la preuve, selon Parizeau, que le père fondateur a toujours la foi : « Faut lui donner ça à Lévesque, explique Jacques Parizeau. En dépit du moment de faiblesse qu'il a pu avoir [avec le beau risque], Lévesque est un souverainiste[17]. »

À la fin de la soirée chez Bernard Landry, en sortant, Corinne Côté-Lévesque déclare tout à coup : « S'il y a quelqu'un qui fait la souveraineté du Québec un jour, ce sera Parizeau[18] ! » Cette simple phrase, prononcée par l'épouse du « patron », est une douce musique aux oreilles de Jacques Parizeau. Des années plus tard, Corinne Côté-Lévesque justifie ainsi son affirmation : « René savait que Parizeau viendrait un jour à prendre la relève et qu'au fond, c'était lui qui était le mieux outillé pour le faire[19]. » Aujourd'hui encore, elle reste convaincue que son mari n'en a pas voulu

13. Entrevue avec Jacques Parizeau, le 21 juin 2000.
14. Entrevue avec Corinne Côté-Lévesque, le 2 octobre 2000.
15. Entrevue avec Jacques Parizeau, le 21 juin 2000.
16. *Idem.*
17. Entrevue avec Jacques Parizeau, le 21 juin 2000.
18. Entrevues avec Jacques Parizeau, le 15 novembre 1999 et le 21 juin 2000. Propos confirmés par Corinne Côté-Lévesque.
19. Entrevue avec Corinne Côté-Lévesque, le 2 octobre 2000. L'ex-ministre Marc-André Bédard confirme cette impression.

à Jacques Parizeau quand il a démissionné en 1984 : «Il le connaissait. Il savait que c'était un excessif. Ça ne l'a pas terriblement étonné et je pense qu'il l'a compris. Et c'est ce qui est phénoménal entre ces deux hommes-là, raconte-t-elle. Malgré leurs divergences, ils ont toujours respecté leurs intellects[20].» Par contre, René Lévesque s'est toujours méfié de la fougue et de la fermeté de son compagnon d'armes, craignant ses emportements. «Il faut quelqu'un pour le surveiller[21]», a-t-il souvent répété.

Ce soir-là, en rentrant chez lui, Jacques Parizeau est touché par ce qu'il vient d'entendre. Les jours suivants, Jean Royer, son ancien conseiller, essaie de lui tirer les vers du nez, en commentant la réception tenue chez Bernard Landry : «Vous avez vu monsieur Lévesque? lui demande-t-il. Y a t-il des choses que je devrais savoir[22]?» Jacques Parizeau ne lui dit rien de précis, mais il semble heureux de sa soirée. Il lui parle, de façon très générale, d'une amélioration sensible de ses rapports avec René Lévesque. «Il m'avait exprimé ça, se souvient Jean Royer. Une forme de soulagement, une normalisation des rapports entre des gens qui ont travaillé des années, qui ont été à la guerre ensemble. La pire des choses que Parizeau craignait, c'est que Lévesque ait l'impression qu'il avait voulu sa *job*.»

Dans les mois qui précèdent la mort de René Lévesque, Jacques Parizeau n'aura pas d'autres occasions de reparler avec son chef. Comme il ne peut s'en tenir qu'aux paroles de Corinne Côté-Lévesque et à certains messages qui lui ont été communiqués par l'entourage de René Lévesque, il hésite donc à parler de réconciliation. Le temps leur a manqué pour qu'ils puissent se raccommoder.

Un mois avant son décès, à l'occasion d'un repas, René Lévesque rencontre Éric Gourdeau, un ami fidèle. Alors que celui-ci lui annonce son intention de se présenter sous la bannière du NPD lors de la prochaine élection fédérale, l'ancien premier ministre prend son interlocuteur de court quand il lui demande, à brûle-pourpoint, s'il croit que Parizeau va devenir chef du Parti québécois[23]. Éric Gourdeau en est fort surpris, puisque Pierre Marc Johnson n'a encore nullement démontré une

---

20. Entrevue avec Corinne Côté-Lévesque, le 2 octobre 2000.
21. Propos attribués à René Lévesque et rapportés par Corinne Côté-Lévesque. Entrevue du 2 octobre 2000.
22. Entrevue avec Jean Royer, le 3 mai 2000.
23. Entrevue avec Éric Gourdeau, le 15 mars 2000.

quelconque volonté de quitter la direction du parti. «L'impression qu'il m'a donnée, déclare Éric Gourdeau, c'est qu'il n'était pas revanchard à l'endroit de Parizeau, parce qu'il l'avait laissé[24].» La question de René Lévesque le porte même à croire que ce dernier verrait d'un bon œil l'arrivée de Jacques Parizeau aux commandes du parti.

Un autre proche de René Lévesque, Jacques Joli-Cœur[25], soutient pour sa part qu'il n'a «jamais entendu rien de méchant et de mesquin de la part de monsieur Lévesque sur Parizeau. Sur son jugement, la prévisibilité de son jugement, mes oreilles ont déjà entendu quelques petits commentaires. Au plus, Lévesque pouvait rappeler [ironiquement] que *Monsieur* puisse se tromper de micro, mais ce sont les choses les plus méchantes que mes oreilles aient entendues et encore, cela n'était jamais pour le décrier[26].» Sur la période du «beau risque», René Lévesque ne s'est pas beaucoup étendu mais, selon Jacques Joli-Cœur, la démission de Jacques Parizeau était «une fissure acceptée.» L'ancien chef du protocole de René Lévesque affirme ainsi qu'il a senti chez lui, «à la suite du départ "des fidèles", une acceptation, une compréhension.» Mais y a-t-il eu réconciliation? «Non, mais est-ce qu'il devait y en avoir? réplique-t-il. En politique, on sert, et lorsqu'on n'est plus d'accord, on démissionne. Et ce n'est pas personnel, c'est sur des questions de principes.» Jacques Joli-Cœur tient finalement à ajouter que «René Lévesque n'a jamais été gêné par la grandeur de Parizeau, sa grandeur intellectuelle et son ascendance bourgeoise.»

## La mort, éveilleuse de nostalgie

Le dimanche premier novembre 1987, quand Jacques Parizeau rentre chez lui après avoir veillé à distance la dépouille de René Lévesque à l'Hôpital Général de Montréal, Alice échange brièvement avec lui, puis lui tend un bout de papier où elle a noté le numéro de téléphone de Jean Royer, qui a tenté de le joindre plus tôt en soirée. Depuis plus d'un an, ce

---

24. Entrevue avec Éric Gourdeau, le 15 mars 2000.
25. Jacques Joli-Cœur fut chef du protocole sous le gouvernement de René Lévesque de 1979 à 1984, puis sous celui du premier ministre Jacques Parizeau, de 1994 à 1995. Il est un proche des deux hommes.
26. Entrevue avec Jacques Joli-Cœur, le 28 juin 2001.

*Le 1ᵉʳ novembre 1987, René Lévesque meurt…*
*Photo : Bernard Bohn [couverture du livre*
*Attendez que je me rappelle…]*

fidèle de Jacques Parizeau travaille activement à préparer un éventuel retour de son ancien patron dans l'arène politique. Par expérience, il sait que le décès de René Lévesque risque d'accélérer les choses, mais ce n'est pas la raison de son appel ce soir-là. Par souci professionnel, il tient simplement à s'assurer que Jacques Parizeau sait que René Lévesque vient de mourir : «Il me semblait que j'avais la responsabilité de m'assurer qu'il était au fait de la mort de René Lévesque. Je le lui ai demandé et *Monsieur* m'a dit que oui, ce qui a mis fin à notre conversation[27].»

Les jours qui précèdent et qui suivent la mort de René Lévesque sont d'une grande intensité dramatique. Quarante-huit heures avant le décès de ce dernier, Gérald Godin, le député poète du Parti québécois, fait une violente sortie contre son chef Pierre Marc Johnson et souhaite le retour de Jacques Parizeau à la barre du navire péquiste. Cette déclaration s'ajoute aux sorties de plus en plus véhémentes de plusieurs personnalités associées au mouvement nationaliste, qui ne cessent de critiquer le leadership de Pierre Marc Johnson. Le jour même de la déclaration de Gérald Godin, René Lévesque commente brièvement sur les ondes de CKAC à Montréal

---

27. Entrevue avec Jean Royer, le 3 mai 2000.

la sortie explosive du député, en banalisant ses propos. Il ne condamne pas le député rebelle… Ce seront les dernières paroles publiques de René Lévesque.

Sa mort plonge le Québec dans un deuil profond et soulève une vague de tristesse et de remords parmi un bon nombre de Québécois. Certains regrettent de ne pas avoir donné à cette figure mythique le pays dont il rêvait. D'autres s'inquiètent de l'avenir du Parti québécois, qui leur semble soudainement devenu orphelin. L'onde de choc provoquée par la mort de René Lévesque ramène à la surface de l'actualité des souvenirs plus lointains que récents. On se souvient notamment du souverainiste plutôt que de « l'étapiste ». Sa disparition a aussi pour conséquence de confiner Pierre Marc Johnson, son successeur, à la marginalité. Ce dernier semble dépassé, relégué dans l'ombre du défunt dont la stature prend maintenant des proportions gigantesques. Pour Jacques Parizeau, l'effet est contraire. Celui que l'on associe au passé de René Lévesque acquiert de la crédibilité publique. Malgré les différences qui distinguent les deux hommes, l'opinion publique considère que l'on retrouve du Lévesque dans Parizeau, ne serait-ce que par les batailles décisives qu'ils ont menées ensemble.

Avec la mort de René Lévesque, le Québec va vivre un drame où se multiplient les intrigues. La situation politique prendra bientôt des allures de révolution de palais. À peine cinq jours après les funérailles du roi, Pierre Marc Johnson démissionnera de son poste de chef du Parti québécois, laissant la voie libre à Jacques Parizeau. Comment Pierre Marc Johnson qui, jusque-là, demeurait encore fort populaire dans les sondages en arrive-t-il à prendre une telle décision? Pour mieux comprendre sa descente aux enfers et la lente ascension de Jacques Parizeau, il faut retourner deux ans en arrière.

# Le poseur de mines

*« On se retrouve avec un parti politique qui, pendant seize ans, a fonctionné sur deux pattes – la souveraineté du Québec et la social-démocratie – et qui abandonne ses deux pattes. Avec Pierre Marc Johnson, le PQ est devenu cul-de-jatte, ça court moins vite ! »*

Jacques Parizeau[1]

*« C'est facile de parler des culs-de-jatte quand on se promène avec une scie mécanique pour scier les genoux du monde ! »*

Pierre Marc Johnson[2]

À l'hiver 1984-85, malgré sa santé précaire et un parti affaibli par les divisions idéologiques, René Lévesque gouverne le Québec. Peu de temps après que le numéro de janvier de la revue *L'actualité* ait prématurément désigné Pierre Marc Johnson comme l'héritier du premier ministre, René Lévesque surprend son ambitieux collègue en discrète séance de travail avec une cinquantaine de personnes, des élus péquistes pour la plupart, afin de préparer sa candidature à la direction du Parti québécois.

---

1. Michel David, « Jacques Parizeau secoue le PQ – " Au royaume de culs-de-jatte… " », *Le Soleil*, le 1er octobre 1987.
2. Presse Canadienne, « Les " éructations politiques " de Parizeau hérissent Johnson », *La Presse*, le 2 octobre 1987.

La scène se déroule dans une salle du restaurant Continental de Québec en février 1985, où le premier ministre Lévesque et son épouse se trouvent par hasard pour souper. « C'était dur à voir[3] », confie Corinne Côté-Lévesque. Le couple réalise alors inopinément que la course à la succession est belle et bien entamée et que Pierre Marc Johnson s'y prépare avec ardeur. Après avoir aperçu le ministre Johnson et ses nombreux compères sortir de la salle, René Lévesque et son épouse perdent soudainement l'appétit et décident eux aussi de quitter le restaurant.

Pendant ce même mois de février, Jacques Parizeau, qui a abandonné le gouvernement Lévesque et le Parti québécois en novembre 1984, participe lui aussi à une rencontre plutôt discrète au Club de tennis de Repentigny. Une trentaine d'anciens organisateurs du Parti québécois des régions de Laurentides-Lanaudière sont présents[4]. Denise Lauzon, la présidente régionale démissionnaire, a organisé la réunion avec Lise Vallée-Bernier, ex-présidente de l'ancien comté de Jacques Parizeau, celui de l'Assomption. Dégoûtés par le « beau risque », tous ces péquistes discutent de l'avenir du mouvement souverainiste. Pierre de Bellefeuille, nouveau député indépendant qui a déserté le parti de René Lévesque, intervient à plusieurs reprises. Pour cet intellectuel, il n'y a pas de doute possible : un nouveau parti indépendantiste doit être créé. Des organisateurs enchaînent et abondent dans le même sens. Tous remarquent que Jacques Parizeau demeure muet. La discussion se poursuit tandis que le personnage le plus prestigieux de l'assemblée, l'ancien ministre de René Lévesque, se confine dans le silence.

Exaspérée, Denise Lauzon insiste finalement auprès de Jacques Parizeau pour qu'il dise quelques mots. Le croisé résiste, mais celle-ci le presse de s'exprimer : « Monsieur Parizeau, vous allez nous parler. Vous ne sortez pas d'ici si vous ne parlez pas. Je vous en prie[5] ! » Embêté, Parizeau se résigne enfin à donner son point de vue. Les militants le fixent du regard et boivent littéralement les paroles du leader indépendantiste. Sur le ton de la confidence, après une longue pause, Jacques Parizeau se décide à présenter sa vision du nouveau jeu politique qui se dessine. Il recule dans le

---

3. Entrevue avec Corinne Côté-Lévesque, le 2 octobre 2000.
4. Mario Fauteux, futur organisateur de Daniel Paillé dans le comté de Prévost, participe à la rencontre. Entrevue du 8 août 2002.
5. Propos attribués à Denise Lauzon et rapportés par Mario Fauteux. Entrevue du 8 août 2002.

temps et explique comment s'érigent les fondations d'un nouveau parti : « Avec Lévesque, nous étions une quarantaine, dit-il. Ce fut long et pénible[6]. » Il décortique alors les différentes étapes ayant permis à une organisation marginale de se déployer et de former, neuf ans plus tard, un gouvernement. Il insiste sur les multiples efforts et sacrifices qui ont été nécessaires à une telle maturation. Se tournant vers Pierre de Bellefeuille, il termine en disant : « Monsieur de Bellefeuille, vous voulez fonder un nouveau parti politique ? Soit ! Donnez-moi 5 000 organisateurs au Québec, puis on va faire tout un parti, mais attention : il nous faut 5 000 poteaux solides[7] ! » À la fin de cette intervention, les militants, qui l'écoutaient religieusement, déduisent de ses propos que Jacques Parizeau est toujours intéressé par la politique active. « Et ce qu'il veut vraiment, raconte l'un des militants présents, c'est qu'on puisse lui démontrer qu'on est capables de s'organiser et surtout de se rassembler. Jacques Parizeau repousse l'aventurisme. Il faut se structurer et se solidifier[8]. »

En mars de la même année, Jacques Parizeau continue d'observer les agissements des militants indépendantistes à distance. Il assiste au congrès de fondation du Rassemblement démocratique pour l'indépendance, le RDI. Trois anciens ministres du gouvernement Lévesque, Camille Laurin, Denise Leblanc-Bantey et Gilbert Paquette, sont les moteurs du mouvement. Jacques Parizeau ne participe pas aux débats. Il écoute les délibérations qui n'en finissent plus. L'assemblée s'enraye sur des questions de procédure. Des heures de discussion sont nécessaires uniquement pour arracher un consensus sur les statuts et règlements de la future organisation. Des militants aperçoivent alors Jacques Parizeau quitter les lieux. « On s'est regardé, raconte l'organisateur Mario Fauteux, puis on s'est dit : " Bon, bien, il vient de comprendre que les 5 000 poteaux, ça sera pas *icitte* "[9] ! » À partir de cet instant, Jacques Parizeau refusera de prendre la direction de cette nouvelle formation, d'en diriger la campagne de financement et s'opposera à l'idée de transformer ce mouvement en parti politique. Il va plutôt porter son regard vers le Parti québécois.

---

6. Propos attribués à Jacques Parizeau et rapportés par Mario Fauteux. Entrevue du 8 août 2002.
7. *Idem.*
8. Entrevue avec Mario Fauteux, le 8 août 2002.
9. *Idem.*

De retour à l'École des Hautes Études Commerciales à Montréal, il accorde beaucoup de temps à ses étudiants, tout en donnant des conférences devant plusieurs organismes, dont les chambres de commerce. À quelques reprises, il n'hésite pas à critiquer publiquement certaines politiques gouvernementales.

## Le changement de régime

Le 20 juin 1985, René Lévesque démissionne de la présidence du Parti québécois. Il demeure toutefois premier ministre jusqu'à ce que le nouveau chef soit choisi. Vingt-cinq ans après s'être engagé sous Jean Lesage, le charismatique petit homme n'a plus l'entrain d'autrefois. Depuis la crise du « beau risque » et le départ des ministres « orthodoxes » sept mois plus tôt, sa position au Conseil des ministres s'est fragilisée. Éric Gourdeau, conseiller du premier ministre sur les questions autochtones et ami de René Lévesque, reçoit des messages non équivoques de certains ministres. « Dis-lui donc à Lévesque de partir! Qu'il s'en aille[10] », insiste Clément Richard. Jean-François Bertrand lui tient des propos semblables. Le 13 mai, sur les ondes de CJMS, Bernard Landry déclare que « Lévesque n'est peut-être plus l'homme de la situation[11]. » À la même époque, des proches de Pierre Marc Johnson, en véritables organisateurs politiques, bourdonnent autour des journalistes et laissent courir le bruit que leur ministre est le dauphin désigné par René Lévesque. Des années plus tard, Jacques Rochefort, ex-ministre et ami de Pierre Marc Johnson, clarifie les choses : « René Lévesque n'a jamais considéré Pierre Marc Johnson comme son dauphin. Il ne l'a jamais traité de cette façon. Johnson n'est pas dans les intimes de Lévesque[12]. »

La course à la direction du parti se tient à l'été 1985. Pour la première fois, le nouveau chef sera élu au scrutin secret par l'ensemble des membres du Parti québécois. Le 29 septembre, Pierre Marc Johnson remporte la course avec une confortable majorité. Pauline Marois se classe deuxième,

---

10. Propos attribués à Clément Richard et rapportés par Éric Gourdeau. Entrevue du 15 mars 2000.
11. Le lendemain, le jeune ministre subit les foudres de René Lévesque qui l'exclut de la délégation gouvernementale qui accompagne le premier ministre en Europe.
12. Entrevue avec Jacques Rochefort, le 27 mars 2001.

devançant de peu Jean Garon. Le soir même de l'élection, Jean Garon[13], l'air bougonneux, affirme qu'il ne suivra pas aveuglément le nouveau chef. « Le lendemain, Pierre Marc nous fait venir l'un et l'autre à son bureau[14] », témoigne Pauline Marois. Il met en garde les deux anciens rivaux, en leur disant qu'il « n'est pas question de faire entrer le loup dans la bergerie. » Le nouveau chef laisse ainsi entendre qu'il ne tolérera pas de sourde contestation de son leadership. Pauline Marois est furieuse : « Par ses propos, il m'associait à Jean Garon ! Pierre Marc a été très peu généreux pour ses adversaires, souligne-t-elle. À mon point de vue, quand on est élu et que l'on gagne avec 57 % des voix, on se doit d'être généreux. Il me semble que tu vas chercher ton monde », afin de se faire rassembleur, suggère-t-elle.

Le 3 octobre, jour de la prestation de serment de Pierre Marc Johnson comme premier ministre du Québec, l'entourage de René Lévesque réalise brutalement qu'un nouveau régime est en train de s'installer au *bunker*. Ce matin-là, au moment où Pierre Marc Johnson rencontre le lieutenant-gouverneur, Lyne-Sylvie Perron, l'attachée de presse de René Lévesque, se rend à son bureau. À sa grande surprise, une personne y est assise et tous ses dossiers et ses effets personnels sont déjà dans des boîtes. L'équipe de René Lévesque est évincée *manu militari* le jour même de la prestation de serment. Lyne-Sylvie Perron en garde un souvenir amer : « Ce fut pire que quand les libéraux arrivèrent au pouvoir en décembre[15] », déclare-t-elle avec dépit.

Bien des membres de l'ancien gouvernement de René Lévesque, dont Marcel Léger, vont reprocher à Pierre Marc Johnson de n'avoir qu'une « seule idée en tête : donner l'image du renouveau et écarter tout ce qui [peut] rappeler la période de René Lévesque[16]. » Pour le nouveau premier ministre, cela va de soi. Pierre Marc Johnson est convaincu que la souveraineté incarnée par René Lévesque « correspond au modèle colonial

---

13. Pierre Marc Johnson récolte 57 % des suffrages, devant Pauline Marois (19 %), Jean Garon (16 %), Guy Bertrand (3 %), Francine Lalonde (1,4 %) et Luc Gagnon (1 %). Le candidat Bernard Landry avait déjà abandonné la course, déçu par le peu d'appuis qu'il récoltait.
14. Entrevue avec Pauline Marois, le 21 janvier 2002.
15. Lyne-Sylvie Perron, entrevue téléphonique du 2002.
16. Marcel Léger, *Le Parti québécois : Ce n'était qu'un début...*, Montréal, Québec Amérique, 1986, p. 305.

des années 1960 et traduit un nationalisme de dépit, en réaction aux "maudits anglais". La souveraineté n'est pas un préalable au développement, déclare-t-il à *L'actualité* en janvier 1985. Elle suit et couronne l'affirmation[17]. » Voilà que se forgent les bases d'une nouvelle doctrine politique.

Malgré la grande popularité de Pierre Marc Johnson, et après deux mandats et neuf ans à la tête du gouvernement, le Parti québécois perd le pouvoir le 2 décembre 1985 aux mains des libéraux de Robert Bourassa, qui fait un retour en politique. Le nouveau chef péquiste récolte tout de même 40 % des suffrages, mais le parti ne conserve que 24 députés. Pour bien des analystes, Pierre Marc Johnson «a sauvé les meubles». Son leadership ne s'en trouve donc pas amoindri.

Jacques Parizeau, quant à lui, considère que cette consultation «est une élection pour rien[18]». Il dit n'en garder pratiquement aucun souvenir. Pourtant, le croisé n'a pas abandonné l'idée de servir à nouveau la nation. Environ quinze jours auparavant, la Société Saint-Jean-Baptiste de Montréal l'honore en le couronnant du titre de patriote de l'année. C'est François-Albert Angers, son ancien maître, qui le présente à l'auditoire. Ce professeur des HÉC est celui qui, en 1947, avait détecté chez le jeune étudiant une intelligence hors du commun. Dès lors, il avait tout fait pour favoriser l'entrée de son protégé dans les grandes écoles d'Europe. Presque quarante ans plus tard, le vieux professeur a encore l'esprit alerte. Il connaît bien son homme. «Il faut savoir, dit-il, que la présence de Jacques Parizeau ce soir est la preuve que l'on peut compter sur lui dans le futur.» Il ne saurait si bien dire…

## Johnson sous haute surveillance

Lors de la démission de Jacques Parizeau en novembre 1984, deux membres de son cabinet, Jean Royer et Hubert Thibault, se font «transfuges» et se retrouvent chez le ministre Guy Chevrette. En décembre 1985, au lendemain de l'élection, Guy Chevrette devient leader de l'opposition et il propose à Jean Royer d'être son chef de cabinet. Cette nomination suscite tellement de méfiance dans l'entourage de Pierre Marc Johnson, que Jean Royer n'exerce cette fonction que durant un mois. À la

---

17. Tiré de l'article de Pierre Godin, « La doctrine Johnson », *L'actualité*, janvier 1985.
18. Entrevue avec Jacques Parizeau, le 21 juin 2000.

fin de janvier, il démissionne et se retrouve chargé de projet à la Société Loto-Québec à Montréal, une fonction rattachée à la vice-présidence à la recherche et au développement. Hubert Thibault, grand ami de Royer, le remplace comme chef de cabinet de Guy Chevrette.

Quelques semaines plus tard, en février 1986, Jean Royer appelle son ancien patron et se met à sa disposition : « Monsieur Parizeau, qu'est-ce qu'on fait maintenant ? » Voilà que celui qui, dans son enfance, raffolait des grands jeux scouts peut à nouveau compter sur un « cheval léger[19] » suffisamment rapide et audacieux pour mener en son nom des charges de cavalerie en territoire étranger. Peu à peu, une cellule de réflexion est formée dont les membres se rencontrent à raison d'une fois par mois. En 1987, la cadence des réunions s'accélère. Le groupe en vient à se réunir « deux à trois fois par mois[20] », révèle Jean Royer.

Le but de l'exercice est d'imaginer l'avenir du Parti québécois et de « recentrer ses idées » sur des objectifs bien précis. Comme le parti se trouve dans l'opposition, « c'est le moment de réfléchir », affirme Jacques Parizeau. De nombreuses idées sont donc testées dans des groupes de discussion. Doit-on privatiser certaines sociétés d'État ? Hydro-Québec doit-elle vendre des actions sur le marché ? Faut-il augmenter les investissements publics pour relancer l'économie ? Comment peut-on relancer l'idée de la souveraineté ? Doit-on mettre sur pied un nouveau parti politique ? Pour les dossiers d'ordre économique, Jacques Parizeau peut compter sur Bernard Lauzon, son assistant aux HÉC, qui fait la recherche et lui fournit tous les chiffres pertinents. Serge Guérin, son tout premier chef de cabinet, participe également à l'élaboration de certains discours que le professeur des HÉC prononce devant des organisations d'affaires. Bien que la majorité des interventions de Jacques Parizeau soient à saveur économique, le croisé ne s'éloigne jamais beaucoup de l'analyse politique. C'est ici que Jean Royer entre en jeu.

Pour cet opérateur politique, il « faut voir s'il est possible que monsieur Johnson profite de l'opposition pour asseoir son autorité sur le parti et qu'il le rebâtisse à son image. Si c'est le cas, il faut être en mesure de...[21] » Jean Royer ne termine pas sa phrase, mais il apparaît évident que l'équipe

---

19. L'expression est de Jacques Parizeau.
20. Entrevue avec Jean Royer, le 3 mai 2000.
21. *Idem.*

rassemblée autour de Jacques Parizeau veut empêcher que la nouvelle doctrine de Pierre Marc Johnson ne pénètre totalement le parti. Puisque Jacques Parizeau est en réserve de la république, il faut qu'il préserve son influence sur le parti et qu'il exerce même un contrôle sur certains engrenages de la machine péquiste. Parallèlement aux grandes déclarations publiques de son chef, Jean Royer organise ainsi une série de rencontres. «À chaque fois qu'il se déplace [auprès des chambres de commerce ou ailleurs], je m'assure qu'il rencontre toute sorte de monde pour apprendre des choses et je vois à ce qu'un suivi soit fait.» Jean Royer croit «qu'il est important d'être informé [de] tout ce qui se passe dans le parti.» Il aime dire à la blague qu'il a alors l'impression d'en connaître davantage sur le Parti québécois que ceux qui entourent Pierre Marc Johnson.

Certaines manigances de Jean Royer ont aussi pour effet de saboter la campagne de financement du parti. Ainsi, le 21 novembre 1986, la députée Jeanne Blackburn se rend à Rimouski pour amasser des fonds. Elle vit une expérience éprouvante quand, au moment de prononcer son discours, elle doit affronter une salle vide. Seule une poignée de membres de l'exécutif de comté sont présents. «On se retrouve donc à la résidence du président de l'exécutif, dans une cuisine, pour faire quelques téléphones, mais c'est peine perdue[22]», se rappelle-t-elle. Elle repart pour Québec, démoralisée. Pour elle, voilà un indice supplémentaire qu'il y a au Québec des comtés «complètement dévastés où le parti est à terre». Elle en fait rapport à Pierre Marc Johnson.

Ce dont Jeanne Blackburn ne se doute pas, c'est qu'elle a été victime d'une ruse de Jean Royer. Quelques semaines avant l'arrivée de la députée, Jacques Parizeau était allé à Rimouski pour y prononcer une conférence. Des députés du Parti québécois lui avaient alors signifié que la campagne de financement du Parti québécois se portait très bien et qu'il ne fallait pas s'en faire avec le leadership de Pierre Marc Johnson. Aussitôt informé de ces bruits par son patron, Jean Royer avait veillé à ce que personne ne se présente à l'activité de financement parrainée par Jeanne Blackburn. Pourquoi? Pour faire passer le message suivant : «Voici qui est le *boss*[23]», révèle

---

22. Entrevue avec Jeanne Blackburn, le 1er août 2002.
23. Entrevue avec Jean Royer, le 3 octobre 2002. Les résultats de la campagne de financement à la grandeur du Québec seront connus lors du Congrès de juin 1987. Le parti récoltera 300 000 $ de moins que l'objectif qui était fixé à 1,5 million. Ce semi-échec est cependant attribuable à une multitude de facteurs.

*Moments de détente – Ci-haut, Jacques Parizeau sur son bateau*
Le Varsovien. *Ci-bas, Jacques Parizeau et son fils Bernard en pique-nique.*
*Archives de Jacques Parizeau, ANQ, Montréal.*

aujourd'hui Jean Royer. Il n'était pas question de faciliter les choses pour Pierre Marc Johnson et une partie de l'organisation devait échapper à son contrôle.

## Un doux sabotage

Jacques Parizeau est-il déjà prêt à succéder à Pierre Marc Johnson? «Ça m'intéresse pas[24]», répond-il à son fidèle ami Serge Guérin qui le questionne à ce sujet à plusieurs reprises. En février 1986, quand le journaliste Pierre O'Neill lui demande si un retour à la vie politique est possible, Jacques Parizeau répond: «Dans un avenir immédiat sûrement pas... Plus tard, on verra[25].»

En fait, la stratégie élaborée par Jacques Parizeau consiste à laisser Pierre Marc Johnson diriger le parti jusqu'à la prochaine élection générale prévue pour 1989. Tous ceux qui entourent *Monsieur* prévoient une défaite péquiste. Après la débâcle électorale, le clan Parizeau fera comprendre aux militants qu'un chef de parti qui perd deux élections est condamné à la potence[26]. D'ici là, l'entourage du croisé n'a pas l'intention de laisser les événements aux seuls soins de la providence. Les fidèles de Jacques Parizeau font tout ce qui est en leur pouvoir pour embêter et harceler le chef péquiste, de façon à miner son leadership.

Pour préparer une rébellion, il faut des rebelles. Jean Royer va donc s'activer auprès des insatisfaits, de plus en plus nombreux, à l'intérieur même des structures du Parti québécois. Il sollicite aussi la collaboration de ceux qui ont déjà démissionné, mécontents du changement de règne opéré par Pierre Marc Johnson. Le patron de Jean Royer à la Société Loto-Québec, Robert Thivierge, participe à plusieurs rencontres, de même que Normand Paquin, ancien conseiller du ministre Parizeau. Serge Guérin ne se joint au cercle que quelques mois plus tard, mais il reprend aussitôt contact avec des ministres de l'époque de René Lévesque tels Pierre Marois

---

24. Entrevue avec Serge Guérin, le 17 mars 2000.
25. Propos cités dans un article de Pierre O'Neill, «Jacques Parizeau au *Devoir* – Pierre Marc Johnson poursuit l'*unionationalisation* du PQ», *Le Devoir*, le 25 février 1986.
26. Cette approche fut confirmée par Jean Royer, Serge Guérin et d'autres sources anonymes proches de Jacques Parizeau.

et Marc-André Bédard[27]. L'ex-ministre Marcel Léger, qui dirige une nouvelle maison de sondage, va bientôt accepter de fournir gratuitement les services de son entreprise au camp Parizeau[28]. Camille Laurin, Denise Leblanc-Bantey et Jacques Léonard, tous des ministres qui ont quitté René Lévesque lors de la crise du « beau risque », encouragent discrètement Jacques Parizeau dans ses démarches. Ce dernier confirme que sous le règne de Pierre Marc Johnson, « il y a beaucoup de gens qui cherchent à se [joindre], à parler[29]. »

Le 31 janvier 1986, Bernard Landry déclare au journal *Le Devoir* que : « Le PQ a été créé pour donner la souveraineté au Québec et une formation politique progressiste aux électeurs. Je suis de ceux qui croient que le parti a maintenant une occasion en or de liquider l'incertitude et l'ambiguïté idéologiques[30]. » Il ajoute que la défaite du Parti québécois en décembre 1985 s'explique par une erreur de jugement. « On faisait tout tourner autour d'un seul homme », c'est-à-dire, Pierre Marc Johnson. Quelques mois plus tard, il met discrètement sur pied le groupe Souveraineté et Progrès, « un instrument pour traverser le désert[31] », explique-t-il. Environ une fois par mois, le plus souvent le vendredi, un petit groupe de souverainistes prennent ainsi leur repas ensemble dans un restaurant, souvent à l'Hôtel Renaissance de Montréal, et discutent de politique. Jean-Claude Beauchemin, de Rouyn-Noranda, est l'organisateur du groupe. Jacques Parizeau, qui n'est pas un habitué de ces rencontres, participe toutefois à

---

27. Marc-André Bédard est d'abord à l'aise avec la nouvelle doctrine de Pierre Marc Johnson. Ce n'est que vers la fin de l'année 1987 qu'il se rapproche de Jacques Parizeau.
28. Le 7 mai 1986, Marcel Léger lance un livre qui écorche Pierre Marc Johnson. Publié chez Québec Amérique, l'ouvrage intitulé *Le Parti québécois – Ce n'était qu'un début…* développe une thèse voulant que Pierre Marc Johnson ait trahi René Lévesque en s'associant à d'anciens militants de l'Union nationale qui ont joint les rangs du Parti québécois. Parmi ces anciens « bleus », Marcel Léger identifie Raynald Fréchette, Jean-François Bertrand, Jérôme Proulx, Maurice Martel, Rodrigue Biron, Michel Clair, Alain Marcoux, Guy Chevrette et Jacques Rochefort.
29. Entrevue avec Jacques Parizeau, le 21 juin 2000.
30. Cité dans un article de Maurice Girard, « Un parti voué à la souveraineté du Québec – Pour Landry, le PQ doit sans précipitation retourner à ses valeurs fondamentales », *Le Devoir*, le 31 janvier 1986.
31. Entrevue avec Bernard Landry, le 12 juin 2000.

la première réunion. Denise Leblanc-Bantey, qui dirige alors le Rassemblement démocratique pour l'indépendance assiste, pour sa part, à toutes les rencontres. Parmi les habitués, on compte des gens du Parti québécois, autant de Montréal que des régions, ainsi que des organisateurs de la FTQ. Il s'agit essentiellement du réseau de Bernard Landry qui, lui aussi, tente de garder l'avenir ouvert pour un éventuel retour en politique active. Il fait partie des rebelles. Jean Royer assiste à certaines de ces réunions dans un but bien précis. «Après ces rencontres-là, ce qui est intéressant, dit-il, c'est qu'il y a toujours de l'information à aller chercher. Par exemple, quand je rencontre l'ancien président péquiste de la région de Trois-Rivières, je lui demande comment se porte l'organisation du PQ à Trois-Rivières. Qui s'implique ou ne s'implique pas ? Quels sont les sujets chauds ? Comment travaille le député libéral du coin ? Qui est en chicane avec qui[32] ? » Il fait tout cela pour favoriser l'émergence d'une seule personne : Jacques Parizeau.

## « L'affirmation nationale » : le carburant des rebelles

Au sein de l'équipe parlementaire du Parti québécois, la révolte gronde. Parmi les insatisfaits, Jean Garon et Louise Harel n'attendent qu'une bonne occasion pour malmener leur chef. Chez les non-élus, Pauline Marois, qui siège au Conseil exécutif du parti, travaille sans aucune ferveur pour Pierre Marc Johnson. Un événement bien précis va toutefois cristalliser les oppositions.

Le 27 septembre 1986, Jules-Pascal Venne et Nadia Assimopoulos, respectivement conseiller au programme et vice-présidente du Parti québécois, présentent aux médias la nouvelle idéologie de la formation politique. Le *Plan d'action pour l'affirmation nationale du Québec* vient bousculer toutes les idées reçues jusqu'alors. Le nouveau concept «d'affirmation nationale» conteste la vision péquiste traditionnelle voulant que «la marche du Québec vers sa souveraineté politique» soit «irréversible». Le plan révèle ainsi que le préalable au développement du peuple du Québec n'est plus la souveraineté, mais une démarche «d'affirmation nationale». Pour les péquistes nouveau genre, il s'agit dorénavant de s'affirmer «nationalement» et de «consolider son identité» à l'intérieur du régime fédéral.

---

32. Entrevue avec Jean Royer, le 3 mai 2000.

Cette orientation va alimenter la controverse au sein du Parti québécois. Les rebelles ont maintenant de bonnes raisons de monter aux barricades. « L'affirmation nationale » devient le carburant de leur révolte.

Pour Jacques Parizeau, ce nouveau concept n'est que « de l'égarement ». Le chef de troupe prépare son offensive. En octobre 1985, il accepte de présider la commission d'enquête mise sur pied par l'Union des municipalités du Québec. En plus d'avoir pour effet de changer « sa vision du territoire[33] » et d'éveiller son esprit à la nécessité de décentraliser l'État québécois au profit des municipalités, cette expérience permet au politicien d'élargir son réseau de contacts parmi les élus locaux. Jacques Parizeau profite en effet de l'occasion pour tisser des liens avec des préfets et un bon nombre de maires et de mairesses. « J'ai fait vingt-trois audiences publiques en région avant d'écrire le rapport, raconte-t-il. Une fois le rapport écrit, j'en ai fait treize autres pour le présenter aux élus régionaux[34]. »

En décembre 1986, un an après la prise du pouvoir par les libéraux, Jacques Parizeau fait une déclaration publique et accorde une bonne note au gouvernement de Robert Bourassa. Contre toute attente, il critique du même souffle la nouvelle démarche péquiste et dit de Pierre Marc Johnson qu'il « est comme sur une corde raide. À un moment donné, il penche d'un côté. À un autre moment, il penche de l'autre[35]. »

L'année 1987 sera extrêmement éprouvante pour le successeur de René Lévesque. Dès la fin du mois de janvier, lors du Conseil national, les hostilités reprennent. Il est alors convenu que le Parti québécois ne fera la promotion de la souveraineté qu'indirectement, en dénonçant les failles du fédéralisme. Pierre Marc Johnson justifie cette position en rappelant que le Parti québécois n'est pas un « mouvement » social. Bernard Landry lui répond que le parti doit tout de même se mettre « en mouvement » vers la souveraineté. À la fin février, le député Jean Garon démissionne de l'exécutif national du parti, parce qu'il se dit incapable de défendre le

---

33. C'est l'opinion de Rita Bissonnette, coordonnatrice de la commission, citée dans un article de Michel Vastel, « La tête à Parizeau », *L'actualité*, le 15 avril 1994. Pendant ces travaux, Jacques Parizeau prend aussi conscience des fortes disparités économiques sur le territoire. Il amorce alors une réflexion sur le danger que « le Québec ne casse en deux », déchiré entre riches et pauvres.
34. Entrevue avec Jacques Parizeau, le 28 juin 2000.
35. Maurice Girard, « Jacques Parizeau accueille favorablement les douze premiers mois des libéraux », *La Presse*, le 15 décembre 1986.

concept de «l'affirmation nationale». Pour sa part Guy Chevrette, le leader parlementaire, en a marre des «mines internes» qui viennent ébranler la cohésion des troupes. «Ils disent n'importe quoi, sans dévoiler leurs vrais motifs, s'écrie-t-il. S'ils ont une patate sur l'estomac et ne peuvent digérer le leadership de Pierre Marc Johnson, qu'ils le disent clairement.» Dans son style imagé, Guy Chevrette ajoute : «Il est temps d'enlever nos culottes courtes. Garon, comme Bernard Landry, comme Louise Harel et Pauline Marois, entretiennent au sein du PQ une confusion, un nombrilisme, qui nous éloigne de notre vocation de parti et nous rapproche d'un mouvement politique[36].»

Les propos de Guy Chevrette n'impressionnent guère Jacques Parizeau. Le 10 mars, le croisé charge à son tour ses canons, lors d'une entrevue-choc au journaliste Michel David. «L'affirmation nationale est un concept "passéiste"[37]», lance Jacques Parizeau dans *Le Soleil*. Il signale que la baisse de participation aux assemblées de comtés, avec une moyenne trente membres, «devient presque une parodie.» Dans la mesure où un parti de convaincus est actuellement pris en charge par des tacticiens, c'est un phénomène inévitable. «Une bataille entre les tacticiens et les convaincus, ça se règle toujours par le vide», juge-t-il.

Pour Michel David, l'auteur de l'article, Jacques Parizeau semble disposé à reprendre du service en politique active. «On sent que la réserve qu'il s'était imposée depuis son départ commence à lui peser», observe-t-il. Jacques Parizeau laisse même croire qu'il pourrait bientôt acheter sa carte de membre du parti : «Je ne sais pas si ça va être d'ici juin, en juin ou après juin[38].» Pour bien des militants, il sonne la charge et force les indépendantistes à se poser des questions sur leur capacité à se mobiliser en prévision du Congrès de juin qui doit entériner le concept «d'affirmation nationale». «Pendant que les délégués au [futur] Congrès discutent de cette question, Jacques Parizeau veut leur faire connaître son opinion[39]», précise Jean Royer. *Monsieur* poursuit donc sa stratégie, celle d'une mutinerie larvée.

---

36. Gilbert Brunet, «Chevrette en a plein le dos des Garon, Landry, Harel et cie», *La Presse*, le 25 février 1987.
37. Michel David, «Jacques Parizeau et la crise au sein du PQ – Une coûteuse bataille entre "tacticiens" et "convaincus"», *Le Soleil*, le 10 mars 1987.
38. *Idem.*
39. Entrevue avec Jean Royer, le 3 mai 2000.

Pierre Marc Johnson et sa garde rapprochée se rendent bien compte que l'ennemi est en train de placer ses pions. «*Monsieur* est en permanence derrière tout ça, raconte Jacques Rochefort, un député très proche du chef du parti. Parizeau rencontre beaucoup, beaucoup de monde. Il tisse sa toile et il y a un certain nombre de ses gars qui se retrouvent dans l'équipe parlementaire[40].» Les présences de Jean Royer, puis d'Hubert Thibault, au cabinet de Guy Chevrette, sont des «imprudences qui sont commises», estime Jacques Rochefort. Il y a aussi les sorties régulières de Jacques Parizeau publiées dans *Le Soleil*. «Pendant un bon bout de temps, Jacques Parizeau a [eu] son attaché de presse officiel[41]», prétend Jacques Rochefort, exaspéré par les articles de Michel David.

Jean Royer reconnaît volontiers que c'est l'actualité politique qui détermine les moments où son patron doit intervenir. Lorsque qu'approchent les conseils nationaux ou un congrès du parti, le conseiller n'hésite pas à dire à Jacques Parizeau : «Monsieur, vous faites le mort depuis trop longtemps, il faut sortir[42].» Jean Royer appelle ensuite Michel David qu'il connaît bien et il lui dit : «Michel, je pense que Parizeau aimerait te parler[43].» Le rendez-vous est pris «et bingo!», raconte Jean Royer. La force des propos de Jacques Parizeau ne laisse pas d'autres choix au journaliste que de faire son travail et de publier les commentaires de l'imposant personnage.

Si les esclandres de Jacques Parizeau irritent Pierre Marc Johnson et le forcent à plus de combativité, les silences de René Lévesque et les distances qu'il prend à son endroit minent la résistance du chef du Parti québécois[44]. «Dans cette bataille que j'entreprends, témoigne Pierre Marc Johnson, je sais qu'il me manque un point d'appui solide[45].» Cet appui solide, c'est René Lévesque…

---

40. Entrevue avec Jacques Rochefort, le 27 mars 2001.
41. *Idem.*
42. Propos attribués à Jean Royer et rapportés par Jacques Parizeau. Entrevue du 21 juin 2000.
43. Entrevue Jean Royer, le 14 septembre 2000.
44. La députée Jeanne Blackburn, qui est alors proche de Pierre Marc Johnson, en est témoin. Entrevue du 1er août 2002.
45. Entrevue avec Pierre Marc Johnson, le 13 septembre 2000.

## Les silences du père fondateur

À l'Université Laval de Québec, dans le plus vaste amphithéâtre du Pavillon de Koninck, les chaises manquent. En ce 12 février 1987, ils sont plus de cinq cents étudiants, certains assis par terre, à écouter dans le plus grand respect un personnage déjà entré dans l'histoire. René Lévesque, l'ex-premier ministre du Québec, les entretient de la fierté d'être Québécois. Celui qui arrive d'un grand voyage à l'étranger rappelle aux jeunes comment le «petit» peuple a grandi. Dans chaque pays qu'il a visité, il dit avoir rencontré soit un ingénieur, soit un artiste du Québec à l'œuvre. À la fin de sa conférence, sans aucune hésitation, l'auditoire se lève et l'acclame. Puis, c'est la période des questions.

Claude Roy, un étudiant au doctorat en relations industrielles, tente d'amener René Lévesque à se compromettre sur le nouveau concept «d'affirmation nationale». C'est peine perdue, le politicien, y voyant un piège, refuse de participer à ce débat. L'étudiant se fait alors plus mordant[46] :

— Mais monsieur Lévesque, vous l'avez mis au monde ce parti-là! Êtes-vous en train de dire à ceux qui croient à l'indépendance qu'il y a un *timing* pour parler de souveraineté et qu'entre-temps, il faut demeurer complètement muets?!

René Lévesque grimace, puis décide de se mouiller.

— Écoutez, si l'idée d'indépendance ou de souveraineté était trop émoussée, il n'y a personne qui pourrait l'empêcher de resurgir. Si des gens, quels qu'ils soient, prétendent l'obnubiler, l'effacer plus ou moins, elle va resurgir plus fort après. C'est évident que ceux qui y croient doivent en parler maintenant. Je ne pense pas qu'il y ait de *timing* particulier pour les gens qui sont convaincus, pour parler de leurs convictions.

Le lendemain, le chef du Parti québécois peut lire la manchette suivante dans le journal : «René Lévesque rejoint les opposants de Johnson[47]». Pierre Marc Johnson encaisse durement le coup. En aucun temps, René Lévesque ne contestera l'interprétation faite par le journaliste du *Soleil* bien que celle-ci ébranle le leadership de Johnson. «Jamais, jamais. Jamais

---

46. Le dialogue suivant provient du témoignage de Claude Roy (entrevue téléphonique du 18 octobre 2002) et des articles de Bernard Descôteaux (*Le Devoir*) et d'André Forgues (*Le Soleil*) du 13 février 1987.

47. Article d'André Forgues, dans *Le Soleil* du 13 février 1987.

il ne [l'a] fait[48] », rappelle Pierre Marc Johnson, l'air triste. Et ce qui inquiète encore plus le chef du Parti québécois, c'est qu'il est persuadé que Jacques Parizeau et René Lévesque se voient régulièrement. « Je sais qu'Yves Michaud est à la table de Parizeau de temps en temps, le soir. Et Michaud est, je pense, l'artisan du rapprochement entre Lévesque et Parizeau. C'est ce que j'appelle la nostalgie à l'œuvre, la nostalgie à plein gaz », estime Pierre Marc Johnson.

En fait, comme il a été raconté au chapitre précédent, Lévesque et Parizeau maintiennent très peu de contacts. Il n'existe aucune concertation entre eux, contrairement à ce que croit Pierre Marc Johnson et son entourage, mais la froide attitude de René Lévesque à l'endroit de Johnson sème le doute « dans l'esprit des militants qui se [demandent] pourquoi Lévesque n'appuie pas Johnson[49] ? »

Quelques mois plus tard, le président du Parti québécois doit essuyer une forme d'affront de la part de René Lévesque à propos de l'interprétation à donner à la nouvelle entente du Lac Meech[50]. Le 2 mai, lors du Conseil national, Pierre Marc Johnson condamne avec force l'accord constitutionnel qu'il qualifie de « monstre du Lac Meech ». Il lance un vibrant appel à la mobilisation générale et convie tous les nationalistes, y compris René Lévesque, à prendre clairement position contre cette entente. Le lendemain, le père fondateur du Parti québécois dégonfle brutalement la *balloune* de Pierre Marc Johnson, en déclarant qu'il est « prématuré » de se mobiliser contre l'accord du Lac Meech. « La conséquence de son geste, c'est que ça m'isole de façon absurde », se plaint Pierre Marc Johnson[51].

---

48. Entrevue avec Pierre Marc Johnson, le 13 septembre 2000.
49. Entrevue avec Pierre Marc Johnson, le 13 septembre 2000.
50. Le 9 mai 1986, le ministre Gil Rémillard présente au nom du gouvernement de Robert Bourassa les cinq conditions minimales pour que le Québec adhère à la nouvelle constitution canadienne de 1982. Le 30 avril 1987, à la résidence du Lac Meech, une entente de principe qui tient compte de ces conditions minimales survient entre les premiers ministres des provinces et le premier ministre du Canada. Voici les cinq conditions : 1) reconnaissance du Québec comme une société distincte ; 2) droit de veto ; 3) consultation pour la nomination de trois juges de la Cour suprême ; 4) droit de retrait des programmes fédéraux / limitation du pouvoir fédéral de dépenser ; 5) pouvoirs accrus en matière d'immigration.
51. Entrevue avec Pierre Marc Johnson, le 13 septembre 2000.

Peu de temps après, Jules-Pascal Venne, le conseiller au programme, communique avec René Lévesque et organise un dîner pour que les deux hommes puissent se parler. La rencontre se déroule en tête-à-tête au deuxième étage du restaurant Le Chrysanthème, rue Crescent.

Les deux hommes sont seuls sur cet étage. Ils se parlent, mais ne parviennent pas à communiquer. Une forme de malaise envahit les lieux. « Pendant cette longue conversation, si j'ai un regret, souligne Pierre Marc Johnson, c'est de ne pas [m'être ouvert] franchement à lui[52]. » Il attribue à son jeune âge, il n'avait que 39 ans, et à la confiance qu'il a toujours eue en Lévesque, son incapacité à discuter en profondeur avec lui. « Je m'en suis toujours remis à Lévesque, dans le fond, pour prendre des initiatives », confie-t-il. Il aurait aimé orienter la conversation, mais « j'étais incapable de voir en Lévesque l'acteur politique qu'il était demeuré. Je ne voyais que l'homme pour qui j'avais beaucoup d'affection et que j'avais eu à traiter comme médecin. Je voulais le laisser faire par déférence, par respect... et dans le fond, peut-être que lui, il [m'a] ouvert une porte à ce moment-là, que je n'ai pas utilisée. Je le saurai jamais. J'ai pensé par la suite qu'il voulait peut-être me parler de Parizeau, parce qu'il savait que je savais qu'il le voyait. En fait, je ne voulais pas le troubler, mais après coup, je crois que c'est lui qui me troublait... Il me troublait par ses absences ! Puis, il m'a troublé cette fois-là, par sa seule présence. »

Que René Lévesque se confie peu, son épouse Corinne peut en témoigner : il ne lui a jamais parlé de ce dîner. Selon elle, toutefois, si son mari n'a pas profité de l'occasion pour mettre fin aux malentendus qui l'éloignaient de Pierre Marc Johnson, « c'est parce qu'il ne le voulait pas[53] ». D'abord, elle soutient qu'il « n'était pas emballé plus qu'il ne le fallait par "l'affirmation nationale". » Puis, considérant l'attitude de Pierre Marc Johnson envers son mari, elle trouve ça tout à fait humain qu'il n'ait pas cherché à se rapprocher de lui : « Si Pierre Marc n'a pas vu l'humanité là-dedans, il a des croûtes à manger parce que, câline ! après ce qu'il a fait à René, c'est normal qu'il ne lui tombe pas dans les bras. » Corinne Côté-Lévesque estime toujours que Pierre Marc Johnson a comploté contre son mari alors qu'il était premier ministre, afin de hâter son départ et de prendre sa place par la suite.

---

52. *Idem.*
53. Entrevue avec Corinne Côté-Lévesque, le 2 octobre 2000.

Après cette rencontre sans lendemain, Pierre Marc Johnson tente d'approcher Jacques Parizeau, afin de l'amadouer. Le 8 mai 1987, il l'invite à son appartement, rue d'Auteuil à Québec[54]. Misant sur le fait qu'ils sont tous les deux en désaccord avec l'entente du Lac Meech, Pierre Marc Johnson offre à Jacques Parizeau de présenter un mémoire à ce sujet en commission parlementaire et de diriger la contestation entourant cette entente. Le chef du Parti espère ainsi occuper et distraire suffisamment son imposant rival au point qu'il en oublie de le critiquer. Mais Jacques Parizeau refuse. « Je lui dis que j'ai d'autres engagements pendant cette période[55] », confirme-t-il. Il est hors de question que l'indépendantiste s'engage sous les drapeaux de « l'affirmationniste ».

## L'illusion de l'unité

Le concept « d'affirmation nationale » doit maintenant être entériné par le Congrès du Parti québécois, qui se tiendra en juin 1987. Craignant l'influence malsaine de son « aile radicale », Pierre Marc Johnson participe à certains congrès régionaux, afin de s'assurer d'un nombre suffisant d'appuis.

Le 9 mai, Pauline Marois, qui « commence a en avoir un peu ras-le-bol[56] », déclare publiquement que le Parti québécois a brisé ses alliances avec les forces réformistes. Pour elle, le parti « doit redéfinir sa voie de gauche ». Elle critique durement Pierre Marc Johnson : « Il essaie de faire image et [que] cela ne lui convient pas. Il se cherche[57]. » Pauline Marois, qui a été membre de l'exécutif national et qui s'est vu refuser la vice-présidence du parti par Pierre Marc Johnson, n'attend que la fin du Congrès pour décrocher. « Je n'avais plus le goût. Quelque chose s'était brisé et puis il y avait "l'affirmation nationale" qui ne faisait *swinger* personne. » Pauline Marois prendra ses distances de la politique durant plusieurs mois et elle ira enseigner à l'Université du Québec à Hull.

---

54. Pierre O'Neill en fait mention dans son article, « L'accord, recul inacceptable sur "la langue, l'école et l'argent" », *Le Devoir*, le 15 mai 1987.
55. Entrevue avec Jacques Parizeau, le 21 juin 2000.
56. Entrevue avec Pauline Marois, le 21 janvier 2002.
57. Pierre O'Neill, « Pauline Marois au *Devoir* – Le PQ a brisé ses alliances avec les forces réformistes », *Le Devoir*, le 9 mai 1987.

Le X$^e$ Congrès du Parti québécois se déroule sans histoire. Il se tient à l'Université Laval du 12 au 14 juin 1987. Malgré la dissidence enregistrée par 250 des 1 000 délégués, le concept « d'affirmation nationale » est inséré dans le programme du Parti québécois. Un compromis de dernière minute présenté par le député Jacques Brassard, un fidèle de Pierre Marc Johnson, permet de maintenir l'article 1 du programme qui rappelle que « l'objectif fondamental » est de « réaliser la souveraineté ». « L'affirmation nationale » est ainsi définie : « Cette démarche nationale vise à rassembler les Québécois et les Québécoises pour leur permettre d'accroître l'espace de liberté du Québec et la maîtrise de sa destinée nationale (...) » On y mentionne ensuite la nécessité de mettre de l'avant le caractère distinct du Québec.

Quatre-vingts pour cent des délégués endossent cette nouvelle orientation. Des résultats qui « ne reflètent absolument pas la réalité ni l'état des troupes[58] », observe la députée Jeanne Blackburn. « Au lendemain de ce congrès-là, je me disais : On a donné l'illusion de l'unité, mais qui a-t-on uni et combien y a-t-il de personnes derrière ? Ce n'est pas parce que vous enterrez l'opposition qu'elle n'existe pas », insiste Jeanne Blackburn. « L'aile radicale a choisi de ne pas venir au Congrès, reconnaît Pierre Marc Johnson. Ils ne sont pas là et je me bats contre un fantôme[59]. » En effet, il est fort difficile d'expulser des rebelles qui ne sont même plus membres du parti[60]. Il y a bien Jean Garon qui s'abstient de voter[61] et Guy Bertrand qui s'agite avec les dissidents, mais cela n'inquiète guère le chef du parti. Il considère que Jean Garon « n'a pas la discipline et la rigueur nécessaires pour entreprendre un combat politique de cette envergure[62] » et il ignore complètement Guy Bertrand, qu'il ne prend pas au sérieux. C'est plutôt du clan Parizeau qu'il se méfie…

Si Jacques Parizeau n'est pas présent au Congrès[63], son émissaire, Jean Royer, y assiste à titre d'observateur. L'organisation du parti, qui s'en

---

58. Entrevue avec Jeanne Blackburn, le 1$^{er}$ août 2002.
59. Entrevue avec Pierre Marc Johnson, le 13 septembre 2000.
60. Des bruits courent alors chez les opposants de Pierre Marc Johnson selon lesquels le Parti québécois compterait moins de 60 000 membres. À ses belles années, ce parti en aurait compté plus de 200 000…
61. Entrevue avec Jean Garon, le 23 février 2000.
62. Entrevue avec Pierre Marc Johnson, le 13 septembre 2000.
63. Pendant le Congrès, Jacques Parizeau est dépêché par la Société Radio-Canada en Italie pour commenter, à titre d'expert, le sommet des sept pays les plus riches.

inquiète, va traquer le « cheval léger » de Jacques Parizeau sur le plancher. Royer, qui s'en aperçoit, en remet, histoire d'inquiéter les proches de Pierre Marc Johnson. Il va même jusqu'à s'asseoir à la même table que certains députés pour semer la confusion et laisser croire que les alliés de Jacques Parizeau sont partout : « Quand je m'assoie près d'eux, je sens bien que certains députés se disent : Y vas-tu câli... son camp[64] !? » Le conseiller de Jacques Parizeau est satisfait des résultats du Congrès : « L'objectif à ce moment-là, c'est qu'un certain nombre de personnes fassent comprendre à la population qu'il n'y a pas d'unanimité dans le parti sur la direction que prend monsieur Johnson[65]. » Il ne s'agit donc pas « de déstabiliser Johnson à l'intérieur du parti, précise Jean Royer, parce qu'on se dit qu'il est en place jusqu'à la prochaine élection[66]. »

Au début de septembre 1987, Pierre Marc Johnson veut reprendre contact avec la population et remonter le moral de ses troupes. Il lance l'opération « Grandes Oreilles ». Il s'agit d'une tournée du Québec qui se déroule du 13 septembre au 1er octobre. Le chef et ses vingt-trois députés, vêtus du même chandail marine, partent tous dans le même autobus à la rencontre des Québécois. Très rapidement, mais trop tard, Pierre Marc Johnson se rend compte de son erreur : « [Aux yeux] du caucus, j'aurais dû faire cette tournée [tout] seul pour prendre la mesure des difficultés. Mais en le faisant avec les députés, qu'ont-ils constaté? Eh bien qu'on perdait des membres, qu'on se chicanait, qu'on n'avait plus la faveur du monde de l'enseignement. Ils sont revenus de cette tournée pas mal déprimés. Ça a été une erreur que de faire cela en groupe. Ça a miné le moral du caucus. Ils ont trouvé ça tellement dur[67] », se souvient Pierre Marc Johnson.

Le député Jacques Rochefort, membre de la garde rapprochée du chef, se fait plus cinglant. Tout en confirmant le vibrant échec de cette tournée, il signale que les députés sont d'abord des gens frileux, parce qu'ils veulent avant tout être réélus. Effectuer l'opération « Grandes Oreilles » en com-

---

64. L'anecdote est de Jean Royer. Entrevue du 11 mai 2000.
65. Entrevue avec Jean Royer, le 3 mai 2000. Il est pertinent de souligner que la dissidence qui s'exprime lors de ce Congrès est constituée de nombreux groupuscules qui ne sont pas nécessairement liés entre eux. La très grande majorité des dissidents ne reçoivent aucune directive du clan Parizeau, mais ils partagent tous la même insatisfaction envers le leader en place.
66. Entrevue avec Jean Royer, le 3 mai 2000.
67. Entrevue avec Pierre Marc Johnson, le 13 septembre 2000.

pagnie de l'aile parlementaire, c'est l'équivalent d'envoyer «vingt-trois peureux, déjà effrayés par ce qu'ils entendent dans leur bureau de comté, se confronter au Québec réel. Alors comprenez-vous que c'est la catastrophe?! Si nous avions voulu leur faire peur, nous n'aurions pas procédé autrement[68]. »

L'automne s'annonce rude pour le chef du Parti québécois. Avec des sondages catastrophiques, un parti endetté, des milliers de membres qui désertent et des députés qui prennent peur, Pierre Marc Johnson s'avance en pleine obscurité sur un terrain parsemé de mines.

## Les mines explosent

Sur invitation personnelle du premier ministre Bourassa, Jacques Parizeau se présente le 16 septembre 1987 à la Commission parlementaire de l'économie et du travail qui étudie la question du libre-échange avec les États-Unis. «Le secteur privé est devenu suffisamment fort pour être capable de marcher tout seul», proclame Jacques Parizeau, ardent promoteur d'une entente de libre-échange. Bernard Landry, qui a déjà écrit un livre sur le sujet, professe la même foi. Pierre Marc Johnson, qui s'est engagé à lutter contre cette idée, s'oppose donc sur cette question à deux grandes figures souverainistes. La performance de Jacques Parizeau devant la commission est éclatante. Voici ce qu'en dit le journaliste J.-Jacques Samson, pourtant loin d'être un admirateur de *Monsieur*: «Les nouveaux députés libéraux qui n'avaient jamais assisté à une de ses représentations étaient béats. On aurait pu entendre une mouche, pendant la leçon, lorsque de façon théâtrale, la tête basse, les yeux mi-clos, les mains jointes, il feignait quelques secondes de réflexion avant de répondre à une question bénigne du ministre Pierre McDonald. Même l'attachée de presse de Pierre Marc Johnson était encore fascinée, trois heures après la performance de Jacques Parizeau. Le magicien était revenu au Parlement[69]. » Pour J.-Jacques Samson, «le pauvre Pierre Marc souffre mal la comparaison dans l'esprit des nostalgiques, lorsque le Grand Jacques participe au spectacle du Grand Robert au Parlement. »

---

68. Entrevue avec Jacques Rochefort, le 27 mars 2001.
69. J.-Jacques Samson, «Le Grand Jacques parla et la lumière fut... », *Le Soleil*, le 19 septembre 1987.

Le débat sur le libre-échange prend des allures de duel quand, le 8 octobre, Pierre Marc Johnson déclare en conférence de presse qu'il faut s'en méfier. Quelques heures plus tard, Jacques Parizeau contredit le chef péquiste, en soutenant qu'il faut y aller et cesser d'être frileux! Les propos les plus dévastateurs de Jacques Parizeau à l'endroit de Pierre Marc Johnson sont toutefois publiés une semaine plus tôt, soit le 1er octobre, dans le cadre d'une entrevue qu'il a accordée le 22 septembre[70] au journaliste Michel David. Ces propos, à deux jours de la tenue d'un Conseil national du parti, ont l'effet d'une mine posée sous les pieds de Pierre Marc Johnson. Le promoteur de «l'affirmation nationale» en sort amoché. «Sans la souveraineté, le PQ risque de disparaître» titre le journal Le Soleil, en citant Jacques Parizeau. Le parti de René Lévesque subira-t-il le même sort que l'Union nationale? La troublante question éclate comme une bombe et devient manchette. «J'ai eu une profonde admiration pour le PQ, profère Jacques Parizeau. Les gens que j'y ai rencontrés et que j'ai côtoyés étaient assez remarquables. Mais là, j'ai l'impression d'une sorte d'implosion[71].» Par ses propos, le croisé met le feu aux poudres. Le professeur des HÉC, qui exige plus de clarté de Pierre Marc Johnson, reproche au Parti québécois d'avoir perdu son âme : «Au bout du compte, on se retrouve avec un parti politique qui, pendant seize ans, a fonctionné sur deux pattes – la souveraineté du Québec et la social-démocratie – et qui abandonne ses deux pattes.» Qu'est-il arrivé à ce parti? demande Michel David. «C'est très simple, répond Jacques Parizeau. Le PQ est devenu cul-de-jatte, ça court moins vite! Le NPD, lui, a au moins une des deux pattes. Et au royaume des culs-de-jatte, l'uni-jambiste est roi[72]!» L'image fait d'autant plus frémir qu'un sondage vient appuyer les inquiétudes de l'ancien numéro deux du Parti québécois et place le NPD Québec presque ex æquo avec le parti de Pierre Marc Johnson[73].

---

70. La date de l'entrevue est rendue publique par le journaliste J.-Jacques Samson du Soleil. Le biographe, qui a eu accès aux agendas de Jacques Parizeau, peut également confirmer cette information.
71. Michel David, «Jacques Parizeau secoue le PQ – "Au royaume de culs-de-jatte"», Le Soleil, le 1er octobre 1987.
72. Idem.
73. Un sondage de la maison CROP, réalisé du 1er au 6 octobre, donne les libéraux largement gagnants avec 54 % des intentions de votes. Le Parti québécois arrive en deuxième place (23 %), tout juste devant le NPD Québec (22 %).

Le lendemain de la publication de l'entrevue de Parizeau, Pierre Marc Johnson, furieux, qualifie les propos de son adversaire «d'éructations politiques venant d'un gérant d'estrade[74]». Quant à l'image effroyable d'un parti devenu cul-de-jatte, il réplique férocement : «C'est facile de parler des culs-de-jatte quand on se promène avec une scie mécanique pour scier les genoux du monde!» C'est avec intérêt que la population du Québec assiste à ce virulent affrontement. Jacques Parizeau va-t-il reprendre du service? «Pour le moment, je regarde ça aller[75]», affirme-t-il. Jean Royer persiste à dire que malgré la puissance de l'attaque de Jacques Parizeau, cette sortie ne visait pas à faire tomber Pierre Marc Johnson[76]. La stratégie du clan Parizeau est d'attendre après la prochaine élection avant d'aller chercher la guillotine. Le docteur en économie le confirme d'ailleurs à Michel David, au cours de l'entretien du 22 septembre. Il « [soutient] dur comme fer que jamais monsieur Johnson ne [lancera] la serviette sans s'être battu jusqu'à son dernier souffle. Attablé dans un restaurant de la Côte-des-Neiges, voisin de son bureau des HÉC, le professeur Parizeau [m'explique] qu'à l'instar de tous les fils d'hommes célèbres, monsieur Johnson [fera] tout en son pouvoir pour égaler sinon surpasser son père[77]. »

À tous ceux qui souhaitent le voir se lancer dans une course à la direction du parti contre Pierre Marc Johnson, Jacques Parizeau répète inlassablement : «Pour le moment, je regarde ça aller. (…) Il y a des signes qui doivent se manifester[78]. » Le député Gérald Godin écoute ce que dit Jacques Parizeau avec grand intérêt. Le poète deviendra bientôt lui aussi un redoutable poseur de mines.

---

74. Presse Canadienne, «Les "éructations politiques" de Parizeau hérissent Johnson», *La Presse*, le 2 octobre 1987.
75. Propos attribués à Jacques Parizeau et rapportés dans un article de Michel David, «Jacques Parizeau secoue le PQ – "Au royaume de culs-de-jatte…"», *Le Soleil*, le 1er octobre 1987.
76. Entrevue avec Jean Royer, le 3 mai 2000.
77. Michel David en fait mention deux ans plus tard (le 12 août 1989) dans un autre article sur Jacques Parizeau, qui est alors devenu chef du Parti québécois.
78. Michel David, «Jacques Parizeau secoue le PQ – "Au royaume de culs-de-jatte…"», *Le Soleil*, le 1er octobre 1987.

## Pierre Marc Johnson s'envole…

Le Conseil national des 3 et 4 octobre 1987, à Drummondville, n'est pas une partie de plaisir pour Pierre Marc Johnson. Le matin du samedi 3 octobre, l'organisation a prévu de faire le bilan de l'opération «Grandes Oreilles». Jean Royer y assiste à titre d'observateur. Il raconte comment la matinée s'est déroulée : «On avait imaginé du côté des organisateurs un scénario absolument exceptionnel pour souligner la fin de la tournée «Grandes Oreilles». L'autobus devait arriver à Drummondville avec les députés et Johnson à son bord. L'aile parlementaire au complet, dans un grand élan de solidarité, devait débarquer de l'autobus devant les caméras et les membres du parti[79].» Mais ce matin-là, il pleut abondamment. «Et puis le câl… d'autobus n'arrive pas! Pourquoi n'arrive-t-il donc pas?» Pourtant, la foule qui attend sous la pluie voit bien le véhicule au bout du stationnement. «C'est que Jean Garon n'est pas là et qu'il a décidé de ne pas se prêter à ce genre d'exercice, témoigne Jean Royer. Il ne veut pas embarquer dans l'autobus!» Les militants et les journalistes voient finalement le député, qui arrive tout seul, à pied, et en bougonnant. Quand Pierre Marc Johnson apprend que Garon est déjà à l'intérieur, il donne le signal au chauffeur qui démarre. «L'autobus arrive finalement sous les hourras, raconte ironiquement Jean Royer. Mais il pleut host…! Il pleut! Ça [a] été difficile pour Johnson», conclut-il.

Dans l'après-midi, lors d'un colloque sur la politique familiale et l'enfance, l'ex-député Yves Beaumier, qui dirige ce comité, présente son rapport aux délégués et apprend aux journalistes qu'il a dû consulter Jacques Parizeau pour terminer son document. Pierre Marc Johnson, indisposé, commence à trouver que l'influence de *Monsieur* est tentaculaire !

Le 10 octobre, un sondage Sorecom-Le Soleil est toutefois porteur d'une bonne nouvelle pour le chef péquiste. À la question «Qui serait le meilleur chef du Parti québécois?», les gens ont répondu Pierre Marc Johnson dans une proportion de 36 %. Jacques Parizeau ne récolte que 17 % des intentions de vote. Ce coup de sonde ne parvient cependant pas à étouffer la gronde. Quelques jours plus tard, la députée Louise Harel

---

79. Entrevue avec Jean Royer, le 3 mai 2000.

déclare que « depuis l'élection des libéraux, nous avons été trop timides[80]. »
Elle souhaite une opposition plus agressive.

C'est dans ces circonstances que le chef du Parti québécois part en
voyage pour Londres. De là, il ira à Paris, où le président François Mitterrand
a accepté de le recevoir. Le 29 octobre, quand il s'embarque pour l'Europe,
Pierre Marc Johnson ne voit pas les nuages se regrouper au-dessus de lui.
Quelques jours auparavant, il a demandé à Pierre Boileau, l'ancien organisateur du parti, de reprendre ses fonctions en janvier 1988 pour préparer
la prochaine campagne électorale[81]. Il ne songe donc nullement à démissionner. Au moment où son avion quitte le sol québécois, le député
Gérald Godin s'apprête à parler à un journaliste. Pierre Marc Johnson est
loin de se douter que le Québec qu'il laisse derrière lui ne sera plus le même
à son retour. La réalité politique va éclater et se redéfinir. Les paroles d'un
député poète et la mort d'un roi vont bouleverser les consciences et activer
la rébellion qui grugeait son leadership. Un grand mouvement de pendule
se met en branle. Il va se balancer jusqu'à ce que son carillon annonce la
fin de la carrière politique d'un homme et le retour d'un autre... Les
quinze prochains jours seront d'une grande intensité politique.

---

80. Presse Canadienne, « Le PQ : une opposition plus unie qui veut être plus agressive »,
    *La Presse*, le 15 octobre 1987.
81. Entrevue avec Pierre Boileau, le 16 août 2002.

# CHAPITRE 3

# Intrigues autour d'un cercueil

> *« La mort de monsieur Lévesque créait des conditions objectives de réunion de la famille au grand complet comme elle ne s'était pas réunie depuis longtemps. Je ne pouvais pas m'empêcher de penser au décès de mon père. »*
>
> Pierre Marc Johnson[1]

L e vendredi 30 octobre 1987, les coups du carillon retentissent avec un grand fracas : « Le parti ne va nulle part avec le chef actuel et ça m'inquiète beaucoup[2]. » C'est en ces termes que Gérald Godin demande la démission de Pierre Marc Johnson. « Quand ses orientations politiques sont contestées par les souverainistes orthodoxes dans les comtés, il vient en chri… et [adopte] une attitude hautaine[3] », reproche-t-il à son chef. Le Parti québécois doit reprendre son discours souverainiste et sortir du « somnambulisme » où il est plongé, profère-t-il. Gérald Godin invite les péquistes à mettre leurs « lunettes d'approche » pour découvrir le candidat apte à sonner le « réveil » péquiste. Ce candidat s'appelle Jacques Parizeau :

---

1. Entrevue avec Pierre Marc Johnson, le 13 septembre 2000.
2. Propos de Gérald Godin cités dans un article de Michel David, « Le Parti québécois ne va nulle part – Godin réclame la tête de Johnson », *Le Soleil*, le 30 octobre 1987.
3. Pierre O'Neill, « Devant la décomposition de son parti, Gérald Godin se vide le cœur – Johnson mène le PQ à l'impasse », *Le Devoir*, le 31 octobre 1987.

« C'est mon homme, s'il accepte. Et c'est pour ça que je l'ai invité à l'assemblée des militants de Mercier le 19 novembre[4]. » Gérald Godin est ce poète qui, en 1976, a réussi à battre Robert Bourassa dans son propre comté. Cette victoire presque mythique lui confère une influence considérable chez les militants.

Jean Royer reçoit avec étonnement les propos du député poète : « Je suis le premier surpris, prétend-il. Personne ne s'attendait à ça. Personne, personne, personne[5]. » Il appelle Jacques Parizeau pour l'en informer et lui demande aussitôt des instructions : « Que faisons-nous maintenant ? Saviez-vous qu'il sortirait dans les journaux aujourd'hui ? Allez-vous participer à son assemblée de comté dans ces circonstances ? » Toutes les questions de Jean Royer sont suivies « de très longs silences[6]. » De toute évidence, le professeur Parizeau n'a pas prévu ni souhaité cette « sortie non planifiée qui brusque les choses[7]. » « Godin défait complètement les perspectives[8] », explique Serge Guérin. « La trajectoire que nous devions suivre était d'attendre après les élections. Il n'y avait rien qui pressait ! » Le soir même de la déclaration de Godin, Serge Guérin apostrophe d'ailleurs ce dernier dans le stationnement de la Place des Arts[9] :

— Gérald ! Te rends-tu compte des conséquences de ton acte ?!

— Oui… Mais j'étais tanné. J'en avais assez, il fallait que ça sorte.

— Et pour monsieur Parizeau ?

— Écoute, je l'ai dit et puis c'est tout ! Il fallait que je le fasse.

Gérald Godin prend tout le monde par surprise, autant son exécutif de comté que ses bons amis comme Jean Garon[10] : « Gérald Godin ne m'a pas prévenu et m'a toujours dit [par la suite] que ce n'était pas à la

---

4. Gilbert Brunet et Denis Lessard, « La mutinerie de Gérald Godin à l'endroit de son chef provoque des réactions acerbes dans la députation du PQ », *La Presse*, le 31 octobre.

5. Entrevue avec Jean Royer, le 3 mai 2000. Le journaliste Michel David confirme que c'est le député Yves Blais qui l'informe de la présence de Jacques Parizeau à la future assemblée de financement du comté de Mercier. Le journaliste demande alors une entrevue à Gérald Godin avec l'intention de l'amener à se compromettre sur la question du leadership. Entrevue avec Michel David, le 11 décembre 2002.

6. *Idem.*

7. Entrevue avec Hubert Thibault, le 18 octobre 2001.

8. Entrevue avec Serge Guérin, le 18 juillet 2002.

9. Ce dialogue est inspiré des souvenirs de Serge Guérin. Entrevue du 17 mars 2000.

10. Au cours de la campagne au leadership de 1985, Gérald Godin appuyait Jean Garon.

suggestion de Jacques Parizeau qu'il l'avait fait[11].» Il conteste donc l'hypothèse voulant que Jacques Parizeau et Gérald Godin se soient concertés, afin d'expulser Pierre Marc Johnson. «J'ai plutôt l'impression que l'appel de Godin a *fourré* Parizeau[12]», estime-t-il. «Ce n'est pas un cadeau que Godin a fait à Parizeau. Il est interpellé au moment où le parti est à terre et à [seulement] deux ans d'une élection.» Jacques Parizeau fait donc face à «un risque considérable, [celui de perdre dans deux ans] et de ne pas être capable de se rendre à l'élection suivante», explique Jean Garon.

## La démarche du poète

Dix jours avant sa déclaration-choc, Gérald Godin dîne avec Jacques Parizeau au restaurant Spaghettata, rue Laurier[13]. C'est vraisemblablement lors de ce repas que le député invite Jacques Parizeau à prononcer un discours à l'assemblée annuelle du comté de Mercier. Sur le moment, le professeur des HÉC hésite. Il ne désire pas précipiter les événements. Impatient, Gérald Godin insiste et lui propose de rencontrer un membre de son exécutif de comté pour s'entendre sur les modalités de sa présence à l'assemblée[14]. Dans l'esprit de Jacques Parizeau, il s'agit donc de se donner de la visibilité, mais non de renverser l'actuel chef péquiste.

Le 28 octobre, une journée avant sa sortie contre Pierre Marc Johnson, Gérald Godin se rend au 40, rue Robert, chez Jacques Parizeau. «Il m'a vu la veille au soir sur un tout autre sujet[15]», soutient Jacques Parizeau. Le poète lui demande alors de présider la campagne de financement de la maison d'édition l'Hexagone, laquelle connaît de graves problèmes financiers. Jacques Parizeau accepte. «Puis, nous tenons une conversation en termes généraux sur la politique et le tout se termine», se souvient Jacques Parizeau. Gérald Godin ne lui parle aucunement de sa prise de position du lendemain : «Rien du tout», jure Jacques Parizeau.

---

11. Entrevue avec Jean Garon, le 23 février 2000.
12. Entrevue avec Jean Garon, le 14 mars 2000.
13. Selon l'agenda de Jacques Parizeau.
14. Un membre de l'exécutif de comté de Gérald Godin, qui désire conserver l'anonymat, confirme qu'il rencontre Jacques Parizeau et Jean Royer dans les jours suivants pour discuter de l'organisation de cette journée.
15. Entrevue avec Jacques Parizeau, le 21 juin 2000.

Pour sa part, Serge Guérin, qui se rend parfois au domicile de Jacques Parizeau, affirme avoir été témoin à l'occasion de certains mouvements d'impatience de Gérald Godin. Il se souvient, entre autres, d'un appel téléphonique du député, au cours duquel Jacques Parizeau avait dû « le décourager, le mettre en garde, afin qu'il n'aille pas trop vite. Godin [était] tanné. Il n'en [pouvait] plus[16]. » Il n'est pas le seul à s'impatienter. À la même époque, le député Denis Perron se rend lui aussi chez Jacques Parizeau[17] :

— Monsieur Parizeau, ça n'a pas de bon sens ! Il faut sortir Johnson. Il faut que vous reveniez !

— Oui monsieur Perron, répond calmement Jacques Parizeau. Oui, du calme, on verra ça...

Puis, il raccompagne poliment Denis Perron vers la sortie.

Deux anciens ministres de René Lévesque, Pierre Marois et Camille Laurin, exercent aussi de fortes pressions sur Jacques Parizeau pour qu'il déloge Pierre Marc Johnson. « Pierre Marois en a par-dessus la tête et Laurin piaffe[18] », raconte Jacques Parizeau. Dans les derniers jours d'octobre, il a beau essayer de retenir « les gens plutôt que de lever une armée[19] », c'est peine perdue. Malgré la déclaration de Gérald Godin, « je demande qu'on ne m'implique pas dans la bataille qui s'annonce, révèle Jacques Parizeau. Je vais refuser de faire des commentaires et puis je vais faire avertir autour de moi qu'on me fiche la paix[20] ! » Mais la force de ses attaques antérieures a stimulé l'audace des militants rebelles et canalisé leurs sentiments de révolte à un point tel qu'il n'est plus possible d'endiguer ce mouvement de fond qui déferle sur Pierre Marc Johnson.

C'est depuis Londres, tard dans la soirée, que Pierre Marc Johnson apprend que Gérald Godin veut sa tête[21]. Peu de temps après, il reçoit un appel de Guy Chevrette : « Là, ça va pas bien du tout[22] », l'avertit le leader parlementaire, qui lui suggère de rentrer au Québec. Or, dans 24 heures, le chef de l'opposition doit s'envoler pour la France. « Je réglerai mes

16. Entrevue avec Serge Guérin, le 7 juillet 2000.
17. Propos attribués à Denis Perron et rapportés par Jacques Parizeau. Entrevue du 21 juin 2000.
18. Entrevue avec Jacques Parizeau, le 21 juin 2000.
19. Entrevue avec Serge Guérin, le 17 mars 2000.
20. Entrevue avec Jacques Parizeau, le 28 juin 2000.
21. Pierre Marc Johnson réside chez Martin Hébert, son ancien chef de cabinet. Celui-ci fait des études en bioéthique à Londres.
22. Entrevue avec Guy Chevrette, le 13 novembre 2001.

comptes après Paris, répond-il. Je vais d'abord rencontrer Mitterrand. Je n'annule pas mon voyage pour ça[23]. »

## Prendre ou ne pas prendre le prochain avion…

Vers 4 h 30 du matin, le 2 novembre, Pierre Marc Johnson est à nouveau réveillé par la sonnerie du téléphone. Il est maintenant à Paris. À peine 72 heures après la charge dévastatrice de Gérald Godin, une autre terrible nouvelle vient troubler son sommeil : à l'autre bout du fil, un journaliste lui apprend que René Lévesque est mort. Pierre Marc Johnson vit la disparition de cet homme «comme le deuxième décès de son père[24]», raconte son ami Jacques Rochefort. Ébranlé et à l'étranger, il ne réussit pas à mesurer pleinement l'effet que cette disparition peut avoir sur la société québécoise. Des gens tentent pourtant de lui dresser un portrait de la situation. Guy Chevrette raconte que «Je le [joins] et lui dis qu'il faut qu'il rentre, mais il me répond : "Oui, mais je vais au Quai d'Orsay cet après-midi". Puis Bourassa, habile comme le chri… explique Guy Chevrette, m'appelle pour me dire qu'il est prêt à envoyer un avion pour aller le chercher. Johnson hésite. Il veut aller au Quai d'Orsay à tout prix. Là, Bourassa en jouissait[25] !» Jacques Rochefort, qui se trouve lui aussi à Paris avec un groupe de députés, confirme que Pierre Marc Johnson aurait pu prendre l'avion le jour même du décès de René Lévesque. Mais «il [était] déstabilisé, constate son ami. Pierre Marc Johnson a revécu la mort de son père. Il en a été affecté. Ça aurait pris quelqu'un auprès de lui pour l'orienter[26]. »

Il décide de maintenir les rencontres prévues pour la journée. «J'essaie de rester encore quelques heures, en prenant pour acquis que je vais donner des entrevues à partir de Paris et que je vais rentrer après, explique Pierre Marc Johnson. Mais je n'en donne aucune. Les journalistes [interrogent] Bernard Landry ou Parizeau[27] » qui, eux, sont au Québec. Le chef du Parti québécois annule finalement la rencontre prévue avec François Mitterrand. Mais il est déjà trop tard. Il arrive au Québec 48 heures après le décès de

---

23. Entrevue avec Pierre Marc Johnson, le 13 septembre 2000.
24. Entrevue avec Jacques Rochefort, le 27 mars 2001.
25. Entrevue avec Guy Chevrette, le 13 novembre 2001.
26. Entrevue avec Jacques Rochefort, le 27 mars 2001.
27. Entrevue avec Pierre Marc Johnson, le 13 septembre 2000.

René Lévesque, soit le 3 novembre, et rate l'hommage que lui rend l'Assemblée nationale du Québec.

À des journalistes qui s'étonnent de son retour tardif, Pierre Marc Johnson a le malheur de répliquer qu'il n'y avait pas de vols disponibles avant. Quelques jours plus tard, Jacques Bouchard, attaché de presse de la délégation générale du Québec à Paris, révèle aux journalistes québécois que le chef de l'opposition aurait pu prendre un avion dès le lundi plutôt que d'attendre un jour plus tard : «Cela n'aurait été qu'une simple formalité que de trouver un siège à monsieur Johnson[28].» En fin de journée, toujours le lendemain du décès de René Lévesque, la délégation du Québec lui offre à nouveau de lui trouver une place à bord du Concorde, afin qu'il puisse arriver au Québec dès le mardi matin pour assister à l'hommage de l'Assemblée nationale. Johnson refuse encore une fois. Cette décision va le précipiter dans l'abîme.

Avec le décès de René Lévesque, «nous avons le sentiment d'être un peu orphelins, déclare la députée péquiste Jeanne Blackburn. Et celui qui devrait être là pour dire " Je suis avec vous " est absent. Et quand la première réaction vient de monsieur Bourassa et non pas du chef du parti, on se sent bien petits[29].» «Ça a choqué tout le monde, y compris certains " Johnsonnistes "[30]», révèle Guy Chevrette. Des journalistes laissent alors entendre que de revenir plus tard lui permettait d'éviter le caucus des députés et une rencontre désagréable avec Gérald Godin. «J'ai compris ce jour-là que c'était fini avec les médias, révèle Pierre Marc Johnson. Je ne passerai jamais à travers ce qui se prépare. Dans le fond, je n'ai plus d'alliés, aucun média ne va m'aider. L'isolement est donc complet. Et puis là, certains se mettent à dire que Johnson se chri… de Lévesque[31].»

## Des funérailles politiques

Deux jours avant sa mort, René Lévesque participe à l'émission de fin d'après-midi de Jacques Proulx à la radio de CKAC. En ce vendredi 30 octobre, l'animateur lui demande exceptionnellement de commenter

28. Propos attribués à Jacques Bouchard et cités dans un article de Pierre Cayouette, «Johnson aurait pu rentrer plus tôt», *Le Devoir*, le 6 novembre 1987.
29. Entrevue avec Jeanne Blackburn, le 1er août 2002.
30. Entrevue avec Guy Chevrette, le 13 novembre 2001.
31. Entrevue avec Pierre Marc Johnson, le 13 septembre 2000.

un événement politique, soit la déclaration de Gérald Godin à l'endroit de Pierre Marc Johnson. Voici un extrait de l'échange entre les deux hommes. Ce sont les dernières paroles publiques de René Lévesque[32] :

— J'ai eu plusieurs téléphones aujourd'hui, fait remarquer Jacques Proulx. Il y a plusieurs journalistes qui voulaient que je vous pose une question à savoir si vous aviez un commentaire à faire sur les déclarations (…) du député monsieur Godin ?

— Monsieur Godin a invité un autre indépendantiste assez notoire qui est monsieur Jacques Parizeau à adresser la parole aux militants de son comté, explique René Lévesque. Bon… Il y a rien là de particulièrement… Sauf, évidemment, on voit là-dedans, (…) que peut-être ça peut avoir une allure provocante, en tout cas, ça fait un titre, parce qu'il y a eu des prises de becs un peu entre monsieur Parizeau et Pierre Marc Johnson ces derniers temps. Ben oui, mais enfin ! Si on regarde le fond de la question, c'est… ce que monsieur Godin a fait me paraît parfaitement normal. Il tient à ses idées et il veut tout simplement que dans son comté il y ait l'occasion pour quelqu'un qui a les mêmes idées de pouvoir s'adresser aux militants. Ça me paraît logique, conclut René Lévesque.

« Tiens, tiens, tiens[33] », marmonne Pierre Marois[34], en entendant René Lévesque banaliser les paroles pourtant fort compromettantes de Gérald Godin. « Il faut que j'appelle monsieur Lévesque », se dit Pierre Marois. Celui qui s'active depuis quelques mois auprès de Jacques Parizeau pour hâter son retour en politique vient de flairer un allié potentiel. En effet, pour Pierre Marois, la déclaration de René Lévesque est claire : « Dehors Johnson, puis *envoye* Parizeau. » De son côté, Corinne Côté-Lévesque éclate de rire quand on lui rappelle les propos de son mari à CKAC. Si René Lévesque avait été vivant, il est clair, selon elle, qu'il y aurait eu plus de complicité avec Jacques Parizeau, comme chef du parti, qu'il n'y en a jamais eue avec Pierre Marc Johnson. « René n'aurait pas été choqué ou déçu de voir arriver Parizeau dans le portrait. J'en suis convaincue[35] », précise-t-elle.

---

32. La reproduction de ce dialogue est rendue possible grâce à Denis Leblanc, de l'Expo-musée de la radiodiffusion, qui a conservé les archives de CKAC.
33. Entrevue avec Pierre Marois, le 23 mars 2000.
34. Au bureau du premier ministre, on entend aussi ces propos qui confirment, dans l'esprit de Pierre Marc Johnson, sa thèse du complot élargi contre lui.
35. Entrevue avec Corinne Côté-Lévesque, le 2 octobre 2000.

Inspiré par les dernières paroles du père fondateur, Pierre Marois se prépare donc à assister aux funérailles de ce dernier. De concert avec d'autres anciens ministres, il décide de profiter de l'événement «pour continuer le travail» de sape dirigé contre Pierre Marc Johnson. «Sans mettre Jacques Parizeau au courant, nous allons nous organiser pour faire en sorte qu'il puisse être pris, comme ça tout naturellement, par les journalistes et photographes, avec une équipe autour de lui, confie Pierre Marois. Nous allons constamment maintenir une bande autour du personnage, créer un attroupement[36].» L'objectif est de donner de l'importance à Jacques Parizeau au détriment de Pierre Marc Johnson. Il faut que les militants constatent que l'actuel chef du Parti québécois n'a plus d'appuis, explique Pierre Marois. «Qu'il est tout seul[37].» Jean Royer est parfaitement au courant de cette stratégie.

En ce 5 novembre 1987, sur le parvis de la Basilique de Québec, au sortir du cortège funèbre de René Lévesque, Alexandre Stefanescu, un proche de Johnson, entend Alice Parizeau faire des reproches à son mari :

*La traversée du désert de Parizeau et Lévesque,*
*selon une caricature de Daniel Paillé.*
*Archives personnelles de Daniel Paillé.*

---

36. Entrevue avec Pierre Marois, le 23 mars 2000.
37. *Idem.*

«Franchement! Le jour de la mort de Lévesque, vous pourriez lâcher un peu! Quand même, vous pourriez sauter une journée[38]!» Selon Jacques Rochefort, «on ne peut pas prétendre que monsieur Parizeau [n'était] pas impliqué dans tout ça[39].» Pierre Marc Johnson, lui, n'ose pas y croire : «Je ne pense pas, je n'ai pas de raison de croire que Parizeau ait intrigué autour du décès de Lévesque. Mais que des gens autour de lui l'aient fait, c'est possible[40].»

Tout de suite après les funérailles, les amis de René Lévesque se réunissent à la salle de bal de l'Hôtel Hilton à Québec. Pierre Marc Johnson fait son entrée puis, quelques minutes plus tard, Jacques Parizeau. L'atmosphère est lourde. Puis les gens se mettent tout à coup à discuter librement de leadership. Marcel Léger fait le tour de la salle et ne cesse de répéter qu'il a réalisé un sondage qui prouve qu'avec Jacques Parizeau, le Parti québécois ferait meilleure figure contre Robert Bourassa. Gérald Godin, qui voit ses convictions se raffermir avec la mort de Lévesque, répète à qui veut l'entendre que Pierre Marc Johnson doit disparaître et céder sa place à Jacques Parizeau.

Ce jour-là, le chef du Parti québécois réalise rapidement qu'on cherche à l'exclure. «Je me suis promené dans cette foule, raconte Pierre Marc Johnson, et j'ai bien senti, que… mon dieu Seigneur! L'aile radicale va partir un débat sur le testament spirituel du chef. Par l'attitude des gens qui ressurgissaient et que je n'avais pas vus depuis longtemps, comme Duhaime et d'autres, j'ai bien senti la distance qui a été établie. Non seulement il n'y avait pas de chaleur, mais il y avait presque de l'hostilité dans le comportement[41].» Johnson n'aime pas du tout la position dans laquelle il est placé : «Je serai forcé de prétendre que je suis dans la ligne de René Lévesque contre des gens qui ne me croient pas. Ça ne me dit rien qui vaille. Je ne veux pas vivre ça. J'ai été témoin, au décès de mon père, des histoires sur la tombe du chef. C'est grossier pour la famille et c'est irrespectueux pour la mémoire du personnage. Je peux bien accepter que ce soit des moments de polarisation dans la tête des gens, mais j'accepte mal que certains se mettent à grouiller dans un tel contexte. Je suis profondément agressé par ça.» Pierre Marc Johnson se sent abattu. «Je ne pouvais

---

38. Propos attribués à Alice Parizeau et rapportés par Alexandre Stefanescu. Entrevue téléphonique du 24 octobre 2002.
39. Entrevue avec Jacques Rochefort, le 27 mars 2001.
40. Entrevue avec Pierre Marc Johnson, le 13 septembre 2000.
41. *Idem.*

pas m'empêcher de penser au décès de mon père. Ce n'est pas la découverte naïve des intrigues autour d'un cercueil, mais c'est le rejet profond de ce que cela signifie. Dans mon esprit, les choses deviennent assez claires. Ma réflexion a commencé le soir de la réception. Ce soir-là, je me suis dit, je vais prendre ma décision d'ici dix jours. »

## Pierre Marc Johnson s'enfonce

Peu de temps après les funérailles, Jean Royer rencontre Jacques Parizeau. « L'évaluation que je lui fais est que monsieur Johnson peut passer à travers cette crise. Ce ne sera pas facile, mais il va réussir[42]. » Jacques Parizeau acquiesce, il est d'accord avec son conseiller. Il n'a d'ailleurs aucune raison de remettre en question cette analyse : il sait que Jean Royer est branché à Québec sur son ami Hubert Thibault qui, en tant que chef de cabinet de Guy Chevrette, assiste à toutes les réunions stratégiques d'importance avec le caucus. En dépit de ce canal d'information privilégié, le clan Parizeau sous-estime l'attitude défaitiste de Pierre Marc Johnson.

Conscient de l'état précaire où il se trouve, le chef péquiste appelle presque un à un tous ses députés, afin de connaître leur opinion sur l'affaire Godin. Il mesure ainsi ses appuis en prévision de la prochaine réunion du caucus, qui doit avoir lieu dans les prochains jours. Une rumeur circule selon laquelle le député poète pourrait être expulsé de l'équipe péquiste. La veille du caucus, le 9 novembre, trois députés, soit Louise Harel, Christian Claveau et Denis Perron, s'opposent à la possible expulsion de Gérald Godin et réclament un congrès au leadership. D'autres élus péquistes sont prêts à protéger Gérald Godin s'il le faut. Jean Garon, Yves Blais, Hubert Desbiens et possiblement Jeanne Blackburn sont du nombre[43]. « Malgré ces putschistes, affirme Pierre Marc Johnson, je pouvais compter sur un noyau solide au caucus, mais ils n'avaient pas le panache d'une demi-douzaine d'anciens ministres[44] » qui eux, depuis l'extérieur de la structure, continuent à faire des ravages. L'équipe Johnson craint donc l'effet domino si Gérald Godin est contraint de partir. On parle déjà dans les corridors de démissions en cascade.

---

42. Entrevue avec Jean Royer, le 11 mai 2000.
43. L'aile parlementaire péquiste compte alors 23 députés, le chef y compris.
44. Entrevue avec Pierre Marc Johnson, le 13 septembre 2000.

À tout cela, il faut ajouter les manigances des proches de Jacques Parizeau. À deux jours du caucus, le dimanche 8 novembre, Serge Guérin téléphone à d'anciens ministres péquistes pour les inciter à se manifester en faveur de Jacques Parizeau. À Marc-André Bédard, il prédit le pire pour Pierre Marc Johnson : « Attention, un train va passer[45] » dans les prochains jours. Jacques Parizeau est-il au courant de ces manœuvres ? « Possible. J'ai mes chevaux légers. Je sais bien qu'il y a des gens dans mon entourage qui ont pris des initiatives locales (rires). Je ne suis pas sourd, ni aveugle, mais moi, de mon côté, je ne voulais pas qu'on me touche[46]. »

Au bureau du chef de l'opposition, à Québec, Pierre Marc Johnson s'apprête à tout lâcher. Guy Chevrette lui suggère toutefois de tenir le coup jusqu'au prochain Conseil national et d'en faire un événement spécial pour mesurer ses appuis. « Nous allons gagner, dit Chevrette. Ce sera dur, mais sept délégués sur dix vont t'appuyer. C'est à peu près ce que l'on peut te livrer[47]. » Pierre Marc Johnson n'est guère impressionné : « Oui, mais après…, dit-il, ce sera à recommencer[48]. » Chevrette ne répond plus, il sait que Johnson n'a pas tort. « J'ai un jeu de cartes impossible entre les mains, constate Johnson. La lourdeur de l'univers affectif créé autour du décès du père fondateur rend impossible toute stratégie rationnelle[49] », conclut-il.

C'est donc de sa tombe que René Lévesque précipite la chute de Pierre Marc Johnson. En mourant, le fondateur du Parti québécois a soulevé une violente bourrasque qui décoiffe le père de « l'affirmation nationale ». Sans prononcer un seul mot, René Lévesque vient d'ouvrir la voie à Jacques Parizeau. Le destin lie à nouveau les frères siamois de l'indépendance.

## La fin de « l'affirmation nationale »

À 24 heures du caucus des députés, Jean Royer a maintenant la conviction que Pierre Marc Johnson va démissionner[50]. Il prévient son patron.

---

45. Entrevue avec Serge Guérin, le 7 juillet 2000.
46. Entrevue avec Jacques Parizeau, le 28 juin 2000.
47. Entrevue avec Guy Chevrette, le 13 novembre 2001.
48. Propos attribués à Pierre Marc Johnson et rapportés par Guy Chevrette. Entrevue du 13 novembre 2001.
49. Entrevue avec Pierre Marc Johnson, le 13 septembre 2000.
50. Entrevue avec Jean Royer, le 11 mai 2000.

Des militants et des députés font également converger cette rumeur vers Jacques Parizeau, qui reste de glace. Il ne veut présumer de rien.

Le 10 novembre, le jour du caucus, Jacques Parizeau participe à un dîner causerie organisé par la Société pour le progrès de la Rive-Sud, à l'Hôtel Holiday Inn de Longueuil. Il doit y prononcer un discours sur le phénomène des privatisations des sociétés d'État. Après son allocution, il prend place à la table d'honneur. Serge Guérin, son ancien chef de cabinet, devenu depuis vice-président chez Pétromont, est assis à ses côtés. Tout à coup, un homme s'approche de la table et se penche discrètement vers Serge Guérin. Il s'agit du directeur de l'hôtel, qui lui apprend que Pierre Marc Johnson vient de démissionner. Jean Royer, qui en a reçu la confirmation depuis Québec, vient visiblement d'appeler la réception de l'hôtel. Serge Guérin reste impassible : «Là, je suis conscient que dans vingt secondes, les journalistes vont apprendre la nouvelle et poser à Jacques Parizeau une multitude de questions[51].» Il sait, par ailleurs, que Jacques Parizeau ne [voudra] pas réagir tout de suite. «Après lui avoir glissé [la nouvelle] à l'oreille, je l'informe que le directeur de l'hôtel peut appeler un taxi et le faire [sortir] par une porte à l'arrière de la salle.» Guérin et Parizeau conviennent de procéder ainsi. «Puis, la meute de journalistes arrive. Les portes explosent[52]!», se souvient Jacques Parizeau. Ils se précipitent tous vers le successeur potentiel de Pierre Marc Johnson. Jacques Parizeau refuse de commenter la nouvelle. Serge Guérin lui ouvre le chemin et le dirige vers une porte où il disparaît.

Cinq jours à peine après que la dépouille de René Lévesque ait été mise en terre, Pierre Marc Johnson annonce donc à ses députés qu'il quitte le Parti québécois. À la sortie du caucus, vers 14 heures, la majorité des députés sont atterrés. L'atmosphère est funèbre. Guy Chevrette frappe sur les murs avec colère et tristesse[53]. Ce départ «me fait profondément mal», déclare-t-il. Au salon bleu de l'Assemblée nationale, Pierre Marc Johnson a des propos durs envers ceux qui souhaitaient sa démission. Le parti «s'apprête à nouveau à se replier sur lui-même, dit-il en Chambre. Une minorité veut encore secouer le parti qui s'éloignera alors du peuple québécois, parce qu'il s'engage dans une bataille inutile, violente, fratricide

51. Entrevue avec Serge Guérin, le 17 mars 2000.
52. Entrevue avec Jacques Parizeau, le 28 juin 2000.
53. Selon Denis Lessard, «La division se creuse au sein du caucus», *La Presse*, le 11 novembre 1987.

et, dans cette bataille, on voudrait m'obliger, moi, à me battre contre des souverainistes, alors que je suis des leurs. Je ne veux pas servir de prétexte à l'éclatement des forces nationalistes. Je ne veux pas présider à ces déchirements.»

Des années plus tard, Pierre Marc Johnson reparle de cette période avec beaucoup d'amertume. Selon lui, ce sombre épisode illustre de façon fort éloquente «le côté noir de Jacques Parizeau. Ce qu'il m'a fait! C'est un homme qui n'a pas une vraie culture démocratique», martèle Pierre Marc Johnson. Les manœuvres employées par le croisé, sa façon de procéder pour maintenir l'idée de souveraineté, «c'est un processus anti-démocratique, juge-t-il. Son idéologie est plus importante que l'opinion du peuple[54]», déplore-t-il.

Le jour même du départ de Pierre Marc Johnson, le téléphone de Jean Royer ne dérougit pas : «Ils (les députés) m'appellent toute la *gang*, révèle-t-il. Ils me disent "C'est moi qui devrais être whip! C'est moi qui devrais occuper tel poste..."[55]!» Jean Royer prend bonne note de ces offres, mais il rappelle aux intéressés que son patron n'a pas encore annoncé son retour en politique. L'appel le plus étonnant demeure toutefois celui de Guy Chevrette. Le député manifeste son désir d'occuper le siège du chef de l'opposition et de laisser celui de la présidence du parti à Jacques Parizeau. «Il s'est assuré de ses appuis au caucus[56]», confirme Hubert Thibault, le chef de cabinet de Guy Chevrette.

## Le bal des courtisans

Le jour suivant la démission de Pierre Marc Johnson, Jacques Parizeau reçoit à sa demeure un groupe de gens fort intéressés à ce qu'il reprenne la direction du parti. Parmi eux, il y a bien sûr Jean Royer et Serge Guérin, mais aussi les anciens ministres Camille Laurin, Jacques Léonard, Denise Leblanc-Bantey, Pierre Marois, Marcel Léger et Bernard Landry qui, lui, a décidé de suivre Jacques Parizeau plutôt que de l'affronter dans une éventuelle course à la direction du parti[57]. À quelques personnes près, ce

---

54. Entrevue avec Pierre Marc Johnson, le 13 septembre 2000.
55. Entrevue avec Jean Royer, le 11 mai 2000.
56. Entrevue avec Hubert Thibault, le 18 octobre 2001.
57. D'autres personnes se joignent à l'occasion à ce groupe, dont Daniel Latouche.

groupe s'était déjà réuni chez Jacques Parizeau, 24 heures après la mort de René Lévesque.

Bien que l'ensemble des intervenants lui demandent de reprendre le combat, Jacques Parizeau hésite et refuse de se lancer immédiatement dans la mêlée. Jean Royer, qui a orchestré nombre de sorties médiatiques pour son patron, lui fait part de ses impressions : «Selon la perception populaire, nous n'avons pas beaucoup le choix. Si nous n'y allons pas, il va être difficile de continuer à intervenir dans l'opinion publique[58].» Le conseiller présente ensuite l'état dans lequel se trouve le Parti québécois : «Vous prendrez le parti dans une situation qui peut difficilement être pire, parce que l'on va se retrouver dans une organisation où tous ceux qui sont restés sont plutôt des gens [pour] qui l'analyse de la souveraineté n'est pas celle que l'on partage. Puis, nous aurons à affronter un gouvernement à son zénith en termes de popularité.» Jean Royer se fait finalement cinglant : «Moi, j'ai appris que dans notre système, les élections c'est un peu comme la grippe, ça revient qu'on le veuille ou non. Il y aura une élection dans un an ou deux… La commande sera forte[59].» Le conseiller n'écarte pas la possibilité que Jacques Parizeau perde les prochaines élections à la tête du Parti québécois et demeure chef de l'opposition. Dans cette éventualité, le siège de premier ministre ne serait donc accessible que dans cinq à six ans…

Jacques Parizeau hésite. «Il voit très bien le fardeau[60]», sent Serge Guérin. Bernard Landry se souvient des réserves qu'il soulève : «Regardez l'âge que j'ai! dit le croisé. Je vais ressortir de cette aventure à quel âge[61]?» L'homme se laisse-t-il courtiser par stratégie? «Non, je crois sincèrement qu'il se posait de vraies questions, estime Bernard Landry. Il n'y avait rien d'encourageant à ce moment-là. Parizeau devait rebâtir le parti[62].» À ceux qui lui disent qu'il n'a pas le choix, il réagit mal. «C'est comme si on voulait le rentrer de force dans une " canne de *beans* ", observe Jean Royer. Il ne se sentait pas à l'aise. Il avait l'impression que ce n'était pas lui qui prenait la décision[63].»

---

58. Entrevue avec Jean Royer, le 11 mai 2000.
59. *Idem.*
60. Entrevue avec Serge Guérin, le 17 mars 2000.
61. Propos attribués à Jacques Parizeau et rapportés par Bernard Landry. Entrevue du 12 juin 2000.
62. Entrevue avec Bernard Landry, le 12 juin 2000.
63. Entrevue avec Jean Royer, le 11 mai 2000.

Jacques Parizeau participera encore à bien des rencontres. Il aura même quelques tête-à-tête avec, entre autres, Fernand Daoust de la FTQ et Lorraine Pagé de la CEQ[64]. Pendant ces jours cruciaux, Pierre Marois et Camille Laurin exercent de continuelles pressions sur lui pour qu'il s'engage. Si les journalistes ramènent continuellement la question de l'impopularité de Jacques Parizeau, cet aspect ne fait l'objet d'aucune analyse dans le clan Parizeau. Bien des militants péquistes se souviennent qu'en 1985, Pierre Marc Johnson était plus populaire que Robert Bourassa, ce qui n'a pas empêché la défaite du Parti québécois aux élections. La popularité d'un chef ne garantit donc nullement le pouvoir et elle n'assure pas non plus la santé d'une organisation. Par ailleurs, depuis le décès de René Lévesque et la démission de Pierre Marc Johnson, de nouveaux sondages annoncent une remontée du Parti québécois dans les intentions de vote.

Malgré ces sondages, l'état du parti inquiète beaucoup Jacques Parizeau. « Nous étions informés que dans plusieurs régions du Québec, le PQ n'existait plus ! rappelle Jean Royer. Dans beaucoup d'usines où la présence du PQ était connue, nous n'y étions plus[65]. » Jacques Parizeau sait bien aussi qu'en deux ans, « Johnson a remplacé beaucoup [de cadres du parti][66] ! », raille Jacques Parizeau. Pourra-t-il reprendre le contrôle de la machine péquiste, de la permanence aux exécutifs de comté ?

C'est au cours de l'une de ces réunions tenues au 40, rue Robert, que Camille Laurin entreprend d'expliquer à Jacques Parizeau que lui seul peut occuper le poste laissé vacant par Pierre Marc Johnson. Le moment est déterminant : Camille Laurin va plaider comme s'il s'agissait de son ultime chance pour le convaincre. Après une longue pause, il amorce une intervention-choc qui durera au moins vingt minutes. « Là, c'est un argumentaire absolument serré sur l'importance du rôle que Parizeau pourra jouer[67] », rappelle Serge Guérin. Le docteur Laurin conclut en lançant un défi à son ami : « Vous ne pouvez pas passer à côté de cette occasion. Vous n'avez pas le droit de passer à côté de cela. C'est vous, maintenant ! C'est

---

64. Selon les témoignages de Pierre Marois, Daniel Latouche et Serge Guérin. Jacques Parizeau le confirme.
65. Entrevue avec Jean Royer, le 3 mai 2000.
66. Entrevue avec Jacques Parizeau, le 28 juin 2000.
67. Selon les souvenirs de Serge Guérin. Entrevue du 17 mars 2000.

vous, maintenant[68]!», répète-t-il. Jacques Parizeau, ébranlé, demande de réfléchir encore quelques jours.

Le lendemain, Serge Guérin rencontre son patron seul à seul. «Je l'appelle en début de soirée, prétextant vouloir lui parler d'un sujet économique. Il m'invite alors à passer chez lui. J'arrive et j'étale mes papiers sur la table de cuisine. Je monte ma mise en scène, puis finalement je lui dis : " Ce n'est pas de ça du tout [dont] je veux vous parler ". (rires) Et là, j'y vais d'un argumentaire sur le fait qu'il n'a pas le choix de s'embarquer. S'il veut revenir en politique, c'est maintenant. S'il veut redonner une poussée politique au processus, il a une occasion en or qui ne repassera pas ou qui pourrait ne pas repasser[69].» Après cette envolée, Jacques Parizeau lui dit : «Maudit cochon!» Jamais il ne lui a parlé ainsi. «Lui qui me vouvoie depuis trente ans et qui a prononcé mon prénom peut-être une fois!» Après avoir fixé Serge Guérin dans les yeux, Jacques Parizeau se lève et arpente la pièce. Il revient s'asseoir et lui dit : «Bon bien, ça va, j'y vais.»

Peu de temps après, il annonce au groupe à nouveau réuni chez lui qu'il accepte de plonger. Tout le monde se lève et applaudit. Un témoin de la scène établit alors un parallèle avec les rencontres secrètes des grands chevaliers qui, à une autre époque, venaient renouveler leur engagement envers leur nouveau roi, après l'avoir longuement courtisé et vaillamment défendu en tant que prince.

## L'appel aux troupes

Avant de reprendre du service, Jacques Parizeau pose cependant un certain nombre de conditions. D'abord, il faut redonner toute sa force à l'article 1 du programme du parti. Le temps de «l'affirmation nationale» est révolu. Dans l'année qui vient, un congrès spécial devra se prononcer fermement sur cette question. Jacques Parizeau ajoute : «Si vous voulez que j'y aille, vous embarquez tous. Vous reprenez du service[70].» Pour celui qui est en réserve de la république depuis bientôt trois ans, il n'est

---

68. Propos attribués à Camille Laurin et rapportés par Serge Guérin. Entrevue du 17 mars 2000.
69. Entrevue avec Serge Guérin, le 17 mars 2000.
70. Propos attribués à Jacques Parizeau et rapportés par Serge Guérin. Entrevue du 7 juillet 2000.

pas question de se faire damer le pion par d'autres candidats. Déjà, les noms de Jean Garon et de Lise Payette ont commencé à circuler.

L'aspirant à la direction veut relever le parti et reprendre le contrôle de la machine péquiste rapidement. « Je ne ferai pas ça tout seul ! », rappelle-t-il à son cercle de partisans. « Là, il faut se renseigner sur nos vieux amis, indique-t-il. Est-ce que madame Jutras à Drummondville a toujours le même point de vue ? Qu'est-il advenu de nos vieux amis d'Abitibi-Est[71] ? » Jacques Parizeau croit dur comme fer qu'avec « 15 000 militants convaincus », il peut « monter un mouvement politique de premier ordre[72]. » Un soir, en discutant avec son épouse, Alice Parizeau lui fait une suggestion : les militants doivent lui manifester leur appui. Pour ce faire, il doit lancer un appel aux membres qui ont abandonné le parti, afin qu'ils reviennent en force et achètent leur carte de membre. Jacques Parizeau adore l'idée. Il appelle tout de suite Jean Royer : « Pensez-vous qu'une telle opération est faisable[73] ? » Jean Royer croit que oui. On espère ainsi recueillir plus de 10 000 nouvelles adhésions.

Dans son tout nouveau rôle de grand recruteur en chef, Jean Royer se met immédiatement à l'œuvre : « Nous appelions dans les comtés où on pouvait le faire, parce qu'on va se rendre compte qu'à l'est de Lévis, il n'y avait plus d'organisation de comtés[74]. Je joignais alors des gars que je connaissais. Je leur demandais : "Chez vous, c'est combien ?". Ils me répondaient : "Écoute, nous faisons quelques appels téléphoniques et nous te rappelons". Plusieurs recommuniquaient avec moi et me disaient : "Nous autres, on va vous en livrer... 500 !" J'additionnais tout cela sur ma feuille[75] », raconte Jean Royer.

Le 18 novembre 1987, Jacques Parizeau se rend au secrétariat du Parti québécois pour prendre sa carte de membre. Les journalistes, informés de sa venue, sont nombreux à relayer ses propos. « Ma décision n'est pas prise », précise-t-il, mais « j'ai décidé de redevenir membre du Parti québécois [et] d'inviter tous ceux qui, au fil des années, s'en sont détachés, à

---

71. Entrevue avec Jacques Parizeau, le 28 juin 2000.
72. Il l'a déjà dit devant plusieurs militants et le répète au journaliste Michel David, le 22 septembre 1987.
73. Propos attribués à Jacques Parizeau et rapportés par Jean Royer. Entrevue du 11 mai 2000.
74. Selon le procès-verbal du Conseil national du Parti québécois des 3 et 4 octobre 1987, 27 associations de comtés n'étaient pas représentées.
75. Entrevue avec Jean Royer, le 11 mai 2000.

faire de même. La réponse à cet appel aura une importance cruciale quant à la décision que je prendrai.» En cas de course au leadership, Jacques Parizeau s'assure ainsi de pouvoir compter sur suffisamment de votes pour gagner.

Au bureau de Jean Royer, dans la tour de Loto-Québec, le téléphone sonne à nouveau sans arrêt. Tout le monde sait qu'il est l'homme de Parizeau. «Un gars de la Gaspésie m'appelle, raconte Jean Royer, il me dit : "Écoute, je suis médecin, j'ai ma liste de membres... mes patients veulent adhérer. C'est à toi qu'on donne cela?" Ça appelait de partout[76]!», explique Jean Royer. Pendant cette même semaine, la Société Loto-Québec installe justement un nouveau système téléphonique qui permet de dresser une liste des appels faits et reçus par chaque employé. «De tous les employés de la Société, c'est moi qui reçois le plus grand nombre de téléphones cette semaine-là», s'exclame-t-il. J'ai eu plus d'appels téléphoniques que le service à la clientèle! Le président de Loto-Québec me fait venir à son bureau et me dit : «Écoute, je ne sais pas ce qui se passe, mais tu travailles fort en maudit! (rires)» David Clark, un Américain né à Old Orchard, préside alors les destinées de Loto-Québec. Sympathisant à la cause souverainiste, il lui fait un clin d'œil avant de mettre fin à la discussion. Jean Royer peut retourner à son bureau sans crainte d'être importuné par son patron.

Pour mener sa tâche à bien, le «cheval léger» de Jacques Parizeau a besoin d'aide. Pierre Boileau, l'ex-directeur de l'organisation du parti de 1981 à 1985, s'engage à ses côtés pour faire «la chasse aux membres[77]». Boileau a organisé le Congrès du parti en juin 1987. Par conséquent, il n'est pas perçu comme un ennemi par le clan Johnson. Le directeur général du parti, l'ex-ministre Alain Marcoux, permet pour sa part à Pierre Boileau d'avoir accès aux locaux du parti, rue Saint-Hubert, afin de faire du recrutement pour Jacques Parizeau!

En arrivant à la permanence, Pierre Boileau constate les dégâts. «C'est une organisation en décomposition, avoue-t-il. Il y avait trente comtés en tutelle. Ce n'est pas rien[78]!» Les listes de membres lui confirment qu'en

---

76. *Idem.*
77. Pierre Boileau a joint le RIN au milieu des années 1960. Il a commencé à militer activement pour le Parti québécois en 1972. Une année plus tard, en 1973, il rencontre Jacques Parizeau à titre d'adjoint au directeur de l'organisation péquiste dans le comté de Crémazie où le professeur des HÉC se présente. Il ne fréquente le candidat vedette qu'à distance.
78. Entrevue avec Pierre Boileau, le 16 août 2002.

novembre 1987, le parti compte moins de 50 000 membres. «C'était autour de 48 000», précise-t-il[79]. Pierre Boileau ne connaît pas encore Jean Royer, Hubert Thibault et Serge Guérin. Il ne fait partie d'aucun groupe de rebelles, mais il est souverainiste plutôt qu'affirmationniste. «Comme j'étais identifié à Johnson, je pouvais aller récupérer des militants pro-Johnson, affirme Pierre Boileau. Je pouvais aller jouer dans les deux talles. Et dans le fond, c'est pour ça que Parizeau est venu me chercher. Il n'a jamais été question de faire le ménage, ajoute-t-il. Moi, j'avais comme mandat de récupérer ces gens-là (les pro-Johnson)[80].»

Au début du mois de décembre, Jacques Parizeau n'a toujours pas annoncé son intention de se présenter à la direction du parti, mais c'est tout comme. Le député Jean-Guy Parent, qui s'occupe du dossier du libre-échange, rencontre Jacques Parizeau afin de modifier la position du parti sur cette entente. L'organisation péquiste va bientôt faire un spectaculaire tête-à-queue et devenir un vigoureux défenseur de l'entente de libre-échange avec les États-Unis. Quelques jours avant le Conseil national des 5 et 6 décembre, Guy Chevrette se rend au Château Frontenac pour s'entretenir avec le chef non encore couronné[81]. Les deux hommes tentent de définir une stratégie, afin de neutraliser la révolte que préparent certains fidèles de Pierre Marc Johnson. Jacques Parizeau ne doit pas rater l'occasion que lui offre le Conseil national d'asseoir son emprise sur le parti. Il décide toutefois de ne pas s'y présenter, afin de ne pas attiser la colère des affirmationnistes, encore majoritaires. Il laisse agir Guy Chevrette qui fera tout en son pouvoir pour maintenir le parti en une seule pièce. Sa périlleuse mission consiste à désamorcer des propositions rédigées en grande partie par le Comité national des jeunes. Demeuré fidèle à Pierre Marc Johnson, il propose l'expulsion pure et simple des députés Louise Harel, Gérald Godin et Christian Claveau pour avoir ouvertement contesté le chef du parti.

Quelques heures avant le Conseil national, Guy Chevrette négocie une entente pour éviter que les députés rebelles soient expulsés. En contrepartie, ceux-ci s'engagent à s'excuser d'avoir pris position contre Pierre

---

79. Jean Royer maintient qu'il n'y a que 33 000 membres en règle à l'arrivée de Jacques Parizeau à la tête du parti. Entrevue du 3 mai 2000.
80. Entrevue avec Pierre Boileau, le 16 août 2002.
81. Il s'agit du 2 décembre, selon l'agenda de Jacques Parizeau qui rencontre Louise Harel le jour même.

Marc Johnson. À l'ouverture du Conseil, Christian Claveau et Gérald Godin s'amendent. À la surprise de tous, Louise Harel affirme que, si c'était à refaire, elle le ferait mais «dans les instances» du parti. La bombe désamorcée par Guy Chevrette est à nouveau armée. Le chef par intérim doit travailler de pied ferme pour réparer les pots cassés et éviter une autre crise. «Là, j'ai vécu un Conseil épouvantable[82]!», raconte Guy Chevrette. Il garde en tête la consigne de Jacques Parizeau : «Monsieur Chevrette, vous devez garder le parti uni.»

Le Comité national des jeunes, présidé par Isabelle Courville, est intraitable et se comporte en véritable tribunal d'inquisition. À ses côtés, Stéphane Le Bouyonnec, membre de l'exécutif national, se fait particulièrement virulent à l'endroit des députés qualifiés de «vieille garde». Isabelle Courville n'hésite pas à s'en prendre à «la *gang* à Parizeau qu'elle identifie à la *gang* du passé[83].» Jean Royer découvre alors qu'Isabelle Courville et «d'autres autour d'elle ne partiront pas sans faire de bruit. Cela va être plus *tough*[84].» Heureusement pour Jacques Parizeau, Louise Harel revient en partie sur sa décision. Le Conseil national se termine miraculeusement sans qu'aucune démission n'ait été annoncée. Le dur travail de Guy Chevrette a porté fruit. Selon Jean Royer, «c'est à ce moment-là que l'on a repris le contrôle des opérations[85].»

## Le retour

À la mi-décembre, le parti compte déjà 5 500 nouvelles adhésions. «Ça répond relativement bien, calcule Pierre Boileau. Jacques Parizeau s'attendait à plus, c'est clair, mais ce n'était pas mauvais[86].» Le 21 décembre, Jacques Parizeau déclare que le Parti québécois compte 7 000 nouveaux membres et que 2 000 cartes sont dans le courrier. C'est suffisant pour qu'il annonce officiellement sa candidature. Celui qui veut faire oublier

---

82. Entrevue avec Guy Chevrette, le 13 novembre 2001.
83. Propos attribués à Isabelle Courville et rapportés par Jean Royer. Entrevue du 11 mai 2000.
84. Entrevue avec Jean Royer, le 11 mai 2000. Selon l'agenda de Jacques Parizeau, celui-ci est allé dîner avec le couple Le Bouyonnec et Courville au restaurant La Mancha à Montréal, le 3 décembre 1987.
85. *Idem.*
86. Entrevue avec Pierre Boileau, le 16 août 2002.

«le concept passéiste "d'affirmation nationale"» semble avoir le champ libre. Bien qu'aucun autre candidat ne se soit encore manifesté, l'unique aspirant à la direction du parti désire tout de même faire campagne pour expliquer sa pensée politique. «Si le Parti québécois est dirigé par moi, il sera clairement souverainiste et n'essaiera pas de le cacher», proclame-t-il. «Je vais me livrer à une espèce de *strip-tease* intellectuel… et j'espère que je vais faire apparaître des choses à peu près regardables.» La formule fait sourire.

Le jour même, Jacques Parizeau examine l'état des finances du parti. Il constate un important déficit. Depuis la permanence du parti, il appelle Michel Bélanger, alors président de la Banque Nationale. Cette institution financière gère la dette du parti. «On doit un demi million à la banque, rappelle Jacques Parizeau. Nous n'avons pas de sous pour la rembourser et nous lui demandons une marge additionnelle[87].» Les deux anciens révolutionnaires tranquilles discutent pourtant paisiblement au téléphone. Jacques Parizeau semble étonnamment confiant. Jean Royer, qui se trouve dans le même bureau que Jacques Parizeau, entend son patron s'adresser au banquier : «Je l'entends lui dire qu'il appelle depuis la permanence du PQ. Il explique à Michel Bélanger tout ce que représente ce parti pour le Québec qui fait affaires avec la seule banque francophone. Parizeau emploie exactement les termes qu'il faut, se souvient Jean Royer, admiratif. Il ne demande pas à Bélanger d'augmenter la marge de crédit, il lui fait plutôt comprendre qu'il sait qu'il va accorder la marge de crédit ! Je n'entends pas ce que dit Bélanger, la discussion est très courte, raconte Jean Royer, mais je comprends que Michel Bélanger accepte[88].» Jacques Parizeau est déjà considéré comme un chef de parti.

Si la venue de Jacques Parizeau exaspère certains analystes et pousse Jacques Rochefort à abandonner le Parti québécois et à siéger comme député indépendant, d'autres voient d'un bon œil son retour en politique : «Ni précipitation ni reculade, la démarche amorcée par M. Jacques Parizeau relève du grand art, écrit Paul-André Comeau dans *Le Devoir*. Pas question de brûler les étapes, encore moins de se cantonner dans un mutisme qui trahirait des convictions défaillantes. À défaut d'un coup d'éclat, ce dernier se contente d'un simple déplacement de pion sur un échiquier où rien n'est désormais simple. Au lieu de céder aux incitations,

---

87. Entrevue avec Jacques Parizeau, le 28 juin 2000.
88. Entrevue avec Jean Royer, le 11 mai 2000.

l'homme que d'aucuns souhaiteraient plébisciter, entend bien imprimer son propre rythme au cours des événements[89]. » Pour l'éditorialiste Michel Roy, du journal *La Presse*, « Le retour de Jacques Parizeau au Parti québécois marque un progrès pour la démocratie et la qualité de la vie politique dans notre société. (…) Cette transparence, cette clarté, cette ligne droite caractérisent la position de M. Parizeau au sujet de l'accession du Québec à l'indépendance. Pour l'intelligence et l'honnêteté du débat, c'est aussi un progrès remarquable[90] », écrit le journaliste.

En cette fin d'année 1987, le chef de guerre se lance donc dans une difficile opération. Il doit reconstruire un parti moribond, endetté et affaibli par les divisions dans un Québec qui semble bien peu intéressé par l'aventure souverainiste.

---

89. Éditorial de Paul-André Comeau, « Le début de l'Avent », *Le Devoir*, le 19 novembre 1987.
90. Éditorial de Michel Roy, « Le retour de Parizeau », *La Presse*, le 19 novembre 1987.

## SIXIÈME PARTIE

# LE RETOUR
# DE L'INDÉPENDANTISTE

# CHAPITRE 4

# Sénateur ou reconstructeur?

*«Brian Mulroney me voyait venir sur le plan poli-
tique. Alors, il m'a offert un poste de sénateur juste
avant que je me présente. C'était au moment du débat
sur le libre-échange, à l'automne 1987!»*

Jacques Parizeau[1]

Dimanche après-midi, le 17 janvier 1988. Un millier de personnes réunies au sous-sol de l'église Saint-Pierre-Claver, dans le comté montréalais de Mercier, assistent au premier discours public de Jacques Parizeau, à titre de candidat à la direction du Parti québécois. Malgré le nombre important de militants, la composition de l'assemblée trahit le piètre état du parti. «La salle était vieille!», s'exclame Jacques Parizeau, en se remémorant l'événement. «Mon Dieu! Ça faisait pépère, puis mémère[2]!» Celui qui s'apprête à diriger un parti qui a perdu un demi million de voix à l'élection de 1985[3] et plus de 100 000 membres depuis 1981 regarde la scène avec appréhension. L'assemblée ayant lieu dans le comté de Gérald Godin, il va de soi que Pauline Julien, son épouse, y assiste. Il n'y a pas si longtemps, celle qui chantait sur toutes les scènes les mérites de l'engagement

---

1. Entrevue avec Jacques Parizeau, le 21 juin 2000.
2. Entrevue avec Jacques Parizeau, le 28 juin 2000.
3. Selon l'analyse de Pierre Drouilly, dans son article «L'élection du 25 septembre 1989 : une analyse des résultats» publié dans *L'année politique au Québec 1989-1990*, Québec Amérique, 1990. Collectif sous la direction de Denis Monière.

social est paisiblement assise, ce dimanche, en train de tricoter. «Les journalistes ont très bien compris le symbole de Pauline Julien, devenue grand-mère, qui vient faire son tricot en m'écoutant parler», relate Jacques Parizeau. Dans les mois qui vont suivre, la presse va véhiculer la thèse voulant qu'avec Jacques Parizeau, la «vieille garde orthodoxe» a repris le contrôle du parti, et ce, au détriment de la jeunesse.

L'assemblée est présidée par Camille Laurin. À la fin d'une envolée oratoire aux accents patriotiques un peu vieillots, le père de la Charte de la langue française présente Jacques Parizeau comme «le futur président de la république». Jean Royer capte le regard de son patron et comprend que celui-ci ne trouve pas «cette dernière formule très heureuse[4].» Le candidat se lève tout de même. L'homme qui s'engage à nouveau sur le terrain politique aurait pu, comme en 1969, choisir une autre voie. Ses années d'enseignement aux HÉC, de 1985 à 1987, son expertise et ses connaissances ont fait de lui un consultant très recherché. Pendant cette courte période, de nombreux ministres ont d'ailleurs fait appel à ses services...

## Le sénateur Parizeau

Après sa démission comme ministre des Finances de René Lévesque, Jacques Parizeau redevient professeur et se montre rapidement favorable à l'idée du libre-échange. Sa position lui vaut ainsi, au début de l'année 1986, une invitation à la résidence du lac Meech. John Turner, le chef de l'opposition officielle à Ottawa[5], veut que Jacques Parizeau l'éclaire sur la question du libre-échange avec les États-Unis et l'aide à définir sa propre position. «J'ai passé une journée entière à discuter avec lui», déclare fièrement Jacques Parizeau, qui faisait partie d'un petit groupe d'économistes triés sur le volet. Le Parti libéral du Canada a payé toutes les dépenses du professeur Parizeau. Le salaire versé à l'économiste souverainiste est demeuré secret, mais Greg Weston, l'auteur d'une biographie non autorisée de John Turner, révèle que lorsque le trésorier du Parti libéral du Canada,

---

4. Entrevue avec Jean Royer, le 11 mai 2000.
5. Selon les souvenirs de Jacques Parizeau. Entrevues du 16 août 1999 et du 21 juin 2000.

Howard Stevenson, a vu le montant qui avait été versé au dangereux séparatiste, il en avait été profondément choqué[6].

Au début de l'année 1987, Michael Wilson, le ministre fédéral des
Finances, présenta au premier ministre du Canada son projet de réforme
traitant de l'impôt sur les entreprises. Après en avoir pris connaissance,
Brian Mulroney demande à son ministre de mener des consultations addi-
tionnelles, notamment auprès de Jacques Parizeau. Michel Caron, alors
sous-ministre associé au ministère de Michael Wilson, est alors chargé
d'établir le contact avec le docteur en économie. À titre d'ancien sous-
ministre de Jacques Parizeau de 1977 à 1982, il était la personne toute
désignée pour lui demander de venir à Ottawa, afin d'étudier le projet de
Wilson. Le contrat de consultant de Jacques Parizeau s'échelonnait du
16 au 30 avril 1987. Pour cette recherche technique, il reçut cinq mille
dollars[7]. À la même époque, le professeur d'économie rencontrait le caucus
du Parti conservateur, dans une suite de l'Hôtel Sheraton de Laval, afin de
discuter du libre-échange[8].

Fait étonnant à souligner, il semble même que le Bureau du premier
ministre à Ottawa ait songé à retenir les services de Jacques Parizeau, au
moment où le Canada se préparait à mettre sur pied son équipe pour
négocier l'entente de libre-échange avec les États-Unis. Le professeur des
HÉC fut pressenti pour occuper le poste de chef négociateur adjoint aux
côtés de Simon Reisman. Gordon Ritchie, qui occupera finalement cette
fonction, en fait mention dans son livre où il révèle les dessous des négociations canado-américaines[9]. Pour les fins de cette biographie, il est allé
plus loin, en précisant que cette suggestion avait même été véhiculée par
Marjorie LeBreton, alors responsable des nominations au bureau de Brian
Mulroney. Bien que LeBreton nie vigoureusement qu'elle ait fait une telle
suggestion, Gordon Ritchie maintient sa version des faits[10].

---

6. Greg Weston, *Reign of error : The inside story of John Turner's troubled leadership*,
   Toronto, McGraw-Hill Ryerson, 1988, p. 176.
7. Bill Neddow, porte-parole du ministère des Finances à Ottawa, confirme le montant. Le journaliste Denis Lessard en fait mention dans deux articles du journal
   *La Presse*, les 22 et 25 octobre 1988. Jacques Parizeau confirme le tout. Entrevue
   du 21 juin 2000.
8. Entrevue téléphonique avec Jacques Parizeau, le 9 juillet 2003.
9. Gordon Ritchie, *Wrestling with the Elephant*, Toronto, Macfarlane, Walter & Ross,
   1997, p. 65.
10. Entrevue téléphonique avec Gordon Ritchie, le 7 juillet 2003.

L'attitude libre-échangiste de Jacques Parizeau n'intéressait pas seulement les Canadiens[11]. En février 1987, il fut invité par le Brookings Institution de Washington à prononcer une conférence sur la situation des services financiers au lendemain d'une entente de libre-échange canado-américaine[12].

Au Québec, c'est en août 1987 que le premier ministre Robert Bourassa demande à Jacques Parizeau de participer à la Commission parlementaire sur le libre-échange. Au même moment, le ministre délégué aux Finances et à la Privatisation, Pierre Fortier, l'engage comme consultant pour participer à la rédaction d'un document sur le décloisonnement des institutions financières. Jacques Parizeau touche, encore une fois, des honoraires de plus de cinq mille dollars pour près d'un mois de travail[13].

Toujours au cours de l'année 1987, Jacques Parizeau et Brian Mulroney se rencontrent à quelques reprises. « Lui (Brian Mulroney), il me voyait venir sur le plan politique[14] », confie Jacques Parizeau en riant. Le règne de Pierre Marc Johnson à la tête du Parti québécois semblait tirer à sa fin et tous voyaient se profiler l'ombre de Jacques Parizeau derrière le leader bientôt déchu. Or, comme le discours libre-échangiste du professeur des HÉC se révélait fort utile pour Brian Mulroney qui désirait aussi l'éloigner de la scène politique, le premier ministre du Canada lui fait alors une proposition audacieuse : le nommer au sein du Sénat canadien, sacrosainte institution fédérale ! « Il m'a offert un poste de sénateur juste avant que je me présente en politique ! », révèle pour la première fois Jacques Parizeau. C'était au moment du débat sur le libre-échange, à l'automne 1987. Pour s'assurer d'une réponse positive, le premier ministre du Canada alla même jusqu'à lui proposer un poste de sénateur indépendant. Jacques Parizeau aurait donc pu devenir un sénateur indépendantiste… indépendant ! Dans un grand éclat de rire, il nous apprend qu'il refusa la proposition de Mulroney. Quelques semaines plus tard, il initia le « *strip-tease* intellectuel » qui allait lui permettre de conquérir la direction du Parti québécois… plutôt que le Sénat canadien !

---

11. Jacques Parizeau participe alors à des séminaires organisés par le Conseil économique du Canada.
12. Entrevue avec Jacques Parizeau, le 15 août 2000.
13. Selon un article de J.-Jacques Samson, « En 1987, Parizeau conseiller " libéral " » *Le Soleil*, le 12 mai 1989. Son influence se fait sentir précisément aux pages 63 à 66 du Livre blanc sur la réforme des institutions financières.
14. Entrevue avec Jacques Parizeau, le 21 juin 2000.

## Le reconstructeur

« Le PQ doit être souverainiste avant, pendant et après les élections », déclare-t-il devant les militants de Mercier réunis en ce dimanche de janvier 1988. Le nouveau mot d'ordre de Jacques Parizeau est limpide : « Pour la relance de son action, il est nécessaire que le PQ clarifie ses objectifs et ses idées. Ce n'est pas se radicaliser que de savoir ce que nous voulons exactement. » La démarche du croisé se veut transparente : « Quand nous serons portés au pouvoir, le parti aura le mandat de déclencher le cheminement qui mènera à la souveraineté. » Sa stratégie, dorénavant connue de tous, est soumise au feu nourri de la critique. Le « *strip-tease* » de Parizeau est bel et bien commencé. En dévoilant ses attributs, il n'a à aucun moment l'impression de se rendre vulnérable. Le chevalier de l'indépendance croit à la force des idées pour percer l'armure de ses adversaires. Dans l'action politique, il fuit la pénombre. Toujours, il avance sur le champ de bataille à découvert, comme les armées napoléoniennes.

En revanche, sur le processus même d'accession à la souveraineté, Jacques Parizeau se montre moins rigide. Trois options sont évoquées. Première option : le pays apparaîtra à la suite d'une série de référendums sectoriels permettant le rapatriement pièce par pièce des pouvoirs nécessaires à la construction d'une nation souveraine. Seconde option : un seul référendum sera nécessaire pour proclamer le pays. Troisième option : une fois au pouvoir, le Parti québécois pourrait déclencher brusquement de nouvelles élections à teneur référendaire qui permettraient de proclamer la souveraineté du Québec, en cas de victoire. Un mois plus tard, Jacques Parizeau écarte cette dernière option, en précisant qu'un référendum demeure l'étape nécessaire pour faire la souveraineté.

Les « idées claires » de Jacques Parizeau semblent rallier les troupes. Peu à peu, Jean Royer signale à son patron le retour de gens importants dans le parti. « Des DOC (directeurs à l'organisation de comté) reviennent[15] », lui annonce-t-il fièrement. Pour sa campagne à la direction du parti, une campagne menée sans opposant, Gilles Baril, qui s'est lancé dans l'importation de café, offre à Jacques Parizeau le deuxième étage bétonné de son local, dans l'est de Montréal[16]. C'est aussi Gilles Baril qui présente à Jean

---

15. Propos attribués à Jean Royer et rapportés par Jacques Parizeau. Entrevue du 28 juin 2000.
16. Selon Jean Royer. Entrevue du 11 mai 2000.

Royer et à Jacques Parizeau le futur président de l'aile jeunesse du parti, André Boisclair. Leur première rencontre a lieu dans une *binerie* de l'est de la ville à l'heure du déjeuner. Portant bretelles et cravate, le jeune Boisclair s'y présente avec la ferme intention d'organiser une assemblée de jeunes pour venir appuyer leur campagne. Sa prestance et sa détermination impressionnent grandement les deux hommes, qui décident de lui faire confiance.

Serge Guérin, le chef de cabinet du ministre Parizeau de 1976 à 1980, décide pour sa part de ne pas faire partie de la nouvelle garde rapprochée du futur chef du parti. Il assume maintenant la vice-présidence de la société d'État Pétromont, à la division Finances et affaires corporatives. Il suggère toutefois à Jacques Parizeau de ne pas hésiter à miser sur Jean Royer, lequel incarne à ses yeux toute la force et le potentiel de la jeunesse : « Il a tout ce qu'il faut. De toute façon, je ne serai jamais bien loin si vous avez besoin de moi, dit-il à Jacques Parizeau. Je serai toujours là pour vous aider[17]. »

Étrange situation que cette course à la direction du parti qui, finalement, n'en est pas une. Un à un, les rivaux potentiels de Jacques Parizeau se désistent. Jean Garon laisse plusieurs fois entendre qu'il pourrait faire campagne, mais il ne plonge pas. Lise Payette, dont le nom est évoqué, ne réagit même pas publiquement. Jacques Brassard, un tenant de « l'affirmation nationale », annonce à la fin janvier qu'il songe à se présenter en s'associant à Isabelle Courville, présidente du Comité des jeunes qui déteste Jacques Parizeau. Cette possibilité sombre dans l'oubli le plus total. Le 28 janvier, dans une entrevue accordée au journaliste Pierre O'Neill du journal *Le Devoir*, Pauline Marois annonce elle aussi qu'elle ne se lancera pas dans l'arène, mais elle en profite tout de même pour écorcher au passage Jacques Parizeau. *Monsieur* « n'est peut-être pas l'homme de la situation[18] », juge-t-elle. Elle lui reproche son attitude rétrograde envers les femmes et ses distances à l'égard de la social-démocratie. Elle trouve que son vocabulaire est sexiste. De toute évidence, elle n'apprécie guère l'image du «*strip-tease* intellectuel» utilisée par ce dernier. « Il faut qu'il corrige ce langage, qu'il se modernise et se mette à l'écoute des mouvements de femmes. » Pauline Marois est alors trésorière de la Fédération des femmes du Québec.

---

17. Entrevue avec Serge Guérin, le 20 mars 2000.
18. Pierre O'Neill, «Pauline Marois n'y va pas», *Le Devoir*, le 28 janvier 1988.

S'il se réjouit de voir ses rivaux disparaître, Jacques Parizeau ne souhaite nullement perdre des militants de la trempe de Pauline Marois. Pour le combat qu'il entend mener, il sait qu'il aura besoin de l'appui des femmes. Il réagit donc rapidement aux propos de Pauline Marois. À peine quelques jours après la parution de l'article de Pierre O'Neill, il l'invite à dîner au restaurant Chez Pierre à Montréal. La rencontre se déroule le 5 février 1988[19]. «Madame Marois, lui dit-il d'emblée, je comprends que vous puissiez avoir des points de vue [différents des miens][20].» Jacques Parizeau ajoute cependant qu'il connaît assez Pierre O'Neill pour savoir qu'il a peut-être un peu déformé les propos de l'ancienne ministre. Habile, il prépare le terrain et donne à Pauline Marois tout l'espace nécessaire pour qu'elle puisse revenir sur ses propos et se rallier. Jacques Parizeau poursuit : «Pour la souveraineté, si on veut la faire, j'ai besoin de vous. En ce qui concerne les femmes, si je ne suis pas bon, vous serez à ce titre ma première conseillère[21].» Agréablement surprise, Pauline Marois désire toutefois exercer une influence au-delà de la question féminine. «Bien que j'aie pu avoir des propos assez durs à son endroit, je lui ai demandé de me faire suffisamment confiance et de me laisser réviser le programme, afin que l'on réintroduise des éléments progressistes, un peu dans la perspective du plein emploi et d'une politique de formation continue, par exemple[22].» Jacques Parizeau acquiesce. Celle qui n'a pas repris contact avec lui depuis les premières années du gouvernement Lévesque découvre un Jacques Parizeau «plus sensible à une vision progressiste.» Le repas se termine finalement sur une offre que Pauline Marois ne peut pas refuser : «Il me faut un bon programme et une bonne conseillère au programme[23]», lui dit-il. «Jacques Parizeau m'offre d'être conseillère au programme, confirme-t-elle. J'ai trouvé cela très intelligent de sa part. Dans le fond, il essayait d'aller chercher tous les gens qui pouvaient soit s'opposer à lui ou qui avaient des points de vue qui étaient un peu différents du sien et de les réunir au sein d'une équipe. Ce qu'a fait Jacques Parizeau ce jour-là, je lui

---

19. Selon l'agenda de Jacques Parizeau.
20. Propos attribués à Jacques Parizeau et rapportés par Pauline Marois. Entrevue du 21 janvier 2002.
21. Propos attribués à Jacques Parizeau et rapportés par Jean Royer. Entrevue du 11 mai 2000.
22. Entrevue avec Pauline Marois, le 21 janvier 2002.
23. Entrevue avec Jacques Parizeau, le 28 juin 2000.

en serai toujours reconnaissante. J'ai servi, mais j'ai appris[24] », confie-t-elle. Pauline Marois est d'autant plus en mesure d'apprécier le geste de Jacques Parizeau, qu'elle n'a pas oublié le manque de générosité de Pierre Marc Johnson à son endroit.

Le 8 février 1988, soit dix jours après avoir qualifié Jacques Parizeau de « rétrograde », Pauline Marois pose sa candidature au poste de conscillère au programme du Parti québécois. Au moment où les démissions des présidents régionaux se succèdent, cette annonce arrive à point nommé pour le clan Parizeau. Selon Jean Royer, un grand nombre de ces présidents régionaux, demeurés fidèles à Pierre Marc Johnson, « s'étaient entendus pour démissionner à tour de rôle, pour maintenir dans l'actualité la nouvelle voulant que des gens partaient et abandonnaient le nouveau chef[25]. »

Jacques Parizeau tente de maintenir en place l'essentiel de la structure du parti, afin de permettre une transition en douceur, mais les tuiles ne cessent de lui tomber dessus. Le 29 janvier, cinq des seize membres de l'exécutif du parti démissionnent. Le 26 février[26], il convoque la présidente du comité des jeunes au restaurant Le Caveau à Montréal. Jacques Parizeau désire ardemment qu'Isabelle Courville demeure en poste. Il est également prêt à offrir un comté à Stéphane Le Bouyonnec, son conjoint. Malgré ses efforts pour garder les deux *affirmationnistes*[27], la rencontre est orageuse et n'aboutit nulle part. Dans les heures qui suivent, Stéphane Le Bouyonnec fait d'ailleurs une violente sortie contre Jacques Parizeau. Le 1er mars, Isabelle Courville annonce sa démission. Onze de ses collègues lui emboîtent le pas.

Au moment de démissionner, Isabelle Courville met toute la gomme pour blesser politiquement le groupe qu'elle identifie aux « purs et durs » du parti. Elle qualifie alors l'idéologie véhiculée par Jacques Parizeau de « nationalisme passéiste ». Pour la présidente démissionnaire du comité des jeunes, les discours de Parizeau, prononcés dans le cadre d'un soi-disant « *strip-tease* intellectuel », « auront eu le mérite de nous faire connaître l'histoire économique et sociale du Québec des vingt dernières années,

---

24. Entrevue avec Pauline Marois, le 21 janvier 2002.
25. Entrevue avec Jean Royer, le 11 mai 2000.
26. Selon l'agenda de Jacques Parizeau.
27. Selon les souvenirs de Jacques Parizeau. Entrevue du 28 juin 2000.

mais nous auront très peu situés dans la perspective des vingt-cinq ou cinquante années à venir[28]. » Jean Royer grimace... Celui qui tente de modifier l'image vieillotte véhiculée par les médias à l'endroit de Jacques Parizeau estime que ces déclarations font mal.

À la mi-mars, une soixantaine de membres élus et actifs dans les comités du Parti québécois ont tiré leur révérence. La course à la direction qui n'a pas eu lieu, faute de candidats, tire à sa fin. S'il triomphe sans gloire, Jacques Parizeau a tout de même profité de l'occasion pour se faire connaître de la population et pour rallier un plus grand nombre de militants. Mais pour celui qui possède l'assurance d'un monarque, seul un couronnement peut dignement clore cette épreuve.

## Le couronnement

Le 18 mars 1988, lors d'un Conseil national extraordinaire tenu à l'Hôtel Bonaventure de Montréal, le Parti québécois se donne un nouveau chef. Présenté comme l'homme des «idées claires», Jacques Parizeau est proclamé grand maître du jeu péquiste. Le troisième président de l'histoire du Parti québécois deviendra le promoteur le plus tenace de la souveraineté du Québec.

Dès le lendemain de son élection à la tête du parti, il s'empresse de former la redoutable équipe politique qui l'épaulera dans la lourde tâche de relancer l'idée souverainiste et de rebâtir le parti. La structure de cette équipe est simple, mais efficace. Hubert Thibault sera les yeux et les oreilles de Parizeau à l'Assemblée nationale. À titre de chef de cabinet de Guy Chevrette, il veillera à ce que l'aile parlementaire du parti soit mieux préparée pour les joutes politiques. Jean Royer, conseiller spécial de Jacques Parizeau, coordonnera depuis Montréal les liens entre le parti et l'équipe parlementaire. Pierre Boileau deviendra son organisateur en chef. Il succède à Alain Marcoux au poste de directeur général du parti. Cette structure triangulaire – Thibault-Royer-Boileau – constitue le cœur et l'essence de la machine politique de Jacques Parizeau.

Préférant avant tout se consacrer à son parti, Jacques Parizeau a décidé de ne pas se présenter dans un comté avant les prochaines élections. Pour

---

28. Cité dans un article de Pierre Gravel, «Douze autres démissions secouent le PQ», *La Presse*, le 2 mars 1988.

cette raison, il confie à Guy Chevrette le poste de chef de l'opposition officielle. C'est donc au député de Joliette qu'il revient de diriger la vingtaine de députés péquistes à l'Assemblée nationale. Le bureau normalement occupé par le chef de l'opposition à Montréal est cependant mis à la disposition de Jacques Parizeau, qui y aménage son quartier général.

Dans les mois qui vont suivre, tous les lundis matin, au quinzième étage de la Place Ville-Marie, Jacques Parizeau entame sa semaine de travail par une réunion formelle en compagnie de Guy Chevrette, Hubert Thibault, Jean Royer, Pierre Boileau et Claude Beaulieu, le responsable des communications de l'aile parlementaire. Ce qu'il est convenu d'appeler «les réunions du lundi matin» servent alors à préciser l'action politique pour la semaine à venir et à définir le plan stratégique à long terme. Tous les mardis, pendant que Jacques Parizeau enseigne aux HÉC, Jean Royer se rend à Québec pour solidifier les liens avec l'aile parlementaire. Les mercredis, c'est au tour de Jacques Parizeau de passer la journée à Québec. Durant les premières semaines, rappelle Jean Royer, «il rencontre tous les députés pour discuter de leurs dossiers et leur indiquer comment il voit les choses[29].» Les jeudis, Jacques Parizeau est de retour à l'Université de Montréal. Quant aux vendredis, ils sont réservés à des rencontres à son bureau de la Place Ville-Marie. Une fin de semaine sur deux, le président du parti se déplace en région pour y rencontrer des militants. En agissant ainsi, Jacques Parizeau s'assure de faire tout ce qu'il faut afin que le parti soit prêt pour les prochaines élections, qu'il prévoit pour le printemps de l'année 1989.

À cette époque, même si de nombreux sondages indiquent que la population du Québec ne désire pas que le Parti québécois fasse la promotion de la souveraineté, Jacques Parizeau persiste dans cette voie. Il voit bien que les mêmes enquêtes d'opinion révèlent également que la très grande majorité des péquistes veulent relancer l'idée d'indépendance. C'est donc aux militants que le chef des souverainistes s'adresse d'abord et avant tout. Pour convaincre la population du Québec, il sait qu'il a besoin d'une solide organisation. En mai 1988, six mois après avoir demandé aux souverainistes de réintégrer le Parti québécois, Jacques Parizeau annonce que le nombre de membres a doublé et qu'il s'élève maintenant à cent deux mille. Pour sa campagne de financement, la nouvelle direction a amassé 1,6 million de dollars, dépassant de cent mille dollars l'objectif fixé.

---

29. Entrevue avec Jean Royer, le 17 mai 2000.

Malgré ces bonnes nouvelles pour les péquistes, le gouvernement de Robert Bourassa demeure toutefois fort populaire dans les sondages. Les analystes observent cependant que le parti souverainiste reprend du poil de la bête et dépasse enfin le NPD, qui redevient marginal. Pour la prochaine élection générale, Jacques Parizeau vise à franchir la barre des 40 % d'appuis, tout comme lors du référendum de 1980. Par cette évaluation réaliste, il cède déjà la victoire aux libéraux. Le nouveau chef est donc prêt à diriger le Parti québécois pour au moins cinq ans. Un événement inattendu et terriblement dramatique vient cependant compromettre ses plans.

## Il faisait beau ce jour-là…

Dans son autobiographe intitulée *Une femme*, Alice Parizeau n'a que de bons mots pour son mari qu'elle surnomme tendrement Jacek[30]. Sous la plume de cette romancière, l'homme aux larges épaules qui fait plus de 1,83 mètre prend des allures de véritable prince charmant. Dans cette œuvre posthume, leur vie de couple semble baigner dans l'allégresse : « Ils se réveillent presque en même temps, elle et lui. Il est vrai qu'elle a l'âme d'une midinette et que cela ne change pas avec le temps. Quand elle l'avait rencontré, elle avait pensé qu'il était l'homme de sa vie et il l'est toujours. Leur histoire est incroyable, et bien que vraie, elle ne se raconte pas car, tout compte fait, elle est trop belle[31]. »

Cette histoire trop belle à raconter, c'est celle d'Alicja Poznanska, Polonaise d'origine. « Nos souvenirs communs à Jacek et à moi sont beaucoup plus gais que ceux que je porte gravés en moi depuis toujours, et beaucoup moins héroïques[32]. » Avant d'épouser Jacques Parizeau, le 2 avril 1956, Alice a en effet connu les affres de la Deuxième Guerre mondiale. Sa famille a été complètement décimée, en résistant à l'envahisseur allemand. Orpheline, elle a participé à l'insurrection de Varsovie. Faite prisonnière, incarcérée dans les camps allemands d'où elle s'évade, elle a été à nouveau capturée[33].

---

30. Ce qui signifie « Jacques » en polonais.
31. Alice Parizeau, *Une femme*, Montréal, Leméac Éditeur inc., 1991, p. 9.
32. Alice Parizeau, *op. cit.*, p. 112.
33. Pour en savoir plus sur l'enfance et la jeunesse d'Alice Parizeau, le lecteur est invité à lire le chapitre intitulé « Alice au pays de Jacek » dans le tome I, *Le Croisé*.

En 1952, son arrivée au Québec marque le début d'une vie nouvelle. Sans jamais oublier sa Pologne natale, elle s'attache rapidement au Québec, son pays d'adoption. Indépendantiste bien avant son mari, elle participe discrètement à ce nouveau combat aux côtés des nationalistes québécois du RIN. En tant que fervente admiratrice de René Lévesque, elle ne peut que saluer l'adhésion de son mari au Parti québécois. Quand, en 1984, celui-ci démissionne parce qu'il n'est pas d'accord avec l'option du « beau risque », encore une fois, elle le comprend. Le couple partage la même analyse des événements. Quand son mari songe à reprendre du service et à diriger le Parti québécois, elle l'appuie à nouveau, tout en sachant que la politique va l'éloigner de la maison familiale.

Or, un mois, jour pour jour, après que son époux ait été désigné chef du Parti québécois, Alice Parizeau apprend une bien mauvaise nouvelle. Le drame se profile un dimanche soir à la résidence familiale des Parizeau à Outremont[34]. Alice et Jacques viennent de finir de souper avec leurs enfants, Isabelle et Bernard, quand Alice se plaint d'une vive douleur sous l'aisselle droite. Son fils, un médecin omnipraticien, dit alors à sa mère : « Maman, viens avec moi dans le vestiaire. » Bernard Parizeau lui soulève les bras et lui tâte les ganglions. Il observe ensuite le teint de sa mère et fixe ses yeux. Il y décèle un malaise, mais ne peut pas l'identifier. Il s'inquiète :

— Maman, tu vas à l'hôpital demain matin. Je prends un rendez-vous pour toi dès ce soir.

— Mais…

— Maman !

Le ton de son fils ne tolère aucune réplique. Le lendemain, Alice Parizeau va voir un médecin. On prend une radiographie de ses poumons, puis la radiologiste examine les clichés en silence. Après avoir pris une grande respiration, la femme médecin se tourne vers Alice Parizeau et lui dit doucement : « Je regrette beaucoup… vous avez un cancer au poumon

---

34. Cette description provient des souvenirs de Jacques Parizeau. Entrevue du 13 janvier 2000. Dans son autobiographie, Alice Parizeau raconte qu'elle annule le souper de famille, parce qu'elle ne se sent pas bien. Selon sa version, c'est en communiquant avec son fils au téléphone pour reporter le repas que celui-ci lui suggère d'aller passer dès le lendemain matin un examen médical. Le biographe retient la version de Jacques Parizeau. Celui-ci, questionné à plusieurs reprises sur cet épisode, semble avoir gardé un souvenir très vif de cette journée.

droit. Je suis désolée…[35]» La tumeur est située à l'entrée du poumon. Elle est si volumineuse qu'elle comprime certains nerfs, ce qui peut expliquer la douleur que la patiente ressent en haut du bras droit[36]. La maladie est incurable. Alice Parizeau n'a que 61 ans. On lui donne quelques semaines à vivre… trois mois tout au plus. Par la fenêtre de la voiture qui la ramène à la maison, elle remarque comment la journée est belle et lumineuse. «Le soleil brille pourtant… », se dit-elle.

Pendant ce temps, au quinzième étage de la Place Ville-Marie, Jacques Parizeau préside sa «réunion du lundi matin». Jean Royer, très attentif, est tout à coup dérangé par un bruit inhabituel. La secrétaire de Jacques Parizeau ouvre la porte et entre dans le bureau, sans prévenir. Elle indique à Jacques Parizeau que quelqu'un désire lui parler au téléphone. «C'est exceptionnel, raconte Jean Royer. Normalement, on ne le dérange pas pendant les réunions du lundi matin[37].» Son conseiller en déduit que c'est sûrement quelqu'un de sa famille, sans quoi «il ne serait pas sorti du bureau.» Quelques minutes s'écoulent, puis Jacques Parizeau revient. «Là, j'ai vu dans son regard qu'on venait de lui apprendre une mauvaise nouvelle, se souvient Jean Royer. J'ai senti qu'il y avait quelque chose.» Personne n'ose lui demander de quoi il s'agit. La réunion continue et le chef donne à Hubert Thibault les mandats qu'il doit transmettre à Guy Chevrette à Québec.

Le soir même, Jacques Parizeau mobilise toutes ses énergies pour son épouse. «Il a réussi à prévenir [mes enfants], écrit Alice Parizeau, à les réunir, à mobiliser un spécialiste à l'hôpital Notre-Dame et à y obtenir une chambre privée. Je le vois déjà en train de téléphoner pour décommander ma conférence[38].» Puis, il convoque Jean Royer à sa résidence. «J'ai eu une mauvaise nouvelle aujourd'hui, monsieur Royer… Ma femme a un cancer[39].» Jean Royer, qui a toujours beaucoup apprécié l'épouse de son patron, baisse les yeux quelques instants. «Je souhaiterais être avec

---

35. Tel que rapporté par Alice Parizeau dans son autobiographie, *Une femme, op. cit.*, p. 10.
36. Entrevue téléphonique (le 6 octobre 2000) avec le docteur Jacques Baillargeon, également ami de la famille Parizeau.
37. Entrevue avec Jean Royer, le 17 mai 2000.
38. Alice Parizeau, *op. cit.*, p. 11.
39. Propos attribués à Jacques Parizeau et rapportés par Jean Royer. Entrevue du 17 mai 2000.

elle toute la journée demain, précise le nouveau président du Parti québécois. Il faut donc annuler l'événement prévu avec les militants à Trois-Rivières. Je souhaiterais que vous l'annuliez, mais sans en indiquer la raison. Donnez toutefois une raison qui se tienne.» Jean Royer s'exécute, l'air grave.

Pour le «cheval léger» de Jacques Parizeau, cette nouvelle est doublement mauvaise. D'une part, il apprend qu'une personne pour qui il a le plus grand respect est atteinte d'une maladie incurable et, d'autre part, il craint sérieusement que cette nouvelle n'amène son patron à se retirer de la scène politique : «J'ai senti le lundi soir qu'il y avait quelque chose de très, très, très important qui pourrait même remettre en cause son activité politique. Ça, je l'ai senti. Il ne me l'a pas dit! Il n'a jamais dit cela, jamais devant moi, mais j'ai vu un homme dont la priorité numéro un venait soudainement de changer[40]», explique Jean Royer.

Jacques Parizeau, qui a refusé un poste de sénateur il y a quelques mois et qui a abandonné l'enseignement pour se lancer en politique, se questionne effectivement sur le rôle qu'il doit jouer. Le «reconstructeur» du Parti québécois doit maintenant affronter un tragique dilemme personnel. Comme les jours de sa femme sont comptés, il désire être auprès d'elle le plus souvent possible. «Je me suis demandé si je devais sortir. J'ai vraiment songé à "tout sacrer là"! À abandonner la politique[41]», révèle Jacques Parizeau. Il en discute avec son épouse. «Je pense qu'il a dit à madame Parizeau, "Alice, je vais tout lâcher puis on va passer au travers"[42]», relate Jean Royer. Jacques Parizeau le confirme : «Moi, j'étais complètement bouleversé. J'étais... Surtout quand on a appris que les médecins lui donnaient trois mois et qu'il n'y avait pas d'intervention possible! Mais c'est Alice qui a insisté pour que je reste[43].» Elle lui a dit : «Tu dois continuer à le faire, parce que c'est important[44].» Jacques Parizeau continuera donc son combat pour la souveraineté.

---

40. Entrevue avec Jean Royer, le 17 mai 2000.
41. Entrevue avec Jacques Parizeau, le 28 juin 2000.
42. Propos attribués à Jacques Parizeau et rapportés par Jean Royer. Entrevue du 17 mai 2000.
43. Entrevue avec Jacques Parizeau, le 28 juin 2000.
44. Propos attribués à Alice Parizeau et rapportés par Jean Royer, entrevue du 17 mai 2000, et Jacques Parizeau, entrevue du 28 juin 2000.

Quelques semaines plus tard, lors d'une réunion de l'exécutif national du parti, fort ému, il apprend lui-même aux gens réunis la nouvelle de la maladie de sa femme. Du même souffle, le chef du Parti québécois leur annonce que son agenda deviendra beaucoup plus difficile à planifier : « Je ne pourrai pas faire tout ce que je devrais faire. Il faut que vous en soyez très conscients[45] », confie-t-il. À ce même moment, il donne des instructions très claires à Jean Royer : « À partir de ce jour, à tous les soirs, quoi qu'il arrive et où que je puisse être, je devrai toujours rentrer à la maison. Ça fait plus de trente ans que je vis avec cette femme-là. Je serai donc avec elle tous les soirs pour le coucher[46]. » Jean Royer comprend d'abord que son patron va continuer à faire de la politique et il en est heureux. Mais il réalise ensuite que la contrainte qu'il « s'est imposée est grande, parce que toutes les rencontres avec les militants – qui sont des bénévoles – se tiennent le soir. » Pierre Boileau, l'organisateur du parti, veille à lui trouver un chauffeur et une voiture. La plupart du temps, ce sont des militants qui remplissent cette fonction. On les dédommage en leur donnant un peu d'argent pour payer leur essence. Quand les rencontres se déroulent trop loin, Jacques Parizeau prend l'avion. À son arrivée à l'aéroport, il y a toujours un militant qui l'attend pour l'amener au bon endroit.

Jean Royer se souvient entre autres d'un caucus de deux jours tenu dans l'une des régions du Québec. Après une journée de travail, les députés aiment généralement pouvoir manger ensemble et passer la soirée à se détendre. Mais tel n'est pas le cas pour Jacques Parizeau. Dès qu'il a fini de manger en compagnie de son équipe parlementaire, il reprend la route. Dans deux heures, il sera aux côtés d'Alice et, tôt le lendemain matin, ses députés le verront réapparaître pour reprendre le travail. « C'est un homme qui a une santé et une capacité hors du commun ! », insiste Jean Royer. À cette époque, les médias et le grand public ne connaissent encore rien sur la nature et la gravité de la maladie dont souffre Alice Parizeau.

Au moment où il doit rebâtir le Parti québécois, redéfinir son programme, relancer l'idée de la souveraineté, en faire la promotion et préparer une campagne électorale, le croisé accompagne aussi son épouse dans sa lutte contre le cancer. Il mène ainsi de front deux grands combats :

---

45. Entrevue avec Jacques Parizeau, le 15 août 2000.
46. Entrevues avec Jacques Parizeau, le 28 juin 2000, et avec Jean Royer, le 17 mai 2000.

*Après 32 ans de vie commune, le couple Parizeau doit affronter*
*le pire des ennemis : le cancer.*
*Archives de Jacques Parizeau, ANQ, Montréal.*

l'un pour son pays et l'autre pour sa femme. Tous les instants deviennent précieux, chaque rendez-vous est compté. «La gestion de son temps devient un élément essentiel[47]», souligne Jean Royer. L'heure est à la mobilisation maximale. Jacques Parizeau sert deux dames en même temps : son épouse et sa nation.

## «Le pire n'est jamais certain...»

Bien que le diagnostic des médecins ressemble à un verdict, Alice Parizeau réagit de la façon suivante : «J'ai l'obligation absolue de me redresser et de sourire[48]», écrit-elle dans ses mémoires. Pour sa part, Jacques Parizeau carbure à l'énergie de l'espoir. L'homme qui est en train de ramener à la vie un parti politique, ne veut pas voir mourir son épouse. L'idéaliste en lui, le passionné, le romantique, entreprend tout ce qui est possible pour déjouer la fatalité. Pendant les longs mois de la maladie de sa femme, il lui répète inlassablement en la couvrant de fleurs : «Le pire n'est jamais certain.»

Il insiste pour qu'elle suive des traitements de radiothérapie. Elle accepte, mais elle se montre réticente envers la chimiothérapie. Alice Parizeau a connu les camps de concentration pendant la Deuxième Guerre mondiale et elle craint de perdre sa magnifique chevelure, un état qu'elle associe au sort des prisonniers que l'on destinait à une mort certaine. «Nous avons essayé de la persuader, nous apprend Hélène Pelletier-Baillargeon, une bonne amie d'Alice Parizeau, mais les cheveux, c'était important pour elle. Les femmes au crâne rasé représentaient une telle image de mort. Elle ne pouvait le supporter, c'était trop profond[49].» Jacques Baillargeon, le médecin de famille des Parizeau et l'époux d'Hélène Pelletier-Baillargeon, précise toutefois que «même avec la chimiothérapie, nous ne pouvions lui assurer la guérison[50].»

Par ailleurs, Alice Parizeau a vu deux de ses amies, Andrée Paradis et Hanula Popoff, suivre ce type de traitement et mourir dans d'horribles

---

47. Entrevue avec Jean Royer, le 17 mai 2000.
48. Alice Parizeau, *op.cit.*, p. 10.
49. Entrevue avec Hélène Pelletier-Baillargeon, le 28 juin 2000
50. Entrevue téléphonique avec Jacques Baillargeon, le 6 octobre 2000. C'est aussi l'opinion du chimiothérapeute, Joseph Ayoub. Entrevue téléphonique du 14 novembre 2002.

souffrances. Dans ses mémoires, elle raconte : « Leurs voix, faibles, trem-blantes au bout de la ligne, leur dernier message sous l'effet de la chimio-thérapie, leurs nausées, leur faiblesse, l'horreur des visites à l'hôpital où elles recevaient des injections qui les rendaient malades...[51] » Jacques Parizeau comprend les craintes de son épouse : « Alors je n'insiste pas pour ce type de traitement[52] », confie-t-il.

Par contre, Jacques Parizeau s'emballe pour une approche thérapeu-tique non traditionnelle et non reconnue scientifiquement. De quoi faire mentir sa réputation de froid technicien rationnel ! C'est Anne Cusson, une amie d'Alice Parizeau et la marraine de leur fille, qui met le couple Parizeau au courant de l'existence d'une clinique bien particulière à Tijuana, au Mexique. Les médecins qui y travaillent prétendent être en mesure de freiner la croissance de certains cancers et de pouvoir traiter des patients que la médecine traditionnelle s'est résignée à laisser mourir. Les Parizeau en parlent aux médecins de l'hôpital Notre-Dame, qui leur déconseillent de suivre de tels traitements[53]. Jacques Parizeau ignore ces recommandations : « S'il y a une chance quelconque, pourquoi pas[54] ? » Le 1er mai 1988, il prend l'avion pour San Diego, afin de se faire une idée sur ladite clinique. Le voyage éclair ne dure que deux jours. Jacques Parizeau revient satisfait de Tijuana.

Le 29 mai, le couple se prépare à partir pour les États-Unis, d'où il se rendra par la suite à la ville frontière de Tijuana, au Mexique. « Ma fille fait ma valise, raconte Alice Parizeau, et l'homme de ma vie ne me quitte pas d'une semelle. Il promet de ne pas faire de drame. Il tiendra parole ! Il a toujours tenu parole ! C'est sa marque de fabrique[55]. » À San Diego, « il a tout prévu, tout organisé, écrit son épouse. Dîner dans un restaurant élégant, le vent du large... J'ai froid. Il court jusqu'au petit magasin, achète deux chandails légers, le bleu foncé pour lui, le rouge pour moi, et

---

51. Alice Parizeau, *op.cit.*, p. 434.
52. Entrevue avec Jacques Parizeau, le 15 août 2000. Le chimiothérapeute Joseph Ayoub, de l'hôpital Notre-Dame, vient toutefois à bout des résistances d'Alice Parizeau et la convainc, tardivement, d'accepter de recevoir un seul traitement de chimiothérapie. Entrevue téléphonique avec le docteur Ayoub, le 14 novembre 2002.
53. Entrevue avec Jacques Parizeau, le 15 août 2000.
54. Entrevue avec Jacques Parizeau, le 13 janvier 2000.
55. Alice Parizeau, *op.cit.*, p. 11.

nous nous sentons mieux[56].» À l'hôtel, il reçoit un appel inattendu d'Émile Genest, délégué du Québec à Los Angeles : «Monsieur Bourassa vient de me téléphoner pour me demander de me mettre à votre disposition. Pouvons-nous vous aider? Avez-vous besoin d'une voiture ou d'autres choses[57]?» Surpris, Jacques Parizeau apprécie le geste posé par le premier ministre. Puis, le couple prend finalement un taxi pour la longue route qui les conduira jusqu'à Tijuana.

La clinique Manner est située au cœur d'une «région sinistre, envahie par des déchets et des poubelles de la civilisation moderne, rongée par le cancer du mode de vie à l'américaine et d'une désespérante pauvreté. Jacek ne proteste pas, observe Alice Parizeau. Il est prêt à tout et à n'importe quoi pour m'aider. Il ne mentionne ni l'argent dépensé pour son premier voyage de reconnaissance, ni sa fatigue, ni les problèmes que tout cela lui a occasionnés dans son travail. Meubles de troisième main, rideaux qui tombent en lambeaux, lampes de travers, tables boiteuses et l'évidence! C'est la clinique de la dernière chance où l'on essaie de sauver ceux pour lesquels la médecine nord-américaine ne peut plus rien[58].» «Il y a des rats dans les rues, s'indigne Jacques Parizeau. Par la fenêtre de la chambre, nous avons une vue imprenable sur un gros tas de pneus[59]!»

Rassurée par la présence de son mari, Alice Parizeau lui exprime cependant toute sa reconnaissance : «Lui, qui aime bien manger, avale des plats insipides sans grimacer, se passe de vin, fume en cachette comme un collégien et se promène avec moi dans les rues, parmi les détritus, parce que je veux marcher et que pour moi c'est l'unique moyen d'échapper à l'atmosphère de la clinique dans laquelle j'étouffe[60].»

La diète que la clinique lui demande de suivre consiste en de fabuleuses quantités de vitamines et de produits naturels. Le traitement est destiné à modifier le métabolisme. Jacques Parizeau, qui s'intéresse de plus en plus à cette nouvelle approche, explique qu'on lui administre également «des doses très faibles de poison tiré d'un produit végétal qui s'adresse aux cellules cancéreuses[61].»

---

56. *Idem*, p. 73.
57. Propos attribués à Émile Genest et rapportés par Jacques Parizeau. Entrevue du 15 août 2000.
58. Alice Parizeau, *op. cit.*, p. 74-76.
59. Entrevue avec Jacques Parizeau, le 15 août 2000.
60. Alice Parizeau, *op. cit.*, p. 80.
61. Entrevue avec Jacques Parizeau, le 13 janvier 2000.

À la fin du séjour à Tijuana, le médecin mexicain, un dénommé Docteur James, prend des radiographies des poumons de sa patiente. «Les résultats sont spectaculaires, raconte Jacques Parizeau. La boule cancéreuse est disparue[62]!» Le Docteur James supplie alors Alice Parizeau d'accepter des traitements de chimiothérapie : «Maintenant que la tumeur est disparue, cela vous sauvera!» Mais c'est peine perdue, elle refuse obstinément de prendre cette voie. De retour à Montréal, Jacques Parizeau s'empresse de présenter les radiographies des poumons aux spécialistes de l'hôpital Notre-Dame. Ils constatent eux aussi que la tumeur n'apparaît plus sur les radiographies. Les médecins attribuent toutefois ces résultats au traitement de radiothérapie administré peu de temps avant le départ d'Alice pour le Mexique. «Ces médecins mexicains ont pourtant mis la main sur quelque chose[63]!», proteste Jacques Parizeau, dérouté par l'attitude du corps médical québécois.

À son retour au Québec à la veille d'élections partielles, le 19 juin, Jacques Parizeau reprend rapidement contact avec la réalité politique. Celui qui désire être présent le jour du vote pour stimuler ses troupes, se rend compte brutalement de l'ampleur du défi qui se présente à lui : le 20 juin, le Parti libéral de Robert Bourassa rafle la victoire dans les deux comtés de Roberval et d'Anjou. La défaite péquiste, surtout dans le comté d'Anjou autrefois représenté par Pierre Marc Johnson, fait mal. Pauline Marois, candidate dans ce comté à la demande expresse de Jacques Parizeau, a perdu par une faible marge.

Ce même jour, dans le comté fédéral de Lac-Saint-Jean, le parti conservateur de Brian Mulroney fait facilement élire son candidat vedette, Lucien Bouchard. Du coin de l'œil, sans grand enthousiasme, Jacques Parizeau voit venir ce personnage qu'il connaît déjà. En 1979, les deux hommes ont dû travailler ensemble au Conseil du trésor et ce ne fut pas la joie[64]. Si, en 1979, Lucien Bouchard était déjà un rival dans l'esprit de Jacques Parizeau, on peut facilement imaginer qu'en 1988, dans la peau d'un ministre fédéral, il devient clairement pour lui un adversaire politique à abattre.

---

62. Entrevues avec Jacques Parizeau, le 13 janvier et le 15 août 2000.
63. *Idem.*
64. Lucien Bouchard était alors chef négociateur pour le gouvernement du Québec, afin de renouveler les conventions collectives du secteur public. Son patron, Jacques Parizeau, présidait le Conseil du trésor. Dans le tome II, *Le Baron*, un chapitre entier, intitulé «Lucien Bouchard : négociateur en chef», est consacré à la relation entre ces deux hommes.

# CHAPITRE 5

# Le caméléon et le libre-échangiste

*« Bouchard a complètement démoli, pendant plusieurs années, l'influence du Québec en France! C'est inqualifiable, inqualifiable! »*

Jacques Parizeau[1]

*« Plusieurs chemins mènent à Rome; il se pourrait même que quelques-uns passent par Ottawa. »*

Lucien Bouchard[2]

À l'opposé du parcours politique de Jacques Parizeau, celui de Lucien Bouchard est particulièrement sinueux. « Séduit[3] » par Pierre Elliott Trudeau à la fin des années 1960, Lucien Bouchard milita au Parti libéral du Canada et fit ensuite campagne pour les libéraux de Robert Bourassa lors des élections d'avril 1970. Après la crise d'Octobre, il se rapproche du Parti québécois et, en 1973, participe activement à l'élection de Marc-André Bédard. Trois ans plus tard, René Lévesque le courtise afin qu'il se présente sous la bannière péquiste. Lucien Bouchard refuse. Quelque temps auparavant, il s'est engagé activement dans la course à la direction du Parti conservateur du Canada. À la demande de son ami Brian Mulroney,

---

1. Entrevue avec Jacques Parizeau, le 15 août 2000.
2. Texte de Lucien Bouchard publié dans le journal *La Presse*, le 24 novembre 1988.
3. Lucien Bouchard, *À visage découvert*, Montréal, Les Éditions du Boréal, 1992, p. 81.

qu'il a connu à l'Université Laval et lors des travaux de la Commission Cliche, l'avocat de Chicoutimi rédige plusieurs discours pour celui qui, sans succès, tente de faire le saut dans l'arène politique fédérale.

En 1983, après avoir accepté certains mandats pour le gouvernement de René Lévesque, Lucien Bouchard reprend du service auprès de Brian Mulroney qui, cette fois, gagne la seconde course à la direction du Parti conservateur. Auteur, avec le sénateur Arthur Tremblay, du «discours de Sept-Îles» que Brian Mulroney prononce le 6 août 1984 et qui promet une réconciliation constitutionnelle entre le Québec et le Canada, Lucien Bouchard accroît son influence auprès de celui qui devient premier ministre du Canada le 4 septembre 1984. À la suite de cette élection, René Lévesque adopte l'approche du « beau risque » avec le gouvernement fédéral. À l'été 1985, Lucien Bouchard est nommé ambassadeur du Canada en France. L'homme qui a voté OUI au référendum de 1980, est maintenant le digne représentant de la fédération canadienne à l'étranger. En 1988, Brian Mulroney le rapatrie à Ottawa et le nomme secrétaire d'État, c'est-à-dire responsable de la politique du multiculturalisme canadien et protecteur des minorités de langues officielles.

En juin 1988, non sans quelques difficultés, un comté se libère pour que Lucien Bouchard puisse s'y présenter et occuper un siège au Parlement canadien. C'est le député conservateur de Lac-Saint-Jean, Clément Côté, qui accepte de lui faire une place en démissionnant. Quelques semaines plus tard, celui-ci est nommé vice-président de la Régie de la construction du Québec. De toute évidence, le premier ministre Robert Bourassa a «facilité» la démission de Clément Côté. Ce coup de main de Robert Bourassa à l'endroit de Lucien Bouchard ne sera pas le dernier. Lors d'un cocktail organisé par l'Union des municipalités à l'automne 1988, Robert Bourassa se vante auprès de Jeanne Blackburn, députée péquiste de Chicoutimi, d'être celui qui a réussi à convaincre Lucien Bouchard de faire de la politique. «Vous savez, dit-il cyniquement, vous avez un bon député [au] Lac Saint-Jean... Vous devez savoir que s'il est là, c'est parce que je suis intervenu. Il avait répondu négativement à la demande de Brian Mulroney et moi, explique Robert Bourassa, j'ai rappelé Lucien pour lui dire qu'il fallait qu'il accepte de venir rendre service à l'État[4].» L'aide offerte par Robert

---

4. Propos attribués à Robert Bourassa et rapportés par Jeanne Blackburn. Entrevue du 1er août 2002. Cette dernière s'est longtemps interrogée sur les motifs réels de la confidence de Robert Bourassa, mais elle n'en a jamais parlé publiquement

Bourassa et les libéraux du Québec a été à ce point généreuse que le soir de l'élection partielle dans le comté de Lac-Saint-Jean, le candidat défait du Parti libéral du Canada, Pierre Gimaël, déclare : « Le vrai gagnant de l'élection partielle du 20 juin 1988, ce n'est pas Lucien Bouchard, ce n'est pas Brian Mulroney. C'est Robert Bourassa qui a gagné dans Lac-Saint-Jean[5]. » Dans son autobiographie, Lucien Bouchard reconnaît qu'il a reçu de l'aide du parti de Robert Bourassa, mais il rappelle aussi les appuis provenant de certains péquistes comme Corinne Côté-Lévesque, Guy Chevrette et Jacques Brassard[6]. Pas un mot toutefois sur Jacques Parizeau…

## « Non, monsieur l'ambassadeur ! »

Pendant la campagne de Lucien Bouchard, Pierre Boileau, l'organisateur du parti québécois, se présente à l'une des réunions du lundi matin quelque peu embêté. « Monsieur Parizeau, les gens de Lac Saint-Jean veulent savoir quelle position adopter à l'égard de l'élection fédérale[7]. » Après un moment de silence, Jacques Parizeau répond : « Que ce soit le Lac ou la Gaspésie, comment voulez-vous qu'à partir de ce qu'on défend, on puisse se mêler d'une élection fédérale, si ce n'est pour faire élire un candidat qui va prôner la souveraineté. Lucien Bouchard, comme membre du Parti conservateur, va gérer le Canada et maintenir le système fédéral. Quel est donc notre intérêt à appuyer un fédéraliste quand on veut sortir du système[8] ? » La garde rapprochée de Jacques Parizeau comprend alors qu'il n'est aucunement question d'appuyer la candidature de Lucien Bouchard.

---

auparavant. Par ailleurs, dans son livre *Le Tricheur – Robert Bourassa et les Québécois 1990-1991*, Montréal, Les Éditions du Boréal, 1994, à la page 80, Jean-François Lisée laisse entendre que « Bourassa avait été, avec le financier Paul Desmarais et plusieurs autres, membre du lobby chargé de persuader l'ambassadeur » de se présenter dans le comté du Lac-Saint-Jean.

5. Cité dans l'éditorial de Gilles Lesage, « Le coup triple », *Le Devoir*, le 22 juin 1988.
6. Lucien Bouchard, *op. cit.*, p. 259.
7. Propos attribués à Pierre Boileau et rapportés par Jean Royer. Entrevue du 17 mai 2000.
8. Propos attribués à Jacques Parizeau et rapportés par Jean Royer. Entrevue du 17 mai 2000.

Informé de cette directive, le candidat Bouchard exprime son indignation devant les journalistes : « Il est le seul péquiste qui ne m'appuie pas ! Je ne comprends pas la position de monsieur Jacques Parizeau à mon endroit[9]. » Exaspéré, il n'arrive pas à comprendre comment un homme « aussi intelligent et subtil » puisse réagir de cette façon. « Je suis un admirateur fervent de monsieur Parizeau. C'est l'un des hommes politiques les plus brillants de sa génération, un homme extraordinaire. » Rien à faire : Jacques Parizeau demeure sourd aux déclarations de Lucien Bouchard.

Pour expliquer son silence, le chef péquiste remonte quelques années en arrière : « Le " beau risque " de Lévesque, moi je n'y [ai pas cru] un instant, rappelle Jacques Parizeau. Et une des conséquences du " beau risque ", c'est l'entrée en politique de Bouchard. D'abord en diplomatie à Paris, puis comme ministre de Brian Mulroney[10]. » Les plus lourds griefs de Jacques Parizeau à l'endroit de Lucien Bouchard concernent cependant la période où il fut ambassadeur du Canada en France, de 1985 à 1988. « Je n'ai pas apprécié la façon dont l'ambassade a miné le rôle de la Délégation du Québec à Paris, précise-t-il. Réduire l'importance de cette délégation, ce n'est pas agir dans l'intérêt du Québec. Nos rapports avec la France sont trop importants pour qu'on puisse accepter cela[11]. » Jacques Parizeau en veut également beaucoup aux péquistes qui, à cette époque, se rendaient tous à l'ambassade canadienne plutôt qu'à la Délégation générale du Québec : « Quand à Paris quelqu'un voulait rencontrer des chefs souverainistes, il n'allait pas à la délégation, il allait à l'ambassade. Moi, j'étais furieux ! J'ai eu une réaction assez féroce à l'égard de Louis Bernard, René Lévesque, Claude Morin, Yves Bérubé… tout ces gens qui arrivaient avec leurs épouses et étaient reçus chez l'ambassadeur[12]. » « Ce sont les (…) chefs du Parti québécois qui aidaient Lucien Bouchard à écraser le Québec, estime-t-il. Ils ont tous défilé à l'ambassade du Canada ! L'impression [devint] générale en France : quand on voulait rencontrer des Québécois, ce n'est pas à la Délégation du Québec qu'on les rencontrait comme cela avait toujours été le cas, mais à l'ambassade du Canada ! Et c'est

---

9. Cité dans un article de Gilles Paquin, « Bouchard implore l'appui du chef du PQ », *La Presse*, le 18 juin 1988.
10. Entrevue avec Jacques Parizeau, le 15 août 2000.
11. Cité dans un article d'André Dalcourt, « Jacques Parizeau en entrevue au Journal – La fin du " Beau risque " a sonné », *Journal de Montréal*, le 22 juin 1988.
12. Entrevues avec Jacques Parizeau, le 17 mai et le 21 juin 2000.

ainsi que Bouchard a complètement démoli, pendant plusieurs années, l'influence du Québec en France! C'est inqualifiable, inqualifiable[13]!»

À la même époque, Jacques Parizeau est traité comme une *persona non grata* à la Délégation du Québec. En effet, Jean-Louis Roy, le délégué du Québec, manifeste peu d'enthousiasme envers l'ancien ministre des Finances de René Lévesque. Quand Jacques Parizeau se rend à Paris et qu'il se présente à la Délégation du Québec, où il demande à utiliser un petit local pendant quelques heures pour terminer un travail quelconque, il se heurte à un mur d'incompréhension : «Cet imbécile de Jean-Louis Roy arrive à se mettre tout le monde à dos, dit-il, y compris moi, qui suis le seul inconditionnel de la Délégation du Québec! Mal accueilli, je suis obligé de me réfugier dans un minuscule bureau offert par la compagnie *American Express* grâce à ma carte de crédit[14].»

Jacques Parizeau n'hésite pas à étaler publiquement ses reproches à l'endroit de l'ambassadeur canadien à Paris. À la fin de l'année 1987, dans une entrevue accordée à Denise Bombardier pour le magazine *L'actualité*, il condamne ainsi certains souverainistes qui, comme des caméléons, ont transformé leur discours et adopté la nouvelle couleur ambiante. L'attaque est clairement dirigée contre Lucien Bouchard[15]. Au cours de l'entrevue, Denise Bombardier lui ouvre d'ailleurs toute grande la porte quand elle lui pose la question suivante[16]:

— Monsieur Parizeau, que pensez-vous de ces indépendantistes qui ont fait si facilement le saut dans des organismes fédéraux?

— C'est curieux, répond Jacques Parizeau. Que ces gens se soient tournés vers le fédéral, ça ne me choque pas outre mesure, car il faut bien gagner sa vie, n'est-ce pas? Mais il y en a beaucoup qui font du zèle. Par exemple, je vous avouerai qu'il y a des choses que je ne comprends pas dans la façon dont les réalignements se sont faits dans la bagarre perpétuelle entre la Délégation du Québec et l'ambassade du Canada à Paris. Au

---

13. Entrevue avec Jacques Parizeau, le 15 août 2000.
14. Entrevue avec Jacques Parizeau, le 21 juin 2000.
15. Jacques Parizeau le reconnaît des années plus tard. Il déclare au journaliste Denis Lessard que ses propos visaient alors Lucien Bouchard. Source : Denis Lessard, «Parizeau admet avoir reçu des honoraires d'Ottawa avant de faire sa rentrée au PQ», *La Presse*, le 22 octobre 1988.
16. Dialogue tiré de l'entrevue de Denise Bombardier, «La rentrée de Parizeau», *L'actualité*, décembre 1987, p. 23-24.

fond, la délégation est en train de couler, de se faire massacrer avec l'aide active d'anciens du PQ et de gens qui en ont été proches.

Quand Lucien Bouchard prend connaissance des accusations portées par Jacques Parizeau, il en est si ulcéré qu'il écrit sur-le-champ une réplique qu'il souhaite voir publiée le plus vite possible dans les journaux du Québec. Après de multiples pressions, son texte est publié dans *La Presse*. Depuis son arrivée à Paris, écrit-il, la coopération entre la Délégation du Québec et l'ambassade du Canada a permis la préparation des Sommets de la francophonie de Paris et de Québec. Il rappelle habilement qu'avant de quitter la politique, René Lévesque avait lui-même insisté sur l'importance des sommets francophones. Puis, il s'explique sur sa nouvelle orientation politique : « Plusieurs chemins mènent à Rome ; il se pourrait même que quelques-uns passent par Ottawa. En tous les cas, il est certain qu'on peut, aujourd'hui, comme plusieurs l'ont d'ailleurs fait dans le passé, travailler honnêtement et efficacement pour le Québec au sein des organismes fédéraux. Je ne vois pas pourquoi il faudrait abandonner aux seuls anglophones de l'Ontario, de l'Ouest et des Maritimes des décisions qui engagent notre avenir[17]. »

À l'époque, bien des péquistes travaillaient dans des agences fédérales, dont Louise Beaudoin, qui était directrice de Téléfilm Canada. Jean-Roch Boivin, alors directeur de Via Rail, n'avait pas du tout apprécié les reproches de Jacques Parizeau : « J'avais pris ça comme du mépris[18] », dit-il. Denis de Belleval, qui venait de quitter la présidence de la Société canadienne des ports pour assumer la présidence de Via Rail, s'était également senti visé. « Nous étions tous seuls, explique-t-il, nous avions besoin d'amis, c'était le désert ! Nous avions été battus, il fallait donc se trouver des amis[19] », répète-t-il. Ce que Lucien Bouchard qualifie de « réalisme politique » ne plaît pas du tout à Jacques Parizeau. En politique, il refuse résolument l'approche du caméléon. Au risque de déplaire, la clarté demeure pour lui la seule attitude valable.

À l'été 1988, Jacques Parizeau n'hésite donc pas à s'en prendre encore au député fédéral nouvellement élu de Lac-Saint-Jean. À titre de secrétaire d'État, Lucien Bouchard est alors aux prises avec un dossier fort délicat.

---

17. Texte de Lucien Bouchard publié dans le journal *La Presse,* le 24 novembre 1988.
18. Denis Lessard, « Si les péquistes ne s'offusquent pas des accusations de Parizeau, ils s'expliquent mal », *La Presse*, le 25 octobre 1988.
19. Entrevue avec Denis de Belleval, le 29 mars 2000.

Par le projet de loi C-72 qui vise à modifier la loi sur le bilinguisme, Ottawa prétend que c'est au gouvernement fédéral qu'il revient de promouvoir la langue anglaise et française, et ce, partout au Canada, tant dans les entreprises qu'au sein des organismes patronaux, syndicaux et communautaires. Pour les nationalistes québécois, cette prétention est inacceptable. «On vient de monter une machine à Ottawa pour tenter de reprendre le mouvement vers la "bilinguisation" du Québec[20], s'écrie Jacques Parizeau. Avec Lucien Bouchard, déclare-t-il, on a trouvé un homme pour le faire.» À jouer le jeu du fédéralisme canadien, aussi coopératif soit-il, Lucien Bouchard réalise qu'il ne pourra que se frapper à la persistance et à la logique de Jacques Parizeau.

Heureusement pour Lucien Bouchard, l'élection fédérale qui s'annonce va mettre fin à la guérilla politique que lui livre Jacques Parizeau. Le premier ministre du Canada, qui s'est déjà entendu avec le président américain Ronald Reagan pour signer un traité de libre-échange, cherche maintenant à obtenir l'appui de la population canadienne, afin de faciliter sa ratification par le Parlement canadien. Le 1er octobre 1988, Brian Mulroney déclenche des élections sur ce thème. Favorable au libre-échange, Jacques Parizeau va se rallier sur cette question au Parti conservateur du Canada.

## Le libre-échangiste

Malgré l'intérêt qu'il porte à une foule de questions et de dossiers, Jacques Parizeau demeure obsédé par une seule grande idée : faire du Québec un pays souverain. C'est donc dans cette perspective qu'il considère qu'une entente de libre-échange canado-américaine pourrait se révéler fort avantageuse : elle permettrait aux souverainistes de « réaliser l'association avant la souveraineté[21] ». « Si nous réglons la question du libre-échange et celle de la monnaie, c'est la fin du chantage financier[22] », prétend-il. Cette « mesure défensive inévitable[23] » garantirait au Québec l'accès au marché américain. Ainsi, au lendemain de l'éventuelle souveraineté du Québec, si

---

20. Cité dans un article d'André Pépin, «Parizeau s'en prend à la nouvelle "machine à bilinguiser" le Québec», *La Presse*, le 8 août 1988.
21. Entrevues avec Jean Royer, le 3 mai 2000, et avec Jacques Parizeau, le 15 août 2000.
22. Entrevue avec Jacques Parizeau, le 15 août 2000.
23. Entrevue avec Jacques Parizeau, le 11 mai 1998.

le Canada anglais menaçait de fermer son marché ou de ne plus acheter de produits et services québécois, le Québec souverain n'aurait qu'à se retourner vers les États-Unis, qui constituent un marché beaucoup plus important que celui du reste du Canada. Avec le nouveau traité de libre-échange, le Canada anglais « ne [pourrait] plus nous faire peur[24] », estime Jacques Parizeau. Ce marché ne serait plus vital pour le Québec et « le Canada reprendrait sa place, c'est-à-dire celle d'un appendice pas fondamentalement très important dans l'ensemble du marché nord-américain[25]. »

Très tôt, Jacques Parizeau s'est montré favorable à un éventuel accord de libre-échange avec les Américains. Dès le 24 octobre 1985, lors d'une conférence devant les membres de l'Institut d'administration publique du Canada de la région de Québec, il soutenait que cette question devait être au cœur de la campagne électorale au Québec. Proclamé patriote de l'année par la Société Saint-Jean-Baptiste de Montréal le 16 novembre 1985, Jacques Parizeau déplorait notamment l'absence d'intérêt pour cette question : « Le Québec a intérêt à s'impliquer dans les discussions sur le libre-échange, sinon les choses vont se faire sans nous[26] », précise-t-il. En décembre, il donne à nouveau son appui au libre-échange devant l'Association des économistes du Québec. À ce titre, il indique d'ailleurs que l'ouverture des marchés ne signifierait pas pour autant la fin de l'intervention de l'État : « Avec l'objectif d'accentuer la pénétration du marché américain, l'appui du secteur public peut devenir encore plus utile qu'il ne l'a été jusqu'ici. La Caisse de dépôt, bien sûr, mais aussi la SGF, la SDI, des sociétés sectorielles, en commençant par Hydro-Québec, peuvent fournir aux entreprises québécoises un appui massif qui ne sera disponible nulle part ailleurs au Canada sur une telle échelle[27]. » Il n'est donc pas question de démolir le modèle québécois qui a « fait apparaître un secteur mixte au Québec[28] », proclame-t-il, sur un ton convaincant.

---

24. Entrevue avec Jacques Parizeau, avril 1999.
25. Extrait du discours de Jacques Parizeau devant des étudiants du cégep Maisonneuve, le 19 novembre 2002.
26. Propos repris dans une dépêche de la Presse Canadienne, « Libre-échange : Parizeau déplore l'absence de débat », *Le Devoir,* le 18 novembre 1985.
27. Extrait de la conférence d'ouverture prononcée par Jacques Parizeau devant le Congrès de la Chambre de commerce de Montréal, au Château Montebello, le 6 juin 1986.
28. Extraits de l'allocution de Jacques Parizeau devant la Commission parlementaire du Québec sur le libre-échange, le 16 septembre 1987.

Afin de rassurer les centrales syndicales qui, dans l'ensemble, se montrent défavorables à cette entente commerciale, Jacques Parizeau insiste sur la nécessité pour l'État de développer des mesures transitoires qui permettront aux entreprises et à leurs employés de se préparer. Sur cet aspect, ses interventions se distinguent de celles de tous les autres intervenants. « Le trapèze sans filet n'est pas dangereux qu'au cirque[29] », prévient-il.

Au cours des longues et tumultueuses négociations avec les États-Unis, Jacques Parizeau n'hésite pas, par ses déclarations-chocs, à mettre l'emphase sur les différences entre les positions québécoises et canadiennes. « Si j'étais Ontarien, je serais contre le libre-échange[30]. » La présence de nombreuses filiales d'entreprises américaines en Ontario va irrémédiablement affaiblir l'économie de cette province, prévient l'économiste diplômé de la London School of Economics. Au lendemain de l'ouverture complète des frontières, il ne sera plus nécessaire à ces sociétés américaines de maintenir deux sièges sociaux, l'un canadien et l'autre, américain. Cela pourrait faire beaucoup de tort à l'économie ontarienne, répète Jacques Parizeau.

Alors qu'au Canada anglais les opinions sont partagées sur les mérites d'une telle entente commerciale avec les États-Unis, Brian Mulroney forge, avec le premier ministre Robert Bourassa et Jacques Parizeau, une redoutable coalition francophone qui va suffire à faire réélire le gouvernement conservateur et, du même coup, assurer la ratification de l'entente de libre-échange. À l'instar des milieux d'affaires canadiens, le tout « Québec inc. » se met à faire la promotion de l'entente par l'entremise du Regroupement québécois pour le libre-échange[31]. Pendant cette période, Bernard Landry devient pratiquement le porte-parole des gens d'affaires québécois.

Le 21 novembre 1988, Brian Mulroney est réélu premier ministre du Canada. Grâce à l'aide des nationalistes québécois, l'entente de libre-échange entre en vigueur le 1er janvier 1989. Dans l'avenir, Jacques Parizeau utilisera souvent cet argument auprès des Américains pour leur rappeler que les

---

29. Extrait de la conférence d'ouverture prononcée par Jacques Parizeau devant le Congrès de la Chambre de commerce de Montréal, au Château Montebello, le 6 juin 1986.
30. Entrevue avec Jacques Parizeau, le 21 juin 2000.
31. Pendant la campagne électorale, les messages publicitaires des gens d'affaires rivalisent avec ceux des centrales syndicales québécoises, toutes opposées au libre-échange. La campagne « Laissez-nous grandir » des entrepreneurs va mobiliser l'opinion publique.

souverainistes québécois ne sont ni de méchants protectionnistes ni de dangereux communistes. Sans leur appui, l'entente de libre-échange négociée par Brian Mulroney et Ronald Reagan serait demeurée lettre morte.

## Le Congrès de la souveraineté

Le 25 novembre 1988, au Centre des congrès de Saint-Hyacinthe, le sol se met soudainement à bouger. Pendant de longues secondes, les cloisons rigides s'entrechoquent comme un décor en carton-pâte. L'électricité manque, puis revient. On entend, ici et là, quelques cris. Dans la salle de presse, c'est la cohue. Tous les journalistes se précipitent vers les téléphones qui leurs sont réservés, afin d'informer leur salle de rédaction. Le Québec tout entier et une partie de la Nouvelle-Angleterre viennent d'être secoués par un important tremblement de terre. Les 1 500 délégués du Parti québécois, réunis en Congrès spécial en prévision de l'important discours de leur chef, ne s'attendaient pas à un tel effet spécial.

Après un retard de plus d'une heure, Jacques Parizeau se présente sur scène. La nouvelle doctrine que le Congrès adopte, comme un repositionnement des plaques tectoniques dans le parti, casse irrémédiablement l'idée de «l'affirmation nationale», en remettant à l'avant-plan celle de la souveraineté. «Il faut avoir le courage de réaliser coûte que coûte ce que nous pensons qui doit être fait», s'écrie Jacques Parizeau devant des militants au bord de l'hystérie. «Mes chers amis, nous reprenons aujourd'hui le cheminement vers la souveraineté du Québec!» Les délégués sont tous debout. Comme les voiles d'un grand navire que l'on hisse pour le plus beau voyage, les drapeaux du Québec se déploient par centaines dans la salle. C'est l'euphorie. Depuis septembre 1984, les chefs du Parti québécois ne parlaient plus de souveraineté à leurs membres. Avec Jacques Parizeau à la barre, les souverainistes peuvent désormais faire la promotion de leur projet sans crainte de se voir rabrouer par les autorités du parti. Le retour du croisé au Parti québécois inaugure le règne de la souveraineté comme idée porteuse de toute l'action politique. Bien gouverner vient en second.

Jacques Parizeau s'engage à «enclencher le processus devant mener à la souveraineté» dès qu'il sera élu. Mais afin d'éviter une autre scission au sein d'un parti encore partiellement contrôlé par les «affirmationnistes», il propose de rapatrier du gouvernement fédéral des pouvoirs à la pièce. De là naît l'idée des référendums sectoriels. « Si on ne peut pas l'avoir en gros, nous l'aurons au détail[32] », explique Jacques Parizeau, pour rassurer les plus hésitants. Plus tard, « au terme de ce processus », la souveraineté du Québec pourra être proclamée lors d'un ultime référendum. Dans l'esprit de Jacques Parizeau, et cela est très clair pour lui, cette proposition est toutefois transitoire. « Il est trop tôt pour prendre le virage complet, précise-t-il. Je vais donc essayer d'avoir le moins de démissions possibles. Dans les premières années, j'essaie toutes sortes de formules pour retenir des gens, mais je me rends compte que je complexifie les choses et que je ne retiens personne[33]. »

Tel est le cas, notamment, de la vice-présidente du parti, Nadia Assimopoulos, qui a démissionné deux mois avant le Congrès de novembre 1988[34]. Identifiée au camp de Pierre Marc Johnson, elle prétend qu'il est suicidaire de vouloir enclencher le processus d'accession à la souveraineté immédiatement après l'élection : « Je crois que cette position reflète un mépris du pouvoir que je suis loin de partager[35]. » De son côté, le député Jean-Pierre Charbonneau se rallie tardivement à la proposition Parizeau, en faisant cette étrange interprétation : « Un vote pour le PQ, ce n'est pas un vote pour la souveraineté, c'est un vote pour des indépendantistes qui vont travailler au projet de souveraineté[36]. » Jacques Brassard indique pour sa part que la nouvelle résolution « n'est pas une œuvre littéraire, mais je peux vivre avec cette proposition. Je crains cependant que tous les feux soient mis sur l'option au cours des prochains mois, au détriment du programme que nous proposons[37]. » Quelques jours avant le Congrès, les députés Jean-Guy Parent, Jacques Brassard et Jean-Pierre Charbonneau avaient demandé à Jacques Parizeau de clarifier la proposition principale pour s'assurer que la prochaine élection ne soit pas référendaire. Dans la

---

32. Entrevue avec Jacques Parizeau, le 14 juin 2000.
33. Entrevues avec Jacques Parizeau, le 28 juin et le 15 août 2000.
34. Pauline Marois la remplace au poste de vice-présidente du parti.
35. Cité dans un article de Mario Fontaine, « En désaccord avec Parizeau, Nadia Assimopoulos démissionne », *La Presse*, le 8 septembre 1988.
36. Cité dans un article d'André Pépin, « Un vote pour le PQ sera un vote pour la souveraineté », *La Presse*, le 10 septembre 1988.
37. Cité dans un article d'André Pépin, « Parizeau semble avoir rallié tous les députés derrière sa proposition », *La Presse*, le 11 septembre 1988.

presse québécoise, beaucoup d'analystes jugent également trop radicale la nouvelle position de Jacques Parizeau. Le nouveau chef s'en défend en affirmant que le « consensus est suffisamment large pour qu'il soit clair que c'est là qu'on va et c'est comme ça qu'on y va[38]. »

## La crise linguistique

À dix jours de Noël et malgré le grand froid qui sévit, une décision de la Cour suprême du Canada provoque la sortie dans les rues de milliers de Québécois. Le 15 décembre 1988, la plus haute cour du pays juge que l'application de la Charte de la langue française, en ce qui a trait à l'affichage commercial unilingue français, est incompatible avec les chartes canadienne et québécoise des droits et libertés. L'après-midi même où le jugement est rendu, des écoles de Montréal et des banlieues se vident. « Touche pas à ma langue ! », devient vite le cri de ralliement de milliers d'étudiants. Stéphane Goulet, un cégépien particulièrement soucieux de défendre sa langue, se rend sur le Mont-Royal et s'attache solidement au sommet de l'immense croix pour manifester son opposition à la décision de la Cour suprême. Malgré le froid terrible et l'insistance des forces policières, il y restera pendant treize heures.

Adoptée en 1977 par le gouvernement de René Lévesque, la Charte de la langue française, communément appelée la loi 101, visait entre autres à redonner un visage français à la ville de Montréal. Or, par sa récente décision, la Cour canadienne vient invalider un pan entier de la loi qui obligeait les commerçants à afficher uniquement en français.

Jacques Parizeau sent bien l'effervescence gagner la ville de Montréal. Pour profiter de ce réflexe nationaliste, il convoque d'urgence son équipe. Il confie un mandat casse-gueule à l'organisateur du Parti québécois : « Monsieur Boileau, il faut remplir le Centre Paul-Sauvé et le faire avec des partenaires[39]. » Pierre Boileau a quarante-huit heures pour organiser ce rassemblement monstre. La dernière fois que les nationalistes ont rempli le Centre Paul-Sauvé, c'était lors du référendum de 1980…

---

38. Cité dans un article de Denis Lessard, « Parizeau insiste sur le courage de réaliser la souveraineté », *La Presse*, le 26 novembre 1988.
39. Propos attribués à Jacques Parizeau et rapportés par Jean Royer. Entrevue du 17 mai 2000. Confirmé par Pierre Boileau.

«Cela fait presque un an que l'on travaille à relancer la machine, se rappelle Jean Royer. Avec cet événement, on se dit que l'on va enfin voir si ça rapporte[40] !» Bien que le rassemblement soit officiellement parrainé par le Mouvement Québec français et que l'invitation ait été lancée à toutes les forces vives du nationalisme québécois, dans les faits, c'est bien à l'organisation du Parti québécois que l'on doit la tenue de l'événement. Le service d'ordre, composé d'une centaine de personnes, est toutefois pris en charge par la FTQ.

Le dimanche 18 décembre 1988, une imposante foule converge vers le Centre Paul-Sauvé. Rapidement, il devient évident que l'endroit ne pourra accueillir tout le monde. Trois mille personnes ne peuvent pas y entrer. Elles resteront massées dehors dans les rues avoisinantes. À l'intérieur, la foule est estimée à plus de quinze mille personnes. Il s'agit du plus important ralliement nationaliste depuis le référendum de 1980. Après trois heures de discours, le dernier intervenant, Jacques Parizeau, se poste devant le micro, prêt à haranguer la foule. Un grondement se fait entendre. L'ovation est impressionnante. Les gens se mettent bientôt à scander : «Parizeau! Parizeau!» De tous les invités, il est le plus acclamé. L'accueil qu'on lui réserve dure environ cinq minutes. Dans les coulisses, Jean Royer sourit de toutes ses dents. Pour son équipe et pour lui, c'est le résultat de longs mois de travail : «C'était notre premier test, estime-t-il. La salle était remplie et un très grand nombre de jeunes assistaient à l'événement[41] !» Pierre Boileau en jubile encore : «C'était vraiment une réussite[42] !»

Vers la fin de son discours, entrecoupé d'applaudissements, Jacques Parizeau s'exclame : «Nous avons le droit d'exister! C'est pour cela qu'il nous faut un pays, une patrie. Il n'y aura pas de sécurité véritable et permanente pour les Québécois francophones tant que le pays ne sera pas apparu.» À nouveau, la foule jubile et se remet à scander : «Parizeau! Parizeau!» Lorsque le chef du Parti québécois quitte la scène et s'approche de Jean Royer, dans les coulisses, celui-ci lui glisse à l'oreille sur un ton badin : «D'après moi, ils vous ont reconnu monsieur Parizeau!» Jacques Parizeau ne sourit pas. Il se tourne vers son conseiller et lui répond, l'air grave : «Comprenez-vous la responsabilité[43] ?»

---

40. Entrevue avec Jean Royer, le 17 mai 2000.
41. *Idem.*
42. Entrevue avec Pierre Boileau, le 16 août 2002.
43. Entrevue avec Jean Royer, le 6 juin 2000.

Si l'année politique de Jacques Parizeau se termine en grande, le premier ministre Robert Bourassa, lui, en a plein les bras. Son gouvernement tente de désamorcer cette crise linguistique, mais sans succès. Le lendemain du rassemblement au Centre Paul-Sauvé, il dépose d'urgence le projet de loi 178 qui maintient l'affichage unilingue français à l'extérieur, mais permet l'affichage bilingue à l'intérieur des commerces[44]. Ce compromis de dernière minute indispose autant les nationalistes que la communauté anglophone du Québec. Au Canada anglais, l'incompréhension est totale. On n'aime pas cette nouvelle entrave au bilinguisme aussi perçue comme un indice de ce que pourrait permettre le concept de « société distincte » issu de l'accord du Lac Meech, s'il se déployait totalement. Pour Robert Bourassa, la crise linguistique s'aggrave au point de se solder par la démission de trois de ses quatre ministres anglophones[45].

Le lundi 19 décembre, alors que l'Assemblée nationale est sur le point d'adopter le projet de loi 178, le premier ministre du Manitoba, Gary Filmon manifeste son désaccord, en retirant de l'ordre du jour de sa législature le vote qu'il devait tenir en faveur de l'accord du Lac Meech[46]. Cette entente constitutionnelle doit être ratifiée par l'ensemble des provinces canadiennes avant juin 1990, sans quoi elle deviendra caduque. Le ver est dans la pomme. Il va dévorer le fruit canadien.

## L'épreuve

Jacques Parizeau ne célèbre pas la nuit de Noël 1988 dans la joie. Il aurait pourtant bien des raisons d'être heureux, mais il vient d'apprendre que la tumeur cancéreuse de sa femme est réapparue à l'entrée des deux poumons. « À partir de ce moment, raconte le médecin et ami de la famille

---

44. Pour adopter cette loi, le gouvernement a dû utiliser une clause d'exception présente dans la constitution canadienne, appelée clause dérogatoire, qui permet à la législature du Québec de ne pas respecter la Charte canadienne, mais pour une durée de cinq ans. Passé ce délai, l'Assemblée nationale doit à nouveau prendre un vote à ce sujet pour réactiver la clause ou changer sa loi linguistique et la rendre conforme à la Charte canadienne et québécoise.
45. Il s'agit de Clifford Lincoln, Herbert Marx et Richard French.
46. Au Nouveau-Brunswick, dès son élection en octobre 1987, le premier ministre libéral Frank McKenna avait émis des réserves sur l'entente du Lac Meech.

Jacques Baillargeon, il n'y avait plus rien à faire[47].» Alice Parizeau est condamnée à mourir dans d'horribles souffrances, probablement étouffée.

«Il est gentil, écrit Alice Parizeau dans son dernier livre. Des documents l'attendent, le téléphone sonne sans arrêt, et pourtant, il parvient à me rassurer, à me promettre la vie, tout en cachant soigneusement qu'il a aussi peur que moi. Incapable de souffrir à ma place, il ne peut mesurer le degré de souffrance qui l'attend de son côté[48].» Au cours des prochains mois, Jacques Parizeau aura donc à affronter une terrible épreuve. Parallèlement aux grands moments d'ivresse et d'exaltation que lui procurera son engagement politique, il devra faire face à l'adversité, en accompagnant son épouse mourante.

---

47. Entrevue téléphonique avec Jacques Baillargeon, le 6 octobre 2000.
48. Alice Parizeau, *Une femme, op. cit.*, p. 121.

# CHAPITRE 6

# Le parcours du marathonien

*« L'image qui me revient le plus de sa prestation pendant la campagne électorale de 1989, c'est celle d'un marathonien. J'avais trente ans, tout comme Bernard Lauzon, et à la fin de la campagne, nous tirions vraiment de la patte. Nous avions la langue à terre pendant que Jacques Parizeau, plus âgé que nous, demeurait sur son élan. »*

Gilbert Charland[1]

À la fin de l'année 1988, seul à bord du jet privé de Paul Desmarais, Jacques Parizeau déguste tranquillement son verre de scotch. Dans moins d'une heure, l'appareil se posera à La Malbaie sur la piste du multimillionnaire canadien. Jacques Parizeau sourit en se remémorant la surprise de Jean Campeau, président de la Caisse de dépôt et placement du Québec, quand il lui a demandé son avis sur une éventuelle fusion entre Domtar, Consolidated-Bathurst et Abitibi-Price, les trois géants des pâtes et papier. Incrédule, Jean Campeau lui avait dit[2] :

— Pourquoi me parlez-vous de ce projet fou ? s'exclame Jean Campeau.

— Parce que le premier ministre m'a confié le mandat d'explorer cette avenue, rétorque Jacques Parizeau.

---

1. Entrevue avec Gilbert Charland, le 24 novembre 2000.
2. Dialogue reconstitué à partir des souvenirs de Jacques Parizeau. Entrevue du 25 mai 2000.

— Mais vous êtes président du Parti québécois! lui rappelle Jean Campeau.

— Je suis aussi professeur d'économie aux HÉC et alors?

— Monsieur Robert Bourassa, du Parti libéral, vous a demandé de jouer un rôle dans ce dossier?

— Exactement!

Bien que surpris par cette étrange alliance, Jean Campeau finit par admettre que la Caisse de dépôt pourrait être intéressée par une telle opération, à condition que le contrôle de la mégapapetière ainsi formée demeure entre les mains du Québec[3].

Heureux de cette réponse, l'ambitieux économiste passe à l'action. Ce que Robert Bourassa tente d'échafauder, Jacques Parizeau en rêve depuis plus d'une décennie. Celui qui a déjà réussi à prendre le contrôle de Domtar lorsqu'il était ministre des Finances à l'été 1981[4] s'émoustille à l'idée de participer à une manœuvre dont le résultat serait la fusion de cette entreprise avec la Consolidated-Bathurst, propriété de Paul Desmarais, tel que le souhaite Robert Bourassa. Afin d'élargir le cercle, Jacques Parizeau approche la société Abitibi-Price, appartenant aux frères Reischman. Il tâte le terrain auprès de Bernd Koken, le président du conseil d'administration et le chef de la direction de la compagnie, qu'il avait connu alors qu'il occupait un poste de sous-ministre à Ottawa: «Abitibi-Price serait-elle prête à s'engager dans un mariage à trois?» Koken lui répond non, tout en demandant à ne pas être exclu d'une telle alliance. Le dirigeant préfère attendre de connaître l'opinion de Paul Desmarais avant de fermer définitivement la porte[5]. Jacques Parizeau joint ensuite Paul Desmarais au téléphone. Ce dernier l'invite à son manoir de Charlevoix, afin de discuter de cette possibilité de fusion.

Voici donc Jacques Parizeau, le nouveau chef du Parti québécois, porteur d'une proposition que lui a confiée le premier ministre du Québec, son rival politique! À son arrivée dans l'opulente demeure, il décide de ne parler d'abord que d'une fusion entre Domtar et Consolidated-Bathurst[6].

---

3. Entrevue téléphonique avec Jean Campeau, le 28 novembre 2002.
4. Dans le tome II de cette biographie, *Le Baron*, il est fait mention de cette opération au chapitre 18 intitulé «La banque du Québec: second mouvement». Le lecteur peut consulter les pages 377 et suivantes.
5. Selon les souvenirs de Jacques Parizeau. Entrevue du 25 mai 2000.
6. C'est le souvenir qu'en garde Paul Desmarais. Entrevue du 18 avril 2001.

Il s'agit d'un choix judicieux, puisque Paul Desmarais déteste le dirigeant en place chez Abitibi-Price : «C'était un niaiseux qui était à Abitibi[7]!», insiste-t-il. Avec emphase et beaucoup de détails, Jacques Parizeau lui présente alors le grand jeu que le gouvernement du Québec désire mettre en place. Mais Paul Desmarais l'écoute sans enthousiasme. Il confie même au politicien et économiste qu'il ne sait pas s'il continuera d'investir dans le secteur des pâtes et papier. «Je commence à avoir des doutes sur cette industrie, dit-il. Je ne suis plus certain que c'est une " bonne *business* " à long terme[8].» Puis, il laisse entendre qu'il pourrait être intéressé, mais à la seule condition d'en posséder la plus grande part. «Il est clair, au bout de 15 minutes, que ça ne marchera jamais, constate Jacques Parizeau. Il est d'accord avec la fusion, mais à condition que ce soit lui qui mène[9].» Jean Campeau l'avait bien mis en garde : «Méfiez-vous de Desmarais " le charmeur ". Il voudra tout contrôler, puis quelques jours plus tard, il vendra le tout à des étrangers[10]!» L'opération qui aurait pu devenir la fusion du siècle, et faire lever de terre un géant de dix milliards de dollars, ne verra pas le jour[11].

Alors que les deux barons, l'un du monde politique, l'autre de la sphère économique, constatent rapidement l'échec des pourparlers, Paul Desmarais invite Jacques Parizeau à passer à table pour le repas du midi. Les deux hommes prennent place dans l'immense salle à dîner, aux deux bouts d'une longue table. La discussion prend alors une autre tournure, plutôt détendue[12] :

— Comme ça, tu reviens en politique, dit Paul Desmarais.
— Effectivement.

---

7. Entrevue avec Paul Desmarais, le 18 avril 2001.
8. *Idem.*
9. Entrevue avec Jacques Parizeau, le 25 mai 2000.
10. Entrevue avec Jean Campeau, le 28 novembre 2002.
11. Le 25 janvier 1989, Paul Desmarais vend Consolidated-Bathurst à l'entreprise américaine Stone Container pour 2,6 milliards de dollars. Le jour même de la transaction, la Caisse de dépôt propose à Paul Desmarais de l'aider plutôt à acheter l'américaine Stone Container, ce qu'il refuse. Le vice-président de la Caisse, Jean-Claude Scraire, le confirme alors aux médias. Le 29 mai 1997, Abitibi-Price et Stone Container fusionnent. Le 18 avril 2000, la nouvelle entité fait l'acquisition de Donohue.
12. Ce dialogue est inspiré des souvenirs de Jacques Parizeau, entrevue du 25 mai 2000, et de Paul Desmarais, entrevue du 18 avril 2001.

— Dis-moi, es-tu toujours séparatiste?

— Toujours.

— Tu sais, si tu n'étais pas séparatiste, tu serais un fantastique ministre des Finances, insiste Paul Desmarais, en riant.

Autour d'un digestif, puis d'un autre, les deux hommes discutent ainsi jusqu'à environ quatre heures de l'après-midi. «Il était très agréable[13]», raconte Paul Desmarais. L'atmosphère détendue ne l'empêche nullement, cependant, d'attaquer les idées politiques de Jacques Parizeau[14]:

— Moi Jacques, c'est une question de liberté. Si on se sépare, puis qu'on a un gouvernement, puis que c'est toi qui diriges toute l'affaire, est-ce qu'on va vraiment être libres? Et-ce qu'on va être capables de faire ce qu'on veut ou est-ce que tu vas décider de tout contrôler? Tu diras à l'un: "Je ne veux plus que tu écrives ça. Toi, tu vas fermer ta boîte, puis toi, tu n'achèteras pas ça!"»

Paul Desmarais laisse pratiquement entendre que Jacques Parizeau se comporterait en véritable dictateur! Mais la cible de telles insinuations ne réagit pas violemment. Jacques Parizeau ne prend pas au sérieux les paroles du riche homme d'affaires.

— Non, ce n'est pas ça du tout, répond-il.

— Puis si on est indépendants, continue Paul Desmarais, c'est inévitable, tu vas vouloir avoir ta propre monnaie! Comme économiste, tu vas en avoir marre de la Banque centrale du Canada avec ses taux d'intérêts trop hauts... Puis, tu vas aller à la télévision un bon soir pour dire à tous les Québécois: «Messieurs, nous sommes un pays indépendant, il faut donc décider maintenant si nous voulons continuer d'être à la merci de la Banque du Canada. Finie cette histoire-là, demain matin les banques sont autorisées à changer votre argent pour de l'argent québécois!» Puis après, les problèmes économiques vont commencer, mais nous n'aurons plus d'argent canadien pour les balances de paiements.

Finalement, Paul Desmarais, qui finance depuis longtemps bien des candidatures politiques et une foule de campagnes électorales tant fédérales que provinciales, met un terme à la conversation, en lui servant avec douceur cet avertissement:

---

13. Entrevue avec Paul Desmarais, le 18 avril 2001.
14. Propos tenus par Paul Desmarais ce jour-là, selon ses propres souvenirs. Entrevue du 18 avril 2001.

— En tout cas, si tu te présentes aux prochaines élections, on va te battre mon cher! On va te battre.

— On verra, commente calmement Jacques Parizeau.

## L'idée ou l'image?

Plusieurs mois avant l'élection du 25 septembre 1989, les discussions sur la façon d'aborder la prochaine campagne électorale vont bon train au quartier général du chef péquiste. Lors d'une réunion de stratégie électorale au quinzième étage de la Place Ville-Marie, Jacques Parizeau se retrouve pratiquement assiégé par une horde de communicateurs et de fabricants d'images, qui ne cessent de lui rappeler que la cause souverainiste n'est pas très populaire dans les sondages. Pour s'assurer d'une victoire électorale, il serait préférable de balayer cette question sous le tapis et de miser sur d'autres aspects plus mobilisateurs. Pierre Boileau, directeur du parti, assiste à cette réunion. Il en a gardé un vif souvenir : «Vous savez, quand un communicateur parle… tout le monde écoute. Si cela n'avait pas été de Parizeau, tout le monde aurait écouté et probablement accepté l'analyse de ces gens-là. Mais Parizeau a dit : "NON! Je pense que vous sous-évaluez la motivation que peut avoir la population à l'égard de la souveraineté. Je pense que cette idée est plus présente que vous ne le pensez. Nous sommes capables de nous mobiliser autour de cette idée"[15].» Pierre Boileau souligne qu'à l'époque, l'entourage de Jacques Parizeau était tenté d'adhérer à la thèse des communicateurs : «Parizeau était quasiment seul à ce moment-là!» Son leadership et la force de ses convictions viendront pourtant à bout des faiseurs d'images. «La souveraineté sera au cœur de l'élection[16]», maintient-il. L'orientation est donnée et elle sera suivie.

Pour Pierre Boileau, «n'importe quel chef politique est un instrument pour atteindre l'objectif[17]» de la souveraineté. «Je ne travaillais pas pour Parizeau, dit-il. Je travaillais d'abord pour la cause à laquelle je croyais.» Mais la force des convictions de son chef l'amènera pourtant à identifier

---

15. Entrevue avec Pierre Boileau, le 30 août 2002.
16. Propos attribués à Jacques Parizeau et rapportés par Pierre Boileau. Entrevue du 30 août 2002.
17. Entrevue avec Pierre Boileau, le 30 août 2002.

l'homme à la cause et à les fondre en une seule et même entité : « Personnellement, j'étais convaincu que Parizeau était l'homme de la situation et qu'il pouvait mener à terme le projet. J'en étais convaincu...[18] »

L'équipe réunie autour de Jacques Parizeau se rallie donc à sa conception de la politique et du rôle que le leader doit exercer pour promouvoir des idées. Pour les membres de son entourage, René Lévesque était beaucoup trop ambigu sur la façon de faire le pays. Dans l'esprit de Jacques Parizeau, le véritable leader politique se trouve dans la voiture de tête et dirige le convoi. Libre aux gens de le suivre ou non, mais pour lui, les décisions d'un politicien ne doivent pas être dictées par les sondages. Il doit plutôt se servir des études d'opinions pour comprendre et poser des gestes capables de mener l'opinion publique à modifier son comportement initial. Jacques Parizeau croit avant tout à la force des idées pour changer les mentalités. Et à quelques mois de l'élection, si la souveraineté demeure impopulaire, qu'à cela ne tienne, il continuera d'en parler. À aucun moment, il ne cherchera à dissimuler son option. Il souhaitera au contraire que les gens du Québec s'attachent à cette idée[19].

En prévision de la joute électorale, l'organisation péquiste raffermit ses bases et améliore sa santé financière. En juin 1989, elle compte 106 000 membres et atteint son objectif de financement : deux millions de dollars. Le déficit baisse lentement mais inexorablement.

Compte tenu de ses minces appuis au sein du monde des affaires, Jacques Parizeau a besoin de l'aide des centrales syndicales. Or, il a fort à faire pour s'attirer la faveur des employés de l'État. Lors de la récession de 1982, notamment, il a voté pour que l'ensemble des employés du secteur public subissent une réduction de leur salaire pendant trois mois. Du côté de la CSN et de la CEQ, il semble donc que ce soit peine perdue, mais avec la FTQ, les ponts se rétablissent rapidement. Jean Royer confirme que dès le retour en politique de Jacques Parizeau, les contacts reprennent. « Il y a des rencontres sur une base mensuelle[20]. » Dès le milieu de l'année 1988, « la FTQ nous donnait de gros coups de main », ajoute-t-il. Pour le

---

18. *Idem.*
19. Lors du Conseil national spécial du parti qui se déroule pendant la campagne électorale, les 12 et 13 août, Jacques Parizeau parle « non seulement d'un vrai gouvernement, mais d'un vrai pays. »
20. Entrevue avec Jean Royer, le 17 mai 2000.

*Deux amis : Jacques Parizeau et Louis Laberge,*
*président de la FTQ de 1964 à 1991.*
*Photo de Jacques Nadeau.*

rassemblement au Centre Paul-Sauvé et à d'autres occasions également, «on appelait la FTQ, puis elle livrait tout le temps[21]», confirme Pierre Boileau.

En pleine campagne électorale, les syndiqués de la FTQ tiennent un congrès spécial pour savoir quel parti appuyer. Jacques Parizeau désire ardemment que la Fédération des travailleurs du Québec soit aux côtés du Parti québécois. Lors d'un long dîner au restaurant Butch Bouchard, Louis Laberge, président de la centrale syndicale, et Jacques Parizeau conviennent d'un plan. «Bon, OK, chri…! s'exclame Louis Laberge. Tu nous as joué un coup de cochon en 1982! Si tu nous dis que tu le regrettes un peu, bon, ben… On travaille ensemble[22]!» En échange, Louis Laberge et Fernand Daoust lui promettent de tout faire pour convaincre leurs militants

---

21. Entrevue avec Pierre Boileau, le 16 août 2002.
22. Propos attribués à Louis Laberge et rapportés par Jacques Parizeau. Entrevue du 15 août 2000.

d'appuyer le Parti québécois[23]. Selon Jacques Parizeau, ce dîner se déroule dans une atmosphère de franche camaraderie : «Personnellement, je n'ai jamais eu de problèmes avec la FTQ, moi, l'impopulaire, le snob et le distant[24]!»

Le 20 août 1989, Jacques Parizeau offre donc son *mea culpa* devant l'auditoire réuni pour l'assemblée d'investiture de Guy Bertrand dans le comté québécois de Louis-Hébert. Les syndicats des fonctionnaires et la CSN réagissent froidement, tandis que les leaders de la FTQ demeurent silencieux. Une semaine plus tard, réunis en congrès spécial, les délégués de la FTQ décident d'appuyer le Parti québécois dans une proportion de 70 %. Jean Royer en est très fier.

## Se préparer à la défaite

Deux mois avant le début de la campagne électorale, en juin 1989, Jacques Parizeau se rend en France à l'invitation de la Chambre de commerce France-Canada. Celui qui n'occupe aucun siège à l'Assemblée nationale est tout de même reçu par le premier ministre français, Michel Rocard, ainsi que par le président de l'Assemblée nationale, Laurent Fabius. Pendant son séjour, il rencontre le maire de Paris, Jacques Chirac, et déjeune avec le premier secrétaire du Parti socialiste, Pierre Mauroy. Jacques Parizeau discute aussi de la situation du Québec avec d'autres personnalités politiques dont Raymond Barre, Philippe Rossillon et Bernard Dorin[25].

Aux dignitaires français, il fait deux prédictions audacieuses. Il leur annonce d'abord la mort de l'entente du Lac Meech : «Ça ne passera pas. C'est cuit. L'accord ne sera jamais ratifié par tous les Parlements et deviendra caduc[26].» Il les assure ensuite que sa formation politique ira chercher 40 % des suffrages lors de la prochaine élection[27]. Les sondages

---

23. Selon les souvenirs de Jacques Parizeau, entrevue du 15 août 2000. Confirmé par Jean Royer.
24. Entrevue avec Jacques Parizeau, le 15 août 2000.
25. Selon Jean Royer. Entrevue du 17 mai 2000.
26. Cité dans un article de Louis-Bernard Robitaille, «Le Lac Meech, "c'est cuit", affirme Parizeau à Paris», *La Presse*, le 14 juin 1989.
27. Selon les souvenirs de Jean Royer. Entrevue du 17 mai 2000.

ne donnent alors que 35 % d'appuis au Parti québécois. Ces deux prédictions vont se réaliser...

Bien que gravement malade, Alice Parizeau accompagne son mari. Elle profite de toutes les occasions qui lui permettent de retourner en Europe au cas où ce serait l'ultime visite. « Je m'accroche au bras de Jacek, écrit-elle, j'oublie les gens qui nous reçoivent et j'aspire l'air, de toute la force de mes poumons[28] ! » Malgré la réapparition de la tumeur, le couple Parizeau continue de lutter contre la funeste maladie. Croyante, Alice Parizeau prie et se confesse régulièrement. En mai, elle retourne au Mexique, à la clinique du Docteur James. Jacques Parizeau croit au traitement au point où il invite même le médecin mexicain à venir au Québec, afin de confronter son approche thérapeutique avec celle des médecins de l'hôpital Notre-Dame[29]. « Écoutez, on lui donne trois au quatre mois à vivre à Montréal, alors qu'avec ces histoires-là, elle va durer plus de deux ans[30] ! » Le Docteur James vient à Montréal à deux reprises. À chaque fois, il est hébergé chez les Parizeau. Mais ces deux voyages n'aboutissent à rien de concret. Jacques Parizeau a beau insister, l'hôpital Notre-Dame refuse d'analyser le produit naturel que le Docteur James administre à ses patients pour s'attaquer au cancer.

Sur le plan politique, Jacques Parizeau entame en août un autre combat : nettement défavorisé dans les sondages, il se prépare à diriger sa première campagne électorale à titre de chef du Parti québécois. Après un éprouvant travail de recrutement, l'organisation réussit à présenter des candidats dans chacune des 125 circonscriptions. Quelques semaines auparavant, le nombre de volontaires était à ce point insuffisant que Jean Royer et Hubert Thibault craignaient d'être obligés de se présenter[31]. « Comment trouver 125 candidats quand on sait qu'on va perdre[32] ? », telle est la question qui hante longtemps les organisateurs du parti. Jacques Parizeau demande en vain à Marc-André Bédard de reprendre du service. Il approche

---

28. Alice Parizeau, *Une femme, op. cit.*, p. 135.
29. Entrevue avec Jacques Parizeau, le 15 août 2000.
30. Entrevues avec Jacques Parizeau, le 13 janvier et le 15 août 2000.
31. Selon les souvenirs de Jean Royer. Entrevue du 17 mai 2000.
32. Entrevue avec Jean Royer, le 11 mai 2000. Les députés Jean-Pierre Charbonneau, Jean-Guy Parent, Claude Filion et Hubert Desbiens ont déjà annoncé qu'ils ne seraient pas candidats pour les prochaines élections.

Lorraine Pagé et Fernand Daoust, mais ces leaders syndicaux refusent de se jeter dans l'arène politique[33].

Malgré une défaite prévisible, l'équipe de Jacques Parizeau réussit toutefois à recueillir un certain nombre de candidatures prestigieuses. Parmi elles, on retrouve l'homme d'affaires Laurent Denis, David Cliche, le fils de Robert Cliche, Francine Lalonde, Sylvain Simard et Louise Laurin, une directrice d'école. Le jour du vote, ils perdront tous.

## La « coccinelle » contre la « grosse bagnole »

Le 9 août, jour de l'anniversaire de Jacques Parizeau, Robert Bourassa offre un cadeau bien particulier à son adversaire politique : il déclenche les élections. Le scrutin se tiendra le 25 septembre 1989. Avec un sens de la formule qui surprend et plaît, Jacques Parizeau met en garde le Parti libéral contre « le syndrome de Galarraga ». Ce joueur des Expos avait prédit un balayage contre les Mets de New York. Or, trois jours après cette déclaration, les Expos de Montréal subissaient trois défaites consécutives et glissaient en seconde position, s'éloignant ainsi dangereusement du championnat tant convoité.

Le Parti libéral s'engage dans cette campagne avec confiance. Alors que le Parti québécois est heureux d'avoir recueilli deux millions de dollars en juin, celui de Robert Bourassa récolte, bon an mal an, entre sept et huit millions de dollars. Les conséquences d'un tel déséquilibre se répercutent sur le type d'autobus que chacun des partis utilise pour transporter les journalistes pendant les quarante-sept jours de campagne. Si le véhicule des libéraux est impeccable et doté d'équipements ultramodernes, celui du Parti québécois est dans un triste état. Les journalistes l'ont surnommé le « tape-popotin » et sa périlleuse tenue de route rend difficile l'utilisation des ordinateurs. Un seul téléphone cellulaire est disponible pour tout le groupe. Pour alimenter les appareils des journalistes, des génératrices, souvent défectueuses, ont été installées dans la soute à bagages[34]. Les fils électriques branchés sur les génératrices se rendent à l'habitacle par un trou percé de façon artisanale dans la carrosserie du véhicule. Cette ouverture

---

33. Entrevue avec Jacques Parizeau, le 28 juin 2000.
34. Selon les souvenirs de Gilbert Charland. Entrevue du 24 novembre 2000.

*À l'été 1989, Jacques Parizeau se lance
en campagne électorale pour la 5ᵉ fois.
Photo de Jacques Nadeau.*

contribue d'ailleurs à aggraver un autre problème : celui des effluves malo-
dorants. Les journalistes se plaignent des odeurs d'hydrocarbures !

Malgré ces handicaps, «la coccinelle péquiste [connaît] un départ
fulgurant[35]», observe le journaliste Gilles Lesage, tandis que «la grosse
bagnole des parvenus libéraux a des lourdeurs et des ratés étonnants.» Il
y a d'abord le dossier des BPC, entreposés à Saint-Basile-le-Grand après
un incendie criminel, puis envoyés par bateau en Angleterre pour y être
incinérés. Pendant la campagne électorale, ces déchets sont ramenés en
catastrophe au Québec. Ils sont finalement entreposés à Baie-Comeau, au
grand déplaisir des gens de la Côte-Nord. Le 28 août, un autre scandale
environnemental éclate. À Saint-Jean-sur-Richelieu, des terrains ayant
appartenu à l'ancienne compagnie Balmet Canada ont été contaminés au
plomb. La panique éclate chez les familles des quartiers avoisinants. Leur
colère est dirigée principalement contre le gouvernement.

Puis, une grève illégale des infirmières vient accroître l'impression de
désordre qui règne au bureau du premier ministre. Jacques Parizeau, qui
est plutôt «mal à l'aise avec l'idée d'une grève pendant une campagne
électorale[36]», mise peu sur cet événement pour se faire du capital politique.

---

35. Gilles Lesage, «Les aléas du départ», *Le Devoir*, le 22 août 1989.
36. Entrevue avec Gilbert Charland, le vendredi 24 novembre 2000.

Il n'hésite toutefois pas à corriger le ministre libéral Yves Séguin, qui propose de confier à un arbitre les négociations avec les services publics. Avec une telle proposition, prétend Jacques Parizeau, «Yves Séguin s'est auto-pelure-de-bananisé», puisqu'une telle solution enlèverait à l'État son pouvoir de négocier et de gouverner. L'expression plaît énormément aux journalistes. Lysiane Gagnon rédige d'ailleurs une chronique sur la «langue parizienne[37]», où elle se délecte de certaines de ses expressions comme celle qui veut qu'il ne faut «pas se mettre à *gosser* les poils de grenouille!» «Se grouiller le popotin[38]» en constitue une autre, qui est reprise par le journaliste Gilles Lesage. La population découvre ainsi un Jacques Parizeau spirituel et capable d'humour.

Au cours d'une période aussi cruciale, Jacques Parizeau se fie à une poignée d'hommes. En plus des Jean Royer, Pierre Boileau, Hubert Thibault et Bernard Lauzon, qui agit à titre de conseiller économique du chef, on retrouve aussi Claude Beaulieu, directeur des communications. Parmi les nouveaux venus, René Blouin, ex-chef de cabinet de Guy Chevrette et ancien député du comté de Rousseau, s'occupe des journalistes dans la fameuse «coccinelle». Pendant cette campagne, Gilbert Charland quitte le service de recherche du Parti québécois à l'Assemblée nationale pour devenir attaché de presse de Jacques Parizeau.

Une douzaine de jours avant le scrutin, les bureaux de la permanence du Parti québécois sont le théâtre d'une scène digne d'un film mettant en vedette de grossiers mafieux. Le député Guy Chevrette, alors responsable de certaines opérations de financement pour le parti, reçoit un appel téléphonique de deux individus se présentant comme des avocats désireux d'aider le Parti québécois à se faire élire. Guy Chevrette accepte de les rencontrer. Le rendez-vous a lieu à la permanence du parti à Montréal. Pierre Boileau se souvient d'avoir vu entrer «ces gens-là avec Chevrette et Jean Royer dans la salle de la réunion à la permanence[39]», mais il n'a pas pris part à la rencontre. Les deux personnes, une femme et un homme, offrent un important pot-de-vin à Guy Chevrette. En contrepartie, s'il prend le pouvoir, le Parti québécois devra s'opposer à l'étatisation des loteries vidéo. Les individus disent représenter des gens de cette industrie. Tout en

---

37. Chronique de Lysiane Gagnon dans le journal *La Presse*, le 3 octobre 1989.
38. Gilles Lesage, «Les aléas du départ», *Le Devoir*, le 22 août 1989.
39. Entrevue avec Pierre Boileau, le 30 août 2002.

parlant, ils déposent «sur la table deux valises avec des fermetures éclair[40]», raconte Jean Royer. Chaque valise contient 250 000 $, soit une somme totale d'un demi million de dollars, prétendent les deux individus. Jean Royer aperçoit l'argent : «Je n'ai pas compté, mais il me semble avoir vu à l'intérieur d'une valise des liasses de billets de banque.» Il se questionne alors sur l'identité réelle des deux malfrats. «J'imagine que c'était deux escrocs mandatés par quelqu'un. La réaction que nous aurions dû avoir, c'est de tout de suite appeler la police, mais la décision que Chevrette a prise c'est de dire : "Bon, ben, ils sont partis." Nous n'avons rien fait, puis rapidement nous sommes passés à autre chose[41].» «Vous savez, révèle aujourd'hui Pierre Boileau, lors d'une élection, on entend toutes sortes de choses et on reçoit toutes sortes d'offres. La mafia est déjà venue nous offrir des comtés italiens en échange de la grâce de certains. Imaginez, c'est un peu gros[42]!»

À la fin de la campagne électorale, bien que l'avance du Parti libéral dans les sondages soit réduite, l'équipe de Robert Bourassa domine encore par dix points. Jacques Parizeau a pourtant trimé dur, autant le jour que la nuit... Le jour, pour son parti, et la nuit, pour sa femme qu'il soigne et rassure.

## La discrète tendresse du politicien

À la fin de chaque journée, fidèle à sa promesse, Jacques Parizeau redevient un tendre époux. Tout l'entourage politique du chef péquiste est là pour en témoigner. Malgré une campagne électorale éprouvante qui le mène aux quatre coins du Québec, il rentre coucher à la maison à tous les soirs. Toutes ses nuits, il les passe auprès de sa femme malade. «Il n'a jamais fait de compromis là-dessus, raconte Jean Royer. C'est incroyable! À chaque soir, il devait rentrer à Montréal[43].»

Cet engagement l'amène à comprimer un agenda déjà fort chargé. «Souvent, il nous convoquait chez lui à minuit ou à une heure du matin,

---

40. Entrevue avec Jean Royer, le 3 octobre 2002.
41. *Idem.*
42. Entrevue avec Pierre Boileau, le 30 août 2002.
43. Entrevue avec Jean Royer, le 17 mai 2000.

pour faire le bilan de la journée[44]», se rappelle Pierre Boileau. Hubert Thibault et Jean Royer se rendent aussi à ces réunions de nuit. «Et là, on refaisait le scénario du lendemain. Vous savez, précise Jean Royer, monsieur Parizeau rentrait fatigué de sa journée, parce qu'en campagne ce n'est pas facile, le stress est fort. Mais il avait tout de même la capacité d'analyser les engagements du lendemain et... je vous le dis avec toute la pudeur qu'il faut, pendant ce temps, on entendait madame Parizeau à l'étage, qui souffrait. Pour elle, la respiration était difficile...Alors monsieur Parizeau, à une ou deux reprises, pendant nos réunions nocturnes, se levait et allait la voir. Il dormait dans cette atmosphère-là[45]!» Le lendemain, après quelques heures de sommeil, le chef du Parti québécois repartait sans jamais laisser voir sa peine à ceux qui, il l'espérait, allaient voter pour lui. «Il fallait que la campagne dégage l'image d'un chef de bonne humeur, raconte Jean Royer, et effectivement, les gens l'avaient toujours trouvé enthousiaste.» Pourtant, cette campagne perdue d'avance se déroule «dans des conditions humaines inimaginables, épouvantables! Cela, bien peu de gens l'ont su et jamais *Monsieur* n'en a parlé», tient à souligner Jean Royer, la voix tremblante.

Dans son dernier livre, *Une femme*, Alice Parizeau dévoile un Jacques Parizeau que l'on connaît peu : «Il est somptueux, ce don constant de sa présence, de chaleureuse attention et d'amitié[46].» On y découvre un homme sensible et attentionné. Le lecteur de cette autobiographie réalise à quel point les retours à la maison de Jacques Parizeau sont appréciés : «Il y a ses pas, sa voix, c'est Jacek qui arrive, écrit Alice Parizeau. L'existence change de couleur, le bonheur est à la portée de mes mains et il me suffit de courir vers lui, de me blottir dans ses bras pour tout oublier[47].»

Compte tenu de la promesse faite à son épouse, le rythme de campagne qu'il s'impose est difficile à suivre. Jacques Parizeau boit beaucoup pendant cette période. René Blouin, qui doit gérer cet aspect délicat, fait tout en son pouvoir pour le maintenir à bonne distance des journalistes pendant les repas souvent copieusement arrosés[48]. Les voyages en avion

---

44. Entrevue avec Pierre Boileau, le 16 août 2002.
45. Entrevue avec Jean Royer, le 17 mai 2000.
46. Alice Parizeau, *op. cit.*, p. 30.
47. Alice Parizeau, *op. cit.*, p. 45.
48. Entrevue avec René Blouin, le 10 octobre 2000. D'autres sources le confirment.

de Jacques Parizeau se font généralement sans la présence des médias. René Blouin réserve les services d'un petit avion, afin que les journalistes ne le voient pas boire. Mais son patron demeure toujours opérationnel, raconte Pierre Boileau : « Je n'ai pas été témoin de quoi que ce soit qui soit venu déranger son rôle au moment de la campagne[49]. » René Blouin, qui protège son chef, tient à dire qu'il « continue à faire des bons discours[50]. »

Gilbert Charland, l'attaché de presse qui accompagne Jacques Parizeau dans ses principaux déplacements, se souvient d'une campagne particulièrement exténuante. Un jour, Jacques Parizeau revient des Îles-de-la-Madeleine vers trois heures du matin. Après une très courte nuit de sommeil, il reprend l'avion à sept heures trente du matin pour se rendre en Abitibi-Témiscamingue. Gilbert Charland va le chercher chez lui en voiture : « Certains matins, c'était très difficile pour lui[51]. » Il y avait la fatigue, mais aussi l'état de santé de son épouse. « Les matins où ça allait mal, raconte Gilbert Charland, il prenait un bon moment en voiture avant de parler. Puis, posément, il me disait : " C'est difficile, monsieur Charland, ça ne va pas bien ". »

Lors du sprint final, pendant la dernière semaine de campagne, Gilbert Charland se retrouve à nouveau à bord d'un petit avion en compagnie de Jacques Parizeau. L'attaché de presse est à ce point épuisé qu'il s'endort pendant que Jacques Parizeau lui parle. « J'étais assis face à monsieur Parizeau et je m'étais endormi pendant la discussion ! Quand je me suis réveillé, je ne sais pas combien de minutes plus tard, monsieur Parizeau m'a dit : " Très bien monsieur Charland, vous êtes de retour ? Bon ! Nous pouvons donc poursuivre la discussion ? " Comme réveil, cela avait été assez subit », raconte Gilbert Charland, étonné de l'endurance physique de Jacques Parizeau. « L'image qui me revient le plus de sa prestation pendant la campagne électorale de 1989, c'est celle d'un marathonien. J'avais trente ans, tout comme Bernard Lauzon, et à la fin de la campagne, nous tirions vraiment de la patte. Nous avions la langue à terre pendant que Jacques Parizeau, plus âgé que nous, demeurait sur son élan. »

L'un des médecins qui a suivi Alice Parizeau, le docteur Joseph Ayoub, confirme la présence de Jacques Parizeau auprès de son épouse, malgré ses fonctions accaparantes : « Il était très présent et il l'accompagnait souvent.

---

49. Entrevue avec Pierre Boileau, le 30 août 2002.
50. Entrevue avec René Blouin, le 10 octobre 2000.
51. Entrevue avec Gilbert Charland, le 24 novembre 2000.

Il me contactait. Nous parlions beaucoup ensemble[52].» Il se souvient d'ailleurs d'une nuit, durant la fin de semaine, où Alice avait eu besoin d'un antibiotique pour contrer une infection pulmonaire. «Je lui offre d'aller porter l'ordonnance chez eux, confirme le docteur Ayoub, mais il refuse. "Je serai chez vous dans quelques minutes", me dit-il.» Il se rendra chez le médecin en taxi en pleine nuit.

Joseph Ayoub déclare que, contrairement à ce que laisse croire son image publique, Jacques Parizeau n'est pas un homme froid : «J'ai vu un humain avec de la tendresse, et croyez-moi, je n'utilise pas souvent ce mot! J'ai été heureux de le voir sous cet aspect. C'était la preuve d'une très grande affection et d'une belle sollicitude envers madame Parizeau.» Dans ses mémoires, Alice Parizeau rend bien à son mari toute l'affection qu'il lui prodigue, en écrivant : «Dans mon cas, seul l'homme que j'aime détient le pouvoir d'exorciser mes craintes. Il suffit qu'il me prenne dans ses bras pour que l'angoisse cesse de m'étouffer[53].»

## «Je ne veux pas perdre!»

Le lundi 25 septembre 1989, c'est jour d'élections. La veille, Pierre Boileau est allé voir Jacques Parizeau avec les derniers sondages. Les résultats annoncent une défaite avec 40 % des suffrages. «*Monsieur* est ébranlé et très déçu. Il espérait beaucoup plus[54]», se souvient Jean Royer.

Une semaine plus tôt, Jacques Parizeau avait même exprimé sa crainte de perdre dans son propre comté. Alarmé par la faiblesse de l'organisation de l'Assomption, il téléphonait à Lambert Mayer[55]: «J'ai besoin de toi. Je risque de perdre dans mon comté. Je ne veux pas perdre! Je désire quelqu'un pour me faire élire[56].» Au grand déplaisir de Pierre Boileau, qui n'a été prévenu qu'à la dernière minute, Lambert Mayer se rend donc dans le comté de l'Assomption pour terminer la campagne. Jacques

---

52. Entrevue téléphonique avec le docteur Joseph Ayoub, le 14 novembre 2002.
53. Alice Parizeau, *op. cit.*, p. 67.
54. Entrevues avec Jean Royer, le 17 mai 2000 et le 3 octobre 2002.
55. Lambert Mayer est un vieux militant souverainiste très proche des milieux politiques qui, en France, sont favorables aux souverainistes.
56. Entrevue avec Lambert Mayer, le 22 décembre 1999. Confirmé par Jacques Parizeau et Pierre Boileau.

*Jacques Parizeau en compagnie de Jean Royer, son redoutable bras droit.*
*Archives personnelles de Jean Royer.*

Parizeau s'inquiétait-il à tort ? On peut le penser, puisque le jour de l'élection, il raflera le comté avec 5 000 voix de majorité.

Le jour du vote dans le comté de l'Assomption, malgré son mauvais état de santé, Alice Parizeau tient à faire la tournée des bureaux de votes en compagnie de son mari. En début d'après-midi, à Repentigny, le couple profite d'un peu de temps libre pour aller se promener. De loin, Gilbert Charland observe le couple : « Je me rappellerai toujours de cette scène : monsieur et madame Parizeau marchant lentement, se tenant par la main, prenant une espèce de pause. C'était une belle image[57]. »

Le soir venu, les résultats tombent. Le Parti québécois fait élire 29 députés, soit six de plus qu'en 1985[58], et il forme l'opposition en recueillant 40 % des suffrages, soit un point de plus qu'il y a quatre ans. Les objectifs fixés par le chef péquiste sont atteints, mais compte tenu des nombreux dérapages survenus pendant la campagne du côté de l'équipe de Robert Bourassa, Jacques Parizeau s'attendait à faire élire plus de

---

57. Entrevue avec Gilbert Charland, le 24 novembre 2000.
58. Le Parti libéral rafle 92 comtés avec 50 % des voix.

députés. « Dans bien des comtés, les majorités péquistes ont augmenté, mais on a aussi perdu de belles batailles[59]. » Dans dix circonscriptions, le Parti québécois a essuyé la défaite par moins de 500 voix. Les principales vedettes, nouvellement recrutées, ont presque toutes été battues. Jacques Parizeau est de mauvais poil : « Vous ramassez des gens connus, mais vous êtes incapables de leur fournir l'organisation qu'il faudrait pour les asseoir. » Sans blâmer directement l'organisation, en place depuis trop peu de temps, il pose toutefois des questions dérangeantes à Pierre Boileau. « Monsieur Parizeau, sur les questions d'organisation, il est extrêmement exigeant, fait remarquer Jean Royer. Pour lui, le lendemain d'une élection n'est jamais un moment où on oublie ce qui s'est passé. Il tient toujours à faire le *post-mortem* et à évaluer tous les postes de l'organisation[60]. »

Avec ces élections, Jacques Parizeau vient de passer son premier vrai test à la tête du Parti québécois. Repositionnant son parti sur l'idéal même de la souveraineté, il a recueilli suffisamment d'appuis pour continuer à en faire la promotion. La revue anglophone *Maclean's* parle « d'une indéniable démonstration de force de la part des séparatistes du Parti québécois[61]. » Gilles Lesage écrit à propos du chef péquiste : « Sa réussite, et elle est spectaculaire, c'est d'avoir redonné aux militants, surtout les anciens, la ferveur des belles années ; c'est d'avoir refait le plein avec une idée claire, d'avoir insufflé de la cohésion et redonné le goût de se battre à des milliers d'indépendantistes[62]. » Il commente aussi sa performance pendant la campagne électorale : « Le chef péquiste, que l'on disait manquer de pif, a su tirer le meilleur profit d'événements qui l'ont bien servi. »

Par sa performance, Jacques Parizeau rend également impossible l'apparition d'une « troisième voie » politique. Que ce soit le NPD Québec ou un nouveau parti nationaliste, il n'y a plus de place pour l'apparition d'une tierce formation entre le Parti québécois et le Parti libéral. Lors d'une entrevue à la presse anglophone, Jacques Parizeau se fait très précis là-dessus : « Cela va mettre fin aux plans de certains ministres francophones à Ottawa, dont le ministre de l'Environnement, Lucien Bouchard, et celui des Transports, Benoît Bouchard, de revenir au Québec pour

---

59. Entrevue avec Jacques Parizeau, le 23 août 2000.
60. Entrevue avec Jean Royer, le 17 mai 2000.
61. Michael Rose et Brenda O'Farrell, « Qualified victory », *Macleans*, Toronto, le 9 octobre 1989.
62. Gilles Lesage, « Le pari de Parizeau », *Le Devoir*, le 27 septembre 1989.

fonder un nouveau parti nationaliste plus modéré, si l'accord du Lac Meech échoue[63]. » En fait, dans quelques mois, la situation politique va à ce point exploser, que ce sont plutôt les nationalistes du Québec, dirigés par Jacques Parizeau, qui iront envahir la scène fédérale et former un nouveau parti souverainiste à Ottawa.

63. Propos attribués à Jacques Parizeau dans un article de Bruce Wallace, «An independant voice – Jacques Parizeau has a clear message », *Maclean's*, Toronto, le 23 octobre 1989.

# Le chef de guerre

*« Avec deux ministres et sept ou huit députés conser-
vateurs qui avaient pratiquement accepté de former
une aile nationaliste, moi je pense qu'on s'en allait
facilement vers un gouvernement minoritaire à
Ottawa. Parizeau, survolté, me dit alors : "Monsieur
Bédard, on y va ! Renversez-moi ce gouvernement !"»*

Marc-André Bédard[1]

L e 28 novembre 1989 marque le retour de Jacques Parizeau à l'Assem
blée nationale. Autrefois ministre des Finances, c'est comme chef de
l'opposition qu'il prend place aujourd'hui dans le grand salon bleu de
l'Hôtel du Parlement. Hubert Thibault devient son chef de cabinet et
Jean Royer, son «conseiller spécial». Toutefois, de l'aveu même d'Hubert
Thibault, «le vrai directeur de cabinet, le vrai *boss*, c'est Royer. Il est beaucoup plus proche de monsieur Parizeau que je ne peux l'être[2].»
Dès le début de la session parlementaire, Gilbert Charland, l'attaché
de presse de Jacques Parizeau, et René Blouin, le responsable des communications de l'aile parlementaire du Parti québécois[3], font face à un défi de
taille : leur patron a décidé de convoquer la presse à tous les vendredis

---

1. Entrevue avec Marc-André Bédard, le 15 février 2001.
2. Entrevue avec Hubert Thibault, le 18 octobre 2001.
3. Claude Beaulieu fait aussi partie de l'équipe de Jacques Parizeau à titre de directeur des communications du chef de l'opposition.

après-midi pour entretenir les journalistes d'un sujet « de grande importance ». Après une première rencontre, ceux-ci font savoir qu'ils n'ont plus l'intention de se déplacer pour assister à cette tardive « dictée du vendredi ». Gilbert Charland et René Blouin en prennent bonne note. Ils suggèrent alors à leur chef de modifier sa formule et de tenir cette rencontre à un autre moment de la semaine. Jacques Parizeau refuse[4].

Le vendredi 15 décembre, le chef de l'opposition se présente donc devant une salle de presse quasiment vide. « Ce fut pire que tout ce que j'aurais pu prévoir, se rappelle le journaliste Michel David, alors président de la tribune de la presse. Il n'y avait pas un maudit chat[5] !» Plusieurs journalistes ont toutefois l'intention d'écouter les propos du chef de l'opposition depuis leur bureau, via le système de radiodiffusion interne. Après une courte attente, Jacques Parizeau, qui était jusque-là demeuré silencieux, se tourne vers Michel David et lui demande si ses collègues vont venir : « Je ne crois pas, monsieur Parizeau, lui répond Michel David, mais sachez que les caméras roulent[6]. » Indigné, furieux et humilié, Jacques Parizeau se décide à parler : « Puisque je m'adressais à la tribune parlementaire et que l'essentiel de la tribune a décidé de ne pas y être, eh bien je n'y serai pas non plus ! Nous laisserons ces questions économiques à ceux que ça intéresse[7]. » Après un long silence, l'air grave puis penaud, il déclare : « J'existe aussi… » Il se lève et quitte la salle. La conférence de presse est annulée.

Si cet incident fait sourire les journalistes, il n'en est rien d'un autre événement qui se déroule cette fois à l'Assemblée nationale, alors que le gouvernement tente de faire adopter en catastrophe un projet de loi. Jacques Parizeau, de son bureau, décide de se rendre lui-même au salon bleu, afin d'intervenir :

— Vous n'y songez pas ! lui dit René Blouin, inquiet.

— Monsieur Blouin, je veux aller faire un discours à ce sujet-là. Notre monde est en bas et je veux les soutenir.

---

4. Entrevues avec Gilbert Charland, le 24 novembre 2000, et René Blouin, le 10 octobre 2000.

5. Entrevue avec Michel David, le 11 décembre 2002.

6. *Idem.*

7. Cité dans un article de Michel Venne pour la Presse Canadienne, « Parizeau annule une conférence de presse qui est boudée par les journalistes », *La Presse*, le 16 décembre 1989.

Depuis le début de l'après-midi, le responsable des communications a vu son patron boire plus d'un verre de scotch. Or, vers 20 h 30, quand Jacques Parizeau manifeste le désir d'aller parler à l'Assemblée nationale, l'effet de l'alcool a commencé à miner ses facultés. René Blouin n'est pas le seul à essayer de lui faire changer d'avis. Gilbert Charland[8] et le bureau du whip lui prodiguent aussi les mêmes conseils, en vain.

Arrivé en Chambre, Jacques Parizeau prend presque aussitôt la parole. Il parle beaucoup et ses propos, parfois décousus, sont parsemés de blagues douteuses. « Les économistes sont aux politiciens ce que sont les lampadaires pour les soulards, ils servent davantage à les soutenir qu'à les éclairer. » René Blouin écoute les propos de son chef, en se mordant les lèvres. À la fin d'un long exposé, Jacques Parizeau regarde en direction de la tribune de la presse… déserte. Il fait alors une violente sortie contre les journalistes, à qui il reproche de ne jamais être là quand les décisions importantes se prennent. La plupart d'entre eux sont pourtant bel et bien au travail. Seulement, c'est depuis leur téléviseur qu'ils suivent les débats. Bien qu'outrés par les reproches de Parizeau, ils décident cependant de passer l'éponge. Ils se rendent bien compte de l'état dans lequel se trouve le chef de l'opposition. Le lendemain, certains journalistes avisent toutefois René Blouin qu'il ferait mieux de s'occuper de son patron, afin de prévenir de tels comportements[9].

Fort embarrassé, le responsable des communications se rend au bureau de Jacques Parizeau afin d'aborder avec lui cette délicate question. Il adopte une approche franche et directe : « Monsieur Parizeau, il y a des dérapages qu'un responsable des communications peut arrêter, mais d'autres, non. Hier soir, vous avez fait un discours et vous avez été injuste avec les journalistes[10]. » Jacques Parizeau demeure silencieux, mais regarde sévèrement l'homme qui ose lui parler ainsi. « Vous avez dit que les journalistes n'étaient pas là. Or, ils étaient tous présents. Ils vous écoutaient, mais depuis leur bureau. C'est injuste à leur égard ! » Jacques Parizeau s'apprête à répliquer, mais René Blouin poursuit sur sa lancée : « Deuxième chose, vous n'étiez pas sobre ! » À ces paroles, le chef feint la surprise. « Vous

---

8. Gilbert Charland tente d'expliquer la conduite de Jacques Parizeau ce soir-là, en invoquant la maladie de son épouse qui sévit à la même époque. Entrevue du 24 novembre 2000.

9. Parmi eux, le journaliste Normand Delisle, de la Presse canadienne.

10. Entrevue avec René Blouin, le 10 octobre 2000.

n'étiez pas sobre et les journalistes s'en sont aperçu. Nous avons reçu des téléphones comme vous ne pouvez pas imaginer. Pourtant ce matin, il n'y a rien dans les médias. Ça a été pour cette fois, mais je ne pense pas que ce sera le cas la prochaine fois. Monsieur Parizeau, qu'est-ce que cela vous donne de perdre des points de sondage pour une pareille affaire ? » L'employé attend la réaction de son patron. « Monsieur Blouin, je vous remercie[11] », dit-il simplement, reconnaissant. Quand René Blouin raconte à Jean Royer en quels termes il s'est adressé au patron, le chef de cabinet se met à bégayer : « Es–tu tu f-f-f-fou ! Tu lui as dit ça ? ! Ah ben tab...! [12] » Pour le recrutement des membres de son entourage, Jacques Parizeau avait déjà été très clair avec Jean Royer : « D'abord, une loyauté à tout épreuve, sans limite et sans réserve, des gens débrouillards, capables d'arriver avec une solution et non avec un problème et, finalement, des conseillers capables de dire la vérité en tout temps[13]. » Sur ce dernier aspect, Jean Royer est maintenant rassuré : Jacques Parizeau est capable d'entendre la vérité, même quand celle-ci l'atteint de façon très personnelle.

La bavure de Jacques Parizeau en Chambre reste sans lendemain puisque la véritable action politique se déroule à des lieues de l'Assemblée nationale. C'est à Ottawa et dans les principales villes des provinces canadiennes que se concentre le nœud de l'action. Au Canada anglais, plusieurs souhaitent détruire l'entente du Lac Meech, alors que d'autres mènent d'intenses tractations diplomatiques destinées à rescaper cet accord. Brian Mulroney, quant à lui, lie son avenir politique à la ratification de cette entente sérieusement mise en péril par les provinces du Manitoba, de Terre-Neuve et du Nouveau-Brunswick.

## Le « petit attelage »

À la fin de l'année 1989, les « réunions du lundi » à la place Ville-Marie prennent un nouvel élan avec l'élection de Bernard Landry à la vice-

---

11. Propos attribués à Jacques Parizeau et rapportés par René Blouin. Entrevue du 10 octobre 2000.
12. Propos attribués à Jean Royer et rapportés par René Blouin. Entrevue du 10 octobre 2000.
13. Entrevue avec Jean Royer, le 24 mai 2000.

présidence du parti[14]. « Il avait accepté que je sois le seul candidat à la présidence, rappelle Jacques Parizeau, mais il ne va pas lâcher la vice-présidence[15] », dit-il en riant. Avec Guy Chevrette à Québec et Pierre Boileau à Montréal, l'arrivée de Bernard Landry permet à Jacques Parizeau de se « monter un petit attelage à trois[16] ». À ce noyau, se greffent bien évidemment Hubert Thibault et Jean Royer, mais aussi Paul Bégin, le deuxième vice-président du parti, lequel exige d'assister aux réunions du lundi. Il a compris que le véritable pouvoir s'y trouve, tout comme Guy Chevrette, qui s'efforce d'être présent à presque toutes les rencontres.

Tous ceux qui ont participé à ces « réunions du lundi matin » en parlent avec fascination. Ils reconnaissent en Jacques Parizeau un leader d'une grande efficacité et capable de beaucoup d'écoute. Devant son état-major, il se comporte en véritable « chef de guerre » raconte Bernard Landry : « Un bon chef de guerre[17] », tient-il à préciser. « Parizeau n'est pas un passif, c'est un chef opérationnel, un organisateur qui n'est pas homme à laisser passer quelque chose qui n'a pas été comme cela aurait dû aller[18]. » « C'était extraordinaire ! s'exclame pour sa part Pierre Boileau. Nous pouvions tout dire, sans crainte de se faire juger. Une forte solidarité régnait. Parfois, pour aller vers des voies nouvelles, il faut que tu puisses dire n'importe quoi. Tu ne peux pas toujours t'en tenir à ce qui a été établi. Il faut que tu puisses tenir des propos qui entrent en contradiction avec tes supérieurs dans l'échelle hiérarchique[19]. » Au grand étonnement de Pierre Boileau, Jacques Parizeau se prête généreusement à cet exercice.

C'est au cours de l'une de ces réunions que l'idée de former une aile souverainiste à Ottawa est lancée. Le groupe se met d'abord à songer au rôle du Parti québécois lors des prochaines élections fédérales. Le parti doit-il s'impliquer ? Peut-il présenter des candidats à Ottawa ? Pierre lance l'idée et il laisse ses collègues en discuter. Tout le monde trouve que c'est ridicule. Jacques Parizeau demeure silencieux. Pierre Boileau revient à la charge : « Je ne suis pas sûr que ce soit une si mauvaise idée », dit-il sans

---

14. Bernard Landry est élu vice-président du parti lors du Conseil national des 10 et 11 novembre 1989.
15. Entrevue avec Jacques Parizeau, le 28 juin 2000.
16. L'expression est de Jacques Parizeau.
17. Entrevue avec Bernard Landry, le 12 juin 2000.
18. Entrevues avec Bernard Landry, le 25 avril et le 12 juin 2000.
19. Entrevue avec Pierre Boileau, le 16 mai 2002.

élaborer. Jacques Parizeau se met alors à hocher la tête en signe d'acquiescement. « C'est lui qui a relancé la discussion, raconte Pierre Boileau. À partir de cet instant, les gens ont embarqué et se sont mis à analyser cette possibilité. » À la fin de la discussion, le groupe convient qu'il faut agir sur la scène fédérale. Est-ce que l'action se traduira par la création d'un nouveau parti souverainiste ou d'une nouvelle aile du Parti québécois ? Rien n'est encore défini.

Bernard Landry est toutefois mandaté par le chef pour aller marauder à Ottawa et convaincre des députés et des ministres du Parti conservateur de devenir des transfuges et de former une nouvelle formation souverainiste au sein même de la capitale canadienne[20], « L'opération se déroule dans le plus grand secret ». En plus d'enseigner à l'Université du Québec à Montréal, Bernard Landry donne également des cours à l'Université du Québec à Hull. Il profite donc de ses déplacements à la frontière de l'Ontario pour agir. « Il s'était fait un programme de rencontres[21] », confirme Pierre Boileau. Lorsqu'il est à Montréal, il dîne avec les députés et les ministres au restaurant Le Saint-Malo ou les rencontre à son appartement dans le Vieux-Montréal ou encore à sa résidence principale. Afin de tirer le meilleur profit possible de cette opération, Jacques Parizeau mandate un deuxième homme pour aller faire du recrutement à Ottawa : Marc-André Bédard, l'ex-confident de René Lévesque. Les retombées de ces manœuvres vont donner d'impressionnants résultats et sérieusement porter atteinte à l'unité canadienne.

## Une poussée de fièvre nationaliste

Un sondage de la maison Gallup réalisé au début du mois de juillet 1989 rend compte d'une réalité nouvelle plutôt inquiétante pour le Canada : pour la première fois, 28 % des Canadiens anglais et 34 % des Québécois sont favorables à ce que le Québec devienne un pays indépendant. Jacques Parizeau y voit là le symptôme du sentiment de rejet inspiré par la loi 178 sur l'affichage linguistique. D'autres soulignent que les hésitations de

---

20. Ce dialogue est inspiré des souvenirs de Bernard Landry. Entrevue du 12 juin 2000. Jacques Parizeau et Pierre Boileau le confirment.
21. Entrevue avec Pierre Boileau, le 16 mai 2002.

certaines provinces canadiennes à ratifier l'entente du Lac Meech exacerbent les tensions politiques historiques entre le Canada anglais et le Québec.

Alors que, dans les provinces anglophones, un important courant d'opinion semble croire que cette entente donnerait trop de pouvoirs à la seule province francophone du pays, au Québec, les cinq conditions de l'accord du Lac Meech sont au contraire perçues comme des demandes minimales. Pour une majorité de Québécois, cette entente redonnerait à « la belle province » la place qui lui revient au sein de la confédération et corrigerait les abus commis en 1982 lors de « la nuit des longs couteaux » qui permit au Canada de se doter d'une nouvelle constitution sans l'accord du Québec. La vague proMeech est d'une telle force au Québec que même les gens d'affaires francophones se laissent massivement entraîner dans ce mouvement. En septembre 1989, Marcel Dutil, président de Canam-Manac, déclare que si l'accord du Lac Meech n'est pas ratifié par le Canada anglais, il comprendra qu'il n'est pas le bienvenu dans ce pays[22]. Claude Castonguay, ancien ministre du gouvernement Bourassa dans les années 1970 et ex-sénateur, devient le porte-parole du Regroupement en faveur du Lac Meech, lequel est composé de 300 dirigeants d'entreprises du Québec. Pour lui, « c'est au reste du Canada de décider s'il veut libérer ce qu'il y a de plus positif dans les tensions entre les deux peuples fondateurs ou s'il va continuer de les étouffer[23]. » Dans le cas contraire, « les Québécois vont se tourner vers de nouveaux horizons plus larges et plus stimulants. »

En février 1990, vingt-sept municipalités de l'Ontario adoptent des résolutions anti-francophones et se proclament unilingues anglaises. Sault-Sainte-Marie, où vit une importante communauté francophone, fait partie du lot. Ces motions sont parrainées par l'Alliance pour la préservation de l'anglais au Canada (l'APEC), un groupe de pression qui considère que la langue anglaise est menacée au Canada et qui soutient aussi que la minorité anglaise du Québec est malmenée par les nationalistes francophones. Ce groupe demande de boycotter les entreprises qui donnent trop de place à la langue française. Il suggère notamment aux Canadiens de ne plus faire d'achats chez *Zellers*, parce que le siège social de cette entreprise

---

22. Cité dans un article de Greg W. Taylor, « The color of money », *Maclean's*, 25 septembre 1989.
23. Extrait de l'allocution de Claude Castonguay prononcée devant la Chambre de commerce du Montréal métropolitain, le 20 février 1990.

est situé à Montréal. Il condamne aussi la compagnie *McCain*, parce que le texte français apparaît avant celui rédigé en anglais sur l'emballage des choux de Bruxelles surgelés…[24] En pleine tourmente, l'émission *Le Point* de Radio-Canada diffuse un stupéfiant reportage sur l'APEC. La scène la plus percutante montre des membres de cette organisation qui piétinent et s'essuient les pieds sur le drapeau du Québec, le sourire aux lèvres. Les images ont été filmées quelques mois auparavant lors d'une manifestation tenue à Brockville en Ontario. Ce geste soulève la colère des Québécois.

En mars 1990, la marmite chauffe. Des sondages évoquent un appui largement majoritaire des Québécois à l'idée de la souveraineté (58 %). Presque la moitié des libéraux du Québec sont devenus souverainiste (47 %). Au même moment, une étude de la maison new-yorkaise *Merrill Lynch* réagit à ce contexte politique et indique que « compte tenu de ses forces économiques, la cote de crédit d'un Québec souverain ne serait pas très différente de sa cote actuelle[25]. »

Le 8 mars, lors d'un caucus, Jacques Parizeau hume l'air politique ambiant… il lui semble des plus capiteux. Il en profite pour mettre au rancart l'idée des référendums sectoriels. Dorénavant, un seul référendum sera nécessaire pour arriver à faire du Québec un pays souverain.

## Quand Québec fait de la fièvre, Ottawa tousse…

La fièvre nationaliste qui s'empare de la société québécoise provoque à Ottawa des accès de toux. Pour nombre de députés québécois qui siègent au Parlement canadien, le climat de rejet devient presque malsain. L'incapacité du gouvernement de Brian Mulroney à convaincre les provinces récalcitrantes de signer l'accord du Lac Meech indispose les élus francophones de sa propre formation politique. Dans ce contexte, la campagne de séduction entreprise par le Parti québécois remporte de vifs succès.

Quand Jacques Parizeau demande à Marc-André Bédard d'aller aider Bernard Landry à recruter des députés du Parti conservateur, celui qui fut contre l'idée d'une aile nationaliste à Ottawa change de cap et décide de

---

24. Selon l'article de Gilles Gauthier, « Brusque poussée de fièvre dans un pays malade de langues », *La Presse*, le 10 février 1990.

25. Article de Louis Uchitelle, « Quebec could easily prosper on its own, economists say », *The New York Times*, le 24 juin 1990.

participer à cette opération. Lors des dernières élections fédérales, Marc-André Bédard a été de ceux qui se sont les plus activés pour mettre l'organisation péquiste au service du Parti conservateur. Comment explique-t-il ce renversement d'alliance inattendu? «Écoutez, répond-il, appuyer le parti de Brian Mulroney ne voulait pas dire que j'avais changé de camp. Comme on voyait que ça brassait à Ottawa, il était [temps] de récupérer notre monde face à la souveraineté[26].»

Pour mener à bien une opération aussi délicate, la première personne contactée doit être la bonne. Il faut s'assurer que le député courtisé changera de camp, sans quoi il informera les autres et invalidera la démarche. Avant de poser quelque geste que ce soit, Marc-André Bédard procède donc à une minutieuse évaluation de «l'état des convictions de chacun des élus», en compagnie d'un ami qui se trouve justement à être un député du Parti conservateur, soit Gilles Bernier, «le *boss* politique de la Beauce[27]», explique Jacques Parizeau. À la suite de cette démarche, Marc-André Bédard a une bonne idée de la première personne à courtiser. François Gérin est identifié comme le maillon faible. «Je récupère Gérin, le remets entre les mains de Jean Royer, qui l'amène devant Jacques Parizeau[28]», explique Marc-André Bédard. Le 18 mai, François Gérin abandonne le Parti conservateur et devient député indépendant, afin de se consacrer pleinement à la promotion de la souveraineté du Québec. Il va dorénavant jouer un rôle déterminant pour le recrutement d'élus au sein même du parti de Brian Mulroney.

Les démarches de Bernard Landry et de Marc-André Bédard donnent rapidement des résultats. D'autres députés ont l'intention de quitter le Parti conservateur, mais ils attendent la confirmation de l'échec du Lac Meech. L'échéance est fixée au 23 juin 1990. «Ça va bien, estime Marc-André Bédard. Trop bien. La vitesse de croisière est assez intéressante. Avec deux ministres (Gilles Loiselle et Monique Vézina) et sept ou huit députés conservateurs qui avaient pratiquement accepté de former une aile nationaliste, moi je pense qu'on s'en allait facilement vers un gouvernement minoritaire à Ottawa, révèle pour la première fois Marc-André Bédard. Parizeau, survolté, me dit alors : "Monsieur Bédard, on y va !

---

26. Entrevue avec Marc-André Bédard, le 15 février 2001.
27. Entrevue avec Jacques Parizeau, le 19 septembre 2003.
28. Entrevue avec Marc-André Bédard, le 15 février 2001.

Renversez-moi ce gouvernement[29]!"» Sans donner le nom de tous les transfuges potentiels, Bernard Landry confirme également qu'il «y avait déjà dix députés[30]» qu'il avait lui-même recrutés. Le Canada frôle la catastrophe. «Là, il devient évident que tout ce qui se rajoute comme députés démissionnaires devient un gouvernement qui se renverse[31]», calcule Marc-André Bédard.

Parmi le beau «gibier» convoité par Bernard Landry, il y a Benoît Bouchard, ministre fédéral de la Santé et membre du comité des priorités. Quand le vice-président du Parti québécois l'approche, le ministre réagit aux avances de Bernard Landry en disant : «Mais en quittant Ottawa, je deviendrai ministre d'une province!» «Mais non, réplique Bernard Landry, le Québec deviendra un pays.» «Ah bon... c'est vrai», déclare béatement le ministre fédéral. «J'ai parlé à Benoît Bouchard... mais j'ai vite réalisé qu'il était con comme un palmier! C'était aussi bien de pas l'avoir dans nos rangs[32]», se console Bernard Landry. Pourtant, Benoît Bouchard passe bel et bien à deux doigts de démissionner. En prévision de sa sortie, il a même préparé trois discours. Deux ont déjà été prononcés[33]. Mais la démission de Lucien Bouchard va tout paralyser. «Il représente tellement sur le plan politique que ça arrête les autres de bouger[34]», confirme Marc-André Bédard. Le départ de Lucien Bouchard se confirmant, Brian Mulroney a soudainement besoin de l'autre Bouchard, lequel redevient son homme de confiance. Voilà qui convainc Benoît Bouchard de ne pas prononcer son troisième discours...

Parmi ceux qui reviennent sur leur décision, on retrouve le député de Terrebonne, Jean-Marc Robitaille. Depuis Ottawa, il téléphone à Jacques Parizeau pour lui annoncer sa démission et son intention de tenir une conférence de presse le jour même, dès qu'il arrivera à Montréal[35]. Malheureusement pour Jacques Parizeau, Jean-Marc Robitaille n'a pas le temps de prendre la route. «J'en ai ramassé un qui se préparait à aller faire une

---

29. Entrevue avec Marc-André Bédard, le 15 février 2001.
30. Entrevue avec Bernard Landry, le 12 juin 2000.
31. Entrevue avec Marc-André Bédard, le 15 février 2001.
32. Selon les souvenirs de Bernard Landry. Entrevue du 12 juin 2000. Confirmés par une autre source.
33. Une source anonyme confirme cette information.
34. Entrevue avec Marc-André Bédard, le 15 février 2001.
35. Confirmé par Jacques Parizeau. Entrevue du 23 août 2000.

conférence de presse pour annoncer [son départ], raconte Benoît Bouchard. On l'a bloqué une heure et demie avant qu'il parte. J'ai parlé, parlé, parlé et finalement j'ai réussi, parce que sa femme n'était pas d'accord[36]. »

Bernard Landry approche aussi la ministre Monique Vézina, mais elle se laisse courtiser sans jamais se compromettre. « Lors du défilé de la Saint-Jean », raconte Bernard Landry, alors que l'accord du Lac Meech est consumé, Gilles Loiselle, ministre d'État aux Finances, « se rend sur le bord du trottoir. Lucien Bouchard [qui a démissionné] le voit et va à sa rencontre. On pense alors qu'il va marcher avec nous, raconte Bernard Landry, mais la frousse le prend. Il retourne à l'hôtel. Nous étions sûrs qu'il s'en venait avec nous. Nous l'avions compté et nous avons dû le soustraire. Il était rendu sur le bord du trottoir[37] ! », répète Bernard Landry. Lorsque le Bloc québécois sera finalement créé, à l'été 1990, il comptera huit députés, dont deux anciens représentants du Parti libéral du Canada, Jean Lapierre et Gilles Rocheleau.

En ce qui concerne Lucien Bouchard, aucun péquiste n'aura besoin de le courtiser. Environ deux semaines avant sa démission, il entre en communication avec le bureau de Jacques Parizeau pour préparer minutieusement sa sortie du gouvernement de Brian Mulroney. Rien n'a été improvisé.

## Le télégramme de Lucien

Dans les premiers jours de mai, David Cliche assiste à une réunion à laquelle participe également Lucien Bouchard, ministre fédéral de l'Environnement. Candidat péquiste défait dans Vimont en 1989, David Cliche a été mandaté par le premier ministre Brian Mulroney à titre d'expert conseil, afin de négocier la mise en œuvre d'un examen conjoint Québec-Canada du projet Grande Baleine. Pendant la réunion, le conseiller observe Lucien Bouchard qui semble avoir la tête ailleurs. À la fin de la rencontre, le ministre Bouchard demande de s'entretenir en privé avec David Cliche.

---

36. Propos attribués à Benoît Bouchard et rapportés par Jean-François Lisée dans son livre *Le Tricheur – Robert Bourassa et les Québécois, 1990-1991*, Montréal, Les Éditions du Boréal, 1994, p. 50.
37. Entrevue avec Bernard Landry, le 12 juin 2000. Gilles Loiselle confirme avoir rencontré Bernard Landry plus d'une fois. Source : *Le Soleil*, le 22 septembre 1993.

« David, je n'en peux plus ! Meech s'effondre et voilà que Mulroney me trahit en confiant à Jean Charest le mandat d'affaiblir l'entente[38]. » Fin mars, Jean Charest a effectivement été mandaté pour présider un comité spécial visant à modifier l'entente du Lac Meech. Bouchard est hors de lui. Pourtant, c'est à sa suggestion que Jean Charest a accepté la présidence de ce comité. Il fait alors un aveu surprenant à David Cliche : « Il faut que je trouve un moyen de me rapprocher du Parti québécois. » Comme il prévoit l'échec de l'entente du Lac Meech et estime que son influence diminue auprès de Brian Mulroney[39], Lucien Bouchard désire une voie ouverte avec le Parti québécois. « J'ai une idée !, lui dit David Cliche. Le Parti québécois doit tenir son prochain Conseil national dans ton comté. Ne pourrais-tu pas en profiter pour aller y faire une visite ? » Le ministre trouve l'idée géniale. Il appelle immédiatement la responsable de son agenda, mais celle-ci lui apprend qu'il ne sera pas au pays à la mi-mai. Le ministre doit participer à une conférence internationale sur l'environnement qui aura lieu en Norvège. « J'ai une autre idée, dit Lucien Bouchard. Le bon vieux télégramme… Je pourrais en écrire un pour souhaiter la bienvenue aux militants ! » Les deux hommes conviennent alors de travailler à une ébauche de texte qui devra être remise à Jacques Parizeau.

Le lundi 14 mai, David Cliche se présente au quinzième étage de la Place Ville-Marie[40]. Il demande à rencontrer Jacques Parizeau. Intrigué, Jean Royer vient l'accueillir :

— Que peut-on faire pour vous, mon ami ?

— Je viens au nom de Lucien Bouchard, répond immédiatement David Cliche.

— Ah bon !

---

38. L'échange qui suit provient des souvenirs de David Cliche. Entrevue téléphonique du 11 décembre 2002. Lucien Bouchard a bien connu le père de David Cliche. En 1974 et 1975, il était procureur en chef à la Commission d'enquête sur l'exercice de la liberté syndicale dans l'industrie de la construction présidée par Robert Cliche.

39. André Pratte, dans son livre *L'énigme Charest*, Montréal, Les Éditions du Boréal, 1998, révèle à la page 155, que Lucien Bouchard ne s'entend pas très bien avec le nouveau chef de cabinet de Brian Mulroney, Stanley Hartt.

40. Jean Royer est catégorique sur cette date. Entrevue du 17 mai 2000. Jacques Parizeau confirme également que la visite de David Cliche a lieu une semaine avant le Conseil national du Parti québécois.

— Lucien est actuellement en Europe, mais il aimerait envoyer un télégramme aux militants du Parti québécois réunis en Conseil national la fin de semaine prochaine à Alma, dans son comté.

— Es-tu sûr de ton affaire? lui demande Jean Royer, qui sait bien que le Parti québécois doit souligner avec éclat le dixième anniversaire du référendum de 1980.

— Oui... Il veut savoir ce que vous en pensez?

— Je pense que c'est une *ben ben* bonne idée.

Réalisant rapidement la portée d'un tel geste, le chef de cabinet s'empresse de diriger l'émissaire de Lucien Bouchard vers le bureau de Jacques Parizeau. Le chef du Parti québécois reçoit l'offre de Lucien Bouchard avec gravité. Dans le contexte explosif du moment, alors que l'entente du Lac Meech semble compromise, cette simple déclaration aura l'effet d'une bombe. Le ministre fédéral devra probablement démissionner. «Je veux que ce soit clair, monsieur Cliche. Si monsieur Bouchard m'envoie un télégramme, c'est pour le lire. J'apprécie beaucoup, mais je veux que ce soit clair. Je le répète, je ne veux pas le mettre dans l'embarras et donner l'impression que je me sers de quelque chose sans qu'il le sache. Dites-le bien à monsieur Bouchard[41].» David Cliche répond que Lucien Bouchard est tout à fait conscient de la portée de son offre. «Moi, Bouchard, je le trouve extrêmement efficace pour nuire à la cause que je représente, raconte Jacques Parizeau au biographe. Comme ambassadeur, il nous en a fait arracher. C'est le paradoxe des paradoxes. Je me méfie donc de lui comme de la peste[42].»

Jean Royer demande alors à David Cliche si Lucien Bouchard accepterait une suggestion de texte. «Bien sûr», répond l'émissaire. Claude Beaulieu, du bureau du premier ministre, rédigera un court texte, mais le télégramme lu par Jacques Parizeau sera bel et bien écrit par Lucien Bouchard. Le chef péquiste n'apportera que des corrections mineures au télégramme[43].

41. Entrevues avec Jean Royer, le 17 mai 2000, et Jacques Parizeau, le 23 août 2000.
42. Entrevue avec Jacques Parizeau, le 23 août 2000.
43. Jean Royer possède dans ses archives la version écrite par Claude Beaulieu et les six corrections apposées à la main par Jacques Parizeau lui-même. Entrevue téléphonique du 10 décembre 2002.

Contrairement à ce que Lucien Bouchard affirme dans ses mémoires, c'est donc bien avant le dépôt du rapport rédigé par Jean Charest qu'il prend la décision d'envoyer un message des plus compromettants au Conseil national du Parti québécois. Comme il sait que les péquistes vont profiter de cet événement pour souligner le dixième anniversaire du référendum de 1980, son texte devra évoquer cet épisode et avoir une portée politique claire. Le dépôt du rapport Charest, le 17 mai, ne constitue donc qu'un prétexte de plus qui permet à Lucien Bouchard de rompre avec Brian Mulroney. Encore une fois, à l'opposé de ce qu'il laisse entendre dans son autobiographie, ce n'est pas sur l'invitation du Parti québécois qu'il rédige son message. Le témoignage de David Cliche est suffisamment précis et éloquent pour affirmer que l'initiative en revient à Lucien Bouchard.

Pour l'entourage de Jacques Parizeau, la démarche de Lucien Bouchard semble tellement invraisemblable que l'on est même surpris de voir apparaître David Cliche à Alma, le vendredi soir précédant le fameux Conseil national. « J'ai le texte[44] ! », annonce-t-il. Dans la suite de l'hôtel, Jacques Parizeau le lit en silence. Il comprend qu'il a entre les mains un document qui donnera un élan formidable à sa cause. Il se met à marcher de long en large. « Il a le pas lourd de l'ours[45] », raconte David Cliche, impressionné. Encore une fois, Jacques Parizeau prévient l'émissaire de Lucien Bouchard : « Monsieur Cliche, vous comprenez que je vais utiliser cette lettre ? Je veux être certain que monsieur Bouchard comprend bien que je vais l'utiliser pour tout ce qu'elle vaut, dès demain matin, à l'occasion de mon discours. Alors, vous aller l'appeler. Vous savez comment le joindre ? » Cliche hoche la tête. « Vous allez lui faire part de ma réaction et lui demander s'il est toujours d'accord. S'il a des hésitations, je n'en ferai pas état, mais s'il est d'accord, demain, je la joue pour tout ce qu'elle vaut[46]. » « Ce n'est pas nécessaire, monsieur Parizeau, insiste David Cliche, nous en avons déjà discuté lui et moi[47]. » Tous ceux qui assistent à cette scène comprennent que le lendemain, le paysage politique du pays va changer.

---

44. Le version finale a été envoyée par télécopieur, le jeudi 18 mai, depuis l'ambassade canadienne à Paris. Archives de Jacques Parizeau, ANQ.
45. Entrevue téléphonique avec David Cliche, le 11 décembre 2002.
46. Entrevue avec Jacques Parizeau, le 23 août 2000. Confirmé par Jean Royer et David Cliche.
47. Entrevue téléphonique avec David Cliche, le 11 décembre 2002.

1

PERSONNEL ET CONFIDENTIEL

Montréal, le 24 mai 1990.

M. Lucien Bouchard
Député du Lac St-Jean
65 rue St-Joseph Sud
Suite 106
Alma PQ
J8B 6V4

Cher Lucien,

Je traversais le parc avec ma famille, en route pour le Conseil National d'Alma. Je pensais à toi, au télégramme historique dans ma serviette et à l'amour que j'ai pour le Québec. Micheline m'avait confirmé que tu y avais bien réfléchi et que tu voulais que je remette le télégramme à Monsieur. Je savais que ta décision était prise.

Tel que tu me l'avais demandé, Marc-André Bédard était au courant. J'ai rencontré Monsieur dans sa chambre. Il a été très correct. Nous avons discuté de l'importance de démontrer que le Parti Québécois était un parti ouvert et que tu y étais le bienvenu. Nous redoutions un accueil réservé par certains membres. Les deux discours qui ont précédé celui de Monsieur ont donc porté sur l'importance d'ouvrir le parti à ceux qui épousaient la cause souverainiste. Le momentum était bien bâti car la lecture de ta missive a eu l'effet d'une bombe. La foule s'est levée d'un bloc et a applaudi à tout rompre. J'ai par la suite fuit les journalistes qui voulaient me rencontrer. L'anonymat dans de telles situations apporte une certaine satisfaction. Cela permet aussi de juger de la qualité de certains individus qui excellent dans la récupération politique.

Je te serre la main avec affection.

David Cliche
3831 Royal
Montréal
H4A 2M3

*Une lettre qui confirme le haut niveau de préparation de Lucien Bouchard pour le fameux télégramme.*
*Archives personnelles de David Cliche.*

## Voulez-vous danser?

Dans la nuit du vendredi au samedi, Jacques Parizeau a de la difficulté à dormir. Au beau milieu de la nuit, il se décide à appeler Jean Royer : «Monsieur Royer, je veux vous voir[48].» Le conseiller se lève à la vitesse de l'éclair et s'habille en catastrophe. «Que se passe-t-il?», se dit-il intérieurement. Il songe déjà à un incident majeur, à une situation inattendue qu'il faudra résoudre. Lucien Bouchard aurait-il changé d'idée? Quand il arrive dans la suite de son patron, il trouve Jacques Parizeau en peignoir et, plus étonnant encore, il entend un boucan incroyable qui fait trembler les murs de sa chambre. Une musique assourdissante envahit toute la place. «Monsieur Royer, voulez-vous danser?», lui demande Jacques Parizeau, le plus sérieusement du monde. Le sourire qui illumine ensuite le visage de son patron provoque presque l'éclat de rire de Jean Royer, qui se retient toutefois. Il comprend vite que la suite de Jacques Parizeau est située juste au-dessus de la salle de bal où une noce est célébrée. La solide réputation de fêtards des gens du Saguenay–Lac-Saint-Jean se trouve une fois de plus confirmée. Jean Royer prévient la réception de l'hôtel, qui s'empresse de trouver une chambre plus silencieuse à Jacques Parizeau[49]. Le reste de la nuit se passe calmement.

Le samedi 19 mai, vers 11 heures du matin, Jacques Parizeau lit à haute voix le texte de Lucien Bouchard, sans mentionner toutefois qu'il est signé de la main du ministre fédéral de l'Environnement. Les deux cents délégués réunis dans l'auditorium du Centre régional d'éducation physique et des sports d'Alma écoutent avec attention, mais ne se doutent de rien. Le texte finit ainsi : «Votre réunion soulignera le dixième anniversaire d'un temps fort de l'histoire du Québec. Le référendum nous concerne tous très directement comme Québécois. Sa commémoration est une occasion de rappeler bien haut la franchise, la fierté et la générosité du OUI que nous avons alors défendu, autour de René Lévesque et de son équipe. La mémoire de René Lévesque nous unira tous en fin de semaine, car il a fait découvrir aux Québécois le droit inaliénable de décider eux-mêmes de leur destin.» Jacques Parizeau termine la lecture du texte en

---

48. Propos attribués à Jacques Parizeau et rapportés par Jean Royer. Entrevue du 14 septembre 2000.
49. Cette anecdote est racontée par Jean Royer, entrevue du 14 septembre 2000, et confirmée par Hubert Thibault et Jacques Parizeau.

disant : « Et c'est signé, Lucien Bouchard… » Jean Royer, qui est assis à côté de Michel David, observe la réaction du journaliste qu'il connaît bien : « Quand j'ai vu la rondeur des yeux de David, cela a confirmé que notre intuition était bonne[50]. » Si à Alma l'émotion est à son comble, ailleurs d'un bout à l'autre du pays, les observateurs politiques ont l'impression d'entendre le bouclier canadien se fendre sous la pression.

Au début de l'après-midi, Jean Royer reçoit un appel téléphonique de Norman Spector, secrétaire du cabinet Mulroney pour les relations fédérales-provinciales et greffier suppléant du Conseil privé : « Pourriez-vous m'envoyer une télécopie du télégramme de Lucien Bouchard ? » Cela n'augure rien de bon… Les événements vont se précipiter. Trois jours plus tard, Lucien Bouchard démissionne de son poste de ministre et de député du Parti conservateur. Jacques Parizeau réagit rapidement en l'invitant à joindre les rangs du Parti québécois. Lucien Bouchard ne constitue-t-il pas une menace pour son leadership, demandent certains journalistes ? « En politique, répond le chef du Parti québécois, il n'y a pas de risque à réunir un groupe d'hommes très forts. En politique, c'est la faiblesse des hommes qui est dangereuse. » Jacques Parizeau devra cependant composer avec une nouvelle réalité plutôt contraignante : il ne sera plus l'unique chef des souverainistes…

---

50. Entrevue avec Jean Royer, le 14 septembre 2000.

# CHAPITRE 8

# Une bombe à fragmentation politique appelée « Meech »

*« Si Meech avait passé, l'histoire du Québec aurait été différente. J'ai eu chaud, maudit que j'ai eu chaud! »*

Jacques Parizeau[1]

*« Je suis ravi. »*

Pierre Elliott Trudeau[2],
réagissant à la mort de l'entente

À Ottawa, c'est le branle-bas de combat. Comme si l'alerte générale avait été donnée, les premiers ministres des provinces et celui du Canada s'agitent. Ils se comportent comme des sapeurs-pompiers luttant férocement pour éviter que la maison canadienne ne brûle en entier. D'intenses séances de négociations se déroulent. Pendant sept longues journées, les politiciens du pays tentent d'éteindre le feu qui dévore l'entente du Lac Meech. Le 9 juin, Brian Mulroney pense avoir contenu l'incendie par d'ultimes modifications négociées au dernier moment. «L'entente d'aujourd'hui va permettre au Québec de réintégrer la grande famille constitutionnelle et d'ouvrir un nouveau chapitre en vue de bâtir un pays plus fort.» Il reste 14 jours aux provinces du Nouveau-Brunswick, de

---

1. Entrevue avec Jacques Parizeau, le 15 août 2000.
2. Déclaration faite le 22 juin 1990, à Calgary, au Congrès de direction du Parti libéral du Canada.

Terre-Neuve et du Manitoba pour ratifier l'entente, sans quoi l'accord entériné par tous les premiers ministres du Canada le 30 avril 1987 va flamber. Le 15 juin, la législature du Nouveau-Brunswick entérine l'accord. Il ne reste maintenant que le Manitoba et Terre-Neuve qui représentent 6 % de la population canadienne.

Pendant ce temps au Québec, le premier ministre est talonné par Jacques Parizeau qui lui demande de rester ferme et de refuser tout compromis : « Monsieur Bourassa, vous avez dit que c'est une entente minimale, s'il vous plait, ne lâchez sur rien[3]. » Le chef péquiste explique qu'il s'agit « presque de le surveiller à toutes les heures, à quasiment faire en sorte que chaque fois que l'on sent qu'il est sur le point de céder, on se précipite pour le renchausser[4]. » Jean Royer rappelle qu'à ce moment-là, bien des militants ne comprennent pas la stratégie du chef : « Des gens nous disaient : " Vous appuyez plus Bourassa que vous ne le critiquez[5] ! " » Dans les faits, « nous ne permettions pas à Bourassa de négocier, précise Jacques Parizeau. Je ne [laissais] même pas à mon premier ministre l'épaisseur d'une feuille de papier pour négocier avec Ottawa[6]. »

De juin 1987, date de la signature de l'accord du Lac Meech par le Québec, jusqu'aux premiers jours de juin 1990, date limite de son entrée en vigueur fixée par la constitution canadienne, bien des péquistes ont secrètement craint que la stratégie élaborée par Robert Bourassa et Brian Mulroney ne réussisse. « Si Meech avait passé, l'histoire du Québec aurait été différente, concède Jacques Parizeau. Avec le succès de Meech, [le mouvement nationaliste] plongeait. J'ai eu chaud, maudit que j'ai eu chaud[7] ! » À Hubert Thibault et à Pierre Boileau qui s'inquiétaient du sort réservé au Parti québécois au lendemain de l'éventuelle ratification de l'accord du Lac Meech, le chef du Parti québécois répondait invariablement : « Écoutez,

---

3. Entrevue avec Jacques Parizeau, le 15 août 2000.

4. Entrevue avec Jacques Parizeau, le 15 août 2000, et propos cités par le réseau TVA, le 8 juin 1990.

5. Entrevue avec Jean Royer, le 17 mai 2000. Le 5 avril, les péquistes, qui ne croient pas en l'accord du Lac Meech, permettent tout de même l'adoption d'une résolution unanime à l'Assemblée nationale. Cette résolution réaffirme la volonté du Québec d'accepter l'entente constitutionnelle, mais uniquement dans son intégralité.

6. Entrevue avec Jacques Parizeau, le 15 août 2000.

7. *Idem.*

ayez donc foi dans le Canada. Il faut toujours faire confiance au système. Il ne peut pas permettre d'en arriver à un consensus avec le Québec[8]. » « Il avait tellement raison ! déclare Hubert Thibault. Le *deal* historique que le Canada anglais a échappé... c'est incroyable[9] ! »

Le 22 juin 1990, l'accord qui devait réintégrer le Québec « dans l'honneur et l'enthousiasme[10] » au sein de la constitution canadienne devient caduc. Au lieu de présider à la grande réconciliation entre le Québec et le Canada anglais, le document signé à la résidence du Lac Meech se transforme en une bombe à fragmentation politique. En ce vendredi noir, la déflagration se fait entendre d'est en ouest. Dans le ciel canadien, plusieurs analystes de la scène politique ont l'impression de voir voler en éclats des fragments du pays.

À Terre-Neuve, le premier ministre libéral Clyde Wells, un proche de Jean Chrétien, refuse de tenir le vote qui aurait confirmé l'adhésion de sa province à cet accord. De l'avis de Lowell Murray, ministre d'État aux Relations fédérales-provinciales, « il a tué le dernier espoir de succès du Lac Meech. » Quelques heures auparavant, Elijah Harper, député autochtone du Nouveau Parti démocratique, s'est opposé à la poursuite des travaux parlementaires à l'assemblée législative du Manitoba, en laissant mourir au feuilleton la résolution visant à adopter l'accord du Lac Meech. Le même jour à Calgary, devant les délégués réunis pour le Congrès à la direction du Parti libéral du Canada, Jean Chrétien, le candidat favori, souligne le geste « courageux » de Harper. Pierre Elliott Trudeau, qui participe lui aussi au Congrès, s'empresse de déclarer : « Je suis ravi de voir que les " premiers Canadiens " sont là pour nous rappeler que si c'est mauvais, il faut pas se faire pousser. »

À des milliers de kilomètres du Manitoba, sur l'île d'Anticosti, deux hommes d'affaires suspendent momentanément leurs vacances, afin d'écouter les nouvelles à la télévision. Pour Serge Saucier et Marcel Dutil, deux porte-étendards du Québec inc., l'annonce de l'échec de Meech a l'effet d'une gifle. « J'étais avec Marcel Dutil, raconte Serge Saucier, à regarder la télévision quand le *mosus* d'autochtone de Winnipeg bloque le

---

8. Propos attribués à Jacques Parizeau et rapportés par Pierre Boileau et Hubert Thibault.

9. Entrevue avec Hubert Thibault, le 18 octobre 2001.

10. Extrait du discours de Brian Mulroney prononcé à Sept-Îles le 6 août 1989 et rédigé par Lucien Bouchard et Arthur Tremblay.

processus. Nous n'étions pas *parlables*! Ça s'appelle l'émotion et les Québécois en ont à revendre. Nous étions dans l'émotion du rejet. À ce moment-là, je pense que j'aurais dit oui à la souveraineté! Vous voulez nous rejeter, bien mangez de la m...[11]!» Chez lui, dans son salon, Bernard Lemaire a la même réaction : «Moi la séparation, je n'ai jamais été pour. Mais après le Lac Meech, quand ça n'a pas passé, si Bourassa avait mis son pied à terre, je pense que ce n'est pas les péquistes qu'ils l'auraient faite... Meech, ça faisait mal. Nous avions fait des compromis, puis ce n'était pas assez. C'était comme une claque en pleine face. Là, séparatiste, je l'ai été[12]!»

## La main tendue

Au restaurant Le Parlementaire de l'Assemblée nationale, Jacques Parizeau a lui aussi les yeux fixés sur le téléviseur et observe l'accord du Lac Meech agoniser à Terre-Neuve. En cette fin d'après-midi dramatique, sa pensée se porte vers le premier ministre du Québec : «Je me rends bien compte que c'est une défaite terrible pour Bourassa[13].» L'Assemblée nationale doit siéger dans quelques minutes. Quand la cloche sonne pour convoquer les parlementaires, Jacques Parizeau a déjà une idée en tête. «Après avoir vu tellement de premiers ministres, je sais qu'un premier ministre déculotté, c'est un Québec faible, déclare Jacques Parizeau. La seule façon d'empêcher que le Québec ne se fasse piler dessus, c'est, pour le chef de l'opposition, d'aller au-devant du premier ministre et de lui tendre la main en lui disant : "Moi aussi, je suis Québécois." C'est une chose de battre Meech, prétend Jacques Parizeau, cela en est une autre de laisser le gouvernement du Québec dégringoler politiquement[14]». À la surprise de son cabinet, qui n'a pas été prévenu, Jacques Parizeau s'apprête donc à aller prêter main-forte à son adversaire politique.

De son côté, Robert Bourassa n'a pas prévu l'échec de l'accord du Lac Meech. «Je ne m'y attendais pas, explique-t-il au journaliste Jean-François Lisée. J'avais des doutes les derniers jours, mais pas au point de préparer

---

11. Entrevue téléphonique avec Serge Saucier, le 17 juillet 2001.
12. Entrevue avec Bernard Lemaire, le 4 juillet 2001.
13. Entrevue avec Jacques Parizeau, le 23 août 2000.
14. *Idem.*

une déclaration en cas d'échec[15]. » Une fois en Chambre, dans un discours aux accents presque gaulliens, le premier ministre déclare : « Quoi qu'on dise, quoi qu'on fasse, le Québec est, aujourd'hui et pour toujours, une société distincte, libre et capable d'assumer son destin et son développement. » Après les applaudissements, le chef de l'opposition se lève et regarde Robert Bourassa droit dans les yeux. Rappelant qu'en cette journée mémorable qui marque l'échec du Lac Meech, les Québécois se retrouvent entre eux, Jacques Parizeau déclare à son adversaire : « Et je dis, monsieur le président, à mon premier ministre : " Je vous tends la main. Cherchons cet automne, tous ensemble, une voie pour l'avenir du Québec." » Sous un tonnerre d'applaudissements, Jacques Parizeau traverse l'allée centrale et va serrer la main au premier ministre du Québec. Jean Royer ne peut s'empêcher de s'exclamer : « Host..., qu'est-ce qu'il fait là ! Où est-ce qu'il s'en va[16] ? » Ce n'est que plus tard qu'il comprendra que cette déclaration va créer « un climat pour la suite des choses. » Jean-Claude Rivest, le conseiller de Robert Bourassa, l'admet volontiers : « C'est un geste qui nous condamnait à une certaine solidarité comme Québécois[17]. » Les électeurs n'auraient pas compris que Bourassa repousse la main tendue. Le geste de Jacques Parizeau va donc permettre la création de la Commission Bélanger-Campeau.

Claude Ryan, ancien chef du Parti libéral et ministre dans le gouvernement de Robert Bourassa, rend hommage à Jacques Parizeau pour son geste : « Après l'échec de Meech, un autre chef aurait peut-être tiré la couverture de son côté et se serait érigé en sauveur de la nation. Mais Parizeau a plutôt tendu la main à Bourassa. Il lui a dit : " Vous êtes mon premier ministre. Si vous marchez dans le sens des intérêts du Québec, nous allons marcher ensemble". Et c'est la Commission Bélanger-Campeau qui a pris la vedette pendant un an. Tout ce temps-là, Parizeau ne pouvait pas pousser trop fort, il se devait d'être plus effacé. Il a été loyal et a laissé faire le travail[18]. »

---

15. Propos de Robert Bourassa cités par Jean-François Lisée dans *Le Tricheur – Robert Bourassa et les Québécois, 1990-1991*, Montréal, Les Éditions du Boréal, 1994, p. 21.
16. Entrevue avec Jean Royer, le 17 mai 2000.
17. Propos de Jean-Claude Rivest cités par Jean-François Lisée, *op. cit.*, p. 139.
18. Entrevue avec Claude Ryan, le 14 juin 2000.

*Jacques Parizeau tend la main à «son premier ministre», Robert Bourassa.
Photo : Daniel Lessard, Fonds des moyens de communications (Québec).*

C'est à son chef, Robert Bourassa, que Claude Ryan adresse plutôt des reproches. Il considère que son discours du 22 juin 1990 était trop nationaliste. Robert Bourassa crée alors une telle confusion que même Bernard Landry, le vice-président du Parti québécois, en est ébranlé : «En disant que le Québec est une société distincte pour toujours et ainsi de suite, moi, j'ai pensé, là, sérieusement, que Robert Bourassa venait, après vingt-cinq ans d'hésitation, de se rendre à nos arguments et qu'il allait maintenant tranquillement s'orienter vers la souveraineté du Québec, en se ménageant de l'espace de virage[19].» Jacques Parizeau a-t-il cru la même chose? «Je n'en ai jamais été absolument persuadé. Je me disais, peut-être. Est-ce que lui tendre la main pouvait l'y amener un peu davantage? C'était possible[20].»

L'échec de l'entente du Lac Meech coïncide par ailleurs avec la célébration de la Fête nationale des Québécois. Dès le début du mois de juin, au moment où les premiers ministres provinciaux réunis à Ottawa prétendaient pouvoir entériner l'accord constitutionnel, Jacques Parizeau

---

19. Bernard Landry est cité dans l'ouvrage de Jean-François Lisée, *op. cit.*, p. 174.
20. Cité dans un article de Jean-François Lisée, «Le nouveau look de l'indépendance», *L'actualité*, le 11 novembre 1991.

avait demandé à Pierre Boileau de veiller à ce que la fête soit soulignée avec faste et devienne un événement politique. «Depuis 1987, avec la signature de l'entente du Lac Meech, Jacques Parizeau [avait] eu l'intelligence de saisir avant tout le monde qu'il y avait une possibilité d'escalade qui pouvait l'amener jusqu'au référendum[21]», estime Hubert Thibault. En juin 1990, Pierre Boileau rencontre donc les représentants de la Société Saint-Jean-Baptiste de Montréal (SSJB), en leur expliquant que le Parti québécois souhaite organiser une énorme marche derrière le défilé officiel. Jean Royer se souvient de la réponse des gens de la SSJB : «Non! Impossible. C'est le gouvernement libéral à Québec qui subventionne l'événement[22].» Pendant quelques jours, la SSBJ laisse même entendre qu'elle pourrait demander l'aide de la police pour empêcher que la marche ait lieu[23]. «Ils voulaient nous empêcher de marcher, raconte Pierre Boileau. Pour eux, il ne fallait pas que la Saint-Jean devienne un événement partisan[24].» Solidement appuyé par Jacques Parizeau, Pierre Boileau ne se laisse toutefois pas intimider. Il décide d'aller de l'avant, en demandant à la FTQ et à la CSN de l'aider à former un service d'ordre. Finalement, la SSJB permet la marche, mais à condition qu'il n'y ait pas d'affiches à teneur politique[25]. Pierre Boileau ne respectera pas la consigne. Il distribuera des milliers d'affiches, de banderoles et de drapeaux du Québec.

Le 25 juin, le jour du défilé, environ 250 000 personnes se réunissent derrière le dernier char allégorique. Même si Pierre Boileau a mis la machine péquiste à contribution en nolisant des autocars depuis l'extérieur de Montréal, le nombre anormalement élevé de manifestants indique clairement que, quelle que soit leur allégeance partisane, nombreux sont les citoyens qui tiennent à exprimer leur colère à l'endroit du Canada anglais et leur fierté d'être Québécois[26]. À la tête de cette gigantesque marche, Jacques Parizeau et Lucien Bouchard marchent au pas cadencé. Au-dessus d'eux, on peut apercevoir une immense banderole où il est écrit : «Notre vrai pays, c'est le Québec». Des hélicoptères et des petits avions survolent

---

21. Entrevue avec Hubert Thibault, le 18 octobre 2001.
22. Entrevue avec Jean Royer, le 17 mai 2000.
23. Jean Dorion est alors président de la SSJB de Montréal.
24. Entrevue avec Pierre Boileau, le 30 août 2002.
25. Entrevue avec Jean Royer, le 17 mai 2000.
26. Près de quinze ans plus tard, marcher derrière le défilé est devenu une tradition. La foule prend la rue et entonne bien souvent des airs ou des slogans nationalistes.

l'impressionnante marée humaine qui se déploie sur plusieurs kilomètres. « Ça fait des images magnifiques[27] », raconte Pierre Boileau, une lueur dans les yeux. La saison estivale s'annonce brûlante…

## L'été de la souveraineté

La première rencontre entre le ministre démissionnaire, Lucien Bouchard, et le chef de l'opposition, Jacques Parizeau, se déroule le 14 juin lors du banquet annuel organisé par la Société Saint-Jean-Baptiste de Montréal à l'occasion de la Fête nationale des Québécois. Jean Royer, témoin de leurs premiers échanges, perçoit un climat de civilité entre les deux leaders.

Comme il souhaite toujours ouvrir un deuxième front à Ottawa, le chef péquiste encourage la nouvelle coqueluche des Québécois à demeurer dans la capitale canadienne, afin d'y promouvoir l'idée de la souveraineté du Québec. Une élection partielle doit se tenir prochainement dans le comté fédéral de Laurier-Sainte-Marie dans l'est de Montréal. Jacques Parizeau suggère à Lucien Bouchard d'y faire élire le premier député souverainiste à Ottawa. Un sondage réalisé à la fin du mois de mai par Michel Lepage, l'expert péquiste en la matière, prévoit qu'un candidat appuyé par Lucien Bouchard remporterait une victoire facile. Mais celui qui n'a pas encore fondé le Bloc québécois hésite. « On est en présence d'un homme qui représente énormément pour les Québécois, mais qui n'a pas d'idée de ce qu'il veut faire avec ça[28] », observe Jean Royer.

Le 3 juillet à Québec, sur le toit du *bunker*, Robert Bourassa propose à son tour à Lucien Bouchard de parrainer un candidat dans Laurier-Sainte-Marie[29]. C'est à cette même rencontre que le chef libéral offre à Lucien Bouchard de siéger à la future Commission Bélanger-Campeau. « Le premier ministre Bourassa me fit l'honneur de me nommer, le premier, à la commission encore sans nom[30] », raconte fièrement Lucien Bouchard. Quelques jours plus tard, le Parti libéral lui fait parvenir un sondage confirmant que le candidat qu'il appuierait dans Laurier-Sainte-Marie serait assuré de la victoire avec plus de 60 % des suffrages.

---

27. Entrevue avec Pierre Boileau, le 30 août 2002.
28. Entrevue avec Jean Royer, le 17 mai 2000.
29. Selon Jean-François Lisée, *op. cit.*, p. 81 et suivantes.
30. Lucien Bouchard, *À visage découvert*, Montréal, Les Éditions du Boréal, l992, p. 346.

*Le 25 juin 1990, 250 000 Québécois prennent part au défilé organisé par la Société Saint-Jean-Baptiste de Montréal.*
*Source : Point Du Jour Aviation ltée. Photographe Jean-Daniel Cossette.*

Lucien Bouchard décide de plonger. Le 25 juillet 1990, il fonde le Bloc québécois. L'équipe parlementaire est composée des députés conservateurs démissionnaires, soit François Gérin, Gilbert Chartrand, Nic Leblanc, Louis Plamondon et Benoît Tremblay. À ce petit groupe, se joint Jean Lapierre, bientôt suivi de Gilles Rocheleau. Ces deux anciens députés fédéraux ont abandonné le Parti libéral du Canada, au moment de l'élection de Jean Chrétien à la direction du parti.

C'est à Jean Lapierre que l'on doit la première version écrite du programme du Bloc québécois. Comme ses liens avec le Parti libéral du Québec sont solides, il envoie une copie du texte à Robert Bourassa et à son conseiller Jean-Claude Rivest[31]. Le premier ministre du Québec, qui a conseillé aux députés Lapierre et Rocheleau de demeurer à Ottawa et de se joindre au nouveau parti de Lucien Bouchard[32], semble agir de façon à maintenir ce dernier à une bonne distance de l'Assemblée nationale du Québec. Sur ce terrain, Robert Bourassa préfère de loin affronter Jacques Parizeau, car malgré la montée du sentiment nationaliste, son rival péquiste demeure impopulaire auprès de la population, ce qui n'est nullement le cas de Lucien Bouchard.

Le 13 août 1990, le Bloc québécois fait élire son premier candidat, Gilles Duceppe. Le fils du célèbre comédien Jean Duceppe remporte la victoire dans le comté de Laurier-Sainte-Marie avec près de 77 % des suffrages. Pour la première fois de l'histoire du Canada, un député souverainiste québécois est élu et siégera à la Chambre des Communes. Bien que Lucien Bouchard dirige une formation politique dont l'organisation en est à ses balbutiements, la campagne électorale se déroule très bien. Les organisateurs du Parti québécois et ceux de la CSN bourdonnent autour du candidat Duceppe. Bob Dufour[33], ancien débardeur au port de Montréal et redoutable organisateur d'élections, travaille pour Gilles Duceppe. Les

---

31. Selon l'information compilée par Jean-François Lisée dans son ouvrage *Le Tricheur, op. cit.*, p. 84 et selon Manon Cornellier, *The Bloc*, Toronto, Les Éditions James Lorimer & Co., 1995, p. 24-25.

32. *Idem.*

33. Yves est le vrai prénom de Bob Dufour, mais personne ne l'utilise. Ce surnom lui vient de ses parents, habitants de l'Île-aux-Coudres. Dans ce patelin, les enfants turbulents étaient appelés des *boby* comme dans *bébé*, possiblement dérivé du mot anglais. En arrivant à Montréal, *Boby* est devenu *Bob*. Entrevue avec Bob Dufour, le 13 janvier 2003.

deux hommes se sont connus à la fin des années 1960 au cégep Maisonneuve. Fait exceptionnel qui témoigne bien de la fièvre nationaliste du moment, au cours de cette élection partielle, certains organisateurs libéraux vont même jusqu'à soutenir Gilles Duceppe, en participant au financement du Bloc québécois[34]!

Lorsqu'il fonde le Bloc québécois à l'été 1990, Lucien Bouchard saute dans un train déjà en marche : les Québécois sont en colère, indignés par l'échec de l'entente du Lac Meech. Leur volonté de quitter le Canada atteint des sommets inégalés et les sondeurs ont même de la difficulté à mesurer cette fièvre tellement les courbes bougent rapidement.

Le 11 août, les jeunes libéraux du Québec réunis à La Pocatière adoptent une résolution en faveur de la pleine autonomie politique du Québec. Michel Bissonnette, président de l'aile jeunesse, n'hésite pas à claironner que les jeunes constituent dorénavant le premier groupe souverainiste au sein du Parti libéral du Québec. Deux semaines plus tard, au moment de leur colloque annuel qui se tient à Sherbrooke, les jeunes péquistes répondent à leurs adversaires politiques en adoptant, contre l'avis de Jacques Parizeau, une résolution qui amènerait le Parti québécois à proclamer la souveraineté du Québec de façon unilatérale, advenant la prise du pouvoir. Le député Jean Garon appuie publiquement cette résolution. Or, une telle résolution modifierait sensiblement le programme du parti, qui prévoit un référendum comme condition préalable à toute déclaration d'indépendance. «J'étais convaincu que c'était la meilleure solution, estime Jean Garon. Je croyais que Parizeau était d'accord[35].» Ce n'est pas le cas. Le chef du Parti québécois est furieux : «Lorsque je suis chef de l'opposition, Jean Garon m'emmerde à tous les jours. À l'intérieur du PQ, Garon, c'est mon ennemi personnel. Il se promène dans les corridors, il me vilipende, il est fou furieux, parce qu'au fond, il n'a jamais avalé la campagne à la chefferie de 1985, raconte Jacques Parizeau. Il va même être salopard dans certains cas, mais moi, qu'est-ce que vous voulez, je n'y peux rien, sur le plan personnel, je l'aime bien Garon[36]!»

En cet été 1990, la bourrasque nationaliste souffle si fort qu'elle réussit même à décoiffer Jacques Parizeau, le solide indépendantiste. Pour la

---

34. Confirmé par Bob Dufour, entrevue du 13 janvier 2003, et évoqué par Jean-François Lisée dans *Le Tricheur, op. cit.*, p. 86.
35. Entrevue avec Jean Garon, le 23 février 2000.
36. Entrevues avec Jacques Parizeau, le 25 août 1997, le 3 mai et le 23 août 2000.

première fois de sa carrière, le croisé est placé dans la position du chef qui doit tempérer les ardeurs des plus radicaux. Rapidement, les jeunes péquistes réalisent qu'en matière idéologique et stratégique, Jacques Parizeau improvise très peu. Celui qui, lors du Congrès de 1973, s'opposait à l'idée d'un référendum avant de proclamer la souveraineté a accepté depuis de fonctionner dans ce cadre. «Je n'ai pas le droit de revenir sur des engagements auxquels je me suis associé, dit-il. On ne peut pas établir pendant un quart de siècle des règles du jeu, puis les changer[37]!» La population est habituée à cette démarche, laisse-t-il entendre. Il ne souhaite donc pas la modifier en cours de route et donner l'impression de prendre au piège une population entière.

Malgré l'opposition de Jacques Parizeau, la résolution des jeunes péquistes fait toutefois son chemin à l'intérieur du parti. En octobre 1990, plus d'une trentaine d'associations de comté se prononcent en faveur d'une élection référendaire. Profitant de cette radicalisation, Jacques Parizeau propose officiellement de renoncer à la tenue des référendums sectoriels. «Il y a des facteurs d'accélération qui sont apparus au cours des derniers mois[38]», annonce-t-il. Lors de sa victoire, le Parti québécois ne tiendra donc qu'un seul référendum et il sera décisif. Cette précision ne calme aucunement les militants. Le congrès régional de la Montérégie, l'une des plus importantes régions du Québec, entérine par deux voix la proposition de l'élection référendaire. Jacques Parizeau réagit comme s'il avait reçu une gifle. «J'étais en joyeux chri…[39]», déclare-t-il plus tard au journaliste Michel David. «Nous voilà de retour en 1973[40]» ajoute-t-il, outré. Pour clore le congrès, Jacques Parizeau s'adresse aux militants de la Montérégie à qui il promet de combattre cette résolution : «Je vous annonce aujourd'hui que je vais faire tous les congrès régionaux. Je vais expliquer ma position. J'annonce aussi à mes organisateurs ici présents que je ne ferai plus de discours de clôture. Je ferai dorénavant les discours d'ouverture[41].»

---

37. Entrevue avec Jacques Parizeau, le 5 septembre 2000.
38. Cité dans un article d'André Pépin, «S'il prend le pouvoir, le PQ ne tiendra qu'un seul référendum (…)», *La Presse*, le 13 octobre 1990.
39. Michel David, «Monsieur rêve au pouvoir», *Le Soleil*, le 19 janvier 1991.
40. Cité dans un article de François Brousseau, «Parizeau fustige les péquistes de 17 comtés qui disent non au référendum», *Le Devoir*, le 29 octobre 1990.
41. Propos attribués à Jacques Parizeau et rapportés par Jean Royer. Entrevue du 17 mai 2000.

À chaque congrès régional, le chef du parti intervient avant le vote. Une à une, toutes les régions du Québec finissent par se ranger derrière leur chef. Mais tandis que son ascendance sur le parti se confirme, Jacques Parizeau est frappé de plein fouet par un drame personnel. Après un courageux combat contre le cancer qui aura duré plus de deux ans, Alice Parizeau s'éteint chez elle à l'âge de 63 ans.

## La fillette aux longues nattes brunes

Le 30 septembre 1990, l'homme qui ne cessait de répéter à son épouse que « le pire n'est jamais certain » vit la plus effroyable des calamités : Alicja Poznanska n'est plus. Elle aura résisté aux armées hitlériennes, en se battant dès l'âge de 14 ans pour défendre sa Pologne natale[42], mais pas au cancer.

Tout au long de sa vie, la fillette aux longues nattes brunes aura suivi les enseignements de son père, torturé, puis tué par la Gestapo : « Trahir, c'est surtout être incapable ou refuser d'aimer son propre pays[43] », lui disait-il. Alice Parizeau n'aura pas trahi. Elle demeure éprise de sa Pologne natale jusqu'à son dernier souffle, ce qui ne l'empêche pas, lorsqu'elle arrive au Canada, de devenir amoureuse du Québec. Bien avant que son mari n'adhère aux idées de René Lévesque, elle croit au pays du Québec, assistant discrètement aux premières assemblées publiques du RIN au début des années soixante. Lors de la crise d'Octobre, elle fonde le comité d'aide aux personnes arrêtées en vertu de la Loi des mesures de guerre. Elle n'hésite pas à critiquer le gouvernement de Pierre Elliott Trudeau pour son attitude intransigeante et brutale à l'égard de la population québécoise.

Mais bien avant la Pologne et le Québec, le véritable royaume d'Alice Parizeau se trouve dans les bras de son époux. « Sans l'homme que j'aime, écrit-elle dans son autobiographie, je ne serais qu'un objet perdu. Un objet sans valeur[44]. » Jacques Parizeau répond à l'amour inconditionnel de sa femme, en faisant d'elle son unique confidente. Son épouse est la seule

---

42. À la demande de l'Union des anciens combattants polonais établis au Canada, elle reçoit le 18 juillet 1994, à titre posthume, la Croix de l'insurrection de Varsovie.
43. Alice Parizeau, *Une femme*, Montréal, Leméac Éditeur, 1991, p. 347.
44. *Idem*, p.65.

*Alice Parizeau, la fillette aux longues nattes brunes... devenue femme.*
*Archives de Jacques Parizeau. ANQ, Montréal.*

personne à qui il ose confier ses états d'âme[45]. Son départ crée un vide immense, d'autant plus que la maladie d'Alice Parizeau se déroule en pleine crise politique, au moment de l'échec du lac Meech. « Je vis les deux, raconte-t-il. C'est stressant, mais j'arrive à compartimenter ma vie à l'intérieur d'une même journée[46]. » En de rares occasions, il exprime son découragement à Serge Guérin. « Là, je suis fatigué, laisse-t-il parfois tomber. Je n'y arrive plus. C'est trop. Ce n'est pas facile, c'est dur[47]. »

Wanda de Roussan, la meilleure amie d'Alice Parizeau, décrit une facette de l'homme politique que l'on connaît peu : « Jacques a été extra-ordinaire. Ce bonhomme, qui n'était pas capable d'aller faire des courses, se déplaçait pour aller faire les emplettes. C'était quelque chose d'incroyable ! Il vivait [la maladie d'Alice] par sa présence, son soutien constant et son profond désarroi qu'il tentait de masquer[48]. » Deux médecins de l'hôpital Notre-Dame, Gilles Lorange, pneumologue, et Joseph Ayoub, oncologue, découvrent eux aussi un homme tendre[49]. « J'ai été, à quelques reprises, à leur résidence à Outremont, révèle le docteur Ayoub. C'était beau de voir l'affection que les deux avaient l'un pour l'autre et avec quelle sollicitude Jacques Parizeau agissait. Je n'ai jamais vu un homme froid », précise-t-il. En revanche, devant les blouses blanches, Jacques Parizeau se garde bien d'exprimer sa peine. Joseph Ayoub conserve un vif souvenir du jour où Jacques Parizeau est arrivé chez lui pour offrir à Alice le premier exemplaire du roman qu'elle venait de publier. Bien involontairement, le médecin a assisté à l'événement : « Sa maladie était alors très avancée, raconte-t-il. Il est arrivé heureux comme un jeune homme, comme un enfant à qui vous faites le plus beau des cadeaux. Je ne l'avais jamais vu comme ça ! C'était une très belle scène de voir ce monsieur si attendri et si heureux de faire plaisir à sa femme en apportant ce livre[50]. »

---

45. Le biographe observe également qu'à chaque fois qu'il doit parler de son épouse, il le fait toujours avec beaucoup d'émotion.
46. Entrevue avec Jacques Parizeau, le 13 janvier 2000.
47. Propos attribués à Jacques Parizeau et rapportés par Serge Guérin. Entrevue du 20 mars 2000.
48. Entrevue avec Wanda de Roussan, le 20 janvier 2000.
49. Jacques Parizeau déborde de gratitude pour les médecins qui ont traité son épouse, en particulier pour le pneumologue Lorange et sa femme : « Ils ont été d'un dévouement incroyable. Je ne savais pas qu'à cette époque, ça existait encore. » Entrevue avec Jacques Parizeau, le 23 août 2000.
50. Entrevue téléphonique avec le docteur Joseph Ayoub, le 14 novembre 2002.

Très tôt, Alice Parizeau exprime la volonté de passer les derniers jours de sa vie chez elle. Elle demande qu'on l'installe au deuxième étage, dans le bureau de son mari, devant la fenêtre qui donne sur le parc de Vimy. «Elle veut mourir devant son parc», confirme Jacques Parizeau, qui loue aussitôt un lit conçu pour les malades. Signe d'une loyauté hors du commun, ce sont des personnes liées à la permanence du Parti québécois, dont Yvan Lapierre, qui viennent l'installer à la maison : «Les gens du parti ont été très gentils. Ils m'ont soulagé d'un paquet de choses[51]», raconte Jacques Parizeau avec émotion. Il prend aussi la peine de préciser «que pendant tout ce temps, Landry (alors vice-président du parti) a été parfait.» Toujours selon les souhaits d'Alice Parizeau, à partir du mois d'avril 1990, une Polonaise, qui est la nièce d'un curé de Montréal, vient tous les jours à la résidence des Parizeau pour s'occuper de la malade.

Au petit matin du dimanche 30 septembre, la résistante abandonne pourtant son combat. Dans la maison devenue tout à coup trop grande, Jacques Parizeau s'assure de la présence de ses deux enfants. Il appelle ensuite Jean Royer et lui demande de faire venir Serge Guérin auprès de lui[52]. «Je m'amène là tout de suite, raconte Serge Guérin. [Il me confie] qu'Alice a exprimé ses dernières volontés sur ses funérailles[53]» et qu'elle désire que le service religieux se déroule dans une église polonaise : «Je veux que vous vous chargiez de cela. Prenez les dispositions qu'il faut, puis revenez me voir en fin de journée.» Serge Guérin part donc à la recherche d'une église polonaise. Entre-temps, le premier ministre Bourassa autorise le chef du protocole à donner un coup de main à l'entourage de Jacques Parizeau. À la fin de la journée, il devient évident qu'aucune église polonaise ne sera capable d'accueillir les nombreux invités qui assisteront aux funérailles d'Alice Parizeau. Serge Guérin revient à la demeure de son chef et lui fait un rapport. Il est alors convenu que les funérailles auront lieu à l'église Saint-Germain d'Outremont, un lieu de culte capable d'accueillir de nombreux invités, de même que les médias. De plus, la paroisse accepte aussi que le curé de l'église de Notre-Dame-de-Czestochowa, le père Krystof Cybulski, préside la cérémonie qui se déroulera et sera chantée en polonais. L'homélie sera toutefois prononcée en français par le père André Legault.

---

51. Entrevue avec Jacques Parizeau, le 15 août 2000.
52. Entrevue avec Jean Royer, le 17 mai 2000.
53. Entrevue avec Serge Guérin, le 7 juillet 2000.

## Les épaules clouées au sol

Les premiers jours après la mort d'Alice Parizeau, Serge Guérin se retrouve tout seul avec Jacques Parizeau. Il découvre alors un homme abattu qui «verse des larmes... beaucoup de larmes[54].» Au salon funéraire, Jacques Parizeau exprime toute sa reconnaissance aux amis qui ont été présents autour de son épouse lors des derniers mois. Parmi eux, un couple de fervents croyants, le docteur Jacques Baillargeon[55] et son épouse, Hélène Pelletier-Baillargeon. Cette dernière a écrit des lettres magnifiques à Alice Parizeau, tout au long de son combat contre le cancer. Monique et Yves Michaud font aussi partie des gens à qui Jacques Parizeau exprime sa gratitude, tout comme Denise Bombardier. Quand celle-ci arrive au salon funéraire, Jacques Parizeau se précipite sur elle: «Ah, vous! dit-il en la prenant dans ses bras. Vous ne savez pas ce que vous avez représenté!» Au début de l'été, juste avant de partir en France, Denise Bombardier s'était rendue au chevet d'Alice Parizeau qui lui avait dit: «Je t'en prie Denise, regarde la France avec mes yeux et écris-moi[56].» Tout au long de son voyage de deux mois, Denise Bombardier lui avait donc envoyé des cartes postales. Au salon funéraire, elle apprend maintenant qu'au cours des dernières semaines de sa vie, Alice Parizeau s'informait constamment de la venue du facteur. Elle espérait recevoir ces fameuses cartes postales que son mari se faisait un plaisir de lui lire et de lui relire, en lui offrant ainsi un dernier contact avec son Europe natale: «On ne soupçonne jamais assez toute l'influence que de simples petits gestes peuvent avoir dans la vie de quelqu'un», raconte Denise Bombardier. «Quand Jacques Parizeau m'a raconté tout cela, j'ai alors senti toute son émotion. Là, j'ai vu l'émotion, de façon très très violente[57].»

L'une des scènes les plus touchantes de l'épreuve vécue par Jacques Parizeau se déroule aussi au salon funéraire, peu de temps avant le service religieux. Hugues de Roussan, le fils de la grande amie polonaise d'Alice Parizeau, Wanda de Roussan, en a gardé un vif souvenir. Il se rappelle avoir vu Jacques Parizeau amener l'aîné de ses petits-enfants devant le

---

54. Entrevue avec Serge Guérin, le 27 janvier 2000.
55. Jacques Baillargeon, gastro-entérologue, est le médecin de Jacques Parizeau.
56. Propos attribués à Alice Parizeau et rapportés par Denise Bombarbier. Entrevue du 1er septembre 2000.
57. Entrevue avec Denise Bombardier, le 1er septembre 2000.

*Le couple Parizeau, dans les années 1950.*
*Archives de Jacques Parizeau, ANQ, Montréal.*

cercueil de son épouse, en lui disant : « Viens, nous allons voir *babcia.* »
*Babcia* signifie « grand-mère » en polonais. Le grand-père et l'enfant s'age-
nouillent alors devant la dépouille d'Alice. La foule se tait. Des gens s'éloi-
gnent même doucement du cercueil pour les laisser seuls. « Il y avait un
lien très fort entre le petit-fils et le grand-père, raconte Hugues de Roussan.
Le grand-père le couvrait presque. Il était légèrement penché vers lui et il
lui parlait presque dans le creux de l'oreille. Il y avait à ce moment-là une
communion très forte et tout le monde l'a ressentie dans la pièce[58]. »

Le 3 octobre 1990, vers 13 h 30, une foule compacte pénètre lentement
dans l'église de Saint-Germain d'Outremont. Environ deux cents personnes
ne peuvent trouver place à l'intérieur. Ils s'entassent sur le parvis. Quelques
drapeaux québécois flottent au vent. Dans la mesure où ces drapeaux se
retrouvent à l'extérieur, Jacques Parizeau ne trouve pas le geste déplacé :
« Après tout, elle était aussi souverainiste que moi[59] », concède-t-il. Cependant, il n'y a aucun drapeau du Canada. Tout au long de la cérémonie,
Jacques Parizeau semble physiquement écrasé par la douleur. La tête
penchée, les épaules affaissées, celui qui a l'habitude de se tenir droit, se

---

58. Entrevue avec Hugues de Roussan, en juin 2003.
59. Entrevue avec Jacques Parizeau, le 15 août 2000.

traîne maintenant avec difficulté. Il a le dos voûté, comme si ses épaules étaient clouées au sol. Le lendemain des funérailles, Jacques Parizeau part tout seul pour les Bermudes, pour une semaine.

## La Commission Bélanger-Campeau

Bien que profond, le deuil de Jacques Parizeau ne peut s'éterniser. Les événements qui se précipitent exigent que le chef péquiste revienne rapidement aux affaires politiques. Jean Royer réalise bien qu'à son retour des Bermudes, Jacques Parizeau ne s'est pas encore remis de la perte de son épouse, « mais il faut bien comprendre que nous sommes en pleine action à ce moment-là. C'est cruel, mais dès qu'il revient, nous faisons en sorte que son travail l'absorbe totalement[60]. »

Effectivement, depuis des semaines, l'équipe de Jacques Parizeau et celle du premier ministre Bourassa mènent d'intenses négociations, afin d'en arriver à choisir les membres qui siégeront à une commission parlementaire élargie. Cette commission sera chargée d'étudier les options constitutionnelles qui s'offrent au Québec maintenant que l'accord du Lac Meech a été rejeté. Dès le 29 juin, Robert Bourassa avait annoncé que son gouvernement s'était entendu avec le chef de l'opposition sur la nécessité de former une telle commission. Le 4 septembre 1990, il crée donc officiellement la Commission sur l'avenir politique et constitutionnel du Québec. En référence à ses deux coprésidents, Michel Bélanger, révolutionnaire tranquille et ancien dirigeant de la Banque Nationale, et Jean Campeau, ex-président de la Caisse de dépôt et placement nommé par Jacques Parizeau alors qu'il était ministre des Finances, cet organisme public sera bientôt connu sous le nom de la Commission Bélanger-Campeau.

Tout au long du processus menant à la création de la Commission, la méfiance prédomine dans les rangs péquistes ; chez Jacques Parizeau, toutefois, la confiance est toujours au rendez-vous. Dans son esprit, « il est évident que le Parti québécois ne contrôlera pas cette Commission, raconte Hubert Thibault. Pour Jacques Parizeau, la question du poids des souverainistes à la Commission est plus ou moins importante. C'est plutôt une occasion de mettre les affaires sur la table[61]. » « C'est la première fois,

---

60. Entrevue avec Jean Royer, le 17 mai 2000.
61. Entrevue avec Hubert Thibault, le 18 octobre 2001.

depuis l'effondrement du référendum de 1980, que l'on peut débattre officiellement, dans un organisme public, de la possibilité que le Québec devienne un pays indépendant. C'est la première fois en dix ans[62] ! », répète inlassablement Jacques Parizeau.

La négociation entre le Parti québécois et le gouvernement libéral de Robert Bourassa, en vue de nommer les commissaires, se déroule plutôt dans l'harmonie. Le premier ministre du Québec accepte même qu'Henri-Paul Rousseau occupe la fonction de secrétaire de la Commission. Jean Royer et Hubert Thibault jubilent. Ils savent très bien que ce vice-président de la Banque Nationale a présidé le regroupement des économistes pour le OUI lors du référendum de 1980. Leur bonheur sera de courte durée…

Le 5 octobre, au moment où Jacques Parizeau se repose aux Bermudes, Robert Bourassa annonce de façon unilatérale que quatre nouveaux candidats siégeront à la Commission. Avec ces quatre nominations, il limite l'influence dont bénéficie le Parti québécois, qui peut déjà s'appuyer sur de nombreux commissaires souverainistes grâce à la présence des centrales syndicales (FTQ, CSN, UPA, CEQ). Les nouveaux commissaires nommés par le premier ministre Bourassa sont fédéralistes : Ghislain Dufour, président du Conseil du patronat du Québec, Cheryl Campbell-Steer, du Board of Trade de Montréal, Charles-Albert Poissant, président de la papetière Donohue, et l'avocat Marcel Beaudry, organisateur libéral depuis vingt ans[63]. Placé devant le fait accompli, Jacques Parizeau est furieux, mais il continue tout de même de croire que la Commission est une bonne chose pour les souverainistes.

Le premier jour des audiences de la Commission Bélanger-Campeau, Jacques Parizeau accueille une nouvelle attachée de presse au sein de son cabinet. Marie-Josée Gagnon remplace Gilbert Charland, qui retourne au service de recherche du Parti québécois à l'Assemblée nationale. Au moment de son entrée en fonction, Marie-Josée Gagnon a seulement 22 ans. Malgré son jeune âge, elle compte déjà à son actif un stage comme journaliste au quotidien *La Presse*. Elle est aussi en train de rédiger un mémoire de maîtrise en science politique sur le tiers-mondisme et l'anti-tiers-mondisme. Avant de la recommander à Jacques Parizeau, Jean Royer avait d'abord rencontré la jeune femme en entrevue. L'entretien avait été de

---

62. Entrevue téléphonique avec Jacques Parizeau, le 18 décembre 2002.
63. La Commission compte trente-six commissaires.

courte durée et la candidate avait beaucoup impressionné le conseiller de Jacques Parizeau. « Jamais de ma vie, je n'ai vu quelqu'un désirer la job à ce point[64] ! », se souvient-il. De plus, Marie-Josée Gagnon correspond parfaitement au profil recherché par l'entourage de Jacques Parizeau : elle est jeune et elle est une femme, ce qui doit contribuer à « adoucir l'image de *Monsieur* ».

Quand Jean Royer présente la nouvelle recrue à Jacques Parizeau, ce dernier s'empresse de dire à la jeune femme : « Ce n'est pas le bon moment pour se voir. Venez à la maison en fin de semaine, nous discuterons plus en détail. » Celle qui est déjà fort impressionnée par le personnage se rend donc à son domicile. Elle a du mal à contenir sa nervosité. « Quel homme ! J'étais attirée par le monument froid et grandiose[65] », confie-t-elle. Marie-Josée Gagnon est accueillie par un homme attentif et courtois, qui tente néanmoins de mieux connaître celle qui se joindra bientôt à sa garde rapprochée. « On a parlé essentiellement de [mon enfance], se souvient-elle. De mes parents, de mon éducation... Puis, il m'a dit une chose fondamentale : " Madame Gagnon, vous devez savoir que nous allons travailler ensemble tant et aussi longtemps que vous me serez loyale et tant et aussi longtemps que je vous serai loyal. " Se faire dire ça par un patron, c'est de l'or en barre ! Là, j'ai commencé à apprendre à le connaître. »

La jeune attachée de presse vouera à son patron une loyauté totale : « Je suis vendue à Parizeau ! C'est un homme attachant comme un grand-papa. » De son côté, le chef péquiste lui manifestera une estime bien particulière. « Charmant, il savait comment me faire plaisir, raconte Marie-Josée Gagnon. Tard le soir, lorsque nous étions en tournée en région et que nous n'avions pratiquement pas mangé de la journée, il me regardait soudainement et me disait : " Un petit *hot chicken ?* " Ça, c'était sa façon de me faire plaisir[66]. » Les deux complices se rendaient alors au restaurant Saint-Hubert BBQ le plus proche. Sur les défauts de Jacques Parizeau, Marie-Josée Gagnon se contentera simplement de répondre : « On ne transforme pas un homme de soixante ans.[67] »

---

64. Entrevue avec Jean Royer, le 17 mai 2000.
65. Entrevue avec Marie-Josée Gagnon, le 14 juin 2000.
66. Entrevue avec Marie-Josée Gagnon, le 6 juillet 2000.
67. Entrevue avec Marie-Josée Gagnon, le 14 juin 2000.

*Marie-Josée Gagnon, la jeune attachée de presse,*
*vouera à son patron une loyauté totale.*
*Archives personnelles de Marie-Josée Gagnon.*

## L'apparent consensus

Les premiers mémoires présentés à la Commission Bélanger-Campeau donnent de l'élan à la cause péquiste. Le 6 novembre 1990, Jean Lambert, président de la Chambre de commerce du Québec, déclare que « le fédéralisme est un échec économique. » Le mémoire dresse une longue liste des pouvoirs que le Québec doit rapatrier. La semaine suivante, la Chambre de commerce du Montréal métropolitain conclut que « le Canada ne fonctionne plus. » Estimant qu'il est toutefois préférable de maintenir un espace économique avec le Canada, la Chambre évoque « la viabilité intrinsèque de l'économie québécoise. » Puis, c'est au tour du Mouvement Desjardins de soutenir que la province « doit se donner le statut d'une communauté nationale autonome. » Le mémoire a des accents souverainistes. Le vent souffle dans une seule direction. Une impression générale se dégage des médias, lesquels laissent entendre que la souveraineté serait devenue une idée consensuelle au Québec. Dans les faits, l'organisation du Parti québécois a travaillé très fort pour créer une telle perception.

Dans *Le Tricheur*, Jean-François Lisée raconte très bien comment le cabinet de Jacques Parizeau a préparé les esprits. «L'opération qu'on a mise sur pied, pour la rédaction des mémoires, n'est pas spontanée[68]», confirme effectivement Jean Royer. L'équipe de recherche du parti s'est mise au boulot en faisant ressortir tous les mémoires qui avaient été favorables à La Charte de la langue française, puis elle relance ensuite tous les organismes concernés. En région, le parti offre même des ressources à certains groupes pour les aider à rédiger les mémoires. Le parti s'entend avec le Mouvement national des Québécois qui, par l'entremise de ses organismes régionaux, présente à la Commission vingt et un mémoires. «On avait un pointage, on avait tout un système informatique, précise Jean Royer. Chaque fois qu'un mémoire rentrait, on mettait la main dessus, on l'analysait, on contactait les gens et on leur disait : "Alignez-vous dans ce sens-là. Abordez tel aspect…" On coordonnait les intervenants. On s'entendait sur les questions à poser. Il n'y avait rien d'improvisé[69].» Gilbert Charland, conseiller de la délégation péquiste à la Commission, s'étonne que les libéraux ne fassent pas de même. Le président du Conseil du patronat, Ghislain Dufour, soutient pourtant qu'il sollicite les gens d'affaires pour qu'ils se prononcent en faveur du fédéralisme, mais que la réponse ne vient pas. Marie Gendron, ex-présidente du Comité des jeunes du PL, qui est alors analyste au bureau du premier ministre, confie à Jean-François Lisée : «Nous, on était à l'écoute, eux (le PQ), ils étaient à la guerre[70]!»

Bref, les premiers mois de la Commission se déroulent plutôt bien pour les forces péquistes. La situation commence toutefois à se gâter au moment où débutent les discussions à huis clos entre les commissaires. Peu à peu, Jacques Parizeau a la désagréable impression d'être le seul à faire la guerre à Robert Bourassa. Celui qui affirme ne pas être l'homme du «peut-être» refuse, au-delà d'un certain point, de faire des compromis. Or, dans son propre entourage, on ne voit pas les choses de la même façon. «Pour nous autres, révèle Pierre Boileau directeur général du parti, si on souhaite que l'idée de souveraineté avance, il ne faut pas que ça se fasse dans la chicane, parce que les gens ne suivront pas. Il faut donc que

---

68. Jean-François Lisée dans son ouvrage *Le Tricheur*, *op. cit.*, p. 153-154. Le biographe peut aujourd'hui affirmer que ces propos proviennent de Jean Royer.
69. *Idem*, p.154
70. *Idem*.

le " spectacle " à l'Assemblée nationale fonctionne. C'est la main tendue de Parizeau lors de l'échec de Meech, interprète Pierre Boileau. Pour nous autres, l'idée de souveraineté doit avancer dans une certaine harmonie[71]. »

Pour sa part, Hubert Thibault croit que les pressions de l'opinion publique pourront amener Robert Bourassa à réaliser la souveraineté du Québec. Il partage cette confiance avec Bernard Landry, alors vice-président du parti, de même qu'avec un bon nombre de Québécois. Mais Jacques Parizeau n'y croit pas. « Je ne l'ai jamais vu douter de cela », témoigne Jean Royer. Cette différence de vue va souvent amener Jacques Parizeau à débattre rudement de stratégie avec son équipe.

Pour le chef péquiste, un autre élément devient rapidement un irritant majeur qui rend difficile la tenue des négociations : la présence de Lucien Bouchard à la table des commissaires. Très tôt dans les discussions, le chef du Bloc québécois se présente comme un commissaire « non aligné » bien que souverainiste. Lucien Bouchard cherche ainsi à préserver sa plus complète autonomie à l'endroit du Parti québécois. Jacques Parizeau n'apprécie guère cette attitude. « Il doit déjà flairer en Lucien Bouchard un mou potentiel[72] », estime Bernard Landry.

## Lucien Bouchard : « Le PQ ? Jamais ! »

Au chapitre précédent, le témoignage inédit de David Cliche révélait que Lucien Bouchard avait minutieusement préparé la sortie de son « télégramme » à l'occasion du dixième anniversaire du référendum. Les propos de Claude Béland et de Gérald Larose indiqueront maintenant que le ministre démissionnaire songeait depuis un certain temps à mettre sur pied un groupe de réflexion politique au Québec. Il avait déjà parlé de son projet aux deux hommes. Son idée était à ce point formée que, le lendemain même de sa démission, soit le 23 mai au matin, Lucien Bouchard se présente au bureau de la CSN à Montréal, afin de s'assurer de la création d'un tel groupe auprès de son ami Gérald Larose[73].

Avec l'aide de Claude Béland, président du Mouvement Desjardins, et de Gérald Larose, l'ancien ministre conservateur fonde ainsi Forum-Québec.

---

71. Entrevue avec Pierre Boileau, le 30 août 2002.
72. Entrevue avec Bernard Landry, le 12 juin 2000.
73. Entrevue avec Gérald Larose, le 8 octobre 2003.

Il réunit autour d'une même table des gens comme Jean Campeau, Louis Laberge (FTQ), Jacques Proulx (UPA), Roger Nicolet, Serge Turgeon (Union des artistes), Lorraine Pagé (CEQ) et quelques autres. Quand Claude Béland demande à Lucien Bouchard si le Parti québécois participera à ce forum, il s'étonne de la réponse cinglante de ce dernier : « Le PQ ? Jamais ! » Claude Béland constate alors que Lucien Bouchard déteste le Parti québécois, ses militants et son chef. « Il critiquait beaucoup le Parti québécois, avoue Claude Béland. Il n'aimait pas le style de Parizeau[74]. » Lucien Bouchard n'apprécie guère la formation péquiste, parce que c'est « un parti trop militant, juge-t-il. Regardez ce qu'ils ont fait à Lévesque ! dit-il à Claude Béland. Ce parti n'a pas beaucoup de respect pour son chef. C'est la cause avant le chef[75]. » Il s'indigne également du sort réservé à son ami Pierre Marc Johnson.

En novembre 1990, Forum-Québec devient le Mouvement Québec 91. Il ne compte donc aucun représentant officiel du Parti québécois. Lucien Bouchard aurait bien aimé que Pierre Marc Johnson, l'ancien rival de Jacques Parizeau, soit du groupe, « mais il n'est jamais venu[76] », confirme Gérald Larose. La présence active d'Isabelle Courville et de Stéphane Le Bouyonnec, deux *johnsonnistes* qui détestent férocement Jacques Parizeau, inquiète toutefois le chef du Parti québécois qui en est bientôt informé. Veut-on bâtir une alliance nationaliste contre les péquistes ? La garde rapprochée du croisé observe donc à distance l'évolution de ce groupe de réflexion.

En janvier 1991, alors qu'il existe de vives tensions à la Commission Bélanger-Campeau, un député fédéral du Bloc québécois, François Gérin, déclare que Lucien Bouchard s'intéresse davantage à une carrière politique à Québec qu'à Ottawa. Il laisse entendre que c'est un secret de polichinelle[77]. Lucien Bouchard nie catégoriquement nourrir de telles ambitions. Il reconnaît cependant que le Mouvement Québec 91 réunit les aspirations du groupe des commissaires non alignés qu'il dirige avec Gérald Larose.

---

74. Entrevue avec Claude Béland, le 16 septembre 2003.
75. Propos attribués à Lucien Bouchard, rapportés par Claude Béland, entrevue du 16 septembre 2003, et confirmés par Gérald Larose, entrevue du 8 octobre 2003.
76. Entrevue avec Gérald Larose, le 11 juin 2003.
77. Cité dans un article de Pierre April, « L'avenir du Bloc préoccupe », *La Presse*, le 28 janvier 1991.

Cette stratégie divise le camp souverainiste à la Commission Bélanger-Campeau et donne de l'option péquiste une vision plus radicale que celle des non alignés. Si Lucien Bouchard espérait ainsi rendre Jacques Parizeau plus malléable, il se trompe. Le chef péquiste va se durcir davantage.

## Les tailleurs du premier ministre

Les trois premiers mois de l'année 1991 sont particulièrement pénibles pour le chef du Parti québécois. Avec la présentation des derniers mémoires, les trente-six commissaires entament les négociations pour la rédaction du rapport. Alors que le parti de Robert Bourassa cherche à ne pas se commettre et à garder la plus grande marge de manœuvre possible, du côté des péquistes, on souhaite que le rapport soit suffisamment précis pour engager le gouvernement à réaliser un référendum sur la souveraineté dans les plus brefs délais. Le but de l'exercice vise donc à tailler « un habit pour l'éternité à Bourassa, précise Hubert Thibault. Et s'il ne respecte pas sa parole, eh bien il faut qu'il en paie le prix, un prix indéniable[78]. » Le problème, pour Jacques Parizeau, c'est que les tailleurs du premier ministre sont trop nombreux. La présence des non alignés[79] lui cause bien des maux de tête : il a beau penser qu'une veste bien ajustée irait mieux à Robert Bourassa, le groupe de Lucien Bouchard préfère lui couper des habits amples et bouffants. Pour les non alignés, plusieurs compromis sont envisageables, afin de permettre au premier ministre d'apposer sa signature au bas du rapport. Dans l'esprit de Lucien Bouchard, il s'agit là d'un geste essentiel pour que la population du Québec sache qu'il existe un consensus sur la question de son avenir constitutionnel.

Au sein même de la délégation péquiste siégeant à la Commission, les non alignés peuvent compter sur un certain nombre d'appuis de la part de députés plus favorables au consensus qu'à l'affrontement[80]. « Nous

---

78. Entrevue avec Hubert Thibault, le 18 octobre 2001.
79. Le groupe des non alignés est dirigé par Lucien Bouchard et assisté par Gérald Larose. Il est composé des personnes suivantes : Serge Turgeon (UDA), Lorraine Pagé (CEQ), Louise Laberge (FTQ), Claude Béland (Desjardins), Jacques Proulx (UPA), Jean-Claude Beaumier (municipalités), Roger Nicolet (municipalités régionales de comté).
80. La délégation péquiste est composée de Guy Chevrette, Jacques Brassard, Jacques Léonard, Louise Harel, Jeanne Blackburn et Pauline Marois.

avons des alliés chez les péquistes, explique Gérald Larose. Il y a Chevrette, Brassard, Louise [Harel] sur certains points[81].» Jeanne Blackburn confirme que cette situation ne plaît guère à Jacques Parizeau : «Il n'est pas certain de la loyauté des gens, en particulier des non alignés. Il trouve que Campeau [le coprésident soi-disant souverainiste] ne prend pas suffisamment de place. Il a l'impression que Brassard et Chevrette négocient des choses... [82]» À un moment donné, c'est le chef de cabinet de Jacques Parizeau, Hubert Thibault, qui passe à deux doigts de faire les frais de la colère de Jacques Parizeau. Un jour, ce dernier téléphone à Jean Royer et lui ordonne de le congédier. La scène se passe à bord d'une limousine dans laquelle René Blouin prend aussi place. «Parizeau le trouvait trop mou lors des discussions avec Bélanger-Campeau[83]», précise René Blouin. Pour sa part, Jean Royer confirme que les relations entre Thibault et Parizeau ont parfois été tendues à cette époque, mais que les colères du patron n'ont pas eu de suite[84].

À la table des commissaires, bien des personnes trouvent Jacques Parizeau rigide. «C'est vrai qu'il était un peu " raclette", reconnaît Pauline Marois, mais il [voulait] préserver l'avenir[85]», explique-t-elle. Guy Chevrette entend aussi le même genre de critiques chez les non alignés : «Ils me disaient, "Ah! Jacques est trop radical, il n'est pas flexible"... Moi, personnellement, ça me rassurait, puisque ça nous permettait d'aller en chercher plus. Dans une équipe de négociation, je trouve ça sain qu'il y en ait qui prennent la ligne plutôt rigide et qu'il y en ait d'autres qui soient plus nuancés. Ça nous permet de faire des discussions à l'interne sur la valeur d'un compromis. Si on avait tous eu la même perception, j'ai l'impression que le groupe des non alignés aurait mené le bal tout seul[86].» Dès le début du processus de négociation, «on sentait donc que monsieur Parizeau ne se laisserait pas entraîner sur le terrain de l'étapisme», précise Guy Chevrette.

81. Entrevue avec Gérald Larose, le 11 juin 2003.
82. Entrevue avec Jeanne Blackburn, le 1er août 2002.
83. Entrevue avec René Blouin, le 10 octobre 2000.
84. Entrevue avec Jean Royer, le 3 octobre 2002.
85. Entrevue avec Pauline Marois, le 21 janvier 2002.
86. Entrevue avec Guy Chevrette, le 10 janvier 2002.

## Les railleries du Continental

Le 28 janvier 1991, Jean Allaire, président du Comité constitutionnel du Parti libéral du Québec, publie le rapport *Un Québec libre de ses choix*. À la surprise générale, le document réclame que le Québec exerce dorénavant sa pleine souveraineté dans vingt-deux champs de compétence. Advenant un refus du gouvernement fédéral de négocier cette importante réforme constitutionnelle, le rapport Allaire propose de tenir un référendum sur la souveraineté en 1992. Quelques semaines plus tard, en mars, le Congrès du Parti libéral adopte ce rapport dans l'enthousiasme. Lors de son discours de clôture, Robert Bourassa sème cependant la confusion chez ses partisans en affirmant : « Il nous faut, comme premier choix, développer le Québec à l'intérieur du Canada, dans une structure fédérale. » Bien des militants ont alors la fâcheuse impression d'avoir voté pour un rapport qui n'inspire guère leur chef.

C'est dans ce climat d'ambiguïté que les membres de la Commission Bélanger-Campeau se réunissent pour formuler leurs propres recommandations. Pour le groupe des non alignés, le rapport Allaire confirme leur espoir de s'entendre avec le gouvernement libéral. À la mi-février, les deux présidents de la Commission proposent de tenir un référendum sur la souveraineté à la fin de l'année. Dans le cas d'un vote favorable, le Canada anglais aurait deux ans pour s'entendre avec le Québec, avant que la souveraineté ne soit proclamée. Jacques Parizeau est prêt à accepter la proposition, mais les présidents la retirent soudainement[87].

Par la suite, les libéraux reviennent constamment sur l'idée d'un référendum en 1992, lequel porterait soit sur des offres fédérales soit sur la souveraineté[88]. Les non alignés et l'opposition officielle répondent négativement à cette proposition, puis tentent en mars de s'assurer que si des offres surviennent d'Ottawa, celles-ci devront lier obligatoirement les législatures de toutes les provinces anglophones. Le 20 mars, le secrétaire

---

87. Selon Hubert Thibault, entrevue du 22 avril 2003.
88. La délégation libérale est composée des commissaires suivants : Louise Bégin, Claude Dauphin, Russell Williams, Claude Ryan, Gil Rémillard, Christiane Pelchat, Cosmo Maciocia, Guy Bélanger, Claire-Hélène Hovington, de même que les personnalités suivantes : Marcel Beaudry (affaires), Ghislain Dufour (patronat), Charles-Albert Poissant (Donohue), Cheryl Campbell-Steer (Board of Trade), Guy D'Anjou (comm. scolaires), André Ouellet, Jean-Pierre Hogue, Richard Holden.

de la Commission, Henri-Paul Rousseau, est tellement sûr que les travaux déboucheront sur une entente qu'il distribue à des journalistes des exemplaires d'une nouvelle résolution. Le document explique qu'un référendum sur la souveraineté aura lieu en 1992. Entre-temps, deux commissions parlementaires seront formées. L'une étudiera les modalités d'accès à la souveraineté et l'autre se penchera sur les offres «liant les gouvernements» des autres provinces du Canada. En après-midi, le ministre délégué aux Affaires intergouvernementales canadiennes, Gil Rémillard, brise le climat de bonne entente, en avouant à des journalistes que c'est le référendum sur les offres fédérales qui devancera celui sur la souveraineté. Les péquistes et les non alignés en restent bouche bée. Le soir même, au restaurant Continental de Québec, une discussion éclate entre les commissaires. Elle rendra Jacques Parizeau intraitable.

Pendant qu'Hubert Thibault, Jean Royer, Jacques Brassard et Guy Chevrette préparent des amendements à la proposition déposée par Henri-Paul Rousseau, Jacques Parizeau se rend au Continental pour souper. À quelques tables de celle où il mange tout seul, certains commissaires fédéralistes prennent leur repas ensemble. L'esprit est à la fête. Ghislain Dufour, Marcel Beaudry, Cheryl Campbell-Steer sont là. Les députés Christiane Pelchat et Cosmo Maciocia se joignent bientôt à eux. Ghislain Dufour invite Jacques Parizeau à venir prendre un verre avec le groupe. Courtois, il accepte. Puis, arrive Jean-Claude Rivest, le conseiller de Robert Bourassa, suivi du ministre Gil Rémillard. Ce dernier, qui est assis en face de Jacques Parizeau, revient sur sa déclaration de l'après-midi et confirme que le gouvernement se garde une voie d'évitement pour contrecarrer l'idée d'un référendum sur la souveraineté. Jacques Parizeau écoute avec intérêt.

L'atmosphère est à la détente et à l'humour. Le climat se gâte cependant quand Jacques Parizeau estime devenir le dindon de la farce. Certains commissaires commencent d'abord à souligner, en riant, les divisions évidentes entre Jacques Parizeau et Lucien Bouchard. «Vous vous êtes rallié à sa position en tout cas[89]!», insiste Marcel Beaudry. Les railleries atteignent leur paroxysme lorsque Jean-Claude Rivest laisse entendre à Jacques Parizeau qu'il doit maintenant choisir entre le «beau risque» et l'isolement, puisque les non alignés voteront avec les libéraux. Rivest se moque de lui, en lui demandant s'il a l'intention de réaliser «l'affirmation nationale» à la place

---

89. Cité dans l'ouvrage de Jean-François Lisée, *op. cit.,* p. 390.

de Pierre Marc Johnson. Les propos ironiques du conseiller de Robert Bourassa ne plaisent pas du tout à Jacques Parizeau. «Quelles étaient les circonstances, je ne m'en souviens pas très bien, raconte-t-il, mais les libéraux riaient de moi. "On vous a monté un piège et vous êtes tombé dedans[90]"», disaient-ils. Jacques Parizeau se sent coincé. «L'affirmation nationale», il déteste cette expression! «Ils se vantent qu'ils m'ont fourré! Qu'ils se sont entendus avec Michel Bélanger. Je suis tellement furieux que je traverse au Château Frontenac. Il est 22 h 00 et je demande à voir Michel Bélanger. Je lui sers alors un char de…[91]! »

Michel Bélanger tente de calmer Jacques Parizeau, en lui précisant qu'aucun piège n'a été tendu et que les deux voies demeurent : si le Canada fait des offres, un référendum portera là-dessus; si le Canada n'en fait pas, il y aura un référendum sur la souveraineté. Loin d'être rassuré par cette explication, Jacques Parizeau quitte la chambre de Michel Bélanger fort irrité.

Le lendemain, les railleries du Continental ont pour conséquence de radicaliser les positions de Jacques Parizeau. Est-ce l'effet recherché par Jean-Claude Rivest, qui souhaite ainsi isoler la délégation péquiste en semant la zizanie dans le camp souverainiste? Gilbert Charland, qui effectue la recherche pour la délégation péquiste, se souvient très bien de l'humeur de son chef : «Il était assez offusqué merci. Parizeau a alors dit : "Je ne signerai pas un traquenard, un rapport qui n'en serait pas vraiment un, parce que chacun aurait son chapitre". À ce moment-là, les rapports se sont durcis entre le PQ et les non alignés[92]», rappelle Gilbert Charland. La délégation péquiste propose trois amendements destinés à verrouiller le processus référendaire. Jacques Parizeau tient à s'assurer qu'il n'y aura pas d'autres référendums que celui sur la souveraineté. De plus, les offres éventuelles du Canada anglais ne seront considérées qu'à la condition d'avoir été adoptées par les assemblées législatives des provinces et d'Ottawa.

Rapidement, la délégation libérale annonce qu'elle n'acceptera pas cette camisole de force, tout comme les non alignés, qui refusent les amendements péquistes. Claude Béland les qualifie même d'absurdes. «Mais nous, on voulait régler, raconte Lucien Bouchard à Jean-François Lisée. Nous, on

---

90. Entrevue avec Jacques Parizeau, le 29 août 2000.
91. *Idem.*
92. Entrevue avec Gilbert Charland, le 24 novembre 2000.

pensait que pas régler, c'était un désastre[93].» Les non alignés ne croient pas que de nouvelles offres du Canada seront possibles dans un délai si court. Gérald Larose ajoute : «Nous, on plaidait quand même, même si on avait des indices troublants. On comptait quand même sur l'honneur et les engagements qu'un premier ministre et que les ministres peuvent prendre. On n'est pas spontanément des gens qui voulons systématiquement remettre en question la bonne foi des gens[94].» Au cours des discussions, le ministre Rémillard explique à nouveau la perception qu'il a de l'entente et de la possibilité d'un référendum sur autre chose que la souveraineté. Alors que, du côté des péquistes, on hoche négativement la tête, le ministre dit : «Mais on en a parlé en tête-à-tête avec Claude Béland, Bouchard et Larose! Nous leur avons expliqué ça!» «Ça a créé de l'atmosphère, raconte Jean Royer. Là, Parizeau a saisi le sens des mauvaises blagues de la veille[95].»

## L'irréductible commissaire

Mais à qui profite donc le consensus tant recherché par les non alignés? Au gouvernement ou aux souverainistes? Un mois après le dépôt du rapport de la Commission Bélanger-Campeau, Jean-Claude Rivest, le principal conseiller du premier ministre Bourassa, avoue à Jean-François Lisée que «s'il n'y avait pas eu de consensus à Bélanger-Campeau, ça aurait été dangereux, parce qu'on aurait été isolés [les libéraux][96].» L'option souverainiste est alors majoritaire au Québec. «L'opinion publique est évidemment sceptique sur nous, la souveraineté, les négociations. Donc, le Parti libéral, en participant à cette démarche-là [le consensus] s'accrédite», confie le plus influent des stratèges de Robert Bourassa. En fin de négociation, les non alignés continuent toutefois de faire pression sur le Parti québécois plutôt que sur le gouvernement libéral. Pourquoi? Parce que «Larose, Béland, Louis Laberge et Lucien Bouchard s'étaient mis dans la tête que Bourassa allait faire la souveraineté», nous dit Pauline Marois[97].

Le 21 mars à midi, devant les étudiants de l'Université Laval, Jacques Parizeau résume très bien son état d'esprit : «Avec les deux tiers des

---

93. Cité dans l'ouvrage de Jean-François Lisée, *op.cit.*, p. 396.
94. *Idem.*
95. Entrevue avec Jean Royer, 14 septembre 2000.
96. Cité dans l'ouvrage de Jean-François Lisée, *op.cit.*, p. 397-398.
97. Entrevue avec Pauline Marois, le 21 janvier 2002.

Québécois [en faveur de la souveraineté], les trois quarts des francophones, je ne me sens pas seul. Pas seul du tout. Ce n'est pas souvent que
les trois quarts des francophones sont d'accord. C'est un moment de
grâce, lorsqu'on songe au débat qu'on a connu sur la couleur de la mar-
garine!» Le chef péquiste parle alors «du terrible désir de revenir aux
choses claires.» Dans la soirée, les non alignés et la délégation péquiste
soupent ensemble. Le clan, dirigé par Lucien Bouchard, est alors prêt à
appuyer la proposition gouvernementale qui suggère deux voies : un
référendum sur les éventuelles offres fédérales ou sur la souveraineté. Au
cours du repas, Jacques Parizeau le répète, les souverainistes doivent s'assurer qu'il n'y ait qu'un référendum et qu'il porte sur la souveraineté. Le
chef péquiste tente avec insistance de convaincre les non alignés. «Je suis
mauditement têtu, rappelle-t-il. On trouve que je deviens terriblement dur,
singulièrement en regard de l'engagement de faire un référendum *sur la
souveraineté*. Je veux que ça soit clairement indiqué, je les connais trop.
Dire un référendum *seulement*, Bourassa est capable de nous en monter
un sur l'âge permis pour consommer de la boisson alcoolique[98]!» À un
moment donné, exaspéré, Lucien Bouchard met Jacques Parizeau en garde :
«Vous nous divisez, on va se diviser, insiste Lucien Bouchard. Ça va être
tragique. On va tous être obligés de prendre une décision. Moi aussi, j'en
aurai une à prendre, et je ne vais pas laisser tomber mes amis non alignés[99].»
«Beaucoup de non alignés aimeraient ménager un peu tout le monde, en
espérant un consensus. Il y a des gens qui se font de grossières illusions à ce
moment-là[100]», observe Jacques Parizeau. «Un chien et une souris se
rencontrent, si certains pensent que ça produit un chat, c'est pas vrai!
Certains veulent prendre des distances avec la souveraineté, pas moi.»

Jacques Parizeau n'apprécie pas l'attitude de Lucien Bouchard. «Il essaie
de mettre tout le monde ensemble, convient le chef péquiste. Comme
d'habitude, c'est un défi de négociation pour lui. C'est un négociateur. Je
l'ai vu souvent, moi, faire ce genre de choses-là, à partir de l'idée que la
politique c'est l'art du possible[101].» Or, pour Jacques Parizeau, la politique
est plutôt «l'art de formuler des objectifs». Pauline Marois, qui participe
aux discussions, explique les tensions entre les deux hommes de façon

---

98. Entrevue avec Jacques Parizeau, le 29 août 2000.
99. Cité dans l'ouvrage de Jean-François Lisée, *op. cit.*, p. 400.
100. Entrevue avec Jacques Parizeau, le 29 août 2000.
101. *Idem.*

claire : « Je ne suis pas sûre que monsieur Parizeau croyait que monsieur Bouchard était vraiment un souverainiste. Très franchement là, je pense que ça origine de là[102]. »

Le souper se termine sans que le problème soit résolu. Le groupe de Lucien Bouchard est prêt à signer, ce qui n'est pas le cas de Jacques Parizeau. Gérald Larose ajoute même qu'avant « de sacrifier la cohésion du groupe des neuf [non alignés], on va sacrifier bien d'autres choses, y compris le PQ[103]. » Claude Béland s'exprime à peu près dans les même termes. Ses propos provoquent la colère de Guy Chevrette, qui se met alors à engueuler le président du Mouvement Desjardins. Claude Béland garde d'ailleurs un très mauvais souvenir de ces négociations. Quelques jours plus tard dans *Le Soleil*, il déclare : « Ce n'est pas vrai, quand monsieur Parizeau a dit à monsieur Bourassa "Vous êtes mon premier ministre, faisons un consensus sur l'avenir du Québec". Dans la réalité, plus on approchait de l'échéance, plus on sentait la lutte électorale à venir. Pour le PQ, ce n'est pas la souveraineté qui prime, c'est le pouvoir. C'est comme si on avait enlevé leur propre bébé des bras du Parti québécois. Ça criait[104] ! », affirme-t-il.

Claude Béland est allé plus loin, en confiant que Jacques Parizeau a même tenu les propos suivants pendant les travaux de la Commission Bélanger-Campeau : « Eh ! La souveraineté, c'est moi qui ai planté ça ici au Québec. Le jour où elle se fera, c'est moi qui vais la faire[105]. » Jacques Parizeau nie formellement avoir prononcé de telles paroles[106]. Quelques semaines plus tôt, à l'équipe éditoriale du journal *Le Soleil*, il avait plutôt déclaré : « Ma proposition tient toujours. On pourrait faire la souveraineté ensemble. Ça, c'est un cas classique où la patrie doit passer avant les partis politiques. Ce serait un moment inouï dans notre histoire, absolument incroyable[107]. »

---

102. Entrevue avec Pauline Marois, le 21 janvier 2002.
103. Cité dans l'ouvrage de Jean-François Lisée, *op. cit.*, p. 400.
104. Cité dans un article de la Presse canadienne, « Commission sur l'avenir du Québec. Béland : pour le PQ, ce n'est pas la souveraineté qui prime », *La Presse*, le 30 mars 1991.
105. Entrevue avec Claude Béland, le 16 septembre 2003.
106. Entrevue avec Jacques Parizeau, le 29 août 2000.
107. Entrevue au journal *Le Soleil*, « Pour la première fois, Ottawa est sur la défensive », le 19 janvier 1991.

À la fin du mois de mars 1990, le temps est venu pour la Commission Bélanger-Campeau de clore les travaux et de présenter ses conclusions. Les non alignés et certains souverainistes, dont Louis Bernard et Jean-Roch Boivin, exercent des pressions de plus en plus fortes sur Jacques Parizeau, afin qu'il signe le rapport. Pendant la fin de semaine du 22 et du 23 mars, les appels téléphoniques se multiplient à la résidence de Jacques Parizeau. L'irréductible commissaire déteste que l'on fasse pression sur lui de cette façon. « J'étais tellement furieux quand le téléphone se [mettait] à sonner, raconte Jacques Parizeau. Des gens de l'entourage des derniers moments du cabinet Lévesque, qui étaient des partisans de la bonne entente, se [suspendaient] au téléphone et me [demandaient] de faire un *deal*[108]. » Même à la permanence du Parti québécois, des gens comme Pierre Boileau privilégient l'option d'un rapport unanime : « Parizeau avait bien commencé avec son discours de la main tendue, il fallait donc la mener jusqu'au bout cette stratégie. Lui, il décrochait de cette stratégie par une certaine radicalisation. Nous, nous voulions avancer avec un consensus[109]. »

Le dimanche 24 mars, lors du colloque sur René Lévesque organisé par l'Université du Québec à Montréal, les journaux cueillent les propos contradictoires de Jacques Parizeau et de Lucien Bouchard. « Si le consensus est possible, et sur des choses significatives, je veux bien, mais pas coûte que coûte[110] », explique Jacques Parizeau. Lucien Bouchard se dit d'accord avec lui avant de le contredire de la façon suivante : « Je pense qu'il faut dégager un consensus significatif, je vais me battre pour cela. Le prix à payer pour l'éclatement du consensus québécois serait très considérable : le Canada anglais, le fédéral nous regardent. Si jamais – à un moment où la souveraineté est portée par un mouvement aussi intense – on n'arrivait pas à un itinéraire qui nous y amène, sans niaiser, sans jouer avec la *puck*, les gens concluraient que les Québécois, malgré tout, vont continuer comme avant, parce qu'ils ne peuvent s'entendre[111]. » Au même moment, un sondage IQOP-Le Soleil–CKAC annonce que 63 % des Québécois se

---

108. Propos attribués à Jacques Parizeau et rapportés par Jean-François Lisée dans *op. cit.*, p. 401.
109. Entrevue avec Pierre Boileau, le 30 août 2002.
110. Cité dans un article de Mario Gilbert, « Parizeau veut absolument un référendum sur la souveraineté », *La Presse*, le 25 mars 1991.
111. *Idem.*

disent en faveur de la souveraineté. Et la moitié (48 %) veulent un référendum dès 1991.

Le lundi 25 mars, Jacques Parizeau en a assez. En soirée, il demande aux commissaires de voter sur l'option souverainiste comme voie à privilégier. «On va se compter», se dit-il. De cette façon, on verra bien qui, finalement, se lèvera pour la souveraineté, car les consensuels commencent sérieusement à lui taper sur les nerfs. La demande de Parizeau «n'améliore pas l'état des relations avec les non alignés[112]», insiste Gilbert Charland. Craignant de perdre, Lucien Bouchard et Gérald Larose tentent de convaincre le chef péquiste de retirer sa motion. «On le sait depuis le début que l'on va perdre, estime Jacques Parizeau, mais par quelle marge[113]?», voilà ce qui intéresse le croisé.

Le vote sur la souveraineté est défait, mais de justesse. Dix-sept commissaires votent contre la résolution et quinze en faveur de la souveraineté. Bouchard et Larose ont voté pour la souveraineté mais sont furieux contre Jacques Parizeau. Les coprésidents s'abstiennent. Jacques Parizeau est déçu. Il s'attendait à ce que Jean Campeau vote en faveur de la souveraineté.

## L'astérisque et l'Obélix

Une fois les recommandations et la conclusion adoptées à la majorité des voix, il est temps de procéder à la signature du rapport de la Commission. La recherche du consensus tant désiré oblige notamment tous les commissaires à apposer leur griffe au bas du rapport. Or, Robert Bourassa ne veut pas s'engager par écrit. Les non alignés insistent férocement pour qu'il le fasse. Les heures passent... Finalement, après avoir obtenu un avis juridique en pleine nuit, Jean-Claude Rivest confirme que la signature du premier ministre ne l'engage pas irrémédiablement. Dans ces conditions, Robert Bourassa accepte de signer le rapport de la Commission Bélanger-Campeau.

De son côté, malgré de multiples échanges avec les non alignés, Jacques Parizeau résiste toujours. Les recommandations principales du rapport, qui réaffirment «la nécessité de redéfinir le statut politique et constitutionnel du Québec», lui plaisent. Un référendum sur la souveraineté devra avoir

---

112. Entrevue avec Gilbert Charland, le 24 novembre 2000.
113. Entrevue avec Jacques Parizeau, le 29 août 2000.

lieu en 1992 et, entre temps, deux commissions parlementaires devront être mises sur pied. La première étudiera les «questions afférentes à l'accession du Québec à la souveraineté» et la deuxième appréciera «toute offre de nouveau partenariat de nature constitutionnelle faite par le gouvernement du Canada.» Cependant, «seule une offre liant formellement le gouvernement du Canada et les provinces pourra être examinée par cette commission.» C'est la conclusion du rapport qui suscite la colère de Jacques Parizeau. En particulier, la phrase suivante : «Dans la redéfinition de son statut, deux voies seulement s'offrent au Québec : d'une part, une nouvelle et ultime tentative de redéfinir son statut au sein du régime fédéral et, d'autre part, l'accession à la souveraineté.» Pour le chef du Parti québécois, il n'est pas question de mettre sur le même pied la souveraineté et le fédéralisme renouvelé. Selon sa vision des choses, l'échec de Meech a épuisé les dernières possibilités de réformer le Canada.

Ce n'est qu'après une vive altercation avec Hubert Thibault, son chef de cabinet, que Jacques Parizeau accepte enfin de signer le rapport de la Commission. Pour que son patron se rallie au consensus tant désiré, Hubert Thibault lui suggère de signer tout en exprimant sa dissidence sur les conclusions du rapport. Les deux hommes se trouvent alors seuls dans le bureau du chef de l'opposition[114]:

— Comment fait-on cela monsieur Thibault? s'exclame Jacques Parizeau.

— En apposant un astérisque près de la signature. Astérisque qui renvoie à un *addendum* précisant nos réserves sur la conclusion.

Jacques Parizeau donne alors un puissant coup de poing sur le bureau :

— Monsieur Thibault, je ne fonctionne pas ainsi. Si vous pensez…! Je ne serai pas l'Obélix de la Commission avec cette histoire d'astérisque !

«Ça été une discussion assez serrée[115]», se rappelle Hubert Thibault, mais Jacques Parizeau a finalement accepté ma proposition.

Le lendemain, le correspondant parlementaire de *La Presse*, Denis Lessard, écrit : «Parizeau fait confiance à la pression populaire[116]», en laissant clairement entendre que la participation du Parti québécois à la

---

114. Selon les souvenirs d'Hubert Thibault. Entrevue du 22 avril 2003.
115. Entrevue avec Hubert Thibault, le 22 avril 2003.
116. Denis Lessard, «Parizeau fait confiance à la pression populaire», *La Presse*, le 27 mars 1991.

rédaction du rapport ne cautionne nullement le fédéralisme renouvelé. Fait étonnant à souligner, le rapport compte 50 pages d'annexes sur un total de 180 ! Ces pages contiennent les réserves exprimées par vingt-cinq des trente-six commissaires. Après des mois de négociations, l'élite du Québec vient donc de fabriquer un étrange consensus : l'unité dans le désaccord. Tous les commissaires se disent d'accord, mais la majorité se dissocie d'une façon ou l'autre du rapport.

Le 27 mars 1991, au salon rouge de l'Assemblée nationale, lors de la séance de clôture de la Commission Bélanger-Campeau, Robert Bourassa déclare : « Il y a accord avec les députés du PQ sur le fait que nous puissions examiner des offres qui pourraient venir de nos partenaires canadiens. Et je suis obligé de constater que du côté de l'opposition officielle, on a accepté cette démarche. D'ailleurs, ce n'est pas la première fois que le député de Lac-Saint-Jean ou le député de Joliette ou peut-être d'autres ont accepté cette démarche… Dans le cas du " beau risque ", ils l'ont acceptée. Dans le cas de « l'affirmation nationale », ils l'ont acceptée. Je suis heureux de voir qu'ils continuent de faire preuve de flexibilité et de souplesse. » Ce genre de railleries ne plaît pas du tout aux non alignés. « On était extrêmement déçus, explique Gérald Larose, très fâché contre Bourassa. Vraiment, il a pas été un homme d'État là. Il était vulgairement le gérant du Parti libéral du Québec, pas du tout à la hauteur de toute la démarche qui s'était faite à la Commission Bélanger-Campeau. Même ses partisans étaient honteux de cette prise de position-là. Ça a été un moment pénible, moi, je l'aurais giflé[117]. » Robert Bourassa justifiera ce discours mesquin, en déclarant au journaliste Jean-François Lisée : « C'était pour montrer qu'on n'avait pas perdu[118]. »

Effectivement, Robert Bourassa, le fédéraliste, n'a pas perdu. Il a réussi, dans le cadre des travaux de cette Commission, à contenir le mouvement souverainiste, à l'occuper et à semer la division au sein de ses leaders. Certains, comme Claude Ryan, ne croient toutefois pas que c'était la bonne stratégie : « Je trouve que Bourassa a fait une erreur. En allant s'identifier avec le PQ, il a créé une attente dans la population qu'il n'a pas été capable de remplir. Le Parti libéral ne peut pas devenir séparatiste du jour au

---

117. Entrevue avec Gérald Larose, le 11 juin 2003.
118. Propos attribués à Robert Bourassa et rapportés par Jean-François Lisée, *op. cit.*, p. 427.

lendemain. Il a laissé entrevoir toutes sortes de possibilités. Il a mêlé les cartes. C'est dans ce sens-là que je ne trouve pas ça correct[119]. »

En juin 1991, le projet de loi 150, qui constitue l'expression juridique des recommandations de la Commission Bélanger-Campeau, est adopté sans l'appui du Parti québécois, qui continue de se méfier de Robert Bourassa. De leur côté, Lucien Bouchard et Gérald Larose croient encore qu'il tiendra un référendum sur la souveraineté. Dans plus d'un an, le Québec sera en effet en campagne référendaire… mais pour se prononcer sur une nouvelle réforme du fédéralisme canadien.

---

119. Entrevue avec Claude Ryan, le 14 juin 2000.

# Le deuxième parti

*« Moi, je ne travaillerai jamais pour Jacques Parizeau.
Monsieur… je ne suis pas capable. Ce n'est pas mon
style. S'il me pompe, je vais l'envoyer chier ! »*

Bob Dufour[1],
organisateur du Bloc québécois.

En février 1992, Lucien Bouchard est convoqué à la résidence de Jacques Parizeau pour s'expliquer sur une récente prise de position qui semble l'opposer au chef péquiste. Quelques jours plus tôt, le 6 février, le premier ministre Bourassa en visite en Europe a déclaré à Bruxelles que si les offres d'Ottawa étaient inacceptables, il pourrait proposer la question suivante aux Québécois lors d'un référendum : «Voulez-vous remplacer l'ordre constitutionnel existant par deux États souverains associés, dans une union économique responsable, à un parlement élu au suffrage universel ? » Jacques Parizeau qualifie rapidement de ridicule cette «question de Bruxelles », mais Lucien Bouchard la commente avec beaucoup moins d'intransigeance. Furieux, le chef péquiste ordonne à ses conseillers d'appeler le Bloc québécois, afin que Lucien Bouchard se rétracte. Ce dernier s'exécute, mais mollement. Le chef du Bloc est invité à rencontrer l'autre chef, celui du Parti québécois.

---

1. Entrevue avec Bob Dufour, le 13 janvier 2003.

Lorsqu'il s'agit de clarifier les choses, Jacques Parizeau est plutôt expéditif. Dès le début de la conversation, il explique à Lucien Bouchard qu'il faut s'opposer à la question proposée par Robert Bourassa : cela voudrait dire que l'on confine «la politique à Québec et l'économie à Ottawa[2]». L'indépendantiste trouve également repoussante l'idée d'un parlement «supranational où on est certains d'être minoritaires jusqu'à la fin des temps[3].» Il tente de lui faire voir qu'il serait inutile de sortir d'un système fédéral pour entrer dans un autre. Lucien Bouchard l'écoute, mais n'est toujours pas convaincu qu'il faille dire non à «la question de Bruxelles».

Par ailleurs, si Jacques Parizeau convoque Lucien Bouchard chez lui à Outremont, c'est pour bien lui montrer qu'il est le seul maître à bord du navire souverainiste. «À chaque fois qu'il est venu à la maison, c'était pour que je le brasse, confie-t-il. Chacun cherche toutefois à être cordial, mais on est très clairs : quand on arrive à une opposition irréductible, eh bien c'est moi qui tranche. Je peux changer de position, mais si au bout d'une heure, nos deux points de vue sont irréconciliables, je tranche. Je ne commence pas à lui faire la morale. Je lui dis : "Dans ces conditions, je pense que c'est là que nous allons aller. Pour le reste, nous reprendrons ça un autre jour quand les circonstances auront changé. Bonsoir[4]."»

Jacques Parizeau se perçoit donc comme le porteur de l'idéologie souverainiste. «Je dois à Lucien Bouchard les égards d'un chef de parti», tient-il à préciser, mais s'il tente de devenir son *alter ego* sur cet aspect, «ce n'est pas possible.» Quant à savoir si son attitude déplaît au chef du Bloc québécois, Jacques Parizeau s'en préoccupe peu. Il avoue que personne n'aime ce genre de rencontre, où il faut clore les mésententes idéologiques. «Le Québécois, naturellement, n'est pas porté à décider de quelque chose, explique-t-il. C'est quasiment de l'atavisme[5].» Jacques Parizeau fait donc tout en son pouvoir pour indiquer quelle route il faut prendre, au risque d'écorcher l'amour-propre de certains de ses alliés.

---

2. Cité dans un article de Denis Lessard, «Parizeau voterait NON à la question de Bourassa», *La Presse*, le 21 février 1992.
3. *Idem.*
4. Entrevue avec Jacques Parizeau, le 23 août 2000.
5. *Idem.*

## « Jamais je ne vais m'unir au PQ ! »

Jacques Parizeau n'hésite pas à «brasser» Lucien Bouchard d'autant plus que les nouveaux organisateurs qui se greffent au Bloc québécois n'augurent rien de bon pour le chef péquiste. En 1991, Lucien Bouchard a confié la direction de son parti à Jean Fournier[6], l'ancien directeur de campagne de Pierre Marc Johnson. Sylvain Laporte, un autre ancien membre de l'entourage de Johnson, devient l'adjoint de Jean Fournier. Isabelle Courville prend la tête de la commission juridique et Stéphane Le Bouyonnec, son mari, dirige la commission des communications. Il faut rappeler que ce couple, resté fidèle à Pierre Marc Johnson, s'était opposé de façon virulente à la candidature de Jacques Parizeau comme chef du Parti québécois en 1988.

«Courville, Le Bouyonnec, Jean Fournier : ces gens-là fomentent quelque chose...[7]» estime le directeur général du Parti québécois. Pour Pierre Boileau, «c'est évident, cette *gang-là*, ce ne sont pas des loyaux au PQ.» Jean Royer, conseiller spécial de Jacques Parizeau, s'exprime à peine différemment : «Le problème, c'est [qu'ils disaient]: "Le PQ n'est pas l'instrument qui va nous permettre de réaliser ce qu'on veut faire. Le PQ est tellement politisé qu'il n'a pas la crédibilité ou la capacité de le faire[8]." »

Ce groupe d'*affirmationnistes*[9] mise sur la recommandation de la Commission Bélanger-Campeau de tenir un référendum sur la souveraineté avant octobre 1992. Dans ce scénario, une fois la souveraineté réalisée, le Bloc se déplacerait vers la scène québécoise et offrirait une troisième option entre le Parti québécois et le Parti libéral. «Cette idée était très vivante à l'époque[10]», raconte Stéphane Le Bouyonnec à la journaliste Manon Cornellier. «C'est ce qui motivait les principaux dirigeants de l'organisation de Lucien Bouchard», estime-t-il. Jean Fournier rêve ainsi de battre le parti de Jacques Parizeau sur son propre terrain. «Je ne sais

---

6. Jean Fournier fut également membre du cabinet de la ministre Lise Payette lors du premier mandat du Parti québécois de 1976 à 1981.
7. Entrevue avec Pierre Boileau, le 30 août 2002.
8. Entrevue avec Jean Royer, le 3 octobre 2002.
9. En référence aux partisans de l'approche de «l'affirmation nationale» défendue par Pierre Marc Johnson alors qu'il dirigeait le Parti québécois.
10. Propos de Stéphane Le Bouyonnec cités dans l'ouvrage de Manon Cornellier, *The Bloc*, Toronto, Les Éditions James Lorimer & Co., 1995, p. 59.

pas s'il avait une crotte contre le PQ ou contre Parizeau, s'écrie Bob Dufour, alors secrétaire de comté de Gilles Duceppe, mais en tout cas…, lui là [Jean Fournier], je pense que son affaire c'était de dire on va faire un parti politique au Québec avec Bouchard pour battre le PQ et Parizeau[11]. »

C'est dans ce contexte que l'organisation de Jacques Parizeau se décide finalement à intervenir. Pierre Boileau et Jean Royer font comprendre au chef de cabinet de Lucien Bouchard, Pierre-Paul Roy, que sans l'appui organisationnel du Parti québécois, le Bloc n'a aucune chance de réaliser quoi que ce soit. « La force est chez nous[12] », insiste Pierre Boileau. Il faut donc expulser les comploteurs. Pierre-Paul Roy comprend vite, de même que Bob Dufour, qui a une longue expérience d'organisateur électoral à Montréal : « Crime ! On ne serait jamais allés contre Parizeau. C'était eux autres qui nous *feedaient* et nous aidaient. Et on se serait virés de bord pour leur entrer dedans ? Jamais[13] ! »

Le 20 juin 1992 à Laval, lors du conseil général du Bloc québécois, Lucien Bouchard met les points sur les « i » et déclare : « Il n'est certainement pas notre intention de définir un programme dans l'intention de gouverner, parce que le Bloc ne formera jamais un gouvernement, ni à Ottawa ni à Québec. » Les *affirmationnistes* blêmissent. Bob Dufour va trouver Jean Fournier et lui dit à la blague : « Hey Fournier ! Là ton option vient de prendre le champ en tab…[14] ! » À la suite de ce conseil général, Stéphane Le Bouyonnec et Sylvain Laporte démissionnent[15]. Isabelle Courville invoque une grossesse et un nouvel emploi chez Bell Canada pour abandonner ses fonctions. Jean Fournier ne donne plus de ses nouvelles, puis annonce son départ. « Ils sont tous partis, rappelle Bob Dufour. On ne les a pas revus[16] ».

---

11. Entrevue avec Bob Dufour, le 13 janvier 2000. Il est pertinent de souligner que Bob Dufour a appuyé Pierre Marc Johnson lors de la course à la direction du Parti québécois à l'été 1985. Aux élections générales, en décembre de la même année, le même Bob Dufour se porte candidat dans le comté de Sainte-Marie, s'identifiant à l'équipe Johnson. Il perd toutefois ses élections.
12. Entrevue avec Pierre Boileau, le 30 août 2002.
13. Entrevue avec Bob Dufour, le 13 janvier 2003.
14. *Idem.*
15. Stéphane Le Bouyonnec dévoile ses vraies couleurs lors des élections provinciales de septembre 1994, en appuyant le parti de Mario Dumont contre celui de Jacques Parizeau. Le couple Le Bouyonnec-Courville refusera de se ranger publiquement dans le camp du OUI lors du référendum de 1995.
16. Entrevue avec Bob Dufour, le 13 janvier 2003.

Si, par ces propos, Bob Dufour semble vouloir dissocier son chef de ce genre d'initiative, un événement méconnu jusqu'à aujourd'hui laisse cependant croire que Lucien Bouchard aurait bien aimé faire de la concurrence à Jacques Parizeau sur son propre territoire.

Six mois plus tôt, dans les premiers jours de décembre 1991, Lucien Bouchard avait convoqué Claude Béland, le président du Mouvement Desjardins, aux bureaux du Bloc québécois à Montréal. Il voulait le convaincre de prendre la tête d'un nouveau parti politique au Québec. Gérald Larose était présent. «Là, c'était la grosse pression, raconte pour la première fois Claude Béland. Lucien Bouchard ne cessait de me dire : "Monsieur Béland il faut que vous donniez le grand coup ! Il faut fonder un parti[17]."» Claude Béland, devenu souverainiste depuis peu, est étonné par cette proposition : «Écoutez, dit-il à Larose et à Bouchard, fonder un nouveau parti, avant que ça marche, ça peut prendre dix ans… c'est long ça ! Je pense qu'on est plus pressés que ça, insiste-t-il. Puis, il y a des partis qui existent et d'après moi, c'est avec eux qu'il faut travailler.» Le président du Mouvement Desjardins pense bien évidemment au Parti québécois, ce qui fait sursauter Lucien Bouchard. «Jamais ! s'exclame-t-il. Il faut monter un nouveau parti. Jamais je ne vais m'unir puis m'insérer dans le Parti québécois. C'est un parti trop militant. Ils n'ont pas de cœur ces gens-là[18] !»

Confronté à ce témoignage, c'est un Gérald Larose mal à l'aise qui confirme avoir participé à une telle rencontre : «Je sais que Lucien insistait sur la création d'un nouveau parti, mais moi c'était plus… pour que Claude Béland aille en politique directement. (…) Je ne me souviens pas d'avoir débattu beaucoup sur [la nécessité de] créer un parti. Lucien, oui[19].» Claude Béland n'est pas intéressé à faire de la politique. Il considère de plus que l'idée de mettre sur pied un autre parti politique est très contre-productive, car elle aurait pour conséquence de ralentir la marche du Parti québécois. Lucien Bouchard revient toutefois à la charge : «On peut créer une force de gens qui ne veulent pas s'embarquer dans le Parti québécois. Un peu des gens du Bloc, des démissionnaires du Parti libéral

17. Entrevue avec Claude Béland, le 16 septembre 2003.
18. Propos attribués à Lucien Bouchard et rapportés par Claude Béland. Entrevue du 16 septembre 2003.
19. Entrevue avec Gérald Larose, le 8 octobre 2003.

comme Mario Dumont et Jean Allaire[20]. » Claude Béland refuse de participer à cette manœuvre.

Le plan de Lucien Bouchard ne s'étant pas réalisé en décembre 1991, il met donc un terme à toutes les ambiguïtés possibles, en juin 1992, ce qui provoque le départ de Jean Fournier et de ses acolytes. En juillet, c'est au tour du député Jean Lapierre de quitter le Bloc québécois. Allergique au Parti québécois, l'ancien député libéral est indisposé par les liens étroits que le Bloc est obligé de tisser avec le parti de Jacques Parizeau. Lucien Bouchard, qui réalise comment il est extrêmement difficile de préserver l'autonomie de son organisation à l'endroit du Parti québécois, est ulcéré par le départ de son ami Lapierre.

Puis, un événement majeur vient précipiter le Bloc québécois dans les bras du Parti québécois. Le gouvernement fédéral et les provinces canadiennes s'entendent pour réformer la constitution canadienne sur la base d'une nouvelle entente conclue à Charlottetown. Au lieu d'un référendum sur la souveraineté, le gouvernement de Robert Bourassa et le reste du Canada vont tenir une consultation populaire destinée à renouveler le fédéralisme canadien. Cette nouvelle bataille est déclenchée au moment où la situation du Bloc québécois est plutôt précaire. Les démissions du groupe de Jean Fournier ont décapité l'organisation. En Chambre, le départ de Jean Lapierre prive le Bloc d'un leader parlementaire efficace. Pour combler le poste d'organisateur en chef du parti, Lucien Bouchard se tourne à nouveau vers l'équipe de Gilles Duceppe. Il presse Bob Dufour d'occuper cette fonction[21]. Mais le temps manque au Bloc québécois qui doit se limiter à suivre le rythme imposé par la machine péquiste. Plus expérimentée, c'est elle qui battra la mesure pendant la campagne référendaire qui s'annonce. « Nous n'étions pas gros là ! L'essentiel de l'organisation, c'était le PQ, reconnaît Bob Dufour. On avait l'air de juniors un peu là-dedans, mais on prenait notre place. On participait aux discussions, bien qu'ils nous prenaient plus ou moins au sérieux[22]. »

---

20. Propos attribués à Lucien Bouchard et rapportés par Claude Béland. Entrevue du 16 septembre 2003.
21. Quelques mois plus tôt, Lucien Bouchard était allé recruter Pierre-Paul Roy dans le cabinet de Gilles Duceppe pour qu'il devienne son chef de cabinet.
22. Entrevue avec Bob Dufour, le 13 janvier 2003.

## « J'ai besoin de vous. »

Au mois d'août 1992, après que Robert Bourassa ait annoncé que le référendum canadien sur l'entente de Charlottetown serait organisé au Québec par son gouvernement et non par Ottawa, Jacques Parizeau offre à Lucien Bouchard la vice-présidence du comité du NON. Le chef péquiste ignore que ce dernier a tenté de former un nouveau parti pour le concurrencer au Québec. « Là, Parizeau était très, très courtois, se rappelle Lucien Bouchard. Il était venu aux bureaux du Bloc. Je l'avais trouvé assez bien, parce que c'était un moment où il aurait pu ignorer le Bloc sans trop de dommages[23]. » Lui-même décrit son organisation comme « un parti plus ou moins existant, seulement 25 000 membres[24] » et qui a « toute la misère du monde à ramasser de l'argent. On crevait de faim, littéralement, avoue-t-il. Il n'y avait pas une *cenne* dans les coffres du Bloc. » Si, dans les faits, c'est Lucien Bouchard qui a besoin de l'appui technique et organisa-tionnel du Parti québécois, en grand seigneur, Jacques Parizeau inverse les rôles et aborde le chef du Bloc québécois avec courtoisie, en lui disant : « J'ai besoin de vous pour le référendum[25]. »

Le 26 août, alors que les groupes autochtones et les premiers ministres des provinces et du Canada se dirigent tous vers Charlottetown pour compléter l'entente constitutionnelle, Jacques Parizeau prononce un dis-cours à Alma. Lucien Bouchard est sur la même scène que lui. Dans le petit avion qui les ramène à Québec, les deux leaders discutent avec enthou-siasme. C'est dans la plus grande harmonie qu'ils conviennent d'un plan de campagne. Jacques Parizeau ira dans les grands centres, tandis que Lucien Bouchard sillonnera l'arrière-pays et les capitales régionales. À tous les jours, Jean Royer et Pierre-Paul Roy vont communiquer ensemble pour coordonner leurs actions. À bord de l'avion, l'épouse de Lucien Bouchard, l'Américaine Audrey Best, discute avec la nouvelle compagne de Jacques Parizeau, Lisette Lapointe, qui effectue sa première sortie publique. Tout le monde semble heureux. « Tout va pour le mieux », raconte Jean Royer qui décrit ce vol « comme l'un des beaux moments[26] » auxquels il a assisté en politique.

---

23. Cité dans l'ouvrage de Jean-François Lisée, *Le Naufrageur – Robert Bourassa et les Québécois 1991-1992*, Montréal, Les Éditions du Boréal, 1994, p.522.
24. *Idem.*
25. Selon Manon Cornellier, dans son ouvrage *The Bloc, op.cit.*, p. 64.
26. Entrevue avec Jean Royer, le 24 mai 2000.

Le référendum sur la réforme constitutionnelle aura lieu le 26 octobre. Contre toute attente, cette consultation, qui porte sur un aride document de plus de trente pages, suscitera une passionnante lutte politique.

## L'écrasement de Robert Bourassa

Le 28 août, quelques heures seulement après la conférence de Charlottetown, les deux principaux conseillers du premier ministre du Québec, André Tremblay et Diane Wilhelmy[27], discutent au téléphone et évaluent l'entente qui vient d'être conclue. L'un d'eux utilise un téléphone cellulaire. Malheureusement pour eux, un professeur de l'Université Laval, François Baby, également journaliste à la station de radio CJRP de Québec, reçoit une cassette sur laquelle est enregistrée cette conversation. En voici quelques extraits :

— On les a fait reculer sur bien des questions, mais on rapporte pas des grosses prises, raconte André Tremblay à propos du résultat des négociations avec le reste du Canada.

— Ça m'a pris quasiment trois jours avant d'accepter le fait qu'on avait réglé là-bas comme ça, ajoute Diane Wilhelmy.

— On marche sur les genoux comme tu sais, hein. Je pense qu'ils sont troués, ironise André Tremblay.

— Mais quand, hier, j'ai vu à la télévision, aux nouvelles, que ça repartait le bal, là j'ai dit, ça, c'est la honte nationale ! On devrait s'absenter. Monsieur Bourassa devrait prendre l'avion tout de suite et s'en venir ici. Comme humiliation, en arriver là !

— On était agressés, harcelés, fatigués…, précise André Tremblay. C'est lourd à supporter. Et ils sont tous contre nous. Et les Ontariens là, c'est les plus enfants de chienne que tu puisses imaginer. Plus que ça, c'est terrible !

Finalement, André Tremblay, qui fait partie du cercle restreint du premier ministre, émet le jugement suivant : « Il [Robert Bourassa] en

---

27. André Tremblay, expert en droit constitutionnel, agit comme conseiller auprès du ministre des Affaires intergouvernementales canadiennes, Gil Rémillard. Diane Wilhelmy, quant à elle, occupe le poste de secrétaire générale associée dans le même ministère.

voulait pas de référendum sur la souveraineté. En tout cas, on s'est écrasés, c'est tout. (…) Je dois aller me coucher, je suis vanné[28]. »

Une injonction accordée à Diane Wilhelmy ne permet pas de diffuser cette conversation. Après une guérilla judiciaire, les procureurs de madame Wilhelmy permettent toutefois que seule la transcription écrite de la conversation soit rendue publique. Pour contourner cette restriction, certaines stations de radio font lire le texte par des comédiens qui jouent le rôle des deux conseillers constitutionnels. Hubert Thibault et Jean Royer se délectent notamment d'une bourde commise sur les ondes de Radio-mutuel. « Il va y avoir une erreur épouvantable, quand ils simulent ça à la radio », se rappelle Jean Royer. Celui qui reprend les paroles d'André Tremblay dit : « Il s'est écrasé, c'est tout ». « [Comme si c'était] le premier ministre qui [s'était] écrasé. » Or, les paroles d'André Tremblay doivent plutôt se lire comme suit : « On s'est écrasés, c'est tout. C'est le ministère (des Affaires intergouvernementales canadiennes) qui va être écrasé. » Cette dramatisation est rediffusée au moins à dix reprises pendant la même journée. Jusqu'à un million d'auditeurs captent cette conversation et l'erreur qu'elle comporte. « Ça pas de bon sens ! s'écrie Jean Royer. Ça s'peut pas[29] ! » Le conseiller de Jacques Parizeau exulte, mais plutôt que de corriger la bévue de l'acteur, il décide de la reproduire en écrivant : « Il (Bourassa) s'est écrasé. » Pour se protéger, il indique à la fin de la transcription que le texte provient de la station Radiomutuel. « J'ai appelé Boileau et fait imprimer à des milliers d'exemplaires [cette conversation]. On avait des étudiants qui, dans les rues, distribuaient ça aux passants. C'était le compte rendu de la radio. Je n'en revenais pas, le gars avait fait l'erreur de sa vie ! Ce n'était tout de même pas à nous de la corriger (rires)[30]. »

Pour le plus grand malheur d'André Tremblay, une autre tuile lui tombe sur la tête. Le 14 septembre, le conseiller constitutionnel de Gil Rémillard est mandaté par le gouvernement pour aller expliquer l'accord de Charlottetown au comité constitutionnel de la Chambre de commerce du Québec. André Tremblay arrive à la rencontre en retard et semble déprimé. Cette entente « ne comporte pas de gains de nature constitutionnelle », dit-il. Il décrit ensuite le climat de négociation qu'il qualifie de

---

28. Extrait tiré de l'enregistrement de la conversation téléphonique.
29. Entrevue avec Jean Royer, le 24 mai 2000.
30. *Idem.*

terrible. Il laisse entendre que, seule et entourée par les autres politiciens du Canada, la Délégation du Québec vivait un véritable état de siège. Puis, il se met à parler du premier ministre qui, aux dernières heures des négociations, trébuchait sur la langue anglaise tellement il était épuisé. C'est le premier ministre du Canada «Brian Mulroney, qui devait traduire ses propos» précise André Tremblay devant un auditoire ahuri. Le juriste Daniel Turp assiste à la rencontre et prend des notes. Il a été délégué par le Parti québécois, afin de transmettre sa propre évaluation de l'entente. Trois jours plus tard, *Le Devoir* publie en première page de longs extraits des déclarations du conseiller constitutionnel[31]. Le caricaturiste Serge Chapleau, plus mordant que jamais, dessine un Robert Bourassa affaibli qui se cache sous le tapis, pendant que les ministres du reste du Canada négocient l'entente de Charlottetown.

En plein cœur de l'affaire Wilhelmy-Tremblay, l'écrasement médiatique de Robert Bourassa se poursuit quand, au même moment, le magazine *L'actualité* publie «Les dossiers secrets de Bourassa», un article ravageur de Jean-François Lisée. Le journaliste, qui dans deux ans deviendra le conseiller de Jacques Parizeau, a eu accès à une dizaine de notes confidentielles rédigées par le ministère québécois des Affaires intergouvernementales canadiennes. Les analyses des hauts fonctionnaires sur les conséquences de l'entente de Charlottetown pour le Québec sont très pessimistes. Ils jugent notamment que la notion de «société distincte» en ressort banalisée. Sur la création du nouveau Sénat élu[32] et égal – six sénateurs par province et un pour chaque territoire –, les documents gouvernementaux ne sont guère plus enthousiastes : «Le Sénat " égal " répudie de manière concrète la théorie dualiste voulant que le Canada soit un État fondé par deux peuples[33].» Le Québec ne compterait que sur six sénateurs parmi soixante-deux. Sur le partage des pouvoirs, malgré un «droit de veto» québécois sur la culture et sur la langue, les spécialistes du gouvernement concluent que l'entente de Charlottetown est très loin des vingt-deux champs de compétence revendiqués par le rapport Allaire. Il est écrit que les «propositions ne constituent d'aucune manière une réforme du partage des

---

31. L'article est signé par Michel Venne dans *Le Devoir* du 17 septembre 1992.
32. Dans le cas du Québec, les sénateurs seraient nommés par l'Assemblée nationale du Québec.
33. Cité dans l'article de Jean-François Lisée, «Les dossiers secrets de Bourassa», *L'actualité*, 1er novembre 1992.

*Pierre Boileau, directeur du Parti québécois, tout juste entre Lucien Bouchard et Jacques Parizeau.*
*Archives personnelles de Pierre Boileau.*

pouvoirs[34].» En ce qui concerne les autochtones, les grands gagnants de cette entente selon le Secrétariat québécois aux Affaires intergouvernementales canadiennes, leurs gains pourraient «enrichir les prétentions territoriales (…) de certaines nations autochtones. (…) L'intégrité du territoire du Québec pourrait (…) être menacée dans la mesure où les tribunaux décideraient que le droit inhérent [des autochtones] à l'autonomie gouvernementale constitue un droit ancestral[35].» La publication de ces renseignements réjouit le comité du NON dirigé par Jacques Parizeau. Ils ajoutent à la vitalité du camp du NON qui mène déjà dans les sondages.

## Les «amis» de Robert Bourassa

Le 27 août, Jean Allaire, qui a été président du comité constitutionnel du Parti libéral, coupe les ponts avec Robert Bourassa. Le 8 septembre, Mario Dumont, président de la Commission jeunesse du Parti libéral,

---

34. *Idem.*
35. *Idem.*

annonce qu'il fera campagne avec Jean Allaire contre l'entente de Charlettown. Jacques Parizeau propose à Jean Allaire la vice-présidence du camp du NON, ce qu'il refuse. Le comité référendaire verse néanmoins 200 000 $ au groupe de Mario Dumont et de Jean Allaire, le *Réseau des libéraux pour le Non*, afin qu'ils fassent campagne. Robert Bourassa se voit ainsi abandonné par une bonne partie de son aile nationaliste.

Dans le reste du Canada, les provinces anglophones posent des gestes qui n'aident guère Robert Bourassa. Le 7 octobre, une vidéo amateur montre le ministre responsable des questions constitutionnelles en Colombie-Britannique, Moe Sihota, en train de déclarer que Robert Bourassa « a perdu. Neuf gouvernements l'ont regardé dans les yeux et ont dit non. » Le même jour, le premier ministre de Terre-Neuve renchérit, en déclarant que le Québec s'est contenté d'une entente inférieure à celle du Lac Meech.

L'ancien premier ministre canadien, Pierre Elliott Trudeau, entre lui aussi dans le bal. Le 1er octobre 1992, invité par la revue *Cité libre* à la Maison du Egg Roll à Montréal, il propose de rejeter l'entente constitutionnelle : « C'est un gâchis et ce gâchis mérite de recevoir un gros NON. » Dans un pamphlet publié partout au Canada[36], il soutient que l'introduction du concept de « société distincte dans le corps de la constitution ou dans la Charte » aura des conséquences malheureuses. « Il y a fort à parier, écrit-il, que le Québécois d'origine irlandaise, juive, vietnamienne – même s'il parle parfaitement le français – aurait du mal à se réclamer de notre *société distincte* afin de protéger l'exercice de ses droits fondamentaux contre des lois abusives adoptées par une législature où il est minoritaire. » Pierre Elliott Trudeau ajoute que « même les Québécois *de vieille souche* risqueraient de perdre leurs droits fondamentaux. » Si, en 1950, Pierre Elliott Trudeau écrivait que le Québec « est en voie de devenir un peuple de maîtres-chanteurs dégueulasses », en 1992, il constate que « les choses ont bien changé depuis ce temps, mais pour le pire. » Jacques Parizeau réagit prestement, en accusant l'ancien premier ministre du Canada de « mépriser les Québécois ». Cette prise de position de la part d'un fédéraliste fort respecté au Canada anglais affaiblit davantage Robert Bourassa.

Du côté des milieux financiers et du monde des affaires, certaines études tentent d'encourager les électeurs à appuyer l'entente de Charlottetown, en présentant l'option péquiste comme un véritable désastre économique. Le 25 septembre, dans un rapport sur les conséquences de

---

36. Au Québec, c'est dans la revue *L'actualité* du 1er octobre que le texte est publié.

l'indépendance du Québec, la Banque Royale soutient que plus d'un million de citoyens quitteront le Canada advenant la séparation du Québec. En l'an 2000, le revenu annuel moyen des ménages canadiens diminuerait de dix mille dollars. L'Institut CD Howe publie lui aussi un document réalisé par John McCallum et Chris Green, lequel prévoit une émigration massive des cerveaux francophones et anglophones en cas de souveraineté. Le chômage augmentera de 1 % à la première année et de 2 % à la deuxième. Le Québec indépendant connaîtrait des déficits budgétaires de 15 milliards par an durant les cinq premières années. La terreur que devraient inspirer tous ces chiffres fait long feu. Les sondeurs n'observent pas de fluctuations marquées des intentions de vote comme cela avait été le cas lors du référendum sur la souveraineté-association en 1980.

## Parizeau-Bouchard : la combinaison gagnante

Si le camp du OUI de Robert Bourassa est passablement ébranlé par les multiples révélations des médias et les déclarations de certains politiciens, il en est tout autrement de la campagne menée par les opposants à l'entente de Charlottetown : l'harmonie s'impose comme le maître-mot. Le duo Parizeau-Bouchard s'avère fort efficace, l'un évitant de contredire l'autre. Pour ce référendum, Jacques Parizeau a décidé de bâtir une large coalition[37]. Tous les lundis, le président du camp du NON réunit trente personnes autour d'une immense table. Hubert Thibault et Jean Royer découvrent alors un Jacques Parizeau terriblement patient. Les discussions sont longues et quelquefois éprouvantes.

Le groupe des «non alignés», formé lors des travaux de la Commission Bélanger-Campeau, est presque entièrement représenté à la table du NON. Ceux qui croyaient pouvoir contraindre Robert Bourassa à faire un référendum sur la souveraineté ont constaté l'échec de leur stratégie. Les Bouchard et Larose sont dorénavant «alignés» derrière Jacques Parizeau. Celui qui s'est méfié de Robert Bourassa jusqu'à l'entêtement a donc eu raison. Mais chez le chef du Parti québécois, le temps n'est pas au triomphalisme ou à la vantardise. Ce qui importe par-dessus tout, c'est de créer un mouvement de force.

---

37. Les trois principales centrales étaient représentées, de même que le milieu communautaire.

Si la plupart des représentants du monde des affaires se montrent favorables à l'entente de Charlottetown[38], pour la première fois, des hommes d'affaires souverainistes osent cependant prendre position contre l'entente de Charlottetown. Ils se retrouvent au sein du «Groupe Souveraineté Québec inc.» présidé par Jean Campeau[39] et composé, entre autres, de Rita Dionne-Marsolais, directrice principale chez Price Waterhouse, Gilles Blondeau, président du Groupe Optimum, Pierre Parent, président du Groupe Promexpo, Daniel Paillé, vice-président principal chez Quebecor, Carmand Normand, président de la Corporation financière du Saint-Laurent, et Rodrigue Biron, de la Société Biron, Lapierre et associés. Claude Béland, du Mouvement Desjardins, ne fait pas partie du groupe. Il a été sermonné par son conseil d'administration qui lui reproche de s'être trop identifié au clan souverainiste depuis la Commission Bélanger-Campeau.

À la grande table du camp du NON, quand Jacques Parizeau propose de faire imprimer des milliers d'exemplaires du texte constitutionnel de Charlottetown en y ajoutant des annotations critiquant cette entente, bien des personnes s'opposent à l'idée. Certains considèrent que le document est trop technique, d'autres craignent que cela ne grève le budget du comité. Jacques Parizeau défend son idée avec force, en invoquant que le gouvernement fédéral n'a pas encore publié l'entente. Il faut donc prendre les devants, souligne-t-il, et distribuer ce document dans presque tous les foyers en y incluant l'analyse du clan du NON. «Il a insisté et il s'est battu pour avoir ce maudit cahier-là, témoigne Pauline Marois. Parizeau exerçait un très bon leadership, même si c'était un leadership de contenu, de fond et d'argumentation[40].» Lucien Bouchard trouve l'idée excellente. Le comité donne son accord pour dix mille exemplaires, mais finalement deux millions de rapports annotés seront imprimés. Tous les foyers du Québec en recevront un! Dans l'entourage de Robert Bourassa, on reconnaît que c'est l'un des bons coups du camp du NON. Le texte officiel de

---

38. Parmi eux, les principales sociétés d'ingénieurs-conseils, tous les banquiers, l'entreprise Bombardier, une grande partie de la garde montante dont Marcel Dutil, Rémi Marcoux, Serge Saucier, Laurent Verreault, etc. Ils font tous campagne en faveur du OUI, unis dans le «Regroupement Économie et Constitution», présidé par le journaliste et homme d'affaires Claude Beauchamp.
39. Jean Campeau est alors président du conseil d'administration de Domtar inc.
40. Entrevue avec Pauline Marois, le 21 janvier 2002.

l'entente ne sera distribué dans les boîtes aux lettres qu'à compter du 8 octobre, soit quelques jours après la livraison de la version des opposants.

## « Le OUI va l'emporter dans les dix provinces. »

Le 2 octobre 1992, l'ambassadeur des États-Unis à Ottawa, Peter Teeley, soutient que son pays n'a « aucune politique concernant la souveraineté du Québec, advenant qu'elle se réalise. Pour ce qui a trait à l'accord de libre-échange ou à toute autre entente commerciale, aucune politique n'a été adoptée sur cette question. » Réagissant à un rapport de la Commission américaine du commerce international, qui affirmait la veille que l'extension de l'entente de libre-échange avec le Québec ne serait pas automatique en cas d'indépendance, il précise que « ce rapport n'a pas été produit par une instance décisionnelle. »

Rappelons que c'est en pleine campagne référendaire que l'accord de libre-échange nord-américain entre le Canada, les États-Unis et le Mexique (ALÉNA) est paraphé à San Antonio au Texas[41]. En présence du président mexicain Carlos Salinas et de Georges Bush, Brian Mulroney fait une prévision audacieuse. Il déclare, devant un parterre de journalistes, que l'entente de Charlottetown sera entérinée et que « le OUI va l'emporter dans les dix provinces[42]. »

Pendant ce temps au Québec, la campagne du NON se déroule rondement, même si le franc-parler de la comédienne Diane Jules risque de faire déraper la campagne Parizeau-Bouchard. Un soir, à Trois-Rivières, elle fait cette déclaration fâcheuse : « Il restera toujours une couple de vieux ici et là qui vont voter OUI… Je ne les juge pas, je les comprends, ils ont la chienne. » Fort désolée, la comédienne s'excuse toutefois le lendemain et plus personne ne reparle de l'incident. Comme le NON est donné gagnant par tous les sondages, l'équipe de Robert

---

41. Des années plus tard, alors qu'il aura quitté la politique, Jacques Parizeau critiquera fermement cette entente et se reprochera amèrement de ne pas avoir saisi à l'époque les conséquence de la mise en place du chapitre 11 qui permet à des entreprises de poursuivre les États. Il déplorera également l'élimination de l'exception culturelle pourtant présente dans l'entente de libre-échange Canada-É.-U.

42. Cité dans un article de Marie Tison de la Presse Canadienne, « Le Canada signe l'accord de libre-échange et sert un avertissement au Québec », *La Presse*, le 8 octobre 1992.

Bourassa désire absolument un débat télévisé avec Jacques Parizeau. Compte tenu des circonstances, il pourrait bien refuser, mais il accepte volontiers. «Moi, j'ai toujours pensé que c'est un droit de l'électeur, juge-t-il. La moindre des choses qu'on peut demander quand on est électeur est d'avoir un face-à-face[43]. »

Le 12 octobre, deux heures avant la télédiffusion du débat, les deux équipes se présentent aux locaux de l'édifice du Téléport, boulevard René-Lévesque à Montréal. Jean Royer s'est transformé en entraîneur de boxe. En prévision de l'échange, il désire que son athlète assomme Robert Bourassa. «Ce que les journalistes veulent, c'est le *knock-out*, explique Jean Royer. Alors là, j'essaie d'amener monsieur Parizeau à haïr Bourassa. Je lui disais : " Il faut répéter que Robert Bourassa s'est écrasé [pendant les négociations][44]. " » Le conseiller force la note, parce qu'il connaît bien son patron. Il connaît son exquise courtoisie et, par conséquent, il le sait incapable de se lancer dans un combat de ruelle. Mais cette fois-ci, Jean Royer désire plus que tout que Jacques Parizeau écrase son adversaire, déjà affaibli.

Quinze minutes avant d'entrer en ondes, quelqu'un frappe à la porte. Il s'agit de Robert Bourassa, qui effectue une visite impromptue dans la loge de Jacques Parizeau. Jean Royer observe alors le chef libéral qui, très habilement, fait tout pour miner l'agressivité de son adversaire : « Ah, bonjour tout le monde! On est fatigués, n'est-ce pas? » Le voilà qui s'approche de Jacques Parizeau et lui met la main sur l'épaule. «On est fatigués! Est-ce que ça va enfin finir cette campagne-là? Oh, moi je vous le dis, je suis fatigué… Avez-vous tout ce qu'il vous faut? Des sandwichs, du café? Ils se sont bien occupés de vous? C'est important monsieur Parizeau. Après la campagne reposez-vous et on va se revoir[45]. » Tous les efforts de Jean Royer pour nourrir l'agressivité de son pugiliste «viennent d'être réduits à néant[46]», raconte Jean Royer en riant.

Au lieu de miser sur une stratégie de fond de ruelle, Jacques Parizeau a plutôt l'intention d'utiliser un obscur concept juridico-constitutionnel

---

43. Entrevue avec Jacques Parizeau, le 23 août 2000.
44. Entrevue avec Jean Royer, le 24 mai 2000.
45. Propos attribués à Robert Bourassa et rapportés par Jean Royer, entrevue du 24 mai 2000.
46. Entrevue avec Jean Royer, le 24 mai 2000.

pour ébranler le premier ministre Bourassa. Depuis quelques jours, il laisse entendre publiquement qu'à la lecture des textes juridiques, il a trouvé une faille qu'il garde en réserve pour le débat des chefs. Or, la bombe de Jacques Parizeau porte un nom compliqué. Il s'agit du concept de «justiciabilité». Le début du débat se déroule plutôt bien pour Jacques Parizeau. Mais quand le chef du camp du NON sort son arme secrète, il n'atteint pas le résultat escompté. Quand il signale à son adversaire que le Secrétariat québécois aux Affaires intergouvernementales canadiennes veut s'assurer du caractère non-justiciable des textes mais que cet aspect n'est pas inscrit dans l'entente, Robert Bourassa demeure imperturbable. Le chef du Parti québécois précise alors que la clause de l'union économique et sociale peut être invoquée en cour pour invalider des lois provinciales. Elle est donc «justiciable». «Là où j'ai trouvé que ça a bien été, affirme Robert Bourassa au journaliste Jean-François Lisée, ça a été quand il est arrivé avec sa bombe. J'ai trouvé que ça allait plutôt bien de notre côté à compter de ce moment-là[47].» Jacques Parizeau réagit à ce commentaire : «Essayer d'introduire un nouveau concept dans un débat, on a tort de faire ça. Je me suis gouré[48]», reconnaît-il.

Malgré la performance acceptable de Jacques Parizeau, l'impression générale qui se dégage du débat est que Robert Bourassa a gagné. Tel est l'avis de Lucien Bouchard, qui le dit à Jean-François Lisée : «Je [pense] que Bourassa [a] gagné. Qu'il [a] été plus agressif. Monsieur Parizeau s'est très bien tiré d'affaires, mais Bourassa [a] été surprenant. André Tremblay nous avait dit qu'il était à quatre pattes là-bas et qu'il était fini. Il m'a vraiment étonné. Ce mou, ce protoplasme, tout à coup, s'est redressé l'échine et s'est vraiment battu. Je l'ai trouvé bon, très fort[49].» Le principal intéressé considère-t-il qu'il a gagné le débat? «Je ne sais plus, répond Jacques Parizeau mal à l'aise. Les débats normalement ne changent rien. Dans l'esprit de beaucoup de gens, ça confirme plutôt les idées qu'ils ont déjà, explique-t-il. Les débats consolident les positions, ça rassure les esprits[50].»

---

47. Cité dans l'ouvrage de Jean-François Lisée, *op. cit.*, p. 559.
48. Entrevue avec Jacques Parizeau, le 23 août 2000.
49. Cité dans l'ouvrage de Jean-François Lisée, *op. cit.*, p. 562.
50. Entrevue avec Jacques Parizeau, le 23 août 2000.

## Inoculés contre la peur

La stratégie du camp du NON vise d'abord à démolir l'entente de Charlottetown et de mettre une sourdine au discours souverainiste. En début de campagne, les journalistes font remarquer à Jacques Parizeau qu'il est d'abord souverainiste et qu'il devrait donc en être question dans ses discours. Il répond : « Quand on me demande l'heure, je ne réponds pas par la température[51]. » Il rappelle que la prochaine élection au Québec portera sur cette question. En aucun moment pendant cette campagne, Jacques Parizeau ne cache toutefois son adhésion à l'idée de souveraineté. Au contraire, environ une semaine avant le vote, le chef péquiste ramène le thème souverainiste à l'avant-scène. Certains de ses alliés, comme Lucien Bouchard, Gérald Larose et Jean Campeau, s'en inquiètent, craignant de perdre des votes du côté des fédéralistes. Nous l'avons « mis en garde, explique Gérald Larose. Il y avait un danger de dérapage. Il ne fallait pas réveiller le chat qui dort[52]. » Jacques Parizeau, lui, ne comprend pas ses collaborateurs. Il a une telle confiance en lui qu'il va même jusqu'à affirmer que si la souveraineté se réalisait plus facilement avec Lucien Bouchard, il lui laisserait sa place : « Si, à un moment donné, j'étais convaincu de ça, j'en tirerais tout de suite les conclusions. Je ne suis pas accroché à ces choses-là[53]. »

Quelques années plus tard, il confie au biographe que Lucien Bouchard fut, pendant cette campagne, « un excellent orateur, bien meilleur que moi, reconnaît-il. Mais sur le plan de l'organisation, précise-t-il, seul le Parti québécois peut lancer une vaste opération politique comme celle de l'entente annotée. » « Qui est capable de ramasser plusieurs centaines de voitures et de livreurs bénévoles pour distribuer deux millions de copies? Qui est capable de faire cela dans le mouvement souverainiste à part moi[54] ! », se targue Jacques Parizeau. Puis, revenant à Lucien Bouchard, il souligne que « sur le plan de l'argumentation souverainiste, c'est un peu léger. »

---

51. Cité dans un article de Jean Dion, « Parizeau met la pédale douce sur la promotion de la souveraineté », *Le Devoir*, le 22 septembre 1992.
52. Entrevue avec Gérald Larose, le 11 juin 2003.
53. Propos tenus à l'émission *Raison Passion*, animée par Denise Bombardier, le 15 octobre 1992. Quelques mois auparavant, il avait également reconnu que Lucien Bouchard avait l'étoffe d'un premier ministre.
54. Entrevue avec Jacques Parizeau, le 23 août 2000.

Le soir du 26 octobre 1992, l'entente est rejetée par près de 57 % des Québécois. Jacques Parizeau considère que cette victoire est d'abord et avant tout celle de son organisation et non celle de l'équipe de Lucien Bouchard. Dans le camp du NON, certains semblent toutefois déçus par les résultats, car ils s'attendaient à recueillir au moins 60 % des voix. Ce n'est pas le cas pour Jacques Parizeau qui reçoit ces résultats comme une victoire. Il est particulièrement heureux de constater que les études alarmistes de l'*establishment* canadien de la finance, dont celles de la Banque Royale, n'ont eu aucun effet sur le vote. Devant les militants du NON, il évoque cet aspect : « Nous avons été exposés une fois de plus à des peurs dont on nous disait constamment : " Ça marche au Québec, si on leur fait peur, ils voteront comme on veut. " Bien ça n'a pas marché ! » Dans la salle du Métropolis à Montréal, c'est la joie. « La leçon ne sera jamais perdue pour l'avenir. Nous nous sommes inoculés contre la peur. On pourra définir notre avenir sans qu'on nous fasse peur maintenant ! Ce référendum nous aura permis d'avancer d'un pas dans la définition de ce que nous sommes et de ce que nous voulons. En tout cas cette fois-ci, on a dit ce qu'on ne voulait pas, la prochaine fois, on dira ce qu'on veut ! »

À Ottawa, la victoire du NON a l'effet d'une gifle cinglante. Le premier ministre Brian Mulroney, qui prédisait que toutes les provinces canadiennes accepteraient l'entente de Charlottetown, se retrouve avec seulement quatre provinces derrière lui[55]. Une majorité de Canadiens, 57 %, rejettent ce nouvel échafaudage constitutionnel construit sur les ruines d'une autre entente, celle de Meech. Les jours de Brian Mulroney en politique sont maintenant comptés.

## Le grand jour, celui d'un OUI

Le samedi 12 décembre 1992, à la mairie de Sainte-Agathe, Jacques Parizeau, 62 ans, épouse Lisette Lapointe, de 13 ans sa cadette. La veille de la tenue du référendum sur l'entente de Charlottetown, le chef du Parti québécois l'avait officiellement annoncé aux journalistes lors du traditionnel

---

55. En plus du Québec, la Nouvelle-Écosse, le Manitoba, la Saskatchewan, l'Alberta et la Colombie-Britannique ont tous voté NON. Seules Terre-Neuve, le Nouveau-Brunswick et l'Île du Prince-Édouard ont entériné l'entente. Quant à l'Ontario, l'accord n'a été accepté que par seulement 50,1 % des électeurs.

*Jacques Parizeau épouse Lisette Lapointe, le 12 décembre 1992.*
*Photos de Jacques Nadeau.*

souper de fin de campagne. Après des semaines passées à encourager les Québécois à dire NON, Jacques Parizeau s'est aussi préparé à dire oui.

Professeur de français dans une école secondaire, Lisette Lapointe rencontre Jacques Parizeau pour la première fois vers 1975, alors qu'elle travaille au journal Le Jour[56]. Pendant la trépidante campagne électorale de 1976, la jeune femme lui sert d'attachée de presse, puis délaisse l'entourage de Jacques Parizeau une fois qu'il est élu. La militante ira occuper la même fonction, mais auprès de Pierre Marois, ministre d'État au développement social. En septembre 1980, elle quitte le cabinet Marois dans de vagues circonstances. « Il y a toutes sortes de choses qui ont fait en sorte que je suis partie à ce moment-là, dit-elle. Ce sont des éléments de ma vie personnelle autant que professionnelle. Ce ne sont pas des choses que je suis prête à aborder[57]. »

Au début de l'année 1992, alors qu'elle est directrice générale de l'Association sectorielle des services automobiles, une organisation qui offre à ses membres des services-conseils en santé et sécurité au travail, elle croise Jacques Parizeau au restaurant L'Orient-Express de la Place Ville-Marie. Ils se reconnaissent et se saluent, sans plus. Deux mois plus tard, toujours dans un restaurant, une autre rencontre impromptue donne lieu cette fois à un échange plus élaboré. « On discute de mon image », se souvient Jacques Parizeau[58]. Lisette Lapointe rappelle en effet au chef de l'opposition du Québec ses compétences en matière de relations publiques. Sur cet aspect, Jacques Parizeau se souvient également qu'elle « avait été une excellente attachée de presse. » Finalement, elle lui propose de rédiger un rapport sur la façon dont il pourrait améliorer son image, ce que Jacques Parizeau s'empresse d'accepter.

Deux semaines plus tard, le 12 mars, Lisette Lapointe reprend contact avec le chef du Parti québécois pour lui remettre personnellement l'essentiel des observations qu'elle a consignées par écrit. La remise du rapport se déroule au cours d'un long repas au restaurant Le Caveau. Serge Guérin, qui fréquente souvent cet endroit, s'approche alors du couple. Étonné d'assister à de telles retrouvailles, il bavarde un bon moment, puis il

---

56. Dans le tome II, Le Baron, au chapitre cinq, il est fait mention des premières rencontres de Lisette Lapointe avec Jacques Parizeau.
57. Entrevue avec Lisette Lapointe, le 16 mai 2000.
58. Entrevue avec Jacques Parizeau, le 5 septembre 2000.

comprend par l'attitude de son ancien patron qu'il est temps de les laisser seuls. Jacques Parizeau désire maintenant courtiser son invitée. «À un moment donné, au bout d'une heure, raconte-t-il, je lui ai demandé : " Avez-vous un homme dans votre vie ? " Et là de fil en aiguille…[59]»

Lisette Lapointe n'a pas d'homme dans sa vie, mais elle a deux enfants. Nathalie, née le 26 juin 1966 d'un père anglophone qui vit maintenant en Australie, et Hugo Lapointe-Massicotte, né en 1975 d'un premier mariage.

L'arrivée de Lisette Lapointe dans la vie de Jacques Parizeau se fait d'abord sentir discrètement. Les journalistes remarquent que *Monsieur* a délaissé le complet trois pièces et qu'il n'a plus de brillantine dans les cheveux. Celui qui fumait plus de deux paquets de cigarettes par jour en grille moins. Sa consommation d'alcool en fin d'après-midi a diminué de façon notable. C'est bien à Lisette Lapointe, sa seconde épouse, que l'on doit ces transformations.

Jean Royer a toujours énormément apprécié Alice Parizeau. Avec la venue de Lisette Lapointe, il doit rapidement s'adapter à un style totalement différent. Quand Jacques Parizeau annonce à son conseiller qu'il va se marier avec elle, ce dernier lui répond d'un ton défiant : «Vous êtes un homme qui aimez le risque[60]!» Jacques Parizeau rétorque : « Monsieur Royer, vous savez, je ne fais jamais les choses à moitié. »

Être la seconde épouse de Jacques Parizeau, ce n'est pas une tâche facile. Lisette Lapointe succède à un monument. En effet, Alice Parizeau a laissé une empreinte indélébile auprès de tous ceux qui l'ont connue. Jean Royer fait partie de ces gens. «Madame Lapointe, contrairement à madame Parizeau, aime la politique, fait-il observer. Elle donne donc son point de vue sur la gestion des opérations. Comme ancienne attachée de presse, elle voit le problème avec le public et humanise Jacques Parizeau[61].» Avec le temps, l'influence de la nouvelle épouse va s'accroître. Déjà, lors des séances de préparation au débat des chefs sur l'accord de Charlottetown, elle intervient et prodigue des conseils à Jacques Parizeau. René Blouin, qui s'occupe de l'image du chef, doit maintenant composer avec l'entrée en scène de Lisette Lapointe.

---

59. *Idem.*
60. Entrevue avec Jean Royer, le 24 mai 2000.
61. *Idem.*

*L'entourage de Jacques Parizeau doit maintenant composer avec la présence d'une nouvelle conseillère très écoutée du chef.*
*Photo de Jacques Nadeau.*

## La rivalité Bloc-PQ

Les résultats du référendum rendent la position politique de Brian Mulroney précaire. Quant à Robert Bourassa, il apprend en décembre 1992 que le cancer de la peau qu'il croyait avoir enrayé a réapparu. Dans moins d'un an, le premier ministre du Québec devra quitter l'Assemblée nationale et laisser son siège à Daniel Johnson. Alors que les adversaires de Jacques Parizeau semblent perdre de leur puissance, c'est du côté de ses alliés que la concurrence devient vive.

En tant que chef du Bloc québécois, Lucien Bouchard désire ardemment voir sa formation politique voler de ses propres ailes. Si Jacques Parizeau continue de considérer le Bloc québécois comme le deuxième parti souverainiste, Lucien Bouchard cherche pour sa part à détruire cette perception. Dans son esprit, le Bloc n'est pas le petit frère du Parti québécois. En prévision de l'élection fédérale qui doit avoir lieu en 1993, il demande donc à Bob Dufour, son organisateur, de préparer une campagne de financement qui permettra au Bloc de se libérer de sa dépendance à l'égard du Parti québécois.

En décembre 1992, le Bloc québécois compte 20 000 membres et il souhaite augmenter ses effectifs à 50 000 membres. Le recrutement donne de tels résultats qu'en juin 1993, le parti de Lucien Bouchard dépasse son objectif et atteint la barre des 80 000 membres. La situation financière de l'organisation s'en trouve consolidée et permet notamment au directeur adjoint du Bloc, François Leblanc, de devenir un employé rémunéré par le Bloc québécois et non plus par le Parti québécois.

Le temps vient ensuite pour le Bloc québécois de trouver des candidats pour chacun des comtés fédéraux qui couvrent le Québec. La tâche est difficile. Les candidats prestigieux préfèrent plutôt attendre la tenue des élections québécoises. Les chances de se faire élire avec le Parti québécois et de gouverner sont plutôt bonnes, ce qui n'est pas le cas du Bloc québécois, condamné à siéger dans l'opposition. De plus, le Parti québécois encourage parfois certains de ses candidats déchus à tenter leur chance auprès du Bloc québécois. Dans ce contexte, la course aux candidats souverainistes donne lieu, par moments, à une véritable guérilla politique entre le Parti québécois et le Bloc.

Telle est la situation qui prévaut dans l'est de Montréal, où le journaliste Roger Laporte espère se faire élire lors de la convention du Bloc dans le comté fédéral de Mercier. Bien que Lucien Bouchard se soit personnellement engagé à soutenir Roger Laporte, Bob Dufour, qui n'apprécie guère ce candidat, décide d'aider Francine Lalonde[62]. En revanche, le journaliste bénéficie de l'appui de certaines vedettes du Parti québécois comme Louise Harel et Michel Bourdon, ce qui lui assure une bonne position. Pour favoriser la candidature de Francine Lalonde, Bob Dufour décide de profiter pleinement des statuts du Bloc québécois qui permettent de recruter des délégués hors du comté convoité. Michel Bourdon et Roger Laporte s'insurgent publiquement contre une telle manœuvre et rappellent qu'au Parti québécois, seuls les délégués habitant dans le comté peuvent voter pour leur candidat. C'est alors que Lucien Bouchard sort subitement de son apparente réserve pour appuyer Francine Lalonde. Il rappelle qu'il dirige le Bloc québécois et que ce parti possède ses propres règlements. «Je n'ai pas travaillé trois ans dans le désert à construire le

---

62. Entrevue avec Bob Dufour, le 13 janvier 2003.

Bloc pour le voir inféodé à des barons locaux, déclare-t-il. Si ça force, je ne mettrai pas de gants blancs pour m'assurer que les députés du PQ se mêlent de leurs affaires[63]!» Pour éviter un affrontement entre chefs souverainistes, Jacques Parizeau décide de ne pas s'en mêler. Francine Lalonde gagne la convention du Bloc québécois.

Dans le comté de Verchères, c'est le candidat soutenu par Lucien Bouchard et Bob Dufour, l'économiste Yvan Loubier, qui risque de perdre la convention du parti face à Stéphane Bergeron, l'adjoint politique du député péquiste François Beaulne. Bob Dufour, qui connaît Jean Royer[64], communique directement avec lui pour lui demander d'intervenir[65].

La direction du Parti québécois s'entretient avec François Beaulne, «mais Beaulne se câl… d'eux, soutient Bob Dufour, et Bergeron se présente tout de même.» En dépit de l'appui de Jean Campeau et malgré qu'il soit membre du comité de direction du Bloc québécois, Yvan Loubier perd la convention. La machine péquiste locale a travaillé fermement pour Bergeron. «Là, on était un peu en tab… après le PQ», raconte Bob Dufour.


## «Tiens Royer!»

À une autre occasion, c'est au tour de Jean Royer d'appeler Bob Dufour et de lui demander s'il connaît Percival Bloomfield[66]:

— Oui, répond Bob Dufour, surpris.

— Eh bien tu vas me câl… ça dehors, ordonne Jean Royer.

— Recommence ça tranquillement là… lui demande Bob Dufour. Il faudrait d'abord que tu me dises pourquoi, parce que c'est un bénévole et des bénévoles, c'est gratis. Mets-tu du monde gratis dehors surtout quand c'est un bon organisateur? Vite de même là… non. C'est quoi ton problème?

Comme Jean Royer donne très peu d'explications, Bob Dufour appelle Percival Bloomfield afin d'en savoir plus. Son organisateur de comté lui

---

63. Cité dans l'article d'André Pratte, «Lucien Bouchard exhorte le PQ à se mêler de ses affaires», *La Presse*, le 3 avril 1993.

64. Dufour et Royer se connaissent depuis l'époque où tous les deux travaillaient dans le cabinet du ministre Chevrette, alors que Pierre Marc Johnson était chef du parti.

65. Selon les souvenirs de Bob Dufour, entrevue du 13 janvier 2003.

66. Entrevue avec Bob Dufour, le 13 janvier 2003.

explique qu'il aurait déclaré à un journal local que Jacques Parizeau pourrait être présent à l'assemblée de formation du Bloc dans le comté de Masson, mais sans en avoir d'abord parlé avec le chef péquiste. Déterminé à garder son homme, Bob Dufour rappelle Jean Royer pour lui dire que Percival Bloomfield va lui écrire une lettre d'excuses. « Mais le bonhomme (Jacques Parizeau), il ne l'a pas pris lui. [C'était] un crime de *lèse-Monsieur*! Il voulait le faire cri… dehors pareil! », explique Bob Dufour.

En fait, Jacques Parizeau en veut à Percival Bloomfield, parce qu'il appuie une candidature à la présidence du conseil d'administration de l'hôpital Le Gardeur, dans le comté de Jacques Parizeau. « Ils veulent m'imposer leur candidat dans mon hôpital, puis moi je veux pas[67]! », explique Jacques Parizeau. Il a donc mandaté Jean Royer de s'assurer que Percival Bloomfield sorte du jeu :

— Je t'ai dit de le câli… dehors! ordonne Jean Royer à Bob Dufour.

— Non! Il va rester là. Puis toi, va chier! Pis ne m'appelle plus jamais pour me reparler de ça. C'est assez clair comme ça?

Pour se protéger, Bob Dufour fait immédiatement rapport de sa conversation orageuse avec Lucien Bouchard. Celui-ci réagit très bien et le félicite presque. Jamais encore, il n'avait trouvé quelqu'un capable d'envoyer Jean Royer sur les roses. « Eh bien moi, je l'ai fait », réplique Bob Dufour, satisfait.

Dans le comté de Chambly, le même manège se répète. Bertrand Saint-Arnaud qui désire se présenter sous la bannière du Bloc québois, reçoit l'appui de Lucien Bouchard et même celui de Louise Beaudoin, présidente de l'association de comté provincial de Chambly. Le candidat Saint-Arnaud, identifié au clan de Pierre Marc Johnson, ne semble toutefois pas profiter du même soutien de la part de Jean Royer. Des tensions surgissent à nouveau entre les deux organisations souverainistes. Ghyslain Lebel est finalement élu, au grand dam du Bloc québécois. Bob Dufour, l'organisateur en chef du parti de Lucien Bouchard, n'apprécie pas la manœuvre. « C'est 1 à 0 pour le PQ, se dit-il intérieurement. Je vais me venger. » L'occasion se présente en août 1994, il organise secrètement l'élection de Robert Perreault dans le comté provincial de Mercier. La victoire de ce dernier sur Giuseppe Sciortino, le candidat de Jacques Parizeau, constitue un magnifique match revanche pour Bob Dufour. « Tiens Royer! C'est 1 à 1[68] », se dit-il.

---

67. Entrevue avec Jacques Parizeau, le 19 septembre 2003.
68. Selon les souvenirs de Bob Dufour. Entrevue du 13 janvier 2003.

Malgré ces tensions avec l'organisateur du Bloc québécois, Jacques Parizeau a toujours su reconnaître les qualités et l'efficacité de Bob Dufour. D'ailleurs en 1988, peu de temps après qu'il ait pris la direction du Parti québécois, il tente de le recruter. Bob Dufour se souvient de l'appel téléphonique de Jean Royer à sa brasserie. Il veut lui offrir le poste de secrétaire de comté de Jacques Parizeau[69] :

— Écoute Bob, tu restes à Repentigny et puis tu es très bon. Alors tu t'en viens travailler avec nous.

— Non, ça marche pas comme ça, lui répond Bob Dufour.

— Comment! C'est le futur premier ministre du Québec!

— Je veux bien, mais non, ça ne marche pas.

— Pourquoi pas? insiste Jean Royer.

— Moi, je ne travaillerai jamais pour lui.

— Pourquoi!

— *Monsieur* là… je ne suis pas capable. Ce n'est pas mon style, moi, je suis très populaire, puis populeux. S'il me pompe, je vais l'envoyer chier!

Louise Brisson, amie de Bob Dufour et secrétaire de Jacques Parizeau, l'appelle pour le convaincre du contraire : «Tu fais une erreur Bob, tu ne le connais pas[70].» Rien à faire, il reste sur ses positions. Son opinion se fonde sur des commentaires provenant de gens qui ont déjà travaillé ou qui travaillent actuellement avec Jacques Parizeau. Il évoque entre autres l'expérience d'Hubert Thibault. «Dans les relations humaines ou lors de discussions dans les affaires corsées…[71]», ça devient problématique de travailler avec lui, précise-t-il. «Jacques Parizeau ne traite pas bien son monde», estime Bob Dufour.

## Aux ordres du Bloc québécois

L'année 1993 devient celle de la campagne pour l'élection du Bloc québécois. Malgré les tensions entre les deux formations politiques, Jacques Parizeau n'hésite pas à mettre toute la machine péquiste au service

---

69. Entrevue avec Bob Dufour, le 13 janvier 2003.
70. Propos attribués à Louise Brisson et rapportés par Bob Dufour. Entrevue du 13 janvier 2003.
71. Entrevue avec Bob Dufour, le 20 janvier 2003.

de celle du Bloc. «Je lance un appel aux membres de notre parti, déclare-t-il en janvier. Considérez-vous aux ordres du Bloc québécois, car leur cause est notre cause. Leur souveraineté est notre souveraineté et leur Québec est notre Québec.» Depuis la faillite de Meech, le stratège napoléonien[72] est porté par une idée, celle que les forces souverainistes s'engagent dans une offensive tous azimuts et conquièrent tout le terrain jusqu'aux portes de la capitale canadienne. Son enthousiasme, son franc-parler, son impatience à en découdre avec les fédéralistes gênent toutefois Lucien Bouchard.

Le 17 janvier, lors d'une assemblée de mise en candidature du Parti québécois dans le comté de Charlevoix, Jacques Parizeau dit espérer que l'élection fédérale donnera «un véritable parlement à l'italienne. Nous aurons à Ottawa le gouvernement le plus faible de notre histoire, et ce, à quelques mois d'une élection québécoise. Voilà une situation extraordinaire et nous ne devons pas laisser s'échapper cette occasion.» Le lendemain, Lucien Bouchard réplique : «Je ne crois pas que les Québécois veulent un gouvernement *bordelisé* à Ottawa.»

Dans les prochains mois, les deux hommes devront vivre avec les caméras braquées sur eux. Tous leurs mots seront captés par la foule de micros postés sous leurs mentons. Leurs propos seront scrutés à la loupe, afin d'y détecter la moindre dissension. «La pire chose qu'il pourrait arriver, déclare alors Lucien Bouchard, c'est qu'il y ait un rayon de soleil qui passe entre moi et monsieur Parizeau[73].» Avoir deux chefs d'envergure pour une même cause, cela comporte bien des avantages pour les souverainistes, mais cela entraîne aussi son lot de désagréments. Les prochains mois en témoigneront.

---

72. L'expression est de René Lévesque.
73. Cité dans un article de Maurice Girard, «Lucien Bouchard ferait-il mieux que Parizeau au PQ?», *La Presse*, le 5 avril 1992.

# CHAPITRE 10

# Le mal-aimé

*« Il a la pudeur britannique, la réserve française. Il n'a pas honte de l'émotion, mais il préfère la harnacher dans des actions. L'émotion, il la craint. Il est surpris, mal à l'aise, mais il se reconnaît dans les émotions collectives de son peuple. »*

Camille Laurin[1],
à propos de Jacques Parizeau

Au début des années 1990, après avoir consacré trente ans de sa vie à l'État du Québec, Jacques Parizeau fait face à une dure réalité. Tandis que les Québécois manifestent un intérêt grandissant pour la souveraineté du Québec et semblent prêts à élire un gouvernement péquiste, la cote de popularité de Jacques Parizeau demeure basse. Pour défendre les intérêts du Québec, un sondage SOM-Le Soleil publié le 6 décembre 1993 indique même que les Québécois font davantage confiance à Lucien Bouchard (40 %), Jean Chrétien (18 %) et Daniel Johnson (13 %) qu'à Jacques Parizeau (11 %). Ce dernier trouve particulièrement difficile de voir Jean Chrétien, le fédéraliste, recevoir presque deux fois plus d'appuis que lui. Chez l'électorat péquiste, la même enquête d'opinion révèle que l'on fait plus confiance à Lucien Bouchard (63 %) qu'à Jacques Parizeau (22 %).

---

1. Cité dans un article de Michel Arseneault, « La tête à Parizeau », *L'actualité*, vol. 14, n⁰ 6, juin 1989.

«C'est l'histoire de ma vie, explique sobrement Jacques Parizeau. À un certain moment, j'arrive troisième derrière des gens qui ne sont plus en politique[2].» Il fait ici référence à un autre sondage qui donnait Pierre Marc Johnson plus populaire que lui.

Bien des gens respectent Jacques Parizeau, mais peu semblent l'aimer vraiment. «C'est parce qu'au Québec, il n'y a aucun culte de l'intellect, prétend Wanda de Roussan, meilleure amie d'Alice Parizeau. On ne peut pas admirer quelqu'un qui est toujours logique et argumentatif. La société en général veut de l'émotion. Au fond des choses, ajoute-t-elle, on aurait aimé qu'il soit un peu moins intelligent, mais plus accessible[3].» Bien qu'à certains moments, en privé, Jacques Parizeau se pose des questions et cherche à comprendre, «il est vrai qu'en public, il dégage l'image de celui qui sait tout[4]», reconnaît Jean Royer.

Tous ces sondages qui, à répétition, viennent confirmer son impopularité agacent profondément Jacques Parizeau, de même que son entourage. «Ça devient harassant et difficile», reconnaît Jean Royer. Surtout lors des tournées quand, à chaque rencontre avec les médias régionaux, la première question porte sur l'impopularité du chef. La situation devient lancinante quand des militants, qualifiés par Jean Royer de «gérants d'estrade», se mettent à prodiguer leurs propres conseils : «Moi, monsieur Parizeau, je vous ai vu à la télé, dit l'un. Je trouve que vous riez trop.» Quelques minutes plus tard un autre militant lui dit : «Monsieur Parizeau, je vous ai vu à la télé et je trouve que vous ne riez pas assez.» Exaspéré, Jacques Parizeau écoute sans broncher. Il se console en observant les sondages internes du parti qui le placent devant Robert Bourassa chez les électeurs francophones.

Le 15 février 1992, lorsque Camille Laurin annonce son retour en politique active, Jacques Parizeau assiste à la grande fête donnée en l'honneur du célèbre psychiatre dans le comté de Bourget. Éric Bédard, jeune militant et nouveau président du comté, se trouve assis à la même table que les deux hommes. Attentif et admiratif, il assiste à l'échange entre les deux vétérans qui se mettent à s'entretenir de l'importance de l'image et des émotions en politique. «Cela n'a pas été facile d'exprimer mes émotions, concède d'abord Jacques Parizeau. Je suis un homme qui n'a pas

---

2. Entrevue avec Jacques Parizeau, le 23 août 2000.
3. Entrevue avec Wanda de Roussan, le 20 janvier 2000.
4. Entrevue avec Jean Royer, le 24 mai 2000.

une grande facilité dans ce domaine. C'est la politique qui m'a amené à accepter à apprivoiser l'émotion (…). Vous savez, vous avez beau avoir un programme, puis des idées et quelque chose de très cartésien et clair, si vous n'avez pas l'investissement personnel, si vous n'avez pas l'émotion, vous n'avez rien. Il faut donc être très humble face aux idées[5] », estime Jacques Parizeau. Étonné par de tels propos, Éric Bédard, qui admire avant tout les idées du chef, lui dit : « Cela ne vous déprime pas toute cette importance donnée à l'image ? » « Au contraire, répond Jacques Parizeau, c'est la gloire de la démocratie. Cela signifie qu'il n'y a rien d'acquis et qu'il faut que chacun y mette du sien et s'investisse[6]. »

Comme il sent le pouvoir à portée de la main, Jacques Parizeau semble plus disposé à écouter les faiseurs d'image. Sur cet aspect, il est parfaitement conscient de ses faiblesses. En août 1993, lors d'une soirée destinée à souligner le vingt-cinquième anniversaire du Parti québécois, Jacques Parizeau n'hésite d'ailleurs pas à se comparer désavantageusement à son ancien patron : « René Lévesque n'aura jamais de successeur, jamais. Il a été chef du parti, chef du gouvernement, homme d'État. Un homme parmi les meilleurs d'entre nous, dit-il devant des milliers de militants. Il a été aussi une conscience, une âme ; quelque chose que des espèces de technocrates dans mon genre ne seront jamais[7]. »

## La dent blanche, les cheveux au vent

Lors de la campagne électorale de 1989, les efforts de Pierre Boileau pour modifier l'apparence physique de son chef méritent d'être soulignés[8]. « Il s'agissait de renouveler sa garde-robe pour avoir des costumes plus modernes[9] », explique Pierre Boileau. Cette démarche obligeait le chef à aller chez le coiffeur à toutes les semaines et à prendre rendez-vous à l'occasion avec la manucure et le dentiste.

---

5. Propos attribués à Jacques Parizeau et rapportés par Éric Bédard. Notes issues de son journal personnel.
6. *Idem.*
7. Cité dans un article de Michel Venne, « René Lévesque reste le meilleur tonique pour le PQ », *Le Devoir*, le 23 août 1993.
8. Pour s'occuper de cette délicate question, Pierre Boileau avait engagé un consultant dont il a refusé de nous dévoiler l'identité.
9. Entrevue avec Pierre Boileau, le 16 août 2002.

L'autre aspect de la personnalité de Jacques Parizeau, sur lequel Pierre Boileau tente d'apporter des changements, porte sur son attitude envers les journalistes. Espérant l'amener à être plus chaleureux avec eux, Pierre Boileau engage un consultant qui incite Jacques Parizeau à regarder certaines de ses propres conférences de presse. Détestant ce type d'activité qu'il assimile à une série de reproches, le chef péquiste abandonne vite cet exercice. En dépit de cette résistance, Jacques Parizeau se montre plutôt attentif aux suggestions de Pierre Boileau. «On [a] pu faire un bout!, fait-il remarquer. Et cela avait été remarqué pendant la campagne, mais après il [s'est] relâché. Et sur le plan des communications, il n'y a rien de pire[10].»

En 1991, René Blouin, devenu directeur adjoint au cabinet du chef de l'opposition, est aussi responsable des communications. Il prend peu à peu la relève de Pierre Boileau. Comme il est capable de parler franchement à son chef sans l'indisposer, il le sensibilise à nouveau à la nécessité de soigner son image publique. «C'est un homme négligé de sa personne[11]», explique René Blouin. Il procède donc par étapes. Incapable de l'amener à cesser de fumer, il le convainc de ne plus s'allumer de cigarettes en public. «Pendant un temps, il fume des *Peter Jackson* partout dans la voiture et au bureau, mais plus devant les caméras[12]», observe Marie-Josée Gagnon. «Monsieur Parizeau, vous avez une belle chevelure, lui dit aussi René Blouin, mais vous ne la mettez pas en évidence[13].» Constatant qu'il a les cheveux gras, il tente de l'amener à aller régulièrement chez le coiffeur. «Ça a marché un temps, rappelle-t-il, mais le problème, c'est qu'il n'y avait pas de continuité.» Un jour, lors d'un voyage à Washington, René Blouin s'aperçoit que Jacques Parizeau ne s'est pas lavé les cheveux depuis quelques jours. Pendant dix minutes, il se dispute avec lui. «Ça n'avait plus de bon sens! s'exclame le responsable des communications. Il s'agissait d'une importante visite politique.» Finalement, Jacques Parizeau met fin à l'échange animé en donnant un coup de poing sur la table : «Bon, je vais y aller chez le coiffeur[14]!»

---

10. *Idem.*
11. Entrevue avec René Blouin, le 10 octobre 2000.
12. Entrevue avec Marie-Josée Gagnon, le 14 juin 2000.
13. Entrevue avec René Blouin, le 10 octobre 2000.
14. Propos attribués à Jacques Parizeau et rapportés par René Blouin. Entrevue du 10 octobre 2000.

Puis, à une autre étape de la campagne de sensibilisation à l'image de Jacques Parizeau, René Blouin aborde avec lui la question des soins dentaires :

— Monsieur Parizeau, vous avez une dent noire ici en avant. Il faut apporter des changements à cela, parce que quand les gens vous regardent à la télévision, ils ne vous écoutent pas. Ils disent : « As-tu vu comment il est ? » Il faut éliminer les barrières qui empêchent le message de passer pour aller chercher des votes.

— Qu'est-ce que vous voulez dire ? lui demande Jacques Parizeau.

— Je vais vous donner un exemple. Quand vous donnez une entrevue à la télévision et que vous souriez, les gens ne parlent que de cette dent.

Jacques Parizeau, qui n'est pas sensible à ce genre de chose, se plie à l'analyse de son responsable des communications. René Blouin lui trouve un dentiste qui effectue ce genre de travail auprès de nombreux artistes à Montréal. « Je peux vous assurer que cela peut être fait en un rendez-vous[15] », précise-t-il, parce qu'il connaît la peur noire que Jacques Parizeau a des dentistes.

Puis, vient le moment de modifier sa tenue vestimentaire. « Monsieur Parizeau, on oublie la deuxième veste, ça ne se porte plus. Allez dans une foule, regardez qui est habillé comme vous ? Je pense que vous n'en trouverez pas. Ça aussi c'est une barrière que vous mettez entre vous et les gens, fait observer René Blouin. Si vous voulez vous rapprocher d'eux, devenir un leader et quelqu'un que les gens aiment, il faut qu'ils sentent que vous êtes un peu comme eux. » Le responsable des communications a déjà trouvé un tailleur. « Très bien, lui dit Jacques Parizeau, arrangez-moi ça. » « Il va tout de même "tricher" un peu », souligne René Blouin en souriant : parmi tous les nouveaux complets, il tient à s'en faire confectionner deux avec la petite veste.

Au printemps 1991, des journalistes commencent à remarquer certains changements. Jacques Parizeau a dorénavant les cheveux au vent et porte des complets aux couleurs moins sombres. Cependant, les questions d'image n'expliquent pas tout. Dans un de ses éditoriaux de La Presse, Alain Dubuc s'attarde à analyser l'impopularité du chef péquiste à partir d'une autre hypothèse : « Parizeau n'a jamais compris les peurs des Québécois dont il a plutôt tendance à se moquer, écrit-il. Parizeau n'acceptera

---

15. Entrevue avec René Blouin, le 10 octobre 2000.

*Jacques Parizeau ne connaît pas la modestie. Il a l'assurance d'un monarque.*
*Photo de Jacques Nadeau.*

pas de reculer ou de ralentir pour satisfaire l'électorat[16].» Les Québécois craignent qu'il «les amène, malgré eux, là où ils ne veulent pas aller», explique-t-il. Ghislain Dufour, président du Conseil du patronat du Québec, un fédéraliste convaincu, atténue cette critique, en rappelant que Jacques Parizeau «est très sincère lorsqu'il dit que la souveraineté va améliorer le sort des Québécois; ce n'est pas un opportuniste[17].» Il est donc d'une éblouissante clarté quant à son option politique. Personne ne peut douter de sa détermination à vouloir réaliser la souveraineté du Québec dans les meilleurs délais. «Je sais à quel point on continue d'avoir peur et que certaines réactions des journalistes le soulignent, explique Jacques Parizeau. Tout ce qu'on n'a pas pu faire comme société, c'est à

16. Éditorial d'Alain Dubuc, «L'impopularité de Parizeau: au-delà de l'image», *La Presse*, le 15 décembre 1993.
17. Cité dans un article de Michel Vastel, «La tête à Parizeau», *L'actualité*, le 15 avril 1994.

cause de cette peur-là. Mais… ou bien je me retire dans mon coin, ou je marche…[18]»

Et quand il marche, Jacques Parizeau avance d'un pas décidé, la tête haute. Son assurance indispose bien des Québécois. Certains l'aimeraient plus ombrageux, torturé ou hésitant, ce qu'il n'est pas. En prônant la souveraineté, «je représente un changement important, explique Jacques Parizeau. Je ne peux donc représenter à la fois le doute [et la détermination][19].» Si Robert Bourassa aime soutenir que «la prudence fait partie de nos gènes[20]», Jacques Parizeau ne croit pas, lui, que son rôle doit être celui du «rassureur» en chef. Dans sa conception de la politique, le leader est celui qui doit amener les gens à faire des choix. Son âme de professeur l'amène donc à privilégier la logique quand il s'agit de convaincre. Par ailleurs, une certaine pudeur l'empêche de montrer ses sentiments.

René Blouin constate donc rapidement qu'il ne doit pas seulement se soucier de l'image de Jacques Parizeau, mais aussi de la perception qu'il a des Québécois. «Chez lui, la psychologie populaire est défaillante[21]», estime-t-il. «Les gens nous disent : "Parizeau est un homme froid." Les gens ne l'aiment pas. Mais il y a des raisons à ça. Il n'utilise jamais la sensibilité dans ses messages. Pourtant, c'est un homme sensible.» Encore une fois, Jacques Parizeau comprend ce que lui dit son conseiller aux communications : «Il circule trop de bruits sur ma raideur, sur une sorte d'intransigeance, sur le fait que je ne sois pas approchable[22].» Il accepte donc de se plier à certaines demandes comme celle d'accorder des entrevues à sa maison de campagne de Fulford, près de l'étang. René Blouin organise même une rencontre avec un psychologue-conseil, afin de favoriser la transformation du personnage. La réunion est un échec total. Comme pour confirmer qu'il peut parfois terroriser les gens, le psychologue «s'écrase devant Parizeau[23]», trop impressionné par sa stature.

---

18. *Idem.*
19. Propos attribués à Jacques Parizeau et rapportés par Jean Royer. Entrevue du 24 mai 2000.
20. Extrait du discours d'adieu prononcé à l'Assemblée nationale par le premier ministre Robert Bourassa, le 16 décembre 1993.
21. Entrevue avec René Blouin, le 10 octobre 2000.
22. Entrevue avec Jacques Parizeau, le 23 août 2000.
23. Entrevue avec René Blouin, le 10 octobre 2000.

En dépit de tous les efforts déployés par René Blouin, les résultats demeurent somme toute modestes. Le nouveau Parizeau est constamment hanté par l'ancien. Personnage authentique, le croisé est incapable d'artifices. Le maquillage politique ne lui colle pas à la peau. Franc et déterminé, son allure de conquérant est impossible à camoufler. Pour ceux qui aiment la victime qu'on peut plaindre, Jacques Parizeau n'est décidément pas le modèle idéal. Cette image que l'on tente de fabriquer artificiellement et qui ne dure pas, déroute d'ailleurs les journalistes et l'opinion publique. René Blouin avait pourtant prévenu son chef : « Sans continuité dans l'image, nous aurons l'effet contraire. Les gens auront l'impression d'avoir été trahis. » Avec l'arrivée de Lisette Lapointe dans la vie de Jacques Parizeau, ce problème de continuité sera résolu.

## Le parti bien en main

En dépit des efforts de Jacques Parizeau pour se rapprocher de la population, les sondages ne cessent de le matraquer et de souligner qu'il est beaucoup moins populaire que Lucien Bouchard. Toutefois, cette situation délicate ne remet pas en question le leadership qu'il exerce au sein de son équipe. « Parizeau est incontesté à ce moment-là, témoigne Pierre Boileau, directeur du parti. Nous savons depuis longtemps qu'il ne passe pas auprès de la population et nous vivons avec cette réalité du mieux que l'on peut sans jamais songer à contester le chef. Pour nous, [la question de la popularité] n'est pas le seul facteur. Nous considérons que Jacques Parizeau est une force sur le plan des idées et pour le projet comme tel. Nous croyons en l'homme[24]. » Malgré les sondages, « il est toujours présent dans les publicités, toujours à l'avant-scène. On ne l'a jamais mis de côté. Nous aurions pu. »

Si son leadership n'est pas remis en question dans son cercle rapproché, qu'en est-il au sein du parti en général ? Jean Royer, son fidèle conseiller, n'en est nullement inquiété : « Il s'agit de se poser deux questions. D'abord, y a t-il une frange importante des militants qui doutent de la victoire électorale à venir ? La réponse est non. Ensuite, est-ce que je considère que j'ai ce qu'il me faut en terme d'appuis pour me rendre à

---

24. Entrevue avec Pierre Boileau, le 30 août 2002.

l'étape suivante[25]?» Jean Royer croit que oui. «Une fois que l'on a répondu convenablement à ces deux questions, le reste n'est que bavardage. Il faut appliquer cette règle à toutes les déclarations controversées de Jacques Parizeau de 1989 à 1994, précise-t-il. À chaque fois, je vérifiais dans le parti s'il y avait du mou et je mesurais le contraire. La solidité du parti aura été la meilleure assurance pour Jacques Parizeau.»

Lors du XI^e Congrès du Parti québécois à la fin de janvier 1991, les délégués accordent d'ailleurs un solide vote de confiance à leur chef avec 92 % d'appuis. Toutes ces années passées à arpenter le Québec en Renault 5 et à assister aux assemblées de comtés en Outaouais ou en Gaspésie donnent des fruits. Si hors du parti, on critique solidement le politicien, dans les rangs de sa formation politique, les militants ne cessent de lui faire confiance.

«Je suis convaincu que c'est le chef du parti qui est responsable de sa popularité dans son parti et que ce sont les journalistes qui établissent sa popularité auprès de la population, croit Jacques Parizeau. Très tôt dans ma carrière politique, j'ai compris que je ne passerais jamais à travers le barrage de la soi-disant popularité. Cela faisait le désespoir de mes attachés de presse. Ce que j'ai soigné, c'est ma popularité chez les militants, chez les membres et c'est ce qui faisait ma force et qui me permettait en un certain sens de passer à travers ces barrages de la popularité et du charisme. J'ai des attachés de presse qui m'ont fait faire toutes sortes d'entrevues, dans toutes sortes de circonstances populaires, qui m'ont fait pêcher du poisson à la ferme... et ça m'agaçait. Ce sont des images très artificielles, considère-t-il. Alors à un moment, il y a eu comme une sorte de neutralité armée : j'étais un homme impopulaire par définition, puis de l'autre [côté], je tenais mon parti bien en main[26].»

Sa renommée dans les rangs du parti provient aussi de son opiniâtreté à défendre l'idée de l'indépendance du Québec. Les militants savent bien que c'est lui qui a ramené la souveraineté à l'avant-plan et qui a rebâti un parti presque moribond en 1987. D'ailleurs, lors de ce XI^e Congrès, le programme se précise quant au processus d'accession à la souveraineté. Dès qu'il sera élu, le gouvernement du Parti québécois «fera adopter par l'Assemblée nationale une déclaration solennelle affirmant la volonté du Québec d'accéder à sa pleine souveraineté[27].» Le gouvernement de Jacques

---

25. Entrevue avec Jean Royer, le 17 mai 2000.
26. Entrevue avec Jacques Parizeau, le 15 août 2000.
27. Extraits du programme du Parti québécois, Édition 1991, p. 17-18.

Parizeau aura le mandat « d'établir, à la suite de discussions avec le gouvernement fédéral, l'échéancier et les modalités de transfert des pouvoirs et des compétences ainsi que les règles de partage de l'actif et des dettes. » Un référendum devra être tenu « dans les meilleurs délais. Il sera l'acte de naissance du Québec souverain. »

## Elvis est toujours vivant !

« Ne comptez pas sur moi pour exprimer le *political correctness* et dire des choses qui font plaisir, aime à répéter Jacques Parizeau. Je ne suis pas très [en faveur de] la langue de bois. Les gens en ont marre des politiciens qui font des huit sur la glace[28]. » Au risque de déplaire et de diviser, le croisé choisit la clarté. « On ne va pas essayer d'entourer les choses d'une énigme enveloppée dans un mystère », explique-t-il.

Le samedi 23 janvier 1993, lors d'un Conseil national, le chef des péquistes tente d'analyser les résultats du dernier référendum sur l'entente de Charlottetown. Loin de faire « des huit sur la glace », Jacques Parizeau file à vive allure en droite ligne au risque de manquer une courbe. « Le 26 octobre dernier, explique-t-il, le NON a récolté 57 % des votes au Québec. Chez les non-francophones, seulement 8 % ont rejeté l'entente. 8 %… c'est à peu près la proportion de gens qui croient qu'Elvis Presley est vivant[29] ! », s'exclame-t-il. Voilà qui prouve que la souveraineté peut se faire sans les non-francophones, estime-t-il. « On peut avoir une majorité, même si à peu près pas d'anglophones et d'allophones votent pour cela, fait-il observer. Les Québécois peuvent atteindre les objectifs qu'ils se sont fixés même si c'est presque exclusivement des Québécois de souche qui l'approuvent. Il faut tirer cette conclusion, car cela a des conséquences considérables pour notre action politique. C'est une forme de réalisme[30] », conclut-il. Toutefois, cette réalité ne doit toutefois pas inciter son parti à « changer d'attitude à l'égard des droits fondamentaux des communautés culturelles », prend-t-il soin de préciser. « Est Québécois celui qui

---

28. Cité dans un article de Michel Venne, « Landry et Parizeau n'ont pas du tout la même notion du triomphalisme », *Le Devoir*, le 25 janvier 1993.
29. Cité dans un article de Denis Lessard, « Le PQ se passera des allophones pour réaliser la souveraineté », *La Presse*, le 24 janvier 1993.
30. *Idem.*

veut être Québécois», ajoute-t-il. Bernard Landry, vice-président du parti, va dans le même sens : « Avec les communautés ethniques, le PQ est allé de déceptions en déceptions. On a jusqu'à 18 % d'appuis dans la communauté hispanique, mais chez les Grecs et les Italiens, l'appui qu'on obtient correspond aux marges d'erreur des sondages... ce n'est pas des blagues[31]! »

Avec ces déclarations, la boîte de Pandore vient d'être ouverte. René Blouin voit les journalistes s'approcher de lui : Là je me suis dis : « Ah tab...[32]! » Il avait pourtant prévenu son chef... Il y a deux mois, déçu par la répartition du vote lors du référendum de Charlottetown, Jacques Parizeau avait commandé un sondage auprès de Michel Lepage. Cette enquête d'opinion devait être menée exclusivement auprès des non-francophones et mesurer les progrès du camp souverainiste auprès des immigrants récemment reçus. Quand Michel Lepage avait présenté les résultats à la garde rapprochée de Jacques Parizeau, le climat était tout à coup devenu sombre. Le sondage questionnait les non-francophones sur leurs habitudes culturelles, les journaux qu'ils lisaient, les émissions télévisées qu'ils écoutaient... « On s'apercevait que plus les gens étaient jeunes, plus le fossé entre les francos et les non-francos était grand, se souvient Jean Royer. Du côté des jeunes italophones, bien qu'ils étaient des enfants de la loi 101, ils se considéraient davantage Canadiens que Québécois, contrairement à leurs parents qui se définissaient comme des néo-québécois. [Rien de] tout ce qui avait été notre discours [n'avait été retenu]. Nous étions donc tous un peu déçus de notre échec[33]. »

René Blouin se souvient de la bouillante réaction de Jacques Parizeau. Ce qui le rendait particulièrement furieux, c'était l'analyse des intentions de vote des communautés ethniques lors du référendum de Charlottetown. « Même chez les Haïtiens, explique René Blouin, c'était à 99 % contre le PQ[34]! » Pendant que les membres de son cabinet tentent de comprendre, Jacques Parizeau arpente la pièce. Personne ne parle. Puis soudainement, il déclare : « Ça, ça va vouloir dire que l'on devra faire la souveraineté sans ces gens-là[35]. » « Moi, je l'écoutais, témoigne René Blouin, et je me suis

31. *Idem*
32. Entrevue avec René Blouin, le 10 octobre 2000.
33. Entrevue avec Jean Royer, le 24 mai 2000.
34. Entrevue avec René Blouin, le 10 octobre 2000.
35. Propos attribués à Jacques Parizeau et rapportés par René Blouin. Entrevue du 10 octobre 2000.

dit : "Tiens, il se pratique". Il va nous sortir ça en public et là on va avoir de la *marde* pas à peu près!» Il juge donc nécessaire de prévenir son chef : «Monsieur Parizeau, je vous écoute là et j'ai l'impression que vous préparez un discours. N'allez jamais dire ce genre de chose en public, cela va être épouvantable!» Jacques Parizeau explose. Il insulte René Blouin et le traite de Canadien français. «On va le dire, chri…! On n'est pas des peureux[36]!», jure Jacques Parizeau. Voilà qui met fin à la discussion. Plus personne ne parle. Le samedi suivant, Jacques Parizeau «sort presque mot à mot ce qu'il avait dit le lundi précédent[37].» Cette fois-ci, des centaines de militants l'entendent et toute la presse du pays cueille ses propos. À la clôture du Conseil national, la conférence de presse ne porte que sur cette question. «Là, il était dans l'embarras», estime René Blouin. Amené à commenter l'expression «les Québécois de souche» qu'il a utilisée, Jacques Parizeau répond : «Comment voulez-vous que je les appelle, *los tabarnacos*?»

«Tout au long de sa vie publique, écrit Alain Dubuc, M. Parizeau a fait preuve d'insensibilité et d'absence de jugement politique. On découvre maintenant que ces deux traits de caractère, au lieu de s'atténuer avec l'âge et l'expérience, se manifestent avec une fréquence croissante[38].» Le principal handicap du Parti québécois, c'est dorénavant son chef et non pas son option, prétend l'éditorialiste qui dépeint Jacques Parizeau comme un puissant repoussoir. Dans *Le Devoir*, Lise Bissonnette fait une critique plus pondérée, mais tout aussi sévère : «On distinguait nettement le ton : c'était celui du pédagogue engagé dans la démonstration théorique, et non du démagogue qui braque le réflecteur sur l'ennemi. Mais les micros ne lisent pas de subtiles partitions de violon, et les journaux peuvent difficilement exprimer les bémols. Le ton passe, mais les mots restent[39].» Jacques Parizeau manque de réalisme politique, pense-t-elle.

«Pendant deux à trois semaines, raconte Jean Royer, ça ne lâche pas dans les médias. Alors on se dit que c'est un mauvais moment à passer, que l'on va essayer de bien gérer cette crise. Mais nous savions qu'on n'avait pas de renforcement à faire auprès de ceux qui devaient le [soutenir] dans

36. *Idem.*
37. Entrevue avec René Blouin, le 10 octobre 2000.
38. Éditorial d'Alain Dubuc, «Le gaffeur», *La Presse*, le 26 janvier 1993.
39. Éditorial de Lise Bissonnette, «Faut-il une troisième voie?», *Le Devoir*, le 26 janvier 1993.

le parti. Nous étions sur du solide[40].» Effectivement, rares sont les critiques qui émergent de l'intérieur du parti. Seul Luis Martinez, du comité des communautés culturelles, parle d'une «erreur» politique de la part de Jacques Parizeau. «À ce moment-là, s'il n'avait pas eu l'appui des associations de comtés, il ne serait pas passé à travers», estime tout de même Jean Royer[41].

Jacques Parizeau sent la soupe suffisamment chaude pour convoquer ses hommes de confiance. Ce conseil de guerre est composé principalement de Rosaire Bertrand, alors président du Parti québécois pour la région de Québec, Serge Guérin, Hubert Thibault et Jean Royer. René Blouin participe à l'exercice destiné à préparer une réplique qui, pendant environ trois jours, les mobilise à temps plein. À tout moment, Jean Royer interrompt les discussions et vient faire le point sur l'évolution de la situation dans les médias. Si René Blouin et Jean Royer ne cessent de répéter qu'il «est urgent de ne rien faire[42]», l'ensemble du groupe préconise finalement une rencontre avec les représentants des communautés culturelles afin de désamorcer cette crise.

Après avoir réécouté le discours de Jacques Parizeau sur vidéo, René Blouin réalise par contre qu'avec le temps, les observations négatives des gens ont eu pour effet d'altérer la teneur véritable des propos de son chef. «C'était presque devenu Adolph Hitler, dit-il. La façon dont c'était dit induisait [une forme d'exclusion ethnique], mais ce n'était pas si pire que ça», observe René Blouin. Le responsable des communications propose alors à Jacques Parizeau de commencer la future rencontre avec les communautés culturelles en visionnant son discours. «Monsieur Parizeau, nous allons ainsi revenir à la base. Nous allons installer un écran géant et s'assurer que la discussion se fasse devant les médias.» Jacques Parizeau acquiesce et lui dit : «Monsieur Blouin, faites-moi un *show*[43].»

Le face à face se déroule le 3 février. Jacques Parizeau rencontre les représentants de dix communautés culturelles. Fatima Houda-Pépin, future députée du Parti libéral du Québec, pose les questions les plus incisives à l'endroit du chef péquiste. Après deux heures de débat, la réunion se

---

40. Entrevue avec Jean Royer, le 24 mai 2000.
41. Selon René Blouin, entrevue du 10 octobre 2000.
42. Entrevue avec René Blouin, le 10 octobre 2000.
43. Propos attribués à Jacques Parizeau et rapportés par René Blouin, le 10 octobre 2000.

termine sans avoir donné lieu à une véritable réconciliation et sans que Jacques Parizeau s'excuse. Pour l'entourage du chef péquiste, l'événement a cependant le grand mérite de mettre fin à la controverse dans les médias. Il faudra attendre deux ans et demi avant que Jacques Parizeau ne refasse une déclaration semblable… le soir du référendum de 1995.

## Les gaffes à Parizeau

Si l'année 1993 débute par cette déclaration controversée sur le vote des non-francophones, l'année 1992 avait déjà accumulé son lot de ce que plusieurs n'hésitent plus à qualifier de « gaffes à Parizeau ». Au cours de cette phase tourmentée, même ses plus loyaux lieutenants délaissent le surnom de *Monsieur*, pour utiliser entre eux le terme de « bonhomme[44] ».

En février 1992, questionné par l'équipe éditoriale du journal *Le Soleil* sur la teneur des revendications territoriales des autochtones, Jacques Parizeau déclare : « À l'heure actuelle, on perd son temps à vouloir discuter de ça dans l'état d'esprit où ils sont. » Quelques jours auparavant, Ovide Mercredi, le président de l'Assemblée des Premières Nations, avait fait une sortie fracassante à Québec, en allant même jusqu'à prétendre que le peuple québécois n'existe pas. « Est-ce que vous vous rendez compte comment ces gens-là vivent[45] ? », demande alors Jacques Parizeau. Le lendemain, les leaders autochtones parlent de propos « racistes ». À l'intérieur du parti, on réagit. David Cliche, conseiller aux Affaires autochtones, est outré. Le whip du Parti québécois, Jacques Brassard, s'interroge sur le sens du jugement de son chef : « C'est clair qu'il y a comme un petit problème. Cela a créé un certain froid, c'est le moins que l'on puisse dire[46]. »

En avril, dans une entrevue qu'il accorde à la revue américaine *Times*, Jacques Parizeau fait une autre déclaration controversée : il affirme qu'il botterait « le derrière à quiconque ne peut parler l'anglais. Un petit peuple comme le nôtre doit savoir parler anglais. » Encore une fois, certains réagissent mal à ces propos, dont Jacques Brassard « qui ne parle pas un

44. Des sources diverses le confirment.
45. Cité dans un article du journal *Le Soleil*, « Parizeau a tenu des propos racistes », le 25 février 1992.
46. *Idem.*

mot d'anglais[47] », révèle Pauline Marois. Mais « il est ce qu'il est, précise-t-elle. Spontané, Jacques Parizeau a des convictions tellement bien enracinées qu'il se permet de faire toutes sortes, de commentaires qui ne sont peut-être pas toujours utiles. » Sur son inaltérable assurance, assimilée à de l'arrogance, Jacques Parizeau répond : « Ce n'est pas que j'ai toutes les réponses, c'est que j'ai tous les intérêts[48]. »

Bernard Landry avoue ouvertement avoir souffert des déclarations intempestives de Jacques Parizeau : « Moi, je suis vice-président du parti et je les ramasse [ces gaffes]. Il était temps qu'on se fasse élire, parce que ça ruait dans les brancards[49]. » Faut-il comprendre que les appuis de Jacques Parizeau au sein du parti n'étaient pas aussi solides qu'on le croyait? « Oui, prétend Bernard Landry, en colère. Les militants qui faisaient du porte-à-porte se faisaient dire à chaque fois : " On ne renouvelle pas notre carte de membre parce que le chef, il l'a pas. " » Rien dans les faits ne vient pourtant appuyer cette déclaration. Au contraire, sous le leadership de Jacques Parizeau, les membres qui adhèrent au Parti québécois ne font qu'augmenter. Cette sortie de Bernard Landry peut toutefois être imputable aux rapports mitigés qu'entretiennent les deux hommes. Lors du premier mandat du Parti québécois, dès 1976, la rivalité était forte entre ces deux tenants de ministères à vocation économique[50]. Avec les années, le malaise entre eux ne s'est jamais vraiment estompé. Pour illustrer leurs différences, Bernard Landry aime évoquer l'anecdote de l'invitation qu'il avait faite au couple Parizeau de faire un tour sur le *Quinze novembre,* son bateau à voile[51]. Jacques Parizeau dit alors à son collègue ministre : « Bon, écoutez, nous sommes entre nous, nous allons nous mettre à l'aise. » Bernard Landry s'attend à voir Jacques Parizeau enlever son veston, mais non. Le bourgeois d'Outremont propose plutôt à l'avocat de Joliette de se tutoyer. Ils essaient, mais en sont incapables. « Nous nous sommes tutoyés une fois cet après-midi là, puis nous sommes revenus au " vous ". Ça n'a jamais plus changé[52] », raconte Bernard Landry.

---

47. Entrevue avec Pauline Marois, le 21 janvier 2002.
48. Cité dans un article de Michel David, « La passion selon Jacques Parizeau », *Le Soleil,* le 22 février 1992.
49. Entrevue avec Bernard Landry, le 12 juin 2000.
50. Consulter à ce sujet le tome II, *Le Baron,* au chapitre huit.
51. Presque à la même époque, Jacques Parizeau possède un yacht de 24 pieds baptisé *Le Varsovien.*
52. Entrevue avec Bernard Landry, le 12 juin 2000.

« Il est clair qu'il manque parfois de flair politique[53] », concède Marie-Josée Gagnon, la jeune attachée de presse toujours si réticente, par ailleurs, à critiquer son chef. Cette faiblesse découle de son « goût de faire de la nouvelle, de surprendre, d'être cité dans l'actualité », dit-elle. Quand l'occasion s'y prête, Jean Royer essaie bien de modifier l'approche de son chef, en lui disant que s'il tient compte de l'opinion exprimée par la plupart des gens dans les sondages, « il aura plus de facilité à les atteindre[54]. » Mais à chaque fois, Jacques Parizeau lui répond : « Au contraire, moi, je cherche à faire en sorte qu'une majorité de gens dérivent vers ma position[55]. » Il faut noter que Jean Royer, dont le style brutal, défiant et intimidant est devenu au fil des ans la marque de commerce, n'est pas d'une grande utilité quand il s'agit de conseiller son patron sur la façon d'adoucir ses propos : « S'il y en a un qui est mal placé pour polir le langage de quelqu'un, c'est bien moi ! », admet-il.

## Punir la franchise

L'utilisation de certains mots, l'évocation trop claire de certaines idées, le dévoilement de la stratégie péquiste, tout cela est vertement condamné par de nombreux éditorialistes et chroniqueurs politiques. D'anciens collègues de Jacques Parizeau, tel Claude Charron, suggèrent même aux péquistes de se débarrasser de leur chef. Ainsi, le 23 janvier 1993, quand Jacques Parizeau soulève quatre cents militants en leur annonçant que la souveraineté du Québec pourrait se réaliser lors de la Saint-Jean-Baptiste de 1995, une légion d'analystes n'hésitent pas à le blâmer, qualifiant cette annonce de présomptueuse. Pourquoi dévoiler si tôt sa stratégie ? Parce que « la souveraineté a cessé d'être une suite d'objectifs lointains ou un idéal, affirme Jacques Parizeau. Nous sommes sortis de cette phase-là. Je vous demande deux ans et demi pour la réaliser. » Déjà, il propose même une question référendaire : « Acceptez-vous que le Québec devienne un pays souverain le 24 juin 1995 ? » On accuse le politicien de souffrir de triomphalisme précoce.

---

53. Entrevue avec Marie-Josée Gagnon, le 14 juin 2000.
54. Entrevue avec Jean Royer, le 24 mai 2000.
55. Propos attribués à Jacques Parizeau et rapportés par Jean Royer. Entrevue du 24 mai 2000.

Commentant l'attitude des médias à l'endroit de Jacques Parizeau, le journaliste Jean-François Lisée, qui a passé trois ans à suivre les agissements de Robert Bourassa dans le dossier du Lac Meech, ne peut s'empêcher d'écrire : « Dans les années 1990, la presse québécoise est absente lorsqu'il s'agit de rappeler à Bourassa et à son parti leurs engagements solennels, lorsqu'il s'agit de signaler les glissements qu'il sont en train d'opérer. (…) Ainsi des commentateurs, muets lors des sauts périlleux, retournements, pirouettes et dédits de Bourassa, multiplieront les reproches à un politicien qui commet l'erreur de dire ce qu'il pense. Dans le Québec des années 90, Jacques Parizeau n'est pas la seule, mais la principale victime de cette perversion médiatique. (…) Parler clairement ne signifie pas avoir raison, précise-t-il. On peut errer sous la lumière des projecteurs. Mais il est renversant de voir la presse québécoise punir la franchise et excuser, trouver normale, encourager même, la dissimulation. C'est " l'effet Bourassa " en pleine action[56] », conclut-il.

« C'est comme s'il ne fallait pas dire ce qu'on pense quand on est politicien[57] », s'indigne Jacques Parizeau. Malgré les réactions négatives que ses déclarations ont déjà suscitées, le 31 janvier, il répète que la souveraineté du Québec pourrait avoir lieu à la Saint-Jean-Baptiste de 1995. L'élection fédérale est le premier de trois rendez-vous que les Québécois ont avec l'histoire, insiste-t-il. Il prévoit pour 1993 une victoire bloquiste avec cinquante ou soixante sièges et, en 1994, l'élection d'un gouvernement péquiste. Bien que tous les sondages lui donnent raison, on lui reproche à nouveau d'avoir le triomphe facile. Le Bloc québécois va pourtant récolter cinquante-quatre sièges. Le Parti québécois gagnera les élections en septembre 1994 et s'il n'en avait été que de Jacques Parizeau, le référendum se serait probablement tenu effectivement en juin 1995[58].

Pierre Bourgault, qui s'accommode très bien du style de Jacques Parizeau, est l'une des rares personnalités publiques à s'indigner de la pluie d'injures qui s'abat sur les épaules de son ami. Quant à son attitude gagnante, il la commente ainsi dans un article décapant : « Drôle de peuple. On accepte d'emblée le triomphalisme des Québécois qui s'en vont à Ottawa

---

56. Jean-François Lisée, *Le Nauvrageur – Robert Bourassa et les Québécois 1991-1992*, Montréal, Les Éditions du Boréal, 1994, p.650-652-653.
57. Cité dans un article de la Presse canadienne, « L'indépendance possible sans l'appui des allophones et anglophones », *Le Droit*, le 1er février 1993.
58. Nous reparlerons de l'échéancier référendaire au chapitre 16.

*Hors du temps, Jacques Parizeau est un politicien qui refuse de tenir compte des modes. Il parle franchement.*
Photo : Daniel Lessard, Fonds des moyens de communications (Québec).

– Trudeau, Mulroney, Chrétien –, mais de ceux qui se dirigent vers Québec on exige plus de modestie. On les aime quand ils font pitié. Or, Parizeau ne fait pas pitié, juge Pierre Bourgault. Ça dérange, je le sais. Mais je réaffirme ce que j'ai toujours dit : on ne fera jamais l'indépendance du Québec avec des hommes et des femmes qui font pitié. Au fond, ce qui dérange chez Parizeau, c'est qu'il annonce la couleur et que, contrairement à Lévesque et Bourassa qui ont emprunté tous les subterfuges et toutes les échappatoires, il force les Québécois à se brancher[59]. »

Si au Québec Jacques Parizeau ne laisse personne indifférent, au Canada anglais, sa franchise suscite encore plus de colère. Diane Francis, la chroniqueuse financière, calomnie Jacques Parizeau dans le très sérieux *Financial Post*, en exigeant que lui « et ses bandits de grands chemins (dont Lucien Bouchard) soient destitués et arrêtés sur-le-champ[60]. » Pour avoir

---

59. Pierre Bourgault, « L'exécution sommaire : ce qui dérange chez Jacques Parizeau, c'est qu'il annonce ses couleurs et qu'il force les Québécois à se brancher », *Le Devoir*, le 3 février 1993.
60. Cité dans un article de la *Presse canadienne*, « Parizeau traité de bandit par le *Financial Post*; le PQ est stupéfait », *La Presse*, le 30 novembre 1991.

souhaité un parlement canadien à l'italienne en misant sur une excellente performance du Bloc québécois aux élections fédérales, Jacques Parizeau devient la cible de propos haineux de la part du président sortant de la section manitobaine de la Légion royale du Canada. Chubby Boyer déclare : « Jacques Parizeau devrait être poursuivi devant les tribunaux et pendu. De simples citoyens comme moi le seraient pour vouloir détruire le Canada. On a pendu Louis Riel pour moins que cela[61] », explique-t-il au journaliste Michel Vastel.

Dans son édition du mois de janvier 1993, le bulletin de la maison de courtage Lafferty, Harwood & Partners Ltd. de Toronto, le *Lafferty Canadian Report*, prétend que l'action politique concertée du Bloc québécois et du Parti québécois repose sur un appel au sentiment nationaliste des Québécois. « C'est la forme classique de la démagogie et ce n'est pas différent de ce que Hitler a fait. » Richard Lafferty n'hésite pas à comparer Lucien Bouchard et Jacques Parizeau à Hitler. Les deux politiciens intentent une poursuite en libelle diffamatoire contre l'analyste financier. Dans son jugement rendu le 16 mars 2000, la Cour supérieure du Québec donne raison à Parizeau et à Bouchard : « La preuve a révélé non seulement que les comparaisons étaient injustifiées, mais que les plaignants étaient profondément attachés aux valeurs démocratiques. » Richard Lafferty sera condamné à payer une amende de quarante mille dollars en dommages[62].

Dans le même registre, un professeur de psychologie de l'Université McGill, Don Donderi, soutient que le Québec pratique une politique de « nettoyage ethnique semblable à ce qui se pratique dans l'ex-Yougoslavie[63] » et que Jacques Parizeau est « un quasi-criminel. »

Les déclarations de ce genre ne restent pas sans effet sur le moral de Jacques Parizeau. « Ça atteint monsieur Parizeau plus qu'on ne le pense, révèle Jean Royer. On sent que l'attaque à l'intégrité, à son intégrité intellectuelle, ça le touche[64]. » Jacques Parizeau confie d'ailleurs à Jean Royer : « C'est incroyable, on me traite de nazi ! J'ai une femme qui a été victime

---

61. Propos reproduits dans l'article de Michel Vastel, « Faut-il pendre Parizeau ? », *Le Droit*, le 23 janvier 1993.
62. La cause a été portée en appel depuis.
63. Cité dans un article de Mario Fontaine, « Le professeur Donderi ne voit pas de différence fondamentale entre le Québec et l'ex-Yougoslavie », *La Presse*, le 9 mars 1993.
64. Entrevue avec Jean Royer, le 24 mai 2000.

des nazis. Monsieur Bouchard a de jeunes enfants et on dit de lui que c'est un bandit de grands chemins... » Jean Royer a l'impression que de telles accusations commencent à user son patron.

## Le savon de Baie-Comeau

« Nous sifflons [la fin de] la première période », déclare Jacques Parizeau à la clôture du 12e Congrès du Parti québécois en août 1993. « Chaussez vos patins, mettez vos chandails et n'oubliez pas vos *pads*, car il va y avoir du branle-bas. Il faut envoyer à Ottawa le maximum de députés du Bloc[65]. » Le chef mobilise ses troupes. Il associe la joute politique qui s'annonce à un match de hockey digne des séries éliminatoires. L'action se déroulera en trois temps et comptera trois périodes comme au hockey. La première période se terminera par l'envoi d'un fort contingent de députés du Bloc québécois à Ottawa. La deuxième permettra au Parti québécois de gagner les élections provinciales. Avec la troisième période, ce match enlevant culminera avec le tenue d'un référendum qui sera gagné par les souverainistes en juin 1995. Nullement abattus par l'impopularité de leur chef, les péquistes sont chauffés à blanc.

Même si le Bloc québécois a renfloué ses coffres et s'est doté d'une organisation sur le terrain, sa première campagne électorale semble impossible à mener sans l'aide de la machine péquiste. Jacques Parizeau accepte de prêter à Lucien Bouchard presque tout son entourage politique. « Je suis aux ordres de monsieur Bouchard dans cette campagne, soutient-il publiquement. Tout ce que je peux faire pour l'appuyer, je vais le faire. Je ne ferai rien qui pourrait d'aucune façon l'embarrasser. Et je m'attends à ce que tous les gens autour de moi fassent de même[66]. » Son propre chef de cabinet, Hubert Thibault, se rend donc à Montréal aux bureaux du Bloc québécois, afin de prendre en charge le contenu de la campagne avec Pierre-Paul Roy, le chef de cabinet de Lucien Bouchard. Jean Royer fait de même. L'équipe de recherche et celle des communications du Parti québécois sont mises en congé sans solde, afin de travailler à temps plein

65. Cité dans un article de Michel Venne, « René Lévesque reste le meilleur tonique pour le PQ », *Le Devoir*, le 23 août 1993.
66. Cité dans un article de Gilles Normand, « Parizeau sonne la marche vers la souveraineté », *La Presse*, le 9 septembre 1993.

pour le Bloc. Guy Chevrette envoie deux de ses attachés politiques en renfort : Stéphane Dolbec et Daniel Matte. « Bouchard souhaite avoir quelqu'un dans l'autobus des médias[67] », se souvient Jean Royer. On dépêche aussitôt Gilbert Charland à ce poste. Fort apprécié par Lucien Bouchard, il deviendra son chef de cabinet après la campagne.

Certains députés péquistes résistent cependant aux efforts consentis pour collaborer avec le parti de Lucien Bouchard. Tel est le cas de Denise Carrier-Perreault (Chutes-de-la-Chaudière) qui déclare : « Ce n'est pas le Bloc québécois qui va réaliser la souveraineté du Québec. Je suis prête à collaborer selon les besoins, mais je n'ai pas de "machine" à mettre en branle. C'est aux militants de décider[68]. » Denis Perron (Duplessis), Jocelyne Caron (Terrebone) et Jacques Baril (Arthabaska) pensent de la même façon.

En plus d'être aux ordres de Lucien Bouchard, le chef péquiste n'hésite pas à se déplacer pour mettre de l'huile là où il en manque. « On envoie Parizeau en région, où la chicane gronde entre les organisations du Bloc et du PQ », révèle Jean Royer. Quand il arrive dans l'œil de la tempête, « il fait son *pitch,* demande la trève des dieux puis, quand il repart, tout est attaché[69]. » Pendant les trente jours de la campagne fédérale, Jacques Parizeau accepte de jouer les seconds violons. La presse nationale ne le suit plus. « Ça prend de l'abnégation [pour faire ça] », insiste Jean Royer. Lucien Bouchard se comporte bien et il a « de bons *feelings* », estime le conseiller spécial de Jacques Parizeau. Tout se déroule à merveille jusqu'au 13 octobre 1993.

Dans une entrevue qu'il accorde ce jour-là à *La Presse*, Lucien Bouchard estime que le « prochain gouvernement québécois ne sera pas élu avant l'an prochain et qu'un autre délai sera nécessaire pour tenir un référendum. Cela donne quelques années aux Canadiens pour réfléchir. (…) La souveraineté ne se fera pas à Ottawa mais à Québec, le cas échéant, dans deux ou trois ans[70] », ajoute-t-il. Voilà qui déplait fortement à Jacques

---

67. Entrevue avec Jean Royer, le 24 mai 2000.
68. Cité dans un article d'André Pépin, « Des députés péquistes ne veulent pas se mettre au service du Bloc québécois », *La Presse*, le 10 septembre 1993.
69. Entrevue avec Jean Royer, le 24 mai 2000.
70. Cité dans un article de Mario Fontaine, « Le 26 octobre, la hargne va faire place à la raison », *La Presse*, le 13 octobre 1993.

Parizeau qui parle plutôt de tenir un référendum dans les huit à dix mois suivant l'élection du Parti québécois. Le même jour, Lucien Bouchard donne sa propre interprétation des propos du chef du Parti québécois, quand ce dernier affirme qu'un vote pour le Bloc québécois est un vote pour la souveraineté. « C'est un fait que beaucoup de fédéralistes déçus vont aussi voter pour le Bloc[71] », nuance Lucien Bouchard, depuis son « royaume » du Saguenay.

Jacques Parizeau, qui se trouve alors en mission sur la Côte-Nord pour apaiser les tensions qui subsistent entre certains organisateurs péquistes et bloquistes, est furieux. Alors que presque toute son équipe est à Montréal pour prêter main forte au Bloc, il se sent soudainement isolé et bien loin de l'action. Il demande aussitôt à Marie-Josée Gagnon, restée auprès de lui, d'entrer en communication avec Hubert Thibault pour obtenir des éclaircissements sur les déclarations de Lucien Bouchard. Son attachée de presse s'exécute. Elle joint Hubert Thibault et lui explique qu'il y a peut-être un problème avec les déclarations du chef bloquiste en ce qui a trait à l'échéancier référendaire. Le chef de cabinet de Jacques Parizeau réagit froidement. Il ne considère pas qu'il y a matière à s'inquiéter : « Écoute, Marie-Josée, je suis occupé. Nous avons beaucoup de travail ici à Montréal. Et puis, il n'y a rien là avec cette déclaration[72] ! » Jean Royer partage le même avis.

Marie-Josée Gagnon livre ces commentaires à son patron. Nullement rassuré par ces réponses qu'il associe à de la nonchalance, Jacques Parizeau croit désormais que son équipe s'occupe mieux de Lucien Bouchard que de lui. Il a la fâcheuse impression d'être mis au rancart. « Madame Gagnon, lui ordonne-t-il, je veux [avoir] ces messieurs ce soir au téléphone ! »

Vers minuit, la sonnerie retentit chez Jean Royer, Hubert Thibault et Pierre Boileau. C'est la conférence téléphonique la plus tendue à laquelle participe le trio. Au bout du fil, les hommes de Parizeau entendent le chef leur dire à quel point il est irrité par leur attitude. Il ne peut pas accepter que son équipe traite à la légère les propos de Lucien Bouchard. « Non, non et non ! martèle-t-il. Ce n'est pas le Bloc qui va déterminer quand on va tenir le référendum, c'est le gouvernement péquiste quand il sera

---

71. Cité dans un article de Mario Fontaine, « Lucien Bouchard cherche à colmater la brèche de Parizeau », *La Presse*, le 14 octobre 1993.
72. Propos attribués à Hubert Thibault et rapportés par Jean Royer. Entrevue du 14 septembre 2000.

élu[73]!» Pierre Boileau s'affole. Il comprend que son chef pense à retirer ses troupes en plein milieu de campagne électorale[74]. Le directeur du Parti québécois n'ose même pas imaginer comment un tel geste serait interprété par l'électorat. «On ne parlait pas beaucoup, se souvient Jean Royer. Je savais que nous n'aurions aucune entente ce soir-là, au téléphone[75].» Jacques Parizeau met fin à la conversation en disant : «Messieurs! demain je serai à Baie-Comeau, je veux vous y voir[76]…»

Le lendemain matin, le trio s'envole pour Baie-Comeau à bord d'un petit avion privé. À bord, les conseillers de Parizeau se concertent afin de dissuader leur chef de commettre quoi que ce soit d'irréparable. «Parizeau avait décidé de tirer la *plogue*, raconte Pierre Boileau. C'est aussi simple que ça, on se retirait[77]!» À leur arrivée à Baie-Comeau, les trois hommes en complet cravate prennent un taxi. Tout le long du trajet qui les amène au Manoir de Baie-Comeau, un silence de plomb les accompagne. À l'hôtel, ils attendent une heure sans se dire un mot. Jacques Parizeau les convoque finalement dans un petit salon attenant à une chambre.

La réunion dure une heure. Royer, Thibault et Boileau y vont chacun d'un court plaidoyer qui relativise les propos de Lucien Bouchard et confirme le leadership de Jacques Parizeau sur cette question. «Très vite, il se rallie à nous, raconte Pierre Boileau. Il nous regarde, puis nous dit : "Je vous remercie beaucoup!" C'était comme un soulagement pour lui[78].» «Ce ne fut pas une partie de plaisir pour aucun des trois, souligne Jean Royer, mais [ça s'est bien terminé][79].» Jacques Parizeau ne supporte aucun doute sur le lien d'autorité qu'il maintient avec son personnel. «Selon moi, dit Jean Royer, quand on est montés à Baie-Comeau, il voulait nous montrer qui est le *boss*. On a compris…»

C'est la fin de la crise. Jacques Parizeau quitte la pièce. «Là, tab… on a desserré notre cravate[80]!», raconte Pierre Boileau en riant. Le chef des

---

73. Propos attribués à Jacques Parizeau et rapportés par Jean Royer. Entrevue du 3 octobre 2002.
74. Entrevue avec Pierre Boileau, le 30 août 2002.
75. Entrevue avec Jean Royer, le 3 octobre 2002.
76. Propos attribués à Jacques Parizeau et rapportés par Jean Royer. Entrevue du 3 octobre 2002.
77. Entrevue avec Pierre Boileau, le 30 août 2002.
78. *Idem.*
79. Entrevue avec Jean Royer, le 3 octobre 2002.
80. Entrevue avec Pierre Boileau, le 30 août 2002.

péquistes se dirige alors vers une meute de journalistes pour s'entretenir d'un tout autre sujet. «La presse n'était pas pleinement consciente de ce qui ce passait», révèle Pierre Boileau. Plus tard dans la journée, «monsieur Parizeau parle à monsieur Bouchard et lui dit : "Nous faisons une bonne campagne ensemble. Cela marche bien[81]".» Personne, dans le public, ne sera informé de la scène qui vient de se jouer. «Bouchard était vraiment sorti du corridor, estime Jacques Parizeau. Il fallait le ramener dans le corridor[82].» A-t-il vraiment été question de retirer les troupes? Le chef péquiste affirme qu'il n'en a pas parlé, mais que si certains l'ont cru, tant mieux, cela donnait du poids à ses inquiétudes.

## Le triomphe interdit

En prévision de la soirée électorale du 25 octobre 1993, l'organisation du Bloc québécois a décidé de tenir son grand rassemblement à Alma, dans le comté de Lucien Bouchard. Rien n'a été prévu à Montréal, ce que bien de souverainistes considèrent tout à fait déraisonnable. Certains insistent auprès de Bob Dufour, mais celui-ci résiste à l'idée. Son parti n'a pas les moyens d'organiser deux grands rassemblements. «Mais dans les comtés, il y avait plusieurs péquistes qui siégeaient à nos tables, souligne Bob Dufour. Ils se mettent donc à dire : "Quoi que tu dises Dufour, on va la faire quand même (la fête). Tu n'auras pas le choix[83]!"» Ignorant la colère de Bob Dufour, les militants péquistes décident d'aller de l'avant. «C'est eux autres, de leur propre chef, qui ont décidé de louer le marché Bonsecours, raconte Bob Dufour. Nous autres, on a envoyé Duceppe, mais c'est le PQ qui a tout organisé et tout déboursé.» Par conséquent, c'est contre la volonté de Lucien Bouchard que la soirée montréalaise a lieu. «Que vouliez-vous que je fasse?, s'écrie Bob Dufour en colère. Monsieur Parizeau s'est payé une soirée d'élections à Montréal! Je ne [pouvais] tout de même pas lui dire de ne pas la faire et de ne pas aller parler!»

Le 25 octobre au soir, tout le Canada devient le théâtre d'une élection à nulle autre pareille dans son histoire. Le Parti progressiste conservateur, qui détenait le pouvoir, s'écrase de façon fort déshonorante. Le parti, dirigé

---

81. Entrevue avec Jean Royer, le 3 octobre 2002.
82. Entrevue téléphonique avec Jacques Parizeau, le 9 juillet 2003.
83. Entrevue avec Bob Dufour, le 13 janvier 2003.

depuis peu par Kim Campbell, ne fait élire que deux candidats, alors qu'il détenait auparavant 169 sièges. Les seuls rescapés de ce naufrage politique sont Jean Charest, dans le comté de Sherbrooke, et Elsie Wayne au Nouveau-Brunswick. Le Parti libéral de Jean Chrétien prend le pouvoir avec 177 sièges. Le nouveau Parti réformiste, fondé par Preston Manning, remporte quant à lui 52 comtés, tous situés dans l'ouest du pays. Le NPD ne remporte que 9 comtés. L'une des surprises de la soirée, c'est indéniablement l'incroyable performance du Bloc québécois. Les Québécois qui sont allés voter, ont appuyé Lucien Bouchard à 49 %. Avec 54 comtés au Québec, sur une possibilité de 75, les souverainistes envahissent avec fracas le Parlement canadien. Le Bloc québécois devient l'opposition officielle d'une fédération qu'il souhaite faire éclater! Du jamais vu!

Depuis Alma jusqu'à Montréal, les partisans souverainistes hument le parfum capiteux de la victoire. Après un long souper généreusement arrosé en compagnie de son épouse, Jacques Parizeau fait son entrée au marché Bonsecours. Plusieurs journalistes remarquent que le politicien est éméché. René Blouin est inquiet. Il sait que son chef doit s'adresser à ses partisans et que tous les grands réseaux télévisés du pays vont diffuser son discours. «Là, il était pas parlable», se souvient René Blouin. Jean Royer le confirme : «Parizeau n'était pas de bonne humeur, parce qu'il aurait souhaité plus de gens dans la salle. Il trouvait que l'effort de mobilisation n'était pas très fort[84].» Certaines évaluations estiment que le nombre de personnes s'élevait à environ trois cents personnes. Avant de s'adresser aux militants, le chef péquiste discute brièvement avec René Blouin. «Il voulait dire qu'avec les suffrages obtenus par le Bloc québécois (qui frôlaient les 50 %), s'il y avait eu un référendum, on aurait gagné et fait la souveraineté!» Le responsable des communications le met en garde[85] :

— Monsieur Parizeau, on ne peut pas dire ça!

— Ah! s'écrie-t-il, on ne peut jamais rien dire... Jamais!

Puis, René Blouin sent peser sur lui le regard accusateur de Lisette Lapointe... Il décide de se taire.

Au moment où Jacques Parizeau s'adresse à la foule, Lucien Bouchard, depuis Alma, observe son allié souverainiste avec une certaine nervosité. La présence de Jacques Parizeau ce soir-là, «c'était contre notre volonté,

---

84. Entrevue avec Jean Royer, le 24 mai 2000.
85. Entrevue avec René Blouin, le 10 octobre 2000.

aime rappeler Bob Dufour. Ce n'était pas dans notre plan de match[86]. »
Jean Royer et René Blouin assistent, impuissants, à la piètre performance
de leur chef sur la tribune. « Il a fait un discours… Ça n'a pas été beau[87]! »,
reconnaît René Blouin. « Le souvenir que j'en garde, avoue Jean Royer,
c'est que ce fut un discours mal reçu[88]. » Des journalistes comme Michel
David et Michel Venne, parlent d'un discours « déplacé » et d'une « envolée
triomphale, excessive ». Personne n'ose dire clairement les choses, mais
tous ont remarqué que le chef péquiste, ce soir-là, a l'élocution laborieuse…

La teneur des propos du chef péquiste est pourtant claire quant il s'agit
de capter l'imagination et de mobiliser les troupes. « Nous voulons un
pays, déclare-t-il. Il y aura un an, demain soir, que les Canadiens ont dit
ce qu'ils ne voulaient pas (lors du référendum de Charlottetown). Ce soir,
les Québécois commencent à dire ce qu'ils veulent. En 1995, on dira que
nous voulons un pays. D'ici deux ans, le Québec sera un pays souverain.
Le Québec sera indépendant! »

Si Jacques Parizeau s'adresse d'abord aux souverainistes et aux Québécois, Lucien Bouchard, lui, désire parler au Canada anglais. Gilbert
Charland commente l'état d'esprit du chef bloquiste : « Ce qui préoccu-
pait monsieur Bouchard à ce moment-là, c'était la réaction au Canada
anglais et le *backlash*. Déjà que le Bloc devienne l'opposition officielle…
c'était plus qu'un mal de ventre ou une crampe intestinale pour une
majorité de Canadiens anglais, estime-t-il. Lucien Bouchard considérait
qu'on en avait assez avec les résultats et qu'il ne fallait pas en remettre. Il
a trouvé que monsieur Parizeau était un peu exubérant… un petit peu
excessif. » Bob Dufour est d'accord : « En politique, c'est l'humilité. Des
politiciens trop triomphalistes là, le monde aime pas ça[89]. »

D'ailleurs, la veille de l'événement, Daniel Latouche écrit de façon
sarcastique : « Le statut de gagnant de monsieur Parizeau cadre mal avec
notre amour des perdants. Le chef péquiste doit apprendre à se donner

---

86. Entrevue avec Bob Dufour, le 13 janvier 2003. Il soutient même que Jacques
    Parizeau n'a pas prévenu Lucien Bouchard de son intention de s'adresser au
    public québécois et canadien. C'est faux. Les deux chefs reconnaissent eux-mêmes
    avoir discuté au téléphone quelques minutes avant le discours de Jacques Parizeau.
    Jean Royer et René Blouin en ont été témoins.
87. Entrevue avec René Blouin, le 10 octobre 2000.
88. Entrevue avec Jean Royer, le 24 mai 2000.
89. Entrevue avec Bob Dufour, le 20 janvier 2003.

l'air d'un chien battu. Avec un peu de pratique, il pourra y arriver. Après tout, il y a bien des types de chiens parmi lesquels choisir[90]. » Mais Jacques Parizeau n'est pas le type d'individu à faire le beau ou à tendre la patte à quiconque. Le croisé n'obéit à aucun autre maître que son pays en devenir. Il joue à fond la carte du pays canadien devenu difficilement gouvernable en raison de la présence des souverainistes à Ottawa. Pour le combat qu'il livre, la victoire du Bloc québécois représente presque la prise d'un château fort, celui du Parlement canadien. Lucien Bouchard, de son côté, souhaite éviter de donner l'image d'une troupe de choc qui se rend à Ottawa pour bloquer le système. « On ne va pas là pour empêcher le régime fédéral de fonctionner, rapporte Gilbert Charland. On va plutôt se comporter comme des parlementaires responsables qui vont expliquer en long et en large, et pour la première fois au Parlement fédéral, les objectifs poursuivis par le projet de souveraineté du Québec[91]. » Le lendemain, à la permanence du Parti québécois comme au bureau du chef de l'opposition du Québec, la sonnerie du téléphone retentit constamment. Des péquistes se plaignent. Ils n'ont pas apprécié la performance de leur chef. René Blouin se souvient d'une visite de Jean Campeau à la Place Ville-Marie. Ce dernier exprime clairement sa gêne et suggère au responsable des communications d'inciter Jacques Parizeau à modérer sa consommation d'alcool[92]. Questionné à ce sujet, Jean Campeau nie catégoriquement avoir tenu de tels propos : « Je n'ai jamais eu de conversation avec monsieur Parizeau là-dessus et je n'ai jamais été dans une position pour faire la leçon à monsieur Parizeau sur quoi que ce soit[93]. »

Dans les jours qui suivent, le député Guy Chevrette préside une réunion du parti avec les présidents des régions. Certains n'hésitent pas à critiquer ouvertement Jacques Parizeau. « Je pense que c'était plus les nuancés qui trouvaient qu'il avait été trop triomphaliste. La critique ne portait pas sur le contenu, mais sur la forme. On ne vole pas la place d'un chef politique (celle de Lucien Bouchard). C'était son triomphe, ce n'était pas le nôtre. C'est plutôt ça que j'ai entendu de la bouche de quelques députés et de quelques présidents[94] », confirme Guy Chevrette. « Jacques

---

90. Extrait de la chronique de Daniel Latouche dans *Le Devoir*, le 24 octobre 1992.
91. Entrevue avec Gilbert Charland, le 24 novembre 2000.
92. Entrevue avec René Blouin, le 10 octobre 2000.
93. Entrevue avec Jean Campeau, le 18 octobre 2000.
94. Entrevue avec Guy Chevrette, le 10 janvier 2002.

Parizeau n'a pas la victoire modeste fait observer le député de Joliette. Mais dans les défaites, c'est lui qui a la critique la plus dure. »

Peu de temps après l'élection fédérale, René Blouin est invité à quitter le cabinet de Jacques Parizeau. Hubert Thibault, Jean Royer et Pierre Boileau, qui appréciaient son travail, sont déçus. « René était excellent dans une campagne électorale. On lui confiait une *job* qui est effrayante, celle d'embarquer dans l'autobus des journalistes puis là, de les *spinner*. Après une journée entière où les journalistes n'avaient cessé de le piquer, il devait débarquer de l'autobus, allez voir *Monsieur* pour lui dire : "Là *Monsieur*, il faudrait dire les choses de cette façon-là…" Régulièrement, Jacques Parizeau réagissait mal en disant : "Comment ça, il faut que je dise ça comme ça !" René insistait : "Oui *Monsieur*, il faudrait que vous fassiez attention à ceci…" À tout moment, vous pouvez finir par recevoir une tape sur la gueule de votre chef ! C'est *tough* ! insiste Jean Royer. C'est extrêmement difficile de faire ça et il le faisait avec un calme… Il était très bon là-dedans, vraiment, vraiment bon[95]. »

Comment expliquer, alors, le départ de René Blouin ? « Mon étoile pâlit avec la venue de Lisette Lapointe[96] », confie-t-il. C'est que la nouvelle épouse de Jacques Parizeau, qui a déjà été son attachée de presse alors qu'il était candidat dans le comté de l'Assomption en 1976, a décidé de prendre en charge l'image de son mari. Et elle prend cette tâche au sérieux. Elle a complètement renouvelé la garde-robe de son époux et a jeté aux poubelles tous les tubes de brillantine qu'elle a trouvés dans la maison. Pour la première fois, Lisette Lapointe réussit là où plusieurs personnes ont échoué : c'est qu'elle n'entreprend rien à moitié. Le côté austère du personnage Parizeau semble battre en retraite. On le voit plus souriant. Dans ce contexte, le responsable des communications, René Blouin, ne peut que lui porter ombrage.

C'est à cette même époque que les relations entre Hubert Thibault et Lisette Lapointe commencent également à se brouiller. Depuis le retour de Jacques Parizeau en politique, c'est Hubert Thibault qui tient la plume de *Monsieur* pour les discours. Or, Lisette Lapointe insiste pour que ses allocutions soient plus percutantes. « On disait à Thibault de mettre de l'émotion », rappelle Jean Royer. Hubert Thibault, indisposé, répondait :

---

95. Entrevue avec Jean Royer, le 3 octobre 2002.
96. Entrevue avec René Blouin, le 10 octobre 2000.

«Tab... de l'émotion... comment[97]?» Comme elle le connaît, Lisette Lapointe suggère alors de faire appel au parolier Stéphane Venne. Prolifique auteur de chansons à succès entre 1960 et 1970, les mélodies de Stéphane Venne touchent particulièrement la génération des *baby-boomers*[98]. En 1976, le Parti québécois avait déjà fait appel à lui pour composer le thème électoral du Parti québécois *Demain nous appartient*. L'initiative avait été couronnée de succès. La suggestion de Lisette Lapointe est finalement retenue. Stéphane Venne reprend du service auprès du Parti québécois et le parolier réécrit quelques-uns des discours de Jacques Parizeau. Hubert Thibault n'apprécie guère le changement : «C'est complètement fou, juge-t-il. C'est aussi un métier la politique! Ce n'est pas écrire des chansons[99]. D'ailleurs moi, je ne serais pas capable d'écrire des chansons.» L'expérience avec Stéphane Venne n'est pas fructueuse et l'entourage du chef de l'opposition cesse de solliciter sa collaboration.

L'arrivée de Lisette Lapointe dans la vie de Jacques Parizeau crée donc une certaine interférence au sein du trio formé par Jean Royer, Hubert Thibault et Pierre Boileau. Les trois hommes doivent apprendre à composer avec l'épouse de leur patron. «Elle a ses idées sur les communications, c'est sûr, reconnaît Pierre Boileau. C'est dans ce sens-là qu'elle a probablement obtenu l'expulsion de René Blouin, mais... je n'étais pas là, s'empresse-t-il de dire. C'est pour ça que je suis prudent[100].» Lorsqu'il s'agit de l'épouse du chef, tout le monde, en effet, est décidément prudent...

## Les deux chefs de l'opposition

À la fin de l'année 1993, Lucien Bouchard, l'ancien ministre conservateur du gouvernement Mulroney, en mène large. Il est devenu chef de

---

97. Propos attribués à Hubert Thibault et rapportés par Jean Royer, le 3 octobre 2002.
98. Stéphane Venne est, entre autres, l'auteur des chansons *C'est le début d'un temps nouveau* ainsi que d'*Un jour, un jour*, le thème musical de l'Expo 67. Il a aussi écrit la chanson thème des Jeux olympiques de Montréal en 1976. Stéphane Venne travaillait au bureau des communications de la Communauté urbaine de Montréal en 1993.
99. Entrevue avec Hubert Thibault, le 22 avril 2003. Stéphane Venne et François Cousineau composent la chanson thème de la campagne de financement du Parti québécois en 1993.
100. Entrevue avec Pierre Boileau, le 20 septembre 2002.

*Les chefs de l'opposition, Jacques Parizeau et Lucien Bouchard,*
*constituent à eux deux une force de frappe redoutable.*
*Photo de Jacques Nadeau.*

l'opposition officielle du Canada. Cette position déplaît-elle à Jacques Parizeau? «Il faut ce qu'il faut, répond-il froidement. Dans le portrait politique, on ne voit pas très bien qui, à part Bouchard, peut diriger les souverainistes à Ottawa[101].» Mais le croisé trouve dommage que le Bloc québécois constitue l'opposition officielle du pays canadien : «Ils vont se considérer comme responsables d'une idéologie politique à travers le Canada, déplore-t-il. Parce qu'ils sont l'opposition officielle, ils s'occupent de l'ensemble des dossiers, ce qui les détourne de leur objectif. L'énergie qu'ils mettent sur les dossiers de la Colombie-Britannique ou de la Saskatchewan, ils ne la passe pas sur ceux du Québec.» À cet égard, Jacques Parizeau développe une thèse peu flatteuse sur Lucien Bouchard : «Ça correspond évidemment à une sorte de tentation, explique-t-il. Pour tous ceux qui sont des souverainistes de passage ou pas très chauds, cette idée de s'occuper des questions de la Colombie-Britannique comme on s'occupe des questions du Québec, c'est très valorisant.»

---

101. Entrevue avec Jacques Parizeau, le 5 septembre 2000.

Malgré tout, dans leur rôle respectif de chefs de l'opposition, Lucien Bouchard et Jacques Parizeau coordonnent relativement bien leurs activités parlementaires. Ainsi combinée, leur force de frappe tant à l'Assemblée nationale qu'à la Chambre des communes donne de fabuleux résultats. Jean Royer et Hubert Thibault établissent des liens étroits avec Gilbert Charland et Pierre-Paul Roy, conseiller spécial de Lucien Bouchard. Cette symphonie parlementaire dure près d'une année. Avec l'élection du Parti québécois en 1994, le ton va changer. L'un des partis souverainistes est désormais au pouvoir, tandis que l'autre demeure dans l'opposition. Dans la même famille, il y aura dorénavant un premier ministre, Jacques Parizeau, et un second ministre, Lucien Bouchard. Or, Lucien Bouchard est un très mauvais second, confie-t-il : « Mon problème dans la vie, c'est que je ne peux pas supporter d'avoir un chef...[102] » Dirigée par deux chefs d'orchestre, la symphonie des souverainistes risque la cacophonie...

---

102. Cité dans l'ouvrage de Michel Vastel, *Lucien Bouchard, en attendant la suite...*, Montréal, Lanctôt Éditeur, 1996, à la page 185.

# La préparation du grand jeu

« Dans l'éventualité où une majorité de Québécois se
prononçait pour la souveraineté, la France ne laisserait
pas tomber le Québec et se manifesterait rapidement
dans la reconnaissance d'un Québec souverain. »

Alain Juppé,
Ministre des Affaires étrangères
de France, 1994[1]

Pour le référendum de 1980, le gouvernement Lévesque avait eu
quelques années de préparation avant de tenir l'importante consultation populaire. Avec Jacques Parizeau, s'il prend le pouvoir, il est clair
que ce ne sera pas le cas. Tout au long de l'année précédant l'élection québécoise, le chef péquiste ne cesse de répéter qu'un référendum se tiendra
« dans les huit à dix mois suivant » sa venue au pouvoir. Le premier ministre
Parizeau agira plus rapidement que René Lévesque. Bien que son échéancier
paraisse très serré, l'analyse approfondie des gestes politiques de Jacques
Parizeau permet toutefois de constater qu'il prépare cette stratégie depuis
longtemps. Lorsque la campagne électorale de septembre 1994 débute, le
chef péquiste a déjà entre les mains un document étoffé qui décrit avec

---

1. Propos cités dans un note confidentielle de Pierre Baillargeon à Claude Roquet
intitulée : «Entretien de M. Jacques Parizeau avec M. Alain Juppé», datée du
11 juillet 1994. Source anonyme.

soin toutes les activités que le nouveau gouvernement devra déployer afin de pouvoir tenir un référendum rapidement. Or, pour bien saisir comment Jacques Parizeau met en place son grand jeu, il faut retourner quatre ans en arrière.

## Le groupe des sept

À l'hiver 1990, alors que l'entente du Lac Meech survit avec difficulté, Jacques Parizeau considère déjà que cet accord se trouve dans un état avancé de putréfaction. Mesurant très bien les conséquences que cet échec peut avoir au Québec, mais aussi à l'étranger, il demande à certaines personnes triées sur le volet de se réunir, sans lui, pour former un comité dont la mission consistera à expliquer à la communauté internationale que l'heure du Québec souverain approche. Les activités politiques et diplomatiques de ce comité – dont les activités doivent demeurer secrètes – visent particulièrement la France, mais aussi les États-Unis[2].

Jacques Parizeau tient à ce que Louise Beaudoin se joigne à ce comité. Le chef du Parti québécois désire ardemment profiter de son «somptueux[3]» réseau de contacts en France. Depuis quelques années, l'ancienne déléguée générale du Québec sous René Lévesque s'est quelque peu retirée des affaires politiques. Chargée de mission pour Canadair en Europe, puis directrice à Téléfilm Canada, elle accepte de reprendre du service auprès de Jacques Parizeau[4].

L'une des réunions de ce comité se déroule le 7 mai 1990 à la résidence de Bernard Landry, vice-président du parti. Outre l'hôte de la soirée et Louise Beaudoin, sont présents l'avocat François Aquin[5], le diplomate de carrière Jean-Marc Léger, Yves Michaud, l'ex-délégué général du Québec

---

2. Le biographe a eu accès, de façon inédite, à la plupart des procès-verbaux des réunions tenues par ce comité secret.
3. Le qualificatif provient de Jacques Parizeau.
4. À la fin de l'année, elle sera nommée directrice générale de la Société du Palais de la civilisation, administrée par la ville de Montréal.
5. L'avocat François Aquin est le premier député indépendantiste du Québec. Deux jours après la visite du général de Gaulle, le 28 juillet 1967, il démissionne du Parti libéral et siégera dorénavant comme député indépendant en faveur de l'indépendance du Québec.

à Paris, et René Marleau[6], haut fonctionnaire à la retraite qui fut long-temps rattaché au ministère des Affaires internationales du Québec. Le président de ce comité secret n'est nul autre que Claude Morin[7]. Quelques semaines plus tôt, lors d'un repas à Montréal, c'est à la demande expresse de Jacques Parizeau que le père de l'étapisme a accepté de diriger les travaux du comité et d'écrire certains textes.

À ce moment-là, l'ancien ministre des Finances ne semble pas être encore au courant des activités rémunérées de Claude Morin avec la GRC[8]. Pour ceux qui s'étonneraient de voir le croisé faire appel à un rival sur le plan de la stratégie référendaire, Jacques Parizeau s'exclame : « La question n'est pas là ! Je voulais un comité qui regroupe toutes les tendances et toutes les gloires du PQ sur les Affaires internationales. De plus, Morin est quelqu'un avec qui j'ai beaucoup travaillé du temps de Jean Lesage. On est des camarades[9] ! »

Bien que d'autres personnalités se joignent au groupe à l'occasion, dont Sylvain Simard, en général, le noyau du comité se compose de sept personnes, d'où l'appellation le groupe des sept.

À la réunion du 7 mai, il est question de la visite prochaine du premier ministre Michel Rocard au Québec. Louise Beaudoin informe le comité qu'elle l'a déjà rencontré pour faire en sorte que « la France assure, dans l'après-Meech, la continuité de ses prises de position antérieures envers le Québec et maintienne sa position d'accompagnement de la démarche du Québec[10]. » Claude Morin présente à ses collègues le projet de texte sur l'après-Meech qui devra être envoyé en Europe, tandis que Louise Beaudoin, qui part pour Paris, s'entretiendra avec Jean Lacouture et Alain Peyrefitte. Elle discutera à nouveau avec Michel Rocard, avec qui elle entretient des liens très étroits.

---

6. Depuis septembre 1989, René Marleau est conseiller de Jacques Parizeau sur les questions d'immigration et d'affaires internationales. Il remplace Claude Beaulieu et agit à titre de secrétaire de ce comité secret. René Marleau fut le premier directeur du Bureau de l'immigration québécoise à Paris en 1969. Auparavant, il travaillait pour le ministère fédéral de l'Immigration.

7. Claude Morin le confirme. Entrevue du 10 avril 2000.

8. Consulter à ce sujet le tome II, *Le Baron*, au chapitre 20 intitulé « L'homme qui parlait à la GRC ».

9. Entrevue téléphonique avec Jacques Parizeau, le 9 juillet 2003.

10. Extrait du procès-verbal de la réunion du groupe des sept, le 7 mai 1990.

Le 19 juin, le groupe des sept se rencontre chez Yves Michaud. La réunion est consacrée au texte rédigé par Claude Morin sur l'après-Meech. Comme on ne sait pas si l'entente sera ratifiée, un dernier paragraphe doit encore être écrit. Après les événements du 22 juin, alors que l'accord se liquéfie, on y ajoute la conclusion suivante : « L'aboutissement du dernier exercice constitutionnel n'a rien d'étonnant. (…) L'expérience historique récente est claire : jamais le Canada anglais n'acceptera de réviser le fédéralisme canadien en fonction des aspirations du Québec. C'est pourquoi de plus en plus de Québécois et de Québécoises ont décidé de choisir une autre voie, la souveraineté de leur patrie[11]. » Ce texte est envoyé à tout un réseau de diplomates, politiciens et membres de la presse internationale. Le président François Mitterrand en reçoit un exemplaire. Ce serait un « excellent moyen » de l'approcher, lit-on dans le procès-verbal de l'une des réunions, puisque « le nationalisme n'est pas quelque chose de spontané chez François Mitterrand et l'idéologie socialiste aurait plutôt tendance à le considérer comme un phénomène de droite. Il importe donc que Michel Rocard se commette prospectivement et aille un peu plus loin que pourrait le souhaiter l'Élysée, d'autant plus qu'il pourrait ne pas finir l'année à son poste[12]. »

Au moment où le Parti québécois mène une campagne de charme auprès des autorités politiques françaises, le premier ministre Robert Bourassa commet un impair diplomatique. Depuis longtemps, il était prévu que le premier ministre français rencontre son vis-à-vis au Québec en septembre 1990. Robert Bourassa, dépassé par la crise amérindienne d'Oka, annule la visite de Michel Rocard, mais demande à celui-ci d'en prendre la responsabilité en invoquant la crise dans le Golfe Persique. La France refuse catégoriquement et les relations s'enveniment. Aucun communiqué commun ne sera publié. Par son geste, Robert Bourassa se trouve à mettre un terme à la pratique annuelle des visites alternées des premiers ministres du Québec et de la France, une tradition inaugurée par René Lévesque et Raymond Barre en novembre 1977.

L'affaire irrite suffisamment les Français pour que Pierre Guidoni, secrétaire aux Affaires internationales du Parti socialiste, en fasse mention lors d'une rencontre avec le Parti québécois le 5 octobre 1990[13].

---

11. Extrait du document de onze pages, sans titre.
12. Extrait du procès-verbal de la réunion du groupe des sept, le 19 juin 1990.
13. Jacques Parizeau ne participe pas à cette rencontre. Louise Beaudoin, Pierre Boileau, Michel Leduc et René Marleau sont toutefois présents.

Louise Beaudoin, qui revient de Paris à la fin d'octobre, confirme la fureur des Français, en écrivant à Jacques Parizeau : « À Matignon, l'on répète volontiers que ceux qui avaient la responsabilité de l'organisation de la visite au Québec étaient des *amateurs*. Parmi les organisateurs des douze pays déjà visités par le premier ministre, les Québécois sont apparus comme les plus *odieux* et les plus *insupportables*. Monsieur Bourassa a fait beaucoup de tort au Québec en tentant de faire porter le chapeau à la France lorsqu'il a décidé d'annuler sa rencontre annuelle avec le premier ministre français[14]. »

Le mois suivant, en novembre, quand le président de l'Assemblée nationale française rend visite à Robert Bourassa, les tensions ne semblent pas s'être apaisées. Après avoir discuté avec le premier ministre du Québec, Laurent Fabius et toute sa délégation parlementaire sont accueillis par Jacques Parizeau. Le lendemain matin, à sa propre demande, Laurent Fabius rencontre des députés du Parti québécois. Au cours de ce déjeuner privé, le politicien français a des « mots gentils pour Mulroney qu'il juge honnête, mais [ne parle pas] avec sympathie de monsieur Bourassa[15]. » Dans un « climat de franche camaraderie », le président de l'Assemblée nationale française « souligne sa sympathie évidente pour l'indépendance du Québec. »

À la réunion du groupe des sept, le 6 décembre 1990, on apprend que Bernard Landry travaille sur une « loi du retour » pour les francophones hors Québec dans l'éventualité de la souveraineté. D'autre part, la présence d'experts internationaux à la Commission Bélanger-Campeau inquiète. Dans le procès-verbal de cette réunion, on peut lire : « Il semble y avoir une stratégie libérale afin de rééquilibrer la tendance souverainiste des mémoires québécois [déjà présentés à la Commission] par le témoignage d'experts étrangers allant dans le sens fédéraliste. Les libéraux auraient leur liste, le PQ doit avoir la sienne, est-il écrit. Notre stratégie : nos experts devront insister sur les conditions différentes au Québec et au Canada qui interdisent tout copiage sur l'Europe[16]. »

---

14. Lettre de Louise Beaudoin à Jacques Parizeau. Le 25 octobre 19990. Archives de Jacques Parizeau. ANQ, Montréal.
15. Compte-rendu de la rencontre privée de Laurent Fabius avec les députés Beaulne, Boulerice, Brassard et Chevrette. Le document a été rédigé par André Boulerice, porte-parole du groupe parlementaire du Parti québécois pour les Affaires culturelles et la Francophonie.
16. Procès-verbal de la réunion du groupe des sept, le 6 décembre 1990.

Les péquistes demandent l'assistance de la France à ce sujet. Dans une courte note au premier ministre français, Louise Beaudoin précise : « Nous cherchons donc des experts qui accepteraient de venir éventuellement en janvier ou février prochain, témoigner, dans le sens de nos thèses, à la Commission sur l'avenir constitutionnel du Québec (Bélanger-Campeau). Ces experts n'ont pas besoin d'être des universitaires rattachés à une faculté, mais tout simplement des hommes ou des femmes ayant une certaine notoriété[17]. » Afin que les experts choisis cadrent parfaitement avec la pensée péquiste, elle joint à cette note un texte qui résume la vision de son parti : « Pour le premier ministre, l'existence du Parlement européen constitue, en elle-même, une preuve de la nécessité d'une intégration politique. (...) Il semble au PQ que l'expérience de l'Europe et son évolution possible, si elles présentent un développement stimulant pour les pays concernés, peuvent difficilement servir d'argument pour justifier l'obligation de maintenir un lien fédéral entre le Québec, le Canada et les autres provinces. (...) L'association économique n'exige pas l'association politique, au sens fédératif du terme. » Dans cette note, Louise Beaudoin tutoie le premier ministre Rocard et ne signe que par son prénom : « Tu serais bien aimable de me faire savoir avec qui, à ton cabinet, je dois discuter de ce dossier. Le temps presse[18]. »

## Le somptueux réseau

En janvier 1991, toujours en mission pour Jacques Parizeau, Louise Beaudoin séjourne à nouveau à Paris. Le jour du déclenchement de la première guerre du Golfe par les Américains, le 17 janvier, elle est à Matignon, en compagnie du premier ministre de la France, pendant deux heures[19]. Dans une note à Jacques Parizeau, elle décrit avec une certaine émotion comment cela s'est déroulé : « Je garderai toujours précieusement en mémoire l'image de Michel Rocard, en pleine guerre du Golfe, dans

---

17. Note de Louise Beaudoin adressée au premier ministre Michel Rocard, le 4 décembre 1990.
18. En 1992, cinq experts internationaux, dont un de la France, Alain Pellet, ont réaffirmé, devant la Commission d'étude des questions afférentes à l'accession du Québec, le caractère indivisible du territoire québécois en cas de souveraineté.
19. Elle sera encore en compagnie de Michel Rocard le 19 janvier pour un 5 à 7.

**Société
du Palais
de la Civilisation**

⊛ Ville de Montréal
Bureau de poste
275, rue Notre-Dame Est
Montréal (Québec)
H2Y 1C6

(514) 872-4560

<u>NOTE</u>

A:   Monsieur Michel Rocard
     Premier Ministre

De:   Louise Beaudoin
      Directrice générale

Le 4 décembre 1990

Tel qu'entendu au téléphone aujourd'hui, je te fais parvenir la courte note ci-jointe, qui te donnera le contexte de ma demande.

Nous cherchons donc des experts qui accepteraient de venir éventuellement en janvier ou février prochain, témoigner, dans le sens de nos thèses, à la commission sur l'avenir constitutionnel du Québec (Bélanger-Campeau). Ces experts n'ont pas besoin d'être des universitaires rattachés à une faculté, mais tout simplement des hommes ou des femmes ayant une certaine notoriété.

Tu serais bien aimable de me faire savoir avec qui, à ton cabinet, je dois discuter de ce dossier. Le temps presse.

Voici mes nouvelles coordonnées: Tél.: (514) 872-4560
                                 Fax.: (514) 872-8645

Salutations très amicales! *Et au plaisir de te revois en janvier.*

*Louise*

*Louise Beaudoin tutoyait Michel Rocard. Elle avait un accès privilégié au premier ministre français ainsi qu'au président de la République. Source : anonyme.*

son bureau examinant avec moi, article par article, la charte des Nations Unies pour connaître la procédure que nous devrons suivre pour y adhérer[20] en tant que pays naissant. »

Louise Beaudoin écrit : « Michel Rocard m'assure encore une fois que, si nécessaire, la France mettra à notre service une " diplomatie officieuse infernale " et que le jour venu elle montrera publiquement ses couleurs. Le problème, estime Louise Beaudoin, c'est qu'il est le seul ou presque à penser de cette façon au gouvernement car nous manquons cruellement de relais[21]. » Celle qui sait que les jours de Michel Rocard sont comptés au sein du gouvernement français ajoute : « Tout ce qui sort actuellement du Quai [d'Orsay], fortement influencé par l'ambassadeur Bujon de l'Estang, est profédéraliste. » François Bujon de l'Estang est alors ambassadeur de France à Ottawa.

À Ottawa, en effet, le gouvernement fédéral et l'ambassadeur français travaillent contre les souverainistes. Il en va de même à Paris, avec le nouveau délégué général du Québec, André Dufour. En dépit de cette situation fort désavantageuse pour elle, Louise Beaudoin travaille d'arrache-pied. Dans les premiers jours de mars, elle retourne à nouveau dans la capitale française. Elle rencontre personnellement le président François Mitterrand. Sept jours plus tard, elle revient au Québec avec en poche une invitation du Parti socialiste français adressée au chef de l'opposition officielle du Québec. Le programme de la visite s'étendra du 21 au 26 avril.

S'il est prévisible que Michel Rocard reçoive Jacques Parizeau, il en est tout autrement du rendez-vous fixé avec le président socialiste François Mitterrand, reconnu pour sa grande froideur à l'endroit du projet souverainiste du Québec. La visite de Jacques Parizeau en France crée un précédent : ce sera la première fois qu'un chef de l'opposition du Québec, souverainiste de surcroît, rencontre le président de la République[22]. Louise Beaudoin a de quoi être fière, car elle a pratiquement organisé cette visite toute seule et sans faire appel à la Délégation générale du Québec.

---

20. Note de Louise Beaudoin adressée à Jacques Parizeau et intitulée *Séjour à Paris, janvier 91*. Date précise inconnue. Archives de Jacques Parizeau. ANQ, Montréal.
21. *Idem.*
22. En 1987, à titre de chef de l'opposition, Pierre Marc Johnson devait rencontrer le président français, mais la crise qui sévissait alors dans son parti et la mort de René Lévesque étaient venues anéantir ses chances de s'entretenir avec François Mitterrand. Le chef péquiste avait dû annuler la rencontre et retourner en catastrophe au Québec.

Le 22 avril, un peu avant 17 h 00, Jacques Parizeau fait son entrée à l'Élysée accompagné du nouveau délégué général du Québec, André Dufour. La rencontre avec François Mitterrand dure une heure. À sa sortie, Jacques Parizeau déclare aux journalistes que l'État français en a profité pour renouveler son discours qui veut qu'il « accompagnera le Québec dans ses choix, sans le précéder ». Rien d'autre n'émerge de la discussion entre les deux hommes. Deux jours plus tard, lors d'une rencontre avec Jacques Chirac, le maire de Paris, celui-ci fait une fleur à Jacques Parizeau en contredisant clairement les propos de Robert Bourassa qui veut que l'exemple européen s'applique au Québec et au Canada. « Je crois qu'on ne peut pas transposer les choses d'un continent à l'autre, déclare Jacques Chirac devant les journalistes. Il y a des réalités historiques, sociologiques, politiques, économiques qui sont différentes en Europe et en Amérique du Nord. Je ne pense pas qu'on puisse faire de comparaison avec une situation en Amérique du Nord qui est d'une nature différente[23]. » Jacques Parizeau reprend l'avion, fort satisfait de son voyage.

## L'affaire Morin

Au printemps 1991, à la suite de la création officielle d'un comité des relations internationales au sein même du Parti québécois, le discret groupe des sept est dissout. Quatre de ses membres se retrouvent cependant au nouveau comité présidé par Anne Legaré[24].

Dans l'un des derniers procès-verbaux du groupe des sept, daté du 28 mai, il est mentionné que « l'intérêt des États-Unis pour le Québec ne se dément pas : Claude Morin est de plus en plus invité par leurs représentants au Québec-Canada[25] ». Il est aussi sollicité de façon répétée par un groupe de députés péquistes dirigé par le whip de l'opposition officielle, Jacques Brassard.

---

23. Cité dans un article de Michel David, « L'exemple européen ne peut s'appliquer au Québec – Chirac contredit Bourassa », *Le Soleil*, le 26 avril 1991.
24. Anne Legaré, professeur de science politique de l'UQÀM, s'était d'ailleurs jointe au groupe des sept en mars 1991. Ces quatre membres sont : Bernard Landry, Louise Beaudoin, René Marleau et Jean-Marc Léger.
25. Extrait du procès-verbal du groupe des sept, le 28 mai 1991.

« Soudainement, on a vu Claude Morin dans les bureaux de l'opposition à Québec, raconte Jean Royer. Il venait dans nos locaux, il lisait des textes, écrivait des mémos. À un moment, ça se sait[26]. » Et vers le mois de septembre 1991, selon ses souvenirs, Jean Royer reçoit un coup de téléphone étonnant de Michel Carpentier[27]. L'ancien bras droit de René Lévesque veut le voir. Il fait partie des initiés, de ceux qui savent... « Je veux te dire des choses sur Morin, annonce Michel Carpentier. Parce que vous souhaitez le ramener aux affaires, j'aimerais que vous en soyez informés », prévient-t-il. Jean Royer réagit immédiatement, en lui disant qu'il n'est pas question qu'il revienne aux affaires, « mais je vais tout de même entendre ce que tu as à me dire. » Jean Royer éprouve énormément d'estime pour Michel Carpentier. « Il me raconte que Morin avait entretenu sans mandat des relations avec la GRC pour lesquelles il avait obtenu rémunération, ce qui le mettait dans une situation inconfortable. »

— Tab…! s'exclame Jean Royer, qu'est-ce que tu me racontes là !

— Claude Morin l'a reconnu par écrit dans une lettre signée de sa main et adressée à René Lévesque, précise Michel Carpentier.

— As-tu la lettre ? lui demande Jean Royer.

— Je vais voir si je peux te l'apporter, lui dit finalement Michel Carpentier.

Après avoir vraisemblablement parlé à Jean-Roch Boivin qui refuse de lui donner accès au document compromettant, Michel Carpentier revient les mains vides. Jean Royer se fie toutefois à la parole de Carpentier qu'il trouve suffisamment crédible.

« Je raconte ça à monsieur Parizeau, qui me regarde d'un air complètement abasourdi », se souvient Jean Royer[28]. Le chef du Parti québécois comprend qu'il n'est dorénavant plus question de demander quoi que ce soit à Claude Morin. Jean Royer rencontre par la suite Jacques Brassard et lui dit, sans en expliquer la raison : « On ne souhaite plus avoir Claude Morin dans les parages. On ne veut plus qu'il soit invité[29]. »

Au moment où le Parti québécois est en pleine remontée dans les sondages, Jacques Parizeau juge qu'il est préférable de ne pas rendre cette

---

26. Entrevue avec Jean Royer, le 24 mai 2000.
27. La confidence qui suit, avec les citations de Michel Carpentier, provient des souvenirs de Jean Royer. Entrevues du 24 mai 2000 et du 3 octobre 2002.
28. Entrevue avec Jean Royer, le 3 octobre 2002.
29. *Idem.*

information publique. Mais Jean Royer ne peut s'empêcher de demander à Michel Carpentier : « Pourquoi dans le livre écrit par Lévesque, y a-t-il de si bons mots à l'égard de Claude Morin ? Je ne comprends pas. » Michel Carpentier tente une explication : « Monsieur Lévesque a toujours apprécié la femme de Claude Morin. Il savait que ça lui avait déjà causé beaucoup de peine [cette histoire], c'est pour cette raison qu'il n'a jamais voulu l'indiquer[30]. » Comme il a été révélé dans le deuxième tome de cette biographie, c'est Claude Morin qui a lui-même informé René Lévesque de ses activités avec la GRC dès 1975. Ne jugeant pas ce comportement répréhensible ou n'accordant que peu d'importance à ce genre de manœuvres, René Lévesque, devenu premier ministre, sera toutefois obligé en 1981 de demander la démission de son ministre Claude Morin. À l'époque, si l'affaire s'était ébruitée, les gestes de son conseiller constitutionnel auraient mis en péril son gouvernement. Le ministre fédéral Marc Lalonde, bras droit de Pierre Elliott Trudeau, a également avoué avoir été informé des activités de Claude Morin avec la GRC dès 1978. « C'était le solliciteur général, Francis Fox, qui était au courant[31] », a-t-il révélé.

Le 7 mai 1992, plus de dix ans après avoir démissionné comme ministre, Claude Morin se retrouve au cœur d'une violente tempête médiatique. Le reporter Normand Lester de la télévision de Radio-Canada révèle au grand public que le principal stratège de René Lévesque a rencontré secrètement la GRC à plusieurs occasions et a été rémunéré pour chacune de ses rencontres. Le soir même, dans une entrevue au magazine télévisé Le Point,

---

30. Propos attribués à Michel Carpentier et rapportés par Jean Royer. Entrevue du 24 mai 2000.
31. Entrevue avec Marc Lalonde, le 7 décembre 2000. Après la publication du second tome, Marc Lalonde revient subitement sur ses paroles et laisse entendre qu'il ne l'a su que beaucoup plus tard. Cette confidence était « bien approximative », ajoute-t-il dans Le Devoir du 5 mai 2002 et n'était qu'un élément parmi d'autres dans le courant d'une conversation. Le biographe désire ici spécifier aux lecteurs que l'entrevue avec Marc Lalonde a duré plus d'une heure. À trois reprises, le biographe est revenu sur la date mentionnée et Marc Lalonde a acquiescé, précisant même que cette information lui fut communiquée par le solliciteur général, Francis Fox. Or, Francis Fox n'est solliciteur général que de 1976 à 1978. Marc Lalonde, avocat chevronné, politicien d'expérience, a eu toutes les occasions de revenir sur ses souvenirs pendant l'entrevue, ce qu'il n'a jamais fait. La réaction de son collègue Francis Fox, fort indisposé par cet aveu, explique peut-être les dénégations tardives de Marc Lalonde. Tout le contenu de l'entrevue avec monsieur Lalonde a été enregistré.

Claude Morin le reconnaît. Jacques Parizeau qui écoute le reportage dans son salon en compagnie de René Blouin affirme alors : « Monsieur Blouin, vous savez quoi ? Claude Morin ne pourra passer au travers, il va se suicider[32] ! » Tant que Claude Morin n'a pas lui-même confirmé les faits, Jacques Parizeau avait toujours refusé de croire à ces allégations. Il s'en est expliqué ainsi au biographe : « Vous savez, des rumeurs sur Claude Morin, il y en avait beaucoup[33]. »

L'homme qui rencontrait la GRC désire maintenant s'entretenir avec le chef du Parti québécois. Il souhaite s'expliquer, ce que Jacques Parizeau refuse : « Qui que ce soit, quand on reçoit de l'argent de la police, gros montant ou petit montant – ça m'est égal –, on se met entre les mains de la police. Quel que soit le rôle qu'il a pu jouer dans le passé, et je reconnais tous les mérites qu'il a eus, on a tellement fait de choses ensemble, mais il reste que c'est [un geste] inqualifiable[34]. » Jacques Parizeau avait déjà lui-même encouragé la formation d'un réseau informel de renseignement politique, mais celui-ci s'était bâti en opposition à la GRC. Jacques Parizeau se sent donc légitimé de condamner les actions de Claude Morin : « Il devait s'imaginer qu'il serait plus fort que la police. Du genre, "Comme ça, je pourrai savoir où ils veulent aller." Mais on n'a pas idée quand on est ministre de la Couronne de se mettre dans une situation de vulnérabilité semblable[35]. »

Le 11 mai, Gérald Godin fait partie des députés qui exigent l'expulsion de Claude Morin du parti. Jean Garon et Louise Harel voudraient pratiquement qu'on mette au poteau celui qu'ils jugent comme un traître. Le premier caucus des députés du Parti québécois qui suit les révélations du journaliste Normand Lester donne lieu à une réunion explosive. « Mon caucus est cassé en deux ![36] », se rappelle Jacques Parizeau. Gilbert Charland, rattaché au service de la recherche du Parti québécois à l'Assemblée nationale, observe son chef : « Pour monsieur Parizeau, dans son éthique personnelle, c'est quelque chose pour lui d'inacceptable. Il était mortifié, dévasté[37]. »

---

32. Entrevue avec René Blouin, le 10 octobre 2000.
33. Entrevue avec Jacques Parizeau, le 24 mai 2000.
34. Entrevue avec Jacques Parizeau, le 26 octobre 1999.
35. Entrevue avec Jacques Parizeau, le 17 octobre 2000.
36. Entrevue avec Jacques Parizeau, le 26 octobre 1999.
37. Entrevue avec Gilbert Charland, le 24 novembre 2000.

Dans les médias et auprès de la population, la réputation de Claude Morin, le grand stratège de René Lévesque, est anéantie : «Depuis une semaine, écrit le journaliste Gilles Lesage, force est de constater que le sphinx de la Colline parlementaire – que d'aucuns comparent, toutes proportions gardées, à Machiavel, Talleyrand, et d'autres étranges éminences grises du pouvoir – a été déboulonné d'un piédestal construit avec patience et minutie depuis 30 ans[38].»

L'histoire devient burlesque lorsque Claude Morin tente d'expliquer qu'il n'a pas vraiment utilisé pour lui-même l'argent donné par la GRC, mais qu'il a plutôt versé l'essentiel de ses rétributions au Parti québécois et aux bonnes œuvres de sa paroisse. L'entourage de Jacques Parizeau réagit mal et décide de lui retourner les sommes qu'il prétend avoir versées au parti. «On rembourse. Un instant! On n'est pas assez pauvres pour vivre de l'argent d'un traître», raconte une source anonyme.

Jacques Parizeau rompt tout rapport avec son ancien collègue, mais refuse d'expulser Claude Morin du Parti québécois. Jean Royer explique pourquoi : «Ça ne peut se faire que dans le cadre d'un Conseil national. La décision doit ensuite être ratifiée par le Congrès. Ce serait vite devenu un tribunal islamique où l'on se tape sur la tête jusqu'à ce que ça saigne!» De plus, plusieurs anciens ministres et membres de l'entourage de René Lévesque étaient aussi au courant et n'ont rien dit. D'autres, plus proches de Claude Morin, semblaient trouver que ses rencontres avec la GRC étaient justifiées. Dans un tel contexte, la décision d'expulser Claude Morin aurait soulevé la controverse au sein du parti, sans compter qu'un tel exercice aurait aussi ramené les projecteurs sur le père fondateur du parti, René Lévesque. Était-il au courant? Si oui, pourquoi aurait-il toléré de tels agissements? «Voyons donc!, s'écrie Jean Royer. D'ailleurs, dans les statuts du parti, avant d'expulser qui que ce soit, il faut donner à la personne [incriminée] la liberté de venir s'exprimer. Imaginez le débat! Et pendant ce temps, on se dirige vers un référendum, on veut gagner, puis là, on nous ramène à l'erreur d'un homme et ça date de plus de dix ans, disons que…[39]»

Lors du Conseil national qui se tient à Hull le 30 mai, soit peu de temps après ces événements, Jacques Parizeau déclare aux délégués : «Vous

---

38. Article de Gilles Lesage, «Le sphinx déboulonné – Claude Morin est tombé d'un piédestal qu'il avait mis 30 ans à bâtir», *Le Devoir*, le 14 mai 1992.
39. Entrevue avec Jean Royer, le 24 mai 2000.

m'avez fait comprendre que pour des règlements de compte sur des affaires de 15 ou 16 ans, on serait mieux de repasser.» La phrase est suivie d'une ovation. Tout le monde au Parti québécois juge qu'il est temps de passer à autre chose. L'équipe de Jacques Parizeau repart donc dans une autre direction, celle de la reconnaissance éventuelle d'un Québec indépendant par la communauté internationale[40].

## Faire contrepoids à un pachyderme

Le 4 mars 1993, au cœur de la capitale américaine, une vingtaine de hauts fonctionnaires fédéraux et de diplomates prennent le repas du soir en compagnie de Jacques Parizeau. La scène se déroule à l'Hôtel Ritz-Carlton de Washington. Organisée par Reed Scowen, délégué du Québec à New York avec la permission de l'ambassade canadienne, cette rencontre clôture le séjour de trois jours que le chef de l'opposition a effectué aux États-Unis. Parmi les invités, on compte Michael Kergin, adjoint de l'ambassadeur du Canada et des représentants des départements d'État et du Commerce. «Et j'avais pour la première fois, tient à souligner Jacques Parizeau, quelqu'un de la Maison Blanche, un représentant du National Security Council (NSC) qui était [au bureau] Amérique et Europe, donc un poste assez élevé[41].»

Le porteur du projet souverainiste profite de l'occasion, prétend-il, pour tester auprès des Américains une thèse provocatrice. Expliquant d'abord qu'il peut compter sur certains appuis en France, il leur dit : «Écoutez, pour vous, cela va être terriblement compliqué de faire accepter [au Canada anglais] qu'un Québec qui devient souverain reste dans l'ALÉNA. Ça va leur faire mal au cœur. (…) Vous demander en plus de reconnaître le Québec, d'être le premier pays à reconnaître le Québec, ça n'a pas de bon sens. Là, je reconnais que c'est trop vous demander. Pour vous faciliter la tâche, qu'est-ce que vous diriez si la France [reconnaissait en premier le pays du Québec?] Disons que cela compléterait le

---

40. À ce sujet, Louise Beaudoin, aidée principalement de Jacques Vallée, haut fonctionnaire en congé sabbatique (ex-délégué du Québec à Rome), rédige un document de réflexion de près de 70 pages intitulé *La reconnaissance internationale d'un Québec souverain*. Septembre 1991. Archives de Jacques Parizeau. ANQ, Montréal.
41. Entrevues avec Jacques Parizeau, le 9 novembre 1999 et le 15 juillet 2003.

travail[42]?» Jacques Parizeau fait de l'effet et il en est fier : «Là, ça va discuter ferme autour de la table, raconte Jacques Parizeau. Puis à un moment donné, le responsable du NSC met son poing sur la table et dit : " Nous ne laisserons jamais ces Français vous reconnaître en premier! Nous le ferons en premier "!» Jacques Parizeau est satisfait. Il souhaite utiliser la France comme levier pour amener les États-Unis à se compromettre rapidement sur la question du Québec.

Reed Scowen, qui était présent tout au long de la soirée, ne se souvient pas que les Américains aient tenu de tels propos[43]. Quant à René Marleau, conseiller spécial de Jacques Parizeau en matière de relations internationales, il soutient que le représentant du NSC a peut-être exprimé un point de vue, mais cela devait être en des termes beaucoup plus modérés[44]. C'est ce que confirme Michael Kergin, de l'ambassade canadienne, en soulignant qu'il s'agissait «plutôt d'un événement social. Les *officials* américains étaient très soucieux de ne pas indisposer les Canadiens. Le représentant du NSC n'aurait donc pas parlé de cette façon. Cela me surprendrait beaucoup[45]», précise-t-il.

Jacques Parizeau ne croit pas sérieusement que les Américains iraient jusqu'à bouger avant la France[46]. Il souhaite plutôt utiliser au maximum l'empathie française pour faire contrepoids à la froideur américaine à l'endroit du projet péquiste. Quelques jours plus tard, en arrivant à Paris où il va rencontrer le président Mitterrand, il confie ouvertement ses attentes lors d'un discours prononcé devant une cinquantaine d'étudiants de l'Institut d'études politiques de Paris : «On en a toujours un peu besoin (de l'aide de la France), mais là, on va en avoir beaucoup besoin au cours de cette phase [qui s'annonce][47].» Il explique son audacieuse théorie

---

42. *Idem.*
43. Entrevue téléphonique avec Reed Scowen, le 31 juillet 2003.
44. Entrevue avec René Marleau, le 15 juillet 2003.
45. Entrevue téléphonique avec Michael Kergin (devenu plus tard ambassadeur du Canada aux États-Unis), le 5 septembre 2003.
46. Il évoque cette possibilité dans son ouvrage *Jacques Parizeau – Pour un Québec souverain*, Montréal, VLB Éditeur, 1997, à la page 285, mais dans une entrevue qu'il accorde au biographe, le 9 novembre 1999, il précise que cela n'est qu'un souhait qui apparaît comme irréaliste.
47. Cité dans un l'article de Michel Dolbec, «Le Québec aura " beaucoup besoin de la France " affirme Parizeau», *La Presse*, le 10 mars 1993.

du contrepoids à l'égard du géant américain, véritable pachyderme face au Québec : «Les États-Unis vont être tellement importants [à partir] du moment où le Québec [deviendra] un pays souverain. Il est important d'avoir une sorte d'équilibre. Il faut être à la fois très proches des Américains mais pas trop. Il faut avoir quelque chose pour contrebalancer. Nous allons avoir besoin de la France et des Français pendant cette phase-là.»

Le 11 mars, en présence de François Mitterrand, il évoque ce «jeu de bascule par rapport aux Américains[48]». Jacques Parizeau sent bien que la souveraineté du Québec ne suscite pas l'enthousiasme de son interlocuteur, mais comme il ne peut écarter une victoire possible du Parti québécois, le président de la République «prend une police d'assurance au cas où ça arriverait et il me reçoit», estime Jacques Parizeau. «Dans ce sens-là, il m'a été extraordinairement utile[49].»

## Le mot de Roland Dumas

Encore une fois, le rôle de Louise Beaudoin dans la tenue de cette rencontre s'est révélé déterminant. Cette fois-ci, bien que la visite soit officiellement prise en charge par la Délégation générale du Québec à Paris et que Michel Rocard, grand ami des souverainistes, ne soit plus là, Louise Beaudoin a misé sur son amitié avec Paulette de Crenne, la secrétaire personnelle du président. «C'est comme ça que j'ai obtenu pour Jacques Parizeau la rencontre avec Mitterrand[50]», explique-t-elle. Pour ce qui est de l'ensemble du programme, le conseiller aux Affaires internationales de Jacques Parizeau, René Marleau, a fait tout le travail.

Louise Beaudoin s'est surtout assurée auprès de l'Élysée que l'entretien avec François Mitterrand se déroule en tête-à-tête, sans la présence habituelle du délégué général du Québec, André Dufour, les «oreilles» de Robert Bourassa. Afin de sauver les apparences, ce dernier doit tout de même accompagner Jacques Parizeau jusqu'à l'Élysée pour le présenter au président français.

Au moment où Jacques Parizeau gravit le grand escalier extérieur du palais présidentiel accompagné par André Dufour, Louise Beaudoin, Jean

---

48. Entrevue avec Jacques Parizeau, le 9 novembre 1999.
49. Entrevue avec Jacques Parizeau, le 17 octobre 2002.
50. Entrevue avec Louise Beaudoin, le 20 juin 2000.

Royer et René Marleau, des centaines de journalistes, dont plusieurs sont juchés dans des gradins, le fixent du regard. Ils sont tous là pour attendre la sortie du président de la Serbie, Slobodan Milosevic, de même que des médiateurs Cyrus Vance et David Owen, qui négocient une entente sur le statut de la Bosnie.

Après une attente d'une vingtaine de minutes dans une antichambre, Jacques Parizeau est invité à passer dans le bureau du président. Jean Royer et Louise Beaudoin, qui sont demeurés assis, observent attentivement André Dufour. « Ce qui est convenu, raconte Jean Royer, c'est que le délégué général serre la pince au président et ressorte de façon à ce que monsieur Parizeau puisse s'entretenir seul à seul avec le président[51]. » Mais au grand étonnement de Louise Beaudoin et de Jean Royer, André Dufour entre avec Jacques Parizeau dans le bureau du président et la porte se referme. « Le délégué reste là ! », constate Jean Royer. Louise Beaudoin s'écrie : « C'est l'échec ! Qu'est-ce qu'on fait[52] ? » « Eh bien il faut faire sortir monsieur Dufour », répond Jean Royer. Le conseiller spécial prend le téléphone disponible dans l'antichambre et tente d'appeler à la Délégation du Québec, mais il est incapable d'avoir une ligne. Déterminé, il sort de la pièce pour trouver un autre appareil. Il se retrouve alors face à face avec des gardes armés de mitraillettes, les agents spéciaux protègent Cyrus Vance, envoyé spécial de l'ONU, et Lord Owen, représentant de la Communauté européenne. L'un des gendarmes crie à Jean Royer : « Vous rentrez ! » Royer n'oppose aucune résistance et retourne dans l'antichambre sans prononcer un mot.

Louise Beaudoin fulmine : « Ça ne restera pas comme ça !, dit-elle à Jean Royer. Ça fait vingt ans que j'investis dans mes relations avec les Français ! » Elle se dirige vers une autre porte, celle du bureau du secrétaire général de l'Élysée. Hubert Védrine, surpris et indisposé, tente d'expliquer à Louise Beaudoin qu'il lui est difficile de lui parler dans les circonstances, puisqu'il est avec un ministre. Dans l'entrebâillement de la porte, Roland Dumas, le ministre des Affaires étrangères, apparaît soudainement. Quand il voit Louise Beaudoin, un large sourire illumine son regard : « Bonjour Louise ! Comment allez-vous ? » Impassible, elle répond : « Ça ne va pas bien. » Jean Royer s'en mêle : « Là, là, comprenons-nous bien. On est

---

51. Entrevue avec Jean Royer, le 24 mai 2000.
52. Propos attribués à Louise Beaudoin et rapportés par Jean Royer. Entrevue du 24 mai 2000.

venus à Paris, puis on est dans la *marde* totale!» Roland Dumas ne comprend pas : «Pardon?» «On est dans la *marde!*» répète Royer. Dumas et Vidrine se regardent. Ils ne comprennent rien au «dialecte» utilisé par le conseiller de Jacques Parizeau. «Mais… expliquez-nous!», insiste Roland Dumas.

Louise Beaudoin se lance avec passion : «Je vous rappelle à tous les deux que le gouvernement du Québec est un gouvernement de droite! C'est un gouvernement conservateur. C'est un gouvernement fédéraliste. Nous, nous sommes des sociaux-démocrates comme vous autres et des souverainistes. Dufour ne peut pas rester là! Ce n'est pas ce qui a été convenu[53]!» Roland Dumas comprend très bien : «Vous voulez qu'il sorte? Il va sortir[54].» Le ministre des Affaires étrangères, ami de François Mitterrand, écrit une petite note et s'assure que l'huissier aille la porter immédiatement au président[55].

Pendant ce temps, Jacques Parizeau s'étonne de voir André Dufour demeurer à ses côtés : «Il entre avec moi et s'assoit sur un des deux fauteuils, raconte Jacques Parizeau. Manifestement, Mitterrand s'en aperçoit. Il tarde à commencer. Il dit quelques mots et là, quelqu'un entre dans le bureau et tend un mot. Mitterrand voit le billet et le lit[56].» Le délégué en profite immédiatement pour se lever. Il remercie le président et sort de la pièce avant que celui-ci n'ait prononcé le moindre mot. Dans l'antichambre, André Dufour voit Louise Beaudoin. «J'ai profité d'un silence pour sortir», plaide-t-il. «Pas du tout, c'est moi qui t'ai fait sortir[57]!», lui lance-t-elle. Des années plus tard, Louise Beaudoin raconte encore cet épisode avec rage : «C'était l'entente que l'on avait avec Dufour. Cela devait être un tête-à-tête. C'était pour cette raison que moi et Royer n'étions pas là. La seule façon de s'assurer que le délégué général soit absent de cette réunion, c'était que l'on accepte, Royer et moi, de rester dans l'antichambre. Ce que l'on a fait nous!»

À la fin de son voyage à Paris, Jacques Parizeau déclare de façon très téméraire : «En France, on croyait au renouvellement du fédéralisme

---

53. Entrevue avec Louise Beaudoin, le 10 septembre 2003.
54. Propos attribués à Roland Dumas et rapportés par Louise Beaudoin. Entrevue du 10 septembre 2003.
55. Version des faits confirmée par Louise Beaudoin. Entrevue du 20 juin 2000.
56. Entrevue avec Jacques Parizeau, le 23 août 2000.
57. Entrevue avec Louise Beaudoin, le 20 juin 2000.

canadien : on n'y croit plus[58]. » Quant à son jeu de bascule, s'il ne semble pas avoir reçu d'encouragement clair du président français, il en est tout autrement de l'ambassadeur de France à Washington, Jacques Andréani. Très favorable à l'idée de souveraineté, l'ambassadeur s'entend très bien avec le chef péquiste. « Et au fur et à mesure que j'avance avec les Américains, quand des gens du *State Department* téléphonent à Andréani après mes voyages, en disant : " Est-ce que c'est vrai ce qu'il raconte ? Est-ce que c'est vrai que vous ne lâcherez pas les Québécois et que vous pourriez les reconnaître les premiers ? ", Andréani répondait : " Oui, c'est bien ça[59] ". (rires) »

L'ambassadeur français devient un fidèle de Jacques Parizeau. Un jour, il dit au croisé : « Je ne vous laisserai jamais tomber[60]. » C'est d'ailleurs lui qui invite Jacques Parizeau au prestigieux dîner annuel de la tribune parlementaire de la Maison Blanche, le *Washington Press Club*. Il lui propose même de poser un geste d'éclat. Il est prêt à faire une apparition publique à ce dîner à ses côtés. « Andréani m'appelle, raconte Jacques Parizeau, et me dit : " Écoutez, on va entrer ensemble juste pour voir l'effet que cela va faire. " » Pour tout ce qui peut faire rayonner la cause de la souveraineté à l'étranger, Jacques Parizeau est partant. Les réservations sont faites, le croisé prend l'avion, mais à peine arrivé à Washington, il apprend que l'ambassadeur Andréani vient d'être transporté à l'hôpital, victime d'une crise cardiaque. « Je vais y aller tout de même, mais ça n'a pas la même portée que d'entrer bras dessus bras dessous avec l'ambassadeur de France[61]. » L'effet est raté, mais heureusement pour Jacques Parizeau, la classe politique française recèle dans ses rangs de nouveaux alliés encore plus étonnants qu'Andréani et plus solides que Michel Rocard.

## La France ne laissera pas tomber le Québec

À l'été 1994, Jacques Parizeau s'apprête à partir en vacances au Mexique : « Juste avant mon départ, l'ambassadeur de Suède vient à mon bureau à

---

58. Cité dans l'article de Michel Dolbec, « Souveraineté : Mitterrand prêt à jouer un rôle " parfois assez actif " », *La Presse*, le 12 mars 1993.
59. Entrevue avec Jacques Parizeau, le 9 novembre 1999.
60. Propos attribués à Jacques Andréani et rapportés par Jacques Parizeau. Entrevue du 9 novembre 1999.
61. Entrevue avec Jacques Parizeau, le 5 septembre 2000.

Québec en me disant : " Tiens, les Français vous lâchent ? Écoutez, si les Américains ont des hésitations puis les Français vous lâchent, souvenez-vous du pays qui a été le deuxième pays à reconnaître, contre l'avis de l'Angleterre, les États-Unis comme pays indépendant. Il s'agit de la Suède. Si on peut encore vous rendre ce service "[62] ! » Jacques Parizeau apprécie l'appui déguisé en mot d'humour, mais les bruits qui courent sur Michel Rocard le font moins rire. Même s'il n'est plus premier ministre, ce dernier continue néanmoins d'influencer le paysage politique en France. Il défend une nouvelle position quant au type d'appui que la France devrait donner à un Québec indépendant.

Depuis que l'Union européenne existe, le politicien socialiste insiste pour prétendre que la France ne peut pas être seule à reconnaître un Québec souverain. Pour que cette reconnaissance ait un poids, elle doit chercher l'appui de certains autres pays d'Europe. Jacques Parizeau n'apprécie pas et estime que « Rocard nous lâche après Maastricht[63] », l'entente sur l'Union européenne entérinée de justesse par la population française en septembre 1992 (avec 51,4 % d'appuis). Combles de Nayves, le nouveau consul général à Québec, un rocardien, évoque aussi devant Jacques Parizeau une reconnaissance collective de type européen. Ce dernier est inquiet.

En vacances au Mexique, il ne peut se libérer l'esprit. En France, depuis un an, les élections législatives ont ramené la droite au pouvoir avec à sa tête Édouard Balladur, nouveau premier ministre. « Je suis assez troublé par tout ça », exprime Jacques Parizeau, qui se décide à appeler, depuis Mexico, le ministre des Affaires étrangères, Alain Juppé. « C'est important, puis-je vous voir[64] ? », lui demande le chef péquiste. Le ministre français accepte sans hésitation. Le lendemain, alors que sa femme prend l'avion pour Montréal, il s'embarque pour Paris. Arrivé au Quai d'Orsay, il rencontre Alain Juppé et quelques-uns de ses collaborateurs qui prennent des notes[65]. « Écoutez, lui dit Jacques Parizeau, on ne peut rester dans une ambiguïté pareille. Ou bien la France nous lâche en faisant appel à toute espèce de pays européen, ce qui est l'équivalent d'un conclave, ou bien la

---

62. Entrevue avec Jacques Parizeau, le 9 novembre 1999.
63. *Idem.*
64. L'épisode suivant provient des souvenirs de Jacques Parizeau. Entrevue du 9 novembre 1999.
65. La rencontre se déroule le 11 juillet 1994.

position qui est établie depuis un bon bout de temps se maintient. Je vous demande : puisque vous êtes un nouveau gouvernement qui arrive au pouvoir, avez-vous toujours la même position à l'égard de la reconnaissance d'un Québec souverain ? » Alain Juppé n'attend que quelques secondes avant de répondre. Il remercie d'abord Jacques Parizeau d'avoir été clair dans son exposé. Il souhaite l'être tout autant : « Oui, monsieur Parizeau. Nous avons toujours la même position. Les idées de monsieur Rocard n'ont pas changé les nôtres[66]. » Alain Juppé s'explique : « Il n'est pas question de demander l'avis du Luxembourg ou de l'Espagne avant de prendre position sur la question québécoise[67]. » Avant de continuer, le chef de la diplomatie française précise qu'il ne parle pas qu'à titre de ministre des Affaires étrangères. Il le fait également en tant que secrétaire général du RPR (le Parti du Rassemblement pour la République) et comme « porte-parole du mouvement gaulliste ». Alain Juppé se lance : « Dans l'éventualité où une majorité de Québécois se prononçait pour la souveraineté, la France ne laisserait pas tomber le Québec et se manifesterait rapidement dans la reconnaissance d'un Québec souverain[68]. » Jacques Parizeau est étonné de la rapidité et de la courtoisie avec lesquelles les autorités françaises répondent à sa demande improvisée. Il ne s'attendait surtout pas à un appui aussi explicite du ministre Juppé au chapitre de la reconnaissance d'un Québec indépendant. « Et je n'étais que chef de l'opposition ! », souligne-t-il. Pour le croisé de l'indépendance du Québec, voilà un nouvel allié de taille. Dans un an, au moment du référendum de 1995, Alain Juppé sera devenu premier ministre. D'ici là, comme la rencontre est confidentielle, Jacques Parizeau n'a pas l'intention d'en informer les médias.

## Le comité d'actions rapides

L'activisme diplomatique de Jacques Parizeau préfigure la tenue rapide d'un référendum au lendemain d'une victoire péquiste. Pour rendre

---

66. Entrevue avec Jacques Parizeau, le 9 novembre 1999.
67. Propos cités dans un note confidentielle de Pierre Baillargeon à Claude Roquet intitulée : « Entretien de M. Jacques Parizeau avec M. Alain Juppé », datée du 11 juillet 1994. Source anonyme.
68. *Idem.*

*N O T E*

À     :    M. Claude ROQUET

DE    :    Pierre BAILLARGEON

OBJET  :    Entretien de M. Jacques PARIZEAU avec M. Alain JUPPÉ

DATE   :    Le 11 juillet 1994

\* \* \* \* \*

Ayant été invité à le faire, j'ai assisté à l'entretien qu'a eu ce matin le Chef de l'Opposition officielle, M. Jacques PARIZEAU, avec le Ministre des Affaires étrangères, M. Alain JUPPÉ. Y assistaient également MM. Alain ROUQUIÉ, Directeur d'Amérique, François DELATTRE, Conseiller te_____ \_\_

gne par exemple, avant de prendre position sur la question québécoise. En ce qui concerne l'avenir, M. JUPPÉ disant parler non seulement à titre de ministre des Affaires étrangères mais également en celui de Secrétaire général du RPR et comme porte-parole du mouvement gaulliste, affirme que dans l'éventualité où une majorité de Québécois se prononçait pour la souveraineté, la France ne laisserait pas tomber le Québec et se manifesterait rapidement dans la reconnaissance d'un Québec souverain. En ce qui touche les relations franco-québécoises, M. JUPPÉ a dit souhaiter une coopération aussi forte et intense que possible. Son ministère fait également face à des contraintes budgétaires importantes mais il a l'intention de préserver l'enveloppe qui est présentement dévolue au Québec.

L'entretien, d'une durée d'environ une demi-heure, s'est terminé sur quelques échanges sur les intentions de vote des Québécois, M. PARIZEAU affirmant que lorsque la question posée par les sondeurs se rapproche de celle qui pourrait être posée en 1995, l'opinion des Québécois est à peu près partagée également. En réponse à une dernière question de M. JUPPÉ, M. PARIZEAU affirme qu'Ottawa ne peut empêcher ni retarder constitutionnellement la tenue d'un référendum, celui de 1980 ayant créé des précédents à cet égard.

\* \* \*

*Ce document confidentiel confirme que le ministre des Affaires étrangères de la France, Alain Juppé, s'était engagé à reconnaître le Québec indépendant. Source : anonyme.*

possible cette réalité nouvelle, il faut cependant que le nouveau gouvernement soit prêt. En avril 1994, dans une entrevue qu'il accorde au journaliste Michel Vastel, Jacques Parizeau propose une question aux Québécois : « Voulez-vous que le Québec devienne un pays souverain en date du…[69] » Comme il parle constamment de tenir un référendum dans les « huit à dix mois » suivant son élection, il ne reste plus qu'à déterminer le mois et le jour. S'il est élu premier ministre, il laisse planer la possibilité de se doter de deux conseils des ministres. L'un pour les affaires courantes, l'autre pour préparer la souveraineté. Dans les jours suivant son assermentation, le gouvernement de Jacques Parizeau « fera adopter par l'Assemblée nationale une déclaration solennelle affirmant la volonté du Québec d'accéder à sa pleine souveraineté[70]. » Une super commission constitutionnelle, présidée par son ami Jacques-Yvan Morin, pourrait immédiatement être mise sur pied.

Jacques Parizeau n'improvise pas. Dans les jours qui suivent la victoire du Bloc québécois à Ottawa, Michel Carpentier, *tabletté* à la direction générale du marketing à Tourisme Québec, appelle Louis Bernard, vice-président de la Banque Laurentienne. Celui qui fut l'ancien bras droit de René Lévesque et le premier directeur général du Parti québécois propose à Louis Bernard de mettre toute son expérience au service de Jacques Parizeau. « Il cherche, se souvient Louis Bernard, à entrevoir la séquence des événements qui conduiraient à un référendum très tôt après la prise du pouvoir du PQ[71]. »

Longtemps secrétaire général de l'État québécois sous René Lévesque, Louis Bernard se sent intellectuellement stimulé à l'idée de travailler avec Carpentier sur cette question. Il en parle à Jacques Parizeau qui le mandate aussitôt pour organiser un tel comité d'actions rapides dont le rôle visera à préparer l'État québécois à se lancer dans une campagne référendaire dès le mois de juin 1995. « Le premier scénario envisageable c'était six mois, révèle Louis Bernard. Juin 1995, était la première date théorique pour le référendum[72]. » Comme à son habitude, Jacques Parizeau exige le plus grand

---

69. Cité dans un article de Michel Vastel, « La tête à Parizeau », *L'actualité*, le 15 avril 1994. Jacques Parizeau a évoqué ce type de question à plusieurs reprises avant l'élection.

70. Extrait du programme du Parti québécois, *Parti québécois – 1994*, à la page 5.

71. Entrevue avec Louis Bernard, le 27 avril 2000.

72. *Idem*.

Un syndiqué pourtant heureux !

# Il travaille environ 120 heures par semaine... pour $25 "clair"

par
**Huguette ROBERGE**

Afin de prouver que la démocratie n'est pas une utopie et que la politique, ça peut être aussi "quelque chose de propre", un jeune professeur de sciences politiques a quitté son emploi à $12,000 par an et a refusé une bourse d'études à l'étranger de $4,000. Il travaille aujourd'hui, 18 heures par jour et sept jours par semaine... pour $25 par semaine... "Clair!" précise-t-il en riant.

d'une vraie société juste.

### Masochiste ? Non !

Il s'étonne qu'on puisse s'étonner de son geste.

"Je ne suis pas du tout masochiste, proteste-t-il. $25 extrêmement précieux. Au-

### Qui sont ces "purs"?

Ils s'appellent Victor Lapalme, Pierre Laferrière, Francine Lamonde, Denise Taxé, Robert Saint-Jean, Michel Leguerrier... et il en manque. Ils étaient professeurs, ou étudiants, ou comptable, ou bibliothécaire, ou préposé aux relations publiques ou... tout encore... Ils sont aujourd'hui des militants actifs, des péquistes à plein temps et à plein rendement. La plupart d'entre eux, célibataires ou indépendants de fortune, touchent un salaire de $25 par semaine (d'environ 120 heures) ou travaillent pour des prunes. Un seul, père de famille, c'est un voter un salaire familial qui représente environ le quart du revenu qu'il gagnait dans sa profession...

Nous avons rencontré l'un d'eux, cette semaine. Michel Carpentier, Célibataire, 24 ans, ex-professeur de sciences politiques au CEGEP de Valleyfield. Avec ses élèves, il a fait un bouquin tiré à 3,000 exemplaires (à $2.00) où l'on trouve le diagramme de l'organisation des différents partis politiques du Québec et une étude scientifique sur le comportement électoral québécois et le vote québécois depuis 1956 (document de travail au congrès du parti). Salaire actuel: $25 par semaine. Habite le logement qu'un sympathisant du parti met gratuitement à sa disposition. Travaille de 15 à 18 heures par jour, 7 jours par semaine. Et s'en trouve heureux.

"La bourse que j'avais moi-même sollicitée et qui m'avait été accordée me permettait d'atteindre le doctorat en sciences politiques. Je devais effectuer une étude sur la planification économique et le développement ré-

nence du parti et les organisations de comtés. Un travail d'information, de délégation aussi. Un travail qui leur permet de rencontrer des spécialistes et des profanes (les deux ont beaucoup à dire, en démocratie).

Pour l'ex-professeur, ce travail et les nombreux contacts qu'il occasionne sont

gional. Si j'ai refusé, cette bourse, c'est que je voulais être utile à quelque chose... et je me crois plus utile à défendre ici la cause du Parti québécois qu'à faire, en France, une étude qui colle plus ou moins à la réalité."

Au Québec, il se passe des choses. Plus de 40,000 personnes ont adhéré de fait (en payant leur cotisation) au parti fondé par René Lévesque. Depuis le congrès du parti, la venue de l'économiste Jacques Parizeau et l'adoption de la loi 63, on peut parler d'une véritable prise de conscience collective et d'une vague de nouvelles adhésions. Et l'on disait (on misait peut-être même sur ce fait) que les Québécois ne sauraient participer, militer, se politiser dans le sens le plus constructif du terme.

### Une politique de participation

"Si on accepte de travailler dans des conditions, dit M. Carpentier, c'est parce qu'on est convaincu que le Parti québécois peut un jour arriver au pouvoir."

Comme les autres membres de l'équipe "sous-payée" et les nombreux bénévoles à 110 à 100 (puisqu'ils y sont même dans leurs derniers retranchements). Michel Carpentier se préoccupe de travailler pour lui-même en contribuant à l'élaboration d'une politique nouvelle de participation.

"Cette politique-là, assure-t-il, juste et réaliste, seul un parti financé directement par ses membres (et non par les gros capitalistes intéressés) peut la concevoir".

Il ne jure pas par le Parti québécois, son chef, ses gros piliers ou ses objectifs, ses méthodes... Une fois lancé, il parle d'abandance. Avec une certaine assurance et la ferme intention de convaincre. Mais il ne projette pas d'entrer lui-même dans l'arène politique.

"Poser ma candidature? Non. Ça n'est pas mon genre, tout simplement. Je préfère travailler dans la coulisse". Le jeune péquiste a 24 ans. Dans cinq ans, dans dix ans, aura-t-il changé d'idée? Pourquoi pas?

### Intérêt et désintéressement

Cet article n'étant pas un publi-reportage sur le Parti québécois (une documentation complète sur le sujet est à la disposition du public qui n'a qu'à en faire la demande à la permanence du parti), nous n'avons retenu de notre vérité qu'une réalité: par intérêt et désintéressement, des hommes et des femmes acceptent de consacrer tout leur temps et toutes leurs énergies, gratuitement ou non par presque rien, à la cause du souverainisme. Et pour ce faire, ils ont bien souvent abandonné un emploi mieux rémunéré, une profession même, et un confort, et une tranquillité qu'ils estimaient n'avoir pas encore méritée...

Travaillant jour et soir, sept jours par semaine, Michel Carpentier n'a pas le temps de "sortir les filles" (ni l'argent, d'ailleurs). Heureusement que la "situation" comporte certains bénéfices marginaux, tels que la compagnie de charmantes secrétaires...

Et Michel Carpentier n'est même pas une exception. Ils sont une bonne douzaine de jeunes et de moins jeunes incorruptibles, partis en croisade pour l'établissement par semaine suffit pour payer les repas. De toute manière, je n'aurais pas le temps de dépenser davantage!

Et, entre les repas (souvent maigres), M. Carpentier et ses collègues travailleurs se chargent d'assurer la coordination entre la perma-

**MICHEL CARPENTIER**, l'un des travailleurs réguliers et syndiqués du PQ (le seul parti dont les employés réguliers soient syndiqués), gagne $25. par semaine. Et il s'en satisfait.

"$25.00 par semaine c'est peu, mais ça me suffit."

*Michel Carpentier, travailleur infatigable, est à lui seul l'une des colonnes du « temple » péquiste.*
*Extrait du journal* La Patrie. *Décembre 1969.*

secret. Il est interdit de photocopier l'éventuel rapport[73]. Il demande à Louis Bernard d'appeler le bureau de Lucien Bouchard pour que l'un de ses conseillers participe à l'exercice. Pierre-Paul Roy ne manquera pas une réunion.

Il y aura au moins treize sessions de travail. Elles se tiendront à la résidence de l'un ou de l'autre, la plupart du temps le vendredi soir, à l'heure du souper. « On faisait venir le poulet », raconte Jean Royer. Vers la fin de l'exercice, le groupe se réunissait presque une fois par semaine. Peu de gens connaissent l'existence de ce comité. « Même Landry et Chevrette n'en savaient rien, soutient Jean Royer. C'était très étanche[74]. » Les principaux participants à ces travaux sont Hubert Thibault, Michel Carpentier, Jean Royer, Pierre-Paul Roy, Jean-Roch Boivin, ancien chef de cabinet de René Lévesque, et Yves Duhaime, ancien ministre également proche du fondateur du Parti québécois.

Pour ouvrir le chantier, Louis Bernard reprend son idée d'avant le référendum de 1980, laquelle consistait à préparer un projet de loi plutôt qu'une question. Cette suggestion est retenue par Jacques Parizeau. Dans cette optique, la question référendaire portera plutôt sur un projet de loi. « Il n'y avait que 19 articles, rapporte Jacques Parizeau. Et l'article 1 se lisait comme suit : Le Québec est un pays souverain. »

Parallèlement aux activités de ce groupe de travail, Jacques Parizeau demande à Luc Roy[75] de préparer un rapport sur la haute fonction publique. Son mandat est clair. Il s'agit d'identifier « les gens sur lesquels le PQ peut compter pour une action rapide comme celle-là et quels sont ceux qui pourraient être des obstacles à une telle action[76] », révèle Louis Bernard. Cette étude inclut les sociétés d'État : la Caisse de dépôt, Hydro-Québec, l'Office de la langue française, etc. « Je respecterai à la lettre la loi de la fonction publique[77] », observe Jacques Parizeau, mais pour ce qui est des « 450 postes que la loi réserve aux nominations de l'exécutif, eh bien l'exécutif prendra toute décision qu'il juge utile à partir du principe suivant : on ne fera pas la souveraineté sans souverainistes. »

73. Le biographe a été incapable d'avoir accès à ce document.
74. Entrevue avec Jean Royer, le 6 juin 2000.
75. Frère de Pierre-Paul Roy, il venait de compléter sa maîtrise en administration publique. Il s'agit de l'ancien chef de cabinet du ministre Yves Duhaime dans le gouvernement de René Lévesque.
76. Entrevue avec Louis Bernard, le 27 avril 2000.
77. Entrevue avec Jacques Parizeau, le 11 mai 1998.

Deux mois avant que ne débute la campagne électorale[78], Jacques Parizeau reçoit des mains de Louis Bernard le rapport du comité d'actions rapides. Rédigé par quelques-uns des plus grands mandarins de l'État québécois, ce document lui pave la route pour les premières semaines du pouvoir. Véritable mode d'emploi, il lui permet d'entrevoir avec précision les gestes à poser, une fois élu.

Outre la rédaction complète d'un avant-projet de loi sur la souveraineté dans le cadre d'un référendum envisageable en juin 1995, ce rapport développe l'idée d'un «grand sommet socio-économique pour permettre un rassemblement des forces[79]», révèle Louis Bernard. Le comité note que le projet souverainiste doit être dépolitisé au maximum. Le débat sur la question nationale devra mobiliser la société tout entière et non seulement les péquistes. Il est aussi suggéré que «la composition du Conseil des ministres soit restreinte en termes de nombre et de fonctions[80]». Le comité a, par ailleurs, «imaginé la structure des délégués régionaux[81]».

L'une des conclusions du rapport, précise Louis Bernard, indique qu'un gouvernement souverainiste qui enclenche le processus référendaire «peut faire peu de choses entre le moment de l'élection et du référendum. Ayant promis un référendum à court terme, il sera extrêmement difficile de gouverner et de faire quoi que ce soit qui ne sera pas vu dans la perspective du référendum[82].» «On ne cherchera donc pas à amener sur la table des dossiers susceptibles de susciter une polémique, ce qui irait à l'encontre de la stratégie[83]», explique Jean Royer.

Jacques Parizeau réagit très favorablement au rapport. «Il est très content de se faire dire qu'il peut réaliser sa promesse, témoigne Louis Bernard, c'est-à-dire de tenir un référendum à court terme. Pour nous, du comité, les meilleures chances d'avoir un bon score c'était de le faire tôt[84].» Louis Bernard a toutefois son idée sur le résultat du vote : «En fait,

---

78. Selon les souvenirs de Louis Bernard (entrevue du 27 avril 2000). Confirmé par Jean Royer.
79. Entrevue avec Louis Bernard, le 27 avril 2000.
80. Entrevue avec Jean Royer, le 6 juin 2000.
81. *Idem.*
82. Entrevue avec Louis Bernard, le 27 avril 2000.
83. Entrevue avec Jean Royer, le 6 juin 2000.
84. Entrevue avec Louis Bernard, le 27 avril 2000.

six mois avant l'élection, nous savions déjà qu'il était impossible de gagner autrement qu'à l'arraché. » Ce qu'il craint le plus, c'est une courte victoire référendaire. Dans ces circonstances, il préfère perdre avec une petite marge. «Entrer dans une phase de négociation avec le Canada avec un petit rapport de force, c'est trop risqué», juge-t-il. Louis Bernard a fixé sa propre cible : «Il faut faire mieux qu'en 1980, par exemple atteindre 47 % pour le OUI[85]. » Dans l'esprit de Louis Bernard, il est clair que la victoire n'est pas possible et que Jacques Parizeau s'est fixé une tâche à toutes fins utiles impossible. Comme son futur chef ne voit pas les choses ainsi, il ne lui fait donc aucunement mention de ses estimations personnelles.

85. *Idem.*

# CHAPITRE 12

# La rampe de lancement électorale

> « *La dernière semaine [de campagne], je commence à avoir la grosse tête. Je trouve que ça va trop et très bien, pendant que Johnson "varge" à tour de bras partout.* »
>
> Jacques Parizeau[1]

À l'été 1994, Jacques Parizeau s'amène avec Jean Campeau au siège social de la Banque Nationale du Canada. Le président du Parti québécois et l'ancien dirigeant de la Caisse de dépôt et placement du Québec, qui est alors membre de l'exécutif du parti, sont invités par Léon Courville, le chef des opérations, à prendre un repas en compagnie d'André Bérard, patron de la plus importante banque francophone en Amérique. L'avance du Parti québécois dans les sondages apparaît alors comme insurmontable. La haute direction de la banque sait très bien que Jacques Parizeau a toutes les chances de devenir premier ministre.

Lors du repas, Jacques Parizeau prétend que le président de la Banque Nationale s'adresse à lui en ces termes : « Nous avons essayé de pénétrer en Ontario et dans le reste du Canada, mais nous nous sommes cassé la figure! Ça n'a rien donné. Nous sommes maintenant convaincus que notre avenir est au Québec, quoi qu'il arrive sur le plan politique. Des contributions au comité sur l'unité nationale, des choses comme ça, c'est

---

1. Entrevue avec Jacques Parizeau, le 17 octobre 2000.

donc terminé[2]. » Le président de la Banque Nationale ajoute : « En 1989, j'ai fait des interventions en faveur des libéraux, mais je n'en ferai plus. Nous n'interviendrons plus dans le débat politique. Notre avenir est au Québec quoi qu'il arrive[3]. » Jean Campeau retient pour sa part qu'André Bérard précise que, quoi qu'il arrive, la Banque Nationale va continuer de faire des affaires au Québec[4].

« Si Bérard réagit de cette façon, explique Jacques Parizeau, c'est qu'il a perdu une fortune en Ontario. Ce n'est pas parce qu'on s'aime ni parce qu'il est convaincu [que la souveraineté est la meilleure solution]. Il se dit plutôt : où sont mes intérêts ? N'oubliez jamais, insiste Jacques Parizeau, un homme d'affaires a d'abord des intérêts[5]. »

La Banque Nationale « neutralisée », Jacques Parizeau n'aura plus à regarder de ce côté. Heureusement pour lui, puisque presque toute la communauté d'affaires, loin d'être gagnée à son projet de souveraineté, le tiendra fort occupé.

Le 24 juillet, Daniel Johnson, qui a succédé à Robert Bourassa, déclenche des élections pour le 12 septembre. Pierre Boileau dirige la campagne péquiste, tandis que tout le travail de supervision, comté par comté, est confié à Pierre D'Amours, directeur de l'organisation. Confiants et expérimentés, ces deux routiers péquistes mettent en marche à plein régime la machine de leur parti. Pour agir à titre de responsable des journalistes dans l'autobus des médias, Jacques Parizeau s'est assuré de réembaucher René Blouin. Le chef péquiste a demandé à Charles Larochelle, son successeur au poste d'attaché de presse de l'aile parlementaire, d'intervenir auprès de René Blouin pour le ramener vers lui. Exaspéré par la façon dont on avait mis fin à ses services, l'ancien député de Rousseau désire s'assurer que cela ne se reproduira plus. Lors d'une rencontre avec Jacques Parizeau, il précise les conditions de son retour : « Écoutez monsieur Parizeau, si je reviens, il faut que je puisse dire que c'est à votre demande.

---

2. Propos attribués à André Bérard et rapportés par Jacques Parizeau. Entrevues du 11 mai 1998, du 25 mai 2000 et du 15 juillet 2003. Lors du référendum de 1980, Jacques Parizeau en avait beaucoup voulu à Michel Bélanger qui, à titre de président de la Banque Nationale, avait participé monétairement à la campagne du NON en injectant 50 000 $ dans un tel organisme.

3. *Idem.*

4. Entrevue téléphonique avec Jean Campeau, le 30 janvier 2004.

5. Entrevue avec Jacques Parizeau, le 11 mai 1998.

Il faut que le lien avec vous soit direct[6].» Le chef acquiesce : «Monsieur Blouin, revenez avec nous[7].»

## L'épaisseur d'une feuille

Lorsque Lucien Bouchard fait son entrée dans la campagne électorale pour appuyer Jacques Parizeau, l'une de ses premières interventions soulève une grave question sur un aspect important du programme du Parti québécois : celui qui prévoit que l'Assemblée nationale adoptera, dès la prise du pouvoir, une résolution affirmant la volonté des Québécois de faire la souveraineté. À son avis, ce genre de déclaration solennelle ne peut être proclamée qu'après un référendum gagnant : «La motion ne prétendra certainement pas lier la volonté souveraine du peuple tant que le peuple n'aura pas lui-même pris la décision[8].» Le lendemain, poursuivi par les journalistes qui cherchent à l'opposer à Lucien Bouchard, Jacques Parizeau répond : «Ceux qui, résolument, cherchent des *bibittes* en trouvent ! Tous les deux, nous sommes d'accord, c'est le référendum qui va permettre au peuple québécois de se prononcer sur la souveraineté[9].» «Il n'y a pas l'épaisseur d'une feuille de papier de désaccord entre nous[10].» Un peu plus tard dans la campagne, Jacques Parizeau précise qu'un vote pour le Parti québécois est avant tout un vote pour «l'autre façon de gouverner», le slogan électoral des péquistes.

Le débat des chefs qui a lieu le 29 août ne laisse guère de trace dans l'opinion publique. Les observateurs concluent que les deux chefs ont réussi à marquer des points. Comme Jacques Parizeau mène dans les sondages, c'est une victoire par défaut.

---

6. Entrevue avec René Blouin, le 10 octobre 2000.

7. Propos attribués à Jacques Parizeau et rapportés par René Blouin. Entrevue du 10 octobre 2000.

8. Cité dans l'article de la Presse canadienne, «Souveraineté : le peuple choisira, dit Bouchard», *Le Soleil*, le 5 août 1994.

9. Cité dans l'article d'André Pépin, «Parizeau revient à la charge avec l'affaire Charbonneau», *La Presse*, le 6 août 1994. Cette idée d'une motion solennelle tombera toutefois dans l'oubli au lendemain de la courte victoire du Parti québécois.

10. Déclaration faite lors d'un grand rassemblement à Joliette le 7 août 1994. Bouchard et Parizeau sont sur la même scène dans le cadre de l'investiture de Guy Chevrette.

La campagne se déroule sans dérapage, à l'exception notable, cependant, d'une visite dans une entreprise de Sainte-Marie de Beauce. Alors qu'il déambule dans une filiale de l'usine de baignoire MAAX accompagné par une meute de journalistes, Jacques Parizeau a la désagréable surprise d'apprendre que le propriétaire de l'endroit est un fédéraliste convaincu. Devant tous les micros qui se tendent vers lui, Placide Poulin proclame fièrement son amour du Canada. Daniel Paillé, qui accompagne Jacques Parizeau, se souvient très bien de la réaction du chef une fois dans sa voiture : «Ce sont les grandes tempêtes[11]», dit-il. Tout son entourage se fait savonner, en particulier Pierre Boileau. L'organisateur de la campagne explique cette bévue de la façon suivante : «Ceux qui avaient organisé cette visite à Québec l'avaient fait avec la fille de Placide Poulin et les relations étaient plutôt bonnes. Mais rendus sur place... On a été piégés d'une certaine façon[12].» Jacques Parizeau somme son organisateur de «mettre des mesures en place à l'avenir» pour que cela n'arrive plus. À quelques jours des élections, le parti souverainiste est toujours en tête, mais le rival libéral s'approche.

## Madame

Sans que cela paraisse à l'époque, une multitude d'entrevues menées depuis permet maintenant d'affirmer que le rôle joué par Lisette Lapointe, lors de cette campagne électorale, fut très contesté à la fois par l'entourage de Jacques Parizeau et par l'organisation du parti. Omniprésente, l'épouse du chef demande à son mari de mettre à sa disposition une équipe de tournée exclusivement pour elle. «Elle est plus que présente, admet Jean Royer. Monsieur Parizeau avait été très impressionné par le modèle de campagne lors de l'élection du Bloc québécois. Parizeau était accompagné de partenaires qui se déployaient en étoile en région, après le passage du chef du Bloc Québécois. Cela multipliait les occasions de faire parler de nous[13]», rappelle Jean Royer. S'inspirant de ce modèle, Jacques Parizeau donne les directives suivantes à son conseiller spécial : «Pour la présente campagne, ce que je souhaiterais, c'est que j'arrive avec ma femme et que

---

11. Entrevue avec Daniel Paillé, le 9 mars 2000.
12. Entrevue avec Pierre Boileau, le 20 septembre 2002.
13. Entrevue avec Jean Royer, le 6 juin 2000.

celle-ci ait ses activités à elle, distinctes. » Pendant que le chef fait sa campagne, sa femme se détache donc de lui pour mener ses propres rencontres avec son propre programme.

Le conseiller, qui anticipe les problèmes, sensibilise son chef aux efforts supplémentaires que cela va engendrer. Il termine cependant son explication en disant : « Mais si vous pensez que c'est bon… » Et Jacques Parizeau lui répond : « Je pense que c'est bon[14]. »

Tout au long de la campagne, Lisette Lapointe exige à la dernière minute de nombreuses modifications à l'agenda de sa tournée. « Et on a le sentiment que c'est sans raison », estime Gratia O'Leary, qui travaille à la permanence du parti pendant cette période[15]. « Elle vit un *power trip*[16] », ajoute-t-elle. Anne-Marie Martin, responsable de la tournée de Lisette Lapointe « a presque viré folle pendant cette campagne, témoigne Pierre-Luc Paquette, employé à la permanence du parti. C'était épouvantable pour elle[17]. » « Je saisis que madame Lapointe a des exigences pour sa tournée, confirme prudemment Jean Royer, et qu'il lui arrive de modifier son horaire. Cela nécessite une augmentation de la charge de travail importante, mais c'est la volonté du chef[18] ! » Quand des gens ajoutent que cela engage également des coûts supplémentaires à l'organisation, Jean Royer, imperturbable leur dit : « Elle prend l'avion et ça coûte plus cher, c'est sûr… » Puis, il frappe sur le bureau et ajoute : « Mais le chef a parlé ! »

Très rapidement, le numéro deux du parti, Bernard Landry, en vient à détester l'épouse de son chef. « Sa présence fut néfaste au fonctionnement de nos organisations, soutient-il. Elle mettait son grain de sel dans toutes sortes de choses. Elle s'est chicanée avec les permanents. À un moment donné, elle vient faire une assemblée dans le comté de Marguerite-D'Youville, celui de François Beaulne. Je suis dans le comté voisin, je suis le vice-président du parti et elle ne veut pas que je m'adresse aux gens[19] ! » Selon Bernard Landry, François Beaulne n'ose pas s'opposer à la volonté exprimée par madame Lapointe, parce qu'il souhaite un poste de ministre.

---

14. Propos attribués à Jacques Parizeau et rapportés par Jean Royer. Entrevue du 6 juin 2000.
15. Gratia O'Leary, attachée de presse dans le cabinet de René Lévesque, a bien connu Lisette Lapointe alors qu'elle travaillait pour le ministre Pierre Marois.
16. Entrevue avec Gratia O'Leary, le 16 août 2001.
17. Entrevue avec Pierre-Luc Paquette, le 8 octobre 2002.
18. Entrevue avec Jean Royer, le 6 juin 2000.
19. Entrevue avec Bernard Landry, le 27 juin 2000.

Cette décision de jouer un rôle politique «va créer plus de tensions que d'autres choses[20]», estime Bernard Landry.

Avec diplomatie, ce qui est tout à fait inhabituel chez Jean Royer, ce dernier concède que «le degré de difficulté des gens à l'égard de Lisette Lapointe[21]» existe. Une source proche de Jean Royer, plus prosaïque, déclare : «Madame, avant le pouvoir, elle a été un boulet.»

Lors de l'enregistrement des messages télévisés du Parti québécois, Pierre Boileau, qui s'intéresse à l'image de *Monsieur*, est souvent présent sur le plateau de tournage. Madame aussi. Il raconte comment cela se déroule : «Le matin à 8 heures, nous nous sommes déjà entendus sur un scénario. Et là, soudainement, madame intervient… Elle veut changer le scénario. Puis toi, tu es là…, puis le réalisateur, qui est Michel Brault, vient me voir et me dit : " Qu'est-ce que je fais ? Qui j'écoute ? " Là euh… je fais un caucus avec *Monsieur* et *Madame*. Puis on s'entend… à trois… sur le scénario. Je retourne voir le réalisateur et je lui dis que c'est ça qu'il faut faire. Voyez-vous le contexte ? Ça insécurisait les équipes de tournage, c'est bien évident[22].» Les relations entre Pierre Boileau et Lisette Lapointe deviennent tendues. Parallèlement, l'entourage de Jacques Parizeau entend celui-ci manifester de plus en plus d'insatisfaction à l'endroit de son organisateur en chef.

## La grosse tête

«Câl…, tab…!», s'écrie Bob Dufour, qui ne comprend plus rien. Devenu chef de cabinet du débuté bloquiste Gilles Duceppe, il observe Jacques Parizeau mener la fin de sa campagne et hoche négativement de la tête. Il reste encore quelques jours avant le scrutin et pourtant «monsieur Parizeau félicite quasiment le monde le vendredi soir! Mais le vendredi soir, tu ne les félicites pas, précise Bob Dufour, tu sors le fouet! Tu les félicites le lundi soir à 8 heures, [quand les bureaux de votes sont fermés] pas avant! Il avait peut-être pris pour acquis que les affaires allaient bien[23]», constate Bob Dufour.

---

20. Entrevue avec Bernard Landry, le 27 juin 2000.
21. Entrevue avec Jean Royer, le 24 mai 2000.
22. Entrevue avec Pierre Boileau, le 20 septembre 2002.
23. Entrevue avec Bob Dufour, le 20 janvier 2003.

Pourtant, l'organisation du Parti québécois a préparé «une fin de campagne assez forte, soutient Pierre Boileau. Nous avons prévu un budget de communications (publicité) assez généreux dans la dernière semaine, surtout pour la radio. Mais à la demande de Parizeau, nous sommes obligés de modérer là-dessus et aussi sur la tournée. Il était question d'aller à Sherbrooke et ça a été abandonné[24].» Pendant ce temps, le chef libéral Daniel Johnson, même indisposé par une laryngite, fait une fin de campagne endiablée. Il est présent à toutes les émissions télévisées et radiophoniques. Il donne des entrevues à tous les grands quotidiens. Jacques Parizeau, pour sa part, refuse de participer aux tables éditoriales. «Je pense que ça a joué» sur les résultats finaux, estime Pierre Boileau.

Mais pourquoi freiner avant d'avoir atteint la ligne d'arrivée? Pierre Boileau est incapable d'en discuter avec Jacques Parizeau. «À ce moment-là, je dirais que l'on se parlait moins. Sur le plan stratégique, je n'étais plus là[25].» Pour les trois dernières semaines, Jacques Parizeau demande effectivement à Guy Chevrette d'entrer à la permanence et de superviser une partie de la campagne[26]. «Dans la dernière semaine, il se passe des choses qui m'échappent[27]», révèle Pierre Boileau. Il essaie d'en savoir davantage auprès de Jean Royer, mais ce dernier ne répond pas. Pierre Boileau n'écarte pas que Lisette Lapointe ait pu inciter Jacques Parizeau à se comporter comme un premier ministre avant l'heure. Bernard Landry, lui, en est persuadé: «On dit que c'est elle qui a fait ralentir la campagne. Elle lui aurait dit quelque chose comme: "On a gagné Jacques. On va se reposer[28]".» Ce genre d'accusation non fondée permet de mesurer à quel point l'entourage de Jacques Parizeau n'entretient pas de bonnes relations avec Lisette Lapointe.

Serge Guérin, l'ancien chef de cabinet de Jacques Parizeau, est l'un des rares amis du politicien. Il confirme que le chef prend toute la responsabilité de cette décision. «Il m'a dit qu'il avait accepté ça (le ralentissement de la campagne) et qu'il s'était mis trop vite à commencer à gérer le gouvernement. Il a accepté de cesser de faire campagne devant l'évidence des

---

24. Entrevue avec Pierre Boileau, le 20 septembre 2002.
25. *Idem.*
26. Entrevue avec Jacques Parizeau, le 17 octobre 2000.
27. Entrevue avec Pierre Boileau, le 20 septembre 2002.
28. Entrevue avec Bernard Landry, le 27 juin 2000.

*Jacques Parizeau, le gagnant, aime les grands triomphes.*
*Photo de Jacques Nadeau.*

chiffres (sondages), explique Serge Guérin. C'était oublier le dernier coup de Johnson. Le chef libéral a commencé trop tard et Parizeau a fini trop vite dans le match[29].»

«Johnson a fait une campagne très agressive et la mienne devient trop positive dans les dernières deux ou trois semaines[30]», reconnaît Jacques Parizeau. «Je fais trop chef d'État, précise-t-il. La dernière semaine, je commence à avoir la grosse tête. Je trouve que ça va trop et très bien, pendant que Johnson "varge" à tour de bras partout. [Mon attitude] a coûté 1 ou 2 % des votes[31].»

## «Royer, mais que se passe-t-il?»

Le soir des élections, le 12 septembre, Jacques Parizeau et son équipe suivent les résultats depuis une suite privée au dernier étage du théâtre Capitole de Québec. Le chef péquiste a souhaité être à Québec ce soir-là, près des plaines d'Abraham, pour bien indiquer que c'est là qu'il enclenchera le processus qui permettra à la Vieille Capitale de devenir une véritable capitale nationale. C'est à Québec également, depuis le Capitole, que le discours de la victoire doit être prononcé.

Rapidement toutefois, le triomphe ne s'annonce pas aussi fracassant que prévu. Jean Royer se souvient très bien de cette soirée : «La première demi-heure, ce n'est pas très bon. Les libéraux mènent aux Îles-de-la-Madeleine, où on se fait planter, dit-il. Monsieur Parizeau me demande : "Qu'est-ce que dit votre modèle, monsieur Royer?"» Le conseiller spécial, qui entretient une grande passion pour l'analyse des sondages, prétend pouvoir prédire les résultats comté par comté à partir d'échantillons. Or, ce soir-là, Jean Royer est inquiet : il n'a pas été capable de prévoir le résultat pour cette circonscription.

Alors que la soirée avance, il ne fait plus aucun doute que le Parti québécois remportera plus de sièges que les libéraux, mais l'écart en termes de pourcentage de votes se réduit de façon dramatique, jusqu'à laisser croire que le Parti québécois pourrait prendre le pouvoir avec un nombre de votes inférieur au parti de Daniel Johnson. Jacques Parizeau regarde à

---

29. Entrevue avec Serge Guérin, le 17 mars 2000.
30. Entrevue avec Jacques Parizeau, le 11 mai 1998.
31. Entrevue avec Jacques Parizeau, le 17 octobre 2000.

nouveau son conseiller et lui dit : « Expliquez-moi[32]. » Royer ne comprend pas. Le chef en arrive même à croire qu'il s'agit d'une erreur de la télévision. « Peut-être ! », répond Jean Royer, sonné.

Les inquiétudes de Jean Royer s'apaisent quelque peu quand il reçoit un appel téléphonique de Pierre Anctil. Ce dernier désire féliciter Jacques Parizeau de sa victoire, au nom du premier ministre sortant. Pierre Anctil termine l'entretien en lui disant : « On se rencontre demain pour les détails. »

Quand Jacques Parizeau se lève pour aller prononcer son discours de la victoire dans la grande salle du Capitole, on annonce qu'une candidate vedette du Parti québécois, Monique Simard, perd dans son comté des Laurentides. Jean Campeau est aussi en péril dans le comté de Crémazie. « Royer, mais que se passe-t-il ! », répète Jacques Parizeau. Le conseiller spécial est désarmé, son modèle ne répond plus. « Chri… de machine !, se dit-il. Nous devions avoir 47 % ! » Le nouveau gouvernement ne prend finalement le pouvoir qu'avec 44,7 % des suffrages exprimés suivi de très près par le Parti libéral avec 44,4 %. Jean Royer est déçu. Pour un parti qui désire faire la souveraineté dans huit à dix mois, « on s'était dit que l'élection était une rampe de lancement. Mais là, on part bas en chri…[33] ! », s'indigne-t-il.

Si le Parti québécois peut compter sur 77 députés contre 47 pour les libéraux, il ne récolte cependant que 15 000 voix de plus que le Parti libéral. Par ailleurs, même si 1/4 de million de Québécois ont voté pour le nouveau parti de l'Action démocratique du Québec, seul son chef, Mario Dumont, s'est fait élire.

Malgré un style et une personnalité que les Québécois n'apprécient guère, Jacques Parizeau, le mal-aimé de la politique québécoise, devient donc premier ministre du Québec. Au-delà de son image, l'électorat lui fait confiance pour ses compétences et sa promesse de bonne gestion. De tous les chefs du Parti québécois, c'est lui qui a parlé avec la plus grande transparence de son intention de réaliser la souveraineté. Avec son arrivée au pouvoir, les Québécois s'attendent donc à devoir voter à nouveau lors d'un référendum.

Lorsque Jacques Parizeau se présente sur la scène du Capitole pour prononcer son discours, il fait signe à la foule de cesser d'applaudir. « Avant que je m'adresse à tout le monde, il y a quelqu'un qui a fait toute

---

32. Entrevue avec Jean Royer, le 6 juin 2000.
33. *Idem.*

*Comme l'illustre avec brio le caricaturiste Serge Chapleau, Jacques Parizeau est un politicien bien particulier. S'il cherche le pouvoir, c'est avant tout pour faire du Québec un pays.*

la campagne avec moi, qui voudrait s'adresser aux militants… » Il regarde sa femme qui se trouve à ses côtés et dit : « Elle. » Lisette Lapointe s'approche du micro et s'adresse à la foule : « Bonsoir chers amis, militantes et militants. Où que vous soyez dans toutes les régions, tout au long de cette campagne, vos convictions, votre enthousiasme, pour l'équipe, pour notre chef, ça a été notre souffle, notre force, ça a été notre oxygène. » Les gens applaudissent. Bob Dufour, qui regarde tout cela, n'en revient pas : « Monsieur Parizeau arrive sur la scène avec madame. Puis, on lui doit ça à elle, à elle! Comme si c'était un symbole national... Mais qu'est-ce qu'elle a fait là-dedans, elle? Elle est pas élue[34]! » Bernard Landry rougit : « C'est comme s'il disait : " L'une des causes de la victoire c'est elle. " [Il la montrait] du doigt, c'était d'un disgracieux incroyable, parce qu'elle n'a joué aucun maudit rôle là-dedans[35]! », estime le vice-président du parti. Dans les jours qui suivent, des chroniqueurs observent que Jacques Parizeau a commis un geste délicat quand, une fois élu premier ministre de tous les Québécois, il a d'abord choisi de laisser la parole à sa femme pour remercier les militants péquistes. Peu importe, se dit Jacques Parizeau, « c'est moi le patron. »

Le nouvel élu prononce finalement son discours. Plus réservé qu'à son habitude, il commence par parler d'une économie à relever, d'espoir à redonner et de lien de confiance à rétablir entre l'État et les citoyens. « Nous devons retrouver tous ensemble le goût de bouger. » Il parle ensuite « d'une sorte de trêve au moins pour assurer le relèvement du Québec. » Ce n'est qu'au moment de clore son allocution que Jacques Parizeau aborde enfin la question fondamentale qui oriente tout son engagement politique : « Bon et alors... alors, fin de la deuxième période! La troisième, elle commence demain matin! (applaudissements) Mes amis, vous êtes en train de réaliser quelque chose d'extraordinaire. En 1992, il y a deux ans, nous avons tous ensemble dit ce que nous ne voulions pas comme régime politique. Ça a été le vote sur Charlottetown. (...) Nous avons commencé tous ensemble en 1993 à envoyer, pour la première fois, les deux tiers des députés élus du Québec à la Chambre des communes. » Jacques Parizeau remercie alors Lucien Bouchard et tous ses militants. C'est le moment où le chef du Bloc québécois monte sur scène et vient se joindre au nouveau premier ministre. Puis, sur un ton posé, le nouveau premier ministre du Québec poursuit en s'engageant fermement : « En 1995, pour la quatrième fois, nous allons nous présenter devant les Québécoises et les Québécois. (...) Après avoir été aussi clairs que possible, (...) nous allons leur poser la question qui fait d'un peuple, un pays. »

Au moment où Jacques Parizeau s'adresse à son auditoire, Pierre Boileau se trouve dans la salle. Il a l'impression d'être en pleine disgrâce : « Je suis là, mais je ne suis pas avec Parizeau! (rires nerveux) » Normalement,

---

34. Entrevue avec Bob Dufour, le 20 janvier 2003.
35. Entrevue avec Bernard Landry, le 27 juin 2000.

le chef de l'organisation péquiste devrait être en communication constante avec le chef, ce qui n'est pas le cas. Pendant la soirée, c'est par pur hasard que Pierre Boileau a pris l'ascenseur avec Jacques Parizeau et son équipe. *Monsieur* l'a alors complètement ignoré. Debout au milieu de cette boîte de métal, l'homme qui avait été engagé par Jacques Parizeau en 1987 pour reconstruire le Parti québécois comprend qu'il ne fait plus partie du groupe. Il a beau frôler les épaules de Jean Royer et celles d'Hubert Thibault, il se rend bien compte qu'il ne fait plus partie de l'alignement. « Je réalise que je suis *out*[36]. » Le trio vient de perdre un ailier.

Dans la soirée, des analystes commencent à transformer cette courte victoire en une défaite. Cela n'impressionne guère le nouveau premier ministre du Québec. Pour le croisé, peu importe l'ampleur de la victoire, lorsque la place forte est conquise, il ne reste plus qu'à s'asseoir sur le trône. « Je vous rappelle qu'on a pris le pouvoir en 1976 avec 41 % des voix. Et puis il y a l'ADQ. À partir du moment où il y a trois partis politiques, prendre le pouvoir avec 44 % des voix, c'est très bien. » Il fait ensuite remarquer que Jean Chrétien n'a pas versé « de larmes de crocodiles, parce qu'il a pris le pouvoir au Canada[37] » avec 42 % des voix.

Avec Jacques Parizeau aux commandes, Serge Guérin indique qu'à « la différence de Lévesque et de Bouchard, ce politicien est dangereux pour le fédéral. Il est dangereux, parce qu'il va au bout de son affaire, prévient Serge Guérin. Avec Lévesque, le Canada anglais savait qu'il pouvait négocier. Avec Bouchard, ils savent qu'ils peuvent négocier, mais avec Parizeau, il va y aller jusqu'au bout. Donnez-lui cinq votes de majorité, chri... le processus est enclenché. Puis là, on a un maudit problème, parce que lui, il va pousser[38] ! »

Un temps baron, le croisé est maintenant devenu premier ministre du Québec. Il aimerait bien se comporter en roi, mais il en est incapable, puisqu'il n'a pas encore conquis son royaume. Aussi vaste et belle soit-elle, la province de Québec n'est toujours pas un pays. À défaut d'être roi, Jacques Parizeau accepte néanmoins de se comporter en régent, en espérant que d'ici moins d'un an, il pourra porter la couronne et faire apparaître le pays qu'il appelle de tous ses vœux.

---

36. Entrevue avec Pierre Boileau, le 20 septembre 2002.
37. Entrevue avec Jacques Parizeau, le 17 octobre 2000.
38. Entrevue avec Serge Guérin, le 27 janvier 2000.

## SEPTIÈME PARTIE

# LA DERNIÈRE BATAILLE

# CHAPITRE 13

# Le dernier premier ministre provincial

*« Le train est parti. La seule façon de l'arrêter, c'est de débarquer le conducteur et le mettre en avant. C'est clair, clair, clair, clair. Le jour où Monsieur décidait d'arrêter le train, c'était qu'il allait s'installer lui-même devant le train… en mouvement!»*

Éric Bédard[1]

Sur la terrasse de sa résidence d'été, à Fulford[2], Jacques Parizeau bouge nerveusement. Son regard non plus n'cst pas tranquille. Dans les prochaines heures, il recevra les députés qui formeront son premier Conseil des ministres. Afin de le conseiller dans cette lourde tâche, il a réuni chez lui, avec son épouse: Jean Royer, Hubert Thibault, Louis Bernard, qui accepte d'occuper le poste de secrétaire général du gouvernement[3], et Yvon Martineau, son ami, qui deviendra son conseiller juridique. Pierre Boileau n'est plus là: «les enjeux montent et je ne le vois pas mener l'étape

---

1. Entrevue avec Éric Bédard, chef de cabinet adjoint, le 13 mars 2000.
2. Fulford fait maintenant partie de la municipalité du Lac Brome, en Estrie.
3. Quand Jacques Parizeau lui demande d'occuper cette fonction, Louis Bernard accepte, mais pour seulement un an, d'ici au référendum. Vice-président à la Banque Laurentienne, il prend ainsi un congé sans solde. «Monsieur Parizeau a été plus proche des militants et du parti que monsieur Lévesque. Il avait mérité à mon sens qu'on l'aide», affirme Louis Bernard, pour expliquer sa décision. Entrevue du 27 avril 2000.

suivante[4]», explique Jacques Parizeau. À la permanence, la machine était «moche[5]» dit-il. Il y avait un «phénomène d'incompétence.» Pendant la dernière campagne électorale, il a constaté que «le tiers des dépenses publicitaires allouées à la presse écrite étaient allées au journal *The Gazette!*» Voilà un placement média qui ne rapportera pas beaucoup, conclut-t-il. «J'en ai poussé du monde dehors», raconte-t-il. Le directeur général n'est pas le seul à avoir fait ses bagages. Pierre D'Amours et Carole Lavallée, la directrice des communications, ont eux aussi perdu leur emploi.

En cette fin septembre à Fulford, Jacques Parizeau doit identifier les meilleures têtes que compte sa députation, afin de diriger le Québec. «Monsieur Royer, lui confie Jacques Parizeau, anxieux, c'est une grande responsabilité qui m'incombe[6].» Le nouvel élu a déjà conseillé quatre premiers ministres, mais c'est la première fois qu'il dirige un gouvernement. «Monsieur Parizeau, moi aussi, c'est la première fois. Moi non plus, je n'ai pas d'expérience pour la *job* que vous me donnez. Ce qui me rassure, par contre, c'est que je pense qu'il n'y a personne [de] plus prêt que vous à occuper cette fonction. Et si vous vous sentez nerveux à occuper ce poste, dites-vous que n'importe qui le serait. De par la connaissance à la fois des dossiers et du fonctionnement de l'État, je ne vois pas d'autres personnes mieux préparées que vous[7].» Les propos de son nouveau chef de cabinet aident Jacques Parizeau à se remettre en selle. «Il n'a jamais plus tenu ce genre de propos», déclare Jean Royer.

## Les têtes à Parizeau

Daniel Paillé descend de voiture. Le nouveau député de Prévost franchit le grand portail bleu de la résidence d'été du premier ministre. Il est accueilli par Lisette Lapointe. Jean Royer ne tarde pas à venir le chercher et à le conduire à l'autre extrémité de la maison, dans la partie la plus ancienne. Il entre dans un petit salon et y aperçoit Jacques Parizeau, qui l'invite à s'asseoir. Hubert Thibault et Louis Bernard sont déjà là. À côté de lui, d'immenses portes-fenêtres sont ouvertes et donnent sur une terre

---

4. Entrevue avec Jacques Parizeau, le 17 octobre 2000.
5. Entrevue avec Jacques Parizeau, le 11 mai 1998.
6. Propos attribués à Jacques Parizeau et rapportés par Jean Royer, le 6 juin 2000.
7. Entrevue avec Jean Royer, le 6 juin 2000.

verdoyante et fertile. En ce 25 septembre 1994, il fait beau et chaud à l'extérieur.

Daniel Paillé connaît bien Jacques Parizeau. Il a travaillé pour lui dans le comté d'Ahuntsic en 1970, puis dans Crémazie en 1973. Malgré tout, c'est sur un ton très solennel que Jacques Parizeau lui annonce qu'il sera ministre. «"Monsieur Paillé, demain vous serez ministre…" Puis là, il y a un silence, raconte Daniel Paillé. Il attend, parce qu'il faut un silence… et il te dit… "de l'Industrie et du Commerce[8]". Parce que la première des choses, c'est de te dire que tu es ministre. Déjà, là, c'est important! Après, ce sont de petits détails, on va te dire où…[9]» Après une courte discussion servant à définir le mandat du nouveau ministre, Jean Royer escorte le candidat à l'extérieur pour une marche sur les terres de *Monsieur*, jusqu'au lac.

Le même manège se répète pour chacun des futurs ministres. Au cours de la promenade avec Jean Royer, le chef de cabinet questionne les élus afin de mesurer leur vulnérabilité et de prévenir certains scandales : «Avez-vous bien rempli votre déclaration de revenus? Quel type de placements avez-vous? Un fils [qui prend de] la drogue? Êtes-vous à la veille d'un divorce[10]?» «Royer fait le *due diligent*, raconte Jacques Parizeau en riant. Il les secoue comme des pruniers[11].»

Richard Le Hir, l'ex-président de l'Association des manufacturiers du Québec qui souhaitait justement occuper le poste de ministre de l'Industrie et du Commerce[12], perd la voix quand Jacques Parizeau lui annonce qu'il supervisera plutôt les études sur la souveraineté, à titre de ministre d'État à la Restructuration. Son comportement pendant la campagne et certaines de ses déclarations ont mis Jacques Parizeau dans l'embarras, ce qui expliquerait cette nomination. Par ailleurs, le premier ministre accorde beaucoup d'importance à ces études pour convaincre la population du bien-fondé de la souveraineté. Il s'agit d'une idée à lui et il a décidé de

---

8. Le titre officiel est celui de ministre de l'Industrie, du Commerce, de la Science et de la Technologie.
9. Entrevue avec Daniel Paillé, le 29 février 2000.
10. Entrevue avec Daniel Paillé, le 9 mars 2000.
11. Entrevue avec Jacques Parizeau, le 10 décembre 2000.
12. Il soutient même que c'est à cette condition qu'il décide de se porter candidat sous la bannière péquiste. Source : Richard Le Hir, *La prochaine étape, le défi de la légitimité – Solutions uniques pour une société plus qu'unique*, Montréal, Les Éditions internationales Stanké, 1997, à la page 107.

procéder ainsi plutôt que de se doter de deux équipes ministérielles, l'une pour gérer la province et l'autre pour faire un pays. Afin de s'assurer que le nouveau ministre ne fasse déraper l'opération, il ne lui laisse pas choisir son propre chef de cabinet. Pour surveiller et encadrer l'imprévisible personnage, il lui impose René Blouin.

Si Jacques Parizeau dispose assez aisément de Richard Le Hir, politicien inexpérimenté, il en va tout autrement avec Bernard Landry. Le numéro deux du parti n'a pas caché sa ferme intention de devenir ministre des Finances. Malheureusement pour lui, Jean Campeau « est le seul à qui j'ai dit, avant l'élection, qu'il aurait un poste de ministre... aux Finances[13] », confie Jacques Parizeau. Jean Campeau est habitué à travailler sous les ordres du régent. Il a été son sous-ministre adjoint avant d'être nommé par lui président de la Caisse de dépôt et placement du Québec. D'autre part, le nouveau premier ministre ne cache pas son admiration pour celui qui ne « se laisse pas impressionner par le pouvoir de l'argent. C'est une des têtes économiques les mieux faites qu'il m'a été donné de rencontrer, ajoute-t-il. Jean Campeau est un homme de responsabilité, mais qui n'est pas une bête politique. » Et pour l'année référendaire qui vient, le premier ministre juge qu'il a besoin « d'un homme d'emprunts, un homme de marchés financiers[14]. »

Bernard Landry doit donc faire son deuil du ministère des Finances. Royer et Thibault tentent de convaincre le bouillant personnage d'accepter la direction du ministère de l'Éducation, mais il refuse net. « Je n'ai pas le goût d'être pris avec un ministère à clientèle qui va m'empêcher d'être sur le terrain comme je souhaite l'être[15] », dit-il à Jean Royer. À défaut d'un ministère économique, Pauline Marois se voyant attribuer la présidence du Conseil du trésor, il exige celui des Relations internationales. Le climat devient tendu... Jacques Parizeau accepte finalement de lui confier cette responsabilité, « mais c'est moi qui les mène (les relations internationales), précise-t-il. Je lui donne un ministère avec beaucoup de visibilité, mais pas de responsabilités. » Sans le consulter, le premier ministre choisit le sous-ministre de Bernard Landry. Ce sera Robert Normand. Jacques Parizeau passe une seconde fois unilatéralement par-dessus le

---

13. Entrevue avec Jacques Parizeau, le 11 mai 1998.
14. Entrevue avec Jacques Parizeau, le 9 novembre 1999.
15. Propos attribués à Bernard Landry et rapportés par Jean Royer. Entrevue du 3 octobre 2002.

ministre Landry pour placer Jacques Joli-Cœur à la tête du protocole[16]. Robert Normand a été sous-ministre de Jacques Parizeau dans les années 1980, tandis que Jacques Joli-Cœur est un ami du premier ministre. Le régent peut donc compter sur leur fidélité.

En revanche, pour s'assurer de l'entière collaboration de Bernard Landry, Jacques Parizeau lui accorde en plus la responsabilité du Commerce extérieur, des Communautés culturelles, de même que la fonction honorifique, mais très prestigieuse, de vice-premier ministre. « Il y a deux postes qui l'intéressent, estime Jacques Parizeau. L'un, c'est le poste de ministre des Finances, puis l'autre, c'est le poste de premier ministre. La fonction de vice-premier ministre, c'est le prix de consolation[17] », ironise Jacques Parizeau.

Bernard Landry voit les choses autrement : « La passe, c'est que Parizeau se nomme ministre de toute l'économie. » Il s'explique : « Il nomme comme ministre des Finances Jean Campeau, un gars faible qu'il contrôle totalement, c'est son ancien sous-ministre. Il choisit Pauline Marois au Conseil du trésor, une fille qui vient de son cabinet. [Vous savez] les anciens des cabinets, ce sont des gens qui sont habitués à t'encenser ! Puis, il nomme Daniel Paillé à l'Industrie et au Commerce... la même chose. En d'autres termes, Parizeau, premier ministre, se nomme ministre des Finances, président du Conseil du trésor et ministre de l'Industrie et du Commerce. Il a voulu avoir ses gens, être le seul décideur économique puis tout contrôler, sans avoir de contrepoids.[18] »

Comme Bernard Landry n'a pas voulu du domaine de l'Éducation, le premier ministre doit trouver une autre tête pour prendre en main cet important ministère. Il étonne son entourage en misant sur Jean Garon. « Ça a été un ministre de l'Agriculture extraordinaire, juge-t-il. [Tout] un homme ! Maudit ! Et c'est pas macho[19]. » À plus d'une reprise, le chef péquiste a déjà eu maille à partir avec l'imprévisible député de Lévis. Mais

---

16. Le chef du protocole occupe l'équivalent d'un poste de sous-ministre adjoint au ministère des Relations internationales. C'est « l'interlocuteur officiel des missions diplomatiques et des postes consulaires, l'hôte officiel du gouvernement, l'ordonnancier des manifestations d'État », explique Jacques Joli-Cœur. Entrevue du 18 juillet 2001.
17. Entrevue avec Jacques Parizeau, le 9 mai 2000.
18. Entrevue avec Bernard Landry, le 12 juin 2000.
19. Entrevue avec Jacques Parizeau, le dimanche 10 décembre 2000.

il croit cependant qu'il ne faut pas gaspiller « un talent comme ça, même si c'est un enfant de nanan[20] ! »

Quand il le reçoit chez lui à Fulford, Jacques Parizeau commence l'entretien par une seule question : « Puis-je travailler avec vous, monsieur Garon ? Vous avez [dit] de moi des horreurs. D'un autre côté, j'ai un problème, il faut complètement modifier l'orientation du ministère de l'Éducation. D'une part, à cause des fonctionnaires, d'autre part, à cause de la CEQ. Je ferais cela moi-même, si je n'étais pas premier ministre. Est-ce qu'on est capables de travailler ensemble[21] ? » Jean Garon répond oui : « J'ai compris que j'allais faire partie de son équipe si j'acceptais d'être loyal[22]. » Jacques Parizeau enchaîne : « Alors, je vais vous nommer ministre de l'Éducation, mais seulement dans la mesure où vous êtes capable de réviser ça à l'envers. Puis n'ayez pas peur de faire crier. » Si Jacques Parizeau considère que la nomination de Jean Garon est son « coup le plus fumant », son entourage n'apprécie guère. Le futur ministre l'apprend à ses dépens, en discutant avec Jean Royer qui n'hésite pas à lui dire : « Si ça avait été de moi, je ne vous aurais jamais nommé[23]. »

Sur certains points, Lisette Lapointe semble avoir plus d'influence sur son mari que Jean Royer. Selon Bernard Landry, c'est elle qui aurait convaincu Jacques Parizeau de ne pas nommer Serge Ménard à la Justice. « Il était clair qu'il était appelé à être ministre de la Justice. C'était écrit dans le ciel. Pourquoi ne le fut-il pas, questionne Bernard Landry ? Parce qu'il a défendu un accusé[24]. » Bernard Landry rappelle que cinq ans auparavant, Serge Ménard, alors avocat, a représenté le maire de Saint-Sulpice, Paul Landreville, accusé de négligence criminelle pour avoir conduit sa moissonneuse-batteuse en état d'ébriété le 26 août 1989. L'immense véhicule a happé Hugo, le fils de Lisette Lapointe, alors âgé de 14 ans. « En droit criminel, c'est normal, les gens doivent être défendus, même les plus salauds, insiste Bernard Landry. Or, cela lui coûte son poste de ministre de la Justice ! » Jacques Parizeau refuse même d'assister à l'assemblée d'investiture de Serge Ménard dans le comté de Laval-des-Rapides. Il explique

---

20. Entrevue avec Jacques Parizeau, le 23 août 2000.
21. Entrevues avec Jean Garon, le 23 février 2000, et Jacques Parizeau, le 25 août 1997.
22. Entrevue avec Jean Garon, le 10 avril 2000.
23. Propos attribués à Jean Royer et rapportés par Jean Garon. Entrevue du 10 avril 2000.
24. Entrevue avec Bernard Landry, le 27 juin 2000.

son absence en disant à Bernard Landry : « Vous comprenez les circonstances[25] ? » « Quelles circonstances ? », réplique Bernard Landry, outré.

Les conseillers réunis autour de Jacques Parizeau, en particulier Louis Bernard, l'incitent fortement à recruter de jeunes ministres. Il est donc convenu d'exclure les anciens et de privilégier les nouvelles figures de telle sorte que le gouvernement puisse donner une image de renouveau[26]. « Mon plus jeune ministre (Daniel Paillé) avait 44 ans, rappelle Jacques Parizeau. C'est une sorte de tragédie[27]. » Par conséquent, les deux septuagénaires Camille Laurin et Denis Lazure sont exclus du Conseil des ministres.

Jacques Parizeau l'annonce sans trop de difficultés à Denis Lazure, mais dans le cas de Camille Laurin, « c'est un déchirement », reconnaît-il. Jacques Parizeau et Camille Laurin sont des amis de longue date. L'économiste éprouve le plus grand respect pour le médecin, mais il se résout à le faire venir « pour lui dire qu'il ne sera pas ministre. » Camille Laurin, abattu, retourne chez lui avec le titre de délégué régional de Montréal, un statut d'adjoint parlementaire qui n'a rien à voir avec un poste ministériel. Jacques Parizeau souffre de voir son ami réagir ainsi. « C'est épouvantable des décisions comme ça ! » En début de soirée, Camille Laurin revient chez Jacques Parizeau. Il ne peut pas accepter d'être exclu du Conseil des ministres. Regardant Jacques Parizeau droit dans les yeux, il lui demande : « En quoi ai-je démérité[28] ? » Parizeau en est renversé. « Dans la désolation, relate-t-il, à la fin de cette entrevue-là, on avait le goût tous les deux de pleurer. C'est le dernier moment, mais le pire de la formation du Conseil des ministres[29]. »

Quand Camille Laurin quitte la résidence secondaire du premier ministre, rien n'indique qu'il va accepter de demeurer député. Jean Royer et Louis Bernard, ce dernier a été le premier chef de cabinet de Camille Laurin en 1970, sont envoyés en mission pour le convaincre d'accepter son sort. « Pendant deux heures, raconte Jean Royer, Louis Bernard lui parle des avantages reliés au poste de délégué régional. Le docteur lui explique pourquoi ce n'est pas une bonne idée. Louis reprend son

25. Propos attribués à Jacques Parizeau et rapportés par Bernard Landry. Entrevue du 27 juin 2000.
26. Entrevue avec Louis Bernard, le 27 avril 2000.
27. Entrevue avec Jacques Parizeau, le 10 décembre 2000.
28. Propos attribués à Camille Laurin et rapportés par Jacques Parizeau. Entrevue du 10 décembre 2000.
29. Entrevue avec Jacques Parizeau, le 10 décembre 2000.

argumentation et explique à nouveau les avantages. Le docteur relance la discussion et explique pourquoi il préfère être ministre. C'est une belle conversation, estime Jean Royer, mais ça n'aboutit pas[30]. » En quittant le domicile de Camille Laurin, Louis Bernard insiste une dernière fois : «Vous allez y penser, docteur ? » Finalement, Camille Laurin se rend bien compte de l'impasse dans laquelle il se trouve. Le lendemain, il appelle Jacques Parizeau pour lui dire qu'il a accepté sa proposition.

## Les montures du régent

Au lendemain de l'élection, le téléphone sonne chez le journaliste Jean-François Lisée. Le chef de cabinet du premier ministre, Jean Royer, lui demande de venir dans la Vieille Capitale pour rencontrer Jacques Parizeau, ce que l'auteur du livre *Le Tricheur* s'empresse de faire. À peine arrivé à Québec, Jean Royer lui dit : « T'es bon pour écrire, toi ? Bon ben, tu vas rédiger la déclaration du premier ministre [désigné] pour demain. Une conférence est prévue[31]. » Si le chef de cabinet est aussi directif avec le journaliste, c'est que celui-ci, trois mois plus tôt, avait déjà offert ses services au chef du Parti québécois.

En juin 1994, Jean-François Lisée avait effectivement rencontré Jacques Parizeau pour mener une entrevue qui devait être publiée dans le magazine *L'actualité* en prévision des élections à venir. Le chef péquiste avait accepté de se prêter à l'exercice à l'unique condition que Daniel Johnson le fasse également. Le chef libéral ayant refusé, le projet d'article était tombé à l'eau. Jean-François Lisée s'était tout de même présenté au rendez-vous, attendant d'être seul avec le leader souverainiste pour lui annoncer que l'entrevue ne pourrait se faire[32]. Il avait profité de ce tête-à-tête pour offrir au chef souverainiste de s'occuper de la presse étrangère, s'il était élu. « J'aimerais aussi me joindre à l'équipe référendaire [au moment venu] », ajoutait-il devant un Jacques Parizeau estomaqué. Le croisé avait confié à Jean Royer comment il appréciait ce « Lisée, ses livres, sa façon vraie d'aborder la politique, sans compromis[33]. »

---

30. Entrevue avec Jean Royer, le 6 juin 2000.
31. Propos attribués à Jean Royer et rapportés par Jean-François Lisée. Entrevue du 12 octobre 2000.
32. Entrevue avec Jean-François Lisée, le 12 octobre 2000.
33. Entrevue avec Jean Royer, le 6 juin 2000.

Le 14 septembre 1994, au Château Frontenac de Québec, c'est donc à l'aide de la plume d'un journaliste de 36 ans que Jacques Parizeau fait sa première allocution publique à titre de premier ministre du Québec. Les observateurs remarquent tout de suite une retenue aussi respectueuse qu'inhabituelle chez le nouveau chef d'État. La fonction de premier ministre sied bien au régent. Il faut «préparer la décision référendaire», déclare-t-il. Il repousse ainsi à plus tard la motion que l'Assemblée nationale du Québec devait rapidement voter pour proclamer son intention de faire la souveraineté. Pas de triomphalisme. Il prône plutôt «un nationalisme ouvert» et exprime fermement sa volonté de rassurer la communauté internationale, en garantissant des droits fondamentaux aux anglophones du Québec. Le Québec sera présent aux conférences fédérales-provinciales «chaque fois que cela sera dans l'intérêt du Québec». La crédibilité du premier ministre s'affirme rapidement. «Des premiers pas adroits[34]» écrit Lise Bissonnette dans *Le Devoir*.

La venue de Jean-François Lisée vient combler le problème de rédaction que Jacques Parizeau avait constaté au fil des ans. Il appréciait beaucoup la plume d'Hubert Thibault, mais il ne la trouvait pas assez *swingante*. Le même Hubert Thibault, «plus intellectuel et homme de dossiers[35]», selon Lisette Lapointe, devient donc conseiller principal du premier ministre à la place de Jean Royer qui, lui, devient chef de cabinet[36]. Ce jeu de chaise musicale s'explique par l'échéancier référendaire, la priorité de Jacques Parizeau. «S'il y avait eu un gouvernement comme les autres, sans obligation de référendum, je n'aurais pas été chef de cabinet du premier ministre», explique Jean Royer. Hubert Thibault, spécialiste du suivi législatif à l'Assemblée nationale et des politiques gouvernementales, serait demeuré là pour gérer l'État, «mais parce qu'il y a un référendum dans l'année, la nouvelle fonction du chef de cabinet est de s'assurer qu'il puisse se tenir dans les meilleures conditions[37]».

---

34. Titre de l'éditorial de Lise Bissonnette, dans *Le Devoir* du 16 septembre 2002.
35. Entrevue avec Lisette Lapointe, le 16 mai 2000.
36. À noter qu'à cette époque, Jean Royer et Hubert Thibault n'avaient pas encore quarante ans.
37. Entrevue avec Jean Royer, le 3 octobre 2002. Hubert Thibault et Jean Royer étant de très bons amis, ils se sont entendus avec Jacques Parizeau avant les élections pour effectuer ce jeu de chaise musicale. Signe d'une amitié réelle, ils conviennent également de recevoir le même salaire, peu importe la fonction qu'ils occupent.

*Le premier ministre et son conseiller, Jean-François Lisée.*
*Photo de Jacques Nadeau.*

Technicien et plus près du parti qu'Hubert Thibault, Jean Royer peut aisément se transformer en grand régisseur de plateau lors d'une campagne politique. Pour lui, la joute électorale tient du plaisir. Il sait tenir compte et profiter habilement des événements fortuits qui se présentent à lui. Il orchestre l'imprévu et peut donner du rythme à une campagne électorale ou référendaire.

Au sein du cabinet Parizeau[38], Marie-Josée Gagnon, son attachée de presse, demeure en poste, tout comme Louise Brisson, secrétaire de Jacques

---

38. Parmi l'entourage du premier ministre Parizeau, on compte aussi Pierre Boutet, conseiller aux politiques gouvernementales, Claude Léveillé, conseiller auprès de la députation, Jules Rivard, conseiller aux relations avec le Parti québécois,

Parizeau depuis 1988, et Bernard Lauzon, conseiller économique[39]. En plus de Jean-François Lisée, une nouvelle recrue fait son apparition dans le cercle restreint des conseillers du premier ministre, il s'agit d'Éric Bédard, l'un des fils de Marc-André Bédard[40]. Lorsqu'il le recrute à titre d'adjoint au chef de cabinet, Jean Royer lui dit : « Tu suis Jacques Parizeau partout et tu prends des notes. Tu dois être près de *Monsieur* à toute heure du jour et de la nuit pour répondre à ses besoins[41]. » Jacques Parizeau apprécie tout de suite ce jeune avocat de vingt-huit ans qu'il « trouve efficace et intelligent[42]. »

À la surprise de plusieurs et pour la première fois de l'histoire du parlementarisme québécois et canadien, l'épouse du premier ministre devient officiellement sa conseillère. Avec un bureau au *bunker*, juste à côté de celui de Jacques Parizeau, Lisette Lapointe se voit attribuer certains dossiers prioritaires dont les jeunes, les femmes et le milieu communautaire. Pour esquiver les accusations de népotisme, Lisette Lapointe n'est toutefois pas payée directement. Une semaine sur deux, Jacques Parizeau lui remet en entier son propre salaire à lui. Bien que les féministes apprécient cette nomination audacieuse, certaines personnes remettent toutefois en cause le mode de rémunération. Si l'épouse du premier ministre est assez compétente pour exercer une telle fonction, pourquoi ne reçoit-elle pas un salaire comme tous les autres conseillers ?

---

Harold Lebel, bientôt remplacé par Jean-Claude Beauchemin, conseiller aux affaires régionales, et Luc Roy, directeur administratif du bureau du premier ministre. Yves Martin, ancien sous-ministre de l'Éducation dans les années 1960 et 1970 et ex-recteur de l'Université de Sherbrooke, travaille aux côtés d'Hubert Thibault. Quant à Michel Carpentier, il passe de simple directeur, au ministère du Tourisme, à sous-ministre responsable du développement régional. Il occupera bientôt le poste de secrétaire général-associé, en devenant l'adjoint de Louis Bernard.

39. Jacques Parizeau demande à Jean Labrecque, son vieux compagnon d'armes, de devenir son conseiller économique, mais celui-ci refuse. Jean Labrecque, vice-président à la maison de courtages Lévesque & Beaubien, suivait les cours sur les marchés financiers et en informait régulièrement Jacques Parizeau, lors de petits-déjeuners au Ritz Carlton, quand ce dernier était chef de l'opposition. Entrevue avec Jean Labrecque, le 25 mai 2000.

40. À ne pas confondre avec l'historien Éric Bédard, président du Comité national des jeunes du Parti québécois.

41. Entrevues avec Jean Royer, le 6 juin 2000 et le 3 octobre 2002.

42. Entrevue avec Jacques Parizeau, le 17 octobre 2000.

## L'ordonnateur

« Les Québécois et les Québécoises nous ont confié les affaires de l'État », s'exclame Jacques Parizeau. Il faut maintenant « réaliser le rêve secret » de chacun d'entre eux : « un seul rapport d'impôt. » Les dignitaires rassemblés au salon rouge de l'Assemblée nationale applaudissent. En ce 26 septembre 1994, le vingt-sixième premier ministre du Québec présente à la nation son Conseil des ministres.

La scène est impressionnante. Au centre, le premier ministre Parizeau est debout pour prononcer son discours. À sa gauche, sont assis les quatorze députés qui composeront le Conseil des délégués régionaux. À sa droite, apparaît pour la première fois son Conseil des ministres[43].

Il y a trente-trois ans, Jacques Parizeau pénétrait pour la première fois à l'Hôtel du Parlement. Il conseillait alors le gouvernement de Jean Lesage sur les questions de la sidérurgie puis de la nationalisation de l'électricité. Cet ancien mandarin, autrefois ministre des Finances, est maintenant aux commandes d'un État qu'il a lui-même contribué à bâtir. « La belle province » est devenue l'État du Québec, un État dorénavant dirigé et contrôlé par des francophones. Ce nouveau premier ministre a bien l'intention d'achever sa quête et de donner au Québec les pleins pouvoirs. Le régent veut son royaume. « En démontrant ce que le Québec sait faire, ce que le Québec peut faire, nous illustrerons ce qu'il pourrait faire pleinement s'il avait l'entière maîtrise de ses outils. Quand voulons-nous tenir le référendum ? se demande-t-il à haute voix. Nous avons indiqué une perspective : huit à dix mois. Et nous nous sommes donnés un horizon : en 1995. C'est dans ces paramètres que nous entamons notre travail. Rien ne s'est produit depuis qui puisse les bouleverser. »

Toujours dans le cadre de son allocution prononcée au salon rouge, Jacques Parizeau annonce qu'il veut gouverner sur la base de deux principes. Tout d'abord, « ne jamais faire compliqué quand on peut faire autrement. Bouger [et] utiliser tout ce qu'on peut. » Il résume son deuxième principe en une expression : « Le mur à mur, c'est fini. » La centralisation des pouvoirs et les réformes conçues à Québec pour des régions très différentes les unes des autres, c'est terminé. Pour s'assurer que ce dernier principe devienne réalité, il met en place une toute nouvelle structure qu'il

---

43. Voir, à l'annexe 1, la composition entière du Conseil des ministres.

nomme le Conseil des délégués régionaux. Les quatorze régions du Québec peuvent dorénavant compter sur un représentant. «Les délégués régionaux sont mes adjoints directs, souligne Jacques Parizeau. Ils se réunissent sous ma présidence et en présence du ministre d'État au développement des régions. Ils ont le pouvoir d'interpeller les ministres sectoriels.» Ces «avocats des régions» pourront participer aux séances du Conseil des ministres quand leurs dossiers y feront l'objet de discussion. «Avec ces délégués, conclut-il, les régions sont arrivées à Québec.» Les observateurs politiques comprennent également que cette structure inédite va faciliter le décollage de l'opération référendaire, en identifiant et alimentant les appuis régionaux pour permettre, le jour venu, de récolter le maximum de votes.

Le nouveau Conseil des ministres est formé de seulement dix-neuf personnes[44]. Nous voulons «plus de cohésion et nous serons économes», explique Jacques Parizeau. Pour chaque ministre, il impose un nombre maximum de cinq attachés de cabinet. Sous le gouvernement de Robert Bourassa, certains ministres pouvaient en compter jusqu'à une dizaine.

Maintenant le cap sur l'innovation, le premier ministre ne fait pas que présenter au Québec tout entier ses nouveaux ministres, il leur donne publiquement des mandats à réaliser. À Bernard Landry, responsable des Affaires internationales, il dit : «Mettez un terme sans délai à la négligence qui a remplacé les liens naguère privilégiés entre le Québec et la France. Je compte sur vous...» À Guy Chevrette, ministre d'État responsable des régions, il lance un message clair : «Vous veillerez à ce que la régionalisation des leviers de décision s'effectue de façon rapide, efficace et ordonnée. Vous êtes, monsieur Chevrette, l'ennemi numéro un du mur à mur.» Le style de Jacques Parizeau a presque des allures présidentielles. Il assume un rôle de grand ordonnateur. C'est du jamais vu... «Vous ne devez imposer aucune nouvelle charge fiscale aux particuliers», dit-il à son ministre des Finances, Jean Campeau. Jean Garon, nouveau ministre de l'Éducation, se voit également ment confier un mandat précis : «Monsieur le député de Lévis, vous allez moderniser l'éducation du Québec et convoquer des États généraux.» L'effet est réussi. Louis Bernard aime beaucoup[45]. Jean Royer en est épaté[46].

---

44. Le précédent Conseil des ministres, formé par Daniel Johnson, fils, comptait vingt-deux ministres.
45. Entrevue avec Louis Bernard, le 27 avril 2000.
46. Entrevue avec Jean Royer, le 6 juin 2000.

Jean-François Lisée, qui a participé à la rédaction de ce discours, est également satisfait de la performance de son premier ministre.

À Louise Beaudoin, ministre déléguée aux Affaires canadiennes, Jacques Parizeau rappelle que « la troisième période a débuté. Vous êtes sur la glace. Faites en sorte que l'équipe fédérale, dans les grandes manœuvres qu'on nous annonce, soit respectueuse des pouvoirs dont les Québécois nous ont confié la gouverne. Madame Beaudoin, gardez nos buts… Vous expliquerez à vos homologues du Canada que cette partie devient lassante pour eux comme pour nous et qu'il faudrait y mettre un terme. Assez de match revanche, de compétition stérile. Côte à côte plutôt que l'un dans l'autre, le Québec et le Canada pourront être de meilleurs partenaires […] Dites-leur que l'on ne veut pas casser le système, mais que l'on veut en sortir. »

Malgré les déclarations maladroites du député d'Iberville, Jacques Parizeau n'a pas l'intention de se passer du premier dirigeant d'une organisation patronale à joindre le Parti québécois. Richard Le Hir devient donc ministre d'État à la Restructuration, un tout nouveau ministère qui demeure toutefois sous l'autorité du Conseil exécutif et, par conséquent, du premier ministre. Il doit superviser la réalisation de nombreuses études sur l'organisation de l'État québécois devenu pays et, en particulier, voir comment « intégrer les programmes fédéraux dont héritera le Québec souverain. »

Pour la première fois, le comité des priorités compte un nombre égal de femmes et d'hommes. Le tiers du Conseil des ministres est également représenté par des femmes, une autre première. « Quand une femme tient les cordons de la bourse », c'est un signe qui ne trompe pas, estime Jacques Parizeau, qui confie la présidence du Conseil du trésor à Pauline Marois.

## Monsieur le président

Jacques Parizeau « préside bien le Conseil des ministres, estime Guy Chevrette. C'est probablement le moins émotif de tous ceux que j'ai connus. Il a une grande capacité d'écoute que je n'ai pas trouvée chez les autres premiers ministres. [Pierre Marc] Johnson écoutait, mais il ne faisait rien de ce qu'on lui disait. Tandis que M. Lévesque se tannait [rapidement] d'écouter[47]. » Louis Bernard qui, à titre de secrétaire général du

---

47. Entrevues avec Guy Chevrette, le 13 novembre 2001 et le 10 janvier 2002.

gouvernement, assiste à chacune des réunions du Conseil des ministres, abonde dans le même sens : «Je dirais qu'il est un meilleur homme de comité que monsieur Lévesque. Au comité des priorités, ça marche rondement. Il préside plus, [il est] plus président[48].» Hubert Thibault, son conseiller spécial, se fait plus nuancé : «Parizeau, à la différence de Lévesque, donne son opinion assez tôt au début des discussions au Conseil des ministres[49].»

Dans l'entourage du premier ministre, on désire donner une stature présidentielle à Jacques Parizeau. La première conférence de presse se déroule donc au Château Frontenac, un lieu par ailleurs très fréquenté par Jacques Parizeau. On pense un moment à doter le premier ministre d'un porte-parole, tout comme le président américain, puis on se ravise.

À l'été 1994, la Chambre de commerce de Québec avait mené une cabale pour que les deux chefs aspirant au poste de premier ministre s'engagent à demeurer dans la Vieille Capitale. La communauté des affaires s'engageait à mettre à la disposition de l'État une résidence de fonction pour le nouveau premier ministre. Peu de temps après sa nomination comme chef du protocole, Jacques Joli-Cœur est rapidement mandaté pour rencontrer les autorités de la Chambre de commerce de Québec, afin d'évaluer le sérieux de cette offre. Après une rencontre avec Alain Kirouac, le directeur général de la Chambre, il appert qu'une demeure peut rapidement être mise à la disposition du premier ministre. «L'argent n'est pas un problème[50]» déclare alors Kirouac à Jacques Joli-Cœur. Dès le début du mois de novembre, le couple Parizeau s'installe au 1080, avenue des Braves. La résidence est la propriété de la Société de rénovation Maillou, société sans but lucratif, filiale de la Chambre de commerce de Québec. Il s'agit d'une maison meublée, louée au gouvernement du Québec. Le premier ministre a pour seule obligation de payer son loyer et ses dépenses personnelles[51].

Jacques Parizeau veut une capitale qui fonctionne cinq jours sur cinq. La seule façon de s'en assurer, c'est que le premier ministre y habite à

---

48. Entrevue avec Louis Bernard, le 9 janvier 2002.
49. Entrevue avec Hubert Thibault, le 22 avril 2003.
50. Entrevue avec Jacques Joli-Cœur, le 28 juin 2001.
51. Note à Jacques Parizeau de Luc Roy (directeur administratif du cabinet du premier ministre) et intitulée «La maison du 1080 des Braves», le 6 mars 1995. Archives de Jacques Parizeau. ANQ, Montréal.

temps plein. Afin d'éviter que les députés, les ministres et bien des hauts fonctionnaires ne quittent Québec le jeudi soir pour ne revenir que le mardi matin, il demande à son épouse d'organiser des réceptions à chaque jeudi soir[52]. En un an, il va y passer près de 8 000 invités. « Tous les jeudis soir, raconte Jacques Joli-Cœur, ils recevaient un peu plus de cent personnes, allant du corps diplomatique, aux chauffeurs de taxi de Québec, aux gens sur le bien-être social[53]. »

Malheureusement pour le couple Parizeau, ce choix ne fait pas l'unanimité. Dans la presse de Québec, on se moque allègrement de cette décision, en baptisant la maison de fonction du premier ministre du nom de l'Élisette. Par un habile jeu de mots, certains journalistes font ainsi le lien entre la résidence du président français, l'Élysée, et le nom de l'épouse du premier ministre. Jacques Parizeau ne comprend pas « la hargne des journalistes de Québec à l'endroit d'un projet semblable. Si c'était à refaire, [le gouvernement] achèterait une maison[54]. » Jean Royer est d'accord : « Finalement, ça a été une décision qui comportait pour lui pas mal plus d'inconvénients que d'avantages[55]. »

Le 22 novembre, le nouveau premier ministre fait sa première visite au Canada anglais. Il se rend en Ontario, afin d'y rencontrer son vis-à-vis, Bob Rae, qui n'apprécie guère les idées politiques du chef souverainiste. Après la discussion, qui sera fort émotive, le premier ministre ontarien refuse de se présenter aux côtés de Jacques Parizeau. De plus, pendant le point de presse, un individu à l'allure louche se met à insulter violemment le premier ministre du Québec. L'énergumène réussit à s'approcher très près du politicien avant d'être immobilisé par le service de protection du premier ministre.

Jacques Parizeau s'adresse ensuite aux six cents personnes réunies au Canadian Club de Toronto. Dans une note écrite par Jean-François Lisée, le conseiller suggère au premier ministre d'amener le Canada anglais à réfléchir, en faisant valoir que « le NON est la garantie d'un perpétuel *Quebec problem* en [son] sein. Il serait bon aussi qu'on vous voit en présence d'un premier ministre du Canada anglais. La photo [prouverait]

---

52. Entrevue avec Jacques Parizeau, le 17 octobre 2000.
53. Entrevue avec Jacques Joli-Cœur, le 28 juin 2001.
54. Entrevue avec Jacques Parizeau, le 17 octobre 2000.
55. Entrevue avec Jean Royer, le 6 juin 2000.

que vous êtes et qu'ils sont parlables. Qu'en pensez-vous[56]?» Jacques Parizeau retient toutes les suggestions de son jeune conseiller. Si l'attitude de Bob Rae l'empêche d'être photographié avec lui, devant le Canadian Club, il soutient sans ambiguïté que dans l'éventualité où le NON gagne, le problème du Québec ne sera pas réglé et que la présence de cette province au sein de la fédération canadienne s'apparentera «à une interminable séance chez le dentiste. »

## La volonté politique reprend le pouvoir

Dans son discours inaugural de la trente-cinquième Législature, le 29 novembre, au salon bleu de l'Assemblée nationale, Jacques Parizeau résume les deux premiers mois de son gouvernement : «Nous avons gardé ouvertes des écoles de quartier ou de village, à Batiscan et à Jonquière. Nous avons lancé un programme de démarrage d'entreprises[57]. Nous avons enlevé la bride qui avait été imposée au Fonds de solidarité des travailleuses et des travailleurs du Québec. Nous avons commencé à rétablir une présence policière dans les communautés d'Oka et de Kanesatake, dans le respect des différences. Nous avons fait honorer en quelques jours, par Ottawa, le compte en souffrance de 34 millions du référendum de Charlottetown[58]. »

En tout début de mandat, soit le 17 novembre, il a aussi annulé de façon unilatérale le vaste projet hydroélectrique de Grande Baleine dans le grand nord québécois. «Nous n'en n'avons pas besoin. Ce projet est sur la glace pour un bon bout de temps[59]. » Jacques Parizeau répondait alors à Matthew Coon-Com qui accusait le premier ministre du Québec de tenir des politiques racistes envers les Cris. «L'ancien gouvernement acceptait sans broncher ces claques en pleine face, mois après mois, soutient Jacques

---

56. Note de Jean-François Lisée intitulée «Voyage à Toronto, le mardi 22 novembre prochain» et datée du 27 octobre 1994. Archives de Jacques Parizeau, ANQ, Montréal.
57. Voir l'annexe 2 portant sur le plan Paillé.
58. Extrait du *Discours inaugural de Jacques Parizeau* prononcé au salon bleu de l'Assemblée nationale, le 29 novembre 1994.
59. Cité dans un article de Philippe Cantin, «Nous n'avons pas besoin de Grande-Baleine, dit Parizeau», *La Presse*, le 18 novembre 1994.

Parizeau. Ce ne sera pas notre cas, déclare-il. Tout ça était dans un maré-cage dont on se sert à l'étranger pour attaquer le Québec.» En voyant des milliers d'emplois potentiels disparaître, la FTQ avait très mal réagi. Guère impressionné, le premier ministre répétait : «Quand quelque chose est à ce point mal engagé, on décide.» Ces décisions, prises dans un laps de temps relativement court, sont la preuve, selon Jacques Parizeau, que «la volonté politique a repris le pouvoir à Québec[60].»

L'économiste au pouvoir parle très peu de déficit et de dette. Les problèmes sociaux retiennent beaucoup plus son attention. La présence de sa nouvelle épouse à ses côtés en serait en partie responsable. Lorsque Jacques Parizeau annonce la création d'un Secrétariat à l'action commu-nautaire, c'est à Lisette Lapointe qu'il en confie la responsabilité. Soucieux d'améliorer la situation économique des femmes, un autre sujet où l'on peut sentir l'influence bénéfique de son épouse, le premier ministre annonce son intention de faire adopter deux projets de loi : l'un sur la perception automatique des pensions alimentaires, l'autre, sur l'équité salariale. Fidèle à ses engagements électoraux, le gouvernement de Jacques Parizeau abolit également la taxe à l'échec scolaire au cégep et maintient le gel des frais de scolarité à l'université.

Au moment de conclure son discours inaugural, Jacques Parizeau rend hommage à René Lévesque : «Il nous a donné une grande leçon : l'idéalisme, c'est permis.» Il promet finalement de rendre public un astucieux mécanisme de consultation qui permettra aux Québécois de s'exprimer sur l'idéal du pays à construire. Quelques jours plus tôt, lors d'un autre discours-fleuve devant la Chambre de commerce du Montréal métropolitain, il avait déclaré : «Ce n'est pas un rêve ; on y va. Je suis en campagne référendaire[61].»

## Le bimoteur gouvernemental

«Comme premier ministre du Québec, Parizeau gère dans sa tête comme le dernier premier ministre provincial[62]», souligne Daniel Paillé.

---

60. Extrait du *Discours inaugural de Jacques Parizeau* prononcé au salon bleu de l'Assem-blée nationale, le 29 novembre 1994.
61. Discours prononcé le 15 novembre 1994.
62. Entrevue avec Daniel Paillé, le 27 mars 2000.

*Jacques Parizeau veut être le dernier premier ministre « provincial ».*
*Archives de Jacques Parizeau, ANQ, Montréal.*

Celui qui a travaillé aux côtés du politicien dès 1970, voit bien comment le chef des troupes met en place tout un engrenage référendaire qui permettra au Québec de se détacher rapidement du Canada.

Le gouvernement formé par Jacques Parizeau fonctionne avec deux moteurs, l'un pour les affaires de l'État et l'autre, pour préparer le référendum. En cela, il ressemble à l'un des héros de sa jeunesse, Winston Churchill, qu'il disait admirer pour sa capacité remarquable à gérer efficacement la Grande-Bretagne, tout en combattant l'ennemi allemand qui bombardait sans répit les villes anglaises. En plus des réunions du Conseil des ministres et du comité des priorités, la machine gouvernementale réunit, habituellement les mercredis, un comité de stratégie référendaire présidé par Jacques Parizeau et composé des ministres Bernard Landry, Guy Chevrette et Louise Beaudoin. Les députés Rosaire Bertrand et Sylvain Simard se joignent au groupe. Camille Laurin, à titre de délégué régional, assiste aussi aux réunions, de même que Jean Royer. L'appareil péquiste y est représenté par Monique Simard, vice-présidente du parti depuis novembre[63]. Dans les locaux du Parti québécois, un comité technique, le bras opérationnel du comité stratégique, voit à transformer les grandes orientations en directives sur le terrain.

Le Bloc québécois participe également à l'enclenchement de la démarche référendaire. Dès l'arrivée au pouvoir du Parti québécois, tous les vendredis matin, Louis Bernard préside un comité de liaison réunissant des conseillers de Jacques Parizeau et de Lucien Bouchard[64]. Le 9 décembre, on annonce la création d'un comité référendaire Parti québécois/Bloc québécois. Coprésidé par Lucien Bouchard et Jacques Parizeau, ce comité est composé d'un nombre égal d'élus de chaque formation politique. Dans un document issu du bureau du premier ministre, il est écrit que le mandat de ce comité est de «préparer la tenue du référendum sur la souveraineté, dans l'hypothèse d'un échéancier court (huit à dix mois) : [soit au] printemps 1995[65].» L'objectif, qui n'a jamais été rendu public,

---

63. Jean-François Lisée est le secrétaire de ce comité qui se réunit après décembre 1994. Normand Brouillet, devenu directeur de la campagne référendaire, va faire partie de ce groupe dès la fin janvier 1995.
64. Outre Louis Bernard, le comité de liaison est formé de Jean Royer, Jean-François Lisée, Gilbert Charland et Pierre-Paul Roy.
65. Document intitulé *Comité référendaire PQ-BQ* et daté du 22 novembre 1994, 9 pages. Archives de Jacques Parizeau. ANQ, Montréal. Le Parti québécois est

est « d'obtenir, lors du référendum, un vote semblable à celui du référendum de 1992 sur Charlottetown », soit 57 % des voix.

Dans ce document daté du 22 novembre, il est aussi écrit que « selon la stratégie originale, la question de la souveraineté ne [doit] pas occuper, à ce moment-ci, l'avant-scène de l'actualité. (…) Le manque d'éclat de la victoire [électorale] a eu un effet dépressif qui rend plus difficile la mobilisation des troupes. (…) L'accent [doit] plutôt être mis sur la capacité d'agir du gouvernement, l'écoute des régions et la concertation en vue de la création d'emplois. »

Bien que les Partenaires pour la souveraineté [66] ne font officiellement surface qu'en janvier 1995, ce regroupement, qui désire absolument maintenir son autonomie à l'égard du gouvernement, tient ses premières réunions au début de l'automne 1994[67].

Le 6 décembre 1994, quand Jacques Parizeau dépose à l'Assemblée nationale les documents relatifs au processus référendaire, une structure souverainiste a donc déjà commencé à se déployer sur le terrain.

## Article 1 – Le Québec est un pays souverain

À la différence du référendum de 1980 où les Québécois s'étaient prononcés sur une question, cette fois-ci, c'est sur une loi qu'ils auraient à

---

représenté par Bernard Landry, Guy Chevrette, Louise Beaudoin, Camille Laurin, Sylvain Simard, Rosaire Bertrand et Monique Simard (qui n'est pas une élue). Le Bloc québécois est représenté par Michel Gauthier, Gilles Duceppe, Pierre Brien, Madeleine Dalphond-Guiral, Francine Lalonde, Philippe Paré et Paul Crête.

66. Les organismes suivants constituent les Partenaires pour la souveraineté : La CEQ, CSN, FTQ, le Mouvement étudiant pour la souveraineté, le Mouvement national des Québécois et Québécoises, la Société Saint-Jean-Baptiste de Montréal, Solidarité populaire Québec, le Syndicat des employés de bureau et de magasins de la Société des alcools du Québec, le Syndicat de la fonction publique du Québec, le Syndicat des professionnelles et professionnels du gouvernement du Québec, la Fédération des infirmières du Québec, l'Association québécoise des professeurs de français, l'Union des artistes et l'Union des écrivaines et écrivains québécois.

67. Selon l'agenda du premier ministre et une note de Jean Royer datée du 9 novembre 1994. Le regroupement a déjà son local. Un permanent et une secrétaire viennent d'être embauchés. Cette organisation avait comme ancêtre le Mouvement Québec 1991.

s'exprimer[68]. Le premier article de l'avant-projet de loi sur la souveraineté du Québec que Jacques Parizeau présente à la population, le 6 décembre, se lit comme suit : « Le Québec est un pays souverain. » L'article 2 souligne la nécessité de « conclure avec le gouvernement du Canada un accord consacrant le maintien d'une association économique entre le Québec et le Canada. » Composé de dix-sept articles, ce projet de loi va être distribué dans tous les foyers québécois. La population pourra commenter, critiquer et proposer des modifications par l'entremise de dix-huit commissions régionales sur l'avenir du Québec qui sillonneront le Québec.

La présidence de chacune de ces commissions est confiée à une personnalité régionale qui n'est pas une élue. Cette personne est choisie par le gouvernement, tout comme les commissaires dont le nombre peut varier de sept à dix. Un ministre et un délégué régional du gouvernement siègent à chacune des commissions. Le parti de l'Action démocratique du Québec, le Parti libéral du Québec, de même que celui du Canada, ainsi que le Parti progressiste conservateur sont invités à y dépêcher un représentant. Seule l'Action démocratique du Québec acceptera de participer à cet exercice. Une commission pour les aînés et une autre pour les jeunes s'ajoutent aux quinze commissions régionales. Cette vaste consultation populaire doit débuter en février 1995, après quoi une commission nationale devra faire part au gouvernement des réactions et des propositions de la population. Une fois la Loi sur la souveraineté modifiée, elle sera étudiée et votée par l'Assemblée nationale du Québec. Cependant, elle n'entrera en vigueur qu'après la tenue du référendum et à la condition qu'une majorité de voix se soient exprimées en faveur du projet souverainiste. Le dernier article de l'avant-projet de loi inclut d'ailleurs la question référendaire : « Êtes-vous en faveur de la loi adoptée par l'Assemblée nationale déclarant la souveraineté du Québec ? »

Conformément à la stratégie élaborée par le gouvernement, la souveraineté sera proclamée « un an après son approbation par référendum », afin de permettre au Canada et au Québec de s'entendre sur le partage des biens et de la dette, de l'espace économique commun ainsi que sur les nombreuses autres mesures transitoires.

---

68. Jacques Parizeau a donc retenu les conclusions du comité d'actions rapides dirigé par Louis Bernard.

Le soir du 6 décembre, Jacques Parizeau s'adresse à tous les Québécois par l'entremise de la télévision. Après avoir souligné avec fierté la façon dont le Québec s'est donné un État au moment de la Révolution tranquille, il rappelle le rapatriement de la constitution canadienne, réalisé sans l'accord du Québec en 1982. Il évoque ensuite l'échec de l'entente du Lac Meech qui a conduit le gouvernement québécois à former la Commission Bélanger-Campeau ; après quelques mois de travaux, elle a accepté d'adopter une démarche commune consistant à offrir une toute dernière chance au Canada, faute de quoi un référendum sur la souveraineté devait avoir lieu en 1992. Au lieu d'un référendum, c'est un nouvel accord constitutionnel, celui de Charlottetown, qui a été soumis à la population canadienne, mais celle-ci l'a majoritairement rejeté. « Les Québécois méritent mieux », déclare enfin le premier ministre, qui les invite à donner leur opinion sur le projet souverainiste, en participant activement aux audiences des commissions régionales.

C'est au cours de ce même discours que Jacques Parizeau présente à l'écran l'avant-projet de loi sur la souveraineté. Il pose son doigt sur la première page du document qui est entièrement blanche : « Cette page blanche, dit-il, elle vous appartient, elle vous appelle. » Jacques Parizeau souhaite que chacun des citoyens du Québec propose un texte, des phrases, une idée, afin de faire de ce préambule une tonifiante déclaration d'indépendance. Cet appel au peuple, une idée de Jean-François Lisée, recèle une vision idéaliste de la politique. « Cette déclaration, explique-t-il avec émotion, doit exprimer les ambitions et les traditions du peuple québécois, ses valeurs fondamentales et ses objectifs pour l'avenir. La déclaration peut définir ce qui nous distingue des autres peuples et ce qui nous ouvre à la famille des nations. Elle doit porter sur nos espoirs pour nos enfants et nos petits-enfants. Elle doit aussi exprimer l'engagement qui sera le nôtre de respecter les différences et les appartenances. » La performance de Jacques Parizeau à l'écran est très convaincante. Ce préambule « pourrait commencer par les mots *Nous le peuple du Québec*[69] ou encore par les mots *Les gens de ce pays*. Ce sont des exemples que je vous donne, explique Jacques Parizeau. Je vous fais confiance pour en trouver des centaines d'autres. Il faut y donner le meilleur de nous-mêmes. »

---

69. Tout comme la déclaration d'indépendance américaine qui débute par « We the people… ».

## « Je ne m'entoure pas de nouilles. »

L'idée des commissions régionales itinérantes n'apparaît pas dans les recommandations du comité d'actions rapides dirigé par Louis Bernard. Il est plutôt question d'un sommet de la solidarité qui « sera annulé, nous apprend Jean Royer, en raison des résultats électoraux et de la situation financière terrible[70] ». Dans le programme du Parti québécois, on mentionne également la mise sur pied d'une super commission, afin de doter le Québec d'une constitution. « Avec le pouvoir à 53 % des votes, je serais allé tout de suite avec la constitution[71] », avoue Jacques Parizeau, mais les résultats trop serrés de l'élection l'amènent à ne pas procéder ainsi. Dans aucun document péquiste, le concept des commissions régionales n'apparaît. Cette idée est plutôt attribuable à la présence de Jean-François Lisée, qualifié de « boîte à idées[72] » par Jean Royer. La contribution de Lisée au processus référendaire « est importante[73] », confirme Louis Bernard.

Le jour où il est recruté par Jacques Parizeau, l'ancien journaliste lui répète que le Parti québécois ne peut pas remporter le référendum, tout seul. « Si vous ne voulez pas entendre ça, monsieur Parizeau, il ne faut pas m'embaucher[74]. » Celui-ci lui avait alors répondu : « Monsieur Lisée, vous allez vous rendre compte que je ne m'entoure pas de nouilles[75] ! » Lorsque Jacques Parizeau le présente à la presse le jour de l'assermentation du Conseil des ministres, le jeune conseiller s'empresse de dire qu'il n'est pas membre du Parti québécois et qu'il n'a pas l'intention de le devenir dans un avenir rapproché. « Pour faire un pays, dit-il, il faut une solidarité qui dépasse les lignes partisanes. Je serai le conseiller de l'ouverture[76]. » Par ses propos, il s'attire la méfiance de certains péquistes, dont les ministres Jean Garon et Guy Chevrette. L'épouse du premier ministre ne lui fait

70. Entrevue avec Jean Royer, le 6 juin 2000. Nous reparlerons plus loin de la situation financière du gouvernement du Québec.
71. Entrevue avec Jacques Parizeau, le 5 septembre 2000.
72. Entrevue avec Jean Royer, le 6 juin 2000.
73. Entrevue avec Louis Bernard, le 27 avril 2000.
74. Entrevue avec Jean-François Lisée, le 12 octobre 2000.
75. Propos attribués à Jacques Parizeau et rapportés par Jean-François Lisée. Entrevue du 12 octobre 2000.
76. Cité dans un article de Michel Venne, « Parizeau s'adjoint Jean-François Lisée », *Le Devoir*, le 15 septembre 1994.

pas confiance : «Ça n'a pas été de tout repos avec Lisée[77]», confie Lisette Lapointe des années plus tard. Elle ne croit même pas que Jean-François Lisée soit souverainiste. De toute évidence, Jacques Parizeau n'entretient pas la même méfiance à l'endroit de sa jeune recrue. «*Monsieur* est très fier de sa monture[78]», confirme Daniel Paillé. «Ça ne me dérange pas d'aller chercher des gens forts, ajoute Jacques Parizeau. Je n'ai pas peur de Lisée, quitte à ce qu'on s'engueule et qu'on n'ait pas le même point de vue sur un certain nombre de choses[79]!»

Rapidement, pour le plus grand plaisir de Jean Royer, Jean-François Lisée dérange : «Il faisait jaser. Je trouvais ça très, très bon[80].» Il commence par contester l'idée émise par Louis Bernard et par d'autres personnes qui tiennent à une consultation préréférendaire menée à l'intérieur des murs de l'Assemblée nationale par la Commission parlementaire des institutions. «Malheureusement, explique-t-il, l'Assemblée nationale n'est plus un point de référence majeur pour le peuple québécois. On ne peut reproduire Bélanger-Campeau. On ne refait pas ça! Il faut quelque chose de neuf, si on veut que ça marche. Il faut mettre la souveraineté à l'ordre du jour[81].» Jean Royer l'écoute en silence et lui dit de réfléchir pour arriver à quelque chose d'innovateur. Jean-François Lisée se met à recevoir des suggestions, il écoute un bon nombre de fonctionnaires. L'un deux lui parle alors d'une commission dans les régions pour discuter de la question de la constitution québécoise. C'est à partir de cette suggestion que germe l'idée des commissions régionales sur la souveraineté, dirigées par une majorité de non-élus. Jean-François Lisée souhaite que les participants soient issus des «quartiers, des villages, dans les rangs, loin, loin, loin. Il faut *dépéquiser* l'option», précise-t-il enfin.

Le 22 novembre 1994, pour convaincre Jacques Parizeau d'accepter sa proposition des commissions régionales, Jean-François Lisée écrit une note dans laquelle il mentionne qu'il «faut redonner visibilité et contenu à la souveraineté dans un processus d'adhésion populaire[82].» La souveraineté

---

77. Entrevue avec Lisette Lapointe, le 16 mai 2000.
78. Entrevue avec Daniel Paillé, le 27 mars 2000.
79. Entrevue avec Jacques Parizeau, le 17 octobre 2000.
80. Entrevue avec Jean Royer, le 6 juin 2000.
81. Entrevue avec Jean-François Lisée, le 12 octobre 2000.
82. Note de Jean-François Lisée intitulée «Avant-projet de loi et consultation régionale», datée du 22 novembre 1994. Archives de Jacques Parizeau, ANQ, Montréal.

ne doit plus être uniquement un projet de gouvernement ou de parti. Le dépôt de l'avant-projet de loi doit créer «un sentiment d'urgence» et installer un échéancier mobilisateur pour la population. L'accès à ces documents nous permet aujourd'hui de saisir «l'objectif politique» derrière la création des commissions régionales. Dans la note adressée à Jacques Parizeau, Jean-François Lisée indique que «les nominations sur les commissions permettent de mobiliser des chefs de file prosouveraineté dans chaque région et de leur donner de la crédibilité pour la campagne à venir. L'arrivée dans plusieurs localités d'un groupe de commissaires où figurent péquistes et bloquistes permet à ces derniers d'occuper le terrain politique et de rencontrer et mobiliser les militants[83]. » Jacques Parizeau adhère à cette suggestion.

Par un étrange concours de circonstances, c'est Jean-François Lisée qui se présente à l'exécutif national du parti pour annoncer cette nouvelle initiative totalement absente du programme. Autour de la table, il y a Monique Simard, mais aussi Guy Chevrette. «Cela va mal se passer, raconte un témoin. Lorsque Lisée commence à nous parler des commissions et à nous expliquer avec une certaine candeur comment cela devrait se passer», Guy Chevrette explose. «Comment, tab…! Je suis leader du gouvernement et ministre responsable des régions et je ne suis même pas au courant!» Jean-François Lisée rougit et tente de calmer le ministre, mais cela ne fait qu'aggraver les choses. Bientôt, le conseiller de Jacques Parizeau a tout l'exécutif sur le dos. Celui qui se vantait de ne pas avoir de carte du parti n'assistera plus à un exécutif national du Parti québécois avant longtemps.

Il n'y a pas qu'à l'exécutif du parti où l'on réagit avec étonnement. Le ministre Daniel Paillé se souvient de la séance du Conseil des ministres à laquelle Jacques Parizeau «arrive en nous disant : "[Dans les prochains jours], je vais annoncer que je crée des commissions politiques régionales" » Les ministres apprennent ainsi qu'ils sont conscrits. «Je vous ai réservé chacun une région que voici…» Puis, il nomme les ministres un à un et les affecte. «Monsieur Léonard, vous allez être dans les Laurentides. Monsieur Chevrette, dans Lanaudière... » et ainsi de suite. Les ministres peuvent-ils discuter de leur affectation? «Oui, répond Daniel

---

83. *Idem.*

Paillé, mais il est tellement content de ses idées politiques, de ses astuces, que là, tu te dis... tu te laisses prendre un peu[84]. »

## Une locomotive en marche

En 1988, lorsque le NPD Québec risquait de ravir la seconde place au Parti québécois, Jacques Parizeau avait posé plusieurs gestes pour neutraliser ce rival. Il avait d'abord promis à Rémy Trudel, candidat potentiel à la direction du NPD Québec, un comté sûr, s'il se présentait pour le Parti québécois. Rémy Trudel accepta de se joindre au parti de Jacques Parizeau et le comté de Rouyn-Noranda fut disponible pour lui. Le chef du Parti québécois était ensuite allé voir François Beaulne, vice-président du NPD Québec qui venait de perdre son emploi à la vice-présidence de la Banque Nationale, et lui avait offert un bureau dans les locaux du Parti québécois, d'ici à ce qu'il se trouve un emploi. Il lui avait ensuite libéré un comté, afin qu'il se porte candidat pour le Parti québécois, ce que François Beaulne fit également. « Lévesque disait : "Un trou, une cheville[85]" », raconte Jacques Parizeau, qui justifie ainsi ce genre de mesures lorsqu'il lui faut paralyser un adversaire potentiel.

En novembre 1994, il agit de la même façon quand il apprend, par l'entremise d'un sondage réalisé par la firme Léger & Léger, que Claude Béland, président du Mouvement Desjardins, est perçu par une partie de l'opinion publique comme un possible candidat à la direction du Parti libéral du Québec. Jacques Parizeau envoie immédiatement son conseiller juridique, Yvon Martineau, en mission auprès du président du plus grand réseau coopératif au Québec[86].

Claude Béland connaît bien Yvon Martineau. Cet avocat a représenté le Mouvement Desjardins dans certains dossiers. Invité par celui-ci à prendre le repas au Château Frontenac, Claude Béland ne se doute de rien. Lorsqu'il se présente au restaurant du Château, il est étonné de voir le maître d'hôtel l'escorter à bonne distance de la salle à manger. On le fait finalement entrer dans une grande salle vide, au milieu de laquelle l'attend

---

84. Entrevue avec Daniel Paillé, le 27 mars 2000.
85. Entrevue avec Jacques Parizeau, le 19 septembre 2003.
86. L'histoire suivante a été racontée par Claude Béland, le 16 septembre 2003, et a été confirmée par Jacques Parizeau, le 19 septembre 2003.

Yvon Martineau, attablé et souriant. Pendant au moins une heure, le conseiller juridique du premier ministre tente de séduire son invité. «Monsieur Parizeau est au *bunker* et il t'attend. Il est prêt à t'offrir un poste de ministre, celui que tu veux et tu te feras élire après coup[87].» Claude Béland est sonné… «C'est pas sérieux», dit-il. Il comprend rapidement que le sondage des derniers jours y est pour quelque chose. Mais Claude Béland aime son poste de président du Mouvement Desjardins et il n'a pas vraiment le goût de changer de fonction. Yvon Martineau continue de faire pression sur lui, en répétant qu'il s'agit d'une offre on ne peut plus sérieuse. «Tu ne peux pas dire NON, plaide Yvon Martineau, tu dois faire cela pour le Québec.» Dans le cas où il dirait oui, le conseiller de Jacques Parizeau laisse entrevoir des compensations de toutes sortes. «Si tu n'es pas élu ou qu'il arrive quelque chose, Jacques Parizeau va te nommer président d'Hydro-Québec.» Claude Béland demande un peu de temps pour réfléchir.

Le lendemain, il prend l'avion pour Lyon, en France. À son arrivée à hôtel, il apprend que Pierre Marc Johnson y loge lui aussi. Il demande à lui parler, car il aimerait avoir son avis sur la surprenante proposition de Jacques Parizeau. Ancien rival de ce dernier, Pierre Marc Johnson a tôt fait de ridiculiser cette offre : «Écoutez, dit-il, là, il trouve que vous êtes un bon cheval, mais quand ils n'auront plus besoin de vous, ils vont vous laisser tomber comme une vieille guenille. Je le sais, ils ont fait ça avec moi[88]!» Claude Béland, qui hésitait déjà, se voit confirmé dans ses doutes et décide finalement de refuser l'alléchante proposition du premier ministre. «Ça ne m'intéressait pas d'être sous l'autorité de Parizeau[89]», confie-t-il.

Le 24 novembre, le nouveau gouvernement est momentanément ébranlé par la démission de sa ministre de la Culture et des Communications, Marie Malavoy. D'origine française, la ministre a enfreint la loi électorale en votant au Québec et au Canada sans être citoyenne canadienne, situation qu'elle a régularisée depuis, mais qui n'efface pas son geste antérieur. Rita Dionne-Marsolais, qui occupe déjà le poste de ministre déléguée au Tourisme, hérite de celui de la ministre démissionnaire.

---

87. Propos attribués à Yvon Martineau et rapportés par Claude Béland. Entrevue du 16 septembre 2003.
88. Propos attribués à Pierre Marc Johnson et rapportés par Claude Béland. Entrevue du 16 septembre 2003.
89. Entrevue avec Claude Béland, le 16 septembre 2003.

Cette bévue est toutefois l'une des rares mauvaises nouvelles qui vient éclabousser la nouvelle équipe gouvernementale en 1994. En cette fin d'année, les événements semblent au contraire les favoriser. Au début du mois de décembre, alors que les partis fédéraux annoncent officiellement leur refus d'envoyer un représentant aux commissions régionales, tout comme le Parti libéral de Daniel Johnson, un sondage laisse entrevoir que la population du Québec, satisfaite de la performance du gouvernement, est d'accord pour participer au processus consultatif proposé par Jacques Parizeau.

Le 13 décembre, Jean Royer et Jean-François Lisée rencontrent Mario Dumont. Leur objectif est de convaincre celui-ci de se joindre aux Commissions sur l'avenir du Québec, afin d'éviter que les libéraux ne critiquent cet exercice en le présentant comme un «grand conseil national du PQ». Royer et Lisée écrivent que «seul un ancien libéral comme Dumont, dénonçant le PQ assez régulièrement, peut convaincre des libéraux nationalistes anti-péquistes de voter OUI. M. Dumont ne nous serait d'aucune utilité s'il s'alignait constamment sur nos positions[90].» Dans ce mémo, Mario Dumont est présenté comme un «souverainiste inquiet» qui craint qu'une courte victoire du OUI ne «provoque un nouvel Oka».

Peu de temps auparavant, les 11 et 12 décembre, le premier ministre du Québec se rend à New York en compagnie des ministres Jean Campeau et Daniel Paillé. Il rencontre le gouverneur de l'État, George Pataki, et prononce un discours devant l'Americas Society, où il dit espérer une forme de neutralité de la part des États-Unis en prévision du débat référendaire qui s'annonce au Québec. Au-delà de cette visite à New York, les nominations des nouveaux délégués du Québec à l'étranger donnent un certain éclat au gouvernement Parizeau. La coalition arc-en-ciel que souhaite tant son cabinet semble prendre forme. Ainsi, Jacques Parizeau annonce que l'ancien ministre libéral Kevin Drummond occupera dorénavant le poste de délégué général du Québec à New York[91]. Gérard Latulippe, un autre ex-ministre libéral déjà en poste à la Délégation

---

90. Note de Jean Royer et Jean-François Lisée adressée au premier ministre et intitulée : «Mario Dumont et les commissions régionales», datée du 14 décembre 1994. (Archives personnelles d'Éric Bédard).

91. Jacques Parizeau a insisté, mais sans succès, pour que Reed Scowen demeure en poste à New York. Les deux hommes, au-delà de leurs différends sur la souveraineté, ont beaucoup d'estime l'un pour l'autre.

du Québec à Bruxelles, se dit prêt à promouvoir la souveraineté dans le cadre de son travail. Il est confirmé dans ses fonctions. Le célèbre journaliste Pierre Nadeau, perçu par bien des Québécois comme un modèle d'objectivité, joint les rangs des souverainistes et devient le délégué du Québec à Boston.

Les nominations de certains présidents de commissions régionales font aussi beaucoup de bruit. Tout juste avant Noël, Marcel Masse et Monique Vézina, deux anciens ministres conservateurs du cabinet fédéral de Brian Mulroney, acceptent de présider l'une de ces commissions. Marcel Masse dirigera les travaux de la commission de Montréal, tandis que Monique Vézina présidera celle des aînés. Autre coup d'éclat, le maire de Québec, Jean-Paul L'Allier accepte d'occuper la présidence de la Commission de la capitale sur l'avenir du Québec. Par ailleurs, Jacques Parizeau fait des efforts incroyables pour s'assurer d'une présence équivalente de commissaires féminins à chacune des dix-huit commissions. Ce souci donne des mots de tête à son entourage, mais le premier ministre persiste.

Mario Dumont a déjà annoncé son intention de participer à l'exercice des commissions. «J'ai finalisé les négociations avec l'Action démocratique du Québec dans la mesure des mandats que vous m'aviez donnés[92]», écrit Jean-François Lisée dans une note au premier ministre datée du 22 décembre. «En fait, précise-t-il, nous avons négocié un peu en-deçà du mandat, car aucune garantie de présidence ou de vice-présidence n'a été offerte.» Dans cette même note, le conseiller Lisée fait remarquer au premier ministre que «monsieur Dumont a réagi très favorablement aux premières nominations de la semaine et m'indiquait mercredi soir que des libéraux avaient peine à cacher leur désarroi.» Tout va pour le mieux constate Jean-François Lisée : «Les sondages donnent l'option gagnante. L'opération *dépéquisation* fonctionne. Parizeau gère bien, le nouveau premier ministre est un homme de décision. Tout est clair, il y a une direction[93].»

Les cent premiers jours du premier ministre Parizeau sont donc marqués par une gestion énergique et interventionniste de l'État, des prises de

---

92. Note de Jean-François Lisée intitulée «Rapport des activités de la semaine du 19 décembre», datée du 22 décembre 1994. Archives de Jacques Parizeau, ANQ, Montréal.
93. Entrevue avec Jean-François Lisée, le jeudi, 12 octobre 2000.

position mordantes et la mise en marche d'une imposante machine préréférendaire. L'année qui s'annonce «va être une période remarquablement intéressante de notre histoire, prédit Jacques Parizeau. Cette année 1995, je pense que nous ne l'oublierons pas. Il est rare dans l'histoire d'un peuple – certains peuples ne l'ont jamais connu – que tous sont conviés ensemble à définir leur avenir[94].»

Le 22 décembre, un autre mémo adressé au premier ministre par son conseiller Jules Rivard fait part d'une rencontre «avec François Leblanc du Bloc pour mettre au point un organigramme du comité d'organisation référendaire ainsi qu'un échéancier de façon à être prêt pour la campagne dès le début mai[95].» On ne peut en douter, la locomotive de Jacques Parizeau marche à pleine vapeur. «Le train est parti, raconte Éric Bédard. La seule façon de l'arrêter, c'est de débarquer le conducteur et le mettre en avant. C'est clair, clair, clair, clair. Le jour où *Monsieur* décide d'arrêter le train, c'est qu'il va s'installer lui-même devant le train… en mouvement[96]!» Le régent a toutefois mis son convoi référendaire en marche sans la présence active de Lucien Bouchard, terrassé par une terrible maladie. Dans les mois qui viennent, il devra cependant composer avec le retour de cet imposant allié, beaucoup moins pressé que lui de tenir un référendum au printemps. L'alliance PQ-BQ pourra-t-elle éviter un déraillement?

---

94. Extrait du discours du premier ministre Parizeau au salon rouge de l'Assemblée nationale, le 6 décembre 1994.

95. Note de Jules Rivard intitulée «Rapport d'activités au PM – semaine du 22 décembre 1994.» Archives de Jacques Parizeau, ANQ, Montréal.

96. Entrevue avec Éric Bédard, adjoint au chef de cabinet du premier ministre, le 13 mars 2000.

CHAPITRE 14

# L'icône

*« Dans toute l'histoire politique du Québec, jamais un homme n'a fait autant l'unanimité. Cela lui donne un pouvoir d'influence qu'aucun politicien n'a jamais eu. »*

Jean-Marc Léger[1],
parlant de Lucien Bouchard

L e soir de l'élection, en dépit de la victoire péquiste, le plus puissant allié de Jacques Parizeau ne sourit pas. Quand les caméras de la télévision d'État prennent Lucien Bouchard en gros plan, assis dans l'un des balcons d'honneur du Capitole, tout le Québec capte son air sévère. Les résultats du vote populaire ne le satisfont pas. Lui, qui craint une défaite référendaire par-dessus tout, voit ses appréhensions confirmées par la mince victoire du Parti québécois. Pour Lucien Bouchard, en ce 12 septembre 1994, seul le Parti québécois a gagné. Le mouvement souverainiste, quant à lui, est encore loin de l'apothéose.

Le lendemain, Lucien Bouchard reçoit dans une suite du Château Frontenac le Comité d'action politique franco-québécois (CAPFQ) composé de jeunes Français et de jeunes Québécois représentant les ailes jeunesse de leurs partis politiques respectifs. Éric Bédard, président du

---

1. Entrevue téléphonique avec Jean-Marc Léger, de la maison de sondage Léger & Léger, le 21 août 2003.

Comité national des jeunes du Parti québécois, assiste à la rencontre. Lucien Bouchard analyse en leur présence les résultats électoraux de la veille. « Il voit dans le son de cloche des Québécois quelque chose de très hésitant face à la souveraineté, relate Éric Bédard. Chose certaine, il m'apparaît comme étant très déçu. Il semble peu enthousiaste à l'idée de tenir un référendum sur la souveraineté en 1995[2]. »

Une semaine après la victoire de Jacques Parizeau, avant d'entrer à la Chambre des communes, Lucien Bouchard déclare à des journalistes : « Il n'est pas question que les souverainistes s'engagent dans un référendum perdu... Ce qui est important, c'est de gagner. Un référendum perdu, ça n'a pas de bon sens[3]. » Lucien Bouchard « n'aime pas du tout la stratégie du huit à dix mois[4]. » Il l'avoue très clairement à Gilbert Charland, son chef de cabinet : « Il n'est pas question de me *badrer* avec ça, je ne veux pas me barrer les pieds dans un calendrier[5] ! »

Le 25 septembre, la veille de la prestation du serment du Conseil des ministres de Jacques Parizeau, Lucien Bouchard est l'invité de Stéphan Bureau à l'émission *L'Événement* au réseau TVA. Pendant cet entretien, le chef du Bloc répète qu'il souhaite un référendum gagnant et qu'il n'est pas pressé de le tenir. L'animateur en vient à lui poser la question suivante :

— Alors il n'y a aucun rififi entre vous ? (Parizeau et Bouchard) Vous vous entendez à merveille là, c'est clair ?

— Bien... il n'y a rien de merveilleux en politique, répond Lucien Bouchard. C'est pas le monde de la merveille la politique. C'est le monde des alliances objectives, en fonction d'un objectif que nous partageons et de méthode sur laquelle nous nous sommes toujours entendus. Et je peux vous dire que la coopération avec le PQ a été remarquable.

Jacques Parizeau est maintenant premier ministre. Comme chef de gouvernement, il a dorénavant accès à des moyens considérables. Lucien Bouchard, toujours dans l'opposition à Ottawa, n'est plus en mesure de rivaliser avec Jacques Parizeau sur ce plan. Cela consolide donc son statut de bon deuxième, une position que déteste Lucien Bouchard. Entre les

---

2. Entrevue avec Éric Bédard, président du CNJ, le 2 août 2002.
3. Cité dans un article de Chantal Hébert, « Bouchard veut gagner le référendum à tout prix, quitte à le reporter », *La Presse,* le 20 septembre 1994.
4. Entrevue avec Gilbert Charland, le 24 novembre 2000.
5. Propos attribués à Lucien Bouchard et rapportés par Gilbert Charland. Entrevue du 24 novembre 2000.

deux chefs « il y a un tirage de poignet qui commence, fait remarquer Guy Chevrette. On voit que l'on se surveille les uns, les autres[6]. » « Quand je suis embauché, relate Jean-François Lisée, je suis un peu surpris de la difficulté que l'on a, mais que l'on surmonte toujours, pour établir une communication entre les deux hommes. C'est un travail constant. On y parvient toujours, mais ce n'est pas une relation qui est naturelle[7]. »

Jacques Parizeau n'a pas l'intention de revenir sur son échéancier de huit à dix mois. Il répugne à l'idée de retomber dans l'impasse du « beau risque » de René Lévesque. « Si on ne le fait pas vite, on ne le fera jamais ! s'écrie-t-il. Une fois le pouvoir pris, il faut l'utiliser sinon des ministres en viennent à être pris par leurs dossiers[8]. » Ce sont les « distractions du pouvoir », estime Jacques Parizeau. « Vous savez, ajoute-t-il, le goût du pouvoir et du bon gouvernement, j'ai commencé ça en 1961 et en 1962 avec Lesage. Là, on est rendu en 1994. En 1994, des bons gouvernements, j'en ai connus en maudit ! » Le régent est animé d'une conviction de fer. Il entame son mandat de premier ministre comme la dernière des batailles. Détenteur du pouvoir, tous ses gestes convergent vers une seule fin : la souveraineté du Québec.

De façon irrémédiable, en raison de leur vision fort différente, Lucien Bouchard et Jacques Parizeau sont appelés à entrer en collision. Un événement totalement inattendu et incroyablement dramatique vient toutefois reporter le face-à-face à plus tard.

### « Accrochez-vous ! »

Le dimanche 27 novembre, à la fin du conseil général du Bloc québécois qui se tient au Mont Saint-Anne, Lucien Bouchard monte à bord de sa voiture de fonction en compagnie du fils de son chef de cabinet. Gilbert Charland le suit dans sa propre voiture. Pendant le parcours qui les mène à Québec, il demande à son chauffeur de les conduire à un McDonald pour faire plaisir au jeune fils de Gilbert Charland. Lors du repas, Lucien Bouchard se plaint brièvement de son état de santé, mais sans plus. Il continue sa route vers Montréal. Une fois chez lui, en soirée, Gilbert

---

6. Entrevue avec Guy Chevrette, le 10 janvier 2002.
7. Entrevue avec Jean-François Lisée, le 12 octobre 2000.
8. Entrevue avec Jacques Parizeau, le 11 mai 1998.

Charland reçoit un appel du chauffeur de Lucien Bouchard, Gaston Clermont, qui lui dit : « Je vais à l'hôpital Saint-Luc ce soir avec monsieur Bouchard. Il ne se sent pas très bien, mais il n'y a rien de grave[9]. » On diagnostique alors une simple phlébite à la jambe. « Retournez chez vous et reposez-vous[10] », lui dit-on. Dans la nuit de mardi à mercredi, Lucien Bouchard retourne à l'hôpital…

Le jeudi après-midi, au *bunker*, Serge Guérin est en compagnie du premier ministre. Ils sont en train de préparer une réunion qui doit avoir lieu le jour même avec les dirigeants de la société minière Noranda. Un projet d'investissement de 500 millions de dollars dans une mine de cuivre du nord du Québec est à l'ordre du jour. Serge Guérin, premier chef de cabinet de Jacques Parizeau en 1976, vient de reprendre du service à titre de responsable du *War Room*, ce comité spécial qui vise à relancer et à suivre de près une vingtaine de projets privés d'investissement. En 1983, pour sortir rapidement de la récession, le ministre Parizeau avait mis sur pied un tel quartier général en exigeant que le local, situé dans le *bunker*, soit couvert de tableaux à roulement à billes. Dix ans plus tard, après avoir déverrouillé la porte restée close pendant toutes ces années, on découvre le même local, intact…

La discussion entre Guérin et le premier ministre est subitement interrompue par Jean Royer, qui pénètre dans le bureau sans s'annoncer. « Euh… monsieur Parizeau ! Je viens de recevoir un téléphone de Gilbert Charland. Monsieur Bouchard a été hospitalisé d'urgence. Il vient d'être amputé d'une jambe… On est confiants, mais il y a des risques pour sa vie[11]. » Parizeau est sonné. « Va-t-il s'en tirer ?! Va-t-il passer au travers[12] ? » Jean Royer lui répond qu'il est en danger de mort. Il est atteint d'un mal sournois et à progression fulgurante : la bactérie mangeuse de chair. « Parizeau est absolument catastrophé, témoigne Serge Guérin. Il devient blanc. Il ne parle plus[13]. » « Voulez-vous que j'annule la rencontre ? », lui demande le responsable du *War Room*. Parizeau répond que

---

9. Propos attribués à Gaston Clermont et rapportés par Gilbert Charland. Entrevue du 24 novembre 2000.
10. Tel que raconté par Gilbert Charland. Entrevue du 24 novembre 2000.
11. Entrevue avec Jean Royer, le 6 juin 2000.
12. Propos attribués à Jacques Parizeau et rapportés par Jean Royer. Entrevue du 6 juin 2000.
13. Entrevue avec Serge Guérin, le 17 mars 2000.

non. Puis, il se lève, marche de long en large. Serge Guérin l'observe en silence : « Il vire, puis il tourne dans son bureau. Il arrête. Il regarde en bas, puis au ciel. Il est tout de travers. » Soufflé par la nouvelle, il voit soudainement l'avenir s'assombrir.

Dans le couloir, les gens de Noranda, dont certains viennent de très loin, attendent sans se douter du drame qui se déroule[14]. « Bon, on va la faire la rencontre, dit-il à Serge Guérin, mais ce sera court. » Le premier ministre entre dans la salle où se trouve le groupe de Noranda. « Après les salutations, raconte Serge Guérin, les membres de la délégation voient bien que le premier ministre est terriblement contrarié. Il est sous le choc. Il leur explique tout de suite les circonstances. » La délégation résume ensuite son dossier. Jacques Parizeau, l'air sombre, leur dit : « Je comprends, vous voulez des gestes de notre part. Écoutez, avec ce qui vient d'arriver, je n'ai pas la tête à continuer à discuter de ça. Régler tout ça avec lui là. Quand Serge Guérin vous parle, c'est moi qui vous parle. Réglez tout ça avec lui. » Jacques Parizeau s'excuse et retourne à son bureau.

De Montréal, Gilbert Charland, qui tenait à parler personnellement à Jacques Parizeau, obtient finalement la communication téléphonique. Il lui dit que le docteur d'Amico lui a confirmé que les prochaines vingt-quatre heures seront déterminantes. Lucien Bouchard est en danger de mort, le risque est très élevé. « Monsieur Parizeau est vraiment bouleversé. Il est atterré par la nouvelle[15] », se souvient Gilbert Charland.

Raccrochant le combiné, il se lève et marche à nouveau de long en large. Puis, il demande à parler au docteur Rochon, son ministre de la Santé. « Voici ce qui se passe monsieur Rochon[16]... » Le premier ministre veut savoir où se trouvent les plus grands spécialistes au monde pour combattre une telle maladie. Jean Rochon évoque l'Angleterre. Jacques Parizeau s'agite, il est prêt à offrir l'avion gouvernemental à la famille de Lucien Bouchard pour aller là-bas, si besoin est. Le ministre de la Santé lui propose auparavant de faire des vérifications. Il a l'impression que Lucien Bouchard est entre bonnes mains à l'hôpital Saint-Luc de Montréal. Quelques minutes plus tard, Jean Rochon rappelle le premier ministre :

---

14. Le récit qui suit provient des souvenirs de Serge Guérin. Entrevue du 17 mars 2000.

15. Entrevue avec Gilbert Charland, le vendredi 24 novembre 2000.

16. Tel que raconté par Jean Royer, entrevue du 6 juin 2000, et Éric Bédard, entrevue du 13 mars 2000.

— Écoutez monsieur Parizeau, l'hôpital Saint-Luc, c'est la meilleure des places.

— Donc vous me dites, vous m'assurez, monsieur Rochon, qu'il ne peut pas être dans un meilleur centre?

— J'en suis sûr.

À l'heure du souper, la nouvelle se répand au Québec comme une traînée de poudre. Partout, c'est le choc et la désolation. Sur l'ensemble du vaste territoire québécois, tout semble s'être immobilisé. Le vent a cessé de souffler, autant sur les flancs des rochers du Parc Forillon, en Gaspésie, que sur le petit Mont Jacob, à Jonquière. On a l'impression que plus aucun fleurdelisé ne claque au vent. La bannière bleue et blanche s'est repliée sur elle-même, en attente du sort de Lucien Bouchard…

Lors d'un point de presse à la télévision, le premier ministre s'adresse alors directement à celui qui mène un combat contre la mort : « Accrochez-vous mon vieux! Manifestez tout le courage que vous manifestez dans la vie de tous les jours. Et puis, nos prières vous accompagnent », dit-il bouleversé, à l'intention de Lucien Bouchard. Daniel Paillé, qui connaît bien Jacques Parizeau, confirme que derrière cette « petite formule, il y a un grand moment[17] » d'émotivité et d'empathie.

En soirée, à l'hôpital Saint-Luc, des gens s'amènent aux abords de l'hôpital pour prier ou simplement pour exprimer leur désarroi. C'est l'un de ces moments où le Québec, familier de l'adversité, se comporte comme un clan et, dans un grand élan de solidarité, se regroupe comme une famille endeuillée, épaule contre épaule. C'est une nuit de veille.

Terriblement inquiet, Jean-François Lisée pense aux conséquences tragiques de l'événement. Si Lucien Bouchard meurt, il craint que sa disparition ne rende impossible le projet politique. « L'impact symbolique chez les Québécois, si celui qu'ils aimaient le mieux pour faire la souveraineté leur aurait été enlevé par la maladie, aurait amplifié chez eux la peur de l'échec[18]. » Il estime que les gens auraient cru à une fatalité empêchant la souveraineté. Jacques Parizeau ne va pas aussi loin que son conseiller, mais il reconnaît toutefois que ce drame « est des plus atterrants[19]. »

---

17. Entrevue avec Daniel Paillé, le 27 mars 2000.
18. Entrevue avec Jean-François Lisée, le 12 octobre 2000.
19. Propos attribués à Jacques Parizeau et rapportés par Daniel Paillé. Entrevue du 27 mars 2000.

Depuis Ottawa, Bob Dufour observe pour sa part un phénomène bien particulier. «Là, les Anglais capotent! Ils ne veulent pas qu'il meure. Ils réalisent qu'ils ont besoin de ce gars-là, parce qu'ils trouvent que Parizeau est trop raide. Monsieur Bouchard, ils l'ont vu aller à Ottawa et ils trouvent que c'est un interlocuteur souverainiste moins raide que monsieur Parizeau et avec qui ils peuvent peut-être faire… Moi, je sens ça chez les anglophones. Pour eux, si monsieur Bouchard part, c'est une grosse perte[20].»

## Des funérailles d'État

Ce soir-là, à la résidence officielle du premier ministre du Québec, le couple Parizeau soupe en compagnie de Rosaire Bertrand, président du caucus des députés péquistes, et son épouse. Après avoir longuement discuté de l'état de santé de Lucien Bouchard, Lisette Lapointe décide d'aller à Montréal avec l'épouse de Rosaire Bertrand. «Les deux femmes se disent : "Nous allons aller voir Audrey pour lui donner un coup de main[21]"», raconte Jacques Parizeau. La voiture de fonction du premier ministre les amène à Montréal.

Au moment où l'épouse de Jacques Parizeau se présente aux soins intensifs de l'hôpital Saint-Luc, Gilbert Charland, épuisé, dort dans une autre chambre pas très loin. «Ça n'a pas aidé, révèle-t-il. J'ai d'autres chats à fouetter, d'autres choses que la rencontre de madame Lapointe à m'occuper[22].» «Puis, il y a un malentendu effrayant entre ces femmes-là, explique Jacques Parizeau. C'est dommage, parce qu'il n'y a pas d'arrière-pensée. Ça crée un froid indiscutable qui va demeurer[23].»

Au sortir de sa courte visite à l'hôpital, Lisette Lapointe s'adresse aux journalistes qui la questionnent. Plus tard, Lucien Bouchard racontera à Michel Vastel : «Quand Audrey a vu, le lendemain, madame Lapointe se vanter de son geste à la télévision, elle a été choquée[24].» «Le souvenir que

---

20. Entrevue avec Bob Dufour, le 20 janvier 2003.
21. Entrevue avec Jacques Parizeau, le 17 octobre 2000.
22. Entrevue avec Gilbert Charland, le 24 novembre 2000.
23. Entrevue avec Jacques Parizeau, le 17 octobre 2000.
24. Propos de Lucien Bouchard cités dans l'ouvrage de Michel Vastel, *Lucien Bouchard – En attendant la suite…*, Montréal, Lanctôt Éditeur, 1996, p. 193.

j'en garde, rappelle Gilbert Charland, c'est qu'Audrey n'a pas apprécié cette démarche-là dans une période assez critique, au moment où l'on ne savait toujours pas si monsieur Bouchard allait passer à travers[25]. » « Entre elles, c'est la rupture totale, confirme Lucien Bouchard. Audrey ne veut plus m'accompagner quand elle sait que madame Lapointe sera là[26]. »

Ce même jeudi soir, le chef du protocole du Québec, Jacques Joli-Cœur, se trouve lui aussi au 1080 rue des Braves : « Avant de prendre congé, vers 21 heures, je demande à monsieur Parizeau de pouvoir m'entretenir quelques minutes avec lui[27]. » À Québec, dans les cercles gouvernementaux, nombreux sont ceux qui croient que Lucien Bouchard va mourir pendant la nuit. « Monsieur le premier ministre, dit-il, je m'excuse de vous interpeller, mais si l'ultime se déroulait, que dois-je faire ? Quels sont vos instructions ? » Jacques Parizeau le remercie d'abord de « l'interpeller », puis lui souligne que « c'est d'abord la décision de sa famille et de sa formation politique[28]. » Bien que Lucien Bouchard soit un politicien relevant du protocole fédéral, Jacques Joli-Cœur a déjà fait une recherche qui lui a permis de trouver un précédent qui permettrait au gouvernement du Québec d'offrir des funérailles d'État à Lucien Bouchard. Tel avait été le cas lors du décès de Louis Saint-Laurent, ancien premier ministre du Canada, dont la dépouille avait été exposée à l'Hôtel du Parlement et dont les funérailles avaient eu lieu à Québec en 1973.

Jacques Joli-Cœur rentre chez lui. Il juge que la conversation avec le premier ministre l'autorise à entreprendre certaines démarches exploratoires avec les services de la vice-présidence de l'Assemblée nationale, « ce qui m'apparaît d'une prudence élémentaire[29]. » Le lendemain matin, peu après sept heures, « pour prévenir, au besoin, point à la ligne », précise-t-il, il tente de communiquer avec l'épouse du chef du Bloc québécois, mais sans succès. N'ayant pas réussi à parler à Gilbert Charland, il joint finalement la femme de ce dernier. « Je lui dis quelles sont mes fonctions et de bien vouloir demander à monsieur Charland, si l'ultime arrive, de se mettre en relation avec moi. » Cette offre bouleverse l'épouse de Gilbert

---

25. Entrevue avec Gilbert Charland, le 24 novembre 2000.
26. Propos de Lucien Bouchard cités dans l'ouvrage de Michel Vastel, *op. cit*, p. 193.
27. Entrevue avec Jacques Joli-Cœur, le 28 juin 2001.
28. Propos attribués à Jacques Parizeau et rapportés par Jacques Joli-Cœur, le 28 juin 2001.
29. Entrevue avec Jacques Joli-Cœur, le 28 juin 2001.

Charland. Elle appelle ensuite son mari. « Elle est en pleurs, parce que le compte-rendu qu'elle a de monsieur Joli-Cœur, c'est que l'on songe à des funérailles d'État. Mais, il n'est pas question de ça[30]! », exprime Gilbert Charland. Celui-ci appelle immédiatement le chef du protocole du Québec. « Je lui ai dit d'arrêter ça. Monsieur Bouchard va s'en tirer et ça va faire ! » Le corps médical vient d'ailleurs de l'informer que la vie du chef de l'opposition officielle du Canada n'est plus en danger. Il prépare alors une conférence de presse pour annoncer la nouvelle.

Gilbert Charland est furieux ! Il en parle plus tard à Lucien Bouchard, qui « trouve cela précipité et déplacé[31]. » Il confie à Michel Vastel : « Je n'étais pas mort et ils se disputaient mon corps : cela m'a blessé[32]. » Bouchard et Charland sont convaincus que Jacques Joli-Cœur a agi sous le mandat du premier ministre. Pourtant, il n'en est rien. Jacques Parizeau n'est pas au courant d'une telle démarche[33]. Le chef du protocole reconnaît que cet imbroglio a pu contribuer à ternir davantage les rapports entre Lucien Bouchard et Jacques Parizeau : « Pour cela et pour bien d'autres choses. La relation Bouchard-Parizeau n'a jamais été totalement simple. C'est très complexe, il y a confusion des genres et des rôles. J'en suis un peu triste, raconte Jacques Joli-Cœur, parce que je crois et j'estime toujours que c'était mon devoir de me soucier de ces choses et qu'elles se sont faites avec discrétion et professionnalisme[34]. »

Dans l'entourage des deux chefs, après la visite impromptue de Lisette Lapointe à l'hôpital, plusieurs personnes croient que c'est plutôt l'épouse du premier ministre qui est à l'origine de cette histoire de funérailles d'État. « Absolument pas, confirme Jacques Joli-Cœur. Le chef du protocole répond au premier ministre[35] », tient-il à préciser.

---

30. Entrevue avec Gilbert Charland, le 24 novembre 2000.
31. *Idem.*
32. Propos de Lucien Bouchard cités dans l'ouvrage de Michel Vastel, *op. cit.*, p. 193.
33. Entrevue avec Jacques Parizeau, le 17 octobre 2000.
34. Entrevue avec Jacques Joli-Cœur, le 28 juin 2001. Lucien Bouchard ne pardonnera jamais cette initiative à Jacques Joli-Cœur. Quelques mois après être devenu premier ministre du Québec, il mettra fin à son mandat de chef du protocole.
35. Entrevue avec Jacques Joli-Cœur, le 28 juin 2001.

## « Que l'on continue... »

À l'Assemblée nationale du Québec, le 2 décembre à 10 h 05, le président marque l'ouverture des travaux parlementaires d'un façon particulière[36] : « Mesdames, messieurs les députés, compte tenu des circonstances que nous connaissons actuellement, je cède la parole au premier ministre. » Jacques Parizeau se lève solennellement : « Monsieur le président, monsieur Lucien Bouchard est entre la vie et la mort. Il combat avec le courage qu'on lui connaît pour sauver sa vie. Je suis certain d'exprimer le sentiment des deux côtés de cette Chambre en disant que nos vœux et nos prières l'accompagnent pour qu'il mène ce combat et qu'il survive à la terrible épreuve qu'il a connue. » Le chef de l'opposition, Daniel Johnson, enchaîne : « Ce qui arrive à Lucien Bouchard est effroyable. Autant le caractère soudain de sa maladie que ses ravages me bouleversent. » « Nous sommes tous ici unis en ces heures dans l'espérance de recevoir des nouvelles encourageantes », dit Mario Dumont, chef de l'Action démocratique du Québec. Peu de temps après, une conférence de presse de l'équipe médicale qui traite le célèbre patient confirme que la vie du chef du Bloc québécois n'est plus en danger.

Au cours de cette épreuve fortement médiatisée, un médecin montre aux caméras un bout de papier sur lequel, entre deux opérations, Lucien Bouchard a réussi à gribouiller : « Que l'on continue. Merci. » Ce message est rapidement récupéré à des fins politiques. Pour les souverainistes, il signifie que rien ne peut freiner la marche du pays. À l'extérieur de l'hôpital Saint-Luc, une immense banderole est rapidement installée sur les murs du Vieux Munich et reproduit les mots du malade. Quelques jours plus tard, Gilbert Charland, qui a été présent aux côtés de Lucien Bouchard tout au long de cette épreuve, indiquera aux journalistes que ce message ne s'adressait qu'à l'équipe médicale et n'était pas de nature politique.

Le 3 décembre, un porte-parole de l'hôpital Saint-Luc annonce que Lucien Bouchard peut respirer sans l'aide d'un appareil. En après-midi, Jacques Parizeau effectue une discrète visite à l'hôpital, sans sa femme[37]. Il parle à Audrey Best, l'épouse de Lucien Bouchard. Jacques Parizeau ne

---

36. Les extraits qui suivent proviennent du *Journal des débats* de l'Assemblée nationale du Québec du vendredi 2 décembre 1994.

37. Entrevue avec Jacques Parizeau, le 17 octobre 2000.

peut voir Lucien Bouchard qu'à travers une baie vitrée. Le premier ministre a ensuite un long entretien avec le médecin traitant, Patrick D'Amico, ses collègues et les infirmières, qu'il félicite.

Le lendemain, les deux chefs se parlent au téléphone. Normalement, dans deux jours, Jacques Parizeau doit présenter aux Québécois l'avant-projet de loi sur la souveraineté et le processus de consultation régionale. Même s'il n'en est nullement obligé, il a tout de même la délicatesse de demander à Lucien Bouchard s'il trouve convenable de procéder tel que prévu, étant donné qu'il ne sera pas là pour assister à cet événement important. Lucien Bouchard reconnaît la courtoisie exprimée par Jacques Parizeau, mais il n'exprime pas le vœu de modifier l'agenda du premier ministre[38]. Le 6 décembre, le premier ministre dépose à l'Assemblée nationale l'avant-projet de loi sur la souveraineté. Il en envoie une copie à Lucien Bouchard accompagnée d'un mot : «Voici le fruit de notre travail, revenez au plus vite[39].» Lucien Bouchard l'appelle pour le remercier. Le soir même, lors de son discours à la nation, le premier ministre le salue et le cite longuement.

Dans la semaine qui suit l'hospitalisation de Lucien Bouchard, le sondeur Jean-Marc Léger mesure un taux d'opinion favorable au chef du Bloc québécois jamais atteint auparavant. L'admiration des Québécois pour Lucien Bouchard dépasse même les appuis reçus par René Lévesque pendant ses belles années[40]. «Dans toute l'histoire politique du Québec, jamais un homme n'a fait autant l'unanimité. Cela lui donne un pouvoir d'influence qu'aucun politicien n'a jamais eu. Tous les souverainistes l'appuient et une grande proportion des fédéralistes lui font confiance[41].» Jacques Parizeau et son équipe réalisent soudainement qu'il sera difficile d'ignorer celui qui est devenu une icône pour les Québécois.

---

38. Entrevue avec Gilbert Charland, le 19 décembre 2000.
39. Entrevue avec Jean Royer, le 6 juin 2000.
40. 72 % des Québécois disent alors avoir une opinion favorable à l'égard de Lucien Bouchard.
41. Entrevue téléphonique avec Jean-Marc Léger, le 21 août 2003.

# CHAPITRE 15

# L'affection de la France
# et la défiance des Américains

*« De même que l'on a pu dire que le couple franco-
allemand constituait l'ossature de l'Europe, eh bien,
faisons en sorte que les Français et les Québécois
soient l'ossature d'une véritable communauté francophone. La France a besoin du Québec. C'est vous
qui, pour ainsi dire, nous rappelez à nous-mêmes. »*

Philippe Séguin[1],
président de l'Assemblée nationale française

Il est 17 h 15. Un groupe de huit voitures circule à vive allure au cœur
de la Ville lumière. Les services de sécurité et la police française se sont
assurés de laisser la voie libre à la voiture de tête qui transporte un chef
d'État. L'impressionnant convoi et son escorte arrêtent leur course devant
le Palais Bourbon. De la première voiture, sort le premier ministre du
Québec, accompagné de son épouse. Philippe Séguin, le président de l'Assemblée nationale française, les accueille avec chaleur. Les deux hommes
escaladent les grandes marches, flanqués par la garde républicaine qui
forme un cordon d'honneur. Lisette Lapointe et le reste de la délégation
québécoise les suit, à distance. Jacques Parizeau et Philippe Séguin s'engagent solennellement par la grille d'honneur, l'entrée principale réou-
verte de façon exceptionnelle pour Jacques Parizeau, un privilège accordé

---

1. Extrait du discours prononcé à l'Hôtel de Lassay, à la Salle des fêtes, le 24 janvier
1995, lors de la visite du premier ministre Parizeau.

*Philippe Séguin, président de l'Assemblée nationale de France, accueillant
avec chaleur le premier ministre souverainiste du Québec.*
*Photo de Bertrand Sylvain, Fonds de la Délégation générale du Québec
à Paris.*

à un seul autre dignitaire étranger en 1919. Il s'agissait du président américain Woodrow Wilson.

Le groupe se dirige ensuite vers la porte Napoléon, empruntée par René Lévesque le 2 novembre 1977. Une plaque commémorative y est dévoilée, rappelant son passage il y a presque vingt ans. Invitée pour la circonstance par Jacques Parizeau, Corinne Côté-Lévesque assiste à la cérémonie[2]. Après une courte visite de l'hémicycle, là où les députés se réunissent pour débattre, le président de l'Assemblée nationale française amène son invité d'honneur à la Salle des fêtes de l'Hôtel de Lassay.

Philippe Séguin apprécie le premier ministre des Québécois : « Moi, j'ai beaucoup d'admiration pour Jacques Parizeau, parce que c'est un homme de conviction. Et la conviction est tellement rare en politique aujourd'hui…[3] » Il le qualifie volontiers de chaleureux et d'efficace. Les trois cents invités qui écoutent Philippe Séguin reconnaissent dans ses

---

2. Paul-Gérin Lajoie, premier ministre de l'Éducation du Québec, est aussi l'invité spécial de Jacques Parizeau.
3. Entrevue avec Philippe Séguin, le 31 janvier 2000.

mots un fils politique de Charles de Gaulle. Après avoir rappelé que la France et le Québec sont deux peuples liés par la solidarité, «deux peuples distincts», il ajoute : «Vous représentez le Québec, ce pays si jeune, si vivant et cher entre tous à notre cœur.» Il rend ensuite hommage à Jacques Parizeau : «Vous avez cette qualité de détermination qui signale les grands démocrates quand ils entendent faire l'histoire et qui consiste à afficher nettement leur intention, leur projet, puis à se soumettre aux suffrages du peuple.» Commentant le projet politique des souverainistes, il déclare : «Nous entendons marcher à vos côtés, au rythme que vous déciderez. De même que l'on a pu dire que le couple franco-allemand constituait l'ossature de l'Europe, eh bien, faisons en sorte que les Français et les Québécois, soient l'ossature d'une véritable communauté francophone. [...] La France a besoin du Québec. C'est vous qui, pour ainsi dire, nous rappelez à nous-mêmes. La France se retrouve toujours lorsqu'elle voit venir à elle des mains comme celles qu'aujourd'hui vous êtes venus nous tendre.» Comme si ce n'était pas suffisant, Philippe Séguin y va d'une dernière gerbe de paroles affectueuses : «Votre présence ici, monsieur le premier ministre, est donc pour tous les Français porteuse d'une promesse, la plus émouvante des promesses, celle que se donnent l'un et l'autre, non pas des cousins, comme on dit que nous le sommes, mais mieux, et plus simplement, des frères. Car nous vous reconnaissons, nous vous reconnaîtrons toujours comme tels.»

Voilà, le mot est lancé : la «reconnaissance» de la France. L'habile utilisation de ce mot suscite les plus grands espoirs chez Jacques Parizeau. Il répond à Philippe Séguin par un discours tout aussi senti : «Vous venez de prononcer à notre endroit des paroles qui ne relèvent ni de la politesse ni de la diplomatie, des paroles fortes et chaudes qui viennent du cœur. Nous ne l'oublierons pas. (...) Le Québec de 1995, solidaire des Acadiens et des francophones du Canada, est ce qu'il reste en Amérique du Nord de la Nouvelle-France de jadis. (...) Lorsque le Québec, fort de la volonté démocratique d'une majorité de ses citoyens, aura résolu de franchir le seuil de la Place des nations..., il devra se trouver quelqu'un pour l'y accueillir. Je sais, monsieur le président, parce que vous l'avez déjà dit haut et fort, que votre vœu est que la France remplisse cet office. Depuis trente ans, des centaines de milliers de Français et de Québécois ont fait la grande traversée pour étudier ensemble, travailler ensemble, s'amuser ensemble, concevoir et rêver, prendre racine aussi, temporairement ou de façon permanente, chez moi ou chez vous, comme je l'ai fait moi-même à Paris dans ma jeunesse. Je le dis en toute simplicité : nous nous connaissons maintenant si bien qu'il nous sera tout naturel, lorsque viendra ce moment historique, de nous reconnaître. » Une pluie d'applaudissements se fait entendre.

« Ce voyage est rentable d'une façon inespéré[4] ! », raconte Éric Bédard, encore touché par l'accueil des Français, et c'est Benoît Bouchard qui, sans le vouloir, a le plus contribué à faire du voyage officiel de Jacques Parizeau un impressionnant succès. L'ambassadeur du Canada à Paris a effectivement déclaré aux journalistes que le Québec n'obtiendrait aucun des appuis qu'il cherche à avoir à l'exception peut-être de Philippe Séguin, qu'il qualifie de *loose cannon*, c'est-à-dire de marginal incontrôlable. Ces propos vont fouetter l'ardeur de Philippe Séguin et choquer la classe politique française. Des années plus tard, Benoît Bouchard, qui ne semble toujours pas avoir compris sa bévue, explique à l'auteur Frédéric Bastien : « Ce que j'ai voulu dire, c'est que Séguin est un homme qui a son propre agenda. J'ai fait l'erreur d'utiliser un mot qui n'était pas français[5]. »

En réalité, Benoît Bouchard a ciblé l'un des plus solides alliés des souverainistes. En 1992, lors de sa première rencontre avec Philippe Séguin, Louise Beaudoin avait pressenti en ce politicien un grand ami du Québec[6]. « Je savais qu'il s'intéressait au Québec, précise-t-elle, mais on ne le connaissait pas. J'ai eu un tête-à-tête avec lui. En sortant, j'ai écrit à Parizeau une note qui disait : "Alain Peyrefitte a été monsieur Québec. Il y a eu ensuite Michel Rocard. Voici venu le temps de Philippe Séguin[7]."» En mai 1994, celui qui soutient être en faveur de « l'autodétermination[8] » du Québec depuis 1967, à la suite du célèbre discours de Charles de Gaulle, ne partage pas toutefois le même point de vue que Michel Rocard sur la façon dont la France devrait reconnaître le Québec souverain. À la différence de Rocard, il ne croit pas à l'idée d'une reconnaissance euro-

---

4. Entrevue avec Éric Bédard, le 13 mars 2000.
5. Cité dans l'ouvrage de Frédéric Bastien, *Relations particulières – La France face au Québec après de Gaulle*, Montréal, Les Éditions du Boréal, 1999, p. 326.
6. Pierre-André Wiltzer, président du groupe d'amitié France-Québec de l'Assemblée nationale française et secrétaire général du parti de l'Union de la France (UDF), est aussi un fervent allié des souverainistes québécois. Il est le premier à mettre Louise Beaudoin et Philippe Séguin en relation.
7. Entrevue avec Louise Beaudoin, le 20 juin 2000.
8. Entrevue avec Philippe Séguin, le 31 janvier 2000.

péenne. Le président de l'Assemblée nationale l'exprime clairement à Lucien Bouchard venu le visiter à l'Hôtel de Lassay. «Si la France ne devait se prononcer que dans un mouvement collectif et attendre qu'il se produise... on pourrait attendre pas mal de temps. Si la France ne se détermine pas, personne ne suivra. L'Europe regarde la France, son attitude dans le dossier déterminera celles des autres. Si la France ne bouge pas, répète-t-il, l'Allemagne ne bougera pas[9].» Louise Beaudoin avait écouté cette dernière déclaration avec des étoiles dans les yeux. Philippe Séguin promettait déjà d'épater les souverainistes.

## Le «brave» Benoît Bouchard

Le soir du 24 janvier, après les discours de la Salle des fêtes, la délégation québécoise se déplace au Quai D'Orsay, le ministère des Affaires étrangères, pour un dîner offert par le ministre Alain Juppé. Vingt-cinq convives participent à cette soirée dont dix Québécois. Protocole oblige, l'ambassadeur du Canada fait partie du groupe. Lors du repas, Jacques Parizeau porte un toast : «Pour l'instant, c'est nous qui sommes interpellés par nous-mêmes. Il nous appartient à nous seuls de choisir notre avenir. Mais après notre réponse, quelque part cette année, ce sont nos amis et d'abord vous, amis Français, qui serez interpellés pour être à nos côtés! Rendez-vous pris[10]!» Alain Juppé se lève et ajoute : «Nous nous connaissons depuis tellement longtemps, que le jour venu nous nous reconnaîtrons[11].» À ces paroles, «tous les dignitaires français et la délégation du Québec se lèvent sauf Benoît Bouchard qui reste assis! Tout le monde était debout sauf lui[12]!»Après le repas, un membre de la délégation québécoise est témoin d'une courte conversation entre Benoît Bouchard et le ministre français des Affaires étrangères. Six mois auparavant, Alain Juppé a clairement annoncé à Jacques Parizeau, alors chef de l'opposition, que la France reconnaîtra le Québec advenant un OUI[13]. Benoît Bouchard, n'en sait rien, la rencontre était confidentielle. Pendant

---

9. Entrevue avec Philippe Séguin, le 31 janvier 2000.
10. Cité dans un article de Denis Lessard, «Nous vous reconnaîtrons, dit Philippe Séguin à Jacques Parizeau», *La Presse*, le 25 janvier 1995.
11. Selon un témoin qui désire conserver l'anonymat.
12. *Idem.*
13. Il en a déjà été fait mention au chapitre 11.

qu'il tente de justifier ses propos sur Philippe Séguin, Alain Juppé, les deux mains dans le dos et la tête en l'air, écoute l'ambassadeur du Canada. «Il était arrogant avec Bouchard comme peut l'être un énarque français quand il le veut[14]. » :

— Vous savez, lui dit Benoît Bouchard, je n'ai pas été bien interprété.

— Oui, monsieur l'ambassadeur, dit Alain Juppé.

— Tout ça est tiré hors contexte...

— Oui, monsieur l'ambassadeur. Est-ce que c'est tout, monsieur l'ambassadeur?

— Oui, c'est tout, répond piteusement l'ambassadeur du Canada.

— Je vous remercie, lui dit le ministre, qui souhaite mettre fin à l'échange.

Deux jours plus tard, le matin du 26 janvier, le téléphone sonne à la chambre de Jacques Parizeau à l'Hôtel de Crillon, Place de la Concorde. C'est le bureau du maire de Paris qui l'invite à venir rencontrer Jacques Chirac dans la prochaine heure. Cette visite, qui n'était pas prévue à l'agenda, semble être l'une des conséquences des «conneries du brave Benoît Bouchard[15]», estime Jacques Joli-Cœur, le chef de protocole du gouvernement du Québec.

Avant cette déclaration malheureuse de l'ambassadeur du Canada à Paris, il y avait un verrou sur la mairie de Paris, estime Jacques Joli-Cœur. Jean Pelletier, conseiller de Jean Chrétien et ancien maire de Québec, avait bien connu le maire de Paris en fréquentant l'Association internationale des maires des villes francophones, fondée par Jacques Chirac et devenue une espèce de «ministère des Affaires étrangères du maire de Paris, explique Jacques Joli-Cœur. Jean Pelletier en est donc au tutoiement avec Chirac depuis longtemps. Il est l'intermédiaire entre Jean Chrétien et le maire de Paris.» Par ailleurs, Jacques Chirac, qui s'oppose à la gauche dans son pays, «n'a pas digéré» la demande «d'adhésion du Parti québécois à l'Internationale socialiste[16]» en 1982. Il s'est depuis éloigné du Parti québécois. Mais aujourd'hui, en tant que candidat à l'élection présidentielle qui doit avoir lieu dans quelques mois, il «a besoin de moi pour se

---

14. *Idem.*
15. Entrevue avec Jacques Joli-Cœur, le 18 juillet 2001.
16. Entrevue avec Philippe Séguin, le 31 janvier 2000. Le Parti québécois n'a toutefois jamais pu adhérer à l'Internationale socialiste. Le NPD du Canada s'y oppose vivement.

faire élire, explique Philippe Séguin. Dans le modeste prix que je lui ai fait payer, il y a cela : une prise de position sur le Québec. Parce que j'ai la conviction qu'il faut accompagner le Québec quel que soit son choix. Il faut être présents ! »

« Jusqu'à ce que Philippe Séguin, président de l'Assemblée nationale, mette son poids et force l'ouverture de la porte de la mairie[17] », il n'était pas question de rencontrer Jacques Chirac, explique Jacques Joli-Cœur, mais les propos de Benoît Bouchard rendent Philippe Séguin plus déterminé que jamais. « J'ai imposé la visite de Parizeau à l'Hôtel de ville, raconte Philippe Séguin. Il ne voulait pas le recevoir. Je n'ai pas eu seulement à le convaincre, je suis allé au-delà. Je lui ai dit : vous allez recevoir Parizeau[18]. » « Et c'est Philippe Séguin lui-même qui est venu nous chercher dans sa voiture, raconte Jacques Joli-Cœur, et qui nous a amenés à la mairie de Paris. Une fois que les portes ont été forcées, pour ainsi dire, l'accueil a été très chaleureux[19]. »

« La France devrait être sans aucun doute au premier rang de ceux qui diraient au Québec que nous marchons avec lui, s'exclame publiquement Jacques Chirac, à la grande satisfaction de Parizeau et Séguin. Si [le référendum] est positif, ajoute-t-il, je pense qu'un certain nombre de pays notamment francophones, dont la France, devraient tout naturellement reconnaître la réalité d'une décision populaire, une décision qui est l'expression d'une souveraineté populaire. » En voyage au Chili, le premier ministre du Canada, Jean Chrétien, réagit très mal à ces propos : « Un bon politicien ne répond pas aux questions hypothétiques. À ce moment-ci, il (Chirac) n'est pas en avance dans les *polls*, il a autant de chance de devenir président que le Québec de devenir souverain[20]. » Après Benoît Bouchard, voilà que Jean Chrétien pousse lui aussi un autre politicien français dans les bras des souverainistes. En mai, Jacques Chirac deviendra président de la République...

Après sa visite à la mairie de Paris, Jacques Parizeau rencontre le premier ministre Édouard Balladur. Les propos du politicien qui, lui, mène dans les sondages à la course à la présidence, surprennent l'entourage de

---

17. Entrevue avec Jacques Joli-Cœur, le 18 juillet 2001.
18. Entrevue avec Philippe Séguin, le 31 janvier 2000.
19. Entrevue avec Jacques Joli-Cœur, le 18 juillet 2001.
20. Propos entendus au téléjournal de Radio-Canada, le 26 janvier 1995.

Parizeau. À un journaliste qui lui demande s'il reconnaîtrait le Québec indépendant, Édouard Balladur répond : « Le premier ministre (du Québec) vient de faire des recommandations. Je ne doute pas qu'elles seront suivies. » Jacques Parizeau venait de lui suggérer de recommander au futur président « d'aborder avec sympathie le nouveau pays qui apparaîtra. » Les journalistes observent que jamais un premier ministre français n'est allé aussi loin dans ses déclarations sur la souveraineté du Québec. Le porte-parole de Matignon ajoute qu'en cas d'un OUI, « la France serait la première à prendre acte. C'est tellement normal [...] À partir du moment où il y aurait une décision du peuple québécois souverain, qui pourrait s'y opposer[21] ? »

Par ailleurs, malgré un cancer qui l'affaiblit énormément, le président François Mitterrand accepte de recevoir Jacques Parizeau. L'entretien est cependant très bref. « Mitterrand est dans un état de fatigue absolue, relate Jacques Joli-Cœur, qui assiste à la discussion. Parizeau remercie son hôte pour son accueil et sa compréhension pour le Québec. Mitterrand [lui] rappelle alors qu'il y a peut-être deux lieux dans le monde où la presse est d'une hypersensibilité avec la France : en Israël et au Québec. [Il lui dit aussi que] les attentes de la presse [y] sont toujours d'une très haute complexité[22]. » Dominique de Combles de Nayves, le consul de France au Québec, se trouve également parmi les invités : « Ce fut un événement extraordinaire. L'entretien s'est remarquablement bien passé. On voyait là deux hommes qui se connaissaient, qui parlaient d'un vrai passé de batailles gagnées et perdues. Nous étions à quelques mois de l'élection présidentielle. Mitterrand, à ce moment-là, était déjà gravement atteint par la maladie. Il était très fatigué, mais très alerte en même temps[23]. » « C'était très émouvant[24] », ajoute Jacques Joli-Cœur. Lorsque François Mitterrand quittera la présidence, Jacques Parizeau lui enverra une lettre de remerciement : « Sur le plan personnel, je souhaiterais vous remercier

---

21. Cité dans un article de Christian Rioux, « Balladur et Chirac s'engagent à reconnaître un Québec souverain », *Le Devoir*, le 27 janvier 1995.
22. Entrevue avec Jacques Joli-Cœur, le 18 juillet 2001.
23. Cité dans un article de Jean Chartier, « Le référendum de 1995 vécu du côté français », *Québec, Le magazine*, publié par le Service de la communication et des affaires publiques de la Délégation générale du Québec, numéro spécial d'octobre 2001, p. 103.
24. Entrevue avec Jacques Joli-Cœur, le 18 juillet 2001.

*Bien qu'affaibli par un cancer, le président français François Mitterrand*
*reçoit Jacques Parizeau.*
*Fonds de la Délégation du Québec à Paris.*

de nouveau de votre disponibilité alors que chef du gouvernement ou
chef de l'opposition officielle à Québec, vous avez bien voulu me recevoir
alors que j'étais de passage dans la capitale française. À chaque fois, j'ai pu
profiter de votre écoute attentive et de votre compréhension à l'égard de
notre projet politique. Sachez que cette délicatesse a été fort appréciée[25]. »

Jacques Parizeau rencontre aussi Valéry Giscard D'Estaing, ancien
premier ministre et président français et aussi président de la Commission
des Affaires étrangères de l'Assemblée nationale, en 1995. Le politicien est
bien au fait de la situation québécoise. Il a pris connaissance de l'avant-
projet de loi sur la souveraineté du Québec. L'article 16 du document
l'agace. Il est écrit que «La présente loi entre en vigueur un an après son
approbation par référendum.» Yves Michaud, qui participe à la séance de
travail, raconte que «Giscard, intelligent comme un singe, nous dit :
"Quoi? Vous vous donnez un délai d'un an avant de proclamer la souveraineté? Mais vous allez vivre une année terrible." Tout de suite, il a vu les

---

25. Extrait de la lettre de Jacques Parizeau adressée à François Mitterrand, datée du
8 mai 1995. Archives de Jacques Parizeau, ANQ, Montréal.

problèmes, les rétorsions possibles des Américains et du Canada, explique Michaud. Jacques Parizeau était un peu secoué après cette intervention[26]. » Il « a soulevé une question dont je n'avais pas jusque-là compris la portée, atteste Jacques Parizeau. Il disait qu'il faut que dès la victoire du OUI au référendum, dans les heures ou les jours qui suivent, qu'un geste solennel soit accompli par le Québec pour proclamer sa souveraineté. Sans cela, aucune reconnaissance rapide, c'est-à-dire dans la semaine ou les dix jours suivants, n'est possible de la part d'un pays étranger[27]. » L'observation de Giscard D'Estaing va faire son chemin dans la tête de Jacques Parizeau.

Jacques Parizeau rentre au Québec fort satisfait de son voyage à Paris. « La France, ce fut un travail de 4 ans[28] », résume-t-il. « Louise Beaudoin a été indispensable à l'opération. Michaud, ça a un peu foiré. Il parle trop, convient-t-il. Je l'ai retiré de là. » En novembre 1994, son ami Yves Michaud avait effectivement été nommé envoyé spécial du premier ministre québécois à Paris. L'ancien délégué général du Québec en France devait l'informer de « ce qui se passait dans les milieux français proches de notre dessein[29]», précise Jacques Parizeau. Mais en peu de temps, le diplomate avait réussi à se mettre à dos le délégué général du Québec à Paris, Claude Roquet, le ministre Bernard Landry et son chef de cabinet, de même que son sous-ministre, Robert Normand. À l'été 1995, Yves Michaud sera par conséquent rapatrié au Québec, le ministre des Relations internationales mettant vite un terme à son mandat.

Une fois rentré au pays, Yves Michaud exprime le souhait de devenir conseiller diplomatique auprès de Jacques Parizeau. Dans un mémo percutant, Jean-François Lisée en dissuade le premier ministre : « Je vous recommanderais l'embauche d'une autre personne[30]. » Yves Michaud est vu comme un homme de la vieille garde et « il porte l'étiquette copinage.

---

26. Extrait d'un article de Jean Chartier et André Sormany, «Yves Michaud, le conseiller diplomatique de René Lévesque», *Québec, Le magazine*, publié par le Service de la communication et des affaires publiques de la Délégation générale du Québec, numéro spécial d'octobre 2001, p. 76-77.

27. Jacques Parizeau, *Pour un Québec souverain*, Montréal, VLB Éditeur, 1997, p. 286.

28. Entrevue avec Jacques Parizeau, le 9 novembre 1999.

29. Entrevue avec Jacques Parizeau, le 20 février 2001.

30. Note de Jean-François Lisée adressée au premier ministre et intitulée : « Lettre de Balladur, poste de Londres et Yves Michaud », datée du 24 avril 1995.

Ensuite, parce que monsieur Michaud est effectivement de l'école nationaliste pré-1990, il tient sur le projet québécois un discours passéiste qui nous a causé des problèmes à Paris. S'il devait être envoyé en missions spéciales autrement que chez des gaullistes, je doute qu'il s'adapte aux discours actuels. » De plus, « Michaud n'a pas fait preuve d'un retentissant esprit de collaboration dans ses rapports avec le reste de votre diplomatie. Je sais que vous aimez les francs-tireurs, mais il y a un bon dosage à tout », écrit Jean-François Lisée. À titre de représentant personnel du premier ministre dans la Francophonie, la nomination de Michel Lucier fera plus d'heureux. Nous en reparlerons plus tard.

## Un Américain à Ottawa

Pendant que Jacques Parizeau se trouve à Paris, le vice-premier ministre Bernard Landry reçoit à Québec l'ambassadeur américain James Blanchard. Ce dernier vient de déclarer aux journalistes qu'en cas de souveraineté, Washington n'a donné « aucune assurance à quelque niveau que ce soit sur l'adhésion du Québec à l'ALENA, à l'OTAN ou à quoi que ce soit d'autre[31] ». Contrairement à ce que son patronyme laisse croire, Blanchard ne parle pas la langue de Molière. Loin de sympathiser à la cause des souverainistes, il juge que les Québécois se plaignent le ventre plein. Aux yeux de cet ancien membre du Congrès américain et gouverneur de l'État du Michigan, le Canada est un pays magnifique et exemplaire. Il croit que ce sont les indépendantistes québécois qui ont fait fuir les investisseurs du Québec et plonge Montréal dans une situation économique précaire. Visitant la métropole pour la première fois, il raconte dans son livre *Behind the Embassy Door*: « Les immeubles avaient besoin de rénovations, leurs routes demandaient à être réparées. Leurs parcs semblaient plus minables que ceux de toutes les autres grandes villes canadiennes que j'avais visitées. Il y avait plus d'ordures sur leurs trottoirs. Vous auriez dû voir cette ville auparavant, me suis-je fait dire de nombreuses fois, raconte James Blanchard. C'était un endroit fantastique[32] ! »

---

31. Propos tenus le 24 janvier 1995 devant l'Institut canadien des Affaires internationales, section Québec.
32. James J. Blanchard, *Behind the Embassy Door – Canada, Clinton, and Quebec*, Toronto, McClelland & Stewart inc., 1998, p. 65. Traduit par le biographe.

Au cours de son mandat d'ambassadeur des États-Unis à Ottawa, de 1993 à 1996, cet ami du couple Clinton jouera au maximum de son influence afin d'éviter l'éclatement du Canada. En octobre 1993, sa première rencontre avec Jacques Parizeau, dont il ne semble pas beaucoup apprécier le personnage, lui inspire le commentaire suivant : «il a réponse à tout[33].» C'est tout le contraire de ce qu'en pense Dominique de Combles de Nayves, le consul de France à Québec, lequel trouve que «le raisonnement de Jacques Parizeau est très facile à suivre pour un Français. C'est un homme d'État[34].»

Lorsque Bill Clinton effectue une visite à Ottawa à la fin du mois de février, l'ambassadeur Blanchard s'assure qu'il ne rencontre pas seulement le chef de l'opposition officielle du Canada, Lucien Bouchard, un «séparatiste». Il organise également une rencontre avec Preston Manning, chef du Reform Party. Dans une allocution au Sénat et à la Chambre des communes, le président déclare que «dans un monde assombri par les conflits ethniques qui déchirent littéralement les pays, le Canada demeure pour tous un modèle qui montre comment des gens de différentes cultures peuvent vivre et travailler ensemble dans la paix[35].» James Blanchard a beaucoup insisté auprès de Bill Clinton pour qu'il souligne cet aspect. Les représentants du département d'État lui ont pour leur part suggéré d'ajouter la phrase suivante : «Les États-Unis ont joui d'une excellente relation avec un Canada fort et uni. Mais nous reconnaissons que votre avenir politique est, bien sûr, entre vos mains. C'est l'essence même de la démocratie.» L'entretien entre Bill Clinton et Lucien Bouchard, qui dure une vingtaine de minutes, ne donne rien de particulier. D'après les souvenirs de James Blanchard, le président Clinton ne pose qu'une question à Lucien Bouchard : «Combien y a-t-il d'habitants au Québec?» Raymond Chrétien, ambassadeur du Canada à Washington et neveu du premier ministre canadien, assiste à la discussion en chaperon.

La partie n'est donc pas aussi facile à Washington qu'à Paris. À l'été 1994, lorsque Jacques Parizeau déclarait avoir obtenu «l'assurance» de

---

33. James J. Blanchard , *op. cit.*, p. 77.

34. Cité dans un article de Jean Chartier, «Le référendum de 1995 vécu du côté français», *Québec, Le magazine*, publié par le Service de la communication et des affaires publiques de la Délégation générale du Québec, numéro spécial d'octobre 2001, p. 103.

35. Propos tenus par le président Clinton, le 23 février 1995.

certaines autorités américaines quant à l'adhésion du Québec souverain à l'ALÉNA, James Blanchard avait très mal réagi. Une source américaine avait alors révélé à Jean-François Lisée que Blanchard avait «appelé des responsables dans chaque agence gouvernementale américaine concernée pour tenter de vérifier qui aurait dit une telle chose. La mauvaise humeur de monsieur Blanchard, écrit Jean-François Lisée dans un mémo, a des conséquences, d'autant qu'il a réellement une ligne directe à la Maison Blanche et que, contrairement aux usages, il a aussi une ligne directe chez le porte-parole du département d'État, court-circuitant ainsi les diplomates plus prudents sur la question[36].» L'activisme de James Blanchard déplaît à Jacques Parizeau, qui souhaite plutôt la neutralité des Américains dans le débat référendaire. L'attitude de l'ambassadeur américain l'agace d'autant plus que le régent sait très bien qu'à Washington, un véritable roi règne sans partage sur tout le continent.

### Après la Ville lumière, la pénombre...

À son retour de Paris, où il a littéralement brillé de tous ses feux, Jacques Parizeau doit immédiatement affronter la pénombre. Posant les pieds en sol québécois, il réalise rapidement que sa ministre des Affaires culturelles, Rita Dionne-Marsolais, se trouve au cœur d'une tempête médiatique. Le milieu culturel conteste ouvertement les décisions de la ministre. Le nouveau président de Radio-Québec, le producteur Raymond Brasseur, qu'elle a elle-même nommé, démissionne quelques jours après son entrée en fonction dans des circonstances nébuleuses. «Des décisions seront prises et annoncées dans 24 heures», annonce Jacques Parizeau, depuis l'aéroport de Mirabel. Le lendemain, Rita Dionne-Marsolais démissionne. Elle ne conserve que le portefeuille du Tourisme et de la Régie des installations olympiques (RIO). Le premier ministre hérite de la responsabilité de la Culture, des Communications et de la Charte de la langue française. Voici comment la ministre a été appelée à démissionner.

C'est à bord de l'avion, où il accompagne le premier ministre du Québec, que Jean Royer reçoit le mandat d'obtenir la démission de Rita Dionne-Marsolais. Jacques Parizeau la juge désormais incapable d'occuper

---

36. Mémo de Jean-François Lisée adressé au premier ministre, intitulé «Rapport d'activités – période du 5 au 12 mars» et daté du 14 mars 1995.

de telles fonctions. Sitôt arrivé à Montréal, Jean Royer prend une voiture et se rend au bureau de la ministre. Sa présence dans les locaux gouvernementaux suscite de vives réactions. Une bonne partie du personnel est en larmes. S'adressant à Roselle Caron, la directrice de cabinet, il lui demande[37] :

— Comment ça va… ? Ça ne va pas ?

— Non, répond-elle d'une voix à peine audible.

— Bon bien… pour que ça aille bien, il faut la lettre de démission.

— Tu penses ?

— C'est pas important ce que je pense. Il faut la lettre pour demain !

Le lendemain matin, depuis Québec, Jean Royer appelle Roselle Caron. La lettre n'est pas encore prête. «Hum… Ce n'est pas une bonne idée», lui dit-il. Jean Royer monte dans une voiture et file sur Montréal. En chemin, il dicte au téléphone la lettre de démission de Rita-Dionne Marsolais puis, une fois rendu chez la ministre, il la lui fait signer. L'après-midi même, le bureau du premier ministre annonce la nouvelle. Officiellement, madame Dionne-Marsolais a demandé au premier ministre d'être «libérée» de certains dossiers…

Le premier ministre envisage toujours de tenir la consultation référendaire pour le printemps, il adopte donc un mode rapide de résolution des problèmes. Rien, dans l'administration quotidienne du pouvoir, ne doit faire obstacle à l'objectif sacro-saint de la souveraineté. C'est dans ce contexte qu'il avait accepté, dix jours auparavant, une autre démission, celle de son nouveau conseiller spécial en communication, Pierre Bourgault.

Lors d'une entrevue accordée à un journaliste anglophone, Pierre Bourgault, professeur de communication à l'UQAM, met son interlocuteur en garde : «Si une grande majorité des francophones du Québec votent OUI et sont empêchés [de faire la souveraineté] parce que les Anglais votent contre, ce sera une situation dangereuse.» Les médias s'emparent de la phrase et en font tout de suite une déclaration qui pourrait ébranler le gouvernement de Jacques Parizeau.

Pierre Bourgault soutient qu'il a été piégé, mais il se rend compte de son erreur. Comme il ne veut pas gêner le premier ministre, il lui envoie sa lettre de démission dès le lendemain. Il espère toutefois que Jacques

---

37. Entrevue avec Jean Royer, le 17 octobre 2002.

Parizeau la refusera. «Dans l'après-midi, Jean Royer m'a appelé, raconte Pierre Bourgault. Il me dit qu'il n'est pas question de démission. Je lui dis alors : qu'est-ce qu'on fait avec la lettre? Il répond : "Oublie ça, il n'y a rien là, monsieur Parizeau juge que ça s'explique."[38]» Le même jour, le bureau du premier ministre émet un communiqué qui indique que Pierre Bourgault n'est pas le porte-parole du premier ministre du Québec et que, par conséquent, ses remarques n'engagent en rien ce gouvernement.

Puis le 18 janvier, lors d'un point de presse improvisé, Jacques Parizeau reparle de l'affaire Pierre Bourgault. Jean Royer s'étonne des propos de son patron : «La formule employée par Parizeau faisait en sorte qu'il disait comprendre la demande de démission de Bourgault[39]!» Réagissant à une sortie alarmiste de l'Institut C.D. Howe, le premier ministre ajoute que les propos de Pierre Bourgault font partie d'un «exercice de développement de la nervosité dont franchement on n'a pas besoin actuellement. Tout cela, c'est trop. Est-ce qu'on pourrait se retenir? Le Québec s'engage dans l'un des exercices les plus démocratiques pour décider de son avenir, explique Jacques Parizeau. Je ne veux pas voir toute sorte de monde tirer des roches dans la situation qu'on tente de mettre en place[40].» Puis, il parle directement de Pierre Bourgault : «C'est très embêtant pour lui comme pour moi. Lui-même comprend qu'il peut être difficile de maintenir nos rapports.»

Pierre Bourgault prend connaissance des propos de son premier ministre et ami en ouvrant la télévision : «Et là, j'ai vu Parizeau qui patinait là-dessus. J'appelle Royer et je lui dis : qu'est-ce qui se passe[41]?» Royer lui répète qu'il n'a pas été mis à la porte. «Mais je viens de le voir à la télévision!» Jean Royer est confus. Il lui dit que Jacques Parizeau va le rappeler. Puis, en fin de journée, un avis émis par le premier ministre est envoyé aux médias : «C'est avec regret que le premier ministre accède à [la demande de Pierre Bourgault].» Jacques Parizeau ne remet pas en cause les compétences ni la contribution passée et future de son conseiller spécial, «mais dans un souci de voir le débat actuel se faire dans la sérénité

---

38. Entrevues téléphoniques avec Pierre Bourgault, le 28 septembre 2000, et avec Jean Royer, le 6 juin 2000.
39. Entrevue avec Jean Royer, le 6 juin 2000.
40. Cité dans un article de Denis Lessard, «Bourgault quitte son poste au bureau de Parizeau», *La Presse*, le 19 janvier 1995.
41. Entrevue téléphonique avec Pierre Bourgault, le 28 septembre 2000.

et le calme, le premier ministre s'est vu forcé d'accepter la demande de monsieur Bourgault[42]. »

«J'ai fait une erreur d'accepter sa démission, reconnaît Jacques Parizeau, des années plus tard. Il est vrai que ce n'est pas un gars d'équipe, c'est un individualiste, mais sur le plan politique et des communications, ce bonhomme-là a une sorte de génie. Il a fait une déclaration absolument anodine, pis au fond sans conséquence. Je n'aurais pas dû accepter sa démission. Mais à ce moment-là, précise-t-il, nous étions tellement pris dans nos propres imbécillités du rapport Blackburn-Marsolais, que je l'ai acceptée[43]. » Jacques Parizeau fait ici référence au groupe de travail qui, en novembre 1992, avait déposé un document sur le statut des anglophones dans un Québec souverain. Le document, très généreux envers la minorité anglophone, allait jusqu'à assurer une présence équivalente de l'anglais sur les ondes partout en région[44].

À la mort de Pierre Bourgault, en juin 2003, Jacques Parizeau revient brièvement sur cet épisode. «Je reste, au bout du compte, avec mes regrets», écrit-il dans un texte rédigé pour les journaux, où il lui rend rend hommage. Pierre Bourgault fut «la voix la plus puissante, la plus dérangeante… et la plus somptueuse[45] » de la Révolution tranquille.

## Le couple royal

À la fin du mois de janvier 1995, la presse québécoise apprend que Lisette Lapointe est intervenue à l'automne auprès de la présidente de Radio-Québec, Françoise Bertrand. Elle lui a alors demandé d'étendre la couverture régionale de la télévision d'État, afin que celle-ci diffuse les séances des commissions régionales sur l'avenir du Québec. Or, ce geste est perçu par plusieurs analystes comme une action pouvant nuire à l'indépendance de Radio-Québec par rapport au pouvoir politique. Jacques Parizeau confirme que cette rencontre a bel et bien eu lieu, mais

---

42. Avis aux médias, le 18 janvier 1995. Archives de Jacques Parizeau, ANQ, Montréal.
43. Entrevues avec Jacques Parizeau, le 11 mai 1998 et le 13 juillet 1999.
44. Entrevue avec Jeanne Blackburn, le 14 août 2002. Le comité était présidé par la député Jeanne Blackburn et la trésorière du parti Rita Dionne-Marsolais.
45. Jacques Parizeau, «Le Pierre Bourgault que nous avons connu – l'homme prêt à servir», *Le Devoir*, le 21 juin 2003.

à la demande même de Françoise Bertrand, une libérale bien connue. «Ma femme a souligné que ce serait quand même important que [les débats de ces commissions puissent être diffusés]. On ne voit pas ça tous les jours. Puis là, madame Bertrand est sortie plus tard en disant : "Elle m'a fait des pressions!" En fait, ça correspondait à ceci, prétend Jacques Parizeau, Radio-Québec était franchement bloquée. Tout ce qui venait du gouvernement du Parti québécois, pour la radiodiffusion [des] nominations au Conseil des ministres, d'un certain nombre de discours... [leur réponse était toujours]: non, non, non. On finissait par gagner, mais en tapant sur la table. Les rapports étaient extrêmement mauvais[46].»

Cet épisode vient confirmer les craintes de plusieurs dans l'entourage de Jacques Parizeau, qui préféreraient que l'épouse du premier ministre soit plus discrète. Jean-François Lisée est l'un de ceux qui se risque à en parler dans un document adressé à Jacques Parizeau : «Le côté royal ou présidentiel que l'on vous prête[47]» constitue «une vulnérabilité», écrit le conseiller. À la même époque, le faste de la résidence officielle, toujours surnommée l'Élisette, fait l'objet de nombreuses railleries à Québec. Reconnaissant le rôle positif de Lisette Lapointe dans les domaines de l'action communautaire et des questions humanitaires, Jean-François Lisée suggère de limiter la participation de l'épouse du premier ministre à ces dossiers. «Sachez que l'opposition et la presse utiliseront toute incursion réelle ou supposée de madame Lapointe dans des dossiers ministériels non communautaires ou hors-*bunker* pour ramener l'accusation de "grand seigneur", de "famille royale" et autres balivernes. C'est vous qui êtes la vraie cible de ces critiques, rappelle l'ancien journaliste. La jonction "Élisette-M^me Lapointe-Couple royal" est très porteuse pour les libéraux. Il ne faut leur donner aucune raison de l'employer[48].»

Dans ce long mémo de douze pages, le conseiller spécial du premier ministre manœuvre habilement. La moindre critique est suivie ou précédée d'un bon mot. «Nous sommes sur la bonne voie, écrit-il, mais encore loin d'un niveau suffisamment confortable pour déclencher un référendum gagné d'avance. Ce niveau pourrait être atteint assez rapidement, si les commissions régionales sont un grand succès.» En entrevue, des années

---

46. Entrevue avec Jacques Parizeau, le 17 octobre 2002.
47. Extrait du mémo de Jean-François Lisée adressé à Jacques Parizeau, intitulé «Considérations stratégiques pour 1995» et daté du 16 janvier 1995.
48. *Idem.*

*Le premier ministre et sa conseillère particulière, son épouse Lisette Lapointe.*
*Photo de Jacques Nadeau.*

plus tard, Jean-François Lisée se montre toutefois moins diplomate. Il estime qu'au début de l'année 1995, les bavures, les démissions, le dossier des BPC qui a ressurgi et la question de l'Élisette ont malheureusement miné l'opinion publique et que «[la perception] du bon gouvernement… a cassé[49].» L'enthousiasme a disparu. «Nous sommes vulnérables» sur plusieurs questions, écrit-il, et «nous n'avons pas réglé le problème du rôle de monsieur Bouchard[50].» Effectivement, dans les premiers mois de cette année 1995, le retour de Lucien Bouchard devient un problème majeur pour Jacques Parizeau et son équipe.

---

49. Entrevue avec Jean-François Lisée, le 12 octobre 2000.
50. Extrait du mémo de Jean-François Lisée adressé à Jacques Parizeau, intitulé «Considérations stratégiques pour 1995» et daté du 16 janvier 1995.

# Sans peur et sans reproche

*« Il est bien plus naturel à la peur de consulter que de décider. »*

Citation du cardinal de Retz,
Paul de Gondi (1613-1679)[1]

En ce 16 février 1995, le service d'urgence de l'aéroport Roger-Demers de Québec vit un état d'alerte maximale. Le bimoteur qui transporte le premier ministre du Québec a quitté le sol vers 17 h 30 en direction de Montréal et il y a maintenant plus de deux heures qu'il tourne en rond au-dessus de la Vieille Capitale. Au décollage, le train d'atterrissage avant du F-27 a refusé de se rétracter complètement dans le ventre de l'appareil. Dans ces conditions, l'atterrissage pourrait comporter des risques. Afin d'éviter toute catastrophe, il a été décidé de brûler le maximum de carburant avant de tenter une approche au sol. Dans les minutes qui précèdent l'atterrissage, il est même demandé aux occupants de s'asseoir à l'arrière de l'appareil[2]. À bord de l'avion, outre Jacques Parizeau et son épouse, il y a Jean Royer, Marie-Josée Gagnon, Marjolaine Perreault (attachée de presse), deux gardes du corps de la Sûreté du Québec et deux membres du cabinet de Pauline Marois.

---

1. Citation particulièrement appréciée par Jacques Parizeau, évoquée lors de l'entrevue du 17 octobre 2000.
2. Ce récit provient de diverses sources, dont un article de Gilles Normand, «L'avion de Parizeau doit effectuer un atterrissage d'urgence», *La Presse*, le 17 novembre 1995.

Informés de la situation, Hubert Thibault et Éric Bédard quittent aussitôt le *bunker* et se dirigent vers l'aéroport. Nerveux, ils espèrent que tout se passera bien. À 19 h 58, l'avion finit par se poser au sol sans problème. L'équipage et les passagers en sont quittes pour une bonne frousse.

Bernard Landry, le vice-premier ministre, est mis au courant de cet incident quelques minutes seulement avant de prendre place sur un plateau de tournage de Radio-Canada à Montréal[3]. Il doit y affronter en direct Michel Bélanger, le porte-parole des fédéralistes, au cours d'une émission spéciale. Bernard Derome y présente les résultats d'un sondage réalisé conjointement par la maison CROP et Environnics sur la question de la souveraineté du Québec. Bernard Landry s'en tire à merveille, mais il en est autrement des intentions de votes des Québécois à propos de la souveraineté. Selon ce sondage, seulement 40 % des répondants voteraient OUI à la question proposée par Jacques Parizeau dans l'avant-projet de loi sur la souveraineté. L'analyste engagé par Radio-Canada a beau souligner que cet appui est malgré tout plus ferme qu'en 1980, il n'en demeure pas moins que le vote souverainiste donne l'impression de stagner depuis quinze ans, ce qui risque de démobiliser la machine péquiste et bloquiste.

Dans les bureaux gouvernementaux à Québec, on ne croit pas à ces résultats. « Nous avons en main un sondage qui ne donne pas ces résultats ! s'insurge Jean Royer. Nous sommes plutôt à 46 ou 47 %. Encore aujourd'hui, je suis toujours incapable de comprendre honnêtement comment Radio-Canada accouche d'un sondage CROP comme celui-là ! Aucun autre sondage n'arrive à de tels résultats[4]. » Le sondeur Jean-Marc Léger appuie ces dires : « Trois autres maisons, avec 1 000 répondants, n'arrivent pas à ce résultat[5]. » Or, ces chiffres ont un effet sur les troupes, reconnaît Jean Royer. « Ce qui est démoralisant, ce n'est pas que ça reflète la réalité, mais c'est que cela arrive au mauvais moment et donne une image qui n'est pas correcte[6]. »

Trois jours auparavant, à la suite d'une élection partielle dans le comté fédéral de Brome-Missisquoi, le candidat libéral Denis Paradis l'emporte sur celui du Bloc québécois, Jean-François Bertrand. Tout cela,

---

3. Information confirmée par Daniel Audet et Éric Bédard.
4. Entrevue avec Jean Royer, le 6 juin 2000.
5. Entrevue avec Jean-Marc Léger, le 6 septembre 2002.
6. Entrevue avec Louis Bernard, le 27 avril 2000.

combiné aux récentes démissions gouvernementales, contribue à freiner l'enthousiasme des nationalistes.

## Le plan B

Malgré ces coups de sonde, Jacques Parizeau espère toujours tenir un référendum au printemps, ce qui inquiète son vice-premier ministre. « Bernard Landry est terrifié par mon échéancier référendaire[7] », raconte Jacques Parizeau. « Cela nous inquiète[8] », confirme Daniel Audet, le chef de cabinet de Bernard Landry. Le vice-premier ministre communique régulièrement avec Louis Bernard, le secrétaire général du gouvernement, et il aime utiliser l'image du décollage d'un Boeing pour expliquer ses appréhensions à l'idée de se lancer dans une campagne référendaire qui ne serait pas gagnante. « C'est comme le décollage d'un Boeing, aime-t-il expliquer. Il décolle à V2, mais entre V2 et le moment où il roule sur la piste, il y a V1. Après V1, tu peux encore arrêter, puis avorter ton décollage. Mais après V2, va te faire foutre ! Si ça ne décolle pas, t'es mort, tu piques du nez. T'es mort au bout de la piste ! Alors moi, j'ai dit à Louis Bernard : il faut être capables d'arrêter les moteurs si on voit qu'on s'en va à la catastrophe. Louis Bernard est d'accord[9] », explique Bernard Landry. Toutefois, Jacques Parizeau n'adhère aucunement à cette analyse : « Il ne se fait rien sans se faire peur un peu, prétend le régent. Dans ces conditions, il vaudrait mieux ne jamais faire décoller le Boeing… Écoutez, avec la philosophie que vous m'exprimez là, les Boeing n'auraient jamais été construits[10] (rires). »

Entre les cabinets Landry et Parizeau, la rivalité et les frictions se multiplient. D'abord, il y a le chef de cabinet de Bernard Landry, Daniel Audet, qui ne s'entend pas très bien avec Jean-François Lisée. Celui-ci n'hésite pas à intervenir dans les questions extérieures, en passant par-dessus le ministère des Relations internationales. Puis, il y a Pierre Boileau. Congédié par Jacques Parizeau et engagé par Bernard Landry, il n'entretient pas de bons sentiments à l'égard du premier ministre. Quant

---

7. Entrevue avec Jacques Parizeau, le 31 octobre 2000.
8. Entrevue avec Daniel Audet, le 4 décembre 2002.
9. Entrevue avec Bernard Landry, le 27 juin 2000.
10. Entrevue avec Jacques Parizeau, le 31 octobre 2000.

à Jean-Yves Duthel, directeur des communications au ministère de Bernard Landry, il n'hésite pas à médire sur le premier ministre[11]. Jacques Parizeau le sait. « Il y a eu une couple d'attachés de cabinet de Landry qui propagent dans tous les bars et restaurants de Québec des tas de bruits à mon sujet. Ils disent des affaires incroyables! Ils soutiennent ne jamais parler au nom de Landry, mais ils laissent flotter cette idée d'une bande qui s'organise autour de Landry. C'était fatigant, mais comme j'avais des rapports là-dessus… Je [faisais] semblant d'ignorer ces choses-là. C'est curieux, souligne Jacques Parizeau, moi dans les cabinets que j'ai dirigés, je n'ai jamais toléré des affaires semblables. Je n'acceptais pas que les attachés critiquent le premier ministre en privé, en public ou même en rêve! Chacun ses méthodes[12]… »

Le ministre Daniel Paillé soutient que presque tous les jeudis soir, Bernard Landry a l'habitude de recevoir « sa jeune cour composée entre autres de Jacques Baril, Joseph Facal et Sylvain Simard. Il prépare sa gang. C'est le plan B, le plan Bernard[13]. » Quand on lui fait part de ces propos, Bernard Landry sursaute : « Il n'y a pas de fragilité dans le pouvoir [assumé par] Jacques Parizeau. Il peut compter sur ma loyauté. Je n'ai [jamais] été mêlé à aucune espèce [de tentative] d'affaiblissement de son pouvoir[14]! »

Pourtant, Bernard Landry considère que Jacques Parizeau n'est plus le même depuis qu'il vit avec sa nouvelle épouse. « Il est moins noble, plus amer, plus boudeur, plus vindicatif, ce n'était pas ça avant. » Puis, il ose faire une comparaison avec l'épouse précédente : « Alice avait un rôle bénéfique sur lui. L'autre, [elle] le stimule dans ses instincts de vengeance et de mesquinerie. »

## « Une conseillère très spéciale… »

Une fois nommée officiellement conseillère spéciale à l'action communautaire, Lisette Lapointe profite, dès le départ, d'un mandat qui lui offre une certaine visibilité. Bien financé, le Secrétariat à l'action communautaire autonome est doté d'un fonds de réserve qui lui provient d'une partie des profits nets des casinos (5 %), ce qui représente 9 millions de

11. Entrevue avec Jean Royer, le 17 octobre 2002.
12. Entrevues avec Jacques Parizeau, le 9 novembre 1999 et le 5 septembre 2000.
13. Entrevue avec Daniel Paillé, le 27 mars 2000.
14. Entrevue avec Bernard Landry, le 27 juin 2000.

dollars pour l'année 1995-1996. Ce budget assure un financement plus stable – garanti sur trois ans – aux regroupements communautaires[15].

Le 5 avril 1995, le Conseil des ministres accepte la mise sur pied des Carrefours jeunesse-emploi, financés à même ce fonds de 9 millions. « Nous avons sauvé des coupures fédérales un des programmes d'insertion au marché du travail les plus efficaces au Québec : le Carrefour jeunesse-emploi de Gatineau », déclarait avec fierté le premier ministre Parizeau lors de son discours inaugural du 29 novembre 1994. « Elle (Lisette) a très bien réussi ses mandats, estime Jacques Parizeau. La preuve, c'est que des Carrefours jeunesse-emploi, il y en a maintenant 93 au Québec ! Et les libéraux n'ont pas été les derniers a en vouloir dans leurs comtés[16]. »

Au printemps 1995, la Fédération des femmes du Québec organise la marche « du pain et des roses ». Le 26 mai, des centaines de femmes partent de Montréal et arrivent à Québec le 4 juin. Afin de donner suite aux demandes faites par les femmes, Lisette Lapointe s'assure de développer auprès du premier ministre une bonne écoute[17], ce qui permet à Jacques Parizeau d'affirmer que « les premiers encadrements un peu permanents de tous les mouvements de femmes au Québec, c'est ma femme qui a fait ça[18]. »

Rapidement, et malgré les avis de son entourage, Jacques Parizeau laisse son épouse exercer une influence hors des champs de responsabilité définis par sa tâche. « Ce n'est pas mauvais d'avoir [un] œil extérieur qui est capable de brasser la cage par moment, quand ça devient trop fermé », explique-t-il. « Sur la préparation du référendum, ma femme est un peu mes yeux et mes oreilles. » Jacques Parizeau sait bien que son entourage « n'aime pas ça du tout », mais cela lui permet de ne pas être prisonnier d'un cercle trop restreint.

---

15. En janvier 1996, Jacques Parizeau s'assurera de donner une forme définitive au Secrétariat à l'action communautaire en mettant sur pied un comité consultatif permanent composé de douze à quinze personnes, doublé d'un comité de députés présidé par Rémy Trudel. Pauline Marois, devenue ministre des Finances, siège à ce comité consultatif.
16. Entrevue avec Jacques Parizeau, le 31 octobre 2000.
17. Les groupes de femmes avaient présenté au gouvernement neuf grandes revendications. Sept d'entre elles seront acceptées par l'État, dont une hausse du salaire minimum qui passe de 6 $ à 6,45 $. Les femmes demandaient un salaire minimum de 8,15 $.
18. Entrevue avec Jacques Parizeau, le 31 octobre 2000.

Vers la mi-févier, Jacques Parizeau crée toute une surprise en se présentant à la réunion hebdomadaire du comité de stratégie référendaire en compagnie de son épouse. Les ministres Landry et Chevrette, qui sont membres de ce comité, réagissent très mal à la présence de Lisette Lapointe[19]. « Chevrette ne voulait plus aller aux réunions de stratégie, si Lisette était là[20] », nous révèle le journaliste Michel David. « Quand Lisette Lapointe vient puis qu'elle parle, je n'aime pas ça, déplore Guy Chevrette. Je trouve que ce n'est pas la place de la femme du premier ministre. Elle se permet de faire des remarques et des analyses. Moi, je me suis beaucoup retenu au comité de stratégie, parce que je n'avais pas le goût d'affronter la femme du premier ministre, puis encore moins le premier ministre devant sa femme. C'est toujours emmerdant de contredire la femme d'un premier ministre[21] », prend-il soin de répéter. Officiellement, Jean-François Lisée affirme ne pas se formaliser de la présence de l'épouse du premier ministre : « Elle est d'ailleurs discrète dans ces réunions et je sens que monsieur Parizeau n'en était que plus sécurisé par sa présence dans les moments difficiles. Alors tant mieux[22]. »

Lisette Lapointe souhaite également assister aux réunions d'un autre comité, celui des chefs de cabinet de Lucien Bouchard et de Jacques Parizeau, présidé par Louis Bernard. Ce comité est aussi appelé le comité de liaison. Cette fois, Louis Bernard s'y oppose : « À un moment donné, monsieur Parizeau [qui ne participe pas à ces réunions] voulait qu'elle soit là, mais je n'ai pas voulu. Je considérais que la femme du premier ministre aurait faussé la dynamique du comité et mis des gens mal à l'aise[23]. » Malgré cette position, Louis Bernard soutient que : « Au total, Lisette Lapointe a eu une influence plus positive que négative. » Très ouvert à l'idée du Secrétariat à l'action communautaire, il soutient qu'« on a fait moins de progrès [dans ce domaine] depuis qu'elle est partie. »

Pour sa part, Pauline Marois prétend que si « monsieur Parizeau a développé dans les dernières années une très grande sensibilité aux problèmes sociaux et aux problèmes humains », c'est en raison de « l'in-

19. Jean-François Lisée, qui agit à titre de secrétaire de ce comité, nous en a fait la confidence. Entrevue du 18 octobre 2000.
20. Entrevue avec Michel David, le 11 décembre 2002.
21. Entrevue avec Guy Chevrette, le 10 janvier 2002.
22. Courriel de Jean-François Lisée, daté du 5 septembre 2002.
23. Entrevue avec Louis Bernard, le 27 avril 2000.

fluence de sa femme, très sensible à une action communautaire, à une action de base et d'accès à l'égalité[24]. » D'autres, qui ne veulent pas être identifiés, soulignent que Jacques Parizeau a pratiquement cessé de boire de grandes quantités d'alcool depuis l'arrivée de sa seconde épouse. « Je lui fais beaucoup de *spritzer*[25] », reconnaît Lisette Lapointe, c'est-à-dire du vin blanc coupé avec du club soda.

Pour bien des personnes cependant, la contribution la plus considérable de Lisette Lapointe est d'avoir rapproché Jacques Parizeau du Québec réel. Longtemps, le fils d'Outremont a refusé d'aller voir des pièces de Michel Tremblay qu'il trouvait obscènes. « Aujourd'hui, il aime[26] », nous apprend fièrement son épouse, qui a multiplié les efforts pour amener son mari à de telles prises de contact. Lisette Lapointe, qui est toujours à l'aise avec le monde ordinaire, réussit à resserrer les liens entre son mari et ce milieu qu'il ne connaît pas. Elle l'amène aussi à fréquenter la communauté artistique québécoise, en particulier Claude Dubois, Dan Bigras et Luc Plamondon.

Ceux qui tentent de contrer l'influence de Lisette Lapointe sur Jacques Parizeau n'ont aucune chance de réussir. « Mon épouse est une conseillère très spéciale[27] », explique amoureusement Jacques Parizeau. « C'est un sacré bon gardien pour moi. Elle a un très bon nez, singulièrement pour toutes ces affaires de chicanes entre individus que moi, j'abhorre, qui me tapent sur les nerfs. Elle, elle écoute et elle a un bon jugement. »

## La rencontre des hésitants et des mous

À la mi-janvier, lors d'un caucus conjoint des députés du Parti québécois et du Bloc québécois, la maison de sondages Léger & Léger présente les grandes tendances face à la démarche référendaire. Pour remporter la victoire, signale-t-on, il faut aller chercher l'appui des « nationalistes mous », une nouvelle expression qui fera fureur dans les prochains mois et qui deviendra l'obsession des souverainistes. Léger & Léger trace le portrait des mous : ils sont peu politisés, peu instruits et fragiles économiquement.

---

24. Entrevue avec Pauline Marois, le 12 février 2002.
25. Entrevue avec Lisette Lapointe, le 16 mai 2000.
26. Entrevue avec Lisette Lapointe, le 5 avril 2000.
27. Entrevue avec Jacques Parizeau, le 31 octobre 2000.

*Deux couples qui n'ont guère d'atomes crochus...*
*Photo de Jacques Nadeau.*

Ils ont peur de la dette et de la fermeture des frontières. Il faut y aller doucement pour les convaincre.

Très tôt en 1995, la question référendaire fait l'objet de critiques. Le Comité national des jeunes péquistes propose d'abord une question à deux volets qui se lirait comme suit : «Voulez-vous que le gouvernement proclame la souveraineté du Québec, conformément à la loi déclarant la souveraineté ou proclame son adhésion à la fédération canadienne, conformément à la Loi constitutionnelle de 1982?» Lors des commissions régionales, nombreux sont ceux qui proposent des modifications à la question proposée. Le 17 février, lors d'un gala en Estrie, le premier ministre reconnaît qu'il «y a manifestement un os avec cette question». Jacques Parizeau est ouvert à des changements dans la formulation de la question.

Puis, c'est au tour de l'échéancier référendaire d'être critiqué. Encore une fois, ce sont les jeunes au sein du parti qui remettent en cause la date du référendum, fixée de façon officieuse au mois de juin. À la mi-février, Éric Bédard, le président des jeunes péquistes, déclare qu'il sera plus difficile de mobiliser les troupes étudiantes en juin, puisque les cégeps et les universités seront fermés. Il serait plus facile de le faire à l'automne, quand l'année scolaire est en cours.

Au sein du caucus péquiste, certains députés souhaitent un référendum à la fin de l'année. Jean-Pierre Charbonneau propose même de reporter cette consultation à la fin du mandat de quatre ans. «On se dirige vers un mur de ciment[28]», dit-il. L'ancien président des jeunes péquistes, le député Joseph Facal, un proche de Bernard Landry, déclare qu'il «n'a pas d'instincts suicidaires[29]» et que, par conséquent, il n'est pas pressé de déclencher une campagne référendaire. Dans un mémo adressé à Jacques Parizeau, Claude Léveillé, le responsable de la députation au bureau du premier ministre, écrit qu'une «ambiance de déprime et de désenchantement[30]» règne actuellement sur le caucus des députés. «Je dirais même qu'une majorité au caucus n'était pas pressée d'aller à l'abattoir[31]», ajoute Guy Chevrette. Selon Jean Garon, ce climat peut s'expliquer par les absences de Jacques Parizeau aux caucus des députés[32]. «Son absence, au caucus, ou le fait qu'il ne vienne que pour la première heure, a pu faire mal[33]», concède le ministre Daniel Paillé, mais pas au point d'ébranler son leadership.

N'empêche, écrit encore Claude Léveillé, «du temps où j'enseignais, si j'avais formé mes élèves comme nous sommes formés pour affronter la campagne référendaire, ils auraient tous échoué à l'examen[34].» Rosaire Bertrand, le président du caucus, sollicite alors «la présence de Jean Royer ou de Jacques Parizeau pour un bref *pep talk* le samedi suivant[35].»

Lors du Conseil national du parti les 4 et 5 février, un petit carton rose est distribué aux 300 délégués. La manœuvre, pensée par l'attachée de presse du premier ministre, consiste à stimuler l'enthousiasme des militants tout en discréditant le porte-parole du camp du NON. Marie-Josée

---

28. Cité dans un article de Michel Venne, «Tenue du référendum : le sondage de la SRC refroidit les ardeurs», *Le Devoir*, le 18 février 1995.
29. Cité dans un article de Denis Lessard, «La valse hésitation se poursuit au PQ», *La Presse*, le 21 février 1995.
30. Compte-rendu du caucus des députés du 2 février 1995, rédigé le 3 février par Claude Léveillé et adressé au premier ministre. Archives de Jacques Parizeau, ANQ, Montréal.
31. Entrevue avec Guy Chevrette, le 10 janvier 2002.
32. Entrevue avec Jean Garon, le 10 avril 2000.
33. Entrevue avec Daniel Paillé, le 27 mars 2000.
34. Compte-rendu du caucus des députés du 2 février 1995, rédigé le 3 février par Claude Léveillé et adressé au premier ministre. Archives de Jacques Parizeau, ANQ, Montréal.
35. *Idem.*

Gagnon a eu l'idée de faire ressortir une citation de Michel Bélanger et de l'écrire sur un carton. Ces propos de Michel Bélanger, alors coprésident la Commission Bélanger-Campeau, avaient été entendus à la radio en 1991 lors d'une entrevue avec l'animateur Pierre Pascau. À l'époque, Michel Bélanger avait affirmé que si la souveraineté se faisait convenablement, «il n'y [avait] aucune raison pour que le standard de vie des Québécois soit affecté négativement.» Il ajoutait que les fédéralistes devaient voter pour la souveraineté, parce «vous ne pouvez pas forcer votre présence dans un pays qui ne veut pas de vous.» Lors de ce Conseil national, à la demande de Jacques Parizeau, tous les délégués brandissent le petit carton dans les airs et manifestent bruyamment leur satisfaction.

Transformé en motivateur, Jacques Parizeau déclare que le dernier sondage des fédéraux démontre que la souveraineté gagne trois points par mois depuis les dernières élections. Puis, en prévision des commissions régionales qui commencent dans quelques jours, il dit à ses troupes : «Pendant un mois et demi, il faut qu'on soit absorbés par une œuvre bien plus grande que nous. Il faut qu'on écoute. On n'a pas la vérité révélée. Ne nous donnons aucun droit de séniorité [sic], il faut que nous soyons sereins, acceptant de discuter de choses qui, parfois, nous paraissent évidentes depuis 25 ans[36].»

Les consultations publiques des quinze commissions régionales, ainsi que celles des aînés et des jeunes, débutent le 6 février. Trois cents séances sont prévues dans plus de deux cents villes et villages. À chaque soir, une cellule composée notamment de Jean-François Lisée, Jean-Claude Beauchemin, Éric Bédard (du cabinet Parizeau) et Jules Rivard, veille à faire le suivi de tout ce qui s'est dit dans toutes les commissions pendant la journée.

De l'avis de certains, dont Monique Simard, la vice-présidente du Parti québécois, «les commissions sont préparées un peu rapidement. Pour une opération de cette envergure-là, je dirais qu'il n'y a pas assez de temps de préparation. C'est évident. Ça tient pratiquement du tour de force[37].» Jean-François Lisée ne partage pas du tout cet avis : «50 000 personnes ont participé. C'est un succès! C'est la mer à boire quand on pense que les fédéraux ont fait des commissions canadiennes avec un bassin de

---

36. Cité dans un article de Donald Charette, «Soyons sereins durant les travaux des commissions», *Le Soleil*, le 6 février 1995.
37. Entrevue Monique Simard, le 26 septembre 2000.

25 millions de personnes et que pas plus de trois à quatre mille personnes sont venues[38]!» Le Secrétariat national des commissions avait prévu, en janvier 1995, de toucher au maximum 30 000 personnes et de recevoir 2 500 mémoires. Or, beaucoup plus de citoyens ont participé et plus de 5 500 mémoires ont été déposés[39]. «Oui, ça a marché en termes de participation, répond le ministre Paillé. Je suis allé à Sept-Îles et ailleurs, et les gens se sont déplacés pour participer, sauf que... à qui parle-t-on ? Des convaincus[40].» Or, on n'a pas grand mérite à convertir des convaincus, laisse entendre Daniel Paillé.

L'objectif des commissions, qui est d'augmenter le nombre de souverainistes, ne se concrétise pas. «Parizeau est très déçu, estime Daniel Paillé. Je suis convaincu qu'il pensait que par les commissions, [le vote souverainiste] monterait à 55-57 %. Ensuite, si le budget était bon, il pouvait déclencher le référendum au printemps. Mais le momentum [n'était] pas là», raconte Daniel Paillé. De ce point de vue, Guy Chevrette croit que les commissions sur l'avenir du Québec n'ont pas fonctionné. Dans les «régions, les gens ne sont pas venus parler de la souveraineté, ils sont venus parler de leurs problèmes personnels et en particulier de la régionalisation des programmes, ce qui est loin d'être la souveraineté du Québec[41].»

L'exercice a permis d'organiser les souverainistes, mais pas de faire décoller l'option, constate aussi Jean-François Lisée : «On nous a dit que la question [n'était] pas bonne, que l'entente avec le Canada [n'était] pas assez étoffée et que cela [prenait] un projet de société appuyé par une coalition très large. Cela a été très bon, parce que nous avons été aiguillonnés là-dessus et que l'on a fait chacune de ces choses-là[42].»

## Le retour du miraculé

C'est dans ce contexte, où les hésitants et les mous se multiplient, que Lucien Bouchard revient dans l'arène politique. Après une période de convalescence d'à peine trois mois, victime de la fameuse «bactérie

---

38. Entrevue avec Jean-François Lisée, le 12 octobre 2000.
39. Selon un mémo interne du Conseil exécutif. Archives d'Éric Bédard.
40. Entrevue avec Daniel Paillé, le 27 mars 2000.
41. Entrevue avec Guy Chevrette, le 10 janvier 2002.
42. Entrevue avec Jean-François Lisée, le 12 octobre 2000.

mangeuse de chair», il se remet de ce mal considéré comme étant pratiquement incurable. Lucien Bouchard est accueilli par les Québécois comme un miraculé. Au lieu de solidifier la position de son allié Jacques Parizeau, ses premières déclarations ont pour effet de fragiliser le leadership et la stratégie du premier ministre du Québec.

Dans une entrevue qu'il accorde au journal *Le Soleil*, le 19 février, Lucien Bouchard déclare : «Je sens que toute la force et la solidarité des Québécois ne sont pas mises à contribution. Je sens que c'est en friche et je n'aime pas ça[43].» Il juge que la stratégie référendaire lancée avec le dépôt de l'avant-projet de loi sur la souveraineté et la mise en place des commissions régionales est mal «enclenchée». «Moi, je suis à Ottawa et je sais ce que pense le Canada anglais. Si on dit NON à la souveraineté, on va en manger une maudite!» Voilà de quoi alimenter chez les souverainistes la crainte de perdre. Soulignant son admiration pour Jacques Parizeau, il prend soin toutefois de spécifier que lui, personnellement, il n'est «le conscrit de personne.»

En moins de cinq mois, Jacques Parizeau a déposé à l'Assemblée nationale un avant-projet de loi sur la souveraineté, il a fait distribuer ce document dans tous les foyers du Québec, il a mis sur pied dix-sept commissions pour consulter la population à la grandeur du territoire québécois et, simultanément, il a commencé à gérer l'État. Lucien Bouchard déclare néanmoins au journaliste du *Soleil* : «Il faut qu'on renouvelle la pensée politique, qu'on arrête de tourner en rond.» Officiellement, le chef des péquistes refuse d'y voir un blâme...[44] Le même jour, Lucien Bouchard accorde une entrevue au journaliste Jean-François Lépine du magazine *Le Point* de Radio-Canada. «Il faut poser une question dont la réponse sera constructive, claire et significative pour l'avenir du Québec», précise-t-il.

Puis, le 28 février, Lucien Bouchard commence à préciser sa pensée : «La question devrait faire référence à une union économique.» Déjà Mario Dumont, le chef de l'Action démocratique du Québec (ADQ), insiste pour une question à deux volets où les Québécois pourraient

---

43. Cité dans un article de Michel Vastel, «Bouchard remet en cause la stratégie référendaire», *Le Soleil*, le 20 février 1995.
44. C'est ce qu'il soutient dans un point de presse le 20 février. Cité dans un article de Mario Fontaine, «Parizeau est formel : le référendum aura lieu en 95», *La Presse*, le 21 février 1995.

choisir entre la souveraineté et une union économique et politique du Québec avec le Canada.

## « Nous avons tous renié le Christ. »

Les hésitations et le questionnement soulevés par Lucien Bouchard, de même que la faible performance de l'option souverainiste dans les sondages, placent Jacques Parizeau dans une telle situation que plusieurs souverainistes lui retirent leur confiance. Mario Fauteux, directeur à l'organisation de comté dans Prévost, un fervent indépendantiste, est de ceux qui reconnaissent que pendant cette période : « Nous avons tous eu notre phase de Saint-Pierre[45]. » L'organisateur péquiste évoque ici la nuit où l'apôtre Pierre a nié à trois reprises connaître son maître Jésus. « Nous avons tous renié le Christ », reconnaît-t-il. Dans les cabinets ministériels, Éric Bédard ne cesse d'entendre des gens dire « que l'on n'a pas le droit de perdre[46]. » Si Jacques Parizeau ne bouge pas et demeure ferme, bien d'autres dans la structure péquiste se sont mis en mouvement. En mars, relate Raymond Brouillet, secrétaire général du comité référendaire des élus du Bloc et du Parti québécois, « tout le monde[47] » veut repousser la date du référendum. Le 4 mars, à son retour de vacances qui n'ont pourtant duré qu'une semaine, Jacques Parizeau se voit dans l'obligation de remettre de l'ordre partout : dans les rangs péquistes, auprès des militants, dans son caucus et même chez certains de ses ministres.

Le 6 mars, une réunion de l'exécutif national a lieu à la permanence du parti. Jacques Parizeau n'y assiste pas. Toutefois, un participant raconte comment se déroule cette rencontre : « Il y règne une très piètre ambiance. L'attitude de Guy Chevrette paraît particulièrement inquiétante. Il semble frustré. Il ne doit pas être consulté. Il évoque devant nous quelques scénarios qui, dans chacun des cas, ne sont pas très optimistes. Premier scénario : tenir le référendum au printemps, le perdre, et revenir dans un an en élection référendaire. Le danger, précise Chevrette serait que la tête de Parizeau soit mise à prix à la suite d'une défaite aussi prévisible. Deuxième scénario : retarder l'échéance du référendum, [défoncer

---

45. Entrevue avec Mario Fauteux, le 8 août 2002.
46. Entrevue avec Éric Bédard, le 13 mars 2000.
47. Entrevue avec Normand Brouillet, le 12 février 2003.

l'année] 1995 et attendre un meilleur moment. Le danger ici est de rompre un engagement solennel. Troisième scénario : faire voter les Québécoises et les Québécois sur autre chose que la souveraineté. Par exemple, contre le *statu quo*. De tous ces scénarios, le dernier est celui qui semble le plus séduire Chevrette. Le député Boisclair indique alors que ce genre de discussion doit à tout prix avoir lieu en présence de monsieur Parizeau[48]. » Le témoin qui participe à cette rencontre souligne que Guy Chevrette, André Boisclair et Monique Simard sont tous favorables à un référendum qui se tiendrait plus tard qu'en juin.

« Nos militants frileux commencent à montrer leur peur de perdre[49] », écrit Jules Rivard dans un rapport d'activités adressé au premier ministre. « Au comité référendaire, ajoute-t-il, je crois que votre attitude ferme et votre volonté d'inculquer à tous le désir de vaincre doit se manifester sans cesse pour éviter que d'aucuns aient des rechutes. » Au caucus, « l'esprit combatif est réapparu et plusieurs commencent à réaliser que leur attitude ne doit pas dépendre des sondages ou des médias [...] Il faudra cependant les surveiller de près, car il y a encore beaucoup de fragilité. »

« La situation politique québécoise traverse une période de turbulence depuis deux semaines[50] », reconnaît le conseiller Lisée dans une note datée du 6 mars. « Certains de nos militants sont très affectés par la peur de perdre, reconnaît-il. [...] Toute la discussion sur "le report" du référendum a dilué le sentiment d'urgence créé par le dépôt de l'avant-projet de loi en décembre. » Le conseiller souhaite « ressusciter » ce sentiment.

Commentant la position constitutionnelle de Mario Dumont qui souhaite une nouvelle union économique et politique avec le Canada, Jean-François Lisée se montre très dur : « Il faut crever son ballon de "dernière chance". Nous devons indiquer que nous n'avons nullement l'intention de "vendre des illusions" aux Québécois en parlant de "nouvelle union" ou de "dernière chance". La question peut être modifiée, mais le cœur souverainiste ne peut en être extrait. Nous sommes partisans de la clarté et de la vérité. » En aucun moment, Jean-François Lisée ne

---

48. Source anonyme qui participait à cette réunion.
49. « Rapport d'activités » rédigé par Jules Rivard et adressé à Jacques Parizeau. Daté du 13 mars 1995. Archives de Jacques Parizeau, ANQ, Montréal.
50. Note de Jean-François Lisée intitulée : « Chemin parcouru depuis l'élection du 12 septembre », version du 6 mars 1995 à midi. Archives de Jacques Parizeau, ANQ, Montréal.

critique les prises de position de Lucien Bouchard[51]. Il souligne toutefois que «l'absence de réunions du groupe de stratégie PQ-BQ depuis janvier a provoqué un flottement dans la distribution d'information et dans la prise de décisions.» Avec le retour de Lucien Bouchard, «le procès du fédéralisme doit rester constamment présent dans le décor.» Pour l'instant, le chef du Bloc donne surtout l'impression de faire le procès de la stratégie référendaire.

Le 8 mars, veille d'un important caucus parlementaire, le premier ministre envoie plusieurs mémos à ses députés, ministres et délégués régionaux. Il faut resserrer les liens et «améliorer les communications entre les différents paliers de la députation[52]», écrit-il. Pour les membres de son équipe, il exige que les rapports d'activités soient remis à chaque vendredi. Il ne veut plus de retard. Le même jour, lors d'un point de presse, il déclare qu'il existe un «certain désordre» et il souhaite y mettre fin.

Devant les journalistes, Jacques Parizeau indique clairement qu'un référendum aura lieu en 1995 et qu'il n'est pas question d'inclure dans la question référendaire un mandat de négocier une nouvelle union politique. Pour ce qui est de l'union économique souhaitée par Lucien Bouchard, il rappelle qu'elle est déjà incluse dans l'avant-projet de loi. Lors des travaux de la Commission Bélanger-Campeau, Louis Bernard avait suggéré de tenir un référendum sur la souveraineté qui, une fois gagné, laisserait deux ans au Canada pour faire une proposition au Québec, sans quoi la souveraineté serait proclamée. Constatant la résurgence de cette proposition, Jacques Parizeau s'empresse de l'écraser : «On ne va pas retourner à des hypothèses soulevées à l'époque de Bélanger-Campeau, après deux sanctions! Combien on en veut? Charlottetown, c'était la dernière des dernières chances pour le Canada[53].»

Le lendemain, lors du caucus des députés à Drummondville, Jacques Parizeau exige plus de cohésion de leur part. Il rappelle que contrairement à ce que plusieurs croient, la situation n'est pas désespérée. Le OUI serait majoritaire chez les francophones. Le chef demande aussi à ses députés de

---

51. De toute évidence, ce document est présenté au comité référendaire des élus du PQ-BQ.

52. Mémo de Jacques Parizeau, daté du 8 mars. Archives de Jacques Parizeau, ANQ, Montréal.

53. Cité dans un article de Michel Venne, «Parizeau remet les pendules à l'heure», *Le Devoir*, le 9 mars 1995.

lui laisser le champ libre pour pouvoir faire un référendum au printemps, s'il le désire. Le leader du gouvernement veut s'assurer que le calendrier des activités parlementaires lui permette de garder ouverte l'option d'un référendum au printemps, ce que déplore la vice-présidente du parti : «Je n'ai jamais pensé que ça se ferait au printemps, révèle Monique Simard. C'est arithmétiquement impossible. C'est clair, beaucoup de gens préfèrent un moment d'arrêt[54]» entre l'élection et la tenue d'un référendum.

Monique Simard apprend à connaître Jacques Parizeau au cœur de l'action politique. «Je n'ai jamais rencontré quelqu'un d'aussi singulier, souligne-t-elle. Sa pensée est tout à fait originale. Beaucoup lui ont reproché d'évoquer une date. On lui disait qu'en politique, c'est une erreur, mais monsieur Parizeau a une autre façon de concevoir ces choses-là. Ce n'est vraiment pas quelqu'un qui suit le livre! Parfois, tu veux te cacher [parce qu'il commet des erreurs], à d'autres moments, tu te dis : Wow! [quel trait de génie]. C'est extrêmement insécurisant. Au quotidien, ça choque et épuise.» Monique Simard n'a encore rien vu. L'entêtement de Jacques Parizeau à suivre une vision claire va l'opposer aux nombreuses hésitations de Lucien Bouchard, à la recherche du plus grand consensus possible.

## Les deux référendums

En cette période exceptionnelle, le sang-froid dont fait preuve Jacques Parizeau donne des frissons à bien des gens. L'ancien élève du collège Stanislas a parfaitement intégré la devise de son institution : «Sans peur et sans reproche». L'image qui l'accompagne est celle d'un chevalier casqué, prêt au combat. Voilà qui représente très bien le parcours et la philosophie du croisé, devenu régent, qui prend l'épée pour combattre les infidèles, afin de se donner un royaume. Le regard du jeune garçon qui, dans les années 1940, était si difficile à soutenir pour certains de ses professeurs, ne s'est pas adouci depuis.

Jacques Parizeau est un premier ministre qui ignore la peur. «Toutes les frousses d'avant 1980 reviennent, raconte-t-il. Celles dans lesquelles j'ai refusé d'embarquer. Vous devez bien vous imaginer que dans les mois qui ont précédé le référendum, je les ai retrouvées ces frousses-là. Ce n'est

---

54. Entrevue avec Monique Simard, le 26 septembre 2000.

*La devise du collège Stanislas que Jacques Parizeau a fréquenté : «Sans peur et sans reproche».*

pas endémique, c'est épidémique[55]!» Pour Jacques Parizeau, il est «ridicule d'avoir peur de voter alors que des peuples, ailleurs dans le monde, se battent au sang pour avoir un pays. Je n'ai jamais pensé que la souveraineté était un risque ou qu'elle avait des effets négatifs. J'ai toujours pensé que la souveraineté était un moyen de consolider l'économie du Québec, puis de la faire avancer. Je n'ai jamais eu peur de la souveraineté[56]», proclame-t-il.

Lorsqu'il s'agit d'enclencher la mécanique menant au pays, le régent est donc imperméable au doute et à l'insécurité. C'est dans cet état d'esprit qu'il reçoit, à sa maison d'Outremont, Lucien Bouchard et son chef de cabinet, Gilbert Charland. Jean Royer assiste à cette importante rencontre, le dimanche 12 mars.

Le chef du Bloc québécois soumet alors au président du Parti québécois une étonnante proposition. «Bouchard vient à la maison, raconte Jacques Parizeau. Il veut un deuxième référendum et essaie de me

---

55. Entrevue avec Jacques Parizeau, le 17 octobre 2000.
56. Entrevue avec Jacques Parizeau, le 11 mai 1998.

convaincre. Il m'a assiégé pour que j'accepte[57]», dit-il, outré. La toute nouvelle stratégie de Lucien Bouchard consiste à tenir un premier référendum qui donnerait le mandat au gouvernement provincial d'entamer des négociations avec Ottawa pour un nouveau partenariat avec le Canada. Un second référendum viendrait par la suite entériner les résultats de ces négociations. Ce n'est qu'à la suite de cette deuxième consultation que la souveraineté du Québec serait éventuellement proclamée.

Lucien Bouchard a lancé cette idée depuis près d'un mois et tente par toutes sortes d'intermédiaires d'amener le premier ministre à l'accepter. Mais pour Jacques Parizeau, cette proposition n'est qu'une réédition de la stratégie de René Lévesque et de Claude Morin lors du référendum de 1980. Si Lucien Bouchard croit encore à l'étapisme pour faire avancer les choses, cela horripile au plus haut point Jacques Parizeau. Une telle proposition témoigne de façon éclatante de la distance incroyable qui éloigne ces deux hommes.

En 1980, la question référendaire liait l'association avec le Canada à la souveraineté du Québec. Jacques Parizeau avait alors observé que le Canada anglais soutenait qu'il refuserait de négocier toute entente d'association avec le Québec, ce qui avait suffi à discréditer l'option de René Lévesque. «Il y avait une certaine logique, mais qui s'en allait tout droit au casse-pipe[58]», juge Jacques Parizeau.

Or, la proposition de Lucien Bouchard implique de revenir à cette stratégie. «C'est rendre à nouveau la déclaration de souveraineté conditionnelle à quelque chose, estime Jacques Parizeau. Et c'est tellement contraire au projet de loi», qui mentionne qu'un an après un référendum gagnant, quel que soit le résultat des négociations avec le Canada, l'Assemblée nationale vote et proclame la souveraineté. «Là, remplacer le vote de l'Assemblée nationale par un second référendum... *no way*[59]!», s'exclame le chef péquiste. Jacques Parizeau va jusqu'à se moquer de cette proposition. «Lucien Bouchard la justifie par la tradition des souverainistes au Québec. Tradition qui veut que quand on arrive [près du but], on se dit : "Mon Dieu! s'il fallait qu'on gagne..."» Jacques Parizeau se fait ironique : «Il y a quelque chose de très profond [chez nous]. Avez-vous déjà vu une

57. Entrevues avec Jacques Parizeau, le 30 mai et le 31 octobre 2000.
58. Entrevue avec Jacques Parizeau, le 25 mai 2000.
59. Entrevue avec Jacques Parizeau, le 31 octobre 2000.

telle collection de perdants? Nous sommes des perdants perpétuels. Nous avons développé toutes sortes de syndromes », dont l'un serait de craindre la victoire. Nous nous disons donc collectivement : « Eh! Ça a pas de bon sens qu'on puisse gagner! On multiplie donc les obstacles », croit Jacques Parizeau.

Ce soir-là, au 40, rue Robert, l'atmosphère est donc terriblement tendue. « Lorsque Bouchard me demande un deuxième référendum alors que je fais un référendum pour faire la souveraineté, c'est complètement idiot[60] », estime Jacques Parizeau. Pourtant, il maintient une grande courtoisie avec son visiteur. Le régent ne livre pas le fond de sa pensée, ce qui est tout à fait inhabituel pour le franc-tireur qu'il est.

Lucien Bouchard pousse pourtant très fort : « Monsieur Parizeau, j'aimerais que l'on puisse enfin se brancher là-dessus, c'est important pour les opérations à venir[61]. » Jacques Parizeau refuse de se compromettre : « Je lui dis que je réfléchis, je lui donne des réponses évasives. Je lui dis enfin que je n'aime pas l'idée d'un deuxième référendum, mais que j'écoute ce qu'il a à me dire… Je ne voulais pas le prendre de front. » Pourquoi? Parce que depuis son retour de l'hôpital, la popularité de Lucien Bouchard a pris des proportions incroyables. « C'est la première fois de ma vie que je suis face à une icône! constate Jacques Parizeau avec grand étonnement. On se comprend là?! Tout ce qui manque, c'est la canonisation. Qu'est-ce que vous voulez que je vous dise…? C'est un drôle de phénomène politique. Il est littéralement pas touchable! On ne prend pas Bouchard de front à ce moment-là! J'ai besoin de lui. Alors je ne vais pas lui donner un prétexte pour faire une scène. Je ne veux pas qu'il sorte en déchirant ses vêtements devant les journaux. Il est capable de faire une telle chose, il est bien plus émotif que moi. Moi, comme je suis responsable de l'opération, il y a des réactions que je ne peux pas avoir. Faire régner la paix dans l'organisation, c'est ma tâche[62]. » C'est donc la raison pour laquelle Jacques Parizeau modifie son comportement habituel : « Vous savez, c'est une vieille leçon de la religion orthodoxe. Vous encensez les icônes. Quant à la suggestion du deuxième référendum… eh bien je la laisse traîner. »

---

60. Entrevue avec Jacques Parizeau, le 25 mai 2000.
61. Propos attribués à Lucien Bouchard et rapportés par Jacques Parizeau, entrevue du 31 octobre 2000.
62. Entrevue avec Jacques Parizeau, le 31 octobre 2000.

Gilbert Charland, qui est présent, raconte que «monsieur Bouchard croit alors beaucoup à un projet de partenariat économique et politique avec le reste du Canada[63].» Il comprend que Jacques Parizeau est tout au plus disposé à discuter d'une union économique. «Il est clair que monsieur Parizeau ne veut pas envoyer de signal. Monsieur Bouchard dit alors : "Écoutez, je pense que je peux être le meilleur émissaire pour porter ce message, parce que vous, vous avez toujours historiquement pris vos distances à l'égard de l'association économique et politique avec le reste du Canada. Moi, j'y crois. Je pense que je pourrais en quelque sorte ouvrir le chemin[64]".» La discussion se termine et les deux chefs demeurent sur leurs positions. Selon Charland, il n'y a pas de claquage de porte, mais il n'y a pas d'entente non plus.

Puis, c'est aux alliés de Lucien Bouchard de s'agiter autour de Jacques Parizeau. Bien que la plupart n'adhèrent pas à l'idée d'un deuxième référendum, Guy Chevrette et Louise Beaudoin, par exemple, sont favorables à une forme de partenariat politique. Gilbert Charland confirme que Bernard Landry joue un rôle important pour rapprocher les deux parties : « Il est très sensible à la question du partenariat. Plusieurs conversations ont lieu cette semaine-là entre monsieur Bouchard, monsieur Landry et Gérald Larose[65]», nous révèle Gilbert Charland. Jacques Parizeau ne semble pas s'inquiéter de voir autant de ses ministres fraterniser avec Lucien Bouchard. «Il est bien plus naturel à la peur de consulter que de décider», explique Jacques Parizeau, en citant Paul de Gondi, le cardinal de Retz.

Ne trouvant aucun preneur pour mousser sa proposition du deuxième référendum, Lucien Bouchard abandonne cette idée. «Je ne pouvais pas aller plus loin sans casser le mouvement, explique-t-il au journaliste Michel Vastel. Même Landry ne m'aurait pas suivi et, comme je voulais que l'idée du partenariat soit dans le portrait, j'ai lâché du lest en cours de route : j'ai renoncé à la promesse d'un deuxième référendum pour obtenir le mandat de négocier le partenariat[66].» Le négociateur se remet donc à l'œuvre. Il veut que la notion de partenariat politique fasse partie de la question référendaire.

---

63. Entrevue avec Gilbert Charland, le 19 décembre 2000.
64. *Idem.*
65. *Idem.*
66. Cité dans l'ouvrage de Michel Vastel, *Lucien Bouchard – En attendant la suite...*, Montréal, Lanctôt Éditeur, 1996, p. 206.

## La *dépéquisation* du référendum

Pendant que Lucien Bouchard « est très pris avec ses affaires idéologiques, à savoir s'il y aura un ou deux référendums[67] », Jacques Parizeau affirme être très préoccupé « par les choses opérationnelles ». Dès le mois de janvier, il fait « en sorte que dans les régions, le Bloc, le PQ et les conseils régionaux des syndicats soient vraiment très étroitement associés[68] » entre eux dans la préparation de la campagne référendaire. Pour le chef de troupe, « il devient crucial d'organiser cela correctement », afin de se lancer dans la campagne référendaire munis d'organisations régionales de premier ordre. Pourtant, au début mars, Jacques Parizeau observe que « dans certaines régions, c'est le bordel entre les députés du Bloc et du PQ, entre les organisations syndicales et les politiques, entre les partenaires pour le OUI et les politiques[69]. »

Jean Royer reçoit donc le mandat d'aller voir comme se comporte le comité technique à qui revient la tâche de donner les directives pour animer la campagne sur le terrain. Une fois sur place, il ne tarde pas à exprimer son insatisfaction : « Câl… qu'est-ce que vous faites[70] ? » Jean Royer considère « qu'il ne sort pas grand-chose[71] » de ce comité dont la coordination des travaux a été confiée à Monique Simard.

Candidate malheureuse dans le comté de Bertrand lors des élections du 12 septembre 1994, Monique Simard a été élue au poste de vice-présidente du Parti québécois, lors du Conseil national des 5 et 6 novembre de la même année. Issue des rangs de la CSN, les rapports entre elle et Jacques Parizeau sont plutôt froids. « Ça ne marche pas[72] », observe Jean Royer, sans donner plus de détails. Par ailleurs, Pierre Boileau ayant été mis à la porte, le Parti québécois se démène également afin de trouver un autre directeur de campagne aussi expérimenté, en prévision du référendum. La tâche est compliquée. « Quand tu mets quelqu'un dehors et que tu as une job à faire, estime Bob Dufour, la première affaire à laquelle tu dois penser avant de le mettre dehors, c'est de déjà savoir qui tu vas

---

67. Entrevue avec Jacques Parizeau, le 31 octobre 2000.
68. Entrevue avec Jacques Parizeau, le 17 octobre 2000.
69. *Idem.*
70. Entrevue avec Jean Royer, le 3 octobre 2002.
71. Entrevue téléphonique avec Jean Royer, le 30 juillet 2003.
72. Entrevue avec Jean Royer, le 6 juin 2000.

mettre à sa place! Des directeurs de parti politique, ça ne court pas les rues[73]. »

La succession de Pierre Boileau cause effectivement des maux de tête à Jacques Parizeau. Comme il souhaite mener la campagne référendaire avec le Bloc québécois afin de « dépéquiser » l'option souverainiste, le premier ministre doit recruter un directeur de campagne capable de plaire autant aux péquistes qu'aux bloquistes. Le Bloc québécois veille d'ailleurs à ce qu'un fidèle de Jacques Parizeau ne soit pas nommé à ce poste. « Bouchard, lui, voulait Leblanc », nous apprend Bob Dufour. Autrefois agent de liaison dans la région de Laval pour le Parti québécois, François Leblanc avait déjà manifesté son intention d'être directeur de l'organisation, mais Jacques Parizeau avait plutôt choisi Pierre D'Amours. Directeur général du Bloc pendant un temps, il déteste Jacques Parizeau. Sa candidature n'est pas retenue, mais il siège au comité technique, où il représente le chef du Bloc québécois.

« Il faut quelqu'un de neutre, précise Gérald Larose. Quelqu'un capable de mettre en lien tous les éléments de la famille[74]. » « On ne s'entend pas sur qui », raconte Bob Dufour. Finalement, la candidature qui plaît à tous les partis est celle de Normand Brouillet, le bras droit de Gérald Larose à la CSN, ce qui rassure Lucien Bouchard[75]. Même s'il n'est pas identifié au Parti québécois, Normand Brouillet a cependant la réputation d'être un souverainiste qui possède des qualités de grand conciliateur. Monique Simard mentionne à Jacques Parizeau qu'elle aimerait travailler avec lui et le chef accepte.

En janvier 1995, Normand Brouillet commence donc officiellement à travailler à titre de secrétaire général du comité référendaire PQ-BQ. Peu à peu, il en vient à superviser le comité technique qui tient ses réunions à la permanence du Parti québécois. « On s'embarque avec Brouillet en considérant que c'est le gars de la situation[76] », rappelle Jacques Parizeau. Mais en mars, « dans la mesure où le temps passe, constate le premier

73. Entrevue avec Bob Dufour, le 20 janvier 2003.
74. Entrevue avec Gérald Larose, le 11 juin 2003.
75. Bob Dufour rappelle que Lucien Bouchard connaissait bien Normand Brouillet. Il avait été négociateur contre lui lors du renouvellement des conventions collectives au début des années 1980. Entrevue avec Bob Dufour, le 20 janvier 2003.
76. Entrevue avec Jacques Parizeau, le 17 octobre 2002.

ministre, on se rend compte qu'il n'a peut-être pas le poids nécessaire pour faire tourner une baraque comme celle-là. C'est un peu lourd pour lui[77]. »

## Le référendum du 19 juin 1995

Comme certains ministres du gouvernement Parizeau, Lucien Bouchard ne souhaite pas enclencher la machine préréférendaire trop rapidement. De son côté, Jacques Parizeau agit en véritable précurseur de l'action politique. Plus déterminé que jamais, il considère que Normand Brouillet est « complètement dépassé » par son travail qui consiste à préparer la campagne référendaire. « C'est finalement mon bureau qui va faire ça[78] », raconte le premier ministre. « Il décide de mettre le meilleur pour ce genre de chose, relate Jean Royer, soit Michel Carpentier. Rapidement, il impose ce qu'on doit faire[79]. » Michel Carpentier est alors secrétaire général associé, rattaché au Secrétariat au développement des régions au ministère du Conseil exécutif. Habile manipulateur de ficelles lors du référendum de 1980, loyal conseiller de René Lévesque, discret technocrate et efficace organisateur politique, il connaît la recette et sait comment orchestrer un plan de campagne.

Pour ne pas indisposer ses alliés, Jacques Parizeau maintient en poste Normand Brouillet. Michel Carpentier, qui n'est pas du genre à tout *bulldozer* autour de lui, s'en accommode très bien. Une source confirme que, dès la fin du mois de mars, « c'est Carpentier qui définit le cadre général et Brouillet qui coordonne ». Normand Brouillet n'a jamais coordonné une campagne électorale ou référendaire de sa vie, ce qui n'est pas le cas de Michel Carpentier. « Dans l'organisation sur le terrain, il y a l'action, explique Jacques Parizeau. Et de quoi avez-vous besoin pour faire ça ? Vous avez besoin d'un téléphone et d'un guide. Ce que Carpentier a écrit, c'est le guide. Carpentier, de par ses fonctions, on ne le voit pas très bien intervenir sur le terrain et organiser les assemblées. Cette dernière fonction revient à Brouillet[80] », explique Jacques Parizeau. Ce que le premier ministre ignore, cependant, c'est que Michel Carpentier a pris conseil

---

77. Entrevue avec Jacques Parizeau, le 17 octobre 2002.
78. Entrevue avec Jacques Parizeau, le 17 octobre 2000.
79. Entrevue téléphonique avec Jean Royer, le 30 juillet 2003.
80. Entrevue avec Jacques Parizeau, le 17 octobre 2002.

auprès de Pierre Boileau, en secret, afin de se familiariser davantage avec la mécanique organisationnelle du Parti québécois.

Finalement, c'est «Michel Carpentier [qui] anime le comité technique[81]», reconnaît Jean Royer. Il travaille alors en respectant un échéancier qui prévoit la tenue du référendum en juin. Le 15 mars, le comité technique reçoit le plan de précampagne et de campagne référendaire. Michel Carpentier n'a pas encore eu le temps d'y laisser ses empreintes. Il s'agit essentiellement du travail de Normand Brouillet. Une deuxième version est déposée le 23 mars. Dans ce document, une simulation très précise permet d'entrevoir un référendum vers le 19 juin. La campagne référendaire débuterait officiellement le 14 mai. Le 21 mars, un sondage de la maison Léger & Léger donne toujours l'option souverainiste minoritaire : 46 % pour le OUI contre 54 % pour le NON. «Au comité de stratégie, on sait que la plage [pour tenir un référendum] est d'une année, souligne Jean Royer, mais on veut être prêt, si possible, en juin[82].» Peu de gens, y compris Jean Royer, trouvent cependant cette option réaliste.

Jacques Parizeau, qui désire que le niveau d'organisation soit au meilleur, est par ailleurs terriblement déçu de la performance de Richard Le Hir : «Nous sommes au début de l'année 1995, se plaint-il, et les études ne sont toujours pas publiées! C'est tellement mal foutu comme présentation que les premières qui sortent ont un effet déplorable. Il faut remettre le bateau sur sa quille[83]», ne cesse de répéter le chef de troupe. Comme chef de gouvernement, Jacques Parizeau tient un discours semblable à l'endroit des hauts fonctionnaires de l'État. Devant l'Institut d'administration publique du Canada, il déclare : «Je ne suis pas complètement satisfait des progrès que nous avons faits depuis septembre dernier. Trop souvent, on dirait que, dans le secteur public, le temps n'a pas d'importance. Or, ce n'est pas vrai. Pour l'entreprise qui fait une demande ou pour le citoyen qui s'adresse à l'État, le temps de réponse a souvent une importance primordiale[84].» S'adressant aux grands commis de l'État, il leur dit : «Je vous demande de vous faire un devoir de régler les problèmes [...], de revoir vos procédures [...].» André Dicaire, le secrétaire

---

81. Entrevue avec Jean Royer, le 3 octobre 2002.
82. Entrevue avec Jean Royer, le 6 juin 2000.
83. Entrevue avec Jacques Parizeau, le 17 octobre 2000.
84. Extrait du discours reproduit dans un article de Gilbert Leduc, «Parizeau s'attaque à la lenteur bureaucratique», *Le Soleil*, le 18 mars 1995.

du Conseil du trésor, confirme que depuis l'arrivée de Jacques Parizeau, «une première vague d'allégement administratif a fait diminuer de 25 % la masse de documents acheminée au Conseil du trésor[85].»

## Quand la cavalerie refuse de sortir

Le dimanche 26 mars, à Saint-Hyacinthe, à la fin du grand rassemblement du Comité national des jeunes péquistes, Jacques Parizeau lâche le morceau en conférence de presse : «Les Québécois ne sont pas prêts, maintenant, à voter en faveur de la souveraineté. Il faut faire tous les efforts pour que d'ici peu, ils le soient.» La nouvelle est suffisamment significative pour qu'elle soit rapportée dans le quotidien français *Le Monde* quelques jours plus tard. Les commissions régionales qui ont terminé leurs travaux ont donné suffisamment d'indices au premier ministre à ce sujet pour qu'il en fasse une déclaration publique.

Le lendemain, en dépit des propos de son chef, le vice-premier ministre Landry déclare, lors des audiences de la Commission nationale sur l'avenir du Québec à Beauport : «Je ne veux pas être le commandant en second de la brigade légère qui fut exterminée en Crimée en vingt minutes à cause de l'irresponsabilité de ses chefs. Nos troupes ne veulent pas être envoyées à l'abattoir[86].» Cette sortie déplaît à Jacques Parizeau et surprend son entourage qui se questionne sur les raisons qui motivent Bernard Landry à faire une telle déclaration, alors que la veille, le premier ministre a reconnu que la population n'était pas prête à voter. Le chef de cabinet de Bernard Landry, Daniel Audet, explique qu'en dépit de ce qu'il a dit à Saint-Hyacinthe, «Parizeau maintient le cap pour le printemps 1995, alors il devient urgent de faire déraper ça et de repousser [le référendum] au moins [jusqu'à] l'automne[87].»

L'avant-veille, c'est un allié de Lucien Bouchard, Gérald Larose, qui suggère devant la Commission nationale sur l'avenir du Québec de

---

85. *Idem.*
86. Cité dans un article de Philippe Cantin, «Le n° 2 ne veut pas aller à l'abattoir», *La Presse*, le 28 mars 1995. Bernard Landry évoque un combat historique, la fameuse bataille de Balaklava livrée le 25 octobre 1854, lors de la guerre de Crimée et où les troupes britanniques ont été conduites au massacre par l'armée russe.
87. Entrevue avec Daniel Audet, le 4 décembre 2002.

repousser le référendum jusqu'en janvier 1996. Cette proposition aurait pour effet de briser l'engagement solennel, pris par Jacques Parizeau, de tenir un référendum au plus tard en 1995. En fait, il semble que bien des joueurs désirent faire connaître leur position, en prévision de l'importante réunion du comité référendaire des élus du Bloc Québécois et du Parti québécois, prévue pour le 31 mars. Lucien Bouchard, notamment, prépare sa plaidoirie en faveur d'un partenariat économique et politique qui apparaîtrait dans la question référendaire, le but étant d'assurer une victoire décisive au camp du OUI et d'accroître le rapport de force du Québec au moment d'entreprendre les négociations avec le Canada[88].

Pour convaincre Jacques Parizeau qu'il est nécessaire d'accorder de l'importance aux liens qui uniront le Québec au reste du Canada, Lucien Bouchard a fort à faire. Déjà en 1991, dans une entrevue qu'il accordait au journaliste Jean-François Lisée pour la revue *L'actualité*, Jacques Parizeau, alors chef de l'opposition du Québec, s'exprimait en ces termes sur l'association avec le Canada : « Je ne pense pas que ça va être utile. Je n'en parle jamais. L'important c'est qu'on ait juste ce qu'il faut au départ pour assurer la libre circulation et la même monnaie. Une fois qu'on a établi ça, pour le reste, si on veut des organismes plus formalisés, on verra. Laissons le temps au temps[89]. »

Presque quatre ans plus tard, Jacques Parizeau n'a pas changé d'idée. D'ailleurs, même en retournant quatorze ans en arrière, on constate que les convictions de Jacques Parizeau à ce sujet n'ont pas bronché. Pour lui, il n'est pas question que la souveraineté du Québec soit conditionnelle à une entente de partenariat avec le reste du Canada. « Je suis tellement déterminé sur ces affaires-là, raconte Jacques Parizeau, que Bouchard a un peu peur de moi[90]. »

Malgré tant d'opiniâtreté, Jacques Parizeau est parfois capable d'une étonnante souplesse. Ainsi, il reconnaît très tôt que la question de l'avant-projet de loi pose un problème. « Il le dit lui-même sans qu'on en ait discuté au préalable, se souvient Jean-François Lisée. Je trouvais qu'il l'admettait trop tôt[91]. » Les travaux des commissions ne faisaient alors que

88. Entrevue avec Gilbert Charland, le 19 décembre 2000.
89. Cité dans l'article de Jean-François Lisée, « Le nouveau look de l'indépendance », *L'actualité*, le 11 novembre 1991.
90. Entrevue avec Jacques Parizeau, le 11 mai 1998.
91. Courriel de Jean-François Lisée adressé au biographe et daté du 5 septembre 2002.

débuter. «Il aurait fallu tout revoir ça au moment du dépôt des rapports. Mais je ne lui ai pas dit, car il ne sert à rien de critiquer ce qui a été fait.»

Jean-François Lisée révèle aussi qu'il a obtenu l'assentiment de Jacques Parizeau, afin que Pierre Marc Johnson, le protagoniste de la thèse dite de «l'affirmation nationale», puisse présider la Commission nationale sur l'avenir du Québec[92]. Après une semaine de réflexion, Pierre Marc Johnson refuse cette occasion unique de contribuer à sa façon à la démarche référendaire.

Le 31 mars 1995, le comité référendaire des élus du Parti québécois et du Bloc québécois se réunit à l'Hôtel Delta situé sur la rue Président-Kennedy, à Montréal[93]. Il est 10 heures. «C'est une certaine forme de réunion de la dernière chance[94]», estime Normand Brouillet. Depuis quelques semaines, sans que Lucien Bouchard et Jacques Parizeau ne se parlent directement, le chef du Bloc a fait passer, par de multiples intermédiaires bourdonnant autour du premier ministre, le message voulant qu'il faille absolument modifier l'approche référendaire, puisque «notre affaire ne va pas comme ça devrait aller[95].» Jean Royer sent également «une pression des caucus des deux partis pour savoir où on s'en va.»

Dès le début de l'importante rencontre, la teneur des échanges vise à convaincre le premier ministre du Québec de mettre de l'eau dans son vin. «Ce que les gens disent à monsieur Parizeau, explique Jean Royer, c'est d'insister plus sur l'offre, de mieux définir l'association.» Sur cette question, deux thèses s'affrontent. Jacques Parizeau expose la sienne : «Au lendemain de la souveraineté, le niveau d'association avec le reste du Canada devra être minimal. Autant de complexités ne seront pas négociables, affirme-t-il.

---

92. Jean-François Lisée évoque aussi à cette époque la possibilité de créer une commission parlementaire pour étudier la question de l'association avec le reste du Canada. La première séance de la Commission nationale sur l'avenir du Québec se tient le 22 mars.
93. Assistent à cette rencontre, pour le Parti québécois : Jacques Parizeau, Louise Beaudoin, Rosaire Bertrand, Sylvain Simard, Monique Simard, Jean Royer, Gratia O'Leary, Jean-François Lisée, Jules Rivard et Marielle Séguin. Les participants du Bloc québécois sont : Lucien Bouchard, Pierre Brien, Paul Crête, Gilles Duceppe, Michel Gauthier, Francine Lalonde, Jean-Marc Jacob, Gilbert Charland, Lucette Berger, Bob Dufour, Francois Leblanc, Pierre-Paul Roy. Normand Brouillet est également présent.
94. Entrevue avec Normand Brouillet, le 12 février 2003.
95. Ce serait le type de message véhiculé par Lucien Bouchard, selon les souvenirs de Jean Royer. Entrevue du 3 octobre 2002.

Pourquoi? Parce que le Canada anglais ne sera pas de bonne humeur. Oubliez ça, ils ne voudront même pas nous parler! Il devra y en avoir un minimum [de thèmes] pour qu'on s'entende. Penser qu'on pourra établir avec des gens qui sont [furieux], une longue liste, c'est juste impossible[96]. »

Lucien Bouchard demeure imperméable à cette analyse. Pour lui, il faut chercher à négocier un niveau d'association suffisamment étroit, pour rassurer les gens[97]. «Des gens demandent des institutions communes[98]? » Jacques Parizeau réagit mal. S'il décide de donner une véritable capitale aux Québécois, ce n'est pas pour maintenir deux parlements en fonction. «Est-ce qu'il est possible que dans cinq ans, la liste que vous me proposez soit négociable? demande Jacques Parizeau. C'est possible, mais j'aime mieux arriver au début avec quelque chose de minimal[99]. » Lucien Bouchard insiste : «Il faut quand même se préparer... Il faut soumettre une proposition. Et s'ils ne sont pas en état d'en parler ou qu'ils ne veulent que certains éléments, au moins nous aurons fait une proposition concrète. Nous aurons essayé de leur offrir le maximum de notre collaboration pour maintenir l'union économique. Il faut des mécanismes institutionnels qui nous permettent, dans certains cas, d'aplanir les différends[100]. » Jacques Parizeau reste de marbre. Lucien Bouchard continue : «La dimension de l'association politique et économique avec le reste du Canada est importante et il faut qu'elle soit reflétée dans la question référendaire. Elle doit faire partie du projet souverainiste[101]. » Des députés bloquistes, dont Pierre Brien[102], prennent le relais en faveur de Lucien Bouchard. L'argumentation du chef du Bloc québécois laisse entrouverte la possibilité d'un deuxième référendum pour entériner les résultats d'une telle négociation.

---

96. Propos attribués à Jacques Parizeau et rapportés par Jean Royer. Entrevues du 6 juin et du 14 septembre 2000. Version confirmée par Jacques Parizeau, Bernard Landry et Gilbert Charland.
97. Selon les souvenirs de Jean Royer, entrevue du 6 juin 2000, et de Gilbert Charland, entrevue du 19 décembre 2000.
98. Entrevue avec Jean Royer, le 6 juin 2000.
99. Propos attribués à Jacques Parizeau et rapportés par Jean Royer. Entrevue du 14 septembre 2000.
100. Propos attribués à Lucien Bouchard et rapportés par Gilbert Charland. Entrevue du 19 décembre 2000.
101. Entrevue avec Gilbert Charland, le 19 décembre 2000.
102. En janvier 2003, Pierre Brien démissionne et se porte candidat sous la bannière de l'ADQ de Mario Dumont.

À un moment donné, Jacques Parizeau demande à Jean Royer de lui retrouver le libellé de la question de 1980[103]. Après quelques minutes, le chef de cabinet revient avec le texte. De façon théâtrale, Jacques Parizeau fait la lecture de la longue question. Un silence de mort traverse la pièce. Puis, il rappelle que cette stratégie n'a permis de récolter que 40 % des suffrages. « Mesdames, messieurs, j'ai déjà donné, je ne veux plus rejouer dans cette pièce-là[104] ! »

La réunion se termine « encore une fois par une impasse entre les deux chefs, raconte Gilbert Charland, mais cette fois, des députés sont présents. Il y a une mésentente manifeste en présence de tiers qui eux-mêmes, dans leur milieu, vont servir de relais en disant qu'il y a un problème central, un problème d'aiguillage entre les deux leaders du mouvement souverainiste[105]. » Ce problème, l'entourage de Lucien Bouchard ne cherche plus à le camoufler.

Au sortir de la rencontre, et en l'absence de Jacques Parizeau, Lucien Bouchard dit à Louise Beaudoin ainsi qu'à d'autres ministres : « Ouais ! Vous êtes pas mal moutons vous autres là ! Avez-vous peur de Parizeau[106] ? » Louise Beaudoin révèle que Lucien Bouchard aurait bien aimé que les ministres de Parizeau contestent celui-ci lors de la réunion. Louise Beaudoin avoue qu'elle n'en a pas eu la force. « Bernard peut se permettre ça, dit-elle. Chevrette aussi. Mais bon… Monsieur Parizeau tient beaucoup à ce qu'on parle d'une seule voix. La cacophonie, il n'aime pas ça. Il nous dit souvent : "Je vous rappelle que nous sommes une armée…" [Lors de cette réunion], on sent qu'il y a cette espèce de tension-là, explique-t-elle. Si tu viens mettre un grain de sable dans l'engrenage, ça peut aussi bien faire déraper toute la patente plutôt que d'aller dans le sens que l'on veut[107]. » Louise Beaudoin, comme beaucoup d'autres, s'abstient donc de parler, même si elle partage l'opinion de Lucien Bouchard.

---

103. Selon les souvenirs de Gilbert Charland, le 19 décembre 2000. Confirmé par Jean Royer.
104. Propos attribués à Jacques Parizeau et rapportés par Gilbert Charland. Entrevue du 19 décembre 2000.
105. Entrevue avec Gilbert Charland, le 19 décembre 2000.
106. Propos attribués à Lucien Bouchard et rapportés par Louise Beaudoin. Entrevue du 10 septembre 2003.
107. Entrevue avec Louise Beaudoin, le 10 septembre 2003.

« Il n'y a pas d'entente, confirme Jean Royer. Monsieur Bouchard fait clairement comprendre qu'il ne considère pas que la discussion est close, tandis que monsieur Parizeau n'indique pas qu'il est près à ouvrir sur un certain nombre de choses[108]. » Le chef bloquiste fait brièvement référence au congrès de son parti qui doit avoir lieu dans une semaine : « C'est un moment important pour le Bloc, un positionnement important pour le projet souverainiste à la veille d'une campagne référendaire possible au mois de juin. Il faut en profiter pour se donner un peu d'espace[109]. »

Cet argument n'intimide guère le régent : « Une fois que, sur le plan stratégique et idéologique, je me suis fais une idée, je ne la change pas facilement, explique Jacques Parizeau. Et puis, j'ai passé toute ma vie à me préparer à ce moment-là. C'est moi qui occupe le siège du conducteur[110]. »

## C'est à l'automne que les bourgeons fleuriront

Le samedi premier avril, un sondage SOM donne seulement 41 % au OUI à la souveraineté. Sentant bien que les commissions sur l'avenir du Québec n'ont pas su faire gonfler les rangs souverainistes au-delà du seuil des 50 %, le premier ministre du Québec annonce le 5 avril au soir, à Lévis : « Il serait hâtif d'obtenir un référendum dès ce printemps. Il nous semble indiqué de convier les Québécois à ce moment de vérité à l'automne[111]. »

Devant 500 personnes réunies par la Chambre de commerce de la rive-sud de Québec, Jacques Parizeau souligne que « la souveraineté est le projet de notre vie. C'est l'aboutissement d'une longue quête d'autonomie des Québécois. » Puis, tout en lisant un texte, il ajoute : « Ces derniers jours, j'ai écouté les avis des membres du caucus des députés, des délégués et des jeunes. Et ce matin, au Conseil des ministres, nous avons fait le tour de la question. Entre nous, le consensus est clairement apparu. » À la fin de son allocution, Jacques Parizeau refuse de s'adresser aux médias. Il ne

---

108. Entrevue avec Jean Royer, le 6 juin 2000.
109. Propos attribués à Lucien Bouchard et rapportés par Gilbert Charland, entrevue du 19 décembre 2000, et Jean Royer, entrevue du 6 juin 2000.
110. Entrevue avec Jacques Parizeau, le 31 octobre 2000.
111. Cité dans un article de Gilles Normand, « Oui ou Non : pas avant l'automne, précise Parizeau », *La Presse*, le 6 avril 1995.

répéte pas cette annonce en anglais pour la presse anglophone. Il se précipite plutôt vers la porte arrière de l'hôtel et plonge dans la voiture ministérielle.

La première cible de Jacques Parizeau était au printemps, avant la Saint-Jean-Baptiste, rappelle Louise Beaudoin. « Monsieur Parizeau voulait forcer le jeu. C'est donc la mort dans l'âme qu'il a annoncé[112] » le report du référendum. « Il avait tout mis en branle de façon systématique avec l'équipe de conseillers politiques[113] » pour rendre possible un référendum rapidement, fait remarquer Pauline Marois. Au cabinet du premier ministre, Éric Bédard le confirme : « Nous avions fait les échéanciers de façon à être capables de le tenir au printemps. Le rapport de la Commission nationale, tout notre échéancier était conçu pour qu'on soit prêts à la fin juin[114]. » « J'y serais allé en mai ou en juin si l'impact (des commissions) avait été plus fort et l'accueil meilleur[115] », confie Jacques Parizeau.

« Pour le premier ministre, c'est une chose de reporter le référendum à l'automne, explique Éric Bédard, mais ça en est une autre d'avoir toujours l'impression que tes collègues ou tes partenaires essaient de se donner le crédit pour le report, laissant croire qu'ils ont réussi à forcer la main au premier ministre, alors que c'est faux[116]. » « Monsieur Parizeau est un homme qui est parfaitement capable d'être têtu, souligne Normand Brouillet, il faut donc lui savoir gré d'avoir finalement reculé, parce qu'à l'époque, il martelait qu'il voulait y aller[117]. » « Je pense qu'il s'est convaincu tout seul, raconte Bernard Landry, mais Lucien Bouchard a joué un rôle historique, insiste-t-il. Parizeau a eu l'intelligence de comprendre les signaux qui venaient d'un peu partout, y compris de Bouchard. Mais il n'a pas été forcé de reporter le référendum. Non. Il a senti intelligemment que son destin était lié à une victoire et qu'il fallait retarder [ce référendum] pour avoir cette victoire[118]. »

---

112. Entrevue avec Louise Beaudoin, le 14 août 2000.
113. Entrevue avec Pauline Marois, le 12 février 2002.
114. Entrevue avec Éric Bédard, le 13 mars 2000.
115. Entrevue avec Jacques Parizeau, le 11 mai 1998.
116. Entrevue avec Éric Bédard, le 13 mars 2000.
117. Entrevue avec Normand Brouillet, le 12 février 2003.
118. Entrevue avec Bernard Landry, le 27 juin 2000.

« Les députés ont retrouvé une certaine motivation à leur travail, écrit Claude Léveillé, conseiller auprès de la députation, dans un mémo. Si, il y a quelque temps, le moral des troupes était plutôt bas à cause d'une certaine incertitude face à la date du référendum, l'annonce de la tenue du scrutin à l'automne en a rassuré plus d'un[119]. »

Le politicien qui a le plus impressionné Jean Royer, à part Jacques Parizeau, est Abraham Lincoln. « C'est celui qui a choisi la voie la plus difficile, confie-t-il. Elle est jonchée d'épreuves personnelles et malgré les obstacles de toutes sortes, il est resté attaché à son idéal. Alors, quand certains chefs au Québec choisissent, dans les idées politiques, la difficulté, moi, j'ai beaucoup de respect pour ça[120]. » Les embûches et de hautes barricades vont bientôt entraver la voie que désire emprunter Jacques Parizeau. Jean Royer, qui admire déjà son chef, aura tout le loisir de l'observer avancer dans l'adversité.

---

119. Note de Claude Léveillé intitulée « Rapport d'activités pour la période du 27 au 31 mars et du 3 au 7 avril », datée du 7 avril 1995. Archives de Jacques Parizeau, ANQ, Montréal.
120. Entrevue avec Jean Royer, le 24 mai 2000.

# CHAPITRE 17

# Le bruit des épées

*« Monsieur Parizeau a mon entier appui, mais en attendant sa décision finale, je dois attendre, je ne signe pas de chèque en blanc. Parizeau est le chef, avec un mandat majoritaire, ce qui lui donne une marge de manœuvre considérable, mais en politique, les marges de manœuvres ne sont jamais absolues. »*

Lucien Bouchard[1]

*« Je ne sais pas s'il y a en plusieurs (leaders souverainistes), je sais toutefois qu'il y a seulement un premier ministre à la fois. »*

Jacques Parizeau[2]

« Le projet souverainiste doit prendre rapidement un virage qui le rapproche davantage des Québécois et qui ouvre une voie d'avenir crédible à de nouveaux rapports Québec-Canada. [...] Il importe d'examiner sérieusement l'opportunité [d'encadrer l'union économique Québec-Canada] par des institutions communes, voire de nature politique. » Dans la grande salle du Palais des congrès de Montréal, tous les délégués réunis pour le congrès du Bloc québécois applaudissent aux

---

1. Cité dans un article de Michel Vastel, « Bouchard pose ses conditions à Parizeau – Le PQ nie toute dissension avec le Bloc mais... », *Le Soleil*, le 9 avril 1995.
2. Déclaration publique de Jacques Parizeau le 9 avril 1995.

propos de leur chef, Lucien Bouchard. Nous sommes le 7 avril 1995, il est un peu plus de 20 heures. Dans la première rangée, Jacques Parizeau et son épouse manifestent également leur appui. Le chef du Parti québécois est peut-être indisposé par le mot *virage* que vient d'utiliser son allié, mais il n'en laisse rien paraître.

Après ce discours, une réception est donnée pour le corps diploma-tique. Jacques Parizeau y assiste. « Tout le monde mange des petits fours[3] », se souvient Jean Royer. Jacques Parizeau parle à Lucien Bouchard et rien ne semble présager un affrontement majeur entre les deux hommes. Officiellement, le discours de Lucien Bouchard s'appuie sur des docu-ments de réflexion du Parti québécois. Jean Royer quitte l'endroit sans se douter qu'il vient d'assister à l'éclosion d'une grave crise...

Quelques heures auparavant, le matin même de l'habituelle réunion des conseillers de Bouchard et de Parizeau, Jean Royer avait bien tenté d'en savoir davantage sur le discours que Lucien Bouchard allait pronon-cer, mais très peu d'information avait été donnée[4]. Jean-François Lisée et Louis Bernard le confirment[5] : « On avait dit à Parizeau ce que dirait Bouchard, mais la partie la plus importante n'était pas là. »

Gilbert Charland, le chef de cabinet de Lucien Bouchard, reconnaît que le discours n'a été prêt que le vendredi en fin d'après-midi. « Les der-nières corrections ont été apportées par madame Lise Pelletier, la secrétaire de monsieur Bouchard, venue spécialement d'Ottawa pour ça. C'était aux alentours de 17 h 30. [Une heure plus tard], j'appelle Jean Royer de l'Hôtel Delta où je suis, pour l'aviser qu'il va recevoir le discours par *fax* et qu'il y a un bout sur le *virage* et le partenariat. Je lui donne la version finale environ une heure avant que le discours ne soit prononcé[6]. » Cela donne peu de temps au premier ministre du Québec pour en prendre connaissance. Quand les deux chefs de cabinet se rencontrent sur le plancher du congrès, Jean Royer exprime brièvement son insatisfaction : « J'aurais peut-être aimé le savoir avant[7] ! » Pour l'instant, il ne s'agit que d'une colère larvée.

---

3. Entrevue avec Jean Royer, le 3 octobre 2002.
4. Entrevue avec Jean Royer, le 6 juin 2000. Confirmé par Gilbert Charland.
5. Entrevues avec Louis Bernard, le 27 avril 2000, et avec Jean-François Lisée, le 12 octobre 2000.
6. Entrevue avec Gilbert Charland, le 19 décembre 2000.
7. Selon les souvenirs de Gilbert Charland. Entrevue téléphonique du 25 août 2003.

Dans ce discours du 7 avril, Lucien Bouchard cite l'ouvrage *Le Québec dans un monde nouveau*, écrit par le Conseil exécutif du Parti québécois, en 1993, pour justifier le projet de «nouveau partenariat». Il affirme s'inspirer également «de l'exemple de l'Union européenne et de l'esprit du récent traité de Maastricht». Dans l'ouvrage péquiste, on ne trouve cependant aucune référence à un partenariat politique. Il n'est question que d'une association économique. Pourtant, en invoquant l'Union européenne, Lucien Bouchard annonce implicitement son intention d'aller dans cette direction. En novembre 1991, Jacques Parizeau avait déjà fermé la porte à une telle possibilité : «Plusieurs disent que si on demandait une association économique à l'européenne, un Québec souverain aurait moins de pouvoirs économiques qu'aujourd'hui. Je suis d'accord. Je ne suis pas du tout convaincu que le développement et l'approfondissement d'un espace économique nord-américain, qui dans mon esprit est très important, passe nécessairement par ce qu'on voit en Europe[8].» En ce 7 avril au soir, on est donc en présence de deux chefs politiques aux idées discordantes. L'orage est sur le point d'éclater…

## La tourmente

Une semaine avant de faire son discours, Lucien Bouchard confie à son ami Gérald Larose, alors président de la CSN, qu'il abordera la notion de *virage*. Celui-ci lui exprime son accord, car il est d'avis qu'il faut brasser les choses : «Ça va craquer, mais ça ne cassera pas[9]», estime Gérald Larose. Bien que Jacques Parizeau ait déjà cédé sur l'échéance et repoussé le référendum à l'automne, l'entourage de Lucien Bouchard souhaite aller plus loin et laisser voir clairement à l'opinion publique qu'il y a deux positions et que la crise qui éclate ne pourra se résoudre que s'il y a un changement important[10]. «Bouchard pense qu'il faut faire bouger les choses et il est décidé à y aller[11]», raconte Gilbert Charland.

---

8. Jean-François Lisée, «Le nouveau look de l'indépendance», *L'actualité*, vol. 16, n° 17, le 1er novembre 1991.
9. Entrevue avec Gérald Larose, le 11 juin 2003.
10. Confirmé par Gilbert Charland. Entrevue du 19 décembre 2000. Jean-François Lisée dit avoir reçu les mêmes informations de l'entourage de Lucien Bouchard par la suite.
11. Entrevue avec Gilbert Charland, le 19 décembre 2000.

Tout de suite après le discours, des élus péquistes tentent de banaliser les propos de Lucien Bouchard. L'entourage de celui-ci met alors toute la gomme pour faire comprendre aux journalistes que ce *virage* est considérable et qu'il constitue une remise en question fondamentale de la stratégie référendaire. C'est là, selon Jean Royer, que « le problème s'est posé. Quand les gens du Bloc se sont mis à dire : "Il y a un *virage* important, on vire"[12]. » Dès le lendemain, dans les journaux, l'impact du discours est conséquemment plus fort. « Le soir ça va, rappelle Jean Royer. C'est le lendemain que ça ne va pas. »

Au deuxième jour du congrès, quand les journalistes demandent à Lucien Bouchard s'il a toujours confiance en Jacques Parizeau pour prendre le *virage* qu'il vient d'indiquer, il répond : « Monsieur Parizeau a mon entier appui, mais en attendant sa décision finale, je dois attendre, je ne signe pas de chèque en blanc. Parizeau est le chef, avec un mandat majoritaire, ce qui lui donne une marge de manœuvre considérable, mais en politique, les marges de manœuvre ne sont jamais absolues. Il est évident que Jacques Parizeau travaille avec des partenaires, et avec une opinion publique[13]. » Cette puissante mise en garde met Jacques Parizeau dans tout ses états.

Lucien Bouchard précise ensuite ses idées de la veille, en déclarant que jamais le Parti québécois n'a parlé clairement d'un parlement commun canado-québécois au lendemain de la souveraineté. « Nous, du Bloc, on a jugé qu'il fallait aller jusque-là », affirme Lucien Bouchard ; il parle même d'une « conférence parlementaire ».

Comme s'il n'avait pas tiré suffisamment de boulets sur le navire péquiste, Lucien Bouchard évoque enfin la possibilité de reporter le référendum au calendes grecques : « Il n'y a rien en démocratie qui oblige personne à tenir un référendum, dit-il aux journalistes, tout ouïe. Tout ce qu'on a convenu – Jacques Parizeau et moi – c'est que le référendum devrait être tenu, si possible, en 1995, si nous pouvons réunir des conditions favorables. Si les fédéralistes pensent qu'on va leur faire un référendum perdant, ils vont attendre longtemps[14]. »

---

12. Entrevue avec Jean Royer, le 6 juin 2000.
13. Cité dans un article de Michel Vastel, « Bouchard pose ses conditions à Parizeau – Le PQ nie toute dissension avec le Bloc mais… », *Le Soleil*, le 9 avril 1995.
14. *Idem.*

En lisant ces propos dans les journaux du dimanche matin, Jean Royer éclate. Il appelle immédiatement Gilbert Charland[15] :

— C'est quoi ça ? De quoi s'agit-il ?

— C'est exactement ce qui est écrit dans le journal, lui dit sans hésiter Gilbert Charland.

— Ben tab… ! dans ces conditions-là, je te suggère qu'on organise pour le lendemain une rencontre avec tout le monde, parce qu'on peut pas vivre longtemps avec ça !

— J'en parle avec monsieur Bouchard.

— Bonne idée, rétorque Jean Royer.

Éric Bédard, le jeune adjoint de Jean Royer, est ébranlé par la partie de bras de fer qui se déroule sous ses yeux. «Jacques Parizeau est déter miné à tenir un référendum coûte que coûte, explique-t-il. Il a pris un engagement qu'il ne peut trahir, parce qu'il juge qu'il ne sera plus cré- dible[16].» «Si je manque au plus important des mes engagements, déclare Jacques Parizeau, je ne peux plus être crédible sur rien. J'ai dit ce que je ferais et je vais le faire. Les Québécois ont rendez-vous avec l'histoire cette année[17].»

Dans l'esprit de Jacques Parizeau, la crainte de prendre des décisions est un mal québécois qu'il faut combattre. Le règne des hésitations et du bégaiement perpétuel a cessé. Les Québécois auront une décision à prendre à une date précise. «Ils doivent se décider. Personne n'aime le dentiste, mais la dent est pourrie[18]», croit-il.

Les propos cinglants de Lucien Bouchard amènent un journaliste à poser la question suivante à Bernard Landry : «Considérez-vous mainte- nant que Lucien Bouchard est le leader des souverainistes ? » Après une courte hésitation, Bernard Landry répond : «Le leader…, je ne le sais pas, mais en tout cas, c'est un très grand leader et c'est important…[19].» La réponse du vice-premier ministre du Québec a l'effet d'un séisme au

---

15. Entrevue avec Jean Royer, le 6 juin 2000. Confirmé par Gilbert Charland.

16. Entrevue avec Éric Bédard, le 13 mars 2000.

17. Propos attribués à Jacques Parizeau et rapportés par Éric Bédard. Entrevue du 13 mars 2000.

18. Propos attribués à Jacques Parizeau et rapportés par Jean-François Lisée. Entre- vue du 12 octobre 2000.

19. Propos attribués à Bernard Landry et rapportés par Daniel Audet. Entrevue du 4 décembre 2002.

bureau de Jacques Parizeau. «Ils sont vraiment furieux[20]», témoigne le chef de cabinet de Bernard Landry, Daniel Audet. Jean Royer appelle ce dernier et le somme de se présenter au *bunker* de toute urgence. «Tab...! Comment ça "Le leader..., je ne le sais pas"?, lui dit Jean Royer, en reprenant ses propos. Il y en a UN leader, c'est sûr, et c'est Parizeau. C'est le premier ministre! "Le leader, je ne le sais pas"! Tu le sais maintenant, c'est Parizeau, le leader[21]!» Jean Royer est grandement outré. «Et là, je me souviens, raconte Daniel Audet, il me demande : mais qu'est-ce qu'il a Landry? Pourquoi dit-il des affaires semblables? Je dois le reconnaître, cette dernière déclaration est effectivement difficile à expliquer en termes de loyauté au chef[22].» Du même souffle, il souligne que «le tandem Landry-Bouchard est bien scellé à ce moment-là.»

Le dimanche, Jacques Parizeau est à Québec avec Jean Garon pour inaugurer les États généraux sur l'éducation. Aux journalistes qui lui demandent à son tour s'il se considère comme le leader des forces souverainistes, il déclare : «Je ne sais pas, j'espère qu'il y en a plusieurs. Je sais toutefois qu'il y a seulement un premier ministre à la fois[23].» Jacques Parizeau est maintenant braqué contre Lucien Bouchard. «C'est toujours moi le patron et j'ai la *couenne* épaisse comme ça[24]», affirme-t-il encore des années plus tard, en écartant son pouce et l'index d'au moins 15 centimètres. «Que parmi nos partenaires, plusieurs regardent des scénarios sur ce qui pourrait survenir après un référendum sur la souveraineté, je trouve cela très bien!», ironise-t-il. Par contre, si on parle de «*virage* à chaque fois que quelqu'un propose une idée intéressante, on va attraper le torticolis!»

## Le point de rupture est atteint

Le lundi, 10 avril, cela fait quatre jours que les grands vents de la discorde soufflent sur la maison souverainiste. Lucien Bouchard n'a pourtant pas l'intention de cesser de croiser le fer avec Jacques Parizeau.

---

20. Entrevue avec Daniel Audet, le 4 décembre 2002.
21. Propos attribués à Jean Royer et rapportés par Daniel Audet, le 4 décembre 2002.
22. Entrevue avec Daniel Audet, le 4 décembre 2002.
23. Cité dans un article de Denis Lessard, «Parizeau réaffirme son autorité», *La Presse*, le 10 avril 1995.
24. Entrevue avec Jacques Parizeau, le 31 octobre 2000.

*Lucien Bouchard et Bernard Landry ne sont pas pressés de tenir un référendum en 1995. Ils considèrent que Jacques Parizeau va trop vite. Photo de Jacques Nadeau.*

A l'émission *Le midi quinze*, animée par Michel Lacombe à la radio de Radio-Canada, il dégaine à nouveau son épée. «Monsieur Parizeau est le premier ministre du Québec, c'est évident, constate-t-il. C'est lui le grand leader souverainiste. Je le sais. Je sais aussi qu'il peut tout décider tout seul. Mais pour gagner, il faut être ensemble.» Le tranchant de la lame a-t-il touché sa cible? Qu'importe, Lucien Bouchard tire à nouveau son épée du fourreau : «Si on arrive à l'automne et qu'on ne change rien et qu'on se rend compte qu'on est toujours à 44 %, 40 %, 43 % et qu'on fait un référendum pour le perdre… Moi, s'il y a une chose que je ne veux pas, que je ne souhaite pas, c'est d'assister ou de participer à une campagne référendaire qui nous conduirait de façon assurée à l'échec.» Le point de rupture semble être atteint. Le charismatique chef du Bloc québécois annonce pour la première fois qu'il pourrait lâcher le chef péquiste même si une campagne référendaire était déclenchée... Pour Jean-François Lisée, ce sont les pires propos prononcés par Lucien Bouchard depuis trois jours[25]. Il convient avec Jean Royer de ne pas en informer immédiatement

---

25. Entrevue avec Jean-François Lisée, le 12 octobre 2000.

Jacques Parizeau, afin de ne pas compromettre la rencontre des Partenaires pour la souveraineté prévue pour la fin de l'après-midi. Quand, un peu plus tard, le premier ministre connaîtra la teneur de ces propos, il en sera particulièrement offensé. Le 13 avril lors de la rencontre de l'exécutif du Parti québécois, il en fera mention : «Avec ce qu'il a déclaré chez Lacombe, c'est la fin… C'est la fin de Bouchard. On ne peut plus compter sur lui. C'est quelqu'un qui ne travaille pas en équipe. On ne peut pas se fier sur lui[26].»

Le 10 avril toujours, à la Chambre de commerce de Laval, une demi-heure après les déclarations de Bouchard, Jacques Parizeau donne l'impression de riposter : «Il y a quelqu'un qui a la responsabilité d'avoir à décider et je suis cette personne. Je vais avoir à décider et personne ne peut décider à ma place[27].» Le public, qui observe la scène, a l'impression d'assister à un combat épique à l'épée entre deux chevaliers. «Oui, peut-être que la bisbille est prise dans le camp souverainiste sur un certain nombre d'idées ou d'objectifs», reconnaît Jacques Parizeau. Intraitable, il réitère cependant sa promesse de tenir un référendum avant la fin de l'année 1995. Le secrétaire général de la FTQ, Henri Massé, qui assiste au discours de Jacques Parizeau à Laval, se dit très déçu de la tournure des événements. Il n'apprécie guère les pressions de Lucien Bouchard en faveur d'un autre report du référendum[28].

À la fin de cette journée, en dépit de la crise, la rencontre prévue depuis plusieurs jours avec les Partenaires pour la souveraineté a lieu[29]. La scène se déroule dans les bureaux du premier ministre au siège social d'Hydro-Québec à Montréal. Gérald Larose, qui est présent, voit les deux chefs entrer dans la salle de réunion : «Ils sont entrés en se tournant littéralement le dos[30] (rires).» Ils ne s'adresseront pas la parole de toute la soirée. «C'est très froid et très glacial, raconte Gilbert Charland. En fait, il

---

26. Propos attribués à Jacques Parizeau et rapportés par une source désirant conserver l'anonymat. Cette personne était présente lors de cette réunion.
27. Entrevue avec Jean Royer, le 6 juin 2000.
28. Cité dans un article de Mario Fontaine, «Bouchard menace de laisser tomber Parizeau», *La Presse*, le 11 avril 1995.
29. Une réunion du comité technique se déroule le soir même en l'absence des représentants du Bloc québécois. Source : mémo de Jules Rivard à Jacques Parizeau intitulé «Rapport d'activités», daté du 13 avril 1995. Archives de Jacques Parizeau, ANQ, Montréal.
30. Entrevue avec Gérald Larose, le 11 juin 2003.

y avait comme un bloc de glace au-dessus de la table[31].» «Les partenaires font la leçon aux deux chefs, se souvient Jean-François Lisée. Ils leur disent : "Nous voulons un référendum gagnant, il faut que vous vous entendiez"[32].» Les partenaires interviennent en bloc pour appuyer «la proposition du *virage*, afin de ratisser plus large[33]», prétend Gérald Larose. Clément Godbout, le président de la FTQ, se distingue du groupe en sermonnant vivement Lucien Bouchard pour la façon dont il a dit les choses. Gérald Larose, lui, n'en est nullement offusqué : «C'est bon. Au plan syndical, souvent, tu provoques ça pour que les gens se déplacent, puis pour qu'ils développent d'autres propositions[34].»

Jean-François Lisée se souvient de certaines «bonnes interventions» de Gérald Larose et de Serge Turgeon. Il est cependant décontenancé par l'attitude de son premier ministre : «Monsieur Parizeau est encore plus ferme qu'auparavant.» Juste avant la réunion, il a été témoin d'une discussion au cours de laquelle Jacques Parizeau suggère à Monique Simard un repli sur le Parti québécois. Il entrevoit même de reconfigurer le plan d'attaque référendaire sans la présence du Bloc québécois[35]. Jean-François Lisée a soudain le vertige, car il mesure alors à quel point le gouffre qui sépare son chef de celui du Bloc québécois est profond.

La réunion se termine sans qu'on aborde «en profondeur les véritables enjeux[36]», témoigne Gilbert Charland. Rien ne se règle. Jean-François Lisée, encore plus inquiet, se décide à parler directement au chef du Bloc québécois. «J'ai appelé Bouchard ce soir-là, chez lui. Je lui ai dit : "Écoutez, monsieur Bouchard, je veux que vous sachiez que nous sommes dans une spirale descendante. Il faut que personne ne fasse un autre pas vers l'avant. Nous sommes un certain nombre à penser que c'est raccommodable et que l'on peut travailler [ensemble]. Peut-être pas aujourd'hui,

---

31. Entrevue avec Gilbert Charland, le 19 décembre 2000.
32. Entrevue avec Jean-François Lisée, le 12 octobre 2000.
33. Entrevue avec Gérald Larose, le 11 juin 2003.
34. Déjà, le vendredi 31 mars, Gérald Larose avait fait le point avec Normand Brouillet à ce sujet. «Nous, on est d'accord qu'il faut ouvrir et reporter. Ouvrir pour interpeller le partenariat», explique-t-il. À la CSN, Gérald Larose dispose de son propre comité interne sur les affaires constitutionnelles. Ce comité a approuvé la thèse véhiculée par Lucien Bouchard. Entrevue avec Gérald Larose, le 8 octobre 2003.
35. Entrevues avec Jean-François Lisée, le 12 octobre 2000 et le 2 septembre 2003.
36. Entrevue avec Gilbert Charland, le 19 décembre 2000.

mais pour l'instant, ce qui est essentiel, c'est de ne plus faire de pas vers cette spirale descendante"[37]. » Lucien Bouchard, qui semble regretter ses propos du midi à l'émission de Michel Lacombe, dit qu'il comprend[38]. Craint-t-il que son *virage* ne précipite dans le ravin tout le convoi souverainiste, péquistes et bloquistes confondus ?

La chroniqueuse Lysiane Gagnon se met alors à critiquer durement l'attitude du chef du Bloc québécois, en l'accusant de se comporter en « usurpateur » de leadership qui ne cherche qu'à « humilier systématiquement Jacques Parizeau en public ». Depuis des mois, « monsieur Bouchard n'a jamais raté une occasion de contester, d'abord subtilement, puis de plus en plus férocement, la stratégie référendaire de monsieur Parizeau. [...] Monsieur Bouchard voudrait forcer le départ de monsieur Parizeau – ou alors fomenter une rébellion ouverte au sein du PQ – qu'il n'agirait pas autrement[39]. »

## Le *virage* devient dérapage

Le 11 avril, cela fait quatre jours que les deux chefs souverainistes ne s'adressent plus la parole. « Peut-être que j'aurais dû chercher à les mettre en contact, les faire parler un peu[40] », dira plus tard Jean Royer. Chez les souverainistes, c'est la consternation. Les sorties de Lucien Bouchard « démobilisent les péquistes et les bloquistes », estime le ministre Daniel Paillé, qui aurait aimé « un discours plus rassembleur[41] » de la part du chef bloquiste. « Il n'y a pas eu beaucoup de situations hors contrôle, avoue Jean Royer, mais celle-là, elle l'était. Dans les jours qui vont suivre, ça va continuer à être difficile[42]. »

Il n'y a pas qu'entre le premier ministre et le chef de l'opposition au parlement du Canada que les relations sont tendues, elles le sont

---

37. Entrevue avec Jean-François Lisée, le 12 octobre 2000. Le lendemain, Jean Royer parle aussi directement au téléphone à Lucien Bouchard qui lui dit : « Il faut trouver une solution. » Entrevue du 6 juin 2000.
38. Lucien Bouchard exprimera ses regrets à cet égard à Jean-François Lisée, un an plus tard.
39. Extrait de la chronique de Lysiane Gagnon, « Virage ou lutte de pouvoir ? », *La Presse*, le 11 avril 1995.
40. Entrevue avec Jean Royer, le 6 juin 2000.
41. Entrevue avec Daniel Paillé, le 27 mars 2000.
42. Entrevue avec Jean Royer, le 6 juin 2000.

également entre leurs chefs de cabinet respectifs. Gilbert Charland en témoigne : «Ce n'est pas évident entre Royer et moi. Nous nous sommes parlé de façon assez costaude au téléphone[43].» Le lendemain de la réunion des partenaires, Éric Bédard est d'ailleurs témoin d'une conversation téléphonique plutôt tendue entre les deux hommes. Quand il raccroche, Jean Royer semble assommé par le découragement. Éric Bédard ne l'a jamais vu dans cet état. Le bras droit de Jacques Parizeau lui dit : «Là, je ne vois pas comment on peut réunir les conditions pour gagner le référendum cette année. Je ne le vois pas[44]!» Éric Bédard confie que c'est le moment le plus difficile entre tous. «Je me souviens, Jean et moi, on a eu une longue discussion là-dessus. Cette rupture entre les deux, puis la capacité, sur le plan humain, de les réunir à nouveau …Ouf[45]!» Au bureau du premier ministre, il règne une atmosphère de fin du monde. La garde rapprochée craint que la population y voie des divisions totalement irréconciliables.

Le comité de liaison qui réunit les principaux conseillers des deux cabinets ne survit pas au discours du *virage*. «À quoi sert ce comité, si on ne sait pas ce qui est important[46]?», s'écrie Jean Royer, qui en veut à la direction du Bloc québécois de ne pas l'avoir informé plus tôt à propos du fameux discours. Louis Bernard, qui présidait ce groupe, appuie la proposition de Jean Royer de démanteler ce comité. «Moi, je pense que Parizeau avait raison[47] [d'être en colère]» et que Bouchard n'aurait pas dû agir de la sorte.

Le caucus des députés péquistes est déstabilisé par la crise en cours. Claude Léveillé, le conseiller à la députation, souligne au premier ministre qu'à la suite du congrès du Bloc, deux tendances se dessinent : «Une, très minoritaire, soit celle qui gravite autour du député de Borduas, monsieur Jean-Pierre Charbonneau, qui s'enligne directement derrière la position du Bloc et qui souhaite récupérer le *virage*[48]». Robert Perreault, André Boisclair et Joseph Facal adhèrent à cette tendance. Et puis, il y a l'autre

---

43. Entrevue avec Gilbert Charland, le 19 décembre 2000.

44. Propos attribués à Jean Royer et rapportés par Éric Bédard. Entrevue du 10 octobre 2000.

45. Entrevue avec Éric Bédard, le 13 mars 2000.

46. Entrevue téléphonique avec Jean Royer, le 30 juillet 2003.

47. Entrevue avec Louis Bernard, le 27 avril 2000.

48. Note de Claude Léveillé adressée au premier ministre et intitulée : «Rapport d'activités», datée du 13 avril 1995. Archives de Jacques Parizeau, ANQ, Montréal.

*Jacques Parizeau réagit très mal au* virage *imposé par Lucien Bouchard.*
*Sa réaction inquiète ses conseillers, Jean Royer et Éric Bédard.*
*Archives personnelles de Jean Royer.*

camp, «fortement majoritaire, qui veut que l'on s'assoie ensemble et que le gouvernement du Parti québécois redonne l'impression d'avoir bien en main l'agenda référendaire[49].» En public, Jacques Parizeau continue malgré tout de déclarer : «Je n'ai pas de problème avec les députés, ils me suivent de façon homogène[50].» Au Conseil des ministres, Serge Ménard, Jacques Brassard et Bernard Landry déclarent ouvertement qu'ils sont favorables au changement de stratégie prôné par Lucien Bouchard. Le ministre à la Restructuration, Richard Le Hir, se permet même de demander à la maison de sondage Léger & Léger de tester la question de 1980 auprès de l'électorat[51]. Les temps sont durs, mais l'ensemble du Conseil des ministres demeure derrière Jacques Parizeau. Le vétéran Camille Laurin se range fermement aux côtés de son chef, tandis que le président du caucus,

---

49. *Idem.*
50. Entrevue avec Jacques Parizeau, le 11 mai 1998.
51. Jean-François Lisée en parle dans son mémo au premier ministre intitulé : «Situation référendaire, comment survivre au *virage*», daté du 11 avril 1995. Les résultats faisaient passer le vote souverainiste de 43 % à 57 %.

Rosaire Bertrand, ne cesse de répéter qu'il aurait préféré un référendum en juin 1995.

La cohésion entre les deux leaders du mouvement souverainiste est «une condition indispensable» à la victoire, souligne Jean-François Lisée dans un important mémo de huit pages. Or, «les chances de gagner un référendum sur la souveraineté, dans les conditions politiques créées ces derniers jours, sont nulles[52]», écrit-il le 11 avril. Refusant cependant de baisser les bras, le conseiller propose à Jacques Parizeau de contre-attaquer. Lucien Bouchard a voulu relancer les dés, observe-t-il, eh bien il faut dorénavant «faire plus que retourner la situation nouvelle à notre avantage. Il faut en créer une autre, encore plus nouvelle.»

«Nous savons maintenant, malgré plusieurs tentatives, que Lucien Bouchard n'acceptera pas le jeu de la discipline», observe Lisée. Il est d'une «incrédulité active» à l'égard de la stratégie gouvernementale, écrit-t-il. Même «si nous trouvions un moyen de le convaincre, l'expérience nous apprend qu'il est incapable de cacher ses inquiétudes à la presse, ne serait-ce que par le *body language*.» Jean-François Lisée identifie également Bernard Landry comme un allié d'une fidélité douteuse. Il conclut que les réticences de Lucien Bouchard nourriront «celles de votre vice-premier ministre, qui continuera à jouer à contretemps». Comme «on ne peut pas avoir un chef politique (Lucien Bouchard) qui tire 72 % de bonnes opinions et penser pouvoir le contourner», estime Jean-François Lisée, il suggère une autre approche «qui change le jeu». Le but du mémo est clair, confiera plus tard Jean-François Lisée, c'est d'abord de «convaincre le premier ministre de ne pas y aller tout seul. C'était la tentation de Parizeau dans les jours qui suivaient. Il y avait un repli sur le parti[53].»

Habilement, le conseiller tente de faire comprendre à son chef que Lucien Bouchard a raison : «Nos instruments de mesure actuels nous indiquent que l'introduction de l'association, ou de la garantie d'association, permet une assez grande élasticité au vote souverainiste[54].» Des sondages indiquent en effet que le vote souverainiste grimpe de 40 à 59 % si les Québécois sont à peu près certains d'une association économique

---

52. Mémo de Jean-François Lisée, *op. cit.*, daté du 11 avril 1995.
53. Entrevue avec Jean-François Lisée, le 18 octobre 2000.
54. Mémo de Jean-François Lisée adressé au premier ministre et intitulé : «Situation référendaire, comment survivre au *virage*». Daté du 11 avril 1995. Archives de Jacques Parizeau, ANQ, Montréal.

(CROP-RC). « Monsieur Bouchard va dans la bonne direction », écrit Jean-François Lisée en toute franchise, mais en prenant toutefois la peine d'indiquer « qu'il aurait été plus utile » que Lucien Bouchard les prévienne avant de prononcer son fameux discours.

Pour sortir de l'impasse, il faut donc accepter le *virage* proposé par Lucien Bouchard. Le conseiller suggère de profiter de la Commission nationale sur l'avenir du Québec, qui doit déposer son rapport dans une semaine, pour agir en ce sens. Il ne faut cependant pas « simplement » accepter le *virage*, précise-t-il, cela donnerait trop l'impression que « vous êtes encerclé et que vous cédez aux pressions. [...] Il faut au contraire créer un mouvement réel, énorme, accaparant toute l'attention. Alors, dramatisez, écrit-il. Faites-en un autre événement historique. Allez au-delà du rapport de la Commission. Embrassez toute la situation politique. » Il lui suggère de tout accepter, mais à l'intérieur de certaines balises. D'abord, le référendum doit avoir lieu cet automne. Dans le cas d'une victoire, il doit donner à l'Assemblée nationale le mandat de proclamer la souveraineté dans un délai rapproché. Et finalement, l'issue ne doit pas dépendre de la volonté du Canada, mais de celle des Québécois, une position déjà maintes fois exprimée par Jacques Parizeau.

Suivant les conseils de son collaborateur, Jacques Parizeau doit faire un autre compromis majeur : accepter la proposition d'un parlement canado-québécois « avec des élus directs, comme en Europe[55] », ce que le régent refusera fermement. Pour apaiser son premier ministre, Jean-François Lisée ajoute : « Peu vous importe les combinaisons institutionnelles proposées, vous êtes dorénavant au-dessus de ça, vous êtes le gardien de la souveraineté[56]. » Pour éliminer le problème de crédibilité que Jacques Parizeau pourrait avoir en défendant de nouvelles formes d'association, le conseiller lui fait une audacieuse suggestion : « Vous pourrez indiquer que monsieur Bouchard serait un bon candidat pour diriger l'équipe de négociation, après la souveraineté[57]. » C'est la première fois que l'on voit poindre ici cette hypothèse du négociateur en chef. Jean-François Lisée en est donc l'auteur.

---

55. Entrevue avec Jean-François Lisée, le 18 octobre 2000.
56. Mémo de Jean-François Lisée, *op. cit.*, daté du 11 avril 1995.
57. Jean-François Lisée propose aussi la formation de la « Coalition pour l'avenir du Québec ». Composé de quinze personnes, dont Pierre Marc Johnson, ce comité devait se réunir pendant trois jours pour élaborer une question référendaire. La suggestion n'est toutefois pas retenue.

Loin de défendre la position de Jacques Parizeau, son conseiller tente plutôt de diluer la détermination de son chef. « J'aime beaucoup mieux contenir quelqu'un dans son audace que de pousser un politicien qui ne veut pas bouger[58] », explique Jean-François Lisée, en faisant allusion aux hésitations de Robert Bourassa. Gérald Larose a d'ailleurs l'impression que l'entourage de Jacques Parizeau est plutôt favorable à l'idée du *virage* : « Moi, je les sens de notre côté. Ce sont des gens qui sont pas très loin de nous. Ils sont cependant très loyaux[59] » envers Jacques Parizeau, prend-il soin de préciser.

Quand il prend connaissance de ce mémo, Jacques Parizeau réagit d'abord très froidement[60]. Jean Royer, qui a approuvé le document, le lui donne une seconde fois, sans que cela ne suscite de réaction. Une troisième tentative est faite dans l'avion qui le ramène de Québec à Montréal. Jacques Parizeau se décide finalement à lire ce mémo qui s'intitule *Comment survivre au virage*. Il regarde ensuite Jean Royer et dit simplement : « Oui, je vois très bien. » Il en accepte les grandes lignes.

Selon la ministre Louise Beaudoin, Jacques Parizeau accepte le *virage* parce qu'il est coincé. « Bernard et Lucien, qui ne s'aiment pas particulièrement à ce moment-là, ont commencé à converger, à se parler et à faire en sorte que... Puis Jacques Parizeau savait bien que s'il y avait eu un vrai *showdown* (une confrontation), nous aurions été plusieurs à rejoindre ce camp-là[61]. » Celui de Lucien Bouchard.

## L'apparition du « camp du changement »

Le 19 avril, au salon rouge de l'Assemblée nationale, la Commission nationale sur l'avenir du Québec, présidée par Monique Vézina, remet son rapport. Faisant la synthèse de toutes les observations et recommandations des commissions régionales, l'organisme conclut que la souveraineté du Québec est la « seule option apte à répondre aux aspirations collectives des Québécois ». La Commission parle abondamment d'union économique avec le Canada et recommande même « que le projet de loi

---

58. Entrevue avec Jean-François Lisée, le 18 octobre 2000.
59. Entrevue avec Gérald Larose, le 8 octobre 2003.
60. Selon les souvenirs de Jean-François Lisée. Entrevues du 12 octobre 2000 et du 2 septembre 2003.
61. Entrevue avec Louise Beaudoin, le 10 septembre 2003.

indique qu'un Québec souverain pourrait proposer et négocier des structures politiques communes et mutuellement avantageuses ».

Comme le lui avait proposé son conseiller, Jacques Parizeau profite de l'événement pour occuper l'espace politique et mettre fin à la crise qui l'oppose à Lucien Bouchard. Il prononce un discours qui parle d'abord d'association *incontournable*, soit celle de la libre circulation des produits et services et l'adhésion à l'ALÉNA. Il présente ensuite une association *souhaitable* qui comporterait des institutions communes, telle l'instauration d'un tribunal de règlements des conflits. Il évoque ensuite l'association qu'il qualifie d'*envisageable*. Cette dernière consiste en une union d'ordre politique qui pourrait inclure un parlement commun. « En faisant cette gradation, explique Jean-François Lisée, Parizeau dit où il se situe tout en présentant la palette[62] [des options possibles]. » Jacques Parizeau indique clairement qu'il favorise avant tout l'association *incontournable* plutôt que celle qui est *souhaitable* ou *envisageable*. « Pour Parizeau, c'était la clé pour parler d'association », raconte Jean-François Lisée. « J'y retrouve mes convictions et mon combat », déclare le premier ministre.

Par une habile pirouette verbale, la grande cérémonie du salon rouge permet donc au premier ministre d'accepter le *virage* imposé par Lucien Bouchard. « Ce qui me fait changer de point de vue à l'égard de bien des choses, se plait à dire Jacques Parizeau, ce sont les conclusions des commissions régionales. Partout, il y a cette idée qu'il ne faut pas tout casser avec les Canadiens et qu'il faut trouver un moyen de s'arranger[63]. » Il peut ainsi prétendre s'appuyer sur l'opinion du peuple pour modifier son approche, plutôt que d'invoquer l'ultimatum du charismatique chef du Bloc québécois.

Puis, pour bien faire oublier le mot *virage*, rien de mieux qu'une nouvelle image. Jacques Parizeau brasse à nouveau les dés et relance le jeu en utilisant pour la première fois l'expression du « camp du changement ». Ce nouveau slogan, fort et mobilisateur, va faire oublier le mot *virage*. Afin de se sortir d'une situation politique délicate, Jacques Parizeau choisit encore une fois l'offensive plutôt que le repli. Mario Dumont réagit favorablement : « On a senti clairement, dans le discours d'aujourd'hui,

---

62. Le texte de ce discours est préalablement présenté au Bloc québécois et à André Néron de l'ADQ. Entrevue téléphonique avec Jean-François Lisée, le 30 janvier 2004.
63. Entrevue avec Jacques Parizeau, le 11 mai 1998.

qu'il y a une ouverture vers un changement[64]. » Il s'agit d'un « progrès marqué », observe-t-il.

Le lendemain, Jacques Parizeau et une bonne partie de la classe politique se rendent à Joliette pour les funérailles de la conjointe de Guy Chevrette. Depuis le rétablissement de sa foudroyante maladie, c'est la première fois que Lucien Bouchard se mêle directement au grand public. Jean Royer, qui ne peut être sur place, a pris soin d'envoyer son adjoint. « Ouvre grand tes oreilles, dit-il à Éric Bédard, c'est la meilleure façon de cueillir de l'information sur la perception des gens à l'endroit du gouvernement Parizeau. » L'adjoint se retrouve donc à Joliette au milieu de la foule. Quand la voiture de Lucien Bouchard se présente devant l'église, c'est par le plus grand des hasards qu'Éric Bédard se trouve posté juste à côté du véhicule. Il entend soudainement la foule émettre un grondement : « C'est Lucien Bouchard! C'est Lucien Bouchard! » Des gens disent : « Nous voulons le toucher. » Quand Lucien Bouchard descend de voiture, le jeune avocat se rend compte que cet homme a pris une autre dimension, bien plus grande que celle d'un simple politicien. Lucien Bouchard agit comme un aimant sur la foule. Sur le perron de l'église, il est accueilli avec ferveur. La foule semble le vénérer comme s'il était un miraculé. « C'était religieux, explique Éric Bédard. Quand il est arrivé, il y a eu des applaudissements. Et puis là, tu voyais des mains se tendre vers lui pour le toucher, comme s'il allait leur communiquer une énergie[65]. » Le personnel politique de Jacques Parizeau réalise soudainement que ce personnage a gagné énormément d'envergure. Ils sont dorénavant convaincus de la justesse du déplacement stratégique effectué la veille par leur chef.

## Les épées aux fourreaux

Après plus de deux semaines à agiter leur épée, les deux chefs souverainistes se décident à remettre leur lame au fourreau. Ils vont maintenant se consacrer à leur véritable ennemi : les partis fédéralistes. Le 22 avril, lors du congrès de l'Union des municipalités du Québec, Jacques Parizeau déclare : « La bisbille est terminée. Le rapport de la Commission nationale

---

64. Cité dans un article de Michel Venne : « Jacques Parizeau fait un pas vers l'union politique », *Le Devoir*, le 20 avril 1995.
65. Entrevue avec Éric Bédard, le 13 mars 2000.

vient de nous réconcilier. Nous allons, monsieur Bouchard et moi, faire cette campagne référendaire la main dans la main[66]. » Le 24 avril, c'est au tour de Lucien Bouchard d'affirmer, dans les couloirs du parlement fédéral : «J'ai confiance que nous allons gagner à l'automne. Je crois qu'avec le projet qui est en voie de définition, qui va regrouper tous les gens du camp du changement, tous les souverainistes, nous sommes en situation de faire un référendum qui va être gagnant à l'automne[67]. »

La réconciliation est officiellement célébrée lors de la réunion des Partenaires pour la souveraineté qui se tient à Montréal, le 28 avril, au bureau du premier ministre. Jacques Parizeau ne cache plus la possibilité que des formes d'association politique soient proposées et négociées avec le reste du Canada. «Je sais que je ne suis pas nécessairement l'intervenant le plus crédible pour négocier ce genre de chose avec le reste du Canada[68] », précise-t-il toutefois.

Ébranlé par les nombreux coups d'épée que Lucien Bouchard lui a infligés aux flancs, Jacques Parizeau se tourne vers son parti afin de mesurer la solidité de ses appuis. Le 26 avril, pour la seconde fois depuis qu'il dirige le Parti québécois, soit depuis 7 ans, il convoque à Québec tous les présidents de comté du Parti québécois ainsi que le Bureau national qui regroupe tous les dirigeants des différents comités du parti et les présidents régionaux[69]. La rencontre à huis clos se tient à l'Hôtel Hilton à Québec, vers 21 h 00.

---

66. Cité dans un article du *Devoir*, «Parizeau prend le *virage* – Nous allons, M. Bouchard et moi, faire campagne référendaire la main dans la main », le 24 avril 1995.
67. Cité dans un article de Chantal Hébert, «Référendum : au tour de Bouchard de monter dans le train de Parizeau », *La Presse*, le 25 avril 1995.
68. Cité dans l'article de Donald Charette, «Souveraineté-association – Parizeau s'avoue mauvais vendeur : le premier ministre compte sur la famille souverainiste pour convaincre le Canada anglais», *Le Soleil*, le 29 avril 1995.
69. Vers 1992, Jacques Parizeau, alors chef de l'opposition, avait réuni tous les présidents de comté afin d'avoir leur avis sur la pertinence ou non de rouvrir le débat linguistique. La loi 86, adoptée par les libéraux, permettait l'affichage commercial bilingue avec prédominance du français. Jacques Parizeau, partagé sur cette question, leur avait demandé s'il devait maintenir cette loi ou l'éliminer, advenant la prise du pouvoir. «Presque chaque président de comté avait parlé, se souvient Éric Bédard, alors président du comté de Bourget. Selon le décompte que Jacques Parizeau en avait fait, nous en étions à 50-50. […] Une telle marque de confiance avait été appréciée par Jacques Parizeau, qui promettait d'abolir la loi 86. Entrevue avec Éric Bédard, qui deviendra président du CNJ, le 2 août 2002. Confirmé par Jacques Parizeau. Entrevue du 31 octobre 2000.

À quelques heures seulement de cette importante rencontre, Jean Royer adresse ses recommandations par écrit au premier ministre : « Au début de votre exposé, vous devez leur rappeler que le gouvernement obtiendra au terme du prochain référendum le mandat de réaliser la souveraineté du Québec. Cet élément est non négociable. Après cela, sans minimiser les effets, vous leur indiquez que vous et l'ensemble du parti avez mal évalué la perception des gens concernant le maintien de l'espace économique. Il faut donc ouvrir le robinet du rêve. Vous devez leur expliquer qu'à partir des recommandations de la Commission nationale, il existe trois niveaux d'association : a) l'*incontournable*; b) la *souhaitable*; c) l'*envisageable*. Les présidents ont vécu douloureusement notre bisbille avec le Bloc. Vous devez leur donner une forme d'assurance à l'effet que les rapports ont été heureusement maintenus entre les deux grands partis et que, depuis une semaine, les rapports se sont intensifiés entre les deux organisations. La rencontre de ce soir avec les présidents de comtés sera un peu plus délicate que ne l'a été la rencontre avec le caucus des députés. Bien que nos présidents de comtés soient davantage disciplinés que nos députés, ils sont cependant moins dociles. Ils ont avec vous un lien de confiance fort[70]. »

« Je convoque tous les présidents de comté et ils en vient 119 sur 125, se souvient fièrement Jacques Parizeau. Je leur présente le partenariat tout en spécifiant que si cela ne marche pas, nous y allons quand même. Il y avait des gens qui disaient : "Avec le partenariat, de glissements en *virage*, on sera menottés comme en 1980." D'autres disaient, "On y va sans partenariat[71]". » Comme il est exceptionnel de pouvoir discuter de stratégie en présence du premier ministre du Québec, les gens qui assistent à la rencontre semblent plutôt respectueux envers leur chef. Quelques rares personnes seulement, dont le président du Comité national des jeunes, osent questionner la nouvelle orientation du président du Parti québécois.

---

70. Mémo de Jean Royer adressé à Jacques Parizeau et intitulé : « Rencontre avec les présidents de comté », daté du 26 avril 1995. Archives de Jacques Parizeau, ANQ, Montréal.
71. Entrevues avec Jacques Parizeau, le 27 avril et le 11 mai 1998.

## La conscience de Jacques Parizeau

Le jour même de cette réunion, le journal *Le Devoir* publie un article du journaliste Pierre O'Neill intitulé : « Le *virage* du Bloc – Les jeunes péquistes désapprouvent ». On peut y lire une déclaration d'Éric Bédard, le président du Comité national des jeunes, qui critique la proposition du Bloc d'aller vers un partenariat économique et politique : « Je suis convaincu qu'on ne gagnera pas un vote avec ça. [...] Dès que nos partenaires canadiens nous diront que ça ne les intéresse pas, les indécis vont retomber les deux pieds sur terre et on se retrouvera au même point. [...] Ne perdons pas trop de temps avec les scénarios d'association économique et d'union politique. J'ai peur que pendant ce temps, on oublie de convaincre les Québécois des vertus de la souveraineté[72]. »

Sans le savoir, le jeune homme de 26 ans exprime la pensée politique de Jacques Parizeau dans sa forme la plus brute, bien avant que des conseillers politiques, ses alliés ou des sondages n'aient pu la refaçonner pour lui donner un certain lustre. En son for intérieur, le leader péquiste ne peut qu'approuver l'analyse du jeune Éric Bédard. Mais dans les circonstances, Jacques Parizeau est incapable de tenir ce discours, son discours. Il en est à raccommoder ses alliances et, pour ce faire, il doit s'imposer à lui-même un certain silence. Par ailleurs, le but premier de cette rencontre est de recevoir un appui indéfectible de son parti, ce qui lui permettra de contrecarrer l'énorme influence de Lucien Bouchard sur la population. Bien que tout à fait conformes à la pensée politique du chef souverainiste, les propos d'Éric Bédard ne peuvent pas être entérinés par Jacques Parizeau.

Dans l'autocar nolisé par le Parti québécois qui transportait une partie des présidents de comté vers Québec, Éric Bédard s'était déjà senti comme un lépreux[73]. La plupart avaient de toute évidence lu l'article du *Devoir*. Monique Simard l'avait prévenu et sommé de ne pas s'adresser aux médias au moment d'entrer dans la salle du Hilton. À son arrivée, assailli par quelques micros, il respecte la consigne de la vice-présidente du parti. À l'intérieur, il aperçoit Jean Royer, qui lui fait signe de s'approcher. « Là, mon Bédard, lui dit-il sur un ton menaçant, tu vas me dire

---

72. Cité dans un article de Pierre O'Neill : « Le *virage* du Bloc – Les jeunes péquistes désapprouvent », *Le Devoir*, le 26 avril 1995.

73. Entrevue avec Éric Bédard, président du CNJ, le 2 août 2002.

qu'est-ce qui t'as pris de dire des choses semblables[74]!» Le président des jeunes est mal à l'aise. Il sait bien qu'il n'a pas eu le temps de consulter sa base avant d'émettre de tels commentaires. D'ailleurs, des présidents régionaux du Comité national des jeunes ont déjà déploré la situation.

Pendant l'assemblée, Éric Bédard se dirige malgré tout au micro et questionne la nouvelle stratégie que le chef désire emprunter. Tout au long de son intervention, à aucun moment Jacques Parizeau ne le regarde[75]. Pourtant, en écoutant le raisonnement clair et posé du président des jeunes péquistes, Jacques Parizeau a l'impression d'entendre sa propre conscience. Il refuse d'engager la conversation avec lui et va même jusqu'à déclarer en cours de réunion: «Ah! Vous savez, on essaie de faire des choses et puis là, il y a quelqu'un qui vient vous mettre le micro sous le nez et vous demande: "Qu'est-ce que vous pensez de l'article de Pierre O'Neill[76]"?» C'est une référence directe aux propos d'Éric Bédard. «J'étais dans mes petits souliers, raconte-t-il. Ça prenait une proportion… Je me faisais ramasser par les Bouchardiens et stigmatiser par le clan Parizeau. Ce soir-là, il n'y a pas eu de débat de fond. Tu n'étais pas tellement le bienvenu si tu critiquais, soutient Éric Bédard. Il fallait qu'il y ait un *happy end*[77].»

Quand il décrit cette soirée, Jacques Parizeau ne fait d'ailleurs jamais référence à l'intervention d'Éric Bédard: «Ça se met à parler, c'est très divisé. Et vers minuit, minuit quinze, une dame d'un comté de l'ouest de Montréal dit au micro: "Vous nous avez consultés, monsieur Parizeau, vous avez donné votre avis, nous vous avons donné le nôtre. Nous avons confiance en vous, maintenant décidez"[78]!» Jacques Parizeau jubile: «Ça, c'est le résultat d'années d'investissement! Ça vous donne tout un rapport de force[79]!» Son ami Serge Guérin se souvient du moral de Jacques Parizeau dans les jours qui suivent cette assemblée: «Il est ressorti de la réunion gonflé à bloc, ragaillardi et sûr que le parti allait être derrière

---

74. Propos attribués à Jean Royer et rapportés par Éric Bédard, président du CNJ. Entrevue du 2 août 2002.
75. Selon les souvenirs d'Éric Bédard, président du CNJ. Entrevue du 2 août 2002. Confirmé par Pierre-Luc Paquette, membre de la permanence du parti. Entrevue du 8 octobre 2002.
76. Propos attribués à Jacques Parizeau et rapportés par Éric Bédard. Entrevue du 2 août 2002.
77. Entrevue avec Éric Bédard, président du CNJ, le 2 août 2002.
78. Selon les souvenirs de Jacques Parizeau. Entrevue du 27 avril 1998.
79. Entrevues avec Jacques Parizeau, le 27 avril et le 11 mai 1998.

lui[80]. » «Ce qui est surtout impressionnant, reconnaît l'autre Éric Bédard, l'adjoint du chef de cabinet, ce sont les témoignages de confiance extraordinaires faits par les présidents de comté[81]. »

Au-delà de sa force de caractère et de sa conviction inébranlable en la souveraineté du Québec, Jacques Parizeau possède l'arme la plus puissante pour mener à bien son rêve : son parti. Cette arme, il la maîtrise à merveille. «Avec un mandat comme ça, vous descendez en enfer[82]! », s'exclame-t-il.

## Un attelage et bien des chevaux

Un grand sondage national réalisé du 1er au 12 mai par Michel Lepage, sondeur du Parti québécois, donne 53,8 % au OUI avec la nouvelle question, incluant l'association économique avec le Canada. «L'option du OUI est maintenant en avance dans tous les groupes d'âge de moins de 55 ans, fait remarquer Normand Brouillet. Toutes les régions du Québec placent le OUI en avance, sauf l'Île de Montréal, Laval et l'Outaouais[83]. »

Jacques Parizeau n'a pas attendu ces signaux pour mandater officiellement Michel Carpentier, afin qu'il puisse «proposer, coordonner et diriger l'action préréférendaire des ministres, délégués et députés pour les mois de juin à août 1995[84]. » Il doit déposer un plan «global, complet et détaillé de campagne référendaire» pour le 18 août. Jacques Parizeau lui a également demandé d'évaluer la possibilité de «modifier substantiellement la composition et le cheminement du comité technique» et de réévaluer le rôle de Normand Brouillet. Dans un mémo daté du 18 mai, Michel Carpentier lui suggère de le maintenir en poste : «Normand Brouillet, secrétaire général du comité technique, fait l'unanimité, tant à l'interne qu'à l'externe. Pour ma part, les nombreuses heures de conversation avec

---

80. Entrevue avec Serge Guérin, le 20 mars 2000.
81. Entrevue avec Éric Bédard, le 13 mars 2000.
82. Entrevue avec Jacques Parizeau, le 31 octobre 2000.
83. Cette information est tirée de la note de Normand Brouillet adressée à Jacques Parizeau et intitulée : «Sondage national – 1er au 12 mai 1995 (Michel Lepage)», datée du 19 mai 1995. Archives de Jacques Parizeau, ANQ, Montréal.
84. Selon la note de Michel Carpentier adressée à Jacques Parizeau et intitulée : «Proposition de plan d'action». Datée du 18 mai 1995. Archives de Jacques Parizeau, ANQ, Montréal.

Normand au cours de la dernière semaine me portent à vous suggérer qu'il s'agit de l'homme-clé pour garantir le succès de la prochaine campagne référendaire et cela, j'en suis profondément convaincu[85]. »

Pour ce qui est de modifier « le cheminement » du comité technique, là aussi Michel Carpentier le dissuade d'agir de la sorte : « à 3-4 mois du référendum [cela] aurait des conséquences très lourdes. (…) La non-préparation du comité technique ce printemps tenait à un seul élément : la très grande majorité des membres ne croyait pas à la tenue d'un référendum ce printemps. » Jean Royer se fait encore plus précis en pointant du doigt les membres du Bloc québécois[86].

Michel Carpentier accepte de devenir le représentant du premier ministre au comité technique, mais il repousse la proposition voulant faire de lui le grand architecte de la campagne préréférendaire et référendaire. « La dynamique référendaire comporte des particularités, des exigences et des complexités (deux et peut-être trois partis politiques, des partenaires plus exigeants mais aussi plus de militants) nettement différentes de celles des campagnes antérieures et surtout celle que j'ai dirigée… il y a quinze ans. Cette nouvelle culture, je la saisis fort mal, j'en prends acte, je la respecte mais je ne pourrais pas être efficace puisque je ne la connais pas », écrit-il dans un mémo adressé au premier ministre.

Jean Royer, Louis Bernard et le premier ministre vont toutefois convaincre l'homme de l'ombre de superviser les travaux de Normand Brouillet. Selon Jean Royer, les hésitations de Michel Carpentier s'expliquent par l'approche d'un front élargi adopté par Jacques Parizeau. « Nous, le référendum, on a décidé qu'on le ferait avec des partenaires, lui dit Jean Royer. Toi Michel, combien t'as fait en 1980 ? [en termes de votes] Combien t'as fait en 1980… ! Bon ben là, il faut qu'on ratisse plus large. » « Carpentier trouve que c'est un attelage avec bien des chevaux, confirme Jacques Parizeau. Moi, j'ai absolument besoin de nombreuses réunions avec de nombreuses personnes autour des tables. Il ne faut pas qu'un groupe nous claque dans les mains pour des futilités[87]. » Michel Carpentier est découragé par le nombre de réunions auxquelles assiste le premier ministre[88] :

---

85. *Idem.*
86. Entrevue téléphonique avec Jean Royer, le 19 août 2003.
87. Entrevue avec Jacques Parizeau, le 31 octobre 2000.
88. Le dialogue suivant provient des souvenirs de Jean Royer. Entrevue du 6 juin 2000.

— Comment fais-tu en sorte que Parizeau passe tant d'heures en réunion? reproche Michel Carpentier à Jean Royer.

— Il faut beaucoup de gens…

— On n'amène pas le président de la CSN à ce genre de réunion, suggère Carpentier.

— En 1980, la CSN était contre. Cette fois-ci, ce n'est pas ça. Dans les sondages, l'appui des femmes est faible. Alors toi Michel, que vas-tu faire pour les femmes? La Fédération des femmes du Québec, c'est important!

— Oui, mais Françoise David… sais-tu combien de temps ça va vous prendre! réplique Michel Carpentier, exaspéré.

— Il faut aussi *dépéquiser* l'option. C'est la grande différence avec toi et Lévesque en 1980.

Michel Carpentier trouve ce grand jeu un peu trop compliqué. L'éventualité d'une alliance avec un troisième parti – la prochaine manœuvre stratégique de l'équipe Parizeau – le rend également circonspect.

## La triple alliance

Dès le 24 avril, soit cinq jours après le discours de Jacques Parizeau sur l'association politique *envisageable*, le comité de stratégie référendaire est informé par Jean-François Lisée que «les conditions semblent actuellement réunies pour une convergence PQ-BQ-Partenaires-ADQ. Dès les jours prochains, des émissaires, d'abord du Bloc et du PQ, puis de l'ADQ, pourraient se rencontrer pour établir un cadre de référence commun et aplanir des divergences[89].»

Un échange entre Mario Dumont, Daniel Johnson et Jacques Parizeau, au cours d'une commission parlementaire, témoigne dans les jours suivants d'un véritable réchauffement politique entre l'ADQ et le Parti québécois. Alors que Daniel Johnson ridiculise la possibilité que les souverainistes en arrivent à une entente du type de celle que l'on connaît en Europe, Mario Dumont réagit en disant : «Si c'est l'opinion du chef de l'opposition, ce n'est pas la mienne, et je pense qu'il est possible d'en arriver là. Mais, pour en arriver là, il faut d'abord sortir de l'ordre constitutionnel fédéral actuel, et cela ne peut se faire que via une expression par

---

89. Note de Jean-François Lisée adressée au comité de stratégie référendaire et intitulée : «Deux parcours pour la suite». Datée du 24 avril 1995.

la population du Québec, dans un référendum, d'un droit à la souveraineté ou d'un mandat de souveraineté[90]. » Jacques Parizeau n'en croit pas ses oreilles ! Mario Dumont suggère même une question s'inspirant de celle élaborée par Louis Bernard lors des travaux de la Commission Bélanger-Campeau : « Acceptez-vous que le Québec déclare sa souveraineté si, après une période de négociations d'au plus de deux ans, une entente d'union économique et politique ne peut être conclue avec le Canada ? » Mario Dumont s'adresse ensuite directement au premier ministre : « Est-ce que ce squelette, cette construction de question présente un quelconque intérêt ? » Jacques Parizeau répond à Mario Dumont : « Je remercie le député de Rivière-du-Loup pour l'ouverture qu'il a manifestée. Ce que le député de Rivière-du-Loup, dans son intervention, a fait, c'est d'indiquer une sorte de démarche, un référendum destiné à, disait-il, un mandat sur la souveraineté, et puis des propositions faites ensuite au Canada. On se rapproche, là. Loin de moi l'idée de refuser à l'avance toute possibilité d'entente avec le Canada. Je pense qu'on peut faire un bout de chemin, un bon bout de chemin ensemble. »

À partir de ce moment-là, Jacques Parizeau mandate Jean-François Lisée pour ouvrir les négociations avec l'ADQ. Depuis quelques semaines déjà, le directeur général de l'ADQ et principal conseiller de Mario Dumont, un souverainiste du nom d'André Néron[91], parle à beaucoup de gens de son idée de faire une alliance à trois partis en prévision d'une campagne référendaire. Il en discute de façon plus élaborée avec Pierre-Paul Roy, le conseiller de Lucien Bouchard, qui accueille plutôt bien cette idée[92]. L'entente à trois, « c'est plutôt Pierre-Paul avec Néron, soutient Bob Dufour. L'ADQ ne voulait rien savoir de Parizeau. Dumont, dans ce temps-là, le gars en qui il avait confiance, c'était Bouchard[93]. »

---

90. Résumé des propos tenus lors des audiences de la Commission permanente des institutions, le jeudi 27 avril 1995, au moment où les parlementaires font l'étude des crédits du ministère du Conseil exécutif.
91. André Néron est un personnage au franc-parler, mais à la trajectoire nébuleuse. Il a été organisateur du Parti québécois, candidat à la direction de la Société Saint-Jean-Baptiste de Montréal, puis finalement directeur général de l'ADQ et conseiller de Mario Dumont. Peu de temps après la campagne référendaire, il quitte l'ADQ pour devenir chef de cabinet du nouveau leader du Bloc québécois, Michel Gauthier.
92. Entrevue avec André Néron, le 26 septembre 2000.
93. Entrevue avec Bob Dufour, le 20 janvier 2003.

Le premier mai, dans le plus grand secret, Jean-François Lisée rencontre finalement André Néron en compagnie de Pierre-Paul Roy. Il en fait rapport au premier ministre le lendemain. «Essentiellement, écrit Jean-François Lisée, monsieur Néron a indiqué qu'il y avait un *virage* au sein de l'ADQ depuis trois mois, ce qui explique la plus grande volonté du parti de faire des compromis pour s'inscrire dans le camp du OUI. Le principal élément de ce *virage* fut de faire en sorte que le Québec soit souverain en cas d'échec de la négociation d'union politique[94].» André Néron leur révèle ensuite que «des éléments au sein du parti insistaient pour qu'un redressement économique des finances publiques précède le référendum. Cette position a changé.»

Se montrant accommodant, André Néron dit à Roy et à Lisée que l'ADQ pourrait accepter de faire campagne avec le Parti québécois et le Bloc québécois, si «les adéquistes [pouvaient faire] campagne principalement sur une institution politique commune souhaitable, supposant la souveraineté. […] Monsieur Néron utilise le mot *parlement* commun, mais il indique que les députés pourraient être élus (désignés) par l'Assemblée nationale et non par suffrage universel.» Voilà qui plaît à Jacques Parizeau.

Pour pallier le «problème de crédibilité» que pourrait avoir Jacques Parizeau à défendre des institutions communes avec le Canada, l'ADQ suggère, dès cette première réunion, que le gouvernement désigne, en collaboration avec l'ADQ et le Bloc québécois, «un comité de négociation formé de personnalités plus fermement liées à l'idée d'institution commune. (…) Si le comité constatait ensuite qu'il n'y avait aucune volonté d'ouverture de la part du Canada, il le dirait. Après le délai prescrit (3 mois, 12 mois, 24 mois?) le Québec serait souverain, sans institution commune[95].»

Bien que le public l'ignore encore, les bases d'une entente tripartite sont donc établies dès le premier mai. Le 5 mai, l'ADQ rend public un document intitulé *La nouvelle union Québec-Canada, institutions et principes de fonctionnement*, qui présente sa politique constitutionnelle. Pour

---

94. Note de Jean-François Lisée adressée au premier ministre et intitulée : «Quelle marge de manœuvre pour créer une coalition? Rapport d'une rencontre avec l'ADQ». Datée du 2 mai 1995. Archives de Jacques Parizeau, ANQ, Montréal.
95. *Idem.*

la première fois, Mario Dumont y admet qu'un référendum donne au Québec le droit de réaliser la souveraineté.

Le 8 mai, nouvelle réunion secrète des trois partis[96]. Après une heure trente de discussion, les participants[97] concluent «qu'aucun différend insurmontable n'est pour l'instant identifiable». Si le Bloc québécois souhaite que l'offre «d'institution politique commune» et le délai de négociation soient inclus dans la question, l'ADQ insiste plutôt pour que le thème de l'union Québec-Canada y figure.

Conformément à ce qui est inscrit dans ce rapport de négociation, le Bloc québécois et l'ADQ prônent tous deux le concept de «parlement commun». L'ADQ souhaite même que les députés délégués par l'Assemblée nationale du Québec puissent être élus directement par la population, après une période de transition, ce à quoi s'opposent le Parti gouvernemental et le Bloc québécois.

On retient la proposition de l'ADQ qui porte sur la formation d'un «comité des sages associé à la négociation de l'institution commune». Jean-François Lisée parle plutôt d'un comité d'orientation et de surveillance des négociations. L'idée du partenariat est insérée dans ce document de travail. «L'entente semble possible», écrit-il dans sa note.

Étonnamment, alors que le leader du Bloc québécois n'a cessé d'exercer des pressions en faveur d'une *dépéquisation* du discours souverainiste, voilà que ses représentants s'opposent en privé à une présence accrue des Partenaires pour la souveraineté. «Conformément à la suggestion faite par le comité de stratégie, écrit Jean-François Lisée, nous avons proposé que les partenaires soient associés à une prochaine rencontre de négociation. L'ADQ a dit oui, mais le Bloc a jugé qu'une telle présence serait prématurée[98]. »

---

96. Les citations qui suivent relativement à cette rencontre proviennent de la note de Jean-François Lisée adressée au premier ministre et intitulée : «Relevé de la rencontre avec l'ADQ et le Bloc du 8 mai 1995». Datée du 8 mai 1995. Archives de Jacques Parizeau, ANQ, Montréal.

97. Il s'agit des personnes suivantes : Jean Royer, Jean-François Lisée, Gilbert Charland, Pierre-Paul Roy, André Néron, Claude Carignan (président du comité politique de l'ADQ).

98. Note de Jean-François Lisée adressée au premier ministre et intitulée : «Relevé de la rencontre avec l'ADQ et le Bloc du 8 mai 1995». Datée du 8 mai 1995. Archives de Jacques Parizeau, ANQ, Montréal.

## Une balle de neige en enfer

Dans les semaines qui suivent, Jean-François Lisée, Gilbert Charland et André Néron deviennent les principaux négociateurs d'une entente commune qui soudera les trois partis en prévision d'une campagne référendaire à l'automne. « Et c'est là où ça va être beaucoup plus compliqué, raconte Jacques Parizeau. Il y a quelque chose d'absolument fondamental dans mon esprit. Je ne veux pas que la souveraineté du Québec soit conditionnelle à quoi que ce soit ! Il va y avoir des pressions et des discussions musclées, mais il ne sert à rien de me prendre de front, raconte Jacques Parizeau, je n'accepterai pas. Tout le monde dans mon entourage le sait : vous ne traverserez pas Parizeau sur cette affaire-là[99]. »

De l'avis du premier ministre du Québec, « une forme de partenariat a autant de chances de se produire qu'une balle de neige de subsister en enfer. On peut bien rêver à tout ce qu'on veut, moi, je n'y crois pas[100] ! » Le régent est donc prêt à accepter l'idée d'une offre de partenariat économique et même politique avec le Canada, pourvu qu'un an après la victoire référendaire, avec ou sans entente, l'Assemblée nationale du Québec puisse proclamer la souveraineté. « Pour étoffer le partenariat, je suis prêt à donner n'importe quoi à la condition que l'on respecte en tout temps, dans tous les textes, cette idée que si les négociations échouent, on y va quand même[101]. »

Dans les trois ou quatre premières versions écrites de l'entente du 12 juin, Jacques Parizeau a l'impression que Lucien Bouchard influence Jean-François Lisée pour qu'il affaiblisse la portée du référendum. « Mon négociateur, qui est Lisée, va m'arriver avec des versions où il reste toujours des fils qui pendent, puis des morceaux qui traînent… Rageusement, j'enlève ça[102] ! » Jacques Parizeau biffe les passages qu'il juge incorrects, puis il indique clairement à son conseiller : « Non ! On ne va pas jusque-là ! »

Jacques Parizeau reste inflexible sur le principe d'une souveraineté inconditionnelle. S'il n'y a pas d'entente avec le Canada anglais, il est

99. Entrevues avec Jacques Parizeau, le 11 mai 1998, le 29 août 2000 et le 31 octobre 2000.
100. Entrevue avec Jacques Parizeau, le 19 septembre 2003.
101. Entrevue avec Jacques Parizeau, le 29 août 2000.
102. Entrevue avec Jacques Parizeau, le 31 octobre 2000.

déterminé à faire une déclaration unilatérale de souveraineté un an après le référendum. Bien des gens dans son entourage n'ont cependant pas la même ténacité. « Là, c'est loin d'être unanime, observe Jacques Parizeau. Beaucoup de gens changent de bord. La pensée de Bouchard là-dessus n'est pas linéaire. Il n'y a qu'un buté dans cet exercice-là, c'est moi! concède Jacques Parizeau. J'ai vu tout le monde changer de point de vue, revenir et dire : "Nous pourrions peut-être rendre cela conditionnel pour un petit nombre de décisions du Canada anglais?" J'ai dit non!» D'autres suggèrent de revenir devant la population et de tenir un autre référendum s'il se révèle impossible de négocier une entente de partenariat. «C'est non! Je prends le papier et le corrige, puis je le renvoie. Puis, Jean-François Lisée revient. Ce n'est toujours pas acceptable, alors on entre un mot, on déplace des virgules, on met un adverbe et je le renvoie[103]. »

Jean-François Lisée reconnaît que «pour monsieur Parizeau, ce n'est pas complètement naturel. Il est dans ce processus-là, mais on sent la difficulté jusqu'à la fin. Il bloque sur des mots, il a des mouvements de recul[104]. » Ainsi, quand son conseiller lui présente une version où il est écrit que «les trois partis proposent la souveraineté et une offre de partenariat…», Jacques Parizeau se braque, biffe des mots et inscrit plutôt qu'il s'agit de «faire» la souveraineté et de «proposer» un partenariat. «C'est une réticence presque émotive», explique Jean-François Lisée, qui vit alors des moments difficiles.

Le 9 juin, Lucien Bouchard et Mario Dumont rencontrent Jacques Parizeau à son bureau de Montréal. Les trois chefs conviennent d'une entente de principe. Il ne reste plus qu'au conseil général de l'ADQ, qui siège dans les jours suivants, à entériner le document.

Le texte de l'accord confirme que le référendum aura lieu à l'automne 1995. Il s'agit de «faire la souveraineté du Québec et proposer formellement un nouveau partenariat économique et politique au Canada, visant notamment à consolider l'espace économique actuel». En 1980, tient à expliquer Jacques Parizeau, «c'était une entente négociée, en 1995, il s'agit d'une offre formelle de partenariat, c'est très différent[105]!» On parle ensuite de «la mise en place d'institutions communes, y compris de nature politique». Il y aura aussi un comité de surveillance des négociations.

---

103. Entrevues avec Jacques Parizeau, le 29 août et le 31 octobre 2000.
104. Entrevue avec Jean-François Lisée, le 12 octobre 2000.
105. Entrevue avec Jacques Parizeau, le 25 mai 2000.

Tel qu'il était déjà indiqué dans l'avant-projet de loi du gouvernement du Québec, la déclaration de souveraineté doit survenir un an après la tenue du référendum. Si les négociations n'aboutissent pas, «l'Assemblée nationale pourra déclarer la souveraineté dans les meilleurs délais». On peut percevoir ici l'empreinte de Jacques Parizeau… Pour de nombreux analystes, la présence et la description sommaire d'institutions communes, tels le Conseil du partenariat et l'Assemblée parlementaire, constituent toutefois un important compromis de sa part.

## Des commentaires qui font « frire » *Monsieur*

Le lundi 12 juin, les trois chefs doivent se présenter au Château Frontenac pour signer officiellement l'entente tripartite devant un parterre de journalistes. Il s'agit de donner un spectacle, celui de l'unité des nouvelles forces souverainistes. Après la cérémonie, les trois chefs se rendent dans une suite du Château Frontenac. Jacques Parizeau, heureux du dénouement, offre le champagne à ses invités. Un photographe est sur place et prend quelques clichés. Lucien Bouchard est mal à l'aise. Il s'empresse de mettre en garde le photographe : il ne veut absolument pas que les photos soient publiées, ce qui donnerait l'impression au public que l'on fête avant l'heure. Que penserait-on d'eux[106] ? Gilbert Charland explique la pudeur de son chef de la façon suivante : « Il faut dire que les négociations ont été ardues, mais aussi que cela a trop l'air triomphaliste[107]. » Les photos ne seront jamais présentées au public.

La photo officielle des trois chefs signant l'entente du 12 juin sera cependant reproduite sur des milliers de cartons pendant l'été, mais Mario Dumont s'opposera toujours à ce que celle-ci soit utilisée sur des affiches ou des panneaux publicitaires lors de la campagne référendaire. André Néron confirme que le jeune homme a toujours répugné à se présenter publiquement aux côtés de Jacques Parizeau. Son conseiller principal n'hésite pas à qualifier de «niaiseries[108]» ce type de comportement qui provoque beaucoup de «chicanes à l'interne».

---

106. Entrevue avec André Néron, le 26 septembre 2000.
107. Entrevue avec Gilbert Charland, le 19 décembre 2000.
108. Extrait du livre d'André Néron, *Le temps des hypocrites*, Montréal, VLB Éditeur, 1998, p. 102.

Au bout du compte, Jacques Parizeau est satisfait de l'entente du 12 juin. Il croit ne pas avoir cédé sur l'essentiel. Pour lui, cette entente met fin aux débats idéologiques et remet en marche l'organisation référendaire. «Là nous sommes dans le dernier droit[109]», estime-t-il. Il ne se doute pas que certaines courbes viendront encore corser son parcours. Dès la première réunion des trois chefs le 27 juin, Lucien Bouchard propose «qu'une bonne enquête d'opinion soit préparée pour le début août, afin qu'ils puissent faire une évaluation éclairée de la situation à ce moment critique[110].» Lucien Bouchard a-t-il encore le pied sur le frein? Ce sondage pourrait-il avoir pour conséquence de repousser encore le référendum? «Monsieur Bouchard ne veut pas aller en campagne référendaire, s'il n'a pas une chance minimale ou raisonnable de gagner, répond Gilbert Charland, son chef de cabinet. Ça, c'est très clair[111]!» Jean-François Lisée le confirme: «Bouchard dit "Ne prenons pas la décision tout de suite, donnons-nous une plage d'évaluation quand on se reverra au mois d'août"[112].» Même l'ADQ «prend mal» cette suggestion de Lucien Bouchard, ajoute le conseiller Lisée.

Au cours de cette même rencontre, Lucien Bouchard suggère de mettre personnellement la main à la pâte pour aider le Conseil de la souveraineté dans sa recherche de financement privé. Jacques Parizeau réagit mal. Il refuse et indique, au procès-verbal de la réunion, qu'il est lui-même «en train de mettre de l'ordre dans cette opération». Le premier ministre désire garder la main haute sur certaines actions. De toute évidence, le *virage* du mois d'avril a amplifié la méfiance que les deux chefs nourrissent l'un envers l'autre. «Oui. Ça a laissé des traces[113]», confie Gérald Larose.

D'autres événements viennent aussi raviver les tensions entre les deux hommes. À titre d'exemple, le gouvernement de Jacques Parizeau prend une décision difficile et impopulaire quand il annonce la fermeture de neuf hôpitaux pour l'aider à mieux contrôler son déséquilibre financier. À Ottawa, Lucien Bouchard semble contester cette décision. Il déclare aux

---

109. Entrevue avec Jacques Parizeau, le 31 octobre 2000.
110. Projet de procès-verbal de la rencontre des chefs du 27 juin 1995. Vraisemblablement rédigé par Michel Carpentier.
111. Entrevue avec Gilbert Charland, le 19 décembre 2000.
112. Entrevue avec Jean-François Lisée, le 12 octobre 2000.
113. Entrevue avec Gérald Larose, le 11 juin 2003.

médias que ce geste aurait dû faire l'objet d'une plus large consultation. Au moment où Jacques Parizeau doit faire face à une baisse de popularité et à des manifestations d'insatisfaction devant certains hôpitaux, ce reproche arrive à un bien mauvais moment. Aux journalistes qui tentent de le faire réagir, il répond : «C'est la troisième fois en cinq minutes que je vous dis que je ne ferai pas d'autres commentaires que ceux que j'ai faits ce matin en Chambre, je peux bien vous le redire une quatrième fois[114]!» Jacques Joli-Cœur, le chef du protocole, se rend bien compte que les déclarations de Bouchard soulèvent la colère de son ami Jacques Parizeau : «Je sentais que lorsque monsieur Bouchard opinait sur des choses relevant de la compétence du Québec, y compris les coupures dans les hôpitaux, cela faisait frire au plus haut point le premier ministre[115].»

Le 31 juillet, Mario Dumont déclare dans *Le Devoir* que Jacques Parizeau «devra faire table rase de l'avant-projet de loi[116]». Il ne veut plus que, lors du référendum, les Québécois votent sur une loi. Le chef adéquiste donne encore plus d'éclat à sa sortie, en suggérant que Lucien Bouchard agisse comme négociateur en chef pour favoriser une entente de partenariat avec le Canada anglais. Gérer une triple alliance comporte décidément son lot de difficultés pour le premier ministre du Québec. Les prochaines semaines vont en receler bien d'autres.

---

114. Cité dans un article de Vincent Marissal : «Hôpitaux : Parizeau minimise les propos de Lucien Bouchard», *Le Soleil*, le 3 juin 1995.
115. Entrevue avec Jacques Joli-Cœur, le 18 juillet 2001.
116. Cité dans un article de Michel Venne : «Parizeau devra faire table rase de l'avant-projet de loi, dit Dumont», *Le Devoir*, le 31 juillet 1995.

# CHAPITRE 18

# Ténacité, courage et détermination

> « La politique sans dessein, c'est sans dessein. Donc si vous êtes élu avec un programme, vous le réalisez. Les sondages annoncent une défaite, on se frappe à un mur... eh bien, on va le faire tomber le mur ! »
>
> Jacques Parizeau[1]

Le 27 juin 1995, les trois chefs du « camp du changement » se réunissent une première fois afin de s'entendre sur le déroulement de la campagne référendaire. Michel Carpentier, qui assiste à la réunion, n'apprécie pas la façon dont elle se déroule. « Il fut quasi impossible d'obtenir des opinions fermes de la part de messieurs Bouchard et Dumont[2] », écrit-il dans une note. Quatorze personnes sont présentes. En vue de la prochaine rencontre des trois chefs qui se déroulera le 16 août, il suggère « que la participation à cette réunion soit restreinte aux directeurs de cabinet des trois chefs (Gilbert Charland, André Néron, Jean Royer) et au directeur général de la campagne (Normand Brouillet). Les autres membres du comité directeur seraient accessibles en antichambre. » Sans quoi, ajoute-t-il, « une quinzaine de personnes à émettre des opinions, c'est assez pour qu'aucune décision ne soit prise [...] et nous (du Parti québécois) serons minoritaires ».

---

1. Entrevue avec Jacques Parizeau, le 23 août 2000.
2. Note de Michel Carpentier adressée au premier ministre et intitulée : « La réunion des trois chefs, jeudi le 10 août, 10 heures à 15 heures », datée du 8 août 1995. Archives de Jacques Parizeau, ANQ, Montréal.

Mandaté pour coordonner le plan préréférendaire et référendaire, Michel Carpentier se transforme en véritable chef-instructeur, conseillant au premier ministre de diriger fermement cette réunion. « Si nous voulons être prêts pour la fin août », il faut une « stratégie pour obtenir des décisions », lui indique-t-il. « Si vous ne dirigez pas cette réunion, nous risquons fort d'obtenir davantage d'opinions que de décisions. D'autre part, ce leadership de votre part nous garantira le même leadership pour la réunion du 25 août qui, elle, devrait être décisionnelle sur l'ensemble du plan de campagne[3]. » Deux semaines auparavant, Michel Carpentier a « procédé à l'élaboration et à la réalisation d'échéanciers [pour permettre] de déclencher la campagne référendaire à l'automne[4]. » Il est écrit dans ce document que le dépôt de la question doit être fait « au plus tard le 13 septembre pour un référendum le 30 octobre. »

## Premier ministre mais vice-président?

Bien des violons doivent encore être accordés afin que les organisations des trois chefs puissent entreprendre une campagne référendaire aux accents symphoniques plutôt que cacophoniques. Pour assurer la direction du comité national du OUI, le Bloc québécois et l'Action démocratique souhaitent une coprésidence à trois. Cette suggestion déplaît à Jacques Parizeau. Lors de la réunion du 16 août, Michel Carpentier propose un compromis : les trois chefs pourraient coprésider le Comité national du OUI et laisser au premier ministre la présidence du Comité exécutif du OUI. Michel Carpentier souligne que cette proposition a le mérite de tenir compte « de la loi référendaire où il est prévu que le comité provisoire est formé et dirigé par le chef du parti majoritaire du OUI à l'Assemblée nationale[5]. » Mais Jacques Parizeau résiste : « Écoutez là…, moi, ça fait des années que je monte cette machine-là. C'est une sorte d'aboutissement. Sur le terrain, il n'y a personne d'autre que moi qui

---

3. *Idem.*
4. Note de Michel Carpentier adressée au premier ministre et intitulée : « Campagne préréférendaire, campagne référendaire : état de situation », datée du 24 juillet 1995. Archives de Jacques Parizeau, ANQ, Montréal.
5. Note de Michel Carpentier adressée au premier ministre et intitulée : « La réunion des trois chefs, jeudi le 10 août, 10 heures à 15 heures », datée du 8 août 1995 Archives de Jacques Parizeau, ANQ, Montréal.

contrôle la machine. Le comité national du OUI, c'est là où les vrais décisions se prennent. Je suis bien prêt à tous les problèmes d'image que l'on voudra, mais c'est moi qui ai le pouce sur le bouton[6]!»

Depuis plusieurs semaines, Jacques Parizeau subit des pressions de toutes sortes pour le convaincre de céder la présidence du comité du OUI à Lucien Bouchard. Un sondage Léger & Léger, publié le 22 avril, donne effectivement plus de votes au camp du OUI si c'est Lucien Bouchard qui le préside[7]. Selon Pauline Marois, bien des ministres sont sensibles à cet état de choses, dont «Guy Chevrette, Jacques Brassard et Louise Beaudoin[8]». Bernard Landry est celui qui insiste le plus : «On voit le déficit charismatique de Parizeau, alors nous lui soufflons à l'oreille que Bouchard doit être le chef du OUI, mais il refuse, [en] affirmant que la loi l'interdit. Il mentait, soutient Bernard Landry, j'ai vérifié la loi[9].» Jacques Parizeau soutient pour sa part que «personne n'en a jamais parlé au Conseil des ministres[10]» et il nie qu'il ait invoqué la loi pour écarter Lucien Bouchard de la présidence du Comité du OUI. «Je ne veux pas que le fonctionnement [de ce comité] se transforme en un Woodstock», précise-t-il, en donnant l'exemple du parti de Mario Dumont qui demande un financement pour une campagne autonome. «Je garderai la présidence jusqu'à ce que le comité du OUI ait approuvé ses budgets. Par la suite, si vous voulez plusieurs coprésidences, nous en aurons plusieurs[11].»

Plutôt partisan d'une présidence assumée conjointement par les trois chefs, Jean-François Lisée trouve «ridicule et politiquement malhabile[12]» l'idée de confier exclusivement à Lucien Bouchard la présidence du comité du OUI. «Monsieur Parizeau a eu raison de la refuser, si tant est qu'elle lui ait été directement présentée, précise-t-il. Bouchard, président du comité du OUI, cela aurait signifié dès le lendemain des éditoriaux sur

---

6. Entrevue avec Jacques Parizeau, le 31 octobre 2000.
7. Avec Lucien Bouchard à la présidence du camp souverainiste, le OUI recueille 42,6 % d'appuis contre 35,7 % avec Jacques Parizeau.
8. Entrevue avec Pauline Marois, le 12 février 2002.
9. Entrevue avec Bernard Landry, le 27 juin 2000.
10. Entrevue avec Jacques Parizeau, le 31 octobre 2000.
11. Propos attribués à Jacques Parizeau et rapportés par Jean Royer. Entrevue du 17 octobre 2002.
12. Courriel de Jean-François Lisée adressé au biographe et daté du 5 septembre 2002.

un Parizeau affaibli, amoindri, etc... Il fallait plutôt additionner les forces, pas saper une force avec l'autre[13]. »

Les rencontres entre les trois chefs ne sont donc pas de tout repos. Si « Lucien Bouchard fait des colères à la table, raconte André Néron, Jacques Parizeau, de son côté, est plus réservé[14]. » L'engagement du gouvernement à privilégier l'embauche de fonctionnaires fédéraux résidant au Québec, une fois la souveraineté réalisée, constitue notamment l'un des éléments de discorde entre les deux hommes. « Bouchard ne veut rien entendre[15] », écrit Jean-François Lisée au premier ministre. « Mais là-dessus, monsieur Parizeau met le poing sur la table[16] », confie André Néron. Le 21 juin, Jacques Parizeau a déjà annoncé qu'une entente de principe, convenue avec les syndicats québécois et canadiens, prévoit que « chaque Québécois membre de la fonction publique fédérale se verra offrir un poste à des conditions équivalentes à celles de son emploi actuel[17]. »

En tant qu'ancien péquiste, André Néron est « conscient de la difficulté pour le Parti québécois de revenir sur des positions prises depuis 25 ans[18] ». De plus, Pauline Marois, la présidente du Conseil du trésor qui supervise les négociations avec les syndicats, tient à cette promesse : « C'est un engagement et nous sommes assez intraitables sur nos engagements, explique-t-elle. Nous avons monté tout un dossier qui fait la démonstration que nous n'avons [pas notre juste part] de fonctionnaires fédéraux au Québec[19]. » Pauline Marois a vécu en Outaouais de 1969 à

---

13. Entrevue avec Jean-François Lisée, le 18 octobre 2000.
14. Entrevue avec André Néron, le 26 septembre 2000.
15. Note de Jean-François Lisée adressée au premier ministre et intitulée : « Rencontre avec ADQ et BQ sur le projet de loi », datée du 14 août 1995. Archives de Jacques Parizeau, ANQ, Montréal.
16. Entrevue avec André Néron, le 26 septembre 2000.
17. Cité dans un article de Michel Vastel, « Un emploi garanti - Entente de principe avec les syndicats pour l'intégration des fonctionnaires fédéraux dans un Québec souverain », *Le Soleil*, le 22 juin 1995. Le 23 octobre, Jacques Parizeau annonce qu'il n'y a pas de protocole d'entente avec l'Alliance de la fonction publique du Canada. La présidente du Conseil du trésor s'engage toutefois par écrit à l'endroit de ces fonctionnaires. Les négociations cessent, parce que la loi québécoise accorde aux syndicats de fonctionnaires du Québec le monopole pour négocier avec des fonctionnaires québécois.
18. Cité dans une note de Jean-François Lisée adressée au premier ministre et intitulée : « Rencontre avec ADQ et BQ sur le projet de loi », datée du 14 août 1995. Archives de Jacques Parizeau, ANQ, Montréal.
19. Entrevue avec Pauline Marois, le 21 janvier 2002.

1974 et qui a été responsable de cette région de 1989 à 1994, quand elle était député dans l'opposition, connaît très bien les enjeux liés à cette question. Jean-François Lisée, qui se considère un peu comme le gardien des commissions régionales, rappelle aussi à Jacques Parizeau que la Commission nationale, de même que celles de l'Outaouais, du Nord du Québec et du Saguenay «ont recommandé que le Québec garantisse l'embauche des ex-fonctionnaires fédéraux. Si vous décidiez de reculer sur ce point, les membres de la Commission de l'Outaouais feraient très certainement un peu de tapage[20]. »

## Le pays en question

Si Jacques Parizeau ne bouge pas sur la promesse faite aux fonctionnaires fédéraux, il se montre plus souple en ce qui a trait au remaniement des premiers articles du projet de loi sur la souveraineté. Le 14 août, de concert avec Jean-François Lisée et Louis Bernard, les chefs de cabinet de la triple alliance remodèlent ce document. L'article 1, qui se lisait comme suit : «Le Québec est un pays souverain», est complètement éliminé. André Néron et Gilbert Charland suggèrent «un texte un peu plus long, qui établit le mandat référendaire[21]. » Ils proposent plutôt la formulation suivante : «L'Assemblée nationale est autorisée, dans le cadre de la présente loi, à proclamer la souveraineté du Québec. Cette proclamation doit être précédée d'une offre formelle de partenariat économique et politique avec le Canada[22]. » Louis Bernard et Jean-François Lisée suggèrent au premier ministre d'accepter cette importante modification pour prouver que le camp du OUI bouge et pour éviter que le camp du NON ne «fasse grand cas d'un article 1 inchangé pour démontrer que c'est toujours la même vieille séparation[23]. » En contrepartie, Louis Bernard

---

20. Note de Jean-François Lisée adressée au premier ministre et intitulée : «Rencontre avec ADQ et BQ sur le projet de loi», datée du 14 août 1995. Archives de Jacques Parizeau, ANQ, Montréal.
21. *Idem.*
22. Tel que formulé dans le «Projet de loi sur l'avenir du Québec», présenté à l'Assemblée nationale le 7 septembre 1995.
23. Note de Jean-François Lisée adressée au premier ministre et intitulée : «Rencontre avec ADQ et BQ sur le projet de loi», datée du 14 août 1995. Archives de Jacques Parizeau, ANQ, Montréal.

propose que l'article deux définisse la souveraineté plutôt que le partenariat, comme le souhaiteraient Charland et Néron, et ce, «pour établir un sain équilibre.»

Le rapport de la réunion du 14 août nous apprend que «Monsieur Bouchard est réticent à ce que la question fasse une référence directe à l'existence du projet de loi». Il aurait préféré qu'elle ne fasse mention que de l'entente du 12 juin et de son virage. Encore une fois, c'est Louis Bernard qui dénoue le nœud gordien en suggérant que la question référendaire fasse référence aux deux documents, l'avant-projet de loi du gouvernement et l'entente tripartite. Gilbert Charland achète toute suite la proposition.

Au Conseil des ministres, quand Jacques Parizeau présente le nouveau projet de loi ainsi que la question référendaire, certains parmi les plus indépendantistes demeurent interloqués. Tel est le cas de Daniel Paillé : «On n'a même pas le mot pays dans la question[24]! s'exclame le ministre de l'Industrie, du Commerce, de la Science et de la Technologie. «Peut-on revenir à la vraie question?» demande-t-il à Jacques Parizeau qui ne répond pas. «Parizeau, quelquefois, a de grands silences.» «Le mot "pays" était dans la question, rappelle André Néron, mais Mario Dumont et Lucien Bouchard n'en voulaient pas. Parizeau a insisté, mais cela a finalement été rejeté[25].» Éric Bédard précise que des sondages testent la question avec le mot "pays" et que celle-ci ne performe pas très bien en termes d'appui populaire, «donc on enlève le mot "pays"[26].»

Par rapport à son plan de match original, Jacques Parizeau procède à un remarquable déplacement stratégique. Non seulement a-t-il accepté que les articles 1, 2 et 3 du projet de loi soient considérablement modifiés et fassent référence, de façon détaillée et explicite, à un partenariat économique et politique, mais il consent aussi à ce que le mot «souveraineté» soit évacué du titre du nouveau projet de loi. La loi sur la souveraineté du Québec se transforme ainsi en loi sur l'avenir du Québec. De plus, cet important document législatif ne sera adopté qu'après le référendum et non avant, comme il était prévu. En septembre 1995, le premier ministre se limite seulement à présenter la loi à l'Assemblée nationale du Québec.

---

24. Entrevue avec Daniel Paillé, le 3 mars 2000.
25. Entrevue avec André Néron, le 26 septembre 2000.
26. Entrevue avec Éric Bédard, adjoint au chef de cabinet, le 10 octobre 2000.

À Alma, le 15 août, la précampagne référendaire est lancée en compagnie des trois chefs. Le plan de communication indique que la «thématique générale de la soirée pourrait tourner autour du nouveau partenariat[27]: le partenariat entre ceux et celles qui croient à un changement, le partenariat dans un idéal pour l'avenir du Québec, le partenariat avec le Canada, le partenariat et l'égalité.» Au goût de Jacques Parizeau, cela fait bien des partenaires pour une souveraineté pratiquement absente de la soirée.

Lors de la première réunion des chefs, le 27 juin, Mario Dumont et Lucien Bouchard avaient déjà indiqué à Jacques Parizeau que «la vente doit se centrer sur ce qu'il y a de nouveau dans le projet et sur un certain nombre de mots simples, porteurs, qui seront constamment repris. Par exemple : entente, partenariat, changement, camp du changement[28].» Dans cette perspective, la déclaration de souveraineté qui doit devenir le préambule du projet de loi – la fameuse page blanche – fait concurrence au concept de partenariat.

Le 8 août, Michel Carpentier fait observer au premier ministre que le Bloc et l'ADQ souhaitent accorder «le moins d'importance possible à la promotion du préambule, tenant compte qu'il est axé sur la promotion de la souveraineté[29]». Gilbert Charland défend la position de Lucien Bouchard et insiste pour «que le préambule soit déposé simultanément avec le projet de loi, et qu'il n'y ait [...] aucun spectacle[30]» qui en souligne le lancement. Michel Carpentier, qui n'est guère impressionné par ces arguments, suggère au premier ministre de ne pas tenir compte des réticences de l'ADQ et du Bloc québécois et de laisser «le gouvernement répondre aux attentes des commissions régionales et [de permettre] à la majorité des militants du OUI d'être motivés.» Il faut soutenir «un lance-

---

27. Plan de communication présenté le 10 août. Archives de Jacques Parizeau, ANQ, Montréal.
28. Projet de procès-verbal de la rencontre des chefs du 27 juin 1995. Vraisemblablement rédigé par Michel Carpentier.
29. Note de Michel Carpentier adressée au premier ministre et intitulée : «La réunion des trois chefs, jeudi le 10 août, 10 heures à 15 heures», datée du 8 août 1995. Archives de Jacques Parizeau, ANQ, Montréal.
30. Note de Jean-François Lisée adressée au premier ministre et intitulée : «Rencontre avec ADQ et BQ sur le projet de loi», datée du 14 août 1995. Archives de Jacques Parizeau, ANQ, Montréal.

ment fort du préambule[31]», telle est la proposition de Michel Carpentier. «Ce qu'il gagne sur son histoire de préambule, c'est que l'on ne s'objecte pas[32]», ajoute quant à lui André Néron.

Jacques Parizeau a pris sa décision et est déterminé à faire de la présentation du préambule un événement grandiose. Déjà, au printemps, un impressionnant petit groupe de personnalités à la plume agile a été mobilisé pour rédiger ce texte fondateur. Le poète Gilles Vigneault, la dramaturge Marie Laberge, le professeur de droit Henri Brun, le sociologue Fernand Dumont et la constitutionnaliste Andrée Lajoie constituent le fer de lance de cette opération. Jean-François Lisée, qui a participé à la rédaction de cette déclaration et dont c'est l'idée, tient beaucoup à ce que le texte final soit présenté dans le cadre d'une grande cérémonie. À André Néron qui s'y oppose, Jean-François Lisée envoie une invitation dans laquelle il écrit, en boutade : «Vous auriez même le droit de ne pas applaudir[33]!»

## Les fidèles et les infidèles

Quand le Parti québécois prend le pouvoir pour la première fois, en 1976, Marielle Séguin est directrice des communications. Presque vingt ans plus tard, elle occupe une fonction similaire dans le gouvernement de Jacques Parizeau. En mars 1995, elle est nommée responsable du plan de communication pour la campagne référendaire et siège, à ce titre, au comité technique. Bien qu'elle ait de la difficulté avec le style austère de Jacques Parizeau et la distance qu'il maintient avec ses collègues de travail, elle trouve néanmoins que c'est un homme qui peut avoir «des idées visionnaires et extraordinaires[34].»

---

31. Note de Michel Carpentier adressée au premier ministre et intitulée : «La réunion des trois chefs, jeudi le 10 août, 10 heures à 15 heures», datée du 8 août 1995. Archives de Jacques Parizeau, ANQ, Montréal.
32. Entrevue avec André Néron, le 26 septembre 2000.
33. André Néron, *Le temps des hypocrites*, Montréal, VLB Éditeur, 1998, p. 102.
34. Entrevue avec Marielle Séguin, le 5 décembre 2000. Les relations entre elle et Jacques Parizeau, très bonnes au départ, vont devenir tendues au point où le chef du Parti québécois tiendra des réunions pour discuter du plan de communication sans sa présence.

Au comité technique, Marielle Séguin est témoin de tensions très vives entre les hommes de Jacques Parizeau et ceux de Lucien Bouchard. «Moi, je suis allée là pour rendre service, dit-elle. Je ne [suis pas allée] là pour faire carrière. Mais voilà que je me retrouve au milieu de gens qui se mangent littéralement. Et moi, je ne prends pas pour l'un ou l'autre, mais dès que je dis que monsieur Parizeau fait quelque chose de bien, la *gang* de Bouchard, composée de Bob Dufour et de François Leblanc, se lève aussitôt[35].» Le réflexe est identique, observe-t-elle, du côté du Parti québécois, lorsqu'elle appuie une proposition de Lucien Bouchard.

Cependant, elle critique plus vivement Pierre-Paul Roy, François Leblanc et Bob Dufour, du Bloc québécois. «Ils tiennent le mur de briques autour de Lucien Bouchard. Ils ne font pas vraiment autre chose à part de ça. Quand je regarde le comité que l'on formait, je dirais que les gens qui étaient toujours les plus actifs étaient ceux du PQ. Le Bloc québécois [était] présent, mais critique. C'est bien beau être critique, précise-t-elle, mais ils n'apportaient jamais [de suggestions]. Ils n'avaient jamais d'idées! À chaque fois qu'il y avait un événement politique, raconte Marielle Séguin, c'était du tatillonnage pour savoir qui parlerait en premier, dans quel ordre et pendant combien de temps[36].» Selon elle, les proches de Lucien Bouchard agissaient comme s'ils s'étaient dit : «Nous sommes les fidèles donc vous êtes les infidèles. Ce monde là travaillait pour le NON au lendemain du référendum. Ils étaient tellement sûrs qu'on ne le gagnerait pas, qu'ils se préparaient pour le lendemain.» Aucune preuve ou indice quelconque ne viennent appuyer cette affirmation lourde de conséquences, mais cette accusation dévoile tout de même l'ampleur des divisions qui opposent de façon larvée les fidèles de Jacques Parizeau et ceux de Lucien Bouchard.

## Entre les pinces du homard

Le 13 juin à 12 h 30, la limousine du premier ministre du Québec arrive devant la résidence de l'ambassadeur d'Allemagne, rue Coltrin, à Ottawa. Hans Sulimma accueille son hôte pour un dîner en compagnie de tous les chefs de mission de l'Union européenne. Il s'agit d'une réception

---

35. Entrevue avec Marielle Séguin, le 5 décembre 2000.
36. *Idem.*

privée qui se déroule sans la présence des médias. Comme la France assume la présidence de l'Union européenne et que c'est elle qui a pris l'initiative d'inviter Jacques Parizeau, c'est l'ambassadeur français, Alfred Siefer-Gaillardin, qui présente le premier ministre du Québec à ses quinze partenaires européens. Jacques Parizeau s'adresse ensuite aux diplomates pendant une dizaine de minutes. Vers 13 h 00, les invités procèdent à un échange officieux sous forme de questions et de réponses. À 14 h 30, Jacques Parizeau reprend la route de l'aéroport d'Ottawa.

Un mois plus tard, le 11 juillet, un article de la journaliste Chantal Hébert de *La Presse* présente les extraits d'un compte rendu du ministère canadien des Affaires étrangères, qui résume les confidences de l'ambassadeur de Hollande, Jan Fietelaars. Ce dernier raconte que le premier ministre du Québec a d'abord dit qu'il était parfaitement heureux de l'entente du 12 juin. Puis, « monsieur Parizeau a noté que ce qui comptait avant tout était d'avoir un OUI majoritaire de la part des Québécois. Après cela, ils seraient comme des homards jetés dans l'eau bouillante[37]. » De façon très peu élégante, cela laisse entendre que les Québécois seraient prisonniers de leur sort. La journaliste cite une deuxième source, l'ambassadeur de Belgique, Christian Fellens, qui soutient que Jacques Parizeau « voulait dire : "Vous entrez là et vous n'en sortez plus." » Chantal Hébert dit avoir en sa possession « des sources associées à deux autres ambassadeurs » qui confirment cette version des faits. Là où il y a mésentente, c'est sur l'allusion à la marmite. Certaines sources parlent plutôt d'une cage à homard.

L'histoire fait beaucoup de vagues. Jacques Parizeau se trouve alors en vacances dans le sud de la France, tandis que le vice-premier ministre est au Mexique. Cela ébranle suffisamment le gouvernement pour que Bernard Landry, depuis sa retraite, appelle l'ambassadeur de Hollande afin de recevoir des explications.

Le chef du protocole du gouvernement du Québec, Jacques Joli-Cœur, était présent à la résidence de l'ambassadeur. Il soutient n'avoir rien entendu de semblable de la part du premier ministre : « J'ai revérifié les comptes rendus et à moins que j'aie dormi tout à fait sur la *switch*, c'est une affaire, un montage assez exceptionnel de la part des services cana-

---

37. Chantal Hébert, « Après un OUI, les Québécois seront comme des homards », *La Presse*, le 11 juillet 1995.

diens sur la nature de ces propos et des échanges qui ont eu lieu. Mon anglais n'est pas parfait, mais je n'ai pas senti bouillir de homard à aucun moment! C'est une pure invention d'été[38]. » Jean-François Lisée, qui a lui aussi pris part à ce dîner, confirme à Chantal Hébert que la question de « la finalité d'un OUI » a effectivement été abordée, mais jamais en ces termes. « C'est épouvantable de dire des choses comme cela. » Jacques Parizeau, quant à lui, prétend qu'il a mentionné que jamais un peuple qui avait choisi un pays n'avait reculé par la suite, « ça n'existe pas[39]. » Il affirme qu'il n'a jamais parlé de homards piégés dans une cage ou en train de bouillir dans une marmite[40]. Bien que l'ambassadeur de Hollande nie par la suite que le premier ministre du Québec ait fait une telle allusion, l'entourage du premier ministre apprend que d'autres diplomates, dont l'adjoint de l'ambassadeur français, ont également entendu Jacques Parizeau utiliser cette expression[41]. L'image est si forte qu'elle sera reprise au cours du débat référendaire.

Le 15 août, Jacques Parizeau s'éloigne des pinces des homards pour se rendre à Alma où le camp du OUI lance la précampagne référendaire. Sur la même scène, les trois chefs sont réunis. Dans de tels événements, l'étiquette veut que le politicien le plus important parle en dernier. Mais comme l'assemblée se déroule dans le comté du chef du Bloc québécois, Jacques Parizeau accepte, à la surprise des médias, de laisser parler Lucien Bouchard après lui. Le discours du chef de l'opposition officielle du Canada dure également quinze minutes de plus que celui du premier ministre du Québec.

Le 26 août, lors du Congrès du Parti québécois, Normand Brouillet devient officiellement le directeur national de la campagne référendaire. Il en est lui-même surpris : « Je ne m'attendais pas à être utilisé, parce qu'on n'était pas très précisément dans un pique-nique! J'étais surpris de voir qu'à mesure que le temps passait, je regardais autour puis, on espérait toujours que je reste là. Cela m'amenait à déployer beaucoup, beaucoup d'énergie pour arriver à [répondre aux] différentes exigences de cette tâche-là. J'apprenais énormément, mais d'une certaine manière, je trouvais ça un peu énervant, parce que je n'étais pas sûr que c'était le temps

---

38. Entrevue avec Jacques Joli-Cœur, le 18 juillet 2001.
39. Entrevue avec Jacques Parizeau, le 5 septembre 2000.
40. Entrevue avec Jacques Parizeau, le 17 octobre 2002.
41. Entrevue téléphonique avec Jean-François Lisée, le 30 janvier 2004.

d'apprendre! Mais en même temps, il y avait beaucoup de gens autour. Donc, je m'appuyais beaucoup sur ceux qui avaient de l'expérience. Finalement, sans qu'on me le dise, [...] j'ai été appelé à jouer un rôle important dans tout ça et vers la fin de l'été, on m'a demandé d'assumer la direction générale de cette campagne[42]. »

## « Pour les gens de ce pays... »

Déjà le 31 mai, Marie Laberge et Gilles Vigneault avaient été invités au Conseil des ministres pour y faire la lecture du préambule du projet de loi sur la souveraineté du Québec. « C'est un des plus beaux moments que j'ai vécus au Conseil des ministres, rappelle Daniel Paillé. Ils l'ont lu… Ça a été un moment où là, tu perds toute notion de raisonnable et où tu dis : "Là, on part[43]". » Le 6 septembre, quand Jacques Parizeau arrive au Grand Théâtre de Québec pour assister au spectacle qui doit faire connaître au grand public ce texte fondateur, il espère qu'il aura le même effet sur les gens.

Parmi les invités, deux absents de taille : Lucien Bouchard et Mario Dumont, qui se moquent d'une telle activité. Pour Gilbert Charland, « cela s'inscrivait dans une espèce de triomphalisme prématuré, de mise en scène, d'une grandiloquence à rabais qui ne générait, selon l'analyse du Bloc, rien de positif et c'est pour ça que monsieur Bouchard n'est pas présent. [Cet événement] fait partie des *bibittes* à Lisée[44] », ajoute finalement le chef de cabinet de Lucien Bouchard. Il considère d'ailleurs que « la stratégie et l'analyse politique, ce n'était pas toujours la tasse de thé » du conseiller de Jacques Parizeau. Bob Dufour, directeur du Bloc québécois, partage la même opinion : « Le préambule? Ah! Je suis pas capable. C'est comme des espèces de grandes messes! C'est du folklore… Moi, j'appelle ça des grandes déclamations. Puis ça faisait encore "On va gagner[45]". »

« Bouchard craint d'offenser le monde avec des symboles déconnectés de la masse des gens, tandis que Parizeau, le positiviste, pense que les symboles bâtissent le caractère de la nation[46] », explique Éric Bédard, du

---

42. Entrevue avec Normand Brouillet, le 23 avril 2003.
43. Entrevue avec Daniel Paillé, le 27 mars 2000.
44. Entrevue avec Gilbert Charland, le 19 décembre 2000.
45. Entrevue avec Bob Dufour, le 20 janvier 2003.
46. Entrevue avec Éric Bédard, le 17 novembre 2000.

cabinet du premier ministre. «Bouchard et Parizeau ne partagent pas cette intuition que l'on fait un pays pour des raisons d'identité et de culture, croit la ministre Jeanne Blackburn. On ne fait pas un pays pour avoir le pouvoir, insiste-t-elle. On ne fait pas un pays pour décider que demain matin c'est comme ça que l'on va développer l'autoroute 40[47]!» «Moi, j'ai bien aimé, dit Gérald Larose. Le projet de la souveraineté, c'est un rêve et il faut célébrer cette dimension-là. On ne peut pas mobiliser des gens en étant uniquement rationnels, avec des chiffres, ce n'est pas vrai[48].»

Sur un fond de scène complètement noir, solennellement, Gilles Vigneault fait la lecture des premières phrases de la déclaration de souveraineté : «Voici venu le temps de la moisson dans les champs de l'histoire. Il est enfin venu le temps de récolter ce que semaient pour nous quatre cents ans de femmes et d'hommes et de courage, enracinés au sol et dedans retournés. (…) La Conquête de 1760 n'a pas brisé la ténacité de leurs descendants à demeurer fidèles à un destin original en Amérique. (…) Ni les tentatives d'assimilation, ni l'Acte d'union de 1840 ne sont parvenus à mater leur endurance.» Le fond de scène s'illumine peu à peu. La foule rassemblée au Grand Théâtre et les téléspectateurs qui écoutent en direct la retransmission à la chaîne spécialisée RDI réalisent qu'il s'agit d'un levée de soleil filmée, dans de grands espaces verts, par le cinéaste Michel Brault. «Pour les gens de ce pays qui en sont la trame et le fil et l'usure, pour ceux et celles de demain que nous voyons grandir, l'être précède l'avoir. Nous faisons de ce principe le cœur de notre projet», proclame ensuite Marie Laberge qui entre en scène à son tour.

En permettant une lecture publique et à grand déploiement de ce texte, Jacques Parizeau s'oppose non seulement à l'avis de ses deux alliés politiques, mais aussi aux analyses des sondeurs et des communicateurs qui lui suggèrent d'insister plutôt sur ce qu'il y a de nouveau dans la proposition référendaire, c'est-à-dire le partenariat politique. Jacques Parizeau s'entête à ne pas vouloir cacher son option. Il n'a pas peur des mots. Ayant déjà cédé aux demandes de Dumont et Bouchard en supprimant la première formulation de l'article 1 qui parlait clairement de pays du Québec, il tient à ce que la dernière phrase du préambule se termine ainsi : «Nous, peuple du Québec, par la voix de notre Assemblée nationale, proclamons : Le Québec est un pays souverain.»

---

47. Entrevue avec Jeanne Blackburn, le 14 août 2002.
48. Entrevue avec Gérald Larose, le 11 juin 2003.

La foule, remuée, se lève d'un seul bloc pour applaudir à tout rompre. Les gens aperçoivent alors un Jacques Parizeau fort ému. Il a du mal à claquer des mains tellement il est ébranlé par l'émotion. Il a peine à retenir ses larmes. L'armure du croisé menace de se briser sous la pression interne qui l'agite. Gilbert Charland s'étonne d'un tel débordement d'émotion chez Jacques Parizeau : «Lui…, il croit à ces moments-là[49]», se borne-t-il à déclarer. «Fondamentalement, je ne suis pas un émotionnel, explique Jacques Parizeau, mais je peux l'être quand je suis le *boss*, parce que là, j'ai très conscience des enjeux. Je suis responsable[50]. »

## L'hésitant et le persévérant

Cette divergence de vue entre Lucien Bouchard et Jacques Parizeau sur un événement de nature lyrique témoigne d'un désaccord politique beaucoup plus profond. «Depuis deux mois, le Bloc souhaite une plage d'évaluation pour décider si on y va ou si on n'y va pas! écrit, exaspéré, Michel Carpentier dans une note datée du 8 août. Quant à l'ADQ, qui a indiqué à plusieurs reprises sa participation à des activités conjointes à condition d'avoir la certitude que le référendum se tiendra à l'automne, elle se dit étonnée d'une possibilité de remise du référendum[51]. » André Néron raconte que cette histoire de «plage d'évaluation» signifie en fait «qu'on cherche des moyens pour retarder la tenue du référendum. Particulièrement monsieur Bouchard[52]. » Le 11 août, lors du caucus conjoint du Parti québécois et du Bloc québécois, Lucien Bouchard affirme que le train référendaire «ne peut plus être stoppé[53]», mais que «rien n'est irréversible».

«Monsieur Bouchard, ne veut absolument pas être le fossoyeur des Québécois, explique Bob Dufour. Il ne veut pas participer[54]» à une opération «qui va planter.» Lucien Bouchard hésite. Il songe à ne pas respecter l'échéancier fixé par Jacques Parizeau et à dépasser l'année 1995. «Jusqu'à

---

49. Entrevue avec Gilbert Charland, le 19 décembre 2000.
50. Entrevue avec Jacques Parizeau, le 6 juillet 1999.
51. Note de Michel Carpentier adressée au premier ministre et intitulée : «La réunion des trois chefs, jeudi le 10 août, 10 heures à 15 heures», datée du 8 août 1995. Archives de Jacques Parizeau, ANQ, Montréal.
52. Entrevue avec André Néron, le 26 septembre 2000.
53. Katia Gagnon, «Caucus conjoint du PQ et du BQ», *La Presse*, le 12 août 1995.
54. Entrevue avec Bob Dufour, le 20 janvier 2003.

la fin, il fera des pressions pour retarder [la tenue du référendum]», confie Bob Dufour.

Pendant cet été décisif, Lucien Bouchard, en vacances aux Îles-de-la-Madeleine, avoue à son ami Gérald Larose qu'il craint de s'engager dans un référendum à l'automne. Depuis le Parc Forillon, le leader syndical, également en vacances, reçoit plusieurs appels téléphoniques du chef du Bloc québécois : «On se parlait à tous les jours, confirme Gérald Larose. Il était réticent. Il disait qu'il fallait mieux "travailler le terrain", qu'il fallait… mais bon, ajoute Gérald Larose, on ne peut pas "travailler le terrain" si le signal de départ n'est pas donné[55].» Il conseille donc à Lucien Bouchard de respecter l'échéancier de Jacques Parizeau : «Ma thèse a toujours été de dire que c'est à partir du moment où tu convoques les gens à une échéance, que ceux-ci se mettent en route. Il faut que ça se fasse avant Noël. Je ne suis pas sûr de la victoire, mais il faut le faire[56].»

Pendant ce temps, Michel Carpentier dirige une machine qui est bien en marche. Le 12 juillet, il l'indique à Jacques Parizeau : «Nous avons atteint une majorité de OUI à la fin juin[57].» Le 8 août, il suggère clairement à son premier ministre de procéder : «On y va, à moins de circonstances totalement inconnues le 10 août et qui indiqueraient, de façon claire, que le OUI sera battu[58].» Jacques Parizeau n'a que faire des hésitations de son partenaire Bouchard. La «plage d'évaluation» lui semble plutôt inutile : «Mon Dieu, mon Dieu, mon Dieu! Quand le cheval est parti…[59]! (rires)» L'entente du 12 juin stipule noir sur blanc que le référendum aura lieu à l'automne 1995. Par conséquent, les trois chefs sont liés par ce document. De plus, Jacques Parizeau s'est engagé politiquement. «Nous nous étions commis à faire [un référendum en 1995], rappelle Louis Bernard. Bouchard, lui, n'est pas tenu par la promesse. [Pour nous, ne pas le faire], c'est une défaite aussi grave que de le tenir et

55. Entrevue avec Gérald Larose, le 8 octobre 2003. Les appels téléphoniques ont lieu autour du 19 juillet 1995, selon l'agenda de Gérald Larose.

56. Entrevue avec Gérald Larose, le 11 juin 2003.

57. Note de Michel Carpentier adressée à Jacques Parizeau et intitulée : «Programme préréférendaire du mouvement souverainiste (note de Normand Brouillet)», datée du 12 juillet 1995.

58. Note de Michel Carpentier adressée au premier ministre et intitulée : «La réunion des trois chefs, jeudi le 10 août, 10 heures à 15 heures», datée du 8 août 1995. Archives de Jacques Parizeau, ANQ, Montréal.

59. Entrevue avec Jacques Parizeau, le 31 octobre 2000.

de le perdre. [Ça laisse croire que] tu y crois tellement peu que tu n'es même pas prêt à le faire[60]. »

« La politique sans dessein, c'est sans dessein, estime Jacques Parizeau. Donc si vous êtes élu avec un programme, vous le réalisez. Les sondages annoncent une défaite, on se frappe à un mur… eh bien, on va le faire tomber le mur ! Sinon, tout devient l'art du possible, dénonce Jacques Parizeau. On commence alors à mettre de l'eau dans son vin et à faire des compromis. On peut faire des compromis sur l'ensemble des modalités, bien sûr, mais pas sur l'objectif, bordel ! La politique devient alors l'art de formuler des objectifs[61]. » Pour Jean Royer, c'est très clair : « S'il n'avait pas eu les résultats minimaux pour tenir un référendum, il n'y en aurait pas eu de référendum, mais Parizeau serait parti[62]. »

Jacques Parizeau ne comprend pas les hésitations de Lucien Bouchard. Il lui reproche de tenter par tous les moyens « de mettre tout le monde ensemble. Comme d'habitude, c'est un défi de négociation pour lui, c'est un négociateur. Je l'ai vu souvent faire ce genre de chose à partir de l'idée que la politique, c'est l'art du possible[63]. » Par définition, précise Jacques Parizeau, on ne peut pas avoir tout le monde de son côté.

Le chef souverainiste présente ensuite ce qu'il surnomme les « deux thèses péquistes ». La première consiste à croire que « les francophones sont des peureux. Dès qu'ils s'approchent d'une décision un peu radicale, ils commencent à être craintifs. Si nous voulons les garder de notre côté, il faut répondre à leur crainte en atténuant les positions qu'on a prises[64]. » Lucien Bouchard est un tenant de cette première thèse, prétend Jacques Parizeau, « mais il se trompe effrontément, dit-il. Il est vrai que la peur est un réflexe ancestral chez les Québécois, mais ceux-ci commencent à développer des anticorps contre la peur », croit-il. C'est précisément à

---

60. Entrevue avec Louis Bernard, le 27 avril 2000.
61. Entrevues avec Jacques Parizeau, le 23 et le 29 août 2000.
62. Entrevue avec Jean Royer, le 14 septembre 2000.
63. Entrevue avec Jacques Parizeau, le 29 août 2000. Le biographe précise ici aux lecteurs qu'il a tenté de diverses façons, à de multiples reprises, par l'entremise de plusieurs personnes et ce pendant trois ans, d'amener Lucien Bouchard à lui accorder une entrevue, lui offrant ainsi de répondre à ces accusations. Celui-ci a finalement fait part de son refus définitif le 28 août 2003. Dans un simple courriel adressé au biographe, monsieur Bouchard estimait préférable d'écrire lui-même ce qu'il aura à dire, « le cas échéant ».
64. Entrevue avec Jacques Parizeau, le 15 novembre 1999.

*À l'été 1995, malgré les hésitations de
Lucien Bouchard, Jacques Parizeau
est déterminé à tenir son référendum.
Photo de Jacques Nadeau.*

cette gênante tradition de peur qu'il s'est proposé de mettre fin. Personnellement, Jacques Parizeau penche plutôt en faveur de sa deuxième thèse qu'il définit comme suit : « Les Québécois sont peut-être peureux, mais on ne gagnera rien à leur faire encore davantage peur par les hésitations qu'on manifeste. Ils sont peureux, mais comme beaucoup de gens peureux, ils veulent avoir quelqu'un qui leur dise c'est par là qu'on s'en va. »

« Lucien Bouchard souffre du syndrome du Canadien français », prétend pour la première fois Jacques Parizeau. Et pour lui, les Canadiens français qui vivent au Québec[65], ce sont ceux qui « acceptent un *boss*. Un bon *boss* pour le restant de leurs jours. » Ceux qui portent le nom de « Québécois » sont, dans l'esprit de Jacques Parizeau, des gens plus nobles. « Ils ne sont pas tous des souverainistes, mais ils ne sont pas résignés. Quand ils se regardent, ils ne se trouvent pas laids ou honteux ou pitoyables…[66] »

---

65. Jacques Parizeau n'inclut pas dans cette définition les Canadiens français vivant hors du Québec et auxquels ce terme est généralement associé.
66. Entrevue avec Jacques Parizeau, le 16 août 1999.

« Lucien Bouchard a des réactions de perdant, dit-il. Jusqu'à la dernière minute, il se pose des questions d'orientations fondamentales. Ça, c'est tellement nous[67] », estime Jacques Parizeau. Mais cette attitude n'était-elle pas aussi le lot de René Lévesque ? « Non ! s'exclame le régent. Lévesque est d'une autre étoffe. Il avait le goût [de réaliser la souveraineté]. Ce qui lui manquait, c'était un peu d'assurance à l'égard d'enjeux économiques effrayants. » Et le « beau risque » ? Encore une fois, Jacques Parizeau défend son chef historique : « Lévesque a cru au "beau risque", parce qu'il a reçu d'énormes claques sur la gueule et cela a réussi à l'abattre. Il n'a jamais refusé de sauter un obstacle. Devant un obstacle, il n'a jamais hésité. » D'après lui, quand René Lévesque a refusé d'affronter les obstacles, il « le faisait à contrecœur. » C'est la raison pour laquelle Jacques Parizeau refuse obstinément de mettre René Lévesque et Lucien Bouchard sur le même pied. Au cours de cette explication, il évoque aussi Bernard Landry qu'il dit apprécier plus que Lucien Bouchard. « Landry ne recule pas devant une bonne bataille. »

## Quand le copilote frissonne

Vice-premier ministre, perçu comme le numéro deux du Parti québécois, l'opinion de Bernard Landry ne peut être ignorée par Jacques Parizeau. Or, celui qui en février évoquait l'image d'un Boeing disposant d'un court laps de temps pour annuler son décollage, ne se sent guère plus rassuré à l'été 1995. Lors d'une réunion du comité de stratégie, Bernard Landry a même le culot de demander à son premier ministre : « Si vous perdez, qu'est-ce que vous faites ? Démissionnez-vous[68] ? » Tous les participants autour de la table demeurent interloqués. Jacques Parizeau répond calmement : « Je suis capable d'assumer les conséquences de mes décisions[69]. » Le vice-premier ministre ajoute alors : « Je vous le dis tout de suite monsieur Parizeau, si vous ne tenez pas le référendum cette

---

67. Entrevue avec Jacques Parizeau, le 31 octobre 2000.
68. Propos attribués à Bernard Landry et rapportés par Jacques Parizeau. Entrevue du 31 octobre 2000. Confirmés par Lisette Lapointe et Monique Simard.
69. Propos attribués à Jacques Parizeau et rapportés par Monique Simard. Entrevue du 26 septembre 2000.

année, n'ayez pas l'impression que vous devriez démissionner[70].» Jacques Parizeau est furieux. Il sait très bien que s'il ne tient pas le référendum en 1995, il perdra la face. Il aura alors reculé devant l'engagement le plus important de toute sa carrière.

Dans la pièce, la tension est extrême. Monique Simard met la faute de ce curieux échange sur le compte de l'extrême nervosité qui contamine tout le monde. Les périls de la défaite deviennent trop visibles. Ce qu'elle en comprend, c'est que «Bernard Landry fait partie de ceux qui ne veulent pas prendre le risque de mettre le point final à leur rêve[71].» Lisette Lapointe, qui assiste à la réunion, est dans tous ses états : «Il faut voir ce que Landry fait comme menace à Parizeau! s'écrie-t-elle. C'est gros[72]!» Elle estime que son mari traverse alors un très mauvais moment. Elle a l'impression que l'on tente d'isoler son époux : «Landry a ses amis à la permanence, prétend-elle. Et tout le monde est alors en admiration devant Bouchard. C'est le sauveur!»

Daniel Audet, chef de cabinet de Bernard Landry, et Pierre Boileau, son conseiller spécial, révèlent que dans les premiers jours de septembre, Bernard Landry tente désespérément de convaincre le premier ministre d'arrêter la machine référendaire pour éviter un écrasement. «Nous sommes alors sur le point de déclencher officiellement la campagne, c'est très tard. Il est vraiment minuit moins une[73]», témoigne Daniel Audet. La rencontre se déroule à Saint-Adolphe, à la résidence d'été de l'épouse de Jacques Parizeau, le 25 septembre[74]. Les sondages sont alors désastreux pour l'option souverainiste : ils laissent poindre une défaite aussi cuisante qu'en 1980. «Il le rencontre seul à seul pour essayer de le convaincre de [retarder la tenue du référendum][75].» Jacques Parizeau a mis en marche les moteurs du Boeing, mais son copilote frissonne.

---

70. Entrevue avec Jean Royer, le 14 septembre 2000. Propos confirmés par Monique Simard.
71. Entrevue avec Monique Simard, le 26 septembre 2000.
72. Entrevue avec Lisette Lapointe, le 16 mai 2000.
73. Entrevue avec Daniel Audet, le 4 décembre 2002.
74. Bernard Landry se rend à Saint-Adolphe, après avoir assisté à un cocktail de financement du Bloc québécois qui s'est tenu en fin d'après-midi à l'Hôtel La Lorraine à Lachute. Maurice Dumas, ancien député du Bloc dans le comté d'Argenteuil-Papineau, était présent. Entrevue téléphonique avec Maurice Dumas, le 12 septembre 2003.
75. Entrevue avec Daniel Audet, le 4 décembre 2002.

Quand Bernard Landry arrive à Saint-Adolphe, Pierre Boileau, qui l'accompagne, reste dans la voiture ministérielle, pendant que son patron pénètre dans la maison. Environ une heure plus tard, Bernard Landry revient à la voiture. Il semble bien que le commandant en second de la brigade légère s'est rallié à son général. «Ça a été déterminant, raconte Pierre Boileau. Landry a pris conscience qu'il n'y avait plus rien à faire. Parizeau l'avait convaincu[76].» Bernard Landry téléphone immédiatement à son chef de cabinet qui attend impatiemment les résultats de cette rencontre. «Il m'a appelé de sa voiture tout de suite après la rencontre pour me dire : "Non, non, il n'y a rien à faire, on y va et on avance[77]."»

## Un seul homme peut changer le cours de l'histoire

«Depuis notre rencontre du 24 juillet dernier, écrit Michel Carpentier à Jacques Parizeau, les dossiers préréférendaire et référendaire ont évolué de façon significative et me permettent de vous suggérer que l'équipe du OUI sera prête, comme prévu, pour le déclenchement d'une campagne au moment que vous jugerez opportun[78].» Dans cette note datée du 22 août, le superviseur félicite le coordonnateur : «Je m'en voudrais de ne pas souligner l'ampleur et l'excellence du travail accompli en deux mois et demi par le comité technique que dirige brillamment Normand Brouillet.» Il termine sa lettre par la phrase suivante : «Veuillez accepter, Monsieur le Premier Ministre, l'expression non seulement de notre plus haute considération mais, également, de notre plus grande admiration pour votre ténacité, courage et détermination.» Michel Carpentier fait partie de ces initiés qui ont été témoins des incessantes pressions exercées sur Jacques Parizeau, afin qu'il retarde le référendum. Le régent vient en effet de prouver à tous ceux qui en doutaient encore qu'un seul homme peut parfois changer le cours de l'histoire. Sans sa présence à la tête de l'État québécois, jamais il n'y aurait eu de référendum en 1995.

«Sur la souveraineté, estime Jean-François Lisée, Jacques Parizeau a un rôle déterminant. Sans lui, il se serait passé autre chose et, fort proba-

---

76. Entrevue avec Pierre Boileau, le 20 septembre 2002.
77. Entrevue avec Daniel Audet, le 4 décembre 2002.
78. Note de Michel Carpentier adressée au premier ministre et intitulée : «Campagne préréférendaire, campagne référendaire : état de situation au 20 août 1995», datée du 22 août 1995. Archives de Jacques Parizeau, ANQ, Montréal.

blement, il ne se serait rien passé. Compte tenu de l'état de l'opinion publique, au moment de l'élection, sur la question de la souveraineté, il fallait faire preuve de volontarisme. C'est lui qui a fixé l'échéancier : un référendum en 1995, sans se commettre sur le printemps. Il [nous] oblige tous à agir. Il met tout un processus en branle. Il surveille chaque étape et pousse la roue : études, commissions, nominations, politique étrangère, projet de loi, Conseil de la souveraineté, mobilisation des partenaires, préparation de la négociation post-oui, préparation de l'opération financière post-oui. Il est extrêmement actif. Si on le retire du jeu, il n'y a plus de jeu, explique Jean-François Lisée. Dit autrement, si Lucien Bouchard avait été premier ministre souverainiste en septembre 1994, avec le même état de l'opinion publique, il n'y aurait pas eu de référendum en 1995[79]. »

« Moi, j'ai toujours cru qu'on peut amener des gens à prendre des décisions substantielles quand on les provoque, estime Gérald Larose. Spontanément, le peuple comme les groupes sont toujours dans des positions attentistes. Donc, dans le leadership, il faut reconnaître à Parizeau qu'il a formidablement bien déployé son jeu de telle sorte que même si on partait en bas, il a provoqué le mouvement. Et ça, je trouve que personnellement c'est un art qui n'est pas toujours bien exercé. Lui, il l'a exercé, je dirais en donnant des frissons dans le dos à bien du monde...[80] »

Si tout le monde tremble autour du premier ministre, dans son cercle rapproché, personne n'exprime de doute sur la nécessité de procéder à un référendum avant la fin de l'année 1995. L'équipage est sur le pont du navire et obéit au capitaine qui tient fermement la barre. Pourtant, la mer est mauvaise. Il y a risque de naufrage. À la fin du mois d'août, le lieutenant de Jacques Parizeau, Jean Royer est alors convaincu d'une défaite référendaire. Il prévoit un résultat qui ne dépassera pas 45 % d'appuis pour le OUI. « Moi, c'est mon impression, on va faire 45 %. Ce qui sera déjà pas mal plus que ce que l'on avait fait au référendum de 1980[81]. » Jean Royer est donc prêt à affronter la défaite. « Je ne peux pas m'imaginer, à ce moment-là, comment on pourrait arrêter la tenue du référendum, à moins que Jacques Parizeau annonce sa démission. » Ce qu'il ne fera pas.

---

79. Courriel de Jean-François Lisée adressé au biographe, daté du 5 septembre 2002.
80. Entrevue avec Gérald Larose, le 11 juin 2003.
81. Entrevue avec Jean Royer, le 3 octobre 2002.

# Les plans du pays

> « *Vous pourriez [dès le lendemain du référendum]
> mettre sur pied un comité de transition qui rempla-
> cerait le comité des priorités [...] Et dès janvier
> [1996], vous pourriez procéder à une restructuration
> politique et administrative d'envergure, c'est-à-dire
> celle d'un pays.* »

Michel Carpentier[1],
extrait du plan postréférendaire

U ne semaine avant le référendum, Jean Campeau, le ministre des Finances, se présente au bureau du premier ministre accompagné de son sous-ministre, Alain Rhéaume. « Monsieur Parizeau, vous pouvez être fier de nous[2] », dit-il en déposant devant lui un document d'une cin-quantaine de pages intitulé *Plan d'action – financement et marché finan-cier*[3]. Le principal auteur en est Marcel Leblanc, sous-ministre associé aux Finances et responsable des politiques et des opérations financières. Ce

---

1. Note confidentielle rédigée par Michel Carpentier, secrétaire général du futur comité des priorités, adressée au premier ministre et intitulée : « Élaboration d'un plan d'action gouvernemental postréférendaire », datée du 24 octobre 1995. Archives de Jacques Parizeau, ANQ, Montréal.
2. Propos attribués à Jean Campeau et rapportés par Jacques Parizeau. Entrevue du 27 avril 1998.
3. Aussi appelé « Le plan O » pour « obligations » du Québec.

précieux rapport contient toute la stratégie du ministère des Finances dans l'éventualité d'un OUI. Il constitue ni plus ni moins le carnet de bord d'un gouvernement soucieux de gérer les événements plutôt que d'être ballotté par eux.

Jacques Parizeau est fier comme un paon. Il est particulièrement bien placé pour évaluer tous les progrès accomplis par le Québec en matière d'administration publique et de gestion financière : maintenant plus de trente ans qu'il a pris du service dans la fonction publique québécoise. « Je n'ai jamais commandé ce plan, confie-t-il, mais j'ai toujours pris pour acquis que ce serait fait[4]. »

Le document conclut que le ministère des Finances du Québec, Hydro-Québec et la Caisse de dépôt et placement ont besoin de 17 milliards de dollars de liquidités pour affronter l'éventuelle tempête financière qu'une victoire du OUI risque de déclencher. « 10 milliards, je croyais que ce serait suffisant. J'ai été surpris de voir les 17 milliards[5] », raconte Jacques Parizeau. Or, le document du ministère indique que ce montant est déjà amassé. Jean Campeau révèle que le ministère des Finances est fin prêt pour un référendum depuis la fin de l'année 1994 et peut compter sur 6 milliards de dollars : « Notre budget d'emprunts est complété, nos marges de crédit ont été reconfirmées avec les banques, nos contacts ont été refaits avec les banques étrangères, surtout américaines. Le budget d'emprunts d'Hydro-Québec est [également] complété bien avant le référendum[6]. » Hydro-Québec a un peu plus de 3 milliards de dollars[7].

Pour ce qui est de la Caisse de dépôt et placement, le président Jean-Claude Scraire confirme lui aussi cet état de fait : « À la fin de 1994, nos équipes de placements obligataires avaient déjà augmenté les liquidités[8]. » La Caisse s'est également négocié une marge de crédit d'environ un milliard de dollars[9]. Elle a des « réserves liquides » d'approximativement 8 milliards de dollars. Conformément à ce plan, le triangle financier de l'État québécois, formé par Hydro-Québec, la Caisse de dépôt et place-

---

4. Entrevue avec Jacques Parizeau, le 17 octobre 2000.
5. Entrevue avec Jacques Parizeau, le 11 mai 1998.
6. Entrevue avec Jean Campeau, le 18 octobre 2000.
7. Une source anonyme confirme ces chiffres.
8. Entrevue téléphonique avec Jean-Claude Scraire, le 13 septembre 2000.
9. Information provenant d'une personne travaillant à la Caisse de dépôt et placement et souhaitant conserver l'anonymat. Cette personne sera désignée ici sous le vocable de « première source de la Caisse ».

*Jean Campeau, ministre des Finances, et Jacques Parizeau, tous les deux fort satisfaits du plan secret visant à protéger les titres du Québec, advenant la victoire du OUI.*
*Photo de Jacques Nadeau.*

ment et le ministère des Finances, bénéficie ainsi d'une année pendant laquelle il n'aura pas à aller emprunter sur les marchés et sera capable de soutenir la valeur des obligations du Québec[10].

## La Caisse : le « mainteneur » de marché

Jacques Parizeau, qui fut l'un des bâtisseurs de la Caisse de dépôt et placement du Québec, est particulièrement satisfait du rôle que cette institution peut jouer pour rendre possible l'autodétermination politique du Québec. En tant que plus gros gestionnaire d'obligations au Canada, elle a pour mandat de maintenir la valeur des titres du Québec, projet de souveraineté ou non. « Nous sommes le grossiste, l'entreposeur des *Québecs*[11], confie une source dirigeante de l'institution. Une baisse brutale n'est pas souhaitable pour nous. On ne veut pas que les gens disent : "J'ai

---

10. Entrevue avec Jean Campeau, le 18 octobre 2000.
11. Surnom donné aux obligations du Québec.

500 millions de *Québecs* à vendre et personne ne veut me les acheter." C'est très mauvais. Il faut toujours dire : nous, à la Caisse, nous allons vous mettre un prix. C'est ce qu'on appelle un *mainteneur* de marché[12]. » Avec en poche au moins 8 des 17 milliards mentionnés dans le plan d'action, la Caisse est le pilier du triangle financier du gouvernement du Québec[13]. C'est le plus gros joueur.

Si la valeur des *Québecs* chute au lendemain d'un vote favorable à la souveraineté, la stratégie de la Caisse est simple : elle vend à profit les obligations américaines qu'elle détient – des titres liquides que l'on peut vendre rapidement et en grande quantité sans craindre de faire baisser leur prix – et rachète à bas prix les *Québecs*[14]. « Dans des opérations de début de panique, explique Jacques Parizeau, c'est toujours celui qui a de l'argent qui gagne. Il s'agit de vendre du court terme pour acheter du long terme qui dégringole[15]. »

Jacques Parizeau prétend qu'en prévision du référendum, « des entreprises privées, dont Merrill Lynch, se sont aussi avancées des marges de crédit pour au moins 2 milliards de dollars[16]. » Leur but est de faire de l'argent sur le dos d'investisseurs trop nerveux. « Il y en a qui profitent de la peur de certains[17] », raconte le docteur en économie. Il faut donc conserver un certain sang-froid. « La Caisse ne doit pas acheter dans la première heure », précise-t-il. Elle doit plutôt attendre, laisser les valeurs chuter, puis racheter peu de temps avant que le marché ne se remette éventuellement à remonter.

Pendant la campagne référendaire, Jean Labrecque, premier vice-président chez Lévesque & Beaubien et vieux complice de Jacques Parizeau[18], maintient d'étroites relations d'affaires avec Bernard Lauzon, conseiller économique du premier ministre. Parfois, les deux hommes se téléphonent trois fois par jour. Ils ne sont pas les seuls…

---

12. Entrevue avec la première source de la Caisse.
13. Montant confirmé par la première source de la Caisse. Jean Chartier, ex-journaliste au journal *Le Devoir* et directeur des communications au secrétariat à la Restructuration en 1994-1995, a écrit un article à ce sujet dans la revue *L'actualité* et intitulé : « Plan O : l'opération secrète de Parizeau », le 1er juin 1996.
14. Entrevue avec Jean Campeau, le 18 octobre 2000.
15. Entrevue avec Jacques Parizeau, le 25 mai 2000.
16. Entrevue avec Jacques Parizeau, le 25 mai 2000. Une information qui n'a pu être validée.
17. Entrevue avec Jacques Parizeau, le 11 mai 1998.
18. Il a été fait mention de leurs relations dans les deux tomes précédents.

«À ce moment-là, c'est vrai que l'on se parle beaucoup, révèle la source de la Caisse. Alain Rhéaume, du ministère des Finances, Michel Nadeau, directeur-général adjoint de la Caisse, et Daniel Leclair, vice-président finance et trésorerie chez Hydro-Québec, discutent, mais il n'y a jamais de rencontres formelles ou de stratégie concertée, parce que nous n'en avons pas besoin[19].» Dans le secteur privé, les trois plus grandes institutions financières québécoises, le Mouvement Desjardins, la Banque Nationale et la Banque Laurentienne, sont également dans le coup[20].

## Ne pas être nus devant Toronto

Dans un article publié en 1996 dans la revue *L'actualité*, Jean Chartier présente les témoignages de Jean-Guy Langelier, président et chef de la direction de la Caisse centrale du Mouvement Desjardins, de Henri-Paul Rousseau, président de la Banque Laurentienne, et de Jean Turmel de la Banque Nationale. Ils confirment tous avoir augmenté leurs liquidités en raison de la situation politique. Avec 2,5 milliards pour la Banque Laurentienne, 12,5 milliards pour la Banque Nationale et 5 milliards pour le Mouvement Desjardins, cela fait un montant de 20 milliards de dollars qui s'ajoute aux 17 milliards du gouvernement du Québec. «Nous avons parlé à la Banque Laurentienne, à la Banque Nationale, à la Caisse centrale Desjardins et à Hydro-Québec, raconte une source à la Caisse. J'ai personnellement fait le tour. Nous sommes les quatre ou cinq grands intervenants québécois et nous nous sommes dit : s'il y a des gens qui veulent bazarder des obligations du Québec rapidement, combien sommes-nous capables d'en ramasser dans des conditions intéressantes[21].»

Tricoté serré et animé d'une puissance toute nouvelle, le «Québec inc.» est prêt à montrer ses muscles comme jamais il ne l'a fait dans le passé. Ces institutions financières demeurent toutefois soucieuses, d'abord et avant tout, de protéger leurs placements plutôt que de favoriser la

---

19. Entrevue avec la première source de la Caisse.
20. Ce que confirme une enquête de Jean Chartier, un ancien directeur des communications au secrétariat à la Restructuration. Redevenu journaliste par la suite, il écrit un article à ce sujet paru dans la revue *L'actualité* et intitulé : «Plan O : l'opération secrète de Parizeau», le 1er juin 1996.
21. Entrevue avec la première source de la Caisse.

souveraineté. «Il est clair, raconte la source de la Caisse, que je ne peux laisser les Anglais, les étrangers, bazarder nos titres. Il faut que je protège mon portefeuille. Hydro fait la même chose, tout comme Turmel de la Banque Nationale, Langelier de la Caisse centrale Desjardins et Rousseau à la Laurentienne. Il faut dresser les inventaires et ne pas agir trop vite… laisser les *paniqueux* paniquer… puis ramasser[22].»

La source de la Caisse souligne toutefois que les têtes dirigeantes n'entrent jamais en communication directe avec le premier ministre du Québec : «C'était plutôt avec Jean Campeau, mais surtout avec des sous-ministres. Monsieur Parizeau veut montrer aujourd'hui qu'il n'était pas qu'un gendarme d'opéra et qu'il était maître à bord et que ces six institutions étaient de braves lieutenants qui marchaient au pas. Ce n'est pas ça la réalité, pas du tout. Henri-Paul Rousseau et la Banque Nationale ne sont pas prêts à marcher droit[23]. Turmel et Rousseau ne veulent pas se mobiliser dans un effort national. Eux, ils gèrent d'abord le bilan de leur banque. Mais en même temps, nous, les institutions financières, nous nous sommes dit : est-ce que l'on va se mettre tout nus devant les gens de Toronto? Ce qu'on a fait, c'était trop peu pour Parizeau, mais c'était beaucoup trop pour Toronto[24].»

Tout ce plan d'action ne vise cependant qu'à maintenir la valeur des obligations du Québec. Pour ce qui est du dollar canadien, cette tâche revient à la Banque du Canada. «Cette institution devient responsable de la valeur du dollar canadien dans les jours qui suivent une victoire du OUI. Nous, on s'occupe des obligations du Québec et des titres libellés en dollars canadiens, rappelle Jacques Parizeau. Ne tirez pas sur le Québec, vous vous tirez dans le pied[25]», dit-il au gouvernement fédéral. «J'ai toujours soutenu que le premier appel que je recevrais après un référendum gagné viendrait du gouverneur de la Banque du Canada.» Entre-temps, Bernard Bonin, premier sous-gouverneur de la Banque du Canada, a déjà établi certains contacts avec le ministère des Finances du Québec, en prévision du référendum.

---

22. *Idem.*
23. Henri-Paul Rousseau devient président de la Caisse de dépôt et placement du Québec en 2003.
24. Entrevue avec la première source de la Caisse. Confirmé par une deuxième source de la Caisse.
25. Entrevue avec Jacques Parizeau, le 11 mai 1998.

De plus, Jean Campeau nous apprend qu'il a discuté de l'après-référendum dans l'éventualité d'un OUI avec Paul Martin, ministre fédéral des Finances. « Les relations étaient très bonnes avec Paul Martin, révèle Jean Campeau. Il n'a jamais jeté d'huile sur le feu et il a toujours été correct, raconte Jean Campeau. Paul Martin était parlable. Nous avons au moins convenu de nous reparler après le référendum[26]. » Les deux hommes, qui entretiennent de bons rapports, se sont connus avant que Jean Campeau ne préside la Caisse de dépôt et alors que Paul Martin était chez Power Corporation et se préparait à faire affaires avec ses bateaux[27] », confirme le ministre des Finances.

## Les pointes du triangle

« Il faut faire la souveraineté avec des souverainistes », affirme régulièrement Jacques Parizeau. C'est dans cette optique qu'il s'assure, après avoir nommé Jean Campeau au ministère des Finances, que les deux autres pointes du triangle financier lui soient acquises. Le 2 février 1995, il met fin à la structure bicéphale de la Caisse de dépôt qui permet à cet organisme d'avoir un président-directeur général et un président-chef de l'exploitation. La loi 52 élimine cette dernière fonction. Quelques semaines auparavant, celui qui occupait ce poste, Guy Savard, collecteur de fonds pour le Parti libéral, démissionne. À la fin mars, c'est au tour du président-directeur général, Jean-Claude Delorme, un fédéraliste mis en place par le premier ministre Robert Bourassa en 1990, de quitter le navire. Jean-Claude Scraire, qui cumule déjà quatorze ans de service à la Caisse de dépôt et placement, a maintenant le champ libre.

Ce dernier est un souverainiste de longue date. Avant même la création du Parti québécois, il a été secrétaire du comité politique du Mouvement souveraineté-association, en 1967. Scraire est l'auteur du chapitre sur les relations de travail et la justice qui apparaît dans le document de fondation du Parti québécois. Il connaît bien Michel Carpentier avec qui il a étudié au collège Saint-Laurent. En 1973, Jean-Claude Scraire est président du Parti québécois pour la région de Montréal-Nord. Il travaille à l'élection de Jacques-Yvan Morin dans le comté de Sauvé. Après la

---

26. Entrevues avec Jean Campeau, le 18 octobre 2000 et le 30 janvier 2004.
27. *Idem.*

victoire du candidat, il se joint à l'équipe de recherche du Parti québécois, à Québec, avant de devenir le chef de cabinet adjoint de Jacques-Yvan Morin. En 1976, la victoire électorale de René Lévesque l'amène à occuper le poste de chef de cabinet de Marc-André Bédard. Au moment où Jean Campeau devient président de la Caisse de dépôt et placement, en 1980, Jean-Claude Scraire est embauché comme conseiller juridique de cette institution. Des années plus tard, le 31 mars 1995, c'est à nouveau Jean Campeau, devenu entre-temps ministre des Finances du Québec, qui le nomme à la direction de la Caisse de dépôt et placement[28].

Jacques Parizeau procède de façon identique pour la troisième pointe du triangle financier, Hydro-Québec. Le 24 mars 1995, il place Yvon Martineau, son conseiller juridique, à la présidence du conseil d'adminis-tration. Richard Drouin, qui demeure président-directeur général, com-prend très bien le message et annonce son départ à la fin de l'été, tout juste avant la campagne référendaire. Le gouvernement procède à la nomina-tion de dix nouveaux administrateurs. Le conseil d'administration d'Hydro-Québec en compte en tout dix-sept.

Décrit par le journaliste Michel Venne comme «l'avocat de Québec inc.», Yvon Martineau est rattaché au cabinet Martineau Walker (aucun lien de parenté) et compte, parmi ses clients, Quebecor, Agropur, Natrel, le Groupe Jean-Coutu et Canam-Manac. C'est à lui que l'on doit l'impor-tante fusion entre le Mouvement Desjardins et La Laurentienne. Souve-rainiste depuis fort longtemps, on le perçoit comme un boute-en-train qui aime «célébrer et souligner la fête d'un tel et d'un autre[29]». Jean Royer avait appris à le connaître lors du référendum de 1992 qui porte sur l'entente de Charlottetown. Le Parti québécois a alors besoin d'avocats pour expliquer l'entente à ses organisateurs partout au Québec. On lui suggère d'appeler maître Martineau. Dès les premières paroles de Jean Royer, Yvon Martineau exige d'être tutoyé : «Appelle-moi Yvon, dit-il. Que puis-je faire pour toi[30]?» Jean Royer lui explique qu'il aurait besoin d'un avocat par comté. Or, il y a 125 comtés au Québec... Dès le lende-main, Yvon Martineau lui présente une liste de 125 noms. «Pas 124!

---

28. Fait à noter, on doit à Jacques Parizeau d'avoir nommé au conseil d'administra-tion de la Caisse de dépôt deux leaders syndicaux, soit Gérald Larose et Clément Godbout. Auparavant, un seul chef syndical pouvait siéger à la Caisse.

29. Entrevue avec Jean Royer, le 6 juin 2000.

30. *Idem.*

s'exclame Jean Royer. Mais 125!» Son efficacité et son réseau de connaissances impressionne le conseiller de Jacques Parizeau.

Cet avocat devient l'ami du premier ministre. «Par moments, raconte Jean Royer, quand Jacques Parizeau file un mauvais coton, il demande à Yvon Martineau de l'accompagner en tournée. Et Martineau s'exécute. Il va remonter le moral de Parizeau.» Le soir des élections, le 12 septembre, alors que certains hésitent à célébrer, Yvon Martineau est dans un tout autre état d'esprit : «C'est une victoire! On a gagné! On part pour la souveraineté[31]!», s'écrie-t-il. Jacques Parizeau lui propose aussitôt de devenir le conseiller juridique du premier ministre. Honoré, il en reparle à Jean Royer, tout en lui spécifiant cependant qu'il n'est pas question qu'il abandonne son travail chez Martineau Walker. On devra donc l'embaucher comme sous-traitant. «Comme je facture et que c'est dispendieux, je viendrai deux jours par semaine.» Pour ce travail à mi-temps, l'avocat recevra 30 000 $ par mois jusqu'en mars 1995.

Si Yves Duhaime, ancien ministre du gouvernement de René Lévesque, soutient publiquement avoir été pressenti pour présider cette société d'État[32], Jacques Parizeau dément formellement cette rumeur. «Je n'ai jamais offert la présidence d'Hydro-Québec à Duhaime. Au contraire, Duhaime m'énerve avec toutes ses demandes à titre de lobbyiste. Au Conseil de la souveraineté, là, au moins, il ne peut pas faire avancer ses intérêts[33].» Officiellement lancé le 8 mai 1995, le Conseil de la souveraineté souhaite jouer le même rôle que le Conseil pour l'unité canadienne, généreusement financé par le gouvernement fédéral. Dès la fin mai, ce Conseil de la souveraineté parraine une campagne de publicité dans le métro de Montréal en faveur de l'option souverainiste. L'organisme est financé par le gouvernement du Québec et certains Partenaires pour la souveraineté, dont les grandes centrales syndicales. À sa première activité, il publie une liste de personnalités favorables à la souveraineté du Québec parmi lesquelles figurent les comédiens Gilles Pelletier et Sylvie Drapeau, le juge à la retraite Robert Sauvé, le naturopathe et homme d'affaires Jean-Marc Brunet et l'ex-champion de ski Dominic Laroche.

---

31. Propos attribués à Yvon Martineau et rapportés par Jean Royer, le 6 juin 2000.
32. Pierre O'Neill, «Yves Duhaime fera campagne pour le OUI – Il décline l'offre de devenir président du conseil d'administration d'Hydro-Québec», *Le Devoir*, le 23 février 1995.
33. Entrevue avec Jacques Parizeau, le 7 décembre 2000.

Déjà en janvier, un collecteur de fonds du Parti québécois, Rodrigue Biron[34], l'ancien ministre de l'Industrie et du Commerce de René Lévesque et auparavant chef de l'Union nationale, a lui aussi fondé un autre regroupement en prévision du référendum. Il s'agit du Réseau de solidarité pour l'économie du Québec (RESPEQ) qui réunit des gens d'affaires qui ne s'affichent pas clairement pour le OUI ou le NON, mais qui s'engagent « à travailler ensemble à la prospérité économique du Québec, quel que soit le résultat du référendum[35] ». Sur le plan du développement économique, Jacques Parizeau s'efforce d'ailleurs de rétablir l'équilibre financier du Québec. Il consacre beaucoup d'efforts à la présentation du premier budget de son gouvernement, qu'il espère être le dernier d'une province.

## Le dernier budget provincial

Lors du précédent discours du budget en mai 1994, le gouvernement libéral avait prévu un déficit de 4,4 milliards de dollars. Le 2 novembre 1994, lors d'une conférence de presse portant sur la situation financière du gouvernement, Jacques Parizeau informe la population que « les libéraux ont égaré un milliard de dollars. » Le gouvernement doit agir, prévient-il, sinon, le déficit « briserait pour la première fois de [l'histoire du Québec] la barre des 5 milliards de dollars. » Un mois plus tard, le ministre des Finances Jean Campeau parle clairement d'un déficit possible de 5,7 milliards de dollars.

Ce déséquilibre financier est aggravé par la faible croissance économique et par l'état des finances publiques au Canada. En effet, le gouvernement central, aux prises avec un déficit encore plus important que celui des provinces, réduit de façon draconienne ses transferts fédéraux aux gouvernements provinciaux. Dans le cas du Québec, la province connaît une diminution de ces versements depuis plus de dix ans[36]. Combiné à cer-

---

34. Rodrigue Biron est nommé administrateur de la Caisse de dépôt et placement par Jacques Parizeau à la fin du mois de janvier 1995.
35. Extrait du mémoire présenté par le groupe RESPEQ au premier ministre, le 12 octobre 1995.
36. La réduction des transferts fédéraux en proportion des revenus budgétaires du Québec se perpétue depuis 1980-1981. Source : « L'évolution des finances publiques au Québec, au Canada et dans les pays de l'OCDE », gouvernement du Québec, ministère des Finances, octobre 1996.

taines réformes des programmes fédéraux qui désavantagent les provinces, l'exercice de gouverner devient difficile pour la majorité des provinces canadiennes. À titre d'exemple, Jeanne Blackburn, ministre québécoise de la Sécurité du revenu, souligne que les modifications du programme «d'assurance-chômage qui se transforme en programme d'assurance-emploi a pour effet net de faire basculer 25 à 30 000 personnes[37]» du programme fédéral de l'assurance-chômage à celui de l'aide sociale, qui est de responsabilité provinciale. Les règles d'admission au nouveau programme d'assurance-emploi devenant plus strictes, la nouvelle loi empêche les éventuels prestataires de profiter de l'argent du fédéral. Ils sont alors pris en charge par le gouvernement provincial, qui doit dépenser des sommes importantes pour combler leurs besoins.

Malgré cette situation, Jean Campeau annonce dans son discours du budget du 9 mai 1995 que le déficit sera tout de même abaissé sous la barre des quatre milliards de dollars. Il s'agit d'une baisse considérable par rapport au déficit de l'année précédente qui était à 5,7 milliards. Si le Québec demeure dans la fédération, prévient-il, il faudra cependant augmenter la taxe de vente de 6,5 à 7,5 % pour contrer les réductions des transferts fédéraux. Au Conseil du trésor, une nouvelle modalité de gestion impose de recourir à des enveloppes globales fermées. La mesure favorise un gel des programmes qui, en 1996, se transforme même en une réduction des dépenses pour la première fois depuis des décennies.

La détermination du premier ministre à réduire les dépenses est réelle. La présidente du Conseil du trésor nous apprend qu'elle a même dû le modérer : il souhaitait aller plus loin et réduire les effectifs. «Il voyait venir les années suivantes et il se disait que ça allait être plus difficile. Il voulait tout de suite imposer une réduction importante du personnel. On ne s'entendait pas là-dessus. Il a finalement respecté mon point de vue[38].»

Dans le domaine de la santé, le gouvernement de Jacques Parizeau annonce des réductions pour les trois prochaines années, en plus de proposer une audacieuse réforme visant à réduire le temps d'hospitalisation et à diriger davantage de malades vers les CLSC. Le ministre Jean Rochon annonce son intention de fermer sept hôpitaux et d'en transformer deux autres en des centres de soins de longue durée.

---

37. Entrevue avec Jeanne Blackburn, le 14 août 2002.
38. Entrevue avec Pauline Marois, le 12 février 2002.

C'est à partir de cette année 1995 que la dette québécoise – la plus élevée au Canada *per capita* – plafonne[39]. Bien qu'il n'apprécie pas les allusions référendaires qui truffent le discours du budget, l'éditorialiste de *La Presse*, Alain Dubuc, ne peut s'empêcher de féliciter le gouvernement Parizeau pour avoir réduit le déficit du tiers[40]. Ce budget «indique que son gouvernement prend très au sérieux la question de la dette et du déficit. C'est là un message important et rassurant[41]», écrit l'éditorialiste, qui ajoute : «Jean Campeau a présenté un document honnête dans l'ensemble et fiscalement responsable.»

En parallèle aux travaux que nécessite ce budget, la haute fonction publique du Québec prépare, dans le plus grand secret, un autre document crucial.

## Un comité secret : le STERÉS

En mai 1995, le grand patron de la fonction publique québécoise, Louis Bernard, propose au premier ministre de mobiliser ses meilleures têtes pensantes pour bâtir le dossier technique qui constituera la base de négociation du Québec au lendemain d'un OUI. Après quelques réticences, car il craint d'accorder trop d'importance à l'idée même du partenariat plutôt qu'à celle de la souveraineté, Jacques Parizeau donne finalement son approbation. L'opération exige la plus grande discrétion. Sans bruit, Louis Bernard met donc sur pied le Secrétariat temporaire pour l'examen des relations économiques après la souveraineté (STERÉS)[42]. Ce comité doit «jeter les bases d'un projet de traité de partenariat écono-

---

39. Source : «L'évolution des finances publiques au Québec, au Canada et dans les pays de l'OCDE», gouvernement du Québec, ministère des Finances, octobre 1996.
40. En passant de 5,7 milliards (3,4 % du PIB) à 3,966 milliards en 1995-1996 (2,3 % du PIB), la baisse exprimée en proportion du produit intérieur brut est de 1 %. Source : «L'évolution des finances publiques au Québec, au Canada et dans les pays de l'OCDE», gouvernement du Québec, ministère des Finances, octobre 1996.
41. Éditorial d'Alain Dubuc, «À l'ombre du référendum», *La Presse*, le 10 mai 1995.
42. Jean Chartier en fait mention dans un second article publié dans le magazine *L'actualité* sous le titre : «Le plan Parizeau – IIe partie. Le comité secret des négociations», le 1er mars 1997. Le biographe a par ailleurs pu convaincre Carl Grenier, directeur du STERÉS, de lui accorder une entrevue.

mique» avec le Canada. Tout comme la majorité des sous-ministres, la plupart des ministres ne connaissent pas l'existence de ce comité.

Ces travaux se font à l'insu du ministre d'État à la Restructuration, dont la fonction spécifique est pourtant de superviser la réalisation d'études sur la souveraineté. L'explication de cet étonnant comportement s'explique de la façon suivante : pour participer à cette opération délicate, Louis Bernard n'a aucune confiance en Richard Le Hir, ni en son sous-ministre (secrétaire-général associé), Pierre Campeau, qu'il juge incapable de faire un tel travail[43].

Cette méfiance origine des déclarations maladroites proférées par Richard Le Hir, lors de la dernière campagne électorale. Le candidat péquiste avait alors contesté ouvertement certaines mesures du programme péquiste, puis avait suggéré de faire un deuxième référendum immédiatement après un premier, advenant une défaite. Jacques Parizeau avait malgré tout accepté de faire entrer Richard Le Hir au Conseil des ministres, en lui imposant cependant un chef de cabinet (René Blouin) pour le surveiller de près. Richard Le Hir, qui avait pu choisir son propre sous-ministre (Pierre Campeau), allait entraîner le gouvernement dans une situation délicate.

Le secrétariat à la Restructuration va produire 44 études. De ce nombre, 25 contrats seront octroyés à des firmes privées ou à des consultants pour des sommes totalisant 2,7 millions de dollars. Quatre autres études seront réalisées par l'Institut national de la recherche scientifique (INRS), rattaché à l'Université du Québec. En janvier 1995, le sous-ministre de Richard Le Hir, Pierre Campeau, engage son ancien patron, Claude Lafrance, afin qu'il le conseille sur certains mandats à confier à des firmes privées. Un premier rapport du Vérificateur général du Québec révèle que Claude Lafrance «et les firmes dans lesquelles il a des liens d'entreprise ont reçu des contrats d'une valeur de 431 000 dollars[44]». Le rapport note que «transiger avec soi-même fait partie des situations qui constituent des conflits d'intérêts».

Une deuxième enquête du Vérificateur général, plus catégorique, soutient que Claude Lafrance était carrément en conflit d'intérêts. Il s'agissait d'une «situation que le secrétaire général associé, M. Pierre Campeau, connaissait ou aurait dû connaître, compte tenu du poste qu'il occupait,

---

43. Entrevue avec Louis Bernard, le 9 janvier 2002.
44. Rapport annuel du Vérificateur général du Québec 1995-1996, Annexe A : Rapport d'enquête (secrétariat à la Restructuration), 29 novembre 1995.

même s'il affirme qu'il l'ignorait[45]. » En conclusion, le rapport souligne « le manque de rigueur et d'encadrement noté au secrétariat à la Restructuration et à la Direction générale de l'administration du ministère du Conseil exécutif. » Le Vérificateur précise cependant que « les résultats de l'enquête indiquent que le personnel politique n'a pas été mêlé ou informé de l'existence de conflits d'intérêts[46]. »

Louis Bernard, informé par plusieurs fonctionnaires des tensions qui régnaient dans ce secrétariat, n'a alors conclu qu'à un conflit de personnalités. À la même époque, plusieurs études du secrétariat à la Restructuration sont rendues publiques, mais sans grand succès. Jacques Parizeau, qui apprécie la qualité des travaux qui y sont réalisés, n'hésite pas à s'en prendre à la façon dont son ministre en fait la présentation : « Richard Le Hir est le grand responsable de la démolition des études. Il bousille les communiqués de presse. Vraiment ! On ne savait plus comment s'en débarrasser[47]. » Cet épisode ravive sûrement la détermination de Louis Bernard à tenir ce secrétariat éloigné des travaux effectués par le STERÉS.

En tant que secrétaire général du gouvernement, Louis Bernard a fort à faire. C'est donc à distance qu'il surveille les travaux du STERÉS. La direction opérationnelle du comité revient à Carl Grenier[48], sous-ministre adjoint aux relations commerciales et aux affaires bilatérales du ministère des Affaires internationales. « J'ai recruté une vingtaine de personnes, essentiellement quelques cadres et des professionnels expérimentés de ministères clés qui m'étaient détachés[49] », raconte pour la toute première

---

45. Rapport annuel du Vérificateur général du Québec 1995-1996, Annexe B : Rapport d'enquête (secrétariat à la Restructuration), 13 mars 1996.

46. En décembre 1995, Jacques Parizeau demande à Richard Le Hir de quitter le caucus péquiste. Le 30 avril 1996, il siège à titre de député indépendant. Le 12 mars 1998, à la Maison du Egg Roll, lors d'une rencontre organisée par les Amis de Cité Libre, Richard Le Hir devient fédéraliste. En juillet 2002, il est nommé président de la Fédération maritime du Canada. En juin 1999, l'homme d'affaires Claude Lafrance est reconnu coupable de fraude et d'abus de confiance aux dépens du gouvernement du Québec pour un montant de 337 660 $. Il est condamné à 10 000 $ d'amende et à un an et demi de prison. En mars 2002, la Cour d'appel lui permet d'éviter la prison et de purger sa peine au sein de la collectivité. Pierre Campeau a démissionné de son poste de fonctionnaire le 1er mars 1996.

47. Entrevue avec Jacques Parizeau, le 11 mai 1998.

48. En 2003, Carl Grenier était directeur-général du Conseil canadien pour le libre-échange du bois d'œuvre.

49. Entrevue avec Carl Grenier, le 9 septembre 2003.

fois Carl Grenier. Parmi eux, Gilles Demers, directeur général au ministère des Finances, Denis Hamel, aux affaires intergouvernementales canadiennes, de même que Jean Saint-Onge et Laurent Chevalier, du ministère des Affaires internationales.

L'opération que dirige Carl Grenier est ultrasecrète. Il obtient des locaux au premier étage de l'édifice H, mais aucune indication ne doit permettre d'identifier le groupe. Les travaux débutent en juin et se terminent en septembre. Au total, 398 lois fédérales et provinciales encadrent le fonctionnement économique de la fédération canadienne. Le STERÉS se penche sur cet imposant corpus, afin de tenter d'en départager l'ensemble. Il dresse un plan. Fiche par fiche, tous les sujets sont abordés. Puis, à chaque vendredi, Louis Bernard, accompagné de Guy Morneau[50], secrétaire général associé aux politiques gouvernementales, et de François Geoffrion[51], secrétaire général associé aux Affaires intergouvernementales canadiennes, se joignent au groupe et mettent à l'épreuve les travaux réalisés les jours précédents par le STERÉS. « C'était une séance critique très soutenue, explique Carl Grenier. Rien ne résistait si ce n'était pas solide[52]. »

Par mesure de sécurité, la plupart des hauts fonctionnaires qui participent à l'exercice n'ont accès qu'à une seule section du rapport. Peu de gens ont une vision d'ensemble. À la mi-septembre, Carl Grenier fait l'assemblage du document. Le STERÉS accouche de deux volumineux rapports qui comptent plus de 700 pages. « Chaque document est unique, précise Carl Grenier, et facile à identifier. Il n'est pas possible d'en faire des reproductions sans que ce soit détectable. Ce sont tous des originaux. »

Un tel document n'a jamais été produit auparavant, révèle fièrement Louis Bernard. Pour le référendum de 1980, le temps a manqué, signale-t-il : « Disons que dans l'année où monsieur Parizeau a été là, la préparation du référendum était la tâche principale du gouvernement, tandis que sous monsieur Lévesque, c'était accessoire. Accessoire n'est peut-être pas le bon mot... Disons que c'était une chose parmi d'autres[53]. » Ainsi, en quelques mois, le gouvernement de Jacques Parizeau aura effectué plus de

---

50. Guy Morneau préside en 2003 la Régie des rentes du Québec.
51. François Geoffrion occupait en 2003 le poste de premier vice-président Développement stratégique et technologie de l'information pour CDP Capital (La Caisse de dépôt et placement du Québec).
52. Entrevue avec Carl Grenier, le 9 septembre 2003.
53. Entrevue avec Louis Bernard, le 9 janvier 2002.

travaux préparatoires à la souveraineté du Québec que le premier gouvernement de René Lévesque, qui disposait pourtant de près de quatre ans...

Ce document à haute teneur stratégique aborde plusieurs questions[54]. On y mentionne qu'une reconnaissance internationale du Québec par les États-Unis pourrait rendre plus facile l'intégration du Québec à l'ALÉNA, l'attitude de la France à cet égard n'étant que peu pertinente.

Le STERÉS conclut également que l'utilisation du dollar canadien par le Québec souverain ne poserait aucun problème. Pour faire en sorte que les gens aient confiance en cette monnaie au lendemain de la souveraineté, Louis Bernard souligne qu'il faut cependant que le Québec s'engage à utiliser le dollar canadien pour une période déterminée. Il pourrait s'inspirer de certains exemples d'unions monétaires en Europe, dont celles du Luxembourg et de la Belgique notamment. «La Belgique a fait une entente pour cinquante ans[55]», indique Louis Bernard.

Sur la question du partage de la dette, le STERÉS soumet que le Québec souverain ne pourrait assumer qu'entre 17,8 à 19 % de la dette canadienne, en 1994-1995[56]. Ainsi, comme il est écrit dans ce rapport ultraconfidentiel, «à partir des hypothèses retenues, le déficit budgétaire d'un Québec souverain», pour l'année financière 1995-1996, triplerait et «s'établirait à autour de 12 milliards de dollars, soit 7 % du PIB québécois. Par la suite, selon les calculs du STERÉS, le déficit diminuerait peu importe l'hypothèse de partage de la dette financière choisie. Le déficit atteindrait environ 9 milliards de dollars en 1996-1997 et 7 milliards de dollars en 1997-1998. Cela représente un ratio déficit/PIB de près de 5 % et de 3,5 % du PIB respectivement pour ces deux années financières[57].» Toujours selon les calculs du STERÉS, la part de la dette canadienne qui serait transférée au Québec s'élèverait à «81 ou 86,5 milliards de dollars», ce qui en ferait un nouveau pays lourdement endetté. Cette proposition a l'avantage d'écarter une autre base de calcul, soit celle fondée sur la proportion de la population québécoise au sein de la fédération canadienne, laquelle se situe

---

54. Le biographe a eu accès de façon inédite au rapport du STERÉS.

55. Entrevue avec Louis Bernard, le 9 janvier 2002.

56. En 1991, de savantes études présentées lors de la Commission Bélanger-Campeau envisageaient un scénario où le Québec ne devait assumer que 18,5 % de la dette accumulée par le Canada.

57. Extrait tiré du document confidentiel intitulé : «Les relations économique d'un Québec souverain», Projet de rapport, STERÉS, volume I, septembre 1995.

à 23,9 % en 1995. Chaque point de pourcentage représente des milliards de dollars, faut-il le souligner. «Au lendemain de la souveraineté, le Canada est *pogné* avec la dette, estime Louis Bernard. C'est une dette canadienne. Nous, le Québec, n'avons aucune responsabilité légale sur la dette. C'est le Canada qui en est responsable. Le Québec devient débiteur du Canada et comme tout banquier le sait, il faut faire bien attention à ses débiteurs si l'on veut qu'ils puissent rembourser (rires)[58].» Le Québec est en position de force, selon le secrétaire général du gouvernement du Québec : «Nous étions en mesure d'argumenter que la part de la dette du Québec soit proportionnelle à sa capacité de payer.»

## Un siège à l'ONU, mais pas à l'OMC

Le rapport préparé par le STERÉS répond à la position du premier ministre qui favorise une union douanière. Toutefois, «s'il n'y a pas de douanes entre le Québec et le Canada, qui négocie les tarifs avec l'extérieur de la zone de libre-échange? fait remarquer Louis Bernard. C'est le Canada.» Le STERÉS conclut que pour demeurer dans l'ALÉNA, le Canada et le Québec doivent avoir une «grille tarifaire commune, des quotas d'importation communs et des règles douanières identiques[59].»

«On ne peut pas s'évader de cette logique-là très facilement, si on ne veut pas avoir des coûts absolument énormes de désagrégation[60]», estime Carl Grenier. Ce dernier révèle pour la première fois, en accord avec Louis Bernard, que ce groupe de fonctionnaires envisageait un marché commun Canada-Québec, «une zone de *partnership* économique particulière à l'intérieur de l'ALÉNA[61].» Conformément à cette entente commerciale, une telle alliance avec un seul partenaire n'est possible qu'à la condition que le Québec négocie avec le Canada une union économique intégrée «comme [en] Europe par exemple», précise Louis Bernard. Et à l'intérieur d'une telle structure, certaines responsabilités relèvent de l'Union et d'autres, des partenaires.

---

58. Entrevue avec Louis Bernard, le 9 janvier 2002.
59. Extrait tiré du document confidentiel intitulé : «Les relations économique d'un Québec souverain», *op. cit.*
60. Entrevue avec Carl Grenier, le 9 septembre 2003.
61. Entrevue avec Louis Bernard, le 27 avril 2000.

Les conséquence d'une telle réforme sont majeures. Ainsi, « l'Union négocie d'une seule voix sur la scène internationale. Dans une ronde comme à Seattle ou à Washington, l'Union canadienne ne peut parler que d'une seule voix. Une personne parle pour deux. [Comme dans le cas de] l'Europe, il y a un négociateur pour tous les pays de l'Union européenne[62]. » Dans ce scénario, la souveraineté n'aurait donc pas permis au Québec de parler en son nom aux grandes réunions internationales où se définissent les règles de conduite du commerce mondial.

Quand Louis Bernard présente des sections de ce rapport à Jacques Parizeau, son patron réagit mal. Jacques Parizeau déteste le concept d'union canadienne et il ne désire par sortir du Canada pour entrer aussitôt dans une autre structure qui maintiendrait encore le Québec dans un nouveau carcan.

Jacques Parizeau invalide effectivement l'idée de former une union avec le Canada. À l'égard de la politique tarifaire étrangère, « il n'y a qu'une solution, explique-t-il, le Québec adopte le tarif canadien et quand le gouvernement canadien change son tarif, nous faisons la même chose. Mais nous le faisons volontairement. Il s'agit de se protéger, à certains moments, essentiellement par mimétisme[63]. » Pour ce qui est de la présence du Québec aux grandes tables de négociations du commerce mondial, il ne veut surtout pas être représenté par le Canada. Dans son optique, cela fait trop longtemps déjà que cette situation dure et elle n'a guère été profitable pour le Québec.

Jacques Parizeau s'oppose vivement au marché commun défini par Louis Bernard. « Il y a tellement de commun dans ce rapport, réagit Jacques Parizeau, que ce n'est pas du tout un projet souverainiste, c'est un projet de renouvellement du fédéralisme[64]. » Louis Bernard, de son côté, préfère parler de souveraineté-association : « C'est sûr que c'est vraiment la souveraineté-association. Nous donnions de la chair à la souveraineté-association. Nous démontrions que cela pouvait fonctionner[65]. » Dans un grand moment de franchise, Jacques Parizeau déclare au biographe : « Le Québec que je vise est un Québec indépendant. La seule raison pour laquelle j'utilise le mot souverain, c'est parce que c'est notre marque de

---

62. *Idem.*
63. Entrevue avec Jacques Parizeau, le 19 septembre 2003.
64. Entrevue avec Jacques Parizeau, le 7 décembre 2000
65. Entrevue avec Louis Bernard, le 9 janvier 2002.

commerce depuis trente ans et qu'on ne change pas de marque de commerce. Alors, je fais venir Louis Bernard puis je lui dis : "J'ai lu ça, je ne veux pas entendre parler de ça, monsieur Bernard, jamais ! Alors on se comprend ? *Tablettez*-moi ça. Débandez le comité, ce n'est pas ça que je veux[66] !"» Encore une fois, Jacques Parizeau semble être tout seul avec ses convictions.

« Il y a une différence d'optique entre l'approche de monsieur Parizeau et celle du comité, confirme Louis Bernard. Pour monsieur Parizeau, après le référendum gagnant, il faut mettre en branle toute une activité diplomatique. Ça, c'est une vue qui a une origine historique. Jusqu'à maintenant, c'est souvent comme ça, la plupart du temps, que ça se fait. Dans le monde moderne, dans le genre d'économie que l'on connaît, ce n'est plus comme autrefois. Il n'est pas nécessaire de faire tout ce sparage diplomatique. Ce qui compte, c'est de répondre aux pressions qui vont survenir sur le dollar canadien, sur les investissements et on y arrive en disant : voilà, nous avons un plan[67]. »

Or, Jacques Parizeau n'a pas du tout l'intention d'écouter son secrétaire général. Il préfère plutôt mettre toute la gomme sur «le *sparage* diplomatique». Il agite tous les drapeaux possibles et fait appel à tous les appuis dont il dispose, surtout dans la francophonie. Il veut faire du lendemain du OUI un événement extraordinaire et irréversible.

## La voix du maître

Pour ce faire, dans les semaines qui suivent sa prise du pouvoir, Jacques Parizeau fait appel à des diplomates chevronnés, dont Michel Lucier qu'il engage comme délégué aux Affaires francophones et multilatérales à Paris. C'est le représentant personnel du premier ministre auprès de la francophonie. Son port d'attache sera la Délégation générale du Québec à Paris. Au moment de la nomination de son nouveau sherpa[68], le premier ministre lui donne des indications claires : « En Francophonie,

---

66. Entrevues avec Jacques Parizeau, le 25 août 1997, le 31 octobre 2000 et le 19 septembre 2003.
67. Entrevue avec Louis Bernard, le 9 janvier 2002.
68. Surnom donné au haut fonctionnaire qui représente le chef d'État dans la préparation des rencontres internationales. Au sens propre, un sherpa est celui qui accompagne l'alpiniste jusqu'au sommet.

le Québec ne doit plus être la voix de son maître. Il doit clairement parler de sa propre voix. Dans certaines circonstances, ils (les diplomates canadiens) seront enfants de chienne, soyez plus enfants de chienne qu'eux[69]. » Le premier ministre précise enfin que «jamais le multilatéral ne doit entacher les liens bilatéraux avec la France. Nous aurons besoin de la France dans un an. Leur appui doit être préparé. Lors de ma prochaine visite en France, je veux une activité Francophone[70]. »

Michel Lucier s'exécute. Dans le cadre de la visite de Jacques Parizeau à Paris, en janvier 1995, plus de deux cents personnes sont réunies à l'Hôtel Nikko. En ce 24 janvier vers midi, le premier ministre Parizeau s'adresse au Conseil permanent de la francophonie (CPF) où se trouvent rassemblés tous les chefs de mission et les sherpas des pays francophones en poste à Paris. «Vous le savez, depuis septembre dernier, le Québec parle de sa propre voix au sein des instances de la Francophonie.» Il explique clairement que le projet de son gouvernement vise à «proposer aux Québécois qu'ils se donnent, cette année, un pays. La plupart d'entre vous avez d'excellentes relations avec le gouvernement canadien. C'est très bien. Rien de ce que nous faisons ne doit entacher ces rapports. Le Québec souverain a bien l'intention, lui aussi, d'avoir d'excellentes relations avec le gouvernement canadien.»

Dans une note adressée au premier ministre, Michel Lucier rappelle «les deux vagues d'applaudissements[71]» survenues pendant son discours. «Des signes qui ne mentent pas», écrit-il. Il souligne aussi «l'accueil enthousiaste» des représentants de la France et l'«approbation très expli-

69. Propos attribués à Jacques Parizeau et rapportés par Michel Lucier. Entrevue du 6 octobre 2003.
70. Une autre directive de Jacques Parizeau concerne la nouvelle mission que la France souhaite donner à l'Agence de coopération culturelle et technique (ACCT) pour qu'elle devienne l'Agence politique de la francophonie. Bien que d'accord avec ce nouveau rôle, Jacques Parizeau précise que «par tous les moyens et par toutes les alliances, le Québec ne peut pas accepter l'apparition d'un nouveau traité en Francophonie, parce que jamais Ottawa ne nous laissera le signer, croit-il. Il faut donc s'appuyer sur la convention de Niamey» qui a vu naître l'ACCT et favoriser plutôt des amendements à sa charte, ce qui ne demande pas de nouvelles signatures et assure au Québec le maintien de ses droits acquis et son statut clair et net de participant.
71. Mémo envoyé à Robert Normand, sous-ministre, et à Daniel Audet, directeur de cabinet du ministre, le 21 février 1995. Objet : «La visite du premier ministre du Québec et son contexte multilatéral».

*Le niveau de préparation de Jacques Parizeau au lendemain d'un OUI est maximal.*
*Archives personnelles de Marie-Josée Gagnon.*

cite du Sénégal, du Bénin, du Burkina Faso, du Maroc, de Maurice, du Mali, de la Tunisie, de Centre Afrique et de la Communauté française de Belgique». «En après-midi, la poursuite de la réunion a été certes un peu plus tendue. Le Canada et le Nouveau-Brunswick étaient d'humeur massacrante, ils le disaient dans les corridors. En fait, ça a été une bonne publicité pour le texte du discours de Jacques Parizeau que le Secrétariat de l'ACCT a fait imprimer en 150 exemplaires, rapidement épuisés[72].»

La veille de ce discours, le sherpa canadien, Jean-Paul Hubert, rencontre à son domicile le président du Conseil permanent de la francophonie, Émile Derlin Zinzou, pour lui manifester son opposition à la présence de Jacques Parizeau, un «geste qui vise, à la fin, à détruire un pays, membre actif et important de la Francophonie[73].» Émile Zinzou, l'ancien président

---

72. Entrevue avec Michel Lucier, le 6 octobre 2003.
73. Propos attribués à Jean-Paul Hubert et rapportés par Michel Lucier dans son mémo envoyé à Robert Normand, sous-ministre, et à Daniel Audet, directeur de cabinet du ministre, le 21 février 1995. Objet : «La visite du premier ministre du Québec et son contexte multilatéral».

du Bénin, reste sourd aux pressions canadiennes. Il a déjà commencé à fraterniser avec Jacques Parizeau. « Le président Zinzou m'a donné un sacré coup de main pour approcher un certain nombre de pays qui, dans le sillage de la France, étaient prêts à nous reconnaître[74] », révèle Jacques Parizeau. Dans un rapport confidentiel, Michel Lucier, délégué aux Affaires francophones et multilatérales, le confirme : « Le premier ministre s'est fait un allié sûr du président Zinzou[75]. »

Gaston Harvey, haut fonctionnaire à la direction de la Francophonie au ministère des Affaires internationales, est gracieusement prêté par le gouvernement du Québec au président Zinzou qui en fera l'un de ses quatre conseillers principaux[76]. Ces manœuvres irritent au plus haut point la diplomatie canadienne.

Le 14 juin, lorsque Émile Zinzou vient en visite au Québec et à l'Assemblée nationale, le gouvernement paie le billet d'avion de son épouse. « Il n'aura peut-être pas Rideau Hall comme logement, mais il ne sera pas seul au Château Frontenac et au Ritz ! », souligne une source anonyme au ministère des Affaires internationales du Québec.

L'élection de Jacques Chirac en mai 1995 remplit de joie le gouvernement du Québec. L'arrivée de la nouvelle ministre pour la Francophonie, Margie Sudre, est également une bonne nouvelle pour les souverainistes. Celle-ci est très favorable au Québec. En prévision du Sommet de la francophonie, qui doit avoir lieu un mois après le référendum, Jacques Parizeau est également bien positionné. Son ami Émile Zinzou, ancien président du Bénin, peut intervenir auprès de son pays, qui est justement l'hôte de ce sommet.

## « CotonOUI »

Dans les semaines suivant une victoire référendaire, « la France aurait animé la Francophonie », estime-t-on au ministère des Affaires internationales du Québec. Elle aurait fait en sorte qu'un nombre important « de

---

74. Entrevue avec Jacques Parizeau, le 20 février 2001.
75. Entrevue avec Michel Lucier, le 6 octobre 2003.
76. Source : Rapport au premier ministre du Québec, monsieur Jacques Parizeau, « Les derniers mois… sur le chemin de Cotonou. », Michel Lucier, le 27 avril 1995.

pays africains reconnaissent la nouvelle situation[77].» Sur cet aspect, le Sommet de la francophonie, qui survenait un mois après le référendum québécois, aurait donné lieu à un intense ballet diplomatique.

C'est à Cotonou, au Bénin, que se réunissaient du 2 au 4 décembre 1995 les 49 membres de la conférence des chefs d'État et de gouvernement de pays ayant «le français en partage». Au lendemain d'un OUI, Jacques Parizeau se serait rendu à ce Sommet de la Francophonie avec une seule idée en tête : récolter le plus d'appuis possibles. Son objectif visait à amener un grand nombre de pays membres à «prendre acte de la décision [des] Québécois et [à] démontrer que la Francophonie accompagnait le Québec[78].» Le président du Bénin, Nicéphore Soglo, aurait pu être prêt à travailler en ce sens. L'ambassadeur de ce pays en France le confirme d'ailleurs à Michel Lucier, dans une rencontre à huis clos : «Le droit à l'autodétermination des peuples est sacré en Afrique... et si le peuple québécois se prononce, je n'ai pas de doute que l'Afrique suivra. Le Sommet devra en prendre acte[79].» Il n'est toutefois pas question de «reconnaissance» de l'État du Québec, car ce dernier ne devra proclamer sa souveraineté que dans un an. «On ne peut pas demander aux autres pays d'aller plus loin que le Québec lui-même, fait remarquer Michel Lucier. On leur demande de prendre acte de cette démarche démocratique qui vient d'avoir lieu au Québec où la majorité des Québécois se sont prononcés[80].»

«L'idée est d'aller chercher plusieurs appuis pour faire nombre, raconte Daniel Audet, chef de cabinet de Bernard Landry. Nous avions un pays du G8 (la France) de puissance moyenne et qui est membre du Conseil de sécurité de l'ONU. À cela, nous ajoutions un certain nombre de pays francophones et africains où l'influence de la France est encore grande[81].»

Une résolution du Sommet de la francophonie de Cotonou à l'endroit du Québec n'apparaissait pas possible, parce qu'une telle démarche exige un consensus. Certains diplomates, comme Michel Lucier, croyaient

---

77. Source anonyme au ministère des Affaires internationales du Québec.
78. *Idem.*
79. Citation de l'ambassadeur du Bénin présentée dans le rapport de Michel Lucier intitulé : «Et si le référendum...», daté des 19 et 20 octobre 1995. Archives de Jacques Parizeau, ANQ, Montréal.
80. Entrevue avec Michel Lucier, le 6 octobre 2003.
81. Entrevue avec Daniel Audet, le 4 décembre 2002.

cependant possible que dans le rapport final du Sommet qui «prend acte de la nouvelle situation de la francophonie, l'on mentionne qu'un des membres avait tenu un référendum[82]» dont le résultat s'était soldé par le désir des Québécois d'accéder à leur autonomie politique.

En prévision de cette bataille pour la reconnaissance internationale du Québec, véritable «deuxième tour du référendum[83]», le gouvernement de Jacques Parizeau peut compter sur de nombreux amis au sein de la francophonie. Toutefois, ce n'est pas gagné, estime Jacques Parizeau. «C'est une grosse partie!»

Tout au long de l'année préréférendaire, Michel Lucier ne chôme pas. Il rencontre en Europe nombre de ministres et d'ambassadeurs[84]. Il a fort à faire puisque que le seul message qui est envoyé sur la scène internationale par le Canada, c'est que «cette fois-ci, les séparatistes, on va les planter. Ils seront écrasés[85].» Le 18 octobre, en fin de campagne référendaire, le diplomate reçoit l'autorisation du sous-ministre Robert Normand de passer à l'étape suivante du plan d'action, soit celle visant à préparer la francophonie à un OUI. Michel Lucier accélère la cadence de ses rencontres. Le 20 octobre, il déjeune avec le nouveau ministre des Affaires étrangères du Bénin, le pays hôte du sommet, et avec le président Zinzou. Les deux politiciens préviennent alors Michel Lucier : «Advenant un OUI, nous devrons nous voir à Cotonou en novembre, le plus tôt possible[86].»

La veille du référendum, alors que la victoire du OUI est à portée de main, Michel Lucier envisage une mission rapide à Cotonou. Il prévoit aussi aller au Togo pour rendre visite au doyen des chefs d'État en Afrique. Il propose à son sous-ministre d'envoyer là-bas quelques hommes de confiance «pour être bien sûr que l'on va prendre acte[87].» Il suggère Jean-Marc Léger pour le Gabon, le Maroc et le Sénégal, parce que ce dernier a des liens avec Abou Diouf. Michel Plourde, l'ancien président de l'Office

---

82. Entrevue avec Michel Lucier, le 6 octobre 2003.
83. L'expression est de Michel Lucier.
84. Voici la liste des pays qu'ils représentaient : le Togo, le Sénégal, l'Île Maurice, le Rwanda, le Gabon, le Bénin, la Communauté française de Belgique, la Roumanie, le Madagascar, la Côte d'Ivoire, le Burkina Fasso, le Cameroun, le Maroc, le Vietnam, Haïti et le Burundi.
85. Entrevue avec Michel Lucier, le 6 octobre 2003.
86. Cité dans le rapport de Michel Lucier intitulé : «Et si le référendum… », daté des 19 et 20 octobre 1995. Archives de Jacques Parizeau, ANQ, Montréal.
87. Entrevue avec Michel Lucier, le 6 octobre 2003.

de la langue française, pourrait se rendre au Cameroun. D'autres noms sont évoqués pour le Burkina Fasso et la Côte d'Ivoire.

Le lendemain du référendum, les ministres de la Justice de la Francophonie se réunissent au Caire. Michel Lucier y a songé. «J'ai déjeuné avec les deux chargés de mission qui accompagnent [le ministre] Toubon au Caire», écrit-il. Il prépare avec eux «un geste de Toubon le 31 octobre à la suite de la réaction de Chirac[88].» L'Élysée, plus particulièrement sa cellule diplomatique et le bureau des relations avec l'Afrique, est constamment tenu informé par Michel Lucier. Le Conseil permanent de la francophonie siégera le 12 novembre à Paris. «On peut compter sur le président Zinzou comme soutien et comme intermédiaire pour obtenir des rendez-vous», souligne encore le sherpa du premier ministre.

«Gouverner, c'est prévoir[89]», ne cesse de répéter Michel Lucier. À la veille du référendum, tout semble en place pour honorer cette maxime. Dans son dernier mémo avant le grand jour, le représentant personnel du premier ministre pour la Francophonie écrit depuis Paris : «Il est évident que nous nous parlons au cours de la nuit, la plus longue, pour actualiser le dossier[90].»

## Un spectacle à l'hémicycle

Le succès de l'opération «francophonie» passe cependant par la France. Son attitude positive en cas d'un OUI est cruciale pour le Québec. Malgré les déclarations fort encourageantes de Jacques Chirac en janvier 1995, la diplomatie québécoise maintient la pression. Du côté du Parti socialiste qui, heureusement pour les souverainistes, se trouve alors dans l'opposition, ce n'est guère encourageant. Le 10 juillet, la ministre Louise Harel, en visite en France, rencontre l'ex-premier ministre socialiste Michel Rocard. Le délégué général du Québec à Paris, Claude Roquet, raconte dans une note que «monsieur Rocard persiste et signe[91]». Il insiste

---

88. Mémo manuscrit de Michel Lucier adressé au sous-ministre Robert Normand et daté du 29 octobre 1995.
89. Entrevue avec Michel Lucier, le 6 octobre 2003.
90. *Idem.*
91. Note de Claude Roquet à Denis Gervais intitulée : «Entretien de M^me Harel avec M. Rocard», datée du 20 juillet 1994. Archives de Jacques Parizeau, ANQ, Montréal.

pour que la France ne soit pas la seule à reconnaître le Québec souverain, « autrement, le Québec s'aliénera des sympathies et paraîtra [être un] simple appendice de la France. » Michel Rocard propose même au Québec d'aller courtiser les pays scandinaves.

Le 19 juillet, le sous-ministre Robert Normand reçoit un message similaire de la Délégation générale du Québec à Bruxelles. Gérard Latulippe, délégué général, fait part d'une rencontre qu'il a eue avec Jean Durieux, ex-directeur général de la Première Direction générale (DGI) chargée des relations extérieures de la Commission européenne. Ce diplomate le met en garde contre « une reconnaissance rapide et immédiate de la France (antérieure à tout autre pays) [qui] risquerait d'être considérée comme la nostalgie d'un colonialisme passé ou comme un combat d'arrière-garde contre les Anglais. Il ne faudrait pas aussi que la reconnaissance du Québec devienne une affaire de Francophonie[92]. »

Le premier ministre du Québec refuse de répondre à ces appels : « Vous savez, surtout dans les milieux diplomatiques, quand vous voulez amener un virage, puis une position claire, vous rencontrez toujours des "délayeurs" de soupe. Ça, on appelle ça des diplomates. Et si vous entrez dans leur jeu, ils vous la délaient la soupe. Rien ne m'aurait distrait autant de mon opération française que d'aller commencer à faire le beau parleur en Allemagne, avec les Italiens, ou je ne sais quoi ! Il est évident que Rocard voulait que je fasse cela, mais moi je ne voulais pas. J'interdisais qu'on le fasse[93] ! » Pour justifier sa position, Jacques Parizeau revient sur l'exemple de 1991 où l'Allemagne fit cavalier seul en reconnaissant unilatéralement l'indépendance de la Slovénie et de la Croatie.

Le chef du gouvernement québécois met donc tous ses œufs dans le panier français. À l'aide du Groupe des amitiés parlementaires Québec-France dirigé par Pierre-André Wiltzer, « un personnage effacé, mais redoutable[94] », le premier ministre a tenté de préparer un coup fumant à l'Assemblée nationale française. Par l'intermédiaire de ses alliés à l'intérieur de l'hémicycle, Jacques Parizeau s'organise pour que la victoire présumée des souverainistes soit soulignée de façon éclatante. « Les motions

---

92. Citation présentée dans la note de Gérard Latulippe adressée à Robert Normand et datée du 19 juillet 1995. Archives de Jacques Parizeau, ANQ, Montréal.
93. Entrevue avec Jacques Parizeau, le 20 février 2001.
94. Entrevue avec Jacques Parizeau, le 9 novembre 1999. Ce dernier n'hésite pas à le considérer comme le « meilleur lobbyiste pour le Québec en France ».

non annoncées n'existent pas là-bas, souligne-t-il. On ne peut donc pas imaginer que la France, apprenant le résultat du référendum, présente un motion de ce genre et que tout le monde se lève [et applaudisse] pour prendre acte du résultat du référendum. Cependant, pour marquer le coup à la première séance de l'Assemblée nationale qui suit les résultats du référendum, il faut avec nos amis prévoir une petite manifestation. Par exemple, quelqu'un qui dit trois mots et qui est déclaré hors d'ordre. Cela devait être suffisamment long pour provoquer des applaudissements partout [à l'intérieur de l'hémicycle][95] » et suffisamment spectaculaire pour faire l'objet d'une couverture médiatique des deux côtés de l'Atlantique.

Ce n'est pas tout, révèle Jacques Parizeau : « En même temps, il faut obtenir de Valéry Giscard D'Estaing que la Commission des Affaires étrangères, que préside cet ancien président de la République, prenne acte de la situation au Québec dans une motion formelle, ce qui est possible. Et les membres de cette commission qui étaient de notre côté pouvaient amener comme sujet d'étude la reconnaissance de l'État du Québec. » Valéry Giscard D'Estaing, devenu un féroce allié des souverainistes québécois, est prêt à agir de la sorte.

## Le plan des dix jours

Au Québec même, le matin du 31 octobre 1995, dans l'éventualité d'une victoire des souverainistes, le gouvernement de Jacques Parizeau n'avait pas l'intention de s'asseoir sur ses lauriers et de célébrer la victoire du OUI. Une réunion du comité des priorités devait avoir lieu à 9 heures. Un plan d'action postréférendaire élaboré dans le plus grand secret par Michel Carpentier[96], nouveau secrétaire général, proposait de « mettre sur pied un comité de transition (premier ministre, Conseil du trésor, Sécurité

---

95. Entrevues avec Jacques Parizeau, le 20 février 2001 et le 15 juillet 2003. Dans une note datée du 11 octobre 1995 et adressée au premier ministre, Jean-François Lisée le confirme en écrivant : « La motion concernant le Québec n'existe plus dans les deux Chambres. Les amis du Québec tenteront d'inclure une déclaration dans leurs questions durant la période réservée aux questions. »

96. Louis Bernard a quitté le gouvernement et est retourné à la Banque Laurentienne, comme convenu après son année sabbatique.

publique, Affaires internationales, Justice, Affaires régionales) qui remplacerait le comité des priorités jusqu'au remaniement du début janvier[97].»

Après cette réunion du comité des priorités, Jacques Parizeau réunissait d'urgence un Conseil des ministres spécial pour lui permettre de convoquer l'Assemblée nationale dans les 48 heures. Le jeudi, un débat historique devait se tenir dans le salon bleu, afin que le parlement des Québécois adopte une motion indiquant l'intention de l'Assemblée nationale de proclamer d'ici un an la souveraineté du Québec. Le régent voulait que cela se fasse rapidement : «Dans le pire des scénarios, précise Jacques Parizeau, elle pouvait être votée dans la nuit de jeudi à vendredi[98].»

Ce mardi matin, de petites équipes composées de fonctionnaires placés sous la supervision de Jean Campeau partaient dans les capitales du monde pour rassurer les marchés financiers. De nombreuses grandes villes américaines seraient visitées. «Il s'agissait de rassurer les États-Unis en leur disant : "*We are free-trader*"[99]», raconte Éric Bédard, du cabinet du premier ministre.

Les signataires du groupe RESPEQ de Rodrigue Biron entraient également en action. Une nouvelle comptant 180 noms était publiée dans les grands journaux. Ces gens d'affaires reconnaissaient le vote de la veille et demandaient un sommet économique pour préparer le Québec à faire face à ses nouveaux défis[100]. On envisageait de tenir une conférence de presse avec certaines personnalités, dont Gérald Tremblay, Yvon Picotte, Yves Séguin, Claude Castonguay, Serge Saucier, Bernard Lemaire, Gérald Ponton, président de l'Association des manufacturiers du Québec, le sénateur Pietro Rizzuto et le cardinal Turcotte. «C'était une très belle liste avec des gens très fédéralistes[101]», nous apprend Jean-François Lisée. Le maire de Montréal, Pierre Bourque, ancien président de l'association péquiste de l'Assomption au moment où Jacques Parizeau s'y était présenté pour la première fois, publiait un communiqué pour entériner la décision des Québécois et les appeler à aller de l'avant. Claude Béland, du

---

97. Note confidentielle de Michel Carpentier, secrétaire général, adressée à Jacques Parizeau et intitulée : «Élaboration d'un plan d'action gouvernemental postréférendaire», datée du 24 octobre 1995.
98. Entrevue avec Jacques Parizeau, le 10 décembre 2000.
99. Entrevue avec Éric Bédard, le 17 novembre 2000.
100. Entrevue téléphonique avec Rodrigue Biron, le 11 février 2004.
101. Entrevue avec Jean-François Lisée, le 18 octobre 2000.

Mouvement Desjardins, allait dans le même sens. Serge Saucier, alors président d'un des plus importants cabinets de comptabilité et de conseillers en administration au Québec, était du groupe : « Nous serions tous sortis pour dire : allons-y, cessons de chialer. C'est une question de survie[102] ! »

Pour Jacques Parizeau et son équipe, tout doit se jouer dans les deux premières semaines. Ce plan s'échelonne sur dix jours. Le gouvernement souverainiste aurait procédé à grande vitesse pour bien montrer le caractère décisif du référendum. Le premier ou le deuxième samedi suivant le référendum, la grande coalition souverainiste espérait pouvoir tenir un grand rassemblement, possiblement au Stade olympique, composé des gens qui avaient voté OUI et d'un grand nombre de personnes se ralliant à la décision populaire[103]. « Ces semaines-là, indique Éric Bédard, du cabinet de Jacques Parizeau, c'était la campagne qui se prolongeait, pour ouvrir les négociations[104]. »

Le dimanche 5 novembre, soit six jours après le référendum, le premier ministre du Québec s'adressait de façon solennelle à la nation « pour réaffirmer l'intention de son gouvernement d'équilibrer les opérations courantes en 1997-1998. À cette fin, chacun de ses ministres se voyait fixer des objectifs de dépenses qui devraient être respectés[105]. » C'est ce qu'on peut lire dans un avant-projet de plan d'action gouvernemental demeuré confidentiel jusqu'à aujourd'hui et rédigé par Michel Carpentier. Afin de rassurer la population, écrit le secrétaire général, il faudrait un « leadership fort ».

Trois équipes « lourdes » devaient être mises en place dès la deuxième semaine de novembre[106]. Une première équipe de négociation sous la direction de Louis Bernard, avec Lucien Bouchard demeurant le chef politique du comité de négociation. Une deuxième équipe de restructuration sous la direction du Conseil du trésor. Richard Le Hir était totalement

102. Entrevue téléphonique avec Serge Saucier, le 17 juillet 2001.
103. Confirmé par deux sources anonymes.
104. Entrevue avec Éric Bédard, le vendredi 17 novembre 2000.
105. « Avant-projet – Éléments de réflexion en vue d'un plan d'action gouvernemental », 24 octobre 1995. Vraisemblablement rédigé par Michel Carpentier avec le concours de certains hauts fonctionnaires. Archives de Jacques Parizeau, ANQ, Montréal.
106. Note confidentielle de Michel Carpentier, secrétaire général, adressée à Jacques Parizeau et intitulée : « Élaboration d'un plan d'action gouvernemental postréférendaire », datée du 24 octobre 1995.

écarté de ce dossier. Pour répondre aux directives de cette équipe de restructuration, tous les ministères devaient mettre en place des groupes spéciaux de transition. Une troisième équipe de décentralisation était enfin créée sous la direction du Conseil exécutif. Dès la fin décembre, les équipes de restructuration devaient produire des rapports complets. Par la suite, un remaniement ministériel d'importance aurait eu lieu en janvier 1996. « À la lumière de ces rapports et de l'évolution politique interne, écrit Michel Carpentier au premier ministre, vous pourriez alors, dès janvier, procéder à une restructuration politique et administrative d'envergure, c'est-à-dire celle d'un pays[107]. »

Sur le plan de la politique extérieure, le ministère des Affaires internationales du Québec était appelé à prendre beaucoup d'expansion. Selon un document interne de ce ministère, auquel le journaliste Donald Charette a eu accès[108], dans les mois qui suivaient la victoire du OUI, le Québec se dotait de 32 ambassades ou consulats généraux dans le monde. Deux ans après l'accession de la souveraineté, le ministère planifiait une présence diplomatique active dans 107 pays et auprès de 12 organismes internationaux dont l'ONU, l'OTAN, l'OÉA, l'OCDE. Ce ministère souhaitait mettre sur pied une Agence québécoise de développement international et une Société québécoise de financement des exportations.

Jacques Parizeau nous apprend aussi qu'il avait amorcé une réflexion sur la façon de rapatrier l'aile parlementaire du Bloc québécois d'Ottawa à Québec. « Il fallait trouver des postes pour ces gens du Bloc qui commençaient à avoir de bonnes expertises, confie-t-il. Je n'en ai jamais parlé, mais j'y ai réfléchi souvent. Ils commençaient à développer des compétences assez remarquables dans des champs où nous, Québécois, on ne connaissait rien, que ce soit la défense nationale ou le commerce extérieur[109]. » Jacques Parizeau aurait favorisé la création d'une deuxième Chambre d'élus. « Évidemment dans un Québec à deux Chambres, il y avait de la place pour tout le monde. » Il demeure silencieux à ce sujet pendant le débat référendaire, de crainte que l'on compare cette deuxième Chambre au Sénat canadien considéré comme vétuste par une majorité de Québécois. « Chaque chose en son temps, précise-t-il. Il faudra donc

---

107. *Idem.*
108. Donald Charette, « Avec une victoire du OUI à l'automne – Québec aurait dix nouvelles ambassades ou consulats généraux », *Le Soleil*, le 18 mai 1996.
109. Entrevue avec Jacques Parizeau, le 7 décembre 2000.

une nouvelle constitution[110].» Sur ce point, la contribution du Comité national des jeunes (CNJ) du Parti québécois aurait été primordiale. Le 31 juillet 1995, quand Éric Bédard, président de ce comité, parle d'un tel projet de constitution au premier ministre, celui-ci réagit très favorablement[111]. Le premier ministre suggère même aux jeunes de se pencher sur la place que les députés du Bloc pourraient occuper dans un tel scénario. Plus tard, Jacques Parizeau dit à Éric Bédard : «Vous seriez étonné de savoir ce qu'on pourrait faire de votre constitution[112].» Le CNJ proposait une Chambre des régions. «Ça, c'était notre meilleure proposition», estime Éric Bédard[113].

## Jean Chrétien disait NON, Preston Manning se préparait à un OUI

Fort bien préparé à un OUI, le cabinet du premier ministre Parizeau s'attendait à ce que Jean Chrétien ne reconnaisse pas un vote favorable à la souveraineté. Pour contrer un tel refus, une multitude de gestes devaient être posés par le Québec pour bien démontrer à la population «que l'on [savait] quoi faire et qu'eux [les fédéraux] pataugeaient dans ce refus mal organisé[114]», révèle Jean-François Lisée. «Nous aurions pu les casser, persuadés que dans les jours qui suivaient, l'argent et l'insécurité financière parleraient plus fort[115]» que toutes leurs hésitations. L'entourage de Jacques Parizeau croyait que des pressions incroyables s'exerceraient sur les ministres des Finances concernés, forçant Jean Campeau et Paul Martin à se rencontrer afin de rassurer les marchés.

L'un des scénarios sur lesquels se penche l'équipe de Jacques Parizeau est le suivant : le gouvernement de Jean Chrétien tomberait au lendemain d'un OUI, parce que trop fortement critiqué par la majorité anglophone du pays, désavouant le «p'tit gars de Shawinigan» pour sa défaite. Afin

---

110. *Idem.*
111. Entrevue avec Éric Bédard, le 2 août 2002.
112. Propos attribués à Jacques Parizeau et rapportés par Éric Bédard, le 2 août 2002.
113. Entrevue avec Éric Bédard, le 2 août 2002. Sylvain Gaudreault, vice-président au contenu, tenait la plume pour ce rapport.
114. Entrevue avec Jean-François Lisée, le 18 octobre 2000.
115. *Idem.*

d'exercer le maximum de pression sur le premier ministre du Canada, l'entourage de Jacques Parizeau demande même à Rodrigue Biron d'entamer des négociations politiques avec la direction du Parti réformiste du Canada, pour que Preston Manning reconnaisse une courte victoire du OUI, ce qui aurait pour conséquence d'affaiblir Jean Chrétien. Les démarches de Rodrigue Biron donnent d'étonnants résultats, selon Jean Royer[116]. « Manning pense que le OUI va gagner, ajoute Jean-François Lisée. Pour lui, 50 + 1 c'est la règle. Alors pour nous, c'est énorme[117] ! »

Si le soir même du référendum, Jean Chrétien ne reconnaît pas les résultats, Preston Manning, le lendemain, ira dans le sens contraire. Il exigera même que les négociations avec le Québec débutent. Le chef du Parti réformiste prévient cependant Rodrigue Biron : « Nous accepterons les résultats, mais par la suite, les négociations ne seront pas de tout repos pour vous, les souverainistes[118]. » Cette mise en garde n'inquiète guère l'entourage de Jacques Parizeau, déjà satisfait de pouvoir compter sur le second parti politique en importance au Canada anglais pour amorcer une forme de reconnaissance de la démarche souverainiste. Cette position de Preston Manning a aussi pour effet de diviser les forces fédéralistes.

Selon Jean-François Lisée, « Preston Manning désire en fait que Jean Chrétien démissionne le lendemain d'un OUI[119]. » Tout cela est confirmé par Preston Manning qui révèle au biographe que son parti avait même préparé une motion qu'il aurait déposée à la Chambre des commune, en demandant au premier ministre Jean Chrétien de démissionner. « C'était un vote de confiance qui ne visait que le premier ministre et non le gouvernement dans son ensemble[120]. » Il aurait aussi demandé que le Bloc québécois abandonne son titre d'opposition officielle au profit du Parti réformiste. Gilbert Charland, chef de cabinet de Lucien Bouchard, rappelle pour sa part que le Bloc québécois n'est aucunement impliqué dans ces tractations. Toutefois, « après le référendum, nous aurions pu jouer un rôle[121] », indique-t-il.

---

116. Entrevue avec Jean Royer, le 22 décembre 2003.
117. Entrevue avec Jean-François Lisée, le 16 septembre 2003.
118. Source anonyme.
119. Entrevue avec Jean-François Lisée, le 16 septembre 2003.
120. Entrevue téléphonique avec Preston Manning, le 11 février 2004.
121. Entrevue avec Gilbert Charland, le 12 décembre 2003.

Pour Preston Manning, la perspective d'une victoire du OUI est à ce point plausible que dans les derniers jours de campagne, plus précisément le 27 octobre, il communique avec l'ambassadeur des États-Unis à Ottawa, James Blanchard, afin de lui proposer la création d'une instance internationale qui superviserait les négociations sur le partage de la dette canadienne entre les deux pays, soit le Canada et le Québec[122]. Cette instance aurait pu être composée d'un représentant du Québec, du Canada, des États-Unis, de la Grande-Bretagne et du Japon.

## La nouvelle bataille des plaines d'Abraham

Jacques Parizeau, qui a mis sur pied la Commission de la Capitale nationale, aurait fait de la ville de Québec la véritable capitale d'un pays. «Nous sommes à une heure de New York, explique Jacques Joli-Cœur. Nous sommes de la Francophonie, nous sommes du Commonwealth, nous sommes en décalage de six heures avec l'Europe, de telle sorte que tous les diplomates et chefs d'État qui ont pour destination New-York et Washington sont susceptibles de faire une pause à Québec. Dans cette éventualité, Québec aurait été une capitale politique importante[123].» De plus, en tant que berceau de la civilisation française en Amérique et théâtre de la Conquête anglaise de 1760, Québec est une ville remplie d'histoire. «Le OUI nous aurait ramené immédiatement sur les immeubles historiques de la Citadelle de Québec, confie le chef du protocole du gouvernement. La résidence du gouverneur est exceptionnelle... Il ne manque donc pas de lieux historiques à Québec où loger de façon signifiante les titulaires des pouvoirs... L'histoire nous [impose ses propres] conclusions. La citadelle historique qui abrite la résidence officielle du chef de l'État canadien serait naturellement devenue celle du chef de l'État québécois, un état successeur[124].»

---

122. James J. Blanchard en parle à la page 252 de son ouvrage *Behind the Embassy Door – Canada, Clinton, and Quebec*, Toronto, McClelland & Stewart inc., 1998.
123. Entrevue avec Jacques Joli-Cœur, le 28 juin 2001.
124. *Idem.* En effectuant une visite de Québec en compagnie de son chef de protocole et du maire de la ville, Jean-Paul L'Allier, Jacques Parizeau avait donc déjà discuté de la façon d'utiliser certains immeubles en prévision de la souveraineté. Le siège de la Cour suprême du Québec, par exemple, aurait été situé dans l'ancien édifice des douanes.

Jacques Parizeau a aussi pensé aux militaires : «Au moment où le geste formel de souveraineté est posé, explique-t-il, chaque officier est libre de déclarer sa loyauté au Québec.» Le chef souverainiste a même songé aux endroits où il placerait les bataillons de l'armée du Québec. Il ne prévoit pas de marine, «la garde côtière équipée avec des petits navires comme il s'en construit tellement en Norvège suffirait, juge-t-il. L'aviation, c'est une autre paire de manches, explique-t-il. Bagotville, avec ses deux escadrilles de chasseurs F-18, c'est très cher à entretenir et à faire fonctionner. Seulement, c'est la seule base dont nous disposions pour assurer la patrouille de ce grand morceau de territoire nord-américain qu'est le Québec. Si nous ne le patrouillons pas, quelqu'un d'autre va le patrouiller. Les Américains ne laisseront jamais un grand terrain blanc comme ça sur leurs cartes. Dans ces conditions, on n'a pas beaucoup le choix de faire en sorte que l'aviation d'un Québec indépendant soit à Bagotville avec ses deux escadrilles. C'est ce qui est le plus cher, mais c'est aussi le plus simple, parce que la plupart des officiers sont tous des francophones[125].»

Pour réaliser le rêve de sa vie, Jacques Parizeau s'est donc préparé avec minutie et grand art. Il n'a rien laissé au hasard, mais encore faut-il qu'il récolte suffisamment de votes favorables à sa cause pour enclencher rapidement le processus menant à la souveraineté du Québec. Que faire, toutefois, si la victoire est serrée? Avec, par exemple, seulement 51 % des voix? Bernard Landry, le commandant en second, répond : «On le fait. La France est entrée dans le marché commun avec 51 % et des poussières. D'autres en sont sortis avec le même score[126].» Et Lucien Bouchard? «Monsieur Parizeau est premier ministre, répond-il. Lui, il fonce. Bouchard, à l'époque, n'avait pas assez de crédibilité souverainiste pour s'opposer à ce que Parizeau fonce à 51 %. Parizeau aurait foncé et je l'aurais appuyé à mort, répète Bernard Landry. C'est la bataille de notre vie, on n'allait pas changer les règles. Le Québec ne serait pas resté une province du Canada à 51 %[127].» Malgré les propos de Bernard Landry, Jacques Parizeau doute de son vice-premier ministre advenant une victoire serrée. «Est-ce que j'aurai des ennuis? Oui, j'aurai des ennuis. Est-ce

---

125. Entrevue avec Jacques Parizeau, le 7 décembre 2000.
126. Entrevue avec Bernard Landry, le 27 juin 2000.
127. *Idem.*

*En cas de victoire, Jacques Parizeau
avait même songé aux endroits où il
placerait les bataillons de la future
armée du Québec indépendant.
Photo de Jacques Nadeau.*

que quelqu'un peut faire quelque chose sans avoir des ennuis ? Non. On gagne, on gagne[128]. »

En septembre 1995, le premier ministre du Québec, son entourage, son parti, ses alliés et les partenaires se mobilisent afin de convaincre la population du Québec des bienfaits du nouveau pays. Le temps est venu de déclencher la campagne référendaire. Pour entreprendre cet ultime combat, Jacques Parizeau est prêt comme jamais il ne l'a été de toute sa vie.

---

128. Entrevue avec Jacques Parizeau, le 10 décembre 2000.

# Le second rôle pour le premier

> « *Être chef, c'est comme grimper l'Everest. Plus tu montes, plus l'oxygène se raréfie. Puis chaque pas est risqué. Et quand tu es au sommet, apprécie le paysage, parce que quand tu vas redescendre, c'est là que c'est le plus dangereux. C'est ça être chef...* »
>
> Jean Royer[1]

C'est dans un cadre enchanteur, celui du Domaine Cataraqui à Québec, que la campagne référendaire est officiellement lancée. Une réunion exceptionnelle du Conseil des ministres, réservée aux membres du comité des priorités, permet à Jacques Parizeau de présenter le décret qui fixe le jour du vote au lundi 30 octobre 1995.

Une fois adopté par le Conseil des ministres, ce décret est signé par le premier ministre et transmis au lieutenant-gouverneur qui doit également y apposer sa griffe. Louis Bernard, le secrétaire général du gouvernement, se rend donc chez Martial Asselin, le représentant de la reine. Par mégarde, celui-ci appose sa signature au mauvais endroit. Ce n'est que de retour au Domaine Cataraqui que Louis Bernard s'aperçoit de cette erreur qui, techniquement, invalide le décret. La panique s'empare de Jacques Parizeau. De folles rumeurs circulent alors qui laissent entendre que le gouvernement fédéral pourrait ordonner au lieutenant-gouverneur de ne

---

1. Entrevue avec Jean Royer, le 17 octobre 2002.

pas signer le décret susceptible d'autoriser l'éclatement du Canada. Louis Bernard retourne prestement à l'édifice André-Laurendeau situé derrière l'Hôtel du Parlement, afin de demander au lieutenant-gouverneur de signer à nouveau le document. « *Monsieur* fait des sueurs terribles[2] », témoigne Jacques Joli-Cœur. « Il n'en demeure pas moins que s'il s'était obstiné à ne pas [signer le décret], il y aurait eu un esclandre quelconque, c'est le moins que l'on puisse dire, raconte en souriant Jacques Joli-Cœur. Il y a donc eu un trente, quarante minutes de grandes sueurs[3]! »

Le soir même, le 1er octobre, Jacques Parizeau s'adresse à la population. Le drapeau du Québec pratiquement collé à son épaule droite, il déclare : « Chacune et chacun d'entre vous avez un devoir envers vous-même. Envers ceux qui vous ont précédés, qui ont défendu et bâti le Québec. Un devoir surtout envers les jeunes du Québec. En 1980, avec René Lévesque, nous avons eu une première occasion de faire ce choix. Et maintenant nous avons une seconde chance. Ce n'est pas donné à tous les peuples, une seconde chance. Personne ne peut prédire l'avenir, mais il est possible que le 30 octobre soit notre dernier rendez-vous collectif. » « Après vingt ans d'investissement sur le terrain, raconte Jacques Parizeau au biographe, je sais que je peux compter sur cinq ou six mille personnes. Je les mobilise. La plupart d'entre elles, je les connais personnellement. Je sais jusqu'où je peux les amener[4]. »

« Quand le référendum est déclenché, révèle Monique Simard, tout le monde est sûr que l'on va perdre, que ce sera une catastrophe. Bien des gens ne parlent plus à Jacques Parizeau[5]. » Plusieurs péquistes, démoralisés, en veulent à leur chef. Au début de septembre, à la reprise de la session parlementaire, le débat sur la question référendaire s'est révélé décevant. Plus souvent qu'à leur tour, les péquistes ont été embarrassés par les questions de l'opposition portant sur les « études Le Hir », du nom du ministre qui en est responsable et dont la crédibilité est au plus bas. Le

---

2. Entrevue avec Jacques Joli-Cœur, le 18 juillet 2001.
3. Quelques semaines auparavant, l'avocat Guy Bertrand, indépendantiste soudainement transformé en fédéraliste, avait tenté de stopper la démarche du gouvernement du Québec, en déposant en Cour supérieure une demande d'injonction permanente pour empêcher la tenue du référendum. Cette demande est refusée par le juge Robert Lesage, le 8 septembre.
4. Entrevue avec Jacques Parizeau, le 27 avril 1998.
5. Entrevue avec Monique Simard, le 26 septembre 2000.

*En octobre 1995, pour la deuxième fois en 15 ans, le Québec tient un référendum sur son statut politique.*
*Photo de Mario Fauteux.*

Parti libéral débute la campagne référendaire avant le camp du OUI, en tapissant le Québec de ses affiches. «Ça nous ramène [dans les sondages] à 42 % pendant une brève période[6]», confie Jean-François Lisée. Il suggère toutefois à Jacques Parizeau et à Jean Royer de ne «surtout pas sortir. La presse est convaincue que l'on va perdre. Il faut laisser Daniel Johnson seul dans le champ.» Ainsi, estime-t-il, les médias «vont être tellement durs avec lui!»

Dans son journal de campagne, en date du 5 octobre, Éric Bédard, président des jeunes péquistes, écrit : «J'ai l'impression de voir défiler sous mes yeux une véritable tragédie. Les journalistes ne cessent de répéter que la campagne du OUI ne lève pas. Ce matin, Guy Chevrette a lancé un appel à la mobilisation. On ne sent aucune fièvre, aucune passion, écrit-il. Les troupes s'en vont à l'abattoir. Hier, *Monsieur* a indiqué à des jeunes qu'il est un homme du passé en voulant les pousser à prendre leur place. Dans la même foulée, sa femme indiquait qu'elle allait quitter le bureau du premier ministre après la campagne. On dirait une fin de régime.

6. Entrevue avec Jean-François Lisée, le 12 octobre 2000.

Lucien Bouchard qui n'est pas fermé à devenir premier ministre, et quoi encore?! On dirait que tout le monde pense déjà à l'après. Tout le monde joue ses cartes afin de pouvoir se détacher de toutes responsabilités[7]. » Éric Bédard, qui fait du porte-à-porte dans son comté de Bourget, sent bien ce qu'il surnomme la « Bouchardmanie ». Il n'est pas le seul…

Avec le déclenchement de la campagne référendaire, les réunions du comité technique, qui se tenaient sur une base hebdomadaire, se déroulent maintenant à tous les jours. Pierre-Luc Paquette, représentant des jeunes à ce comité, confirme que la lutte d'influence opposant le Parti québécois et le Bloc québécois ne fait que s'aggraver. Les deux représentants des Partenaires pour la souveraineté au sein de cette instance, soit Pierre Hurtubise de la CSN et Denis Marion du Mouvement national des Québécois, semblent plus près des positions exprimées par le Bloc québécois. « C'est très tranché entre le Bloc et le PQ, estime Pierre-Luc Paquette. Ça joue du coude. Bob Dufour [redevenu directeur général du Bloc québécois depuis janvier 1995] est tellement pro-Bouchard, que tout au long de la campagne, avec n'importe qui [du Parti québécois], c'est un ennemi. Pour lui, c'est uniquement Bouchard. Leblanc et Dufour, à la fin, ne sont devenus qu'un groupe de lobby[8]. »

Jacques Parizeau ne semble pas voir les choses de la même façon : « Dufour, c'est un souverainiste convaincu, confie-t-il. Un bonhomme de premier ordre. Je n'ai pas de problème avec ce gars-là. J'ai plutôt de la misère avec les gens qui ne savent pas quoi faire[9] », déclare-t-il, faisant allusion à sa propre organisation, qu'il juge trop lente à démarrer.

## 65 % pour le NON

Ouïdire communication, « faiseurs » d'images pour le camp souverainiste, propose que le message référendaire laisse entendre qu'il « n'y a pas d'ennemi à combattre, il n'y a que des forces à rallier. Une vision de l'avenir ne se construit pas sur le dos de la critique historique[10]. » Du côté

---

7. Extrait du journal de campagne d'Éric Bédard, CNJ.
8. Entrevue avec Pierre-Luc Paquette, le 8 octobre 2002. Monique Simard confirme, bien que mollement, cette interprétation, ainsi que Guy Chevrette.
9. Entrevue avec Jacques Parizeau, le 7 décembre 2000.
10. Archives de Jacques Parizeau, ANQ, Montréal.

du NON, particulièrement dans les milieux d'affaires, on adopte une approche fort différente. Les chefs d'entreprises se font très visibles et passablement agressifs dans leurs prises de position.

Le 17 septembre, à Saint-Joseph de Beauce, lors du premier grand rassemblement des forces fédéralistes, Marcel Dutil, président de Canam-Manac, déclare que pour mettre fin au rêve souverainiste et aux querelles constitutionnelles, il faut que le NON recueille 65 % d'appuis[11]. Dans la salle, bien des gens croient que cela est possible. Le lendemain, Michel Bélanger, président du comité organisateur du NON, tient des propos durs à l'endroit de Jacques Parizeau, son ancien collègue des années 1960 : « On ne s'en va pas s'exposer au reste du monde en se prétendant un premier ministre qualifié en questions économiques et financières et en annonçant que l'on est un pays organisé pour faire des affaires, quand on n'aura ni monnaie, ni banque centrale, ni contrôle du crédit, lance-t-il. Quand on prétend que l'on va faire ça, il ne faut pas être surpris que certaines gens doivent le prendre pour un cave. Moi, je ne l'aurais peut-être pas pensé et je ne l'aurais peut-être pas dit, mais il m'en donne l'occasion[12]. »

L'agence de cotation torontoise, la Dominion Bond Rating Service (DBRS), a beau annoncer qu'elle n'envisageait pas de décoter le Québec au lendemain d'un OUI, il n'y a rien à faire : le Conseil des gens d'affaires du Québec, présidé par Pierre Côté de Celanese, Guy Saint-Pierre, de SNC-Lavalin, Laurent Beaudoin, de Bombarbier, la Chambre de commerce de Montréal et le Conseil du patronat du Québec se sont concertés pour mener une offensive sans précédent contre les souverainistes. Paul Desmarais, de Power Corporation, va bientôt entrer en scène.

La déroute s'étant emparée du camp du OUI, il n'y a pas que Bernard Landry et Lucien Bouchard qui se questionnent sur la possibilité de reporter le référendum. L'onde de choc de la défaite appréhendée se communique même à la garde rapprochée de Jacques Parizeau. Vers le début du mois de septembre, Jean-François Lisée entre dans le bureau de Jean Royer, inquiet[13] :

— Là, il va falloir en parler ! lui dit le jeune conseiller.

---

11. Le sondeur des fédéralistes, Maurice Pinard, envisage alors une victoire du NON à 62 %.
12. Cité dans un article de Vincent Marissal, « Bélanger traite Parizeau de cave », *Le Soleil*, le 19 septembre 1995.
13. Entrevue avec Jean-François Lisée, le 12 octobre 2000. Confirmé par Jean Royer.

— De quoi? répond Jean Royer.

— Eh bien, est-ce qu'on y va?

— Ben… parlons-en, dit Jean Royer.

Les deux hommes en arrivent alors au même constat : le référendum sera perdu. Mince consolation, les souverainistes auront cette fois une bonne majorité chez les francophones, ce qui, croient-ils, sera mieux qu'en 1980. Brièvement, ils évaluent «comment cela coûterait de faire perdre la face à tout le mouvement souverainiste, à toute la coalition et donc à une partie du Québec en envoyant le message suivant : nous ne sommes même pas assez forts pour essayer. Il y a toujours la possibilité que ça aille mieux, suggère Jean-François Lisée, mais à ce moment-là, nous n'y croyons pas beaucoup.» Royer et Lisée en arrivent à la conclusion «que ce serait plus dur pour le moral du Québec, de ses forces progressistes, de "débrancher" tout de suite et de dire au peuple Québécois que non seulement on va perdre, mais que l'on a tellement peur de perdre que l'on ne va même pas se battre[14].»

C'est dans cet état d'esprit que Jean Royer se rend à Saint-Adolphe, afin d'y rencontrer le premier ministre à la résidence d'été de son épouse, Lisette Lapointe. «Est-ce que cette discussion-là ne devrait pas se faire avec les trois chefs?», lui avait auparavant demandé Jean-François Lisée. «En tout cas, moi je pense qu'il faut en parler avec le premier ministre[15]», lui avait répondu le chef de cabinet de Jacques Parizeau.

Sur la galerie de la maison de Saint-Adolphe, Lisette Lapointe discute un moment avec Jean Royer avant que Jacques Parizeau ne se présente. «Ce jour-là, Jean Royer me dit : "Pensez-vous que l'on peut encore le faire changer d'idée[16]"?» L'épouse du premier ministre croit à une boutade : «Non, non, ça n'a pas de bon sens! Bien non, on ne peut pas le faire changer d'idée. C'est trop important, c'est trop grave[17]!», insiste-t-elle.

---

14. Cinq ans après le référendum de 1995, Jean-François Lisée soutenait encore que la défaite fut coûteuse pour le Québec, mais que d'avoir «échoué à tenir un référendum aurait probablement provoqué la même dynamique négative que celle que l'on vit en ce moment.» Entrevues avec Jean-François Lisée, le 12 octobre 2000 et le 16 septembre 2003.

15. Propos attribués à Jean Royer et rapportés par Jean-François Lisée. Entrevue du 12 octobre 2000.

16. Propos attribués à Jean Royer et rapportés par Lisette Lapointe. Entrevue du 16 mai 2000.

17. Entrevue avec Lisette Lapointe, le 16 mai 2000.

La démarche de Jean Royer vise en fait à donner une dernière occasion au premier ministre de freiner la machine référendaire. «Ça ne va pas bien monsieur Parizeau, il nous en manque, lui dit-il brusquement. Si vous voulez, j'arrête tout, c'est encore possible[18].» Le premier ministre réagit par une question : «Le plancher, c'est quoi?» Jean Royer répond : «Nous ne sommes pas à 45 %.» Jacques Parizeau reste silencieux à peine deux secondes et dit : «Monsieur Royer, nous y allons!» Le chef de cabinet n'est guère surpris, mais il en profite alors pour lui faire une audacieuse proposition.

«D'après tout ce qu'on peut voir, on va perdre le référendum, rappelle Jean Royer. Alors, il faudrait que vous acceptiez que Bouchard prenne [le plancher]. Il est plus populaire que vous et ça peut donc faire basculer les choses[19].» Jean Royer lui propose de laisser Lucien Bouchard effectuer les tournées électorales dans l'autobus qui est toujours suivi par une meute de journalistes. Jacques Parizeau est attentif à la proposition de son conseiller. Depuis longtemps, il déteste faire campagne dans un autobus. «Je pense que c'est une invention de fou. Une sorte d'invention de couvent itinérant[20]», dit-il. Il suggère même d'éliminer ce mode de fonctionnement pour la campagne référendaire. Jean Royer lui conseille plutôt de laisser une partie de cette activité à Lucien Bouchard. L'air sévère, Jacques Parizeau fixe son principal conseiller. À nouveau, il ne réfléchit que quelques secondes avant de lui répondre, sans hésitation : «D'accord, c'est ce qu'il faut faire? On le fait!» «À partir du moment où les idées se heurtent à d'autres idées et que la peur gagne du terrain, rappelle Jacques Parizeau, vous n'avez pas d'autres choix que de faire jouer l'émotivité à tour de bras. Et Bouchard est bien mieux que moi pour ça, convient Jacques Parizeau. Et ça me débarrasse de l'autobus[21]!» «À partir du moment où les idées se heurtent à d'autres idées et que la peur gagne du terrain, rappelle Jacques Parizeau, vous n'avez pas d'autres choix que de faire jouer l'émotivité à tour de bras. Et Bouchard est bien mieux que moi pour ça, convient Jacques Parizeau. Et ça me débarrasse de l'autobus[22]!»

---

18. Entrevue avec Jean Royer, le 3 octobre 2002.
19. Propos attribués à Jean Royer et rapportés par Jacques Parizeau. Entrevue du 11 mai 1998.
20. Entrevue avec Jacques Parizeau, le 7 décembre 2000.
21. Entrevues avec Jacques Parizeau, le 28 septembre 1999.
22. Entrevues avec Jacques Parizeau, le 28 septembre 1999.

## Claude Garcia

«La question du rôle de Lucien Bouchard dans l'après-OUI est majeure, soutient Jean-François Lisée, et il faut la régler[23].» Depuis des mois, le conseiller tente de sensibiliser le premier ministre à cette question, mais sans succès. «Il faut donc imaginer un scénario où monsieur Bouchard figurera clairement dans le Québec de l'après-OUI, et il faudra que les électeurs le sachent avant le référendum[24]», écrit-il à son premier ministre dès le mois de janvier 1995. Dans un Québec souverain, Jean-François Lisée l'imagine comme ministre des Affaires étrangères ou comme chef d'État remplaçant le lieutenant-gouverneur. Il suggère qu'il pourrait aussi, dès le mois d'avril, «diriger l'équipe de négociation, après la souveraineté[25].»

Jacques Parizeau ne répond pas à ces innombrables suggestions, parce que les discussions qu'il a avec son secrétaire général le convainquent de laisser la supervision de ces éventuelles négociations à Louis Bernard et à un groupe composé uniquement de fonctionnaires. Au début de l'été 1995, la dernière chose que désire Jacques Parizeau à la table, c'est un politicien[26].

D'autre part, cette idée ne soulève pas non plus l'enthousiasme de Lucien Bouchard. Il répugne à devenir l'employé de Jacques Parizeau et il a du mal à admettre que le premier ministre puisse occuper par rapport à lui une position dominante. En cas d'échec des négociations, porterait-il, lui le négociateur, l'odieux d'une démarche ratée? Pierre-Paul Roy et Gilbert Charland, les conseillers de Lucien Bouchard, sont pourtant en faveur d'une telle stratégie. Gilbert Charland évoque plusieurs fois ce scénario à son chef. Puis, au début du mois de juillet, Lucien Bouchard finit par lui dire : «Monsieur Charland, cesser de me parler de ça[27]!»

De son côté, Jean Royer attend avant de faire cette suggestion à Jacques Parizeau. «Nous avions besoin de sentir la tendance changer avant d'en-

23. Entrevue avec Jean-François Lisée, le 12 octobre 2000.
24. Note de Jean-François Lisée à Jacques Parizeau intitulée : «Considérations stratégiques pour 1995», datée du 16 janvier 1995.
25. Suggestion faite par Jean-François Lisée dès le mois d'avril 1995 dans la note qu'il adresse au premier ministre et intitulée : «Situation référendaire, comment survivre au *virage*», datée du 11 avril 1995.
26. Entrevue avec Jacques Parizeau, le 31 octobre 2000.
27. Entrevue avec Gilbert Charland, le 19 décembre 2000.

clencher le processus[28]», précise-t-il. Contre toute attente, c'est à un homme d'affaires du monde des assurances que l'on doit ce renversement de situation. En effet, c'est grâce à la déclaration de Claude Garcia, prononcée le dimanche 24 septembre lors du Conseil général du Parti libéral du Québec, à Montréal, que le vent se met à tourner. Grisé par les sondages favorables au NON, cet actuaire déclare sur un ton hargneux : «Il ne faut pas juste gagner le 30 octobre, il faut écraser!» La salle de l'Hôtel Sheraton jubile, les militants libéraux applaudissent à tout rompre[29]. Le camp du NON vient de découvrir un nouveau porte-parole en la personne de Garcia.

Dès le lendemain, Claude Plante, responsable des communications, se présente au bureau de Jean Royer avec la fameuse déclaration du président des opérations canadiennes de la compagnie d'assurances Standard Life. Jean Royer lit la phrase et s'exclame : «Host...! Ça se peut pas! Il faut en être sûrs! Je veux voir le *clip*... Tab...!»

Jean Royer jubile : «Là, on sait que l'on a potentiellement quelque chose qui choquera les Québécois. Nous percevions une volonté à voter OUI, mais des obstacles, une inquiétude, en empêchaient plusieurs de le faire. Là, [avec cette déclaration] des gens vont dire : il y a toujours bien une limite[30]!» Pour s'assurer que la déclaration soit connue du plus grand nombre de Québécois possible, Claude Plante fait imprimer des affiches et des pleines pages de publicité dans les journaux qui reprennent les mots de Claude Garcia. «Là ça change! On va maintenant vous amener à une espèce de moment fort», dit Jean Royer aux troupes réunies à la permanence.

Le 2 octobre[31], Jean Royer et Jean-François Lisée conviennent de tester certaines options auprès de groupes témoins (*focus group)* et de

---

28. Entrevue avec Jean Royer, le 14 septembre 2000.
29. C'est lors du même événement que Daniel Johnson, le chef de l'opposition officielle, se moque de la petite taille du ministre Guy Chevrette : «Vous me permettrez de me fier davantage à Laurent Beaudoin (président de Bombardier) qu'à Guy Chevrette pour savoir comment ça marche l'économie du Québec. Guy Chevrette, lui, il connaît ça. Après le OUI, le reste du Canada va venir à quatre pattes, en rampant, pour pouvoir négocier une association avec le Québec. Ils vont venir à quatre pattes, probablement pour trouver plus facilement Guy Chevrette!» Cité dans un article de Vincent Marissal, «Référendum – Les libéraux sont en confiance», *Le Soleil*, le 24 septembre 1995.
30. Entrevue avec Jean Royer, le 14 septembre 2000.
31. Selon Jean-François Lisée. Courriel adressé au biographe et daté du 4 février 2004.

mesurer les répercussions qu'elles pourraient avoir sur le vote référendaire. Dans un premier temps, on tente de savoir comment la population réagirait à la promesse de voir Lucien Bouchard devenir membre d'un gouvernement d'unité nationale au lendemain d'un OUI. On teste également la possibilité qu'il devienne le négociateur en chef. Enfin, Jean Royer nous apprend que « Lisée voulait aussi tester la question du président de la république », c'est-à-dire la possibilité d'avoir un Québec souverain gouverné par Jacques Parizeau, premier ministre, et dirigé par Lucien Bouchard, président.

Lorsque les résultats sont connus, ceux-ci sont sans équivoque : la question du négociateur, « c'est non seulement celle qui "sort le plus fort", révèle Jean Royer, mais c'est [aussi] celle qui a une conséquence sur les intentions de vote[32] », lesquelles passent de 44 à 47 %[33].

À partir de là, Royer et Lisée sont déterminés à convaincre leur patron de nommer Lucien Bouchard négociateur en chef. Ils en parlent même à certains ministres afin qu'ils interviennent en ce sens auprès de Jacques Parizeau[34]. Pour amener Lucien Bouchard à accepter cette offre, Jean Royer en parle directement avec lui. Au même moment, Lucien Bouchard se rend compte que son rôle à la Chambre des communes, bien qu'efficace, l'éloigne trop du terrain référendaire. Or, cette dernière proposition a le mérite de lui redonner beaucoup de visibilité, en lui assurant une intense couverture médiatique. Il sent bien également que l'enthousiasme des troupes a besoin d'être relancé. Dans le scénario original, Lucien Bouchard ne devait jouer qu'un rôle secondaire en faisant campagne dans les régions. Voici maintenant que Jean Royer lui offre le premier rôle… qu'il accepte.

Le chef de cabinet est maintenant prêt à rencontrer son premier ministre pour lui demander de faire l'ultime sacrifice, c'est-à-dire de s'oublier pour permettre la victoire des souverainistes…

---

32. Entrevue avec Jean Royer, le 17 octobre 2002.
33. Selon Jean-François Lisée. Courriel adressé au biographe et daté du 4 février 2004.
34. Pauline Marois se souvient très bien d'une demande de Jean Royer à ce sujet. Entrevue avec Pauline Marois, le 12 février 2002.

## Le second rôle pour le premier

Au moment où il livre son plus grand combat, peu de personnes peuvent s'adresser à Jacques Parizeau directement et exiger de lui qu'il fasse preuve de modestie. Jean Royer est l'un des seuls qui peut lui demander de tempérer sa fougue et de descendre de sa monture pour laisser un hussard plus flamboyant que lui mener la charge décisive contre les infidèles. Parmi tous les chefs de cabinet recrutés par Jacques Parizeau, y compris Serge Guérin, seul Jean Royer peut agir ainsi. Louis Bernard, qui a bien connu les deux hommes, explique que «Guérin donnait suite aux volontés de Parizeau, tandis que Royer aidait Parizeau en l'encadrant. Il disait souvent non à Parizeau pour qu'il puisse mieux faire son travail. Il avait une relation *challengeante* avec Parizeau[35].» Ce «garde-fou qui peut dire des choses au chef[36]» ne s'exécute toutefois qu'en l'absence de témoins. Daniel Audet, jeune chef de cabinet de Bernard Landry, soutient qu'il n'a jamais entendu Jean Royer émettre la moindre parcelle de critique à l'endroit de Jacques Parizeau : «À l'externe, il épousait parfaitement les vues de son chef. Jamais aucune fissure n'est apparue[37].»

La scène se déroule à Québec à la résidence de fonction du premier ministre. Jacques Parizeau a des invités chez lui, quand Jean Royer se présente à la demeure de la rue des Braves. Son chef comprend tout de suite de quoi il s'agit. Il le fait monter au deuxième étage. La rencontre se tient dans un salon peint en vert, la couleur de l'espoir. Les deux hommes sont seuls. «Je lui présente les résultats finaux des sondages, témoigne Jean Royer, et je lui dis qu'il est temps de faire sortir Bouchard[38].» Pour gagner, Jacques Parizeau doit le nommer négociateur en chef de l'équipe qui entamera les pourparlers avec le Canada, au lendemain de la souveraineté.

Jean Royer mesure-t-il bien les conséquences de ce geste pour l'avenir de son chef? Saisit-il que cette dernière proposition confère la deuxième place à un premier ministre? Jacques Parizeau pourra-t-il reprendre sa place après une campagne victorieuse sur la souveraineté dont on attribuerait le mérite au charismatique Bouchard? Jean Royer baisse d'abord les yeux, puis répond : «Pour moi, c'est difficile, parce que monsieur

---

35. Entrevue avec Louis Bernard, le 9 janvier 2002.
36. Selon les mots d'Éric Bédard. Entrevue du 13 mars 2000.
37. Entrevue avec Daniel Audet, le 4 décembre 2002.
38. Entrevue avec Jean Royer, le 17 octobre 2002.

Parizeau m'a engagé au début de la vingtaine. Il m'a appris à travailler. Il m'a donné une chance et il a fait en sorte que tout ce que j'ai profession-nellement, je lui en suis redevable. Alors s'il m'avait indiqué, dans l'élabo-ration du processus, qu'il n'était pas d'accord, soyez assuré que j'aurais accepté la décision et que je n'en aurais jamais plus reparlé. Mais je sentais que le sens qu'il avait donné à sa vie politique, c'était que l'on puisse gagner le référendum. Dans ce cadre-là, il me semble que ce qu'on lui [proposait allait] dans le sens de ce qu'il a toujours cherché à faire, explique avec émotion Jean Royer. Alors, je n'ai jamais cherché à dimi-nuer les effets que cela aurait. Je [voulais] qu'il les comprenne, mais il les [comprenait] encore mieux que ce que je pouvais lui expliquer. Il le voyait... Je sentais qu'il comprenait. Je crois que si on avait gagné, mon-sieur Parizeau était premier ministre et il le demeurait. Les compétences attachées à la personne de monsieur Parizeau, dans ces moments-là, lui auraient redonné la place qui est celle du premier ministre[39]. » Pour Jean Royer, « être chef, c'est comme grimper l'Everest. Plus tu montes, plus l'oxygène se raréfie. Puis chaque pas est risqué. Et quand tu es au sommet, apprécie le paysage, parce que quand tu vas redescendre, c'est là que c'est le plus dangereux. C'est ça être chef... »

Pour le premier ministre, « sur le plan des images, j'ai la possibilité d'avoir une meilleure image que la mienne. La conclusion des sondages, c'est donc qu'on va donner à Lucien Bouchard le premier rôle[40]. » Sans beaucoup épiloguer, Jacques Parizeau dit à Jean Royer : « Monsieur Royer, faites ce que vous avez à faire[41]. » La réunion est de courte durée. Il y a une tension certaine dans l'air. Le chef de cabinet descend l'escalier, quand il entend soudain son chef s'adresser à lui dans son dos. « Monsieur Royer... » Pendant quelques centièmes de secondes, Jean Royer réfléchit déjà à ce qu'il dira si son patron revient sur sa décision. « Monsieur Royer... Vous dites à monsieur Bouchard que je l'appelle demain matin pour officiellement lui offrir cette fonction et lui dire que ça va[42]. »

---

39. *Idem.*
40. Entrevues avec Jacques Parizeau, le 19 septembre et le 28 novembre 2003.
41. Propos attribués à Jacques Parizeau et rapportés par Jean Royer, le 17 octobre 2002. Quelques semaines plus tôt, quand il avait décidé de laisser Lucien Bouchard mener campagne à bord de l'autobus du chef, Jacques Parizeau considère qu'il avait déjà accepté le principe de demeurer à l'arrière-scène pour un grand moment durant la période référendaire.
42. *Idem.*

*Quand le premier ministre se décide à laisser passer Lucien Bouchard devant lui…*
*Photo de Jacques Nadeau.*

## Le chœur des vociférants

Dans les jours qui suivent la déclaration de Claude Garcia, ce que Jean Royer avait anticipé devient réalité. Les médias ne cessent de le critiquer pour ses propos qualifiés de méprisants. Le climat change graduellement et devient plus favorable aux souverainistes. Les dirigeants d'entreprises et le camp du NON sont pointés du doigt pour leur arrogance. «Les gens d'affaires auraient intérêt, soit à modérer leurs transports, soit, s'ils sont incapables de contrôler leurs émotions, à s'occuper… de leurs affaires[43]», écrit Lysiane Gagnon. Dans son éditorial, Lise Bissonnette s'étonne d'apprendre que Claude Garcia est également président du conseil d'administration de l'Université du Québec à Montréal, «ce qui démontre bien jusqu'où la grossièreté a réussi à s'infiltrer pourvu qu'elle parle argent[44]».

Les alliés des péquistes s'emparent de cette histoire. Le Syndicat des professeurs de l'université et l'Association étudiante de l'UQAM réclament la destitution de Claude Garcia. Quatre jours après sa déclaration, ce dernier doit s'excuser publiquement. Ce n'est pas suffisant. L'indignation est à ce point élevée que le conseil d'administration de l'UQAM suspend Claude Garcia. Les Québécois n'aiment décidément pas les triomphalistes, qu'ils soient politiciens ou hommes d'affaires.

Le 26 septembre, à Rivière-du-Loup, les libéraux se paient une soirée à casser du sucre sur le dos de Mario Dumont. Le président de la Commission jeunesse, Claude-Éric Gagné, surnomme alors le chef de l'Action démocratique du Québec Mario *Ducon*.

Le président de Bombardier, Laurent Beaudoin, y va de plusieurs déclarations favorables au NON. Dans les premiers jours d'octobre, Jacques Parizeau contre-attaque vertement. Il accuse le président de Bombardier de «cracher sur les Québécois[45]». Que ce soit SNC, Bombardier ou la Banque Royale, les voilà qu'ils forment «le chœur des vociférants», déclare le premier ministre. Quand on est devenu milliardaire avec l'argent des Québécois (à l'aide du RÉA), «on ne crache pas sur ceux qui n'ont pas réussi à s'en sortir aussi bien que nous.» Jacques Parizeau assène un solide

---

43. Lysiane Gagnon, «La ronde des rumeurs», *La Presse*, le 26 septembre 1995.

44. Lise Bissonnette, «La stratégie fédérale sort de la bouche de M. Garcia», *Le Devoir*, le 26 septembre 1995.

45. Propos de Jacques Parizeau cités dans un article de Donald Charette, «Jacques Parizeau : nous on ne crache pas dans la soupe», *Le Soleil*, le 6 octobre 1995.

coup à ses ennemis de toujours : « Après tout le travail qu'on a fait, il faut sortir de là avec un peu de fierté, ce n'est pas vrai qu'on va nous botter le derrière constamment, nous tourner en bourrique, ce n'est pas vrai qu'on va nous dire : À genoux! À genoux! Les anciens complexes face aux milieux financiers, qui ont duré deux ou trois générations, ça va finir dans un mois quand nous allons dire à ceux qui nous méprisent : fichez-nous la paix, on demande d'être responsables de nous-mêmes. » Le gentil-homme d'Outremont adopte ici une attitude plus que jamais social-démocrate. Il assimile la position des chefs d'entreprises à celle « d'un club de milliardaires, de privilégiés arrogants, menaçants[46]. »

Des années plus tard, Jacques Parizeau explique qu'il « espère l'hosti-lité d'un certain nombre de grands *boss*. Comme je ne pourrai jamais les avoir de mon côté, aussi bien les avoir hostiles et gueulant, parce que là je suis certain d'avoir leurs ouvriers[47]! » C'est d'ailleurs ce qui semble se des-siner le 26 septembre, lorsque Daniel Johnson visite l'usine Bombardier de La Pocatière. Des employés ont placé des affiches du OUI à certains endroits. Les journalistes sur place recueillent les commentaires des ouvriers qui déclarent ne pas apprécier les commentaires de leur patron qui, selon eux, « mélange la *job* avec la politique ».

Le 28 septembre, Yvon Martineau, président du conseil d'administra-tion d'Hydro-Québec, publie un texte dénonçant les propos « indignes » de certains gens d'affaires et prône le respect. L'ami de Jacques Parizeau annonce que sa société n'a pas renouvelé son adhésion au Conseil du patronat du Québec (CPQ) qui fait ardemment campagne pour le NON. Pour le CPQ, cela signifie une importante cotisation de perdue, évaluée à près de 25 000 dollars. Loto-Québec, la SAQ, la SGF, SOQUIP et SOQUIA retirent également leur adhésion à cet organisme. Jacques Parizeau, qui tire à boulets rouges, attire l'attention du public sur un contrat liant la com-pagnie Standard Life au gouvernement du Québec. « Puis là, on découvre qu'un contrat de 11 millions de dollars est reconduit chaque année depuis 1993 sans appel d'offres public, fait observer Jacques Parizeau, menaçant. Oh! Ce n'est pas bien. Ce n'est pas joli de reconduire des contrats sans

---

46. Propos de Jacques Parizeau cités dans un article de Denis Lessard, « Parizeau poursuit sa charge contre les milliardaires », *La Presse*, le 8 octobre 1995.
47. Entrevue avec Jacques Parizeau, le 11 mai 1998.

soumissions publiques[48]!» On croirait à nouveau entendre le sifflement des épées qui fendent l'air lors des grands affrontements…

## La bataille du Québec

Claude Garcia prononce sa célèbre phrase le jour même où le camp du OUI lance sa campagne dans la région de Montréal au chalet du Mont-Royal. Le lendemain, le 25 septembre, Éric Bédard, président du CNJ, écrit dans son journal de campagne : «La tension est très forte. Hier, sur le Mont-Royal, moins de 2 000 personnes répondaient à l'appel. Ce matin, on cherchait les coupables. Les jeunes ont été pointés du doigt. Jean Royer a dit à Pierre-Luc Paquette qu'il fallait flamber le responsable de la mobilisation de Montréal-Centre[49]. C'en est fini d'une campagne positive à la rose nanan, écrit Éric Bédard. C'est une lutte à finir qui commence. C'est la bataille du Québec[50].»

Jacques Parizeau considère que la campagne «fait trop *marshmallow*. Normand Brouillet veut tout embrasser, mais n'étreint rien. Alors j'ai dit : Royer, allez mettre de l'ordre là-dedans[51]!» Jean Royer se rend à la permanence du parti pour prendre la direction de la campagne. Claude Plante l'accompagne et prend la place de Marielle Séguin à la direction des communications. Normand Brouillet est «plus un animateur qu'un organisateur[52]», estime Jean Royer. Au départ, l'homme de consensus qu'incarne Normand Brouillet convient à la tâche, «mais quand on approche de l'échéance, le temps d'appliquer la discipline républicaine arrive», explique Jean Royer. Il faut être «directif et sur l'offensive.» Lorsqu'on se bat, c'est la «fin de la conciliation».

L'entourage de Jacques Parizeau regrette-t-il d'avoir congédié Pierre Boileau un an plus tôt? Jean Royer et Jacques Parizeau ne répondent pas

---

48. Propos de Jacques Parizeau cités dans un article de Normand Girard, «Retrait du CPQ et la fin possible du contrat de la Standard Life – Parizeau n'y voit que le sens commun», *Journal de Montréal*, le 30 septembre 1995.
49. Il s'agit de Pierre-Marc Desjardins, président de Montréal-Centre pour le Comité national des jeunes du Parti québécois. Il est mis à pied. Pour lui, la campagne vient de se terminer.
50. Entrevue avec Éric Bédard, CNJ, le 2 août 2002.
51. Entrevues avec Jacques Parizeau, le 17 octobre et le 7 décembre 2000.
52. Entrevue avec Jean Royer, le 6 juin 2000.

*Le 24 septembre 1995, le camp du OUI lance sa campagne depuis le sommet*
*du Mont-Royal, à Montréal.*
*Photo de Jacques Nadeau.*

vraiment à cette question. De son côté, Eric Bédard a l'impression que
« d'avoir tassé un homme comme lui dans un moment aussi important
n'est pas un bon geste. C'est un peu trop carré, précise-t-il. Il fallait quelqu'un de la culture du parti pour aiguiller tout cela et pas un gars de la
CSN, juge-t-il. Les troupes de choc sur le terrain, ce sont des gars du Parti
québécois dans le fond[53]!» Pauline Marois partage la même analyse :
« Simard et Brouillet ne possèdent pas la connaissance du parti. Ils n'ont pas
la culture du Parti québécois. Ils n'y sont pas depuis assez longtemps[54]. »

Normand Brouillet et Monique Simard, quant à eux, parlent avec
difficulté de cette période. Normand Brouillet reconnaît qu'au début, de
mauvais choix ont été faits sur le terrain[55]. Le responsable des tournées,
Pierre Cloutier, est d'ailleurs limogé, dès la mi-août, au profit de Pierre
D'Amours, celui-là même qui avait été remercié lors de la dernière élection. Le ministre Guy Chevrette est aussi appelé en renfort pour fouetter

---

53. Entrevue avec Éric Bédard, le 2 août 2002.
54. Entrevue avec Pauline Marois, le 12 février 2002.
55. Entrevue avec Normand Brouillet, le 23 avril 2003.

l'ardeur des troupes. «À un moment donné, Royer m'appelle et me dit : "Tu vas aller travailler au national demain matin". Alors je me ramasse le matin avec un paquet de chicanes et on règle ça en une demi-heure trois-quarts.» Il visite la permanence à plusieurs reprises à partir de la dernière semaine de septembre.

Jean Royer, Claude Plante et Guy Chevrette, «cela fait toute une série d'individus avec lesquels il faut composer», reconnaît Normand Brouillet. Pour Monique Simard, «cela l'oblige à redéfinir un peu son approche. Et vous savez, précise Normand Brouillet en riant, quand Jean Royer arrive à quelque part, il dégage[56]!» Jean Royer s'installe dans le bureau réservé au chef du parti.

Pour Normand Brouillet, il s'agit d'un désaveu important. «J'apprends à vivre avec la situation, confie-t-il. Je trouve cela très dur, mais à un moment donné, il faut regarder l'ensemble des circonstances. Il faut miser sur les meilleurs éléments possibles pour gagner. Il y a une cause sur la table et il y a un train qui a quitté la gare depuis un bon moment déjà. On ne peut pas mettre la main sur les freins d'urgence. Il fallait avoir une expertise maximale pour espérer gagner...»

Dans ses fonctions de nouveau directeur de campagne, Jean Royer précise les tâches de chacun et lance l'opération contre Claude Garcia. Pendant ce temps, Bernard Landry prépare une initiative pour rallier certains représentants du milieu des affires. Pauline Marois fait de même pour les femmes. «Là, on sent vraiment que l'on reprend le contrôle[57]», estime Jean Royer.

## À la recherche de modérés

Le téléphone ne cesse de sonner à la permanence. Nombreux sont les élus et les organisateurs de comtés à supplier le directeur de campagne pour qu'il fasse sortir plus fréquemment Lucien Bouchard, terriblement populaire auprès de la population. Un jour, après avoir fait du porte-à-porte dans son comté de Chambly, la ministre Louise Beaudoin, exaspérée, appelle Claude Plante, le nouveau directeur des communications. «Écoute Claude, ça n'a pas de bons sens! Sur le terrain, les gens hésitent

---

56. *Idem.*
57. Entrevue avec Jean Royer, le 17 octobre 2002.

quand je leur parle de Jacques Parizeau, mais aussitôt que je mentionne le nom de Lucien Bouchard, ils me disent : "Oui, avec Bouchard, je voterais OUI ! Il faut faire quelque chose[58]" ! » Claude Plante est incapable de communiquer à Louise Beaudoin la décision que Jacques Parizeau a déjà prise à cet effet. Les directives de Jean Royer ont été claires : la décision de ce dernier ne sera connue qu'au moment jugé opportun. On veut lui donner le plus d'éclat possible. « Je sais, répond Claude Plante à Louise Beaudoin, tu es la dixième personne à me dire cela. Cesse de t'inquiéter. Dans les prochains jours, il va se passer quelque chose qui va te plaire[59]. »

Le 7 octobre, le Parti québécois prévoit tenir un Conseil national extraordinaire. C'est le moment choisi. Quelques jours auparavant, n'étant pas informés des démarches de Jean Royer auprès du chef, les ministres Bernard Landry et Guy Chevrette prennent un repas dans un restaurant de Montréal en compagnie de Jacques Parizeau, afin de le convaincre de faire plus de place à Lucien Bouchard. « Je suis nerveux, confie Guy Chevrette. J'ai peur de lui faire de la peine. Je trouve cela difficile à faire, mais mon désir de vaincre me pousse à le faire[60]. » Jacques Parizeau écoute en silence. « Il reste assez stoïque. Il plisse le front. » Sa décision est déjà prise, mais il ne veut pas la leur annoncer. « Je prends note[61] », répond-il tout simplement.

Le 6 octobre, Jacques Parizeau rend publics les noms des cinq premiers membres du Comité d'orientation et de surveillance des négociations sur le partenariat. Arthur Tremblay, ancien sénateur conservateur, Jean Allaire, ancien président du comité constitutionnel du Parti libéral du Québec et fondateur de l'ADQ, Serge Racine, président de Shermag, Jacynthe B. Simard, présidente de l'Union des municipalités régionales et de comtés du Québec et mairesse de Baie-Saint-Paul, et Denise Verreault, présidente du Groupe maritime Verreault, constituent ces premières nominations. Après le référendum gagnant, le premier ministre promet de nommer deux ou trois autres personnes en consultant au préalable le chef du camp du NON.

---

58. Entrevue avec Louise Beaudoin, le 10 septembre 2003.
59. Propos attribués à Claude Plante et rapportés par Louise Beaudoin. Entrevue du 10 septembre 2003.
60. Entrevue avec Guy Chevrette, le 10 janvier 2002.
61. Entrevue avec Jacques Parizeau, le 19 septembre 2003.

Les journalistes restent ébahis devant une telle brochette de personnalités. Celle-ci aurait pu être encore plus juteuse si d'autres grands noms, comme celui de Claude Béland, le président du Mouvement Desjardins, n'avaient pas résisté à l'appel des sirènes souverainistes. Courtisé personnellement par Jacques Parizeau, Bernard Landry et Lucien Bouchard pour diriger cc comité de surveillance, Claude Béland a refusé de s'engager. « D'après ce qu'on a pu comprendre, raconte Jean Royer, c'est autour de la table des présidents des Fédérations des caisses populaires qu'ils ont dit non[62]. »

Alors qu'une bonne partie de la stratégie souverainiste repose sur l'utilisation de porte-parole modérés et non identifiés au Parti québécois, Jacques Parizeau entreprend, peu de temps avant le déclenchement de la campagne, une démarche personnelle auprès de Pierre Bourgault. Le régent désire que le tribun indépendantiste participe activement au référendum. Il sait bien que son ami Pierre Bourgault lui en veut d'avoir accepté sa démission en janvier, mais le chef péquiste désire plus que tout ramener près de lui celui qui n'a pas peur des mots. « C'est un orateur puissant », dit-il. Il en a besoin pour soulever les foules, en particulier les jeunes qui seraient tentés de ne pas voter. « Par des amis communs, j'apprends qu'il accepterait de participer au débat référendaire, à la condition que j'aille lui demander chez lui, en personne[63]. » Jacques Parizeau se rend donc à l'appartement de Bourgault. « Là, il me sert une engueulade extraordinaire, très bien articulée d'ailleurs, raconte Jacques Parizeau. Au bout d'une demi-heure, je me lève, puis je lui dis que je vais y repenser… Je ne suis jamais revenu. »

L'attitude de Jacques Parizeau s'explique par la nature des trois conditions posées par Pierre Bourgault pour participer à la campagne. Ce dernier exige d'abord des excuses, puis lui demande ce qu'il va répondre aux anglophones quand ils lui poseront des questions sur sa déclaration de janvier. Enfin, Pierre Bourgault exige d'être sur la même scène que les chefs du « camp du changement » : « Si je fais la campagne, précise-t-il, je veux que ce soit avec vous autres. Bouchard et toi sur la scène. Je ne partirai pas comme en 1980, tout seul de mon bord avec les chefs qui refusent de se montrer avec moi[64]. »

---

62. Entrevue avec Jean Royer, le 17 octobre 2002. Confirmé par Claude Béland.
63. Entrevues avec Jacques Parizeau, le 13 juillet 1999 et le 17 octobre 2000.
64. Entrevue avec Pierre Bourgault, le 28 septembre 2000. Le dialogue qui suit provient de ses souvenirs.

— Ouais…, répond Jacques Parizeau. Je m'aperçois que j'ai bien des torts à réparer avec toi.

— Oui ! s'écrie Pierre Bourgault.

— Bon… donne-moi 24 heures. Je reviens demain.

Jacques Parizeau n'a pas à réfléchir bien longtemps avant de comprendre que la dernière condition posée par Pierre Bourgault est impossible à réaliser. Comment pourrait-il lui garantir une présence aux côtés de Lucien Bouchard, alors que celui-ci veut d'abord s'identifier au partenariat et non à l'indépendance ? Si bien des gens trouvent Jacques Parizeau trop intransigeant, l'ancien chef du RIN n'a pas non plus la réputation d'être un personnage conciliant à l'égard de la question nationale.

Jacques Parizeau ne retourne pas chez Pierre Bourgault. Le professeur de communication a tôt fait d'interpréter ce silence comme un refus et décide de ne pas s'engager dans ce qui pourrait devenir l'ultime occasion pour les souverainistes de réaliser leur rêve. « Je ne peux pas dire que je suis ravi de savoir qu'il n'a pas participé à la campagne référendaire pour des raisons strictement personnelles, juge Jacques Parizeau. Cela a cassé une belle amitié. Il y a quelque chose de Papineau dans Bourgault, estime-t-il. Tout comme lui, quand les affaires ont commencé à chauffer, Papineau a foutu le camp. Bourgault, lui, n'a pas voulu prendre Lévesque de front. Il n'a pas voulu garder le contrôle du RIN. Débander le RIN, c'était la fuite en avant. Il n'aurait jamais dû faire cela, prétend-il pour la première fois. Et il n'aurait jamais dû refuser de participer à la campagne référendaire de 1995, surtout pour des raisons personnelles, ce qui est idiot. C'est dommage, parce que c'est un très grand bonhomme qui a raté sa place dans l'histoire[65]. » Pour Jacques Parizeau qui, lui, laissera bientôt la première place à Lucien Bouchard, le refus de Pierre Bourgault de s'engager apparaît inacceptable. « C'est un ami qui a mal tourné, conclut-il, ou c'est moi qui a mal tourné. En tout cas, notre amitié a mal tourné. »

## Le conquérant fait place au conciliateur

Le samedi 7 octobre, devant 1 500 personnes réunies dans l'amphithéâtre de l'Université de Montréal, Jacques Parizeau annonce qu'en prévision des discussions qui se tiendront avec le Canada au lendemain

---

65. Entrevue avec Jacques Parizeau, le 13 juillet 1999.

d'un OUI, il vient de choisir Lucien Bouchard comme négociateur en chef. La salle éclate littéralement de joie. Les journalistes parlent aussitôt d'un tournant dans la campagne.

Dès le lendemain, « l'effet Bouchard » est mesurable. Pour l'assemblée publique qui se tient à Kingsey Falls, 700 personnes envahissent les lieux[66]. Les places manquent. « Personne ne pensait que cela aurait un effet aussi fort, explique Monique Simard. Nous nous attendions à une belle journée, mais pas au point que cela fasse virer le bateau.[67] » Le 10 octobre, la caravane du OUI, avec à son bord Lucien Bouchard, a prévu une simple visite au local des forces souverainistes, à Saint-Hyacinthe, mais la foule et la ferveur des gens sont telles que la rencontre se transforme en une assemblée improvisée en plein air. Le midi, dans la boîte d'un camion, sans micro, Lucien Bouchard s'adresse à la foule qui ne cesse de l'applaudir. Une rue entière est bloquée. Lorsqu'il marche, des gens accourent vers lui pour lui serrer la main ou lui toucher l'épaule ou le bras.

Dans les journaux, on n'hésite pas à parler de lendemain de *putsch*. L'entourage de Jacques Parizeau préfère plutôt parler d'un «ticket Parizeau-Bouchard», une expression qui ne sera jamais reprise par la communauté journalistique. Certains vont jusqu'à affirmer que Jacques Parizeau n'est plus le chef du camp du OUI. D'autres écrivent que Lucien Bouchard « se retrouve maintenant dans le siège du premier ministre du Québec[68]. » L'éditorial de J.-Jacques Samson du quotidien *Le Soleil* s'intitule «Le chant du cygne de Parizeau». Le journaliste reconnaît que «peu de chefs politiques sont capables du geste posé samedi par le premier ministre Jacques Parizeau. Il a placé la cause qu'il défend au-dessus de sa fierté personnelle[69].» Du même souffle, l'éditorialiste croit que «monsieur Parizeau ne récupérera pas l'autorité qu'il vient de confier à Lucien Bouchard. [...] Le premier ministre a donné samedi un premier signal clair qu'il quittera les affaires.»

Jacques Parizeau voit les images des gens qui se bousculent pour toucher à Lucien Bouchard. Il perçoit bien que l'enthousiasme est revenu

---

66. Entrevue avec Gilbert Charland, le 19 décembre 2000.
67. Entrevue avec Monique Simard, le 26 septembre 2000.
68. Lysiane Gagnon, «Le nouveau chef du OUI», *La Presse*, le 12 octobre 1995.
69. Éditorial de J.-Jacques Samson, «Le chant du cygne de Parizeau», *Le Soleil*, le 10 octobre 1995.

dans le camp du OUI, mais qu'il n'est pas dû à ses discours ou à son rôle de premier ministre du Québec. «*Monsieur* ne réalise pas, au moment où il prend la décision de faire passer Lucien Bouchard en avant, que cela pouvait avoir un impact si important[70]», témoigne Éric Bédard. Pour un «monstre d'orgueil» comme Jacques Parizeau, l'épreuve est gigantesque, précise une autre source. «Et c'est moi qui commence à faire une campagne en parallèle[71]», raconte piteusement Jacques Parizeau. Le régent se replie pendant que celui qui a l'allure d'un véritable souverain se déploie. Lucien Bouchard ne risque-t-il pas de dérober la couronne destinée à Jacques Parizeau? «Je connais trop le système britannique pour savoir que des gestes comme celui-là ne menacent pas le pouvoir du premier ministre», estime Jacques Parizeau.

De nouveaux sondages indiquent que l'opinion publique bouge en faveur du OUI. Pour la première fois depuis des semaines, l'option souverainiste progresse et talonne le NON. Le OUI sera majoritaire pendant plusieurs jours au milieu du mois d'octobre. Jean Royer n'impute cependant pas cette remontée à Lucien Bouchard: «La courbe monte le lendemain de la sortie de Garcia. On lui donne à lui le mérite de mettre fin à l'espèce de tendance défaitiste dans laquelle on était et dont on avait hâte qu'elle se stabilise. L'effet Bouchard va accélérer la tendance, va l'amplifier. C'est un accélérateur sur une tendance[72]», précise le chef de cabinet de Jacques Parizeau. N'empêche, à la permanence du Parti québécois, le leadership de Lucien Bouchard a radicalement mis fin à la grisaille et pousse même le comité technique à mettre en garde son organisation contre tout «triomphalisme. Il reste deux semaines à la campagne[73]», rappelle-t-on…

Jean Royer, qui observe l'air renfrogné de son chef, voit bien que celui-ci a du mal à accuser le choc: «C'était difficile pour lui d'accepter cela… Beaucoup de gens font de la politique, parce qu'ils ont besoin de se sentir appréciés. Beaucoup font de la politique et se nourrissent de l'affection des gens. Alors quand cette affection-là est plus difficile à obtenir, pour certains, c'est doublement plus difficile. Je savais le sacrifice que

---

70. Entrevue avec Éric Bédard, du cabinet du premier ministre, le 10 octobre 2000.
71. Entrevue avec Jacques Parizeau, le 7 décembre 2000.
72. Entrevue avec Jean Royer, le 14 septembre 2000.
73. Tiré du carnet de campagne de Pierre-Luc Paquette, daté du 13 octobre 1995.

*Par son ascendant sur les foules, Lucien Bouchard donne un nouveau souffle à la campagne référendaire.*
*Photo de Jacques Nadeau.*

c'était pour Parizeau[74].» Jean Royer révèle ici un aspect peu connu de la personnalité de Jacques Parizeau : «Malgré le personnage, malgré les allures, malgré la distance qu'il crée, il est loin d'être indifférent à l'affection quand elle s'exprime[75].»

Au cours de cette période, l'entourage du premier ministre observe que celui-ci boit plus qu'à l'accoutumée. Ce comportement est probablement lié à la difficulté qu'il éprouve à passer derrière Lucien Bouchard. Un jour où il se trouve à bord de l'autobus du OUI, un membre de son cabinet lit une déclaration de Lucien Bouchard prononcée la veille. Le conseiller se retourne vers Jacques Parizeau et lui dit : «Ouin! Ce n'est pas tout à fait la ligne que l'on a adoptée[76].» Jacques Parizeau lui répond : «Ah… Ne vous en faites pas, après toute cette campagne, c'est moi qui demeure premier ministre.»

Quoi qu'il en dise, le premier ministre se rend bien compte que les Québécois sont en train de lui donner un signal non équivoque : ils préfèrent un chef négociateur plutôt qu'un chef de troupe. Son allure de conquérant les gêne, tandis que celle du conciliateur rassure. De plus, «le peuple ne se reconnaît pas en lui, explique Gérald Larose. Le peuple se reconnaissait dans René Lévesque, y compris dans Robert Bourassa, parce qu'il était un peu chétif, timoré, hésitant. Nous avons des atavismes que l'on n'a jamais réglés pour nous-mêmes. Quand on est un peuple colonisé, la représentation ne peut pas être celle d'un peuple guerrier[77].» Même s'il le voulait, Jacques Parizeau est incapable de reproduire l'image d'un leader indécis et mené par le doute.

## La grandeur et l'amertume

En laissant Lucien Bouchard passer devant lui en pleine campagne référendaire, Jacques Parizeau pose un geste inédit dans l'histoire politique du Canada. «S'il y a un OUI, celui qui sort le plus fort, c'est Bouchard, estime Bob Dufour, mais le plus méritant, c'est Parizeau[78].» Jamais un

---

74. Entrevue avec Jean Royer, le 17 octobre 2002.
75. Confirmé par Jacques Parizeau. Entrevue du 28 novembre 2003.
76. La source souhaite demeurer anonyme.
77. Entrevue avec Gérald Larose, le 11 juin 2003.
78. Entrevue avec Bob Dufour, le 20 janvier 2003.

premier ministre ou même un chef de parti n'a été capable d'une telle magnanimité. De la part de quelqu'un que l'on décrit toujours comme étant vaniteux, le geste mérite ici d'être souligné. Il dénote une grande réserve et une certaine noblesse. Jacques Parizeau n'est pas seulement bourgeois, il est aussi distingué et courtois. Certes, il est sûr de lui et arrogant, mais il est également capable de grandeur dans le geste et d'élévation dans le propos. Pour sa dame, le pays du Québec, il peut aller jusqu'à s'oublier. Pour la satisfaire, il est même capable de lui offrir la main de son rival, un prétendant plus beau et plus séduisant que lui.

« C'est un geste personnel plus que politique, évalue Bernard Landry. C'est d'une très très grande valeur et à la gloire de Parizeau[79]. » Une décision tout de même prise à la suite d'immenses pressions, faut-il le noter. « C'est vrai, répond Bernard Landry, mais ces pressions ont quand même été accueillies intelligemment par Parizeau. Si ça avait été un petit potentat... un butor imbécile, il aurait refusé. Il avait toujours le choix. » Jean-François Lisée partage cette analyse : « Lorsqu'on est au pouvoir, on peut décider envers et contre tous. Il y a plein d'exemples dans l'histoire où cela s'est fait[80]. » Un premier ministre a toujours le choix.

Pour sa part, Lisette Lapointe ne considère pas que cette décision a été heureuse pour Jacques Parizeau. Elle critique durement son entourage qui, selon elle, a abusé du grand sens des responsabilités de son mari : « Jacques Parizeau voulait gagner le référendum. On lui aurait dit : "Tu fais le référendum à pied", qu'il serait allé à pied. Ce n'était pas nécessairement le cas des autres, ajoute-t-elle sans préciser sa pensée. S'ils avaient mis plus de cœur à faire la souveraineté plutôt qu'à *enfarger* Parizeau tout le long de la campagne référendaire, on aurait peut-être gagné[81]! » Sur cet aspect, Lisette Lapointe, la militante, se fait cinglante : « On a essayé d'écarter Parizeau de la campagne référendaire. C'est ce qu'on a voulu faire. On le faisait passer dans des villes où Bouchard venait tout juste de remplir des salles. On n'attendait pas le lendemain ou le surlendemain. [Les assistances étaient donc plus réduites.] Nous sommes allés dans des entreprises fermées, visiter des écoles pendant des jours de congé[82]! » À ses yeux, les

---

79. Entrevue avec Bernard Landry, le 27 juin 2000.
80. Entrevue avec Jean-François Lisée, le 12 octobre 2000.
81. Entrevue avec Lisette Lapointe, le 16 mai 2000.
82. Entrevue avec Lisette Lapointe, le 16 mai 2000. Aucune autre source n'est venue confirmer ces affirmations. Le biographe considère toutefois que cette déclaration mérite d'être révélée.

responsables de ces erreurs sont nombreux : «C'est autant la permanence, l'organisation au parti que l'équipe autour[83].» Quand on évoque directement la garde rapprochée de son mari, elle lance : «Ils l'ont tous trahi.» Cette conviction ne doit pas avoir aidé à entretenir un sentiment de sérénité chez son époux.

Quand on questionne Jacques Parizeau à ce sujet, il hésite d'abord à contredire son épouse : «La version de ma femme là... des fois, elle m'apparaît très précise[84]!» Puis, il ajoute : «À mon sens, elle va trop loin. Ça n'a pas été si mal que cela[85].» Jacques Parizeau impute plutôt les bavures de la tournée à une mauvaise organisation : «Il n'y a pas de commune mesure entre l'organisation que possède Lucien Bouchard au Bloc et celle que le Parti québécois met à ma disposition.» Il souligne encore une fois la redoutable efficacité de Bob Dufour, l'organisateur de Lucien Bouchard.

Normand Brouillet reconnaît lui-même qu'au départ, «il y a un manque d'expertise[86].» Mais quand Bouchard prend la relève, «au niveau de l'organisation, c'est mieux rodé, mieux planifié et le déroulement est plus resserré[87].» Jacques Parizeau précise toutefois que la situation se redresse «avec les assemblées de jeunes et celle de Verdun[88].»

## Le OUI est majoritaire

Le 14 octobre, Lucien Bouchard fait une déclaration susceptible de soulever la controverse : «Pensons à la capacité pour les femmes de jouer leur rôle de femme, leur rôle de mère, et en même temps de jouer des rôles professionnels. C'est pas facile ça, c'est pas réglé ce problème-là! Pensez-vous que ça a du bon sens qu'on ait si peu d'enfants au Québec? On est une des races blanches qui a le moins d'enfants.» Françoise David, présidente de la Fédération des femmes du Québec, également membre des Partenaires pour la souveraineté, fulmine. Pauline Marois doit désamorcer la crise et parler à cette porte-parole pour éteindre le feu[89]. Pendant une

---

83. *Idem.*
84. Entrevue avec Jacques Parizeau, le 7 décembre 2000.
85. Entrevue avec Jacques Parizeau, le 28 novembre 2003.
86. Entrevue avec Normand Brouillet, le 23 avril 2003.
87. *Idem.*
88. Entrevue avec Jacques Parizeau, le 7 décembre 2000.
89. Entrevue avec Pauline Marois, le 21 janvier 2002.

journée ou deux, les médias s'emparent des propos de Lucien Bouchard. Le président de SOS Racisme, Gaby Luonga Kombé, déclare publiquement qu'il soupçonne le chef du Bloc québécois «d'envisager des politiques racistes dans un Québec indépendant[90]». Jacques Parizeau se porte rapidement à la défense de Lucien Bouchard : «Comment voulez-vous qu'on l'appelle? La race pâle[91]?»

Le 18 octobre, Jacques Parizeau se rend à l'Université de Montréal pour prononcer un discours. Éric Bédard, président des jeunes péquistes, est à ses côtés. Avant d'entrer dans la salle, il entend le premier ministre dire à ses gardes du corps : «Quand j'entrerai, tenez-vous un peu éloignés.» Une fois à l'intérieur, le chef péquiste se déplace avec difficulté parmi la foule compacte qui l'acclame. Éric Bédard observe alors un Jacques Parizeau heureux qui se fraye lentement un chemin parmi les étudiants qui se collent à lui. «Je pense que rien ne le rend plus fier que d'être acclamé, d'être en contact avec les jeunes. Il aime parler aux étudiants, ce sont ses salles favorites, estime-t-il. Jacques Parizeau est comblé de joie à l'idée d'incarner les espoirs des plus jeunes[92].»

Puis tout à coup, son discours est interrompu par une alerte à la bombe. La foule doit évacuer les lieux. Jean-François Lisée suggère alors à Jacques Parizeau de continuer à parler aux jeunes, mais à l'extérieur. C'est donc en plein air, un mégaphone à la main, qu'il harangue la masse d'étudiants éparpillée autour de lui. La scène est magnifique et donne lieu à des images spectaculaires le soir même dans les bulletins de nouvelles. Le lendemain, Jacques Parizeau se permet à nouveau un bain de foule au Spectrum de Montréal, lors d'un rassemblement organisé par les jeunes souverainistes. Encore une fois, plus d'un millier de jeunes accueillent avec émotion et chaleur le premier ministre du Québec. À un moment, une jeune fille embrasse même Jacques Parizeau sur la tête. Le photographe Jacques Nadeau, du journal *Le Devoir*, qui saisit cet instant sur pellicule, se souvient d'une soirée enflammée où la gratitude exprimée par les jeunes à l'endroit de Jacques Parizeau est remarquable.

---

90. Un article de la Presse canadienne, «SOS Racisme veut des excuses mais pas la LAM», *Le Soleil,* le 17 octobre 1995.
91. Propos de Jacques Parizeau cités dans un article de Philippe Cantin, «À moins de chercher des puces… – Parizeau confronté à la déclaration controversée de Bouchard», *La Presse,* le 17 octobre 1995.
92. Entrevue avec Éric Bédard, CNJ, le 2 août 2002.

*Jacques Parizeau est étonnamment populaire auprès des jeunes.*
*Photos de Jacques Nadeau.*

Quelques jours plus tard, le chef du camp du OUI frappe l'imagination en invitant les souverainistes à participer à l'«Opération Convaincre». «Je demande à chacun des militants de la souveraineté, d'où qu'ils viennent, des associations étudiantes, des syndicats, du Parti québécois, du Bloc québécois, de l'ADQ, de tous les groupes qui participent à la campagne de la souveraineté d'aller me convaincre un indécis ou une indécise, pour chacun d'entre vous. Trouvez quelqu'un que vous connaissez bien, avec qui il y a un rapport de confiance, et qui n'est pas branché[93].»

Selon tous les sondages, le OUI est maintenant fortement majoritaire chez les francophones (à près de 60 %), ce qui fait passer globalement le OUI au-dessus de la barre des 50 %. Les contours du pays québécois apparaissent alors visibles aux yeux de tous, y compris à Ottawa où c'est la panique.

Quelques minutes avant une autre grande assemblée de jeunes au cégep de Jonquière, le chef souverainiste glisse à l'oreille d'Éric Bédard : «Là, ils (les fédéralistes) commencent à paniquer. Ils vont tout faire maintenant. Vous allez voir…[94]» Le président du comité national des jeunes du Parti québécois a alors «l'impression de faire face à un chef de guerre prêt à tout et qui veut se battre. *Monsieur* est rouge, il est tendu, mais il y a beaucoup d'éclairs dans ses yeux.» Plutôt que de l'effrayer, cette attitude inspire confiance au jeune Bédard : «Il est très en contrôle. Je ne vois pas un homme inquiet, torturé, angoissé. Je vois un homme en contrôle prêt à faire face à la musique[95].»

## Panique à Ottawa

Le 17 octobre, le ministre des Finances du Canada, Paul Martin, parle d'un million d'emplois perdus au lendemain de la souveraineté, parce que le Québec sera exclu de l'ALÉNA. Le jour suivant, lors d'une visite à Washington du ministre canadien des Affaires Étrangères, André Ouellet,

---

93. Cité dans un article de Paul Cauchon, «Quelque 1 200 militants réunis à Trois-Rivières – La victoire est à portée de la main, martèle Parizeau», *Le Devoir*, le 21 octobre 1995.
94. Entrevue avec Éric Bédard, CNJ, le 2 août 2002. Cet événement se déroule le 26 octobre, soit la veille du grand rassemblement pour le NON, à la Place du Canada à Montréal.
95. Entrevue avec Éric Bédard, CNJ, le 2 août 2002.

le secrétaire d'État américain Warren Christopher déclare à Washington : « Je pense qu'il serait utile que je mentionne que nous avons cultivé très soigneusement nos liens avec le Canada. Je pense que nous ne devrions pas tenir pour acquis qu'un type différent d'organisation pourrait avoir exactement le même genre de liens. » Cette déclaration origine des démarches effectuées par l'ambassadeur américain à Ottawa, James Blanchard, transformé en activiste de la cause canadienne. Depuis quelques semaines, le diplomate communique avec John Rae, vice-président chez Power Corporation à Montréal, lequel agit à titre d'agent de liaison du premier ministre Chrétien pour la campagne du NON. Celui-ci informe l'ambassadeur d'une situation qui devient critique pour les fédéralistes.

La veille de la visite d'André Ouellet à Washington, James Blanchard parle à Eddie Goldenberg au cabinet du premier ministre du Canada. Goldenberg, paniqué, lui dit que les sondages menés par le gouvernement fédéral placent le OUI et le NON au coude à coude[96]. À Ottawa, l'agitation est à son comble. James Blanchard entame donc des démarches auprès de Warren Christopher, afin qu'il puisse prononcer une déclaration favorable à l'unité canadienne. Pour s'en assurer, il prend même l'avion en direction de Washington. Lorsque Warren Christopher lui demande pourquoi il devrait agir ainsi, James Blanchard lui répond : « Le référendum est serré. Tout ce qu'on peut dire de positif sur le Canada peut aider, parce que nos sondages nous montrent que les Québécois, incluant les francophones, portent en estime ce que les Américains pensent[97]. » Bernard Landry réagit très mal aux propos du secrétaire d'État. Il envoie à Washington une lettre au ton non équivoque pour tenter d'amener les Américains à plus de neutralité, mais son geste est inutile.

Quelques jours plus tard, Jacques Parizeau tente de convaincre les gouverneurs Angus King, du Maine, et William Weld, du Massachusetts, de faire contrepoids à ces propos, mais ceux-ci demeurent silencieux.

Puis, vers le 20 octobre, James Blanchard s'adresse au sondeur Angus Reid, qui lui confirme que depuis trois jours, le OUI est en avance[98]. Il

---

96. Selon la biographie de James J. Blanchard, *Behind the Embassy Door – Canada, Clinton, and Quebec*, Toronto, McClelland & Stewart inc., 1998, p. 236.
97. James J. Blanchard, *op. cit.*, p. 237.
98. Ce dialogue provient de la biographie de James J. Blanchard, *op. cit.,* p.242. L'ambassadeur parle ensuite à Eddie Goldenberg et à John Rae qui sont également passablement ébranlés par la victoire appréhendée des souverainistes.

serait passé de 49 à 52 %. Le OUI est majoritaire… Au bureau du premier ministre du Canada, c'est presque l'effondrement. Les souverainistes et Jacques Parizeau ont la victoire à portée de main. «Que puis-je faire?!», se demande l'ambassadeur américain, inquiet. «Je pense que le président américain devrait parler», lui répond Angus Reid. James Blanchard se met au travail. Il entreprend plusieurs démarches afin que le président Clinton donne un appui plus solide au Canada, au mépris de ce que pourraient penser les Québécois.

Le 23 octobre, James Blanchard reçoit comme une gifle une déclaration du président français. Invité à l'émission de Larry King à CNN, Jacques Chirac déclare, après que l'animateur ait passablement insisté, que si le référendum est positif, la France reconnaîtra le résultat. Survolté, l'ambassadeur américain à Ottawa se met alors à exercer des pressions, afin que son ami Bill Clinton s'ingère dans le débat canadien. Le 25 octobre, à cinq jours du vote décisif pour le Québec, le président des États-Unis prend position dans le débat référendaire, en déclarant qu'au moment où les Québécois s'apprêtent à voter, ils doivent savoir que: «le Canada représente un modèle remarquable pour le monde entier et qu'il est un allié puissant des États-Unis. J'espère que ça continuera.» Le jour même de cette déclaration, Jean Pelletier, chef de cabinet de Jean Chrétien, appelle l'ambassadeur Blanchard: «Dites au président que nous sommes très heureux et que nous apprécions ce qu'il a fait pour nous[99].» Deux jours plus tard, c'est au tour du premier ministre du Canada d'appeler l'ambassadeur Blanchard, afin qu'il transmette ses remerciements au président américain: «Nous étions six points derrière, nous avons maintenant repris l'avance de trois points[100].» Satisfait, le diplomate américain réplique: «Peut-on faire autre chose?» «Non, répond Jean Chrétien, vous en avez déjà fait beaucoup. Merci[101].»

---

99. Propos attribués à Jean Pelletier et rapportés par James J. Blanchard, *op. cit.*, p. 249

100. Propos attribués à Jean Chrétien et rapportés par James J. Blanchard, *op. cit.*, p. 250

101. James J. Blanchard, *op. cit.*, p. 251.

## Le *love-in*

La dernière semaine de la campagne référendaire se déroule au rythme des grands rassemblements. Le 24 octobre, alarmé par les sondages, Jean Chrétien décide d'entrer en scène pour sauver le Canada. Il s'adresse à une foule compacte réunie à l'auditorium de Verdun. Devant plus de 10 000 partisans du NON, il prononce un important discours. Le vote référendaire qui s'annonce, « c'est le choix fondamental et irréversible d'un pays. [...] Pensez-y bien avant d'aller voter. » Les termes du premier ministre sont clairs : pour lui, il s'agit de bâtir le Canada ou de le détruire.

À Ottawa, l'inquiétude est telle que Jean Chrétien annule tous ses engagements pour se consacrer exclusivement à la campagne référendaire qui bat son plein au Québec. Le 25 octobre en soirée, il s'adresse à la nation canadienne lors d'une allocution télévisée spéciale. Par voie de communiqué, il insiste d'abord sur « le caractère d'urgence » d'une telle démarche, puis il apparaît à l'écran, l'air grave.

Ensuite, c'est au tour du chef de l'opposition officielle du Canada de prononcer un discours. De façon percutante, Lucien Bouchard présente aux téléspectateurs la première page d'une vieille édition du *Journal de Montréal* au lendemain de la nuit des longs couteaux, en novembre 1981. On y voit une photo où Pierre Elliott Trudeau et Jean Chrétien affichent un grand sourire, alors que le Québec se trouve isolé et exclu de cette importante entente constitutionnelle. Ce soir-là, Jacques Parizeau est généreusement ovationné par la foule, qui lui est reconnaissante du geste qu'il a posé à l'endroit de Lucien Bouchard.

Lorsqu'il s'adresse à tout le Canada, Lucien Bouchard insiste pour rendre Jean Chrétien responsable de l'isolement du Québec et de la rebuffade essuyée par René Lévesque à l'époque. Le soir même où ces discours sont télédiffusés, le camp du OUI réunit à son tour 10 000 personnes à l'auditorium de Verdun.

C'est toutefois le grand rassemblement fédéraliste qui se tient à Montréal, le vendredi 27 octobre, qui constitue incontestablement l'événement le plus spectaculaire de la fin de la campagne référendaire. À moins de trois jours du vote, près de 100 000 personnes provenant en grande partie de l'extérieur du Québec se réunissent à la Place du Canada, en plein centre-ville de Montréal, pour démontrer aux Québécois, comme dans un *love-in*, à quel point ils les aiment. Pour que ce sentiment volontaire puisse s'exprimer avec plus de facilité, les grandes compagnies de transport du Canada, dont Air Canada, Canadian, Via Rail, Greyhound Lines of Canada, Voyageur Colonial, Trentway-Wagar, offrent des tarifs spéciaux, surnommés les *unity fair*, à leurs passagers. Dans certains cas, les rabais s'élèvent à 90 % du prix du billet. De plus, un nombre indéterminé d'autocars et d'avions ont été nolisés par des organisateurs politiques et des entreprises privées qui défraient entièrement les coûts de déplacement des manifestants.

Aurèle Gervais, directeur des communications du Parti libéral du Canada, coordonne la location des autocars en provenance d'Ottawa. Les noms de Paul Dervillers, Dennis Mills, Bob Kilger, Barry Campbell, Don Boudria et Jesse Philip Flis[102], tous des députés fédéraux, apparaissent au bas de nombreuses factures de location de ces autocars. Le ministre Brian Tobin supervise en grande partie cette opération. Il invite tous les Canadiens à une «croisade pour le Canada». Le Directeur général des élections du Québec, qui mènera enquête après le référendum, révèle que le bureau du premier ministre Frank McKenna, du Nouveau-Brunswick, et celui de la Nouvelle-Écosse ont eux aussi participé financièrement aux manœuvres visant à transporter des milliers de manifestants canadiens à Montréal.

Pendant une campagne référendaire, la loi québécoise sur la consultation populaire limite chaque camp à des dépenses maximales évaluées à cinq millions de dollars. Pour être légales, ces dépenses doivent être autorisées par le comité national du OUI ou du NON. Selon une évaluation sommaire réalisée par les souverainistes, l'événement de la Place du Canada, à lui seul, a pu coûter plus de 4 millions de dollars. Sept mois après la tenue du référendum, un premier rapport d'enquête publique permet à Pierre-F. Côté, Directeur général des élections du Québec, de déclarer que «la marche pour l'unité a porté atteinte dans un certain sens à la démocratie en général au Québec au cours du référendum, en rompant l'équilibre des dépenses qui doit exister entre les deux camps[103]». Cent dix-huit constats d'infractions sont émis. Quatre-vingt individus et onze entreprises sont visés[104].

---

102. Selon le rapport d'enquête du Directeur général des élections du Québec intitulé : «Bulletins rejetés – Marche pour l'unité, Rapport du Directeur général des élections. Référendum du 30 octobre 1995», mai 1996, p. 57.

103. Communiqué du Directeur général des élections du Québec, le 13 mai 1996.

104. En mars 1997, Claude Arpin, du journal *The Gazette*, dévoile l'existence d'Option Canada, un groupe financé par le gouvernement fédéral pour promouvoir l'unité canadienne. Créé en 1995, Option Canada était présidé par l'ancien

## *Heil* Hitler !

La veille de ce grand *love-in*, Jacques Parizeau lance un appel au calme à ses propres troupes et leur demande de ne pas se déplacer au centre-ville de Montréal pour une contre-manifestation. Le Parti québécois craint que cette assemblée monstre soit interprétée par un bon nombre de nationalistes comme un geste de provocation et donne lieu à des actes de violence. L'organisation du parti envoie discrètement sur place un groupe d'observateurs. « C'est un contre-service d'ordre au cas où certains se seraient excités[105] », raconte Monique Simard.

Le matin de la manifestation, la Sûreté du Québec évalue que « l'indice de violence se maintient à un niveau de modéré à élevé. Les risques de violence demeurent présents avec une telle foule confinée dans un endroit restreint. S'ajoutent à cela d'importants mouvements de masse de personnes qui se déplaceront dans le centre-ville[106]. »

« C'est surréel dans le centre-ville de Montréal, témoigne Éric Bédard du CNJ. Ils se promenaient tous avec leur drapeau du Canada. C'était comme des témoins de Jéhovah[107]. » À sa sortie de l'Hôtel Ritz-Carlton, le premier ministre Parizeau rencontre de nombreux manifestants anglophones prêts à exprimer leur amour pour les Québécois, mais sûrement pas pour le chef des péquistes. Certains se précipitent sur la limousine dans laquelle il vient de monter. Ils houspillent le président du comité du OUI et donnent des coups sur la voiture avec les manches de leurs pancartes. La voiture démarre rapidement, ce qui met un terme à l'agression.

L'entourage du premier ministre songe un instant à rendre public cet incident. L'effet serait dévastateur pour les fédéraux, se dit-on. Cela

---

député libéral provincial, Claude Dauphin. Méconnu du public, cet organisme a reçu 4,8 millions de dollars du ministère du Patrimoine canadien en 1995. Pierre-F. Côté, le Directeur général des élections (DGE), déclenche aussitôt une enquête pour savoir si cet organisme a financé le grand rassemblement du 27 octobre. Or, le 9 octobre 1997, un jugement de la Cour suprême du Canada compromet l'enquête du DGE, en rendant inopérant un article majeur de la loi québécoise sur la consultation populaire. Au moment d'écrire ces lignes, la lumière n'a pas encore été faite sur le financement de cet imposant rassemblement et sur Option Canada.

105. Entrevue avec Monique Simard, le 26 septembre 2000.
106. Source anonyme.
107. Entrevue avec Éric Bédard, CNJ, le 2 août 2002.

pourrait discréditer toute l'affaire. Mais Jacques Parizeau refuse de rendre publique cette histoire. Quand Éric Bédard, adjoint du chef de cabinet, lui demande pourquoi, il répond : « Vous savez, dans cette période de grand changement que l'on prône, la dernière chose que je souhaite, c'est accréditer la thèse voulant qu'il pourrait y avoir de la violence. Je ne tiens pas à cristalliser le monde sur une idée comme celle-là[108]. »

À l'heure du midi, un autre incident vient perturber le repas de Jacques Parizeau. Des fenêtres du restaurant Le Latini où il est assis pour manger, il peut apercevoir une multitude de petits groupes se déplaçant en rangs serrés, brandissant des dizaines de drapeaux canadiens et criant des slogans favorables au Canada. Éric Bédard[109], qui est assis aux côtés du premier ministre, a la désagréable impression d'être au cœur d'une ville assiégée. Soudain, un client qui s'apprête à quitter le restaurant, reconnaît Jacques Parizeau. Le manifestant anglophone se place devant lui, le regarde droit dans les yeux et soulève rapidement son bras droit en criant : « *Heil* Hitler ! » Un grand silence s'ensuit. Les gardes du corps se lèvent… Le manifestant quitte l'endroit et va se mêler aux gens massés sur le trottoir[110]. Jacques Parizeau, dont la première épouse était une résistante polonaise qui avait combattu les armées allemandes après avoir vu son père et sa mère exterminés par les troupes d'Hitler, n'apprécie guère pareilles allusions.

Dès 9 heures du matin, des milliers de gens ont commencé à envahir la Place du Canada. Pour s'assurer d'une participation massive à cette manifestation, de nombreuses entreprises et bureaux de Montréal ont donné congé à leurs employés pour l'après-midi. Déjà vers onze heures, il devient de plus en plus difficile pour les Montréalais d'ignorer ce rassemblement, qui gagne des proportions énormes. Jean Chrétien, Jean Charest et le chef du camp du NON, Daniel Johnson, vont s'adresser à la foule et remercier tous ces Canadiens d'être venus dire « leur amour et leur affection » aux Québécois. Les médias notent la présence des premiers ministres Mike Harris (Ontario), Catherine Callbeck (Île-du-Prince-Édouard), Frank McKenna (Nouveau-Brunswick), et John Savage (Nouvelle-Écosse).

---

108. Propos attribués à Jacques Parizeau et rapportés par Éric Bédard. Entrevue du 10 octobre 2000. Confirmés par Jacques Parizeau.
109. L'adjoint du chef de cabinet.
110. *Idem.*

Au même moment, à Montréal toujours, Daniel Paillé fait du porte-à-porte avec Camille Laurin : «Là tu rencontres 32 personnes à l'heure. Tu fais les commerces. Puis quand tu embarques dans la voiture, tu entends la radio qui parle de la manifestation. Et puis ton attaché de presse te dit : "Ils ne sont pas 10 000, ils sont 25 000!" Là tu continues ta croisade sur la rue Dixon dans l'est de la ville, relate Daniel Paillé. Tu reviens dans la voiture et ton attaché de presse te dit : "Ils sont rendus 100 000[111]!" Et là, tu vois les hélicoptères qui s'en vont vers le centre-ville et t'entends les chars de police. Tu as l'impression qu'ils sont 500 000! En tout cas, ils sont [nombreux]... Ça te donne un maudit coup! Et des gens dans les comtés se mettent à te dire : "Bon, ils ont fait leur *show*, quand est-ce qu'on fait le nôtre?" Avec l'assemblée à Verdun, c'était 1 à 1. "On fait le forum?", nous disent certains. "On fait le Stade olympique? Qu'est-ce qu'on fait?" Le Colisée de Québec[112]? »

L'artiste Claude Dubois appelle à la permanence du Parti québécois cet après-midi-là et dit : «Réservez-moi le Stade olympique! Donnez-moi vingt personnes, ça ne vous coûtera pas un sou et je vous le remplis pour demain, samedi[113]! » Personne ne rappellera le chanteur... Le comité technique tient pourtant une réunion d'urgence. Tous les téléviseurs sont allumés. Le camp souverainiste songe à la façon de riposter à un tel déferlement. Les plus jeunes du comité, Éric Bédard et Pierre-Luc Paquette, font une proposition audacieuse[114] : «Il faut un gros coup pour mobiliser l'électorat.» Ils suggèrent que le Bloc annonce dans les prochaines heures, par l'entremise de Lucien Bouchard, que le parti souverainiste à Ottawa met tous ses sièges en jeu, tout comme l'avait fait Pierre Elliott Trudeau au référendum de 1980. «Nous démissionnerons si c'est NON! » Pierre-Luc Paquette, le premier à lancer l'idée, se fait rabrouer par les autres. «J'ai essuyé une rebuffade. Pourtant, insiste-t-il, Bouchard n'a plus rien à faire là le lendemain d'un NON! Il aurait pu dire : ne pensez pas que demain matin je reprendrai la 417 pour faire de la politique là-bas[115]! » Le

---

111. La Sûreté du Québec a évalué la foule à 35 000 personnes. Selon son évaluation, la Place du Canada peut réunir 20 000 personnes.
112. Entrevue avec Daniel Paillé, le 27 mars 2000.
113. Entrevue avec Lisette Lapointe, le 30 mai 2001.
114. Entrevues avec Éric Bédard, CNJ, le 2 août 2002 et Pierre-Luc Paquette, le 8 octobre 2002.
115. Entrevue avec Pierre-Luc Paquette, le 8 octobre 2002.

conseiller Hubert Thibault, qui est autour de la table, insiste : « Si on perd, il faut encore être représenté à Ottawa[116]. »

En fait, le camp du OUI est piégé par ce coup d'éclat. Comment faire mieux en 24 heures et avec quels moyens ? À 72 heures du vote, l'organisation ne désire pas déstabiliser sa machine. Elle veut plutôt mettre le paquet pour faire « sortir le vote ». De plus, Bernard Landry, tout comme Jacques Parizeau, ne désirent pas une manifestation improvisée dès le lendemain. « Il restait encore des Canadiens à Montréal[117] », observe Bernard Landry. Mieux vaut donc prévenir tout dérapage. « Il suffit de 200 casseurs… », précise-t-il. Jacques Parizeau est du même avis, mais exprime sa frustration : « Tout ça a été possible parce que les *Feds* se disent que les lois fédérales au Québec ne s'appliquent pas à eux ! Et on n'a pas les moyens de contrecarrer ça. Vous me voyez, moi, louer 500 autobus en fin de campagne ? ! Il faut que je trouve l'argent. Et si je trouvais l'argent, on m'interdirait de le dépenser[118] ! » Le comité technique propose finalement de donner plus d'ampleur à l'événement prévu à Longueuil le dimanche. Au lieu de 1 000 personnes, il y en viendra 5 000.

La maison Léger & Léger, qui doit publier sa dernière enquête d'opinion, est inquiète. Le sondage donne le OUI gagnant avec un demi-point de pourcentage (50,5 %). Ces résultats ne tiennent cependant pas compte de la manifestation « d'amour ». Par prudence, le vendredi soir, Léger & Léger réalise rapidement un mini-sondage auprès de 300 répondants. Les résultats sont les mêmes, le score est toujours pratiquemment nul. « Ça bouge de 2 % chez le OUI et de 2 % chez le NON, raconte Jean-Marc Léger. Donc la manifestation aurait eu un effet nul. Et bien que ce soit un petit échantillon, précise-t-il, on ne remarque pas de perturbation dans le vote[119]. » Pour ce sondeur, si la manifestation a eu un effet, c'est plutôt celui de redonner confiance aux forces du NON qui, depuis pratiquement quinze jours, étaient en chute libre dans les intentions de vote.

---

116. Propos attribués à Hubert Thibault et rapportés par Pierre-Luc Paquette. Entrevue du 8 octobre 2002.
117. Entrevue avec Bernard Landry, le 27 juin 2000.
118. Entrevue avec Jacques Parizeau, le 7 décembre 2000.
119. Entrevue avec Jean-Marc Léger, le 6 septembre 2002.

## La France aux côtés du Québec

Au moment même où des dizaines de milliers de Canadiens anglais envahissent Montréal, à Paris, deux Québécois, Claude Roquet, délégué général du Québec à Paris, et Jacques-Yvan Morin, représentant personnel du premier ministre, élaborent avec les plus hautes autorités politiques françaises la déclaration d'appui que le président de la République prononcera dans les heures qui suivront un OUI.

Jacques-Yvan Morin s'est rendu à Paris à la demande expresse de Jacques Parizeau. Il doit épauler le délégué général du Québec et s'assurer que la France ne se défile pas au dernier moment. Déjà, le 1er septembre, Jean-François Lisée rédigeait une note importante à ce sujet : « Jusqu'à maintenant, nous avons établi une ligne de conduite assez nette avec la France : jusqu'au référendum, nous ne demandons rien, après le référendum, nous attendons une reconnaissance[120]. » Jacques Parizeau souhaite que la France donne un signal clair au Québec le soir même ou le lendemain du référendum. Le conseiller Lisée rédige à cet effet une proposition de communiqué à soumettre au gouvernement français : « La France prend acte de la volonté démocratiquement exprimée aujourd'hui par les Québécois d'accéder à la souveraineté, comme c'est leur droit. Lorsque les autorités québécoises auront formellement exprimé cette expression de souveraineté, la France reconnaîtra tout naturellement le nouvel État. »

Jacques Parizeau réagit très favorablement à ce texte. Pour convaincre les Français d'adopter une telle position, Jean-François Lisée souligne qu'il « faut [...] désigner un porteur de ballon chez nous qui se rendrait voir M. Séguin, qui ferait le message au président, et vers Juppé, où nous avons plusieurs portes[121]. » Jacques Parizeau suggère alors à Jean-François Lisée d'y aller, ce qu'il refuse. Le jeune conseiller préfère demeurer au

---

120. Note de Jean-François Lisée adressée au premier ministre et intitulée : « Attitude de la France au soir du référendum », datée du 1er septembre 1995. Archives de Jacques Parizeau, ANQ, Montréal.

121. *Idem.* Il faut rappeler ici que le 11 juillet 1994, Alain Juppé, alors ministre des Affaires étrangères, s'était engagé auprès de Jacques Parizeau, chef de l'opposition, à ce que « dans l'éventualité où une majorité de Québécois se prononçait pour la souveraineté, la France ne laisserait pas tomber le Québec et se manifesterait rapidement dans la reconnaissance d'un Québec souverain. » Le même Alain Juppé est devenu premier ministre...

Québec au moment où l'histoire va s'écrire. C'est à Jacques-Yvan Morin que l'on confie donc cette tâche. Il arrive à Paris dix jours avant la fin de la campagne référendaire.

Au départ, «la mission de Jacques-Yvan Morin est d'obtenir la reconnaissance[122]» de la France. Or, rapidement, celle-ci rappelle qu'elle ne peut reconnaître un pays qui n'existe pas encore et qui ne doit proclamer sa souveraineté que dans un an. Michel Lucier souligne très bien cette réticence de la France dans un mémo manuscrit daté du 29 octobre : «La reconnaissance anticipée ça n'existe pas[123].» «Les Français voulaient d'abord être sûrs que nous gagnions le référendum avant d'utiliser des mots à portée juridique comme le mot "reconnaissance"», précise une source anonyme. Jacques Parizeau modifie donc le mandat de son émissaire : «On ne peut pas avoir de reconnaissance avant d'être passés à l'acte. D'autre part, la reconnaissance deviendra automatique à la fin de l'année de négociation avec le fédéral, si dès le départ la France prend acte du résultat du référendum et réaffirme qu'elle nous accompagnera dans notre démarche. C'est ce qu'il faut obtenir de la France[124]», révèle Jacques Parizeau pour la première fois.

Le 26 octobre, une importante réunion se tient au bureau de Jean-David Lévitte, conseiller diplomatique de Jacques Chirac à l'Élysée. Jacques-Yvan Morin présente aux conseillers diplomatiques «le point de vue officiel du gouvernement québécois à quelques heures seulement de l'échéance référendaire[125]». Claude Roquet, délégué général du Québec, participe à cette rencontre. «On a senti, dit-il, que nos interlocuteurs étaient fortement interpellés. Ils s'interrogeaient sur une façon d'indiquer que la France accompagnera le Québec à chaque étape sans pourtant parler immédiatement de reconnaissance, le temps venu[126].»

---

122. Source désirant conserver l'anonymat.
123. Entrevue avec Michel Lucier, le 6 octobre 2003.
124. Entrevue avec Jacques Parizeau, le 20 février 2001.
125. Propos de Claude Roquet, cités dans l'article de Jean Chartier, «Le négociateur Claude Roquet et l'offensive de Jacques Parizeau», *Québec, Le magazine*, numéro historique, octobre 2001, à la page 101. Une publication du Service de la communication et des affaires publiques de la Délégation générale du Québec.
126. Extrait de la note écrite par Claude Roquet adressée à Robert Normand et intitulée : «Entretien Lévitte», le 27 octobre 1995. Archives personnelle d'Éric Bédard.

Le lendemain, le 27 octobre, Gérard Latulippe, délégué général du Québec à Bruxelles, tente de communiquer avec l'ambassadeur de France auprès de l'Union européenne, «afin d'amener les ministres des Affaires étrangères de l'U.E., en réunion au Luxembourg les 30 et 31 octobre, à prendre acte des résultats du référendum et reconnaître la volonté exprimée par le peuple québécois[127].» Ce même jour, Claude Roquet et Jacques-Yvan Morin se rendent au bureau de Philippe Séguin pour s'entendre sur une proposition finale de communiqué. Après avoir pris connaissance du texte rédigé par le gouvernement du Québec pour le président de la République, Philippe Séguin suggère de faire mention de l'offre de partenariat dans le texte[128]. Il désire aussi «écrire des mots amicaux à l'égard du Canada», se souvient Jean-François Lisée. «Donnons-leur quelque chose, dit-il à Jacques-Yvan Morin au téléphone. De toute façon, nous aussi nous voulons maintenir de bonnes relations avec le Canada[129].» L'après-midi même, la Délégation générale du Québec s'exécute et fait parvenir à Carole Payen, la conseillère politique de Philippe Séguin, un texte amendé.

Pendant la fin de semaine précédant le référendum québécois, le président Chirac et Philippe Séguin se rencontrent à plusieurs reprises[130]. Le président français retire le mot «reconnaître» et le remplace par l'expression suivante : «la France en tirera amicalement les conséquences.» Claude Roquet réagit favorablement à cette nouvelle proposition : «J'avais en effet prévu que le point 2 de notre proposition serait bombardé à boulets rouges par les experts du Quai et poserait problème même aux conseillers du président et du premier ministre. J'avais dit à M$^{me}$ Payen que si M. Séguin se sentait débordé sur ce point – et notamment sur le mot "reconnaître" – il fallait conserver l'équivalent en d'autres mots. Je me disais disponible pour en parler. (J'avais en tête une formule telle que

---

127. Source : document confidentiel du ministère des Affaires internationales du Québec signé par le sous-ministre Robert Normand et intitulé : «Actions internationales avant et après le référendum», le 27 octobre 1995 à 11 h 00.

128. Source : note de Claude Roquet à Robert Normand intitulée : «Réaction française au OUI référendaire», datée du 3 novembre 1995. Archives de Jacques Parizeau, ANQ, Montréal.

129. Entrevue avec Jean-François Lisée, le 16 septembre 2003.

130. Ce récit des événements provient de la note de Claude Roquet à Robert Normand, *op. cit.*, datée du 3 novembre 1995.

"conformément à sa politique constante, la France sera aux côtés du nouvel État". Monsieur Séguin et M. Chirac ont préféré une autre formule. Elle n'était pas si mauvaise[131] », conclut-il.

À l'endroit de Jacques Chirac, Philippe Séguin reconnaît volontiers que son rôle est de « contrebalancer l'influence de sa cellule diplomatique qui, elle, est sur une position plus prudente[132] », le ministère français des Affaires étrangères, le Quai d'Orsay, étant soucieux de maintenir ses bonnes relations avec le reste du Canada. L'ambassade du Canada à Paris laisse d'ailleurs courir la rumeur voulant que le Canada briserait ses relations avec la France en cas de reconnaissance du Québec après le référendum. « C'est de l'intoxication », soutient Philippe Séguin, qui n'est guère impressionné par cette rumeur.

Le matin du 31 octobre, soit le lendemain du référendum québécois, il est convenu que le président de l'Assemblée nationale française se rendra à la résidence du délégué général du Québec à Paris dès 7 h 30, afin de prendre un petit-déjeuner avec lui. Philippe Séguin doit poser ce geste « pour manifester sa sympathie, parler à la presse et se concerter avec nous[133] ». Il demande même à Claude Roquet de le réveiller au milieu de la nuit si le OUI gagne.

« Ce qui suit est utile pour l'histoire, écrit Claude Roquet dans une note adressée au sous-ministre des Affaires internationales, et pourrait l'être pour l'avenir[134]. » Peu de temps avant le référendum, le gouvernement de Jacques Parizeau a entre les mains la position officielle de la France. Voici donc le communiqué que devait publier l'Élysée dans les heures qui auraient suivi une victoire des souverainistes :

> « La France prend acte de la volonté démocratiquement exprimée par le peuple du Québec, le 30 octobre 1995, de devenir souverain après avoir formellement offert au Canada un nouveau partenariat économique et politique. Lorsque l'Assemblée nationale du Québec en viendra à proclamer la souveraineté du Québec selon la démarche prévue par la question référendaire et maintenant entérinée majoritairement par le peuple québécois, la France en tirera amicalement les conséquences. Soucieuse que ce processus se déroule dans les meilleures conditions, la France

---

131. Note de Claude Roquet à Robert Normand, *op. cit.*, datée du 3 novembre 1995.
132. Entrevue avec Philippe Séguin, le 31 janvier 2000.
133. Note de Claude Roquet à Robert Normand, *op. cit.*, datée du 3 novembre 1995.
134. *Idem.*

tient à réaffirmer son amitié au Canada et à son gouvernement. Ils peuvent être assurés de notre volonté de maintenir et d'approfondir les excellentes relations qui nous lient[135]. »

Peu importe le pourcentage des voix, la France est donc prête à reconnaître le OUI des Québécois. Fait encore plus inusité, elle s'engage à l'avance à aller dans le sens de la reconnaissance du pays du Québec avant que la souveraineté ne soit proclamée. La victoire diplomatique de Jacques Parizeau est considérable. Elle surprendra sans aucun doute les Américains et indisposera le Canada.

Tous les témoignages recueillis pour cette biographie, de même que ce projet de texte final entériné par le président Chirac et Philippe Séguin, confirment clairement que la France, dans les heures qui suivaient un référendum favorable au OUI, allait poser un geste concret, perceptible et positif pour le gouvernement souverainiste de Jacques Parizeau. Sans consulter Washington et l'Union européenne, la France enclenchait un processus de reconnaissance pratiquement irréversible. Cette position engageait étroitement la France aux côtés des Québécois, dans la mesure où ceux-ci choisissaient le pays. « Tout cela est maintenant de l'histoire virtuelle, écrit Claude Roquet, mais pourrait un jour pas si lointain redevenir du présent. Il importait de consigner le rôle de M. Séguin. Nous devons beaucoup à M. Séguin. Et à M. Chirac[136]. »

« La France aurait été prête à faire travailler sa diplomatie et ses politiciens pour convaincre l'Allemagne et le reste de l'Europe, afin que la souveraineté du Québec soit perçue positivement. Ce qui était bon pour nous[137] », confirme une autre source au ministère des Affaires internationales du Québec. Jacques-Yvan Morin ajoute que, dans la Francophonie, « il est évident que si la France reconnaît ou pose un geste de reconnaissance, cela favorise les prises de positions africaines favorables au Québec[138] ». Un mémo manuscrit de Michel Lucier, adressé au sous-ministre Robert Normand et daté du 29 octobre, reprend la même

---

135. *Idem.*
136. Note de Claude Roquet à Robert Normand intitulée : « Réaction française au OUI référendaire », datée du 3 novembre 1995. Archives de Jacques Parizeau, ANQ, Montréal.
137. Source anonyme.
138. Entrevue téléphonique avec Jacques-Yvan Morin, le 16 septembre 2002.

hypothèse : «Plusieurs seraient prêts à proposer à leur gouvernement les termes utilisés par la France quand ils seront connus[139].»

Dans l'éventualité de la victoire, Jacques Parizeau aura une conversation téléphonique avec le président Chirac vers 10 h 00 le matin du 31 octobre[140]. Pour les Québécois, il ne reste plus qu'à voter.

## Toucher le pays...

Le lendemain de la grande manifestation à la Place du Canada, le samedi 28 octobre, Jacques Parizeau et son épouse se rendent une dernière fois dans le comté de l'Assomption. Après une série d'activités publiques, le couple se présente en fin d'après-midi à la cafétéria de l'école secondaire Jean-Baptiste-Meilleur, à Repentigny. Une foule imposante les attend. Au grand déplaisir de son cabinet, cet après-midi là, Jacques Parizeau prononce un discours qui ne fait aucunement mention du partenariat. Il insiste plutôt sur le caractère irréversible de la décision qui sera prise dans 48 heures. «Le discours est une catastrophe!», confirment trois sources très proches de Jacques Parizeau. Le chef est de mauvaise humeur et les quelques verres qu'il a pris avant de monter sur scène ne l'aident pas, confirme une autre source. «Demain, vous ne votez pas pour rien, vous ne votez pas pour un mandat de négocier, vous votez pour l'indépendance, dit-il en substance. Et dans un an, il n'y a pas de revenez-y. Pensez-y bien!» Jacques Parizeau s'adresse avant tout à ses militants, explique Jean Royer, pour justifier la teneur de ce discours qui sort de la ligne prescrite. «C'est un discours où monsieur Parizeau est très, très clair sur le sens du vote, confirme-t-il. Ce qui est surprenant, c'est qu'il pose la question dans la salle : "Vous avez bien compris là? Il y en a qui disent que ce n'est pas un vote pour le pays, mais je vous le dis, mes amis... c'en est un... Vous avez compris, vous avez compris[141]?"»

«Heureusement, les journalistes décident de pas en tenir compte[142]», raconte une source près de Jacques Parizeau. Nous en sommes aux der-

---

139. Entrevue avec Michel Lucier, le 6 octobre 2003.
140. Source : document confidentiel du ministère des Affaires internationales du Québec signé par le sous-ministre Robert Normand et intitulé : «Actions internationales avant et après le référendum», le 27 octobre 1995 à 11 h 00.
141. Selon les souvenirs de Jean Royer. Entrevue du 17 octobre 2002.
142. La source désire conserver l'anonymat.

nières heures avant le vote et plusieurs journalistes sont occupés à faire le bilan de la campagne. Jean Royer confirme «que la presse commence à trouver que la campagne est longue. Tout le monde est tanné. Les caméras tournent, mais… il n'y a pas eu une ligne sur ce discours-là[143].»

Le dimanche matin, au restaurant de l'Hôtel Intercontinental de Montréal, John Parisella, ancien chef de cabinet de Robert Bourassa et proche de Daniel Johnson, rencontre Jean Royer. Le chef de cabinet de Jacques Parizeau discute avec lui de la possibilité de déposer, 24 heures après une victoire du OUI, une motion ou un projet de loi sur la souveraineté. Il tente de mesurer auprès de ce stratège du camp du NON l'accueil que pourraient recevoir ces deux scénarios chez les députés libéraux. Il constate rapidement qu'un projet de loi serait mal reçu, ce qui ne serait pas le cas d'une motion. «Parisella me dit qu'il est sûr que ça va brasser au caucus libéral, mais que Daniel Johnson va respecter le vote populaire. Il est plutôt d'accord, sans s'engager, sur une motion[144].»

Pendant ce temps, à la permanence du Parti québécois, un mot d'ordre est lancé. La plupart des directeurs à l'organisation de comtés (DOC) reçoivent comme ultime directive d'aller chercher de trois à quatre votes de plus par section de vote. On estime que la victoire est possible pour le lendemain, mais que ce sera terriblement serré. On espère ainsi amasser 500 votes de plus par comté[145]. De son côté, Jean Royer est convaincu de gagner. Ses chiffres et ses analyses lui permettent d'entrevoir la victoire du OUI dans une proportion allant de 51,4 à 52,1 %. Pour lui, le *love in* du vendredi n'a pas eu d'impact sur le vote : «Ce n'était pas significatif et au pire très dommageable pour les libéraux, parce que cette espèce d'amour éphémère pouvait être perçu comme très artificiel pour notre clientèle[146].»

C'est dans le comté de Taillon, représenté par René Lévesque pendant neuf ans, que le camp du OUI tient sa dernière grande assemblée publique. Les trois chefs du «camp du changement» sont présents, de même qu'une brochette d'artistes dont Claude Dubois, Gilles Vigneault, Marie-Claire Séguin, Sylvie Tremblay, Marie-Denise Pelletier et Renée Claude. En cet

---

143. Entrevue avec Jean Royer, le 17 octobre 2002.
144. Entrevue avec Jean Royer, le 13 septembre 2000.
145. Entrevue avec Mario Fauteux, directeur à l'organisation de comté de Prévost, le 8 août 2002.
146. Entrevue avec Jean Royer, le 6 juin 2000.

après-midi du 29 octobre, plus de 5 000 personnes sont entassées au Palladium de Longueuil. Quelques milliers de partisans sont demeurés à l'extérieur, faute de place. Les organisateurs péquistes sont impressionnés par l'importante présence médiatique. Des journalistes du monde entier se sont déplacés pour couvrir la fin de la campagne référendaire. On compte 52 caméras de télévision alignées devant la scène.

«Le monde entier a les yeux braqués sur le peuple québécois», lance Jacques Parizeau lors de son discours. «Les 185 peuples représentés aux Nations Unies se demandent, aujourd'hui, si demain, un autre peuple va se lever[147]». Le chef du camp du OUI termine son discours en invitant Lucien Bouchard et Mario Dumont à monter sur scène. Une impressionnante clameur s'ensuit. Toutefois, c'est quand Gilles Vigneault se met à chanter que l'émotion est à son comble. Un grand frisson traverse la salle déjà survoltée. Tous les participants sont chavirés par l'ivresse de la victoire qui semble envahir les lieux. Le moment est magique. Pendant quelques instants, le rêve devient réalité. La foule a l'impression de toucher au pays et à son étendard. Pour une des rares fois de sa carrière de politicien, Jacques Parizeau ne peut contenir son émotion. L'armure se fissure et laisse transparaître l'homme passionné qu'il est. Des caméras de télévision captent alors le premier ministre debout, en train d'applaudir Gilles Vigneault, les larmes aux yeux.

Pour Jacques Parizeau, la fin de la campagne référendaire a été éprouvante. Il n'a pas été facile pour lui de céder presque toute la place à Lucien Bouchard et de constater à quel point le chef du Bloc était adulé par la population du Québec; à l'inverse, lui, l'indépendantiste, était presque perçu comme une entrave à la victoire des souverainistes. Dans sa dernière chronique avant le référendum, le journaliste Michel David rappelle que «les souverainistes, qui verront peut-être leur rêve se réaliser, ne devraient jamais oublier qu'au moment où tout le monde disait que c'était fini à jamais (en 1987), M. Parizeau était pratiquement le seul à entretenir la flamme. Pendant ce temps, Lucien Bouchard, qui avait pris le "beau risque" dans "l'honneur et l'enthousiasme", brillait dans les salons parisiens. [...] Si le OUI l'emporte demain soir, le chef du Bloc entrera instantanément dans la légende avec un statut de demi-dieu, alors que

---

147. Cité dans un article de Paul Cauchon, « Le Québec retient son souffle – Un OUI représente la vraie sécurité », *Le Devoir*, le 30 octobre 1995.

M. Parizeau demeurera un simple être humain. [...] On a toujours associé son surnom de "Monsieur" à une certaine suffisance. C'est vrai qu'il semble parfois un peu hautain, écrit Michel David, mais il y a aussi de la noblesse attachée à ce titre[148]. »

En cette dernière soirée avant le grand jour, comme le veut la tradition, tous les journalistes prennent un repas avec les chefs politiques. Le chauffeur de Jacques Parizeau, Victor Landry, s'approche à un moment de Michel David et lui glisse à l'oreille : « Il faut que tu saches que ce que tu as écrit dans le journal ce matin, ça l'a beaucoup touché[149]. » À quelques heures de faire face à son destin, Jacques Parizeau, le régent, est à la fois blessé et terriblement motivé à l'idée de toucher le pays.

---

148. Michel David, « Monsieur », *Le Soleil*, le 29 octobre 1995.
149. Entrevue avec Michel David, le 11 décembre 2002.

# CHAPITRE 21

# Le jour le plus long

« *Ce soir-là, j'ai vu un homme subir la défaite de sa vie. J'ai pu voir s'écrouler trente-cinq ans de travail.* »

Marie-Josée Gagnon[1]

« *C'est ça mon objectif et j'ai raté! J'ai raté! Rien que ça... J'ai échoué!* »

Jacques Parizeau[2]

En ce lundi 30 octobre 1995, à l'Hôtel Ritz-Carlton où il a passé la nuit, Jacques Parizeau prend plus de temps qu'à l'habitude pour se lever. Il réfléchit à ce jour qui doit marquer l'aboutissement de toute sa vie. Il est tout à coup traversé par un grand frisson. Il a peur : « S'il fallait que ça ne marche pas...[3] » Se sentant responsable d'avoir entraîné dans cette aventure des dizaines de milliers de personnes, il ne veut pas les décevoir.

Il s'extirpe finalement de son lit. Physiquement épuisé et moralement blessé, le premier ministre est assailli par d'intenses douleurs musculaires. Le régent a l'impression que toutes ses articulations se sont déchirées en lui. Lisette Lapointe se rend compte de l'état de son mari. Elle appelle à la

---

1. Entrevue avec Marie-Josée Gagnon, le 14 juin 2000.
2. Entrevue avec Jacques Parizeau, le 11 mai 1998.
3. Extrait de l'entrevue télévisée exclusive que Jacques Parizeau accorde à Stéphan Bureau, animateur de l'émission *L'événement* au réseau TVA, le jour du référendum.

*Le jour du 30 octobre 1995, Jacques Parizeau affronte son destin.*
*Photo de Jacques Nadeau.*

réception de l'hôtel et demande les services d'un massothérapeute. Pour la première fois de sa vie, Jacques Parizeau accepte un tel traitement, espérant que cela le remettra sur pied[4].

Pendant ce temps, dans les locaux du Parti québécois, Monique Simard revient complètement démontée d'une entrevue qu'elle a accordée à une station de radio anglophone en compagnie de John Parisella. Celui-ci lui a prédit une victoire du NON dans une proportion de 55 %, ce qui a eu l'heur de démotiver la vice-présidente du parti. Elle propage maintenant cette prédiction dans les corridors de la permanence. Comme il craint qu'elle ne sème un climat de désolation sur son passage, Jean Royer fait venir tout le monde à son bureau et dit : «Parisella pense gagner à 55 %[5]?» Personne ne répond. Il approche alors l'appareil téléphonique et compose un numéro. Il prend soin de mettre l'appareil sur la fonction «haut-parleur», pour s'assurer que tout le monde puisse

---

4. Entrevue avec Jacques Parizeau, le 10 décembre 2000.
5. Entrevue avec Jean Royer, le 13 septembre 2000. Cette anecdote est confirmée par John Parisella.

entendre la conversation. «Allô, John! Comment ça va…? John, je te parie 25 000 dollars que l'on va gagner!» Un long silence s'ensuit. «25 000 dollars? répète Parisella. Euh… Non, je ne gage pas.» Jean Royer sourit: «Merci John.» La conversation est terminée. Il regarde les gens présents dans la pièce et leur dit: «Bon, maintenant retournez tous dans vos stalles et puis faites votre journée! Fin de la *patente*!» L'équipe retourne au travail, le sourire aux lèvres.

L'effet escompté par Jean Royer est tel que vers l'heure du midi, quelqu'un a déjà acheté une énorme bouteille de champagne. «Des gens veulent commencer à trinquer[6]», témoigne Monique Simard, qui les somme d'attendre.

Malgré ses doutes du matin, Jacques Parizeau envisage une victoire. L'analyse des sondages effectués par Jean Royer et par Michel Lepage, le sondeur du parti, lui donne suffisamment d'élan pour qu'il en informe Jacques-Yvan Morin, à Paris, et René Marleau, à Washington; il leur demande de se préparer à une victoire[7]. Dès 9 heures, le ministère québécois des Affaires internationales fait parvenir à 109 ambassadeurs en poste à Ottawa une lettre leur demandant de reconnaître «le caractère démocratique du référendum et la volonté exprimée par les Québécois relativement à leur avenir[8].»

Vers 10 heures, Jacques Parizeau se rend voter à Outremont. Il est «tellement ému, avoue-t-il à Stéphan Bureau, que j'ai fait l'imbécile. Je suis allé directement à l'isoloir sans avoir le bulletin dans les mains[9].» Il revient donc sur ses pas et on lui donne son bulletin de vote. En sortant de l'isoloir, «là encore, je ne savais pas à qui remettre le bulletin, raconte-t-il. J'étais complètement à côté de mes pompes.» Le régent se rend ensuite dans son comté, rue Notre-Dame à Repentigny, au comité du OUI. Il visite des «maisons de service», où des militants sont entièrement occupés à «faire sortir le vote». Dans l'Assomption, l'atmosphère est au

---

6. Entrevue avec Monique Simard, le 26 septembre 2000.
7. Confirmé par les deux diplomates.
8. Source: document signé par le sous-ministre Robert Normand du ministère des Affaires internationales du Québec et intitulé: «Actions internationales avant et après le référendum», daté du 27 octobre 1995, à 11 h 00.
9. Extrait de l'entrevue télévisée exclusive que Jacques Parizeau accorde à Stéphan Bureau, animateur de l'émission *L'événement* au réseau TVA, le jour du référendum.

*Au moment de voter, Jacques Parizeau est terriblement nerveux.*
*Photo de Jacques Nadeau.*

triomphe. Les organisateurs anticipent tous une victoire. « Ça sent bon », dit Jacques Parizeau à Jean-Claude Saint-André[10], son secrétaire de comté.

Après le lunch, le premier ministre se rend à son bureau de comté pour accorder une entrevue exclusive à Stéphan Bureau, animateur de l'émission *L'événement* et chef d'antenne du réseau TVA. Le journaliste a convaincu le premier ministre de pouvoir le suivre dans certains de ses déplacements au cours cette journée cruciale. Il a invoqué, avec succès, qu'il n'existe aucun document semblable de René Lévesque, le jour du référendum de 1980, et qu'il ne faut pas répéter une telle erreur. Jacques Parizeau a confiance en Stéphan Bureau et il apprécie son travail d'inter-viewer. Son jeune âge contribue également à le rendre sympathique aux yeux de l'ancien professeur des HÉC, qui a un préjugé favorable envers les moins de 35 ans.

## Un patriote de l'ancienne vague

Le premier ministre affirme s'être longuement préparé à son entretien avec Stéphan Bureau : « Si c'est le dernier message, je veux qu'il soit clair[11]. » À quelques heures de son destin, le régent accorde effectivement une entrevue exceptionnelle. Ses propos sont toutefois sous embargo et ils ne pourront pas être divulgués avant plusieurs semaines, tel que convenu avec Stéphan Bureau. Au cours de l'entrevue, Jacques Parizeau fait un aveu surprenant au jeune journaliste : « Si j'échoue, il faut que je puisse me dire, c'est ma faute. Je n'ai pas été assez habile, assez rassembleur. Et là évidemment, j'en tire les conclusions. Il ne faut jamais s'imposer dans des circonstances comme celles-là. L'indépendance d'un pays, ce n'est pas quelque chose de passager. Si je n'ai pas réussi à la faire, eh bien, il faut que je m'éclipse assez rapidement et que quelqu'un d'autre s'essaie[12]. » Stéphan Bureau s'étonne d'un tel aveu. Advenant une défaite du OUI, le premier ministre songe-t-il à démissionner ? « On se comprend bien là, précise Jacques Parizeau, nous sommes à quelques heures du scrutin, si c'est NON, ma phase utile dans ce domaine est terminée. Je suis en

---

10. Jean-Claude Saint-André succèdera à Jacques Parizeau à titre de député de l'Assomption.
11. Entrevue avec Jacques Parizeau, le 28 novembre 2003.
12. Extrait de l'entrevue accordée à Stéphan Bureau, le 30 octobre 1995.

politique pour faire la souveraineté du Québec. On ne se cramponne pas, c'est ridicule.»

Dans l'entourage du premier ministre, c'est la commotion. Lisette Lapointe, assise par terre devant un petit moniteur, est médusée. Puis, elle se rappelle ce que Jacques Parizeau lui avait dit, à leur deuxième rencontre, en mars 1992 : «Si je perds le prochain référendum, je démissionne.» Elle se souvient que «c'est la première chose qu'il m'a dite[13].» Il a également fait connaître ses intentions à Jean Royer. Il les a évoquées dans une entrevue au magazine *Times*, en avril 1992. Son frère Robert en a aussi été informé le jour du 65e anniversaire de Jacques Parizeau, le 9 août 1995 : «Si ça passe, je reste deux ans et je mets un plus jeune. Si ça casse, je pars le lendemain matin[14].»

Jacques Parizeau s'adresse toujours à Stéphan Bureau : «Je suis un persistant, dit-il. Mon gros problème en politique a toujours été d'être cru. Je ne suis pas un vrai politicien. J'ai beaucoup de difficulté à être un politicien. Je suis au fond une sorte d'ancien... de patriote de l'ancienne vague, additionné d'un économiste technocrate, souvent sans âme. Ça fait une drôle de combinaison. C'est assez curieux comme mélange, mais c'est ça.» Sachant maintenant que le premier ministre du Québec pourrait démissionner dans les prochaines heures, Stéphan Bureau lui pose alors la question suivante : «Lucien Bouchard, pensez-vous que c'est lui qui vous succèdera?» Jacques Parizeau n'a pas l'intention de paver la route au chef du Bloc québécois. «Est-ce que ce ne devrait pas être une femme?», répond-t-il habilement. «N'allons pas trop vite aux évidences.» À ce moment-là, c'est plutôt Pauline Marois que le premier ministre a en tête.

Une fois l'entrevue terminée, Jacques Parizeau sort de la pièce et se retrouve aussitôt assiégé par son entourage. Marie-Josée Gagnon est démontée par la possibilité de voir son chef démissionner, tandis qu'Éric Bédard réunit l'équipe technique de TVA et lui rappelle que l'entrevue est sous embargo et qu'elle est tenue au silence. Quant au principal intéressé, il affiche pour sa part un grand sourire. Il ne cesse de répéter, en chantonnant comme un gamin : «Je l'ai dit à Bureau! Je l'ai dit à Bureau!» Il sent qu'il a désarçonné son entourage et il en est fier.

---

13. Entrevue avec Lisette Lapointe, le 30 mai 2001.
14. Propos attribués à Jacques Parizeau et rapportés par Robert Parizeau. Entrevue du 20 janvier 2000.

*Jacques Parizeau : « Je ne suis pas un vrai politicien. Je suis au fond une sorte d'ancien patriote. »*
*Photo de Jacques Nadeau.*

À peu près au même moment, vers 14 heures, le sous-ministre des Affaires internationales du Québec, Robert Normand, doit demander au consul général des États-Unis de prévoir un rendez-vous téléphonique entre le secrétaire d'État, Warren Christopher, et Bernard Landry «le soir même, lorsque les résultats du référendum seront connus, s'ils sont positifs[15].» Bernard Landry a l'intention d'être reçu par le secrétaire d'État dans les jours qui suivront la victoire des souverainistes. Une lettre du premier ministre Parizeau, adressée au président Clinton, doit également être remise au consul général le lendemain du référendum, toujours dans l'éventualité d'une victoire du OUI.

Accompagné par Marie-Josée Gagnon, Jacques Parizeau quitte l'Assomption à bord de la voiture de fonction. Le véhicule se dirige vers les studios de Télé-Québec, à Montréal, où le premier ministre doit enregistrer son discours de la victoire. Advenant le cas où son rêve se réalise, ce discours sera retransmis en soirée sur toutes les télévisions canadiennes. Jean-François Lisée «compte sur le fait que CNN diffusera le message en direct[16].» En route, Jacques Parizeau s'informe du taux de participation[17]. Les rapports qu'il reçoit sont très positifs. Les Québécois sortent massivement pour aller voter. «Cela favorise l'option souverainiste», se dit-il intérieurement. La journée est magnifique. Les rayons du soleil percent la paroi vitrée et viennent réchauffer les jambes du premier ministre.

L'enregistrement du discours se fait en anglais et en français. Jacques Parizeau est nerveux. Il doit reprendre la lecture du texte à plusieurs reprises. «Cela ne va pas très bien[18]», constate Marie-Josée Gagnon. La fatigue se lit sur le visage de son patron. Si le régent prononce fièrement les mots qui doivent couronner son triomphe, «Le Québec est debout», il éprouve cependant de la difficulté à se concentrer. «J'essaie de garder mon calme, mais ce n'est pas facile. La nervosité, je la sens, parce que je suis tellement fatigué!» La campagne l'a complètement épuisé. «Les matins, je me levais constamment fatigué… Je n'en pouvais plus. Puis

---

15. Source : document confidentiel du ministère des Affaires internationales du Québec signé par le sous-ministre Robert Normand et intitulé : «Actions internationales avant et après le référendum», le 27 octobre 1995 à 11 h 00.
16. Entrevue avec Éric Bédard, le 10 octobre 2000.
17. Entrevue avec Jacques Parizeau, le 10 décembre 2000.
18. Entrevue avec Marie-Josée Gagnon, le 6 juillet 2000.

d'un autre côté, je n'avais pas le choix. Si l'on gagnait ce soir-là, il fallait que les gens sachent exactement où on allait[19]. »

Pour enregistrer et livrer avec fébrilité son message de chef d'État, Jacques Parizeau puise donc dans ses réserves : « Une décision simple et forte a été prise aujourd'hui : le Québec deviendra souverain. (…) Il a fallu du courage, aux Québécoises et aux Québécois, pour surmonter les formidables obstacles mis sur leur route, depuis les tout débuts jusqu'à ce jour. Aujourd'hui, vous vous êtes dépassés. Vous avez inscrit votre nom sur la face du monde. Chacun doit savoir ce soir que le gouvernement du Québec va procéder dans les jours qui viennent avec la même clarté, la même sereine détermination, le même courage et la même ouverture que ceux dont ont fait preuve les Québécoises et les Québécois aujourd'hui. »

Ce discours enregistré à l'avance ne laisse aucune place à une version plus modérée au cas où la victoire serait mince. « Le discours donne volontairement une impression de force et un caractère irréversible à la décision, souligne Jean-François Lisée. Rien ni personne ne peut enlever ça aux Québécois. Ceux qui pensent qu'on ne part pas, se sont trompés. On part vraiment. Plus la victoire est courte et plus il faut donner cette impression d'irréversibilité[20]. » Comme le cabinet du premier ministre s'attend à ce que Jean Chrétien ne reconnaisse pas le vote majoritaire des souverainistes, Jacques Parizeau reprend volontairement les mots du premier ministre du Canada dans son discours. « Le 18 octobre, il [Jean Chrétien] a déclaré que le référendum, et je cite, "est le choix définitif et sans retour d'un pays". La semaine dernière, dans son adresse à la nation, il a indiqué qu'il s'agissait "d'une décision définitive et sans appel". Nous sommes d'accord avec lui. »

### « On va gagner ! On va gagner ! »

En fin d'après-midi, dans les bureaux du premier ministre au sommet de la tour d'Hydro-Québec, l'équipe de Jacques Parizeau est gagnée par l'euphorie. À 16 h 45, le sondeur Michel Lepage dit à Stéphan Bureau, qui se trouve sur place avec son équipe de télévision : « Le OUI va gagner. À l'heure actuelle, on peut garantir que l'on gagne. » Puis il se ravise : « On

19. Entrevue avec Jacques Parizeau, le 28 novembre 2003.
20. Entrevue avec Jean-François Lisée, le 16 septembre 2003.

pense que l'on va gagner. [Ce sera] plus serré que confortable, mais on va gagner.» Daniel Audet, le chef de cabinet de Bernard Landry, se trouve lui aussi sur les lieux. Dans les corridors, il sent la fébrilité monter. «À moi, qui suis sceptique, tout le monde me dit : "Ben voyons Daniel, c'est gagné. *Wake up!*" Jean Royer s'écrie : Réveille! Nos sondages nous donnent 52, 53 %, puis peut-être 55 % dans les meilleurs scénarios. C'est gagné[21]!» Les premières indications d'un taux de participation exceptionnellement élevé font dire à Éric Bédard, adjoint au chef de cabinet, que le vote francophone va donner la victoire aux souverainistes. Ému, il appelle son père, Marc-André Bédard, pour lui dire : «Papa, tu ne t'es pas battu pour rien. La quête centenaire de notre peuple va se finir ce soir... [22]»

Quand Jacques Parizeau arrive dans ses bureaux, Jean Royer le sent anxieux. «Le moment de sa vie est arrivé[23]», souligne-t-il. Le premier ministre demande à son chef de cabinet comment il voit la situation. «Je pense que l'on va gagner, répond Jean Royer, et je pense, monsieur Parizeau, que vous avez fait depuis des années ce que vous deviez faire. Ce soir, mes problèmes se terminent et les vôtres commencent.» Jean Royer sent cependant que Jacques Parizeau «n'a pas la certitude que j'ai que l'on va gagner.» Il est 18 h 30. Le premier ministre se rend maintenant à l'Hôtel Ritz-Carlton où sa femme l'attend pour manger une bouchée avant le grand décompte.

Seul dans la chambre d'hôtel, le couple tente d'avaler et de boire quelque chose. Lisette Lapointe a devant elle un homme qui semble calme. «Il n'est pas angoissé, se souvient-elle. Il n'est pas triomphant non plus. Il réfléchit, il est à l'intérieur de lui beaucoup, beaucoup... Il pense à tout. Il se demande comment la population va réagir? Est-ce qu'il y aura de la casse? Il est premier ministre, donc il est responsable et c'est toujours ce qui prime dans sa façon de voir les choses[24].» Jacques Parizeau discute de l'éventualité de la victoire. Il se demande comment gérer une mince victoire du OUI. «Son scénario le plus probable, il ne le dit pas, témoigne Lisette Lapointe, mais je sais que c'est autour de 53 %. Ce serait une victoire formidable! Compte tenu [du résultat du référendum français sur l'entente] de Maastricht, il est même à l'aise avec un OUI à 52 %.»

---

21. Entrevue avec Daniel Audet, le 4 décembre 2002.
22. Entrevue avec Éric Bédard, adjoint au chef de cabinet, le 10 octobre 2000.
23. Entrevue avec Jean Royer, le 14 septembre 2000.
24. Entrevue avec Lisette Lapointe, le 30 mai 2001.

*Le jour du référendum, l'enthousiasme a envahi le camp du OUI.*
*Photos de Jacques Nadeau.*

Jacques Parizeau et Lisette Lapointe quittent ensuite leur chambre et descendent à l'étage. Au moins deux gardes du corps les escortent jusqu'à la voiture qui file en direction du Palais des congrès, où se tiendra le grand rassemblement des partisans du OUI. Nous sommes à la tombée du jour. Jacques Parizeau n'attend plus que le jugement des siens. Vers 19 h 45, le couple arrive sur les lieux et fait son entrée dans la suite où l'attendent les membres du cabinet. Quinze minutes plus tard, les bureaux de scrutin ferment. À 20 h 10, les premiers résultats sont connus. Ils donnent 59 % des voix au OUI. L'échantillon est toutefois minuscule, un dixième de 1 %. Quelques minutes plus tard, le premier résultat vraiment significatif arrive des Îles-de-la-Madeleine où, avec le tiers des électeurs, le OUI récolte 58 % des votes. C'est un revirement de 12 points par rapport au vote référendaire de 1980. Cela dépasse toutes les prévisions faites par Jean Royer et Michel Lepage. « Partout dans l'est, nous avons des relevés statistiques de ce qu'on doit faire dans chaque comté pour avoir 52 %. Partout nous sommes en avance[25] ! », signale Éric Bédard.

À 20 h 24, le OUI baisse à 55,3 %. À 20 h 30, avec presque 1 % des suffrages, il remonte à 56,3 %. Le camp du OUI jubile. Bernard Derome affirme, sur les ondes de la télévision d'État, que « ça va bien pour le OUI ». Parmi les gens réunis dans la suite, Jacques Parizeau est cependant celui qui démontre le moins d'enthousiasme. Jacques Nadeau, le seul photographe alors présent dans la suite, a même l'impression que le premier ministre anticipe une défaite[26]. Il n'en est rien. Intérieurement, Jacques Parizeau est transporté par le bonheur. « Moi aussi, je me laisse prendre par l'enthousiasme, confie-t-il. Je suis pris par l'enthousiasme général. C'est épatant, c'est formidable[27] ! » Dans cette suite à l'éclairage tamisé, des baies vitrées permettent à Jacques Parizeau d'apercevoir la foule, plus bas, rassemblée au Palais des congrès. Les militants sont hystériques. Il entend le bruit assourdissant de la foule qui ne cesse de crier : « On va gagner ! On va gagner ! »

Pendant quelques minutes, et exceptionnellement, Jacques Parizeau croit apercevoir le pays du Québec. Pour lui, c'est comme une apparition divine. « Ça a duré peu de temps, mais oui, bien sûr, je l'ai vu. » Comment

---

25. Entrevue avec Éric Bédard, adjoint au chef de cabinet, le 10 octobre 2000.
26. Entrevue avec Jacques Nadeau, en décembre 1997.
27. Entrevue avec Jacques Parizeau, le 28 novembre 2003.

était-ce? « C'était assez emballant, sauf que dans une situation comme celle-là, vous vous rendez compte qu'il ne faut pas trop être emballé, parce que tout le monde est très emballé autour de soi. Le *boss*, il ne faut quand même pas qu'il se mette à pousser des hurlements dans la salle. Alors, on garde ça un peu rentré comme une sorte de pudeur, mais j'étais aussi excité que les autres, c'est sûr. » Jamais, dans toute sa vie politique, il n'a senti le pays aussi proche. « Non, c'est le seul moment et ça a duré dix minutes… (rire nerveux) Ça explique l'intensité, l'espèce de rage contre moi-même vingt minutes plus tard ou une demi-heure plus tard. Il y a un contraste extraordinaire [entre le] pays que l'on entrevoit et, tout à coup, la certitude que l'on a que c'est fini[28]. » Jacques Parizeau a senti la douce étreinte de son rêve. La grande dame pour laquelle il a entamé sa croisade est venue se presser contre lui pour aussitôt s'éloigner et disparaître.

## La colère du lion

« On a l'impression que l'on gagne, mais la majorité s'estompe petit à petit, raconte Jacques Parizeau. Le vote du West-Island entre puis là, tout à coup, on voit la majorité baisser, baisser… Là, on se calme[29]. » L'entourage du premier ministre est bientôt informé du très haut taux de participation dans les comtés anglophones. Les résultats sont connus : D'Arcy-McGee, 96,4 % pour le NON, Jacques-Cartier, 91 %, Mont-Royal, 86,5 %, Robert-Baldwin, 88,8 %, Notre-Dame-de-Grâce, 86,6 %. « Ce sont des scores inimaginables, se rappelle Jacques Parizeau. Ça a voté à 94,95 % pour le NON ! Cela fait des énormes paquets de voix qui arrivent de l'ouest de Montréal qui vont faire baisser le vote. Ça rentre par centaines de milliers de NON et il n'y a pas de partage entre le OUI et le NON, contrairement aux comtés francophones[30]. » « Quand les comtés de Québec sortent, on sait que l'on va perdre, raconte Éric Bédard. Jean Royer le dit à Jacques Parizeau. Lisée, lui, continue de croire que l'on va gagner[31]. »

À 22 h 20, ponctuant une soirée référendaire mémorable, où le OUI et le NON ont pratiquement été au coude à coude pendant deux longues

---

28. *Idem.*
29. Entrevues avec Jacques Parizeau, le 10 décembre 2000 et le 28 novembre 2003.
30. Entrevue avec Jacques Parizeau, le 10 décembre 2000.
31. Entrevue avec Éric Bédard, adjoint au chef de cabinet, le 10 octobre 2000.

heures, Radio-Canada prédit que le NON sera majoritaire par quelques poussières. Le NON gagnera avec 50,5 % du vote (soit 2 362 648 votes) et le OUI suivra de très près avec 49,2 % (2 308 360 votes). Les partisans du NON l'emportent par seulement 54 288 votes. Il s'en est fallu de peu.

Dans la grande pièce où Jacques Parizeau suit les résultats, l'atmosphère devient lourde. «Nous sommes assommés par la défaite, témoigne Marie-Josée Gagnon. Abattus comme des condamnés, quand ils entendent le verdict de culpabilité[32]. » La soirée s'assombrit. Les mots d'encouragement prodigués par ceux qui viennent voir le premier ministre dans sa suite ressemblent presque à des condoléances. Jacques Parizeau n'apprécie pas. «C'est comme pour un deuil», explique-t-il. Il est à ce point brisé, qu'il a la douloureuse impression de veiller un corps, «celui de tous les espoirs perdus[33] ». Jacques Parizeau «est tout croche, relate Marie-Josée Gagnon. Nous pensions gagner. J'ai escompté la victoire. Dans ma tête, nous avions gagné. Il y avait beaucoup d'espoir[34]… »

Jacques Parizeau se lève et se met à arpenter la suite, de long en large. Il est comme un lion en cage. Tout son être est touché par un mal indicible. Il se sent comme un animal blessé qui, dès lors, peut se faire imprévisible et devenir incontrôlable. Le régent vient de perdre ses pouvoirs et le croisé, sa plus importante campagne. Violemment éjecté de sa monture, le chevalier perd subitement contact avec la réalité. L'armure subit les contrecoups et les blessures du combattant sont nombreuses. Tout se fracture en lui. Les douleurs qui l'assaillaient au réveil reviennent en force. Les morsures sont innombrables et profondes. Ce sont trente années d'une longue marche qui viennent aboutir au pied d'une muraille infranchissable. C'est la fin d'un parcours. Il n'y a plus d'horizon. Le sol se lézarde sous ses pieds.

Lisette Lapointe regarde son mari avec inquiétude. Elle craint le pire pour l'homme qu'elle aime. Comment est-il en train d'accuser ce terrible choc? se demande-t-elle, au bord des larmes. Elle s'approche de lui et pose tendrement ses mains sur chacune de ses joues, afin d'apaiser sa colère. Jacques Parizeau fait non de la tête, puis il prend les mains de son épouse et les enlève doucement de son visage. Une caméra de télévision capte la

---

32. Entrevue avec Marie-Josée Gagnon, le 20 mars 2001.
33. Entrevue avec Jacques Parizeau, le 28 novembre 2003.
34. Entrevue avec Marie-Josée Gagnon, le 6 juillet 2000.

scène à travers la baie vitrée, puisque les stores ne sont pas tirés. À un autre moment, le Québec en entier aperçoit le premier ministre faire les cent pas, un verre à la main. Certains analystes n'hésitent pas à conclure que le politicien est déjà sous l'effet de l'alcool. Jacques Parizeau n'a plus d'intimité. Quand il se voit à la télévision, il en est fort surpris : « Comment est-ce possible ? Mais, c'est moi ! Les fenêtres ne sont donc pas opaques[35] ? » Jacques Parizeau éclate en colère. Il reproche à son entourage de ne pas avoir pris soin de vérifier ce détail. « Je veux bien être responsable de tout, dit-il exaspéré, mais quelqu'un aurait pu penser à ça. Ça s'appelle protéger le *boss*. Et les gens nommés dans le cabinet ont pour première fonction de protéger le *boss*. Je le sais, j'ai fait ça assez longtemps dans ma vie. »

Quant à savoir si Jacques Parizeau est sous l'effet de l'alcool ce soir-là, les gens de son cabinet soutiennent que ce n'est pas le cas. Leur chef n'aurait bu que deux verres de vin blanc servi avec du soda, ce que son épouse appelle des *spritzer*. « Il n'est pas en perte de contrôle, rapporte Lisette Lapointe. Il n'a pas décidé de se soûler parce qu'il a perdu ! NON[36] ! Il a tous ses esprits. Par contre, il est dans une colère… [37] ! »

Jean Royer est anxieux. Comme il sait maintenant que la défaite est inévitable, il se fâche et fait signe à tout le monde de quitter la suite.

La colère de Jacques Parizeau se manifeste soudainement. Elle éclate dans les minutes qui suivent l'annonce officielle de la défaite souverainiste. « C'est une colère de tous les diables[38]. » Comme c'est le cas lors d'un grave accident de voiture, Jacques Parizeau voit défiler sa vie entière devant lui. « Bon, alors mon vieux… trente ans de ta vie », se dit-il. Et tout se transforme en poussière. « Tant pis pour toi ! » « Je suis furieux d'avoir mis tous mes œufs dans le même panier pendant 25 ans. Alors ça là, vraiment… Je suis en beau maudit ! Avoir passé une telle partie de ma vie à essayer de réaliser ça. Et j'ai toujours été convaincu que je ne faisais de la politique que pour aboutir à la souveraineté et… je la ratais ! Ah, j'étais en tab… ! » Si, dans ses réflexions, Jacques Parizeau affirme ne pas blâmer le peuple québécois pour cette décision, il s'en veut cependant de « n'avoir

---

35. Entrevue avec Jacques Parizeau, le dimanche 10 décembre 2000.
36. Entrevue avec Lisette Lapointe, le 30 mai 2001.
37. Entrevue avec Lisette Lapointe, le 16 mai 2000.
38. Entrevue avec Jacques Parizeau, le 28 novembre 2003.

pas su, en dépit de tous [ses] efforts, ramasser une partie suffisante du 20 % », c'est-à-dire, des hésitants.

Pour Jacques Parizeau, cette défaite référendaire constitue un grave traumatisme. Il compare l'horreur de cette expérience à un autre événement dramatique pour lui : « Je pense que la mort d'Alice, ça a été pire[39]. »

## « Je me renferme dans moi-même... »

Monique Simard passe d'une suite à une autre. Elle se rend à celle de Lucien Bouchard, puis, sur un autre étage, pénètre dans les quartiers du premier ministre. Elle fait partie des gens que Jean Royer laisse entrer. « Tout le monde est déçu, observe-t-elle, mais sur le plan personnel, monsieur Parizeau est plus démoli et catastrophé[40]. » Au fond de la longue pièce où il se trouve, il y a une table rectangulaire. Jean-François Lisée, Éric Bédard, Michel Carpentier et Camille Laurin sont assis autour. Jean Royer s'y trouve aussi, mais reste debout. Monique Simard se joint au groupe. Tous ces gens s'adressent à Jacques Parizeau et lui suggèrent de se comporter de façon à « préserver une autre chance. Il faut nous donner l'opportunité de se réessayer[41]. » « Vous avez une seule chose à dire ce soir, insiste Monique Simard, c'est qu'il faut continuer. Il y a un espoir de changement. Nous sommes arrivés si proche. Il faut continuer, il faut que vous laissiez de l'espoir aux gens qui sont là[42]. » Mais Jacques Parizeau ne leur répond pas. « Il est consterné, remarque-t-elle. Il est ébranlé et il ne parle pas beaucoup quand il est choqué. »

De temps en temps, il se lève pour se délier un peu les jambes ou s'asseoir dans un fauteuil, près des téléviseurs. Malgré la visite de gens qu'il apprécie beaucoup, comme Camille Laurin, Jacques Parizeau considère qu'il est « vraiment tout seul. Au fur et à mesure que les résultats entrent et que la soirée avance, je me retrouve face à moi-même. Je change ma vie. Chacun a son attitude, mais moi je me referme dans moi-même[43]. » À quoi ou à qui pense-t-il ? « Je ne pense pas à des personnes. Je

---

39. Entrevue avec Jacques Parizeau, le 28 novembre 2003.
40. Entrevue avec Monique Simard, le 26 septembre 2000.
41. Source désirant conserver l'anonymat.
42. Entrevue avec Monique Simard, le 26 septembre 2000.
43. Entrevue avec Jacques Parizeau, le 28 novembre 2003.

pense à des choses. Je pense au *love-in*. C'est l'argent ça. Je n'ai pas de montant précis, mais je sais très bien que cette affaire-là a du coûter plus que ce que les deux camps du OUI et du NON ont dépensé ensemble. » Il croit que cet événement a probablement fait augmenter le taux de participation et favoriser le camp du NON. Il commence à croire qu'il s'est fait « voler » son référendum.

Parmi les souvenirs qui se bousculent, il y a sa déclaration sur le vote des non-francophones, en janvier 1993. « J'avais alors dit qu'il faudrait s'habituer à l'idée que ce sont les Québécois francophones qui vont décider de la souveraineté du Québec, rappelle Jacques Parizeau. Qu'il ne faut pas compter sur les anglophones ou sur les allophones pour prendre part à la décision. Ce serait plus sage de prendre pour acquis qu'ils voteront tous NON. » Jacques Parizeau songe à tous les efforts qu'il a déployés auprès des communautés ethniques pour en arriver à un résultat presque nul. « Quel temps perdu, se dit-il. Puis, au fond, ton idée d'il y a un an et demi, c'était la bonne! Il aurait fallu baser notre stratégie là-dessus. » Le chef souverainiste amorce ainsi la réflexion qui l'amènera à parler quelques instants plus tard des fameux « votes ethniques ».

À la télévision de Radio-Canada, Bernard Landry tient des propos différents. « Ne cherchons pas de blâme, dit-il. J'ai fait allusion à la minorité de blocage. Je le fais en tout respect. C'est plus l'histoire, c'est plus l'attitude de propagande du gouvernement du Canada envers les immigrants et immigrantes qui a même fait croire à certains d'entre eux qu'ils n'avaient pas le droit d'être pour le OUI et que c'était de trahir leur serment. On peut blâmer un système, on peut blâmer l'histoire, mais pas des hommes et des femmes qui, en toute bonne foi, ont voté pour le NON[44]. »

Jacques Parizeau n'entend plus rien. Il s'est replié sur lui-même. Il se rappelle d'un conseil émis par sa première épouse lors de crises politiques majeures. « Ma première femme, Alice, avait l'habitude de dire : "Là, il est temps que Parizeau songe à Parizeau." J'utilise cette phrase-là par rapport à moi-même aux moments des grands épisodes. Il faut donc que je m'extirpe de là. J'ai flambé 25 ans! » Le régent redevenu croisé n'a plus l'intention de remonter sur sa monture. Il a perdu sa croisade et ne se considère plus utile. Il assume l'entière responsabilité du déshonneur et il sait qu'il ira brûler ses drapeaux. « C'est ça mon objectif et j'ai raté! J'ai raté! Rien

---

44. Propos de Bernard Landry tenus à la télévision de Radio-Canada.

que ça… J'ai échoué! Dans ces conditions-là, j'arrête… Finies les folies. Ça suffit[45].» Jacques Parizeau a l'intention de démissionner ce soir même de son poste de premier ministre du Québec et de chef du Parti québécois.

Lisette Lapointe est atterrée par cette décision. Elle tente, par tous les moyens, de le persuader de ne pas poser un tel geste. «Les militants ne méritent pas ça, dit-elle à son mari. Compte tenu de l'effervescence, tu n'as pas le droit de dire cela ce soir. Ils ont travaillé comme des chiens. Puis ils viennent de perdre, puis ils braillent. Donne-toi au moins 24 heures[46]», l'implore-t-elle. L'épouse du premier ministre craint que la violence envahisse la rue Sainte-Catherine, si le chef du Parti québécois quitte le navire tout de suite. Jacques Parizeau semble être sensible aux arguments de son épouse. Elle a cependant l'impression qu'il peut tout de même décider de donner sa démission, une fois sur scène.

Jacques Parizeau revient s'asseoir à la table rectangulaire. Ses principaux conseillers tentent de comprendre la signification du vote. «Nous, on trouve que c'est positif, lui, il trouve que c'est négatif. C'est fondamentalement ça[47]», révèle Jean-François Lisée. Jean Royer dit à son patron : «Les fédéraux n'ont pas gagné avec un tel score. On ne sort pas affaiblis[48].» Jacques Parizeau n'est pas d'accord. Il répond que ce vote va rendre la situation difficile pour le Québec[49]. Jean-François Lisée propose un discours positif qui souligne que «cela ne peut plus durer. Le Québec est plus fort. Nous ne nous sommes pas fait écraser[50].» «Je voulais insister sur le fait que ce n'est pas le temps de prendre des chances, confie Jean-François Lisée. Je m'attendais à ce qu'il me dise : "Vous avez parfaitement raison. Travaillons dans ce sens-là." Or, il ne reçoit pas ça positivement et il se met à dire ce qui le déçoit. Il ressort tout ce qu'il a souffert pour arriver jusque-là. C'est comme si, dans sa tête, ça ne pouvait être payé que par la victoire. Et comme il n'y a pas de victoire…» Jean Royer rappelle que, pour Jacques Parizeau, «c'est le combat de sa vie[51]» qui se termine ce soir-

---

45. Entrevues avec Jacques Parizeau, le 11 mai 1998 et le 28 novembre 2003.
46. Lisette Lapointe est au bord des larmes lorsqu'elle tient ces propos. Entrevue du 16 mai 2000. Confirmé par Jacques Parizeau.
47. Entrevue avec Jean-François Lisée, le 18 octobre 2000.
48. Entrevue avec Jean Royer, le 14 septembre 2000.
49. Selon les souvenirs de Jean Royer. Entrevue du 14 septembre 2000.
50. Entrevue avec Jean-François Lisée, le 18 octobre 2000.
51. Entrevue avec Jean Royer, le 14 septembre 2000.

là. «Monsieur Parizeau, prévient Jean-François Lisée, l'histoire va vous juger sur le discours que vous allez prononcer ce soir[52].» Cette observation n'émeut guère le chef. Jean Royer demande cependant à Jean-François Lisée d'écrire un discours positif, celui de la défaite, qui n'a pas encore été rédigé : le camp Parizeau n'a jamais envisagé sérieusement un revers. Le niveau de préparation en cas de défaite est donc minime.

Jacques Parizeau reconnaît que, normalement, la défaite doit être aussi bien préparée que la victoire, «sauf que moi, dans le cas d'une défaite, je m'en vais. Alors, ça change la donne complètement. Donc, on ne se prépare pas. De mon point de vue, il n'est pas nécessaire de préparer le NON. Ils sont 200 000 à savoir comment gérer le Québec à la petite semaine. Mais si on gagne, là, c'est une autre paire de manches[53].» Jacques Parizeau n'a pas l'intention de gérer une défaite et encore moins une province. «Il y a des gens pour qui la politique a tellement d'intérêt que, une victoire ou une défaite, ils gèrent ça avec la même énergie, mais pas nécessairement avec le même enthousiasme. Moi, ça ne m'intéresse pas. Je déteste la politique, la seule raison pour laquelle j'en ai faite, c'est pour changer clairement les choses» et faire apparaître le pays. Un projet avorté ne le stimule aucunement.

## Un homme devant la défaite

Lisette Lapointe garde de très mauvais souvenirs de cette dernière soirée. «D'abord, la suite est un endroit affreux. C'est une espèce d'aquarium. Nos familles sont dans une autre salle, beaucoup plus loin. Et puis on voit les militants en bas, les gens qui y croient, qui espèrent. Puis là… il y a encore des couteaux qui volent bas. Pourtant, c'est fini[54]!» L'épouse du premier ministre n'apprécie pas les tractations de dernière minute pour déterminer quand Lucien Bouchard et Jacques Parizeau parleront.

L'équipe de Lucien Bouchard est terriblement inquiète de la réaction de Jacques Parizeau. Elle craint le pire et aimerait donc connaître le contenu de son discours. Gilbert Charland tente d'entrer en communication avec Jean Royer, mais personne ne répond à son téléphone. La «trop

---

52. Entrevue avec Jean-François Lisée, le 18 octobre 2000.
53. Entrevue avec Jacques Parizeau, le 28 novembre 2003.
54. Entrevue avec Lisette Lapointe, le 16 mai 2000.

grande concentration de téléphones cellulaires dans la zone », explique Gilbert Charland, aurait empêché l'appel d'entrer. Le chef de cabinet de Lucien Bouchard se rend finalement à la suite du premier ministre. Il aperçoit un Jacques Parizeau contrit et de fort mauvaise humeur. « C'est apparent, convient-t-il. Le moment où je suis présent, il ne parle pas. Jacques Parizeau est au bout de la table, puis il est renfrogné. » Gilbert Charland sort finalement de la pièce avec Jean Royer et discute, dans le corridor, de la suite du scénario. Jean Royer est incapable d'informer son collègue des propos que prononcera Jacques Parizeau, puisque celui-ci refuse d'en parler. Le bras droit du premier ministre lui dit toutefois que « le pays n'existe plus quand 50 % des gens veulent partir[55]. »

Lucien Bouchard et Jacques Parizeau échangent finalement quelques mots au téléphone. Lucien Bouchard est proche de la scène. Il est sur le point de prononcer son discours. La conversation dure tout au plus une minute. Le chef du Bloc québécois donne les grandes lignes de son discours au premier ministre. « Très bien, très bien…[56] », répond sans conviction Jacques Parizeau, qui ajoute qu'il a l'intention « d'aller plus loin[57]. »

À une bonne distance de la suite du premier ministre, Serge Guérin, l'ami de Jacques Parizeau – et son premier chef de cabinet – occupe une autre pièce, en compagnie de Michel Carpentier. Il ne voit son patron que quelques minutes avant qu'il ne prononce son discours de la défaite. Lorsqu'il pénètre dans la suite, il aperçoit Jacques Parizeau, les yeux rivés sur le téléviseur. Il reconnaît ce regard… Il essaie de se souvenir. « C'est le même que celui de Lévesque le soir de la mort de Pierre Laporte. Il voit l'homme devant l'événement, celui qui doit vivre avec les conséquences, avec à la fois une tristesse profonde dans le visage et de la rage[58]. » Dans la suite, c'est le silence. Le premier ministre se lève. Il passe à côté de son vieux compagnon d'armes, lui met la main sur l'épaule et lui dit : « J'ai fait ce que j'ai pu. Nous sommes passés bien proche. Merci pour le travail[59]. » Puis, Jacques Parizeau se dirige vers la porte, accompagné de son épouse. Il quitte la pièce. Jean-François Lisée se précipite lui aussi à l'extérieur de

55. Entrevue avec Jean Royer, le 14 septembre 2000.
56. Selon les souvenirs de Jean-François Lisée. Entrevue du 18 octobre 2000.
57. Entrevue téléphonique avec Jean-François Lisée, le 30 janvier 2004.
58. Entrevue avec Serge Guérin, le 27 janvier 2000.
59. Propos attribués à Jacques Parizeau et rapportés par Serge Guérin. Entrevues du 27 janvier et le 17 mars 2000.

*Le soir du référendum : un Jacques Parizeau anéanti par la défaite.*
*Photos de Jacques Nadeau.*

la suite, à la recherche d'une imprimante pour le discours qu'il vient d'écrire pour son chef. Il veut absolument lui donner ce texte avant qu'il ne monte sur scène. «Nous étions préoccupés par son état d'esprit[60]», révèle le conseiller.

## Notes pour un discours...

Jean-François Lisée réussit finalement à imprimer son texte. Il tente de le remettre à Jacques Parizeau. «Il essaie dans le corridor, relate Lisette Lapointe. Il a sa feuille et s'écrie : "Monsieur Parizeau! Monsieur Parizeau!" Mais mon mari, lorsqu'il est parti et marche, il n'y a rien à faire[61].» Le croisé n'a plus qu'une cible et il se dirige droit vers elle. Il prépare sa retraite définitive. Lisette Lapointe craint par-dessus tout qu'il annonce sa démission. «C'est ma seule hantise : qu'il démissionne sur scène. Je ne veux pas qu'il fasse ça.» Pendant les discours de Mario Dumont et de Lucien Bouchard, elle continue de parler à son mari, afin de s'assurer qu'il n'annoncera pas son départ immédiatement. Il finit par promettre à sa femme qu'il ne le fera pas maintenant.

Jean-François Lisée insiste pour qu'il prenne connaissance des notes qu'il a rédigées. Jacques Parizeau finit par prendre les quatre pages que son conseiller lui tend. «Le discours que j'ai fait est entièrement positif et gracieux, estime Jean-François Lisée. Je me souviens trop du discours de Claude Ryan le soir du référendum de 1980. Si le discours du OUI est digne d'un chef d'État, celui-ci mérite encore plus de l'être[62].» Jacques Parizeau parcourt très rapidement le texte écrit en gros caractères. Le titre, *Un extraordinaire événement s'est déroulé aujourd'hui*, ne l'inspire guère. Il plie les pages en deux et les fourre dans la poche de son veston sans dire un mot. Ce texte restera dans l'ombre. Jacques Parizeau n'en fera jamais la lecture publiquement. En voici, de façon exclusive, quelques extraits[63] : «Un peuple s'est levé. Un peuple a touché son avenir et il lui a manqué un tout petit souffle, un tout petit élan, pour y arriver. Le monde entier partage notre tristesse. Si proche, et pourtant si loin. (...) Mes amis, René

---

60. Entrevue avec Jean-François Lisée, le 18 octobre 2000.
61. Entrevue avec Lisette Lapointe, le 16 mai 2000.
62. Entrevue avec Jean-François Lisée, le 18 octobre 2000.
63. Ce discours écrit par Jean-François Lisée est reproduit en entier à l'annexe 3.

Lévesque serait fier de nous ce soir. Vous avez créé la plus vaste coalition que le Québec ait connue. Vous avez fait faire à la souveraineté du Québec un énorme pas en avant. Aujourd'hui, mes amis, la victoire nous échappe, mais tous les espoirs sont permis. (…) Je n'ai pas reçu, aujourd'hui, le mandat de modifier le statut du Québec. Mais je n'ai pas reçu, aujourd'hui, le mandat de me contenter du statut du Québec. Si près du but, grâce à vous. (…) Ce soir, mes amis, plusieurs seront tristes, à bon droit. Mais si nous n'avons pas remporté la victoire, nous ne pouvons pas parler d'échec. Nous pouvons parler d'une étape, l'avant-dernière, sur le chemin de notre indépendance. Ce soir, je sais qu'aucun peuple ne mérite davantage un pays que les Québécois. C'est pourquoi ce soir, je sais que notre avenir est à portée de la main. Je vous invite à inventer, dès demain, la nouvelle route qui nous mènera à notre pays. »

Dans l'esprit de Jacques Parizeau, contrairement à ce que le texte affirme, cette nuit n'est pas celle où «tous les espoirs sont permis». Bien au contraire! Le croisé répugne à parler de «tristesse» et encore moins à en devenir le porte-voix. Tout au long de sa carrière, il n'a pas cessé d'incarner la certitude et l'assurance, une attitude propre aux gagnants. Par conséquent, dans l'esprit d'un gagnant, la défaite ne peut être qu'un vibrant «échec», ce que nie le discours de Jean-François Lisée. La défaite, pour un croisé, signifie la disgrâce. Il ne peut donc pas entreprendre une nouvelle croisade. Jacques Parizeau se sent incapable d'inviter son peuple à prendre «une nouvelle route» ou à relancer la quête des Québécois nationalistes. Le discours de Jean-François Lisée a beau être noble, Jacques Parizeau peut difficilement s'y identifier. Cela équivaudrait à le voir prôner la rectitude politique contre laquelle il s'est toujours opposé. Jacques Parizeau fera ce il a toujours fait : il dira ce qu'il pense et ce qu'il ressent. Il le dira dans ses mots à lui, au risque de déplaire… une dernière fois. «Il y a des soirs qui vous appartiennent, explique Marie-Josée Gagnon, puis des discours qui vous appartiennent. Ce soir-là lui appartenait[64]. »

Selon Lisette Lapointe, le comportement de Lucien Bouchard le soir du référendum a influencé l'attitude de son mari. Tout au cours de la soirée référendaire, «ils ne se sont pas dit un mot. Ils ne se parlent plus que par personnes interposées, et ce n'est pas parce que Parizeau ne veut pas. Quand Lucien Bouchard a fait son discours, il est redescendu de

---

64. Entrevue avec Marie-Josée Gagnon, le 6 juillet 2000.

scène, nous nous sommes croisés, mais il n'y a même pas eu de poignée de main! Le néant. Tout ça, c'était organisé! prétend-t-elle. On veut que Jacques Parizeau disparaisse du portrait politique[65]!» Jean-François Lisée contredit le témoignage de Lisette Lapointe, en précisant qu'il a bien vu Lucien Bouchard et Jacques Parizeau se serrer la main «avec une certaine émotion[66]», derrière la scène, après le discours du chef du Bloc québécois. Pour sa part, le principal intéressé rapporte qu'il est incapable de bien mettre en perspective tous ces événements, parce qu'il les a vécus totalement renfermé à l'intérieur de lui-même.

## Le manteau de la déroute

Vers 23 h 09, Jacques Parizeau monte sur la grande scène du Palais des congrès. La foule, émue, applaudit à tout rompre. Plusieurs minutes auparavant, Bob Dufour, du Bloc québécois, craignant lui aussi la colère de Jacques Parizeau, s'est adressé à Mario Dumont. «J'ai dit à Néron et à Dumont : "Je vais vous donner un bon conseil, si vous avez un *speech* à faire là, faites-le puis sortez de là, parce que quand Parizeau va arriver, on ne sait pas ce qu'il va dire[67]". Avec un gars de même, tu fais attention, explique Bob Dufour. Tu ne mouilles pas ton chef. J'ai donc dit à Dumont et Néron : "Si vous y allez, vous êtes bien mieux de ne pas rester là quand Jacques Parizeau va prononcer son discours."» Mario Dumont et Lucien Bouchard quittent donc immédiatement la scène avant que Jacques Parizeau ne s'y présente.

Marie-Josée observe son patron : «Il est silencieux et dans son monde à lui. Il a de la peine. D'après moi, il a beaucoup, beaucoup de peine[68].» La foule lui chante *Gens du pays*, de Gilles Vigneault. Il est 23 h 11. Jacques Parizeau est extrêmement fatigué, il a pris au moins deux grands verres de vin et il est terriblement déçu des résultats. Il a énormément de difficulté à contenir sa colère. Lui qui s'attendait à célébrer sa victoire se retrouve devant des milliers de partisans en larmes. Il proclame devant eux : «Les 3/5 de ce que nous sommes ont voté OUI. C'était pas tout à fait assez,

---

65. Entrevues avec Lisette Lapointe, le 16 mai 2000 et le 30 mai 2001.
66. Entrevue téléphonique avec Jean-François Lisée, le 30 janvier 2004.
67. Entrevue avec Bob Dufour, le 20 janvier 2003.
68. Entrevue avec Marie-Josée Gagnon, le 6 juillet 2000.

mais bientôt ce sera assez. Notre pays, on l'aura!» Jacques Parizeau a le ton éraillé, la voix fatiguée. Le chef d'État se comporte plutôt comme un simple chef de parti. Il ne semble s'adresser qu'à ceux qui ont voté OUI. Ses phrases sont mal construites. Il se répète. Puis, l'homme de gauche émerge. Il parle contre les puissances de l'argent : «Il ne faut pas sacrifier au mouvement vers la droite qu'on voit envahir le reste du Canada, on sacrifiera jamais à ça.»

Jacques Parizeau n'a pas de texte sous les yeux. Il s'exprime librement, avec son cœur. L'effet de l'alcool – si tant est qu'il y a effet – ne semble nullement responsable des mots qu'il prononce. Seul l'effet conjugué de la défaite et du tempérament de cet homme entre ici en cause. «J'aurais bien voulu que ça passe. J'aurais tellement voulu comme vous tous que ça passe», dit-il à la foule. Puis, comme il l'avait exprimé deux ans plus tôt, il revient sur le vote des francophones : «Si vous voulez, on va cesser de parler des francophones du Québec, voulez-vous? On va parler de nous à 60 %. On a voté pour.» À nouveau, il se déleste de son rôle de premier ministre pour ne conserver que celui de chef des souverainistes. «On a été battus, au fond, par quoi? Par l'argent puis des votes ethniques, essentiel-lement.» La foule applaudit mais, chez les analystes et une majorité de Québécois d'origine étrangère, la surprise et la déception sont de taille.

Il est 23 h 21. Jacques Parizeau a prononcé son dernier discours. C'est un cri de douleur prononcé par un homme blessé, qui vient de choisir de couvrir ses blessures, en se drapant dans le manteau de la déroute. «Qu'est-ce qu'il a dit là! s'exclame Marie-Josée Gagnon. Ce soir-là, raconte-t-elle, j'ai vu un homme subir la défaite de sa vie, voir s'écrouler trente-cinq ans de travail. Mais je le comprenais. J'ai vu un homme, j'ai senti sa peine, son désespoir[69].»

Toute la garde rapprochée de Jacques Parizeau est dévastée par les propos de son chef. À la fin de son discours, il quitte l'estrade et descend les quelques marches qui le séparent de la foule vers laquelle il se dirige. Il serre les mains qui se tendent à lui. Derrière lui, son épouse est en larmes. Elle n'est pas la seule. Plus loin, Jean-François Lisée pleure comme un enfant, tandis que Jean Royer, bien que plus réservé, ne peut s'empêcher lui non plus de verser quelques larmes. Quant à Éric Bédard, son adjoint, il pleure copieusement. «Je suis catastrophé, absolument et extrêmement

---

69. Entrevues avec Marie-Josée Gagnon, le 14 juin et le 6 juillet 2000.

déçu par le discours, témoigne Jean-François Lisée[70].» Quand il croise Jacques Parizeau, il lui fait part de ses commentaires : «Vous avez raté votre sortie monsieur Parizeau!» Ce dernier reste muet. «Je pense qu'à ce moment-là, il est incertain de l'ampleur du geste qu'il vient de poser», raconte Jean-François Lisée. «Le discours est un acte final», répète celui qui avait pourtant pris la peine de rédiger un texte.

Derrière la scène de cette salle du Palais des congrès, il y a un corridor aux proportions gigantesques. Au moins trois autocars peuvent y circuler côte à côte. Jacques Parizeau s'y engouffre avec son épouse. Ses gardes du corps le suivent ainsi que quelques membres de son cabinet. «Ils sont quatre ou cinq en avant de moi, se souvient Marie-Josée Gagnon. Normalement je serais avec eux, proche d'eux, mais je n'ai pas la force de marcher à la vitesse qu'ils marchent et je les vois s'éloigner. Je suis fatiguée, épuisée, triste. Je les vois s'éloigner dans ce grand corridor-là et je me mets à brailler. Cette image-là m'a fait beaucoup de peine[71].» Elle sait très bien qu'en une seule nuit, elle vient non seulement de perdre le référendum, mais aussi le chef et le travail qu'elle aimait tant.

## «Juste survivre.»

Dans les minutes qui suivent, les analystes condamnent unanimement les propos de Jacques Parizeau. Tous considèrent que le premier ministre a fait preuve de mépris envers une partie de l'électorat. «Tu n'as pas le droit, quand tu es chef d'un gouvernement, d'opposer les différentes composantes de ta société[72]», estime Guy Chevrette. L'éditorialiste la plus favorable aux souverainiste, Lise Bissonnette, écrit : «Un aussi clair discours d'exclusion, de mépris du vote de certains de ses concitoyens sur une base "ethnique", [sape] les fondements mêmes du projet [que Jacques Parizeau] a toujours voulu servir[73].»

Claude Ryan, ancien chef des libéraux, également auteur d'un discours controversé le soir du référendum de 1980, s'exprime pour la première fois

---

70. Entrevue avec Jean-François Lisée, le 18 octobre 2000.
71. Entrevue avec Marie-Josée Gagnon, le 6 juillet 2000.
72. Entrevue avec Guy Chevrette, le 10 janvier 2002.
73. Éditorial de Lise Bissonnette, «Monsieur Parizeau devait partir», *Le Devoir*, le 1er novembre 1995.

sur ce sujet : «Ses déclarations, le soir du référendum, ça m'a fait de la peine pour lui parce qu'au fond, Jacques Parizeau est un esprit libéral. Sauf qu'il y a une espèce de dimension chez lui... il a été formé dans le milieu nationaliste des HÉC du temps d'Esdras Minville et de François-Albert Angers. Ces gens n'étaient pas nationalistes à moitié, c'étaient des disciples du chanoine Groulx. Je pense que ce côté de sa personnalité était très important, mais a été occulté par l'ensemble de ses qualités, de sa formation en Angleterre et en France. Cette zone-là est montée soudainement à la surface le soir du référendum. Mais ce n'est pas tout Jacques Parizeau. C'est une partie de lui[74].»

L'avocat Yvon Martineau avait invité chez lui les principales têtes dirigeantes du gouvernement de Jacques Parizeau pour fêter la naissance du pays. Malgré les résultats, l'événement a tout de même lieu. Parmi les invités, on compte Jean Royer, Jean-François Lisée et Bernard Landry. Pendant toute la soirée, le vice-premier ministre n'a pas pu communiquer avec Jacques Parizeau, puisqu'il était dans les studios de Radio-Canada. «Je suis catastrophé par le discours, raconte Bernard Landry. Pas tellement par le vote ethnique, mais par le "nous". Le "nous" qui n'est pas inclusif. C'est bien là l'erreur, plutôt que de dire que les [minorités ethniques] n'ont pas voté pour nous autres. Chri...! Tout le monde le savait. Eux autres les premières. J'espère qu'elles [les minorités ethniques] en sont fières et que ça ne les insulte pas qu'on leur dise. Pour ce qui est des réactions à l'étranger, c'est pas vrai. Parizeau n'a rien dit de grave à ce moment-là. Mais c'est quand il a dit "nous", en les excluant, ben là, ça ne marche plus. Là, j'étais en sacr...[75]!»

Bernard Landry est rouge de colère. Chez Yvon Martineau, il s'adresse à Jean Royer et il lui demande si la réunion du comité des priorités, prévue pour le lendemain matin, aura toujours lieu. «Landry veut s'assurer qu'il va y avoir une réunion du comité des priorités», témoigne Jean Royer. Il est alors question de repousser cette réunion à plus tard, mais Bernard Landry insiste pour qu'elle se tienne dès 9 heures du matin et Jean Royer accepte[76]. Ce dernier rappelle Michel Carpentier pour reconfirmer l'heure de la rencontre. Le secrétaire général doit prévenir les

---

74. Entrevue avec Claude Ryan, le 14 juin 2000.
75. Entrevue avec Bernard Landry, le 27 juin 2000.
76. Entrevue avec Jean Royer, le 13 septembre 2000.

ministres concernés pour qu'ils soient présents. Bernard Landry a l'intention de profiter de cette réunion pour savonner sérieusement son chef. Jean-François Lisée confirme cette intention : « Peu de gens ce soir-là soutiennent que Parizeau a bien fait de [tenir de pareils propos]. Landry essaie d'avoir une discussion structurée. Il essaie de nous entraîner[77]. » Jacques Parizeau, lui, considère qu'il est un peu excessif de tenir une réunion à une heure aussi matinale : « Entre nous, ils auraient pu faire ça à 11 heures[78]. »

Tout de suite après son discours, Jacques Parizeau et son épouse quittent les lieux. Ils montent dans la voiture de fonction qui les amène à l'Hôtel Ritz-Carlton. Pendant le parcours, Jacques Parizeau ne parle pas. À l'extérieur, de jeunes nationalistes font battre leurs drapeaux au vent, le visage triste. Lisette Lapointe les aperçoit, mais pas Jacques Parizeau. Il ne voit plus rien. « Il ne veut même pas regarder ce qui se passe dans la rue[79] », raconte son épouse. Elle croit apercevoir des larmes sur le visage de son mari. Le couple communique sans avoir recours à la parole. « On se tient fort, par la main... », explique-t-elle, les larmes aux yeux. « Écoutez, dit-elle au biographe, c'est bien évident ! Nous le savons là qu'il ne pourra plus le refaire. C'est fini, nous ne pourrons plus ! » Ni Jacques Parizeau ni son épouse ne réaliseront la souveraineté du Québec. Cela les rend profondément tristes.

Une fois arrivés devant le Ritz-Carlton, situé dans l'ouest de la ville, de jeunes anglophones font la fête. Ils sont nombreux. « Ils crient, chantent, s'amusent et trouvent cela drôle, se rappelle Jacques Parizeau. Ils sont contents[80]. » Incognito, le couple pénètre dans l'hôtel, puis se fait servir à manger à la chambre. Ils ouvrent une bouteille de vin et parlent... « Puis là, je ne vous dirai pas que c'est drôle, raconte Lisette Lapointe. Nous sommes tout seuls, tous les deux[81]. »

Lisette Lapointe tente encore une fois de convaincre son mari de repousser l'annonce de sa démission. Elle lui suggère d'attendre quelques jours avant de poser ce geste. Jacques Parizeau semble intraitable. Le

77. Entrevue avec Jean-François Lisée, le 18 octobre 2000.
78. Entrevue avec Jacques Parizeau, le 28 novembre 2003.
79. Entrevue avec Lisette Lapointe, le 30 mai 2001.
80. Entrevue avec Jacques Parizeau, le 28 novembre 2003.
81. Entrevue avec Lisette Lapointe, le 16 mai 2000.

couple se couche vers 4 heures du matin. Jacques Parizeau prend des comprimés pour être capable de dormir. Lisette Lapointe, complètement écrasée par la défaite, se met à dire : «On verra demain. C'est ça… C'est ça, tout simplement… Il faut juste survivre.»

CHAPITRE 22

# L'abdication

> « *Et Landry qui me supplie pour que je démissionne après le 30 octobre pour lui laisser réaliser le rêve de sa vie, qui est de devenir premier ministre, ne serait-ce que pour quelques mois à peine, parce qu'il voit bien Lucien Bouchard arriver. C'est enfantin, c'est ridicule !* »
>
> Jacques Parizeau[1]

En cette nuit postréférendaire, les Canadiens qui tiennent à leur pays peuvent dormir tranquilles. La victoire des fédéralistes a beau être mince, elle ne préserve pas moins l'unité du pays tout en infligeant aux souverainistes québécois une deuxième défaite référendaire en quinze ans. Alors qu'au Canada, c'est la fin d'une longue journée, de l'autre côté de l'Atlantique, le soleil se lève déjà.

Très tôt, le 31 octobre au matin, le président de l'Assemblée nationale française se présente comme convenu à la résidence du délégué général du Québec à Paris. Philippe Séguin a suivi la nuit référendaire de près. Il a vu la victoire des souverainistes leur « filer lentement entre les doigts à coup de cents voix successives[2]. » Devant les diplomates québécois[3], il évoque le

---

1. Entrevue avec Jacques Parizeau, le 9 mai 2000.
2. Rapport de Michel Lucier envoyé à Robert Normand et intitulé : « Rapport : Le référendum… et la suite des événements. », le 1er novembre 1995.
3. Michel Lucier, Jacques-Yvan Morin et Claude Roquet sont présents.

communiqué du Quai d'Orsay qui est sur le point d'être publié. Le voici :
« La France prend acte du résultat de cette consultation. Elle entend tout
naturellement confirmer et développer les relations directes et privilégiées
qui l'unissent au Québec, partenaire essentiel du monde francophone.
Dans cet esprit, la visite qu'accomplira le premier ministre au Québec
en 1996, dans le cadre des rencontres alternées de premiers ministres
français et québécois, sera l'illustration de cette fidélité aux liens tissés par
l'histoire. »

Philippe Séguin sait très bien que « dès l'après-midi du 31, l'ambassade du Canada protestera[4] » contre cette déclaration qui insiste sur la
visite prochaine du ministre Juppé au Québec, sans mentionner celle qu'il
fera à Ottawa. Il sait aussi que le Canada n'appréciera pas que la France
qualifie le Québec de « partenaire essentiel du monde francophone ». Le
président de l'Assemblée nationale ne s'en soucie guère. Allié indéfectible
des souverainistes, il souligne plutôt « la force du processus démocratique
vécu au Québec à l'occasion du référendum ». Pour lui, ces résultats et « la
carte majoritairement bleue des OUI [donnent] d'énormes espoirs pour
de futures législatives ». Son analyse se révèle encourageante pour les souverainistes. À son avis, « les règles du jeu sont changées : c'est Ottawa qui
est dans le pétrin. »

Ce matin-là, à la Délégation générale du Québec, Michel Lucier est
fort occupé. Pour discuter des résultats référendaires, il se prépare à recevoir tous les sherpas du Conseil permanent de la francophonie. Il prévoit
« qu'au petit-déjeuner, ce sera doux, parce que les participants sont des
fidèles, mais [que] les prochaines réunions seront plus précises dans les
corridors ! » Il fait ici allusion à la déclaration de Jacques Parizeau sur « les
votes ethniques ». « Tenant compte du fait que tous ont vu TV5 qui a dû
repasser cette partie du discours à plus de 25 reprises, de même que LCI
et EuroNews et les trois chaînes françaises, il est impossible d'utiliser la
langue de bois avec nos interlocuteurs », soutient Michel Lucier. Il suggère
plutôt d'insister sur le fait que « la localisation géographique connue de
tous ceux qui vivent au Québec permet clairement de constater des faits.
Près de 60 % des francophones ont dit OUI. D'un autre côté, quand on
voit certaines circonscriptions de l'ouest de Montréal où le NON atteint

---

4. Cité dans le rapport de Michel Lucier envoyé à Robert Normand, *op. cit.*, le
1er novembre 1995.

97 %, le fait se constate sans analyse.» Pour Michel Lucier, la déclaration sur les votes ethniques, «ce n'est ni bien ni mal, c'est un fait. Le propos est sans doute brutal, mais ne sortons pas ce discours spécifique du contexte d'une carrière de 40 ans de transparence et d'ouverture[5]» de la part de Jacques Parizeau.

En dépit de l'analyse préparée par Michel Lucier, le petit-déjeuner se transforme malgré tout en une laborieuse tentative d'explication de ce que signifient les fameux «votes ethniques». «C'est un des plus difficiles moments de ma carrière diplomatique, explique ce dernier. J'avais l'impression de vivre une injustice pour une phrase et pour un homme (Jacques Parizeau)[6].» Dans les médias africains, la déclaration de Jacques Parizeau est mal reçue. Le magazine *Africa international*, par exemple, écrit que «les récents propos du premier ministre québécois Jacques Parizeau en faveur d'un Québec francophone "blanc" permettent de douter de la sincérité de l'engagement de son gouvernement à la cause de la Francophonie "arc-en-ciel"[7]». Ce type d'article «fait le tour de l'Afrique[8]», raconte Michel Lucier.

Toutefois, le résultat serré du référendum et le discours de Jacques Parizeau n'ont pas d'influence sur le nombre d'invités au petit-déjeuner offert par la Délégation du Québec. Un seul sherpa se désiste. À son arrivée, l'ambassadeur du Bénin donne l'accolade à Michel Lucier. «Même avec un plus mauvais résultat, j'aurais été là», lui dit-il, puis il ajoute : «Monsieur Parizeau doit venir à Cotonou la tête haute[9].» Outre la question des votes ethniques, de nombreux sherpas africains se disent estomaqués par le taux de participation de 94 % et «tout le monde note qu'il y aura une prochaine fois et que les règles du jeu ne seront plus jamais les mêmes[10].»

---

5. Rapport de Michel Lucier envoyé à Robert Normand, *op. cit.,* le 1er novembre 1995.
6. Entrevue avec Michel Lucier, le 6 octobre 2003.
7. Tirkankhar Chanda, «L'avenir de la Francophonie multilatérale se jouera à Cotonou», *Africa International*, numéro 289, novembre 1995.
8. Entrevue avec Michel Lucier, le 6 octobre 2003.
9. Selon les souvenirs de Michel Lucier. Entrevue du 6 octobre 2003.
10. Rapport de Michel Lucier envoyé à Robert Normand, *op. cit.,* le 1er novembre 1995.

## Le dernier matin

Pendant ce temps, à Montréal, après une courte nuit, Éric Bédard se rend au bureau du premier ministre, à la tour d'Hydro-Québec. Il est 7 h 30. « As-tu fait tes boîtes mon Éric ? », lui demande Jean Royer. Pour le chef de cabinet, c'est très clair, il sera impossible de « rattraper » la déclaration de la veille. « On n'a aucune chance, affirme Jean Royer. Il faut qu'il s'en aille pour donner la balle au bond à quelqu'un d'autre[11]. » Marie-Josée Gagnon, qui arrive peu de temps après, dresse le même constat : « Dans notre esprit, c'est fini, ça y est[12]. »

Puis, c'est au tour de Jacques Parizeau d'arriver à son bureau. Il ne tarde pas à convoquer les principaux membres de son cabinet, afin d'établir la suite des choses. Dès le début de la conversation, il annonce son intention de démissionner[13]. Deux de ses proches, Lisette Lapointe et Serge Guérin, espèrent qu'il n'en fera rien. « Ce n'est pas la place pour argumenter, parce que c'est sa décision et que tout le monde est du même avis[14] », se souvient Serge Guérin. Cependant, le fidèle conseiller n'est pas au courant de la déclaration que Jacques Parizeau a faite à Stéphan Bureau. « Ça ne se peut pas. On n'a pas passé si près pour abandonner ! s'exclame Guérin. Ça n'a pas d'allure. Laissons passer un peu de temps. Vous n'avez été élu qu'en 1994. » Jacques Parizeau lui rappelle alors que la loi ne lui permet pas de tenir deux référendums sur un même sujet au cours d'un même mandat. « Avec un vote si proche du but et une majorité en Chambre, on peut amender la loi ! » Surpris, le premier ministre regarde Serge Guérin : « Vous êtes culotté ! »

Puis, Jean-François Lisée intervient et laisse clairement entendre que Jacques Parizeau doit démissionner aujourd'hui même. « Mon sentiment est qu'il doit l'annoncer aujourd'hui, parce qu'il faut cautériser la plaie immédiatement. Le discours est en train d'annihiler le gain collectif que le Québec a fait en votant la veille à 49 % pour la souveraineté. Il faut absolument isoler le discours pour le relativiser. Et la seule façon de faire

---

11. Propos attribués à Jean Royer et rapportés par Éric Bédard. Entrevue du 10 octobre 2000.
12. Entrevue avec Marie-Josée Gagnon, le 6 juillet 2000.
13. Selon les souvenirs de Serge Guérin. Entrevue du 17 mars 2000.
14. Entrevue avec Serge Guérin, le 17 mars 2000.

cela, c'est que celui qui l'a tenu, démissionne[15].» Jean Royer partage cet avis. Michel Carpentier aussi, selon Jean Royer[16]. Quant au principal intéressé, qui doit assister à la réunion du comité des priorités, il quitte les membres de sa garde rapprochée pour se rendre dans une salle attenante.

En entrant dans la pièce, le premier ministre aperçoit Bernard Landry. Ce dernier a le feu aux joues, «il est extrêmement agressif, très très agressif[17]», se souvient Jacques Parizeau. «C'est terrible! lui reproche Bernard Landry, le monde entier va nous regarder et dire que c'est un nationalisme ethnique. On ne sera plus montrables! Vous savez que l'on va traîner cela comme un boulet. Qu'avez-vous fait là[18]!», tonne-t-il. Le vice-premier ministre ne cesse de répéter à Jacques Parizeau que, par ses propos, il a fait reculer le mouvement souverainiste de vingt ans. Jacques Parizeau l'écoute en silence.

Bernard Landry réclame sa démission : «Je [le] lui dis d'ailleurs très franchement. Je veux qu'il parte pour s'éviter un long calvaire. Il ne mérite pas ça. La longue visite chez le dentiste, s'il reste, c'est lui qui va la connaître[19].»

«Guy Chevrette est également excité», témoigne une source. «Il demande aussi mon départ[20]», confirme Jacques Parizeau. Jean Campeau, le troisième homme au comité des priorités, n'est pas de cet avis : «L'image de Jacques Parizeau, du point de vue financier, inspire confiance[21].» Comme il anticipe une situation budgétaire difficile, le ministre des Finances considère qu'il serait préférable que le premier ministre reste en fonction pour faire le travail. «Je lui dis qu'il ne doit pas partir», explique Jean Campeau.

Trois femmes siègent également au comité des priorités. Contrairement aux hommes, du côté féminin, les critiques sont pratiquement absentes. Louise Beaudoin hésite à se prononcer, tandis que Louise Harel et Pauline Marois expriment clairement leur appui au premier ministre, en insistant pour qu'il ne démissionne pas. «Bernard Landry est dans tous

---

15. Entrevue avec Jean-François Lisée, le 18 octobre 2000.
16. Entrevue téléphonique avec Jean Royer, le 30 janvier 2004.
17. Entrevue avec Jacques Parizeau, le 13 février 2002.
18. Deux sources anonymes confirment ces propos.
19. Entrevue avec Bernard Landry, le 27 juin 2000.
20. Entrevue avec Jacques Parizeau, le 13 février 2002.
21. Entrevue avec Jean Campeau, le 18 octobre 2000.

*Jacques Parizeau et son comité des priorités en des jours meilleurs, lors du lancement de la campagne référendaire.*
*Photo de Jacques Nadeau.*

ses états, confie Pauline Marois. Moi, je le suis moins. Ce n'est pas drôle, mais à un moment donné, on va passer à autre chose. Il l'a perdu (son référendum)! Peut-il se vider le cœur un peu? Il l'a dit, il l'a dit. Moi, je suis un peu philosophe là-dedans. Demain est un autre jour[22].»

Jacques Parizeau, qui a peu parlé depuis le début de la rencontre, prend la parole: «C'était le combat de ma vie. Je voulais mener mes troupes à la victoire. Nous y sommes presque arrivés, mais nous n'avons pas gagné. Nous n'avons pas réussi. J'annoncerai donc ma démission aujourd'hui même, cet après-midi[23].» «Là, évidemment, je suis estomaquée, raconte Pauline Marois, et mes collègues féminines aussi. Il y a beaucoup d'émotion.» Louise Harel, catastrophée, pousse de longs soupirs. Elle ferme les yeux à plusieurs reprises.

Puis, Louise Beaudoin éclate: «Voilà! Ceci explique cela dans mon esprit. Comment auriez-vous pu dire une chose comme celle-là [les votes

---

22. Entrevue avec Pauline Marois, le 12 février 2002.
23. Propos attribués à Jacques Parizeau et rapportés par Pauline Marois. Entrevue du 12 février 2002.

ethniques], si vous n'aviez pas déjà décidé de démissionner[24]?» Jacques Parizeau ne dit rien. «Il ne répond pas!», s'exclame Louise Beaudoin, outrée. «C'est comme s'il nous disait : "Allez donc vous faire foutre tout le monde! Allez au diable!"» La ministre ne sent aucune contrition dans le geste de Jacques Parizeau. Cela la déçoit amèrement.

«Puis là, c'est la saga qui commence», raconte une source. «C'est pas mal moins beau!» Certains ministres abordent devant Jacques Parizeau la question de sa succession. Bernard Landry, qui désire occuper le siège du premier ministre, émet alors un souhait à l'endroit de Lucien Bouchard : «Il a un rôle tellement important à jouer pour l'avenir, dit-il. Il faut donc qu'il reste à Ottawa. C'est important de maintenir notre force à Ottawa[25].» Il s'adresse au premier ministre en lui faisant la proposition suivante : «Écoutez, monsieur Parizeau, je peux prendre la relève. On va faire venir le caucus et je vais proposer comment on peut procéder.» Les autres ministres du comité des priorités n'endossent pas cette suggestion. Si Lucien Bouchard désire venir à Québec, conviennent-ils, il faut lui donner la possibilité de le faire. Guy Chevrette confirme que même si Bernard Landry reconnaît que Jacques Parizeau doit partir, il n'est pas sûr pour autant que le vice-premier ministre aimerait le voir démissionner. «Celui qui a le plus le goût d'être premier ministre sait bien que Bouchard devient l'étoile numéro un[26].»

La réunion du comité des priorités prend fin. Pauline Marois quitte la pièce, dégoûtée : «Parizeau n'est pas encore parti! Le corps est encore chaud et… Ah! Moi, j'ai trouvé ça d'une cruauté incroyable. Je suis sortie de là déçue et peinée. Moi aussi, j'ai eu des chicanes avec lui dans le passé, mais je l'aime, monsieur Parizeau. Nous n'étions pas du même point de vue, mais j'avais appris à le respecter, puis à l'aimer avec ses défauts et ses qualités[27].» Jean Royer, «qui n'est pas un gars doux de nature, sort de [la réunion également] outré par l'inélégance des propos tenus[28].»

Quant à Jacques Parizeau, il se dirige vers son bureau et «informe Lisée qu'il va lui dicter sa lettre de démission. Il demande de prendre des dispositions pour rentrer à Québec et lire cette déclaration au salon

---

24. Entrevue avec Louise Beaudoin, le 10 septembre 2003.
25. Selon une source anonyme.
26. Entrevue avec Guy Chevrette, le 10 janvier 2002.
27. Entrevue avec Pauline Marois, le 12 février 2002.
28. Entrevue avec Éric Bédard, le 10 octobre 2000.

rouge[29]» Serge Guérin tente une ultime démarche auprès du premier ministre pour le dissuader de partir. Il en discute en compagnie de Lisette Lapointe. Le conseiller rappelle la formidable mobilisation des jeunes et le succès de Jacques Parizeau auprès de cette clientèle. «Si on se réessayait avec un enthousiasme comme ça [de la part des] jeunes? Maudit! À 30 000 votes près, c'est jouable. C'est le dernier coup de cœur monsieur Parizeau!» Le croisé refuse. Il reste inébranlable. Lisette Lapointe n'approuve pas la décision de son mari : «Moi, je trouve qu'il a fait une erreur entre 8 h 00 et 10 h 00 le matin, le 31 octobre. Il aurait dû dire : "Je suis désolé, mais..."[30]» je reste!

## « J'annonce aujourd'hui... »

En fin d'après-midi, quelques minutes après dix-sept heures, Jacques Parizeau fait son entrée au salon rouge de l'Assemblée nationale. Son épouse l'accompagne, l'air sinistre. Derrière lui, s'élève une impressionnante forêt de fleurdelisés. Marie-Josée Gagnon a insisté pour qu'un maximum de drapeaux du Québec soit installés derrière son patron[31]. Trente-huit fleurdelisés montent ainsi la garde auprès du chef d'État plutôt que trois ou cinq, comme c'est normalement le cas.

Pour le croisé, l'heure de déposer les armes a sonné. «Il y a sept ans, j'ai fait un pari fou. Le pari de reprendre un combat que plusieurs disaient vain. J'ai fait le pari que les Québécoises et les Québécois ne se contenteraient jamais d'être autre chose qu'un peuple. Et que la seule façon que nous ayons d'être un peuple, c'est d'avoir un pays à nous.» La défaite n'a que vingt-quatre heures et le premier ministre l'interprète déjà plus positivement que la veille : «Il faut être clairs; hier, le Québec s'est levé debout [sic]. Il s'est levé debout [sic] pour de bon et on ne pourra jamais le faire reculer. Il lui reste un pas à faire. Il a l'élan voulu, il en a la capacité, il ne lui manque que l'occasion. Elle viendra bientôt, j'en suis profondément convaincu.» L'homme d'État revient sur son discours de la veille. Il n'a pas le choix. Dans tous les journaux, à la télévision et dans la presse

---

29. Selon les souvenirs de Serge Guérin, le 17 mars 2000.
30. Entrevue avec Lisette Lapointe, le 16 mai 2000.
31. Entrevue avec Marie-Josée Gagnon, le 6 juillet 2000.

*Serge Guérin, l'ami de Jacques Parizeau, son tout premier chef de cabinet.*
*Archives personnelle de Raymonde Savard.*

internationale, on condamne ses propos sur «les votes ethniques». Il reconnaît d'abord qu'il a été incapable de franchir une «frontière». «Je n'ai pas réussi à faire en sorte qu'une proportion significative de nos concitoyens anglophones et allophones se sentent solidaires du combat de leurs voisins. René Lévesque s'était épuisé en vain sur ce même clivage. Gérald Godin avait réussi à se faire beaucoup d'amis dans ces milieux, mais bien peu de convertis. C'est pour moi une déception très grande, car je sais les efforts que nous avons tous mis depuis sept ans à transformer cette réalité. Cela explique aussi que j'aie pu, hier, formuler cette déception dans des termes qui auraient pu être beaucoup mieux choisis.» Dans la première version de ce discours, Jean-François Lisée avait suggéré que le premier ministre «s'excuse[32]», mais Jacques Parizeau avait tôt fait de supprimer ce mot par une autre formule.

Il annonce finalement sa démission: «Avec mes qualités et mes défauts, j'ai contribué à conduire ce grand projet au résultat du 30 octobre. D'autres maintenant lui feront franchir la dernière frontière. J'annonce

---

32. Entrevue téléphonique avec Jean-François Lisée, le 30 janvier 2004.

*Le départ officiel de Jacques Parizeau, en janvier 1996. Il laisse la place à Lucien Bouchard.*
*Photo de Jacques Nadeau.*

aujourd'hui qu'à la fin de la session parlementaire de l'automne, je libére-rai les postes de premier ministre, de président du Parti québécois et de député de l'Assomption que les Québécoises et Québécois m'ont fait l'honneur de me confier. »

En conférence de presse, un journaliste demande à Jacques Parizeau s'il regrette ses propos de la veille. « Ah non ! Non. Encore une fois, les mots sont trop durs, mais ils ne changent pas la réalité des choses. » Le grand seigneur est incapable de s'excuser sur demande. C'est toujours lui qui choisit le moment et la manière pour le faire. Ainsi, quelques jours plus tard, dans une lettre adressée à Claudel Toussaint, président du Comité national des relations ethnoculturelles du Parti québécois, Jacques Parizeau écrit clairement qu'il « regrette que les mots aient été trop forts » et qu'il aimerait «les avoir mieux choisis». Claudel Toussaint lui avait auparavant écrit une lettre, datée du 2 novembre, dans laquelle il écrivait : «Vos propos nous ont blessés, offensés. Le choc était brutal. Nous nous sommes interrogés sur la reconnaissance de la valeur de notre action politique bénévole au sein du Parti québécois et auprès des Québécoises et des Québécois de diverses origines. » «Vous avez raison, M. Toussaint, de noter que mes propos du 30 octobre ont pu blesser plusieurs citoyens du Québec, dans les deux camps, reconnaît Jacques Parizeau. J'en conviens : il n'appartient pas au premier ministre du Québec de définir les Québécois autrement qu'en leur totalité et qu'en leur condition de citoyens. Il me semble que le soir du 30 octobre, c'est le chef du camp du OUI qui a parlé. »

## L'ultimatum de Landry

Pendant que les médias exigent des excuses de Jacques Parizeau, lesquelles ne viennent pas, plusieurs de ses ministres pavent déjà la voie à son successeur. Avant même que le premier ministre ait annoncé son départ à la presse, certains ministres, dont Bernard Landry, Guy Chevrette, Louise Beaudoin, Pauline Marois et Jacques Brassard, « commencent à appeler à Ottawa dans la journée[33] », révèle le chef de cabinet de Lucien Bouchard.

Le soir même de la démission de son chef, Guy Chevrette, le leader parlementaire du gouvernement Parizeau, prend l'avion en direction d'Ottawa pour rencontrer personnellement Lucien Bouchard. Il lui dit de « songer très sérieusement et très rapidement à se positionner, parce que si, à la suite de ce référendum-là, il se pointe[34] », Guy Chevrette « ne voit aucun adversaire possible pour lui faire face ». Le lendemain, Lucien Bouchard le rappelle pour lui dire qu'il y « songe très sérieusement. Il ne veut pas dire oui, mais on voit qu'en fin stratège, il ramasse les appuis ici et là », estime Guy Chevrette.

« Notre organisation était prête[35] » pour une course au leadership, déclare Bob Dufour. « Pour preuve, nous avions ramassé en 4 ou 5 semaines, 10 000 signatures dans 125 comtés. S'il y avait eu une course « on les aurait laminés », croit Bob Dufour. Gilbert Charland tient cependant à préciser que Lucien Bouchard n'avait pas prévu succéder à Jacques Parizeau. « La seule chose à laquelle Lucien Bouchard se préparait s'il y avait une défaite, c'était de retourner pratiquer le droit dans les six mois qui suivaient[36]. »

---

33. Entrevue avec Gilbert Charland, le 19 décembre 2000.
34. Entrevue avec Guy Chevrette, le 10 janvier 2002.
35. Entrevue avec Bob Dufour, le 20 janvier 2003.
36. Entrevue avec Gilbert Charland, le 19 décembre 2000.

Le soir du 31 octobre, Bernard Landry déclare : « Tous les yeux sont braqués vers lui (Lucien Bouchard). S'il croit qu'il est le meilleur homme, il n'hésitera pas à venir. Et s'il vient, je n'hésiterai pas à l'appuyer[37]. » Le vice-premier ministre semble donc s'être fait à l'idée qu'il ne succèdera pas à Jacques Parizeau, mais qu'il occupera plutôt le siège du premier ministre par intérim. Dans les semaines qui suivent, « Landry, raconte Jacques Parizeau, me fait passer des messages par Royer et par toutes sortes de canaux et il me supplie de démissionner pour lui laisser réaliser le rêve de sa vie qui est de devenir premier ministre, ne serait-ce que pour quelques mois à peine, parce qu'il voit bien Lucien Bouchard arriver. C'est enfantin, c'est ridicule ! Et ça, je ne le veux pas[38]. »

Jacques Parizeau n'a pas l'intention de donner la moindre chance à Bernard Landry, surtout pas après l'appel téléphonique qu'il a reçu de son vice-premier ministre le 31 octobre 1995 au matin. Jacques Parizeau n'a jamais parlé de cet incident auparavant. Il en parle au biographe pour la première fois. Il a toujours refusé de le faire, témoigne Serge Guérin, parce que cela « l'a blessé profondément. Il ne veut pas en parler parce que [revenir sur cette histoire] laisserait sortir trop d'émotions[39]. »

De son côté, Bernard Landry a toujours déclaré publiquement que Jacques Parizeau « était parti parce qu'il l'avait voulu. Moi, j'aurais été le premier à le soutenir s'il était resté. Il m'a demandé mon avis et j'ai dit : "Vous devez partir. Mais si vous décidez de rester, on vous soutient à mort[40]." » Pourtant, très tôt, le lendemain du référendum, Bernard Landry appelle Jacques Parizeau et lui lance cet ultimatum : « Si vous ne démissionnez pas, je demande votre démission[41]. » C'est Lisette Lapointe qui répond et qui transmet l'appel à son mari. Elle reste convaincue que « s'il n'avait pas reçu ce téléphone le mardi matin, il aurait peut-être envisagé [la situation] autrement[42] » et n'aurait pas annoncé sa démission aussi rapidement, ce que nie Jacques Parizeau. Lisette Lapointe fulmine. « Ce n'est pas Bernard Landry qui va te dire quoi faire ! C'est injuste, c'est

37. Denis Lessard, « Lucien Bouchard s'en vient », *La Presse*, le 1er novembre 1995.
38. Entrevues avec Jacques Parizeau, le 9 mai 2000 et le 13 février 2002.
39. Entrevue avec Serge Guérin, le 7 juillet 2000.
40. Entrevue avec Bernard Landry, le 27 juin 2000.
41. Selon les souvenirs de Jacques Parizeau, entrevue du 5 septembre 2000, et de Lisette Lapointe, entrevue du 16 mai 2000.
42. Entrevue avec Lisette Lapointe, le 16 mai 2000.

injuste pour toi et c'est injuste pour tous ceux qui ont confiance en toi. Tu as le contrôle de la barque.» Son mari est assommé par le message de Bernard Landry. L'audace manifestée par son compagnon de route le déstabilise.

«Pourquoi ne prends-tu pas vingt-quatre heures pour réfléchir?», suggère Lisette Lapointe à son mari. «Déclare-toi malade. Tu ne t'es jamais déclaré malade. Reporte ton comité des priorités à demain matin. Nous allons aller à la campagne et disparaître pendant vingt-quatre heures.» Ces paroles n'ont aucun effet sur Jacques Parizeau. «Il n'est plus parlable», constate-t-elle.

## La colère et la peine

Jacques Parizeau demeure en poste jusqu'à la fin du mois de janvier 1996. Il ne permet donc pas à Bernard Landry de devenir premier ministre par intérim. Il effectue même un remaniement ministériel : il nomme Pauline Marois au ministère des Finances, en espérant ainsi lui donner le maximum de visibilité et de crédibilité, advenant une éventuelle course au leadership. Cette course n'aura jamais lieu, car toute la place sera faite à Lucien Bouchard, qui sera consacré chef du Parti québécois et premier ministre du Québec.

Dans les semaines qui suivent la défaite référendaire, Jacques Parizeau est incapable d'exprimer quelque peine que ce soit. La colère prend toute la place. «Je suis en pleine bataille, en plein combat, dit-il. On me frappe de partout[43].» Mais dans les dernières semaines, «au fur et à mesure que je m'approche de l'échéance de la fin janvier, là ça fait mal...» La colère cède le pas à la peine. Jacques Parizeau devient mélancolique. Il a l'impression de s'être préparé toute sa vie pour un rendez-vous perdu. Il est en plein traumatisme postréférendaire. «J'ai l'impression d'un deuil. Et comme pour un deuil, il faut laisser passer des délais décents[44].» «Ce sera long, confie-t-il. Cela va durer sûrement au-delà d'un an. Ce qui me pendait au bout du nez, c'était de [m'effondrer]. [De vivre] une sorte de dépression ou je ne sais plus quoi.»

---

43. Entrevue avec Jacques Parizeau, le 28 novembre 2003.
44. Entrevue avec Jacques Parizeau, le 11 janvier 1999.

*Le régent marchant dans la neige… privé de son royaume.*
*Photo de Jacques Nadeau.*

Moralement, Jacques Parizeau est blessé. En aucun moment, cependant, il n'envisage de demander de l'aide extérieure ou de consulter un médecin. « Je suis de la vieille école, explique-t-il. J'ai toujours pensé qu'une femme et un mari, c'est ce qu'il y a de mieux (rires). Ma femme me prépare d'ailleurs psychologiquement à sortir du Québec pour un bon bout de temps[45]. » Comme le couple a fait l'acquisition d'un petit terrain à Collioure, dans le sud de la France, Jacques Parizeau et Lisette Lapointe entreprennent de nombreuses démarches, afin de pouvoir y planter quelques vignes. Ces travaux réussiront à le distraire un peu.

## Quitter sans disparaître

Le lundi 29 janvier 1996 marque la dernière journée du premier ministre Parizeau. Le chef d'État doit rencontrer le lieutenant-gouverneur pour la passation des pouvoirs. Lucien Bouchard deviendra le vingt-septième premier ministre du Québec.

---

45. Entrevue avec Jacques Parizeau, le 28 novembre 2003.

Quelques heures auparavant, vers neuf heures, Jacques Parizeau rencontre Serge Guérin, qui est encore et toujours fidèlement au service du premier ministre en cet ultime moment. Ce vieux compagnon d'armes a été mandaté pour rédiger la dernière note qui sera remise à Lucien Bouchard, laquelle résume la teneur des principaux dossiers à suivre dans les prochains mois. Depuis leur première rencontre, en octobre 1970, Serge Guérin a accompli les tâches les plus diverses pour l'homme qui se retrouve devant lui en ce 29 janvier 1996. Il a même gardé les enfants de son patron, amenant notamment son fils Bernard au ciné-parc quand il était un petit garçon, collant des affiches du journal *Le Jour* avec sa fille Isabelle, évitant de justesse une arrestation. De 1970 à 1980, Serge Guérin a été de tous les combats politiques de Jacques Parizeau. « J'ai énormément d'affection pour cet homme-là[46] », avoue Serge Guérin. « Jacques Parizeau, c'est un homme qui a des sentiments, mais qui ne les étale pas beaucoup, parce qu'il n'a jamais pensé que l'épanchement était une règle de comportement en société[47] », explique-t-il. Mais en ce matin de fin de règne, lorsque Serge Guérin lui remet la note et qu'il est temps de se dire adieu, Jacques Parizeau lui exprime, à sa façon, une intense émotion.

Serge Guérin lui tend la main. Jacques Parizeau fait de même. Cette fois, la poignée de main est plus ferme qu'à l'habitude. Puis, avec son autre main, Jacques Parizeau serre le bras de son ami. C'est ensuite au tour de Serge Guérin de poser ses deux mains sur les bras de Jacques Parizeau. Les deux hommes se regardent sans parler. Serge Guérin voudrait donner l'accolade à son chef, mais il en est incapable[48]. « Nous avions tous les deux les yeux dans l'eau », raconte-t-il. Le moment est trop intense pour les deux hommes. « Il faut que ça arrête, se dit Serge Guérin. Nous voulions que ça cesse. » Le conseiller met fin à l'échange par ces simples mots : « De toute façon, monsieur Parizeau, nous allons nous revoir. »

Le politicien quitte la scène, mais ce n'est pas pour disparaître. Dans son discours du 31 octobre 1995, il l'a d'ailleurs bien spécifié : « Je remercie tous ceux et toutes celles qui ont fait avec moi ce bout de chemin. Je ne serai certes plus à leur tête, mais ils peuvent compter sur moi : je serai toujours à leurs côtés. »

---

46. Entrevue avec Serge Guérin, le 27 janvier 2000.
47. Entrevue avec Serge Guérin, le 20 mars 2000.
48. Entrevues avec Serge Guérin, le 27 janvier 2000 et le 18 juillet 2002.

*Jacques Parizeau, le Québécois, à sa demeure de Fulford.*
*Photo de Jacques Nadeau.*

# É P I L O G U E

D ans l'année qui suit sa démission, Jacques Parizeau est «déçu, amer, meurtri, seul, épuisé, au bord d'en être malade», confie une personne très proche de lui. «Je voulais faire mentir l'histoire, donner aux Québécois le goût de gérer leurs affaires, écrit-il en 1999 dans la préface d'un livre sur Camille Laurin. Tous les deux, nous les voulions responsables d'eux-mêmes, donc indépendants[1].» Jacques Parizeau n'a pas réussi...

Comme un blessé de guerre, il se retire du champ de bataille et doit apprendre à survivre à la défaite référendaire. Jacques Parizeau, qui ne reconnaît pas facilement ses erreurs, sait très bien qu'il a raté sa sortie politique. Il aimerait en refaire une autre, mais il en est incapable. Il refuse de s'excuser pour ses propos sur «les votes ethniques». Ce serait pourtant si simple. De toute sa carrière politique, Jacques Parizeau n'a jamais posé de geste de nature raciste. De toutes les lois qu'il a fait adopter, aucune ne peut être qualifiée de ségrégationniste. Il n'a jamais incité personne à la violence ou à la répression contre les minorités du Québec. Fait peu connu, en 2001, alors âgé de 71 ans, il part discrètement pour le Mali – l'un des pays les plus pauvres et les plus endettés au monde – où il ira conseiller les hauts fonctionnaires de ce gouvernement qui désirent entreprendre une réforme fiscale. Il se rendra à deux reprises dans ce pays de l'Afrique noire.

---

1. Extrait d'un texte de Jacques Parizeau comme préface du livre *Camille Laurin, 1922-1999 – Une traversée du Québec*, Montréal, Les Éditions de l'Hexagone, 1999, p. 7.

Lors du premier anniversaire du référendum de 1995, craignant que son discours sur «les votes ethniques» ne revienne le hanter, il publie un texte afin de détourner l'attention médiatique vers un autre sujet. Il se lance alors dans une critique des orientations du gouvernement de Lucien Bouchard, en ciblant «l'objectif budgétaire que le gouvernement s'est fixé : ramener le déficit à zéro». Jacques Parizeau qualifie cet objectif «d'inquiétant». Avant d'envoyer son texte au quotidien *Le Devoir*, il le fait lire aux anciens membres de son cabinet politique. Tous, sans exception, lui suggèrent alors de ne pas publier cet article qui attaque de front le gouvernement péquiste. Il passe outre.

Michel Caron, ancien étudiant de Jacques Parizeau quand celui-ci enseignait aux HÉC et devenu plus tard son sous-ministre des Finances, lui répond dans un texte daté du 14 novembre 1996. Il lui reproche sa façon de banaliser la question de l'élimination du déficit : «Je ne comprends pas comment un économiste de sa trempe peut en arriver à de telles affirmations. Monsieur Parizeau a longtemps été d'une grande compétence et d'une grande rigueur intellectuelle. Ce fut pour moi un privilège d'étudier sous sa gouverne et un honneur de travailler pour lui, même si nous avons eu des différends. Mais il est désolant de le voir louvoyer comme il le fait maintenant[2].»

Bien des gens au Québec en viennent à partager cette opinion. Plusieurs n'apprécient pas le nouveau rôle «de chien de garde et le fournisseur d'idées[3]» que Jacques Parizeau veut se donner. Par ses critiques à l'endroit du gouvernement de Lucien Bouchard, il s'isole et donne l'impression d'être d'abord motivé par la rancœur. «Je suis l'aumônier de la pureté et de la clarté[4]», proclame-t-il.

Gêné politiquement par l'attitude de Jacques Parizeau et afin de l'éloigner de la scène québécoise, Lucien Bouchard lui propose le poste de délégué général du Québec à Londres. Jacques Parizeau réagit très mal : «Il s'est foutu de moi! en me proposant quelque chose qui n'avait littéralement aucun bon sens et qui consistait simplement à m'écarter. Il ne se passe rien à Londres. C'est une voie de garage[5]!»

---

2. Michel Caron, «La "leçon" d'économie à Lucien Bouchard : Parizeau était si bon professeur», *Le Devoir*, le 14 novembre 1996.
3. Entrevue avec Jacques Parizeau, le 8 février 2000.
4. Entrevue avec Jacques Parizeau, le 6 janvier 2000.
5. Entrevue avec Jacques Parizeau, le 28 juin 2000. L'offre est faite dans les premiers mois de l'année 1997.

Jacques Parizeau est un homme plus amer que jamais. « Je ne pense pas que vous trouverez un homme politique qui a été injurié en public autant que moi. Tous les journalistes m'ont traité de menteur, de tout ce qu'on voudra[6]. » Celui qui a l'impression d'être abandonné par la direction de son parti va tisser des liens étroits avec le Bloc québécois. Quand il constate que Lucien Bouchard gère la province plutôt que de relancer l'idée d'un troisième référendum, il se met à regretter d'avoir démissionné si vite. « Si j'avais su que Bouchard *s'éfouarrerait* comme ça, je n'aurais jamais démissionné. Cela ne m'est pas venu à l'esprit un instant[7]. »

Jacques Parizeau n'a que faire du devoir de réserve habituellement observé par les anciens premiers ministres. « Ce n'est pas parce que je démissionne que je suis obligé de chasser les idées de ma tête[8] ! », s'exclame-t-il. « Je ne suis pas un homme conventionnel. On voudrait que je sois un homme conventionnel, mais je ne le suis pas et je ne l'ai jamais été[9]. »

Dans les mois qui suivent le référendum, Jacques Parizeau commence à croire qu'il s'est fait « voler » son référendum. Après le grand rassemblement du *love-in* organisé par le gouvernement canadien, il est informé des efforts considérables que le ministère fédéral de l'Immigration a déployés afin de donner la citoyenneté à plusieurs milliers d'immigrants quelques semaines avant le référendum. Le Directeur général des élections du Québec de l'époque, Pierre-F. Côté, accrédite cette thèse en rappelant « que le référendum a été gagné par 26 000 votes à peu près. » Il fait aussi remarquer « qu'il y a eu 14 000 demandes de bulletins de votes pour les Québécois vivant hors-Québec, 9 000 bulletins ont été déclarés valides. » De ce nombre, plus de 90 % des votes sont allés au NON. « C'était une machine considérable qui était menée par un groupe de Québec et d'Ottawa et qui marchait main dans la main, comme ils l'ont fait pour la marche pour l'unité (le *love-in*), précise Pierre-F. Côté. Si vous ajoutez à cela le très grand nombre de personnes, qui, les quinze jours précédant le référendum, sont devenues citoyens canadiens grâce à la venue au Québec de tous les juges de la citoyenneté qu'ils ont pu rapailler de l'Ontario, du Nouveau-Brunswick, de la Nouvelle-Écosse et qui ont délivré des certificats de citoyenneté à la tonne à des milliers de personnes », on comprend

---

6. Entrevue avec Jacques Parizeau, le 25 août 1997.
7. Entrevue avec Jacques Parizeau, le 28 novembre 2003.
8. Entrevue avec Jacques Parizeau, le 25 août 1997.
9. Entrevue avec Jacques Parizeau, le 28 novembre 2003.

facilement que Jacques Parizeau ait l'impression de s'être fait voler son référendum. «Je dirais que je comprends la réaction de monsieur Parizeau[10].» C'est le Directeur général des élections du Québec qui parle… Pierre-F. Côté a été en fonction de 1978 à 1997.

Jacques Parizeau a plus que jamais l'impression d'avoir participé à un combat à armes inégales. Maniait-il une épée de bois face à son adversaire fédéral doté d'une redoutable épée de fer? Devant ce qu'il perçoit comme une injustice, le croisé se radicalise. «J'ai un gros avantage sur les politiciens en place, dit-il. Je suis celui qui ne peut pas se faire élire. Je n'ai pas à faire de compromis[11].» Pour l'avenir, il opte dorénavant en faveur d'une élection référendaire. «C'est manifestement bien plus facile à gagner qu'un référendum», déclare-t-il au biographe. «Je ne vois pas pourquoi, par exemple, un jeune homme, une jeune femme de trente ans aujourd'hui, ne diraient pas, moi, je veux une élection référendaire. Je dirais, madame, je pense que vous avez raison. Voyez, par exemple, je réfléchis beaucoup ces jours-ci à un seul régime scolaire public financé par l'État et français, évidemment, avec une composante anglaise obligatoire, et le choix d'une troisième langue. Tous les autres groupes linguistiques qui veulent des écoles devraient passer par l'enseignement privé. Je ne sais pas si jamais je verrai ça, mais j'espère en maudit qu'à un moment donné, des gens vont élaborer quelque chose de semblable. Ça viole la constitution canadienne, oui! Très bien! Mais je ne connais pas ça, moi, un pays à double régime [scolaire] linguistique. Il n'y a pas une école publique allemande dans le Canton de Genève, tout comme il n'y a pas d'école publique française dans le Canton de Zurich. Quand est-ce qu'on va comprendre[12]?»

Jacques Parizeau estime que la rectitude politique affaiblit. Selon lui, il s'agit d'une attitude qui empêche de bouger. «Il faut peut-être prendre des dégelées comme celle que j'ai prise pour se débarrasser de tabous[13].» Jacques Parizeau se serait-il transformé en mauvais perdant? «On se venge de ses adversaires quand on est mauvais perdant, répond-t-il. Je n'ai jamais mis personne en prison, fait interdire des publications ou fermer des postes de radio. Chri…! On ne connaît plus le sens des termes, s'indigne-

---

10. Entrevue avec Pierre-F. Côté, le 1er décembre 2003.
11. Entrevue avec Jacques Parizeau, le 8 février 2000.
12. Entrevue avec Jacques Parizeau, le 5 septembre 2000.
13. Entrevues avec Jacques Parizeau, le 11 mai 1998 et le 5 septembre 2000.

t-il. On s'énerve sur les termes, sur les mots. Pierre Elliott Trudeau [a été] le premier à dire : au diable les mots, vous allez en prison! Il a fait emprisonner 500 personnes pendant la crise d'Octobre! Moi, j'ai parlé du vote ethnique… Je n'ai jamais fait emprisonner qui que ce soi. Et pourtant, qui est le vilain dans le western? C'est moi[14]. »

Comment expliquer alors la méfiance populaire à l'endroit de Jacques Parizeau? Son ami Jean Deschamps donne une explication : «Le langage de Parizeau, c'est un langage d'une voie vers un objectif : la souveraineté du Québec. Il voit clairement comment on doit s'y rendre. Il le voit avec une telle vigueur que, parfois, il écrase les autres qui n'ont pas le temps de faire le même cheminement que lui. Il est trop rapide pour eux et puis, malheureusement, il n'a pas cette chaleur communicative[15]. » «Je suis un homme de convictions et de principes qui les exprime[16]! », plaide Jacques Parizeau. C'est cette conviction de fer qui a fait de lui le leader souverainiste le plus redouté du Canada anglais. À l'extérieur de la province, on le voyait comme le seul chef politique capable de faire sortir le Québec du Canada.

Toutefois, au-delà de son échec personnel, le référendum de 1995 ne met pas fin à son rêve souverainiste. Croit-il possible qu'il puisse voir la souveraineté de son vivant? «Je n'en sais rien, mais je vais y travailler. Et là, je pense que j'ai trouvé une justification de l'opération tout à fait différente pour la première fois depuis 25 ans. On n'aura plus besoin de répéter constamment les mêmes choses et donc de tanner les gens avec un discours qui les emmerde et qui ne correspond plus à la réalité[17]. » Jacques Parizeau fait ici référence à la mondialisation qui, d'après lui, donne de nouveaux arguments aux souverainistes.

C'est à la suite de deux visites au Brésil, où il participait au Sommet de Porto Allègre, fief des altermondialistes, que Jacques Parizeau a compris qu'avec la mondialisation «il n'y a plus de marché national. Alors qu'est-ce qui définit une nation? se demande-t-il. C'est la culture. Les gens cherchent à se protéger et tout ce qu'ils trouvent, c'est un État. Moi, le choc que j'ai eu à Porto Allègre, raconte-t-il, c'est de voir les anarchistes appuyer

---

14. Entrevues avec Jacques Parizeau, le 16 août 1999, le 28 septembre 1999 et le 30 mars 2000.
15. Entrevue avec Jacques Parizeau, décembre 1998.
16. Entrevue avec Jacques Parizeau, le 8 février 2000.
17. Entrevue avec Jacques Parizeau, le 28 novembre 2003.

l'idée d'un l'État national pour les protéger contre la mondialisation[18]!»
Jacques Parizeau proposera à la ministre Louise Beaudoin de mettre sur
pied un observatoire sur la mondialisation, observatoire qui sera fermé
lors de la venue au pouvoir de Jean Charest en 2003.

L'ancien premier ministre devient altermondialiste. «Il n'est pas vrai
que l'on s'en va vers un monde où chaque individu, devant son ordinateur,
est en contact avec 6 milliards d'individus. Entre les 6 milliards d'habitants
et puis l'individu, il y a inévitablement un phénomène d'appartenance qui
apparaît[19].» Il y a un pays et un État, fait-il remarquer. «Il ne faut pas
déresponsabiliser l'État, sous prétexte que les forces du marché le rem-
placeront[20]», dit-il. «Je teste ça dans les cégeps et je vois très bien quel effet
ça a.» Jacques Parizeau a établi une nouvelle alliance avec les jeunes qui le
comble de joie. «Ça, c'est ma vie depuis cinq ans!», confie-t-il, tout fier.

Depuis 1995, Jacques Parizeau a participé à toutes les campagnes électorales tant provinciales que fédérales, parfois avec très peu de succès,
comme ce fut le cas lors de campagne de mars 2003 au Québec, où ses
propos sur «les votes ethniques» reviennent à l'avant-scène et mettent
dans l'embarras le premier ministre Bernard Landry. Avec l'annonce
possible d'une prochaine élection fédérale, il est raisonnable de croire que
Jacques Parizeau sera encore une fois présent sur la scène politique et qu'il
misera surtout sur des rencontres avec des jeunes auprès desquels il
connaît un vif succès.

À titre de premier ministre, Jacques Parizeau sera demeuré au pouvoir pendant moins de 500 jours. Malgré ce bref mandat, c'est un chef
d'État qui passera à l'histoire. «Ce fut le seul premier ministre indépendantiste que l'on a eu depuis 1976[21]», rappelait le syndicaliste Marcel
Pepin, peu de temps avant sa mort. Dans les annales de l'histoire, on
reconnaîtra à Jacques Parizeau d'avoir amené les Québécois à un pas de la
souveraineté. Et si, dans l'avenir, il advenait qu'il n'y ait plus jamais de
référendum sur cette question, son rôle historique prendrait bien évidemment un relief considérable.

---

18. *Idem.*
19. Entrevue avec Jacques Parizeau, avril 1999.
20. Source : «Le Québec, entre libre-échange et nouvelle économie», conférence de
    Jacques Parizeau présentée au 52e Congrès de l'Association internationale des
    économistes de langue française, Montréal, le 28 mai 2001.
21. Entrevue avec Marcel Pepin, le 24 août 1998.

Comme président du Parti québécois, il n'aura pas fait reculer l'option des souverainistes. Dans ses fonctions de ministre des Finances, il aura permis de grands déficits et commis de graves erreurs, comme la nationalisation de l'amiante, mais il aura aussi donné l'élan nécessaire à une nouvelle garde montante d'entrepreneurs. Jacques Parizeau aura occupé son poste de ministre des Finances avec brio, en lui donnant un éclat médiatique inconnu jusque-là. Avec lui, les discours du budget étaient devenus spectaculaires! Le souvenir qu'il aimerait surtout que l'on garde de lui, c'est qu'il fut un efficace mandarin du pouvoir pendant la Révolution tranquille : «Si je meurs demain, j'aimerais que l'histoire retienne que j'ai appartenu à cette vingtaine de personnes qui ont fait la Révolution tranquille. C'est le plus gros changement auquel j'ai participé[22].» Au cours de cette période déterminante pour l'histoire du Québec, le jeune technocrate a donné au seul État francophone d'Amérique quelques-unes de ses plus grandes institutions dont, au premier rang, la Caisse de dépôt et placement du Québec.

Jean-Jacques Ternynck, l'un des rares amis de jeunesse de Jacques Parizeau, considère qu'il «a gagné parce qu'il s'est distingué. Et Jacques Parizeau s'est distingué au Québec, parce qu'il était solitaire et qu'il dominait les autres. Il ne gagnera jamais complètement, ajoute-t-il, parce que cet homme ne sera jamais satisfait, il est très exigeant pour lui-même[23].»

À la fin de sa vie, rongé par l'amertume, l'homme qui aurait été si à l'aise dans l'uniforme du conquérant se voit forcé de prendre l'habit du résistant. «J'ai échoué, répète Jacques Parizeau, mais attention, la force du projet est dormante[24].» Jusqu'à son dernier souffle, il portera donc sur ses épaules, sans défaillir, l'idée d'un pays francophone au nord d'une Amérique anglicisée.

Le lys gravé sur le poitrail, le pays lové sous sa cote de maille, le croisé ne connaîtra la tranquillité que le jour où sa bannière sera hissée au sommet de la plus haute tour. D'ici là, malgré son âge avancé, le combattant sera toujours prêt à se lancer dans une dernière chevauchée, l'épée pointée vers le ciel, déterminé à combattre «les infidèles». «Je ne serai jamais bien loin[25]», prévient-t-il.

---

22. Entrevue avec Jacques Parizeau, le 28 novembre 2003.
23. Entrevue avec Jean-Jacques Ternynck, le 30 novembre 1997.
24. Entrevue avec Jacques Parizeau, le 28 septembre 1999.
25. Entrevue avec Jacques Parizeau, le 6 février 2001.

Quand le cœur de cet homme aura cessé de battre, le Québec aura indiscutablement perdu le plus tenace et le plus dérangeant porte-étendard de l'idée d'indépendance. Incapable de capituler, Jacques Parizeau aura incarné l'acharnement même, en repoussant les hésitations, la peur et la prudence.

> *« La vie est faite d'illusions. Parmi ces illusions, certaines réussissent. Ce sont elles qui constituent la réalité. »*
>
> Jacques Audiberti,
> écrivain.

Pierre Duchesne,
le 19 février 2004.
dupmer@yahoo.ca

# INDEX
## DES NOMS DE PERSONNES

# LISTE DES PERSONNES INTERVIEWÉES POUR LES TROIS TOMES

**A**
Jean-Marie Arsenault
Daniel Audet
Joseph Ayoub

**B**
François Baby
Louise Beaudoin
Marc Beaudoin
Denis Bédard
Éric Bédard (avocat)
Éric Bédard (historien, CNJ)
Marc-André Bédard
Claude Béland
Jean-Baptiste Bergevin
Louis Bernard
Rodrigue Biron
Guy Bisaillon
Jeanne Blackburn
Gilles Blondeau
René Blouin
Pierre Boileau
Jean-Roch Boivin
Rock Bolduc
Denise Bombardier
Bernard Bonin
Jeannette Boulizon
Guy Boulizon †
Ernest Boudreau
Pierre Bourgault †
Sylvie Brousseau

Normand Brouillet
Stéphan Bureau
Robert Burns

**C**
Jean Campeau
Michel Caron
Claude Castonguay
Gilbert Charland
Claude Charron
Jean Chartier
Guy Chevrette
Jérôme Choquette
Gilbert Choquette
Yves-Aubert Coté
Rolland Côté
Pierre F.-Côté
Corinne Côté-Lévesque
Isabelle Courville
Paul Crépeau

**D**
Michel David
Denis de Belleval
Berthe de Montigny
Hugues de Roussan
Wanda de Roussan
Robert Dean
Jean Deschamps
Carmen Desjardins
Pierre Desjardins

Paul Desmarais
Henri Dessaules
Bernard Dorin
Arthur Dubé
Yves « Bob » Dufour
Yves Duhaime
Michel Dupuis

**F**
Mario Fauteux
Gérard Filion
Pierre Fortin
Francis Fox
Michel Frankland
Raynald Fréchette

**G**
Marie-Josée Gagnon
Raymond Garneau
Jean Garon
Benoit Gignac
Julien Giguère
André Godbout
Louise-Pelletier Goudreault
Éric Gourdeau
Carl Grenier
Michel Grignon
Serge Guérin

**H**
Louise Harel
Pierre Harvey
Jacques Henripin

**J**
Al Johnson
Pierre Marc Johnson
Jacques Joli-Cœur
Guy Joron

**K**
Jean Keable
Éric Kierans

**L**
Louis Laberge †
Jean Labrecque

Jean Laflamme
Georges Lafond
Loraine Lagacé
Paul-Gérin Lajoie
Marc Lalonde
Bernard Landry
Maurice Lanoix
Lisette Lapointe
Gérald Larose
Daniel Latouche
Gilles Lavoie
André L'Écuyer
Jean-Marc Léger
Bernard Lemaire
Jean-François Lisée
Michel Lucier

**M**
Julien Mackay
Pierre-Louis Mallen
Claude Mallette
Preston Manning
André Marcil
André Marier
René Marleau
Pauline Marois
Pierre Marois
Lambert Mayer
Darcy McKeough
Yves Michaud
Raymond Morcel
Claude Morin
Jacques-Yvan Morin
Guy Morneau
Jean-François Munn

**N**
Jacques O. Nadeau
Jacques Nadeau
Michel Nadeau
André Néron
Carmand Normand
Robert Normand

**O**
Gratia O'Leary
Jocelyne Ouellette

**P**
Daniel Paillé
Claude Painchaud
Gilbert Paquette
Pierre-Luc Paquette
Normand Paquin
Raymond Parent
Rolland Parenteau
Jacques Parizeau
Robert Parizeau
Hélène Pelletier-Baillargeon
Marcel Pepin †
Lyne-Sylvie Perron
Claude Préfontaine
Roger Prudhomme
Roger Pruneau

**R**
Pierre Renault
Pierre Ricour †
Jacques Rochefort
Lucien Rolland
Laura Rose
Fabien Roy
Jean Royer
Claude Ryan †

**S**
Jean-Claude Saint-André
Serge Saucier
Jean-René Marcel Sauvé

Jean-Claude Scraire
Claude Séguin
Marielle Séguin
Philippe Séguin
Pierre Sénécal
Monique Simard
André Steenhaut
Alexandre Stefanescu

**T**
Guy Tardif
Robert Tessier
Jean-Jacques Thernynck
Hubert Thibault
Martine Tremblay

**U**
Paul Unterberg
Michel Van Schendel
Michel Vastel
Denis Vaugeois
Monique Vézina-Soucy

**Y**
Pierre Ypperciel

# ANNEXE 1

# Le Conseil des ministres

Le 26 septembre 1994

*Les membres du Conseil des ministres*

Monsieur Bernard Landry, vice-premier ministre, ministre des Affaires internationales, de l'Immigration et des Communautés culturelles et ministre responsable de la Francophonie.

Monsieur Guy Chevrette, ministre d'État au développement des régions et ministre des Affaires municipales. Leader parlementaire du gouvernement et ministre responsable de la réforme électorale.

Monsieur Jean-Pierre Jolivet, whip en chef du gouvernement.

Madame Pauline Marois, ministre déléguée à l'Administration et à la Fonction publique, présidente du Conseil du trésor et ministre responsable de la Famille.

Madame Louise Harel, ministre d'État à la Concertation et ministre de l'Emploi.

Madame Louise Beaudoin, ministre déléguée aux Affaires intergouvernementales canadiennes.

Monsieur Jean Campeau, ministre des Finances et ministre du Revenu.

Monsieur Jacques Léonard, ministre des Transports.

Monsieur Jean Garon, ministre de l'Éducation.

Monsieur François Gendron, ministre des Ressources naturelles.

Monsieur Jacques Brassard, ministre de l'Environnement et de la Faune.

Madame Jeanne Blackburn, ministre de la Sécurité du revenu et ministre responsable de la Condition féminine.

Monsieur Serge Ménard, ministre de la Sécurité publique.

Monsieur Marcel Landry, ministre de l'Agriculture, des Pêcheries et de l'Alimentation.

Monsieur Paul Bégin, ministre de la Justice.

Madame Rita Dionne-Marsolais, ministre déléguée au Tourisme et ministre responsable de la Régie des installations olympiques.

Monsieur Richard Le Hir, ministre délégué à la Restructuration.

Madame Marie Malavoy, ministre de la Culture et des Communications et ministre responsable de l'application de la Charte de la langue française.

Monsieur Daniel Paillé, ministre de l'Industrie, du Commerce, de la Science et de la Technologie.

Monsieur Jean Rochon, ministre de la Santé et des Services sociaux.

# A N N E X E  2

# Le plan Paillé

Surnommé le plan Paillé, du nom de Daniel Paillé, ministre de l'Industrie, du Commerce, de la Science et de la Technologie, ce programme rend tout nouvel entrepreneur éligible à un prêt de 50 000 $ garanti à 90 % par l'État. « Je me souviens, raconte Daniel Paillé, monsieur Parizeau avait voulu garantir 100 % des prêts et je m'y suis objecté en imposant au moins un 10 % de non-garantie[1]. » Aucune mise de fonds n'est exigée. Chaque dossier est administré par les banques et les caisses populaires. Aucun critère d'admission particulier n'existe. Le gouvernement de Jacques Parizeau affirme, en 1994, que ce programme de démarrage pourrait créer, à lui seul, 30 000 emplois pour les deux années à venir.

En juin 1995, compte tenu du succès du programme, on promet de créer 50 000 emplois, mais on réduit la garantie de prêt gouvernemental à 80 %. En tout, 10 371 entreprises sont créées. En 1997, le Vérificateur général du Québec conclut que le tiers des prêts (127 millions) « ont été accordés dans des secteurs d'activité qui sont peu susceptibles de créer des emplois durables. Il s'agit du commerce de détail, de la restauration et des services divers[2]. » Le Vérificateur affirme aussi « que le nombre d'emplois prévus à long terme serait plutôt d'environ 19 000 après huit ans. »

Au 30 septembre 2001, un rapport d'Investissement Québec sur l'évaluation des retombées économiques reliées aux programmes de démar-

---

1. Courriel de Daniel Paillé, daté du 4 novembre 2002.
2. Source : Analyse du programme d'investissement en démarrage d'entreprises, Rapport du Vérificateur général 1996-1997, étude réalisée par G. Bédard, Vérificateur général adjoint.

rage de petites entreprises révèle que, après sept ans de fonctionnement, 2 623 entreprises ont survécu. Cela représente un taux de survie d'environ 25 %, soit légèrement inférieur aux moyennes observées par les chercheurs pour les entreprises de moins de cinq employés. Ces entreprises sont responsables de 22 600 emplois. Toujours selon l'étude d'Investissement Québec, en l'an 2000, 42 % des employés de ces nouvelles entreprises ont occupé un emploi pour la première fois de leur vie. Les coûts totaux du programme sont évalués à 408 millions de dollars, tandis que les retombées fiscales pour le gouvernement du Québec s'élèvent à plus d'un milliard de dollars, de 1997 à 2001. « Le principe était simple, soutient Daniel Paillé, [il fallait faire] confiance à la *jernigoine* québécoise. Si on voulait demander [un mandat de] confiance collective par la souveraineté, je croyais qu'on devait commencer par avoir confiance en nous-mêmes[3]. »

---

3. Courriel de Daniel Paillé, daté du 4 novembre 2002.

# ANNEXE 3

# Le discours de la défaite du camp du OUI écrit par Jean-François Lisée, mais jamais lu par le premier ministre Parizeau.

### (photocopie du discours)

```
Notes pour un discours
Soirée référendaire

*   Un extraordinaire événement s'est
déroulé aujourd'hui.

Un peuple s'est levé debout, [sic]. Un
peuple a voulu prendre en main sa destinée.
Un peuple a touché son avenir, et il lui a
manqué un tout petit souffle, un tout petit
élan, pour y arriver.

Vous savez, les Québécois n'ont jamais rien
fait comme les autres. Et le monde entier
nous regarde ce soir, et le monde entier
partage notre tristesse.  Si proche, et
pourtant si loin.

Mes amis, René Lévesque serait fiers de
nous ce soir. Il serait fier de vous.

Vous avez créé la plus vaste coalition que
le Québec ait connu.

Vous avez fait faire à la souveraineté du
Québec un énorme pas en avant. UN ÉNORME
PAS EN AVANT.

Aujourd'hui, mes amis, la victoire nous
échappe, mais tous les espoirs sont permis.
```

Aujourd'hui, mes amis, le peuple du Québec
a donné avis: jamais il n'acceptera autre
chose que d'être considéré comme un peuple.
Jamais il n'acceptera d'être une province
égale et normalisée.

La souveraineté du Québec n'est pas tout à
fait née aujourd'hui. Mais le statu quo
canadien est définitivement mort.

Je n'ai pas reçu aujourd'hui, le mandat de
modifier le statut du Québec. Mais je n'ai
pas reçu aujourd'hui, le mandat de me
contenter du statut du Québec.

Si près du but, grâce à vous.

À vous les militants du Parti québécois, le
navire amiral de la coalition du
changement. Sans vous, rien n'aurait été
possible. Mme Monique Simard, merci. Merci
à vous et à toute votre équipe.

À vous les militants du Bloc québécois et
de l'Action démocratique, à vous les
partenaires qui avez donnez [sic] du coffre et de
la diversité à cette coalition.

À vous les dizaines de milliers de
Québécois qui avez participé avec votre
cœur et votre tête à la plus grand
campagne de conviction que nous ayons
connu.

À vous les membres du caucus québécois, et
les membres du Conseil des ministres.

Je devrais les nommer tous, je n'en
nommerai que quelques-uns. Camille Laurin,
qui était à nos côtés quand personne n'y
croyait.

Pauline Marois et Guy Chevrette, qui ont
donné leur sensibilité et leur fougue à
cette campagne.

Et Bernard Landry, qui a fait une campagne exemplaire. Merci.

Merci aussi aux deux autres chefs du camp du changement :
M. Lucien Bouchard et M. Mario Dumont, qui ont formé avec nous une équipe sans pareille.

Ce soir mes amis, plusieurs seront tristes, à bon droit.
Mais si nous n'avons pas emporté la victoire, nous ne pouvons pas parler d'échec.

Nous pouvons parler d'une étape, l'avant-dernière, sur le chemin de notre indépendance.

M. Lévesque nous avait dit : à la prochaine. Il a fallu attendre quinze ans.

Aujourd'hui, je sais que le temps ne sera pas aussi long. Ce soir, je sais qu'aucun peuple ne mérite davantage un pays que les Québécois.

C'est pourquoi ce soir, je sais que notre avenir est à portée de la main.

Je vous invite à inventer, dès demain, la nouvelle route qui nous mènera à notre pays.

Merci

# REMERCIEMENTS

Sans la collaboration de nombreuses personnes, la réalisation de ce troisième tome n'aurait pas été possible. Je désire d'abord remercier ma famille et mes proches pour leurs encouragements constants. Toute mon affection à mon épouse, Marie-France Mallette, car sans sa patience, sa compréhension et son indispensable sens de l'organisation, cet ouvrage n'aurait pas pu être écrit. Mon affection va aussi à nos trois enfants, Gabrielle, Félix et Rose, les deux derniers étant nés en cours de projet. Malgré leur jeune âge, ils ont dû comprendre que leur papa devait souvent s'enfermer dans son bureau pour travailler en paix… Toute ma gratitude à mon père, Yvan Duchesne, qui m'a appuyé de bien des façons tout au cours de mes travaux. Je tiens aussi à souligner la rigueur et l'intelligence de Danièle Marcoux; cette redoutable correctrice fut toujours de bon conseil et donna un éclat remarquable au texte. J'apprécie aussi la confiance que m'a témoignée la direction de Radio-Canada en m'encourageant à écrire un tel ouvrage, et ce, sans exercer aucun contrôle sur le contenu. Je remercie en particulier Jean-Claude Labrecque, Alain Saulnier et Yvan Asselin de la radio de Radio-Canada ainsi que Marc Gilbert et Jean Pelletier de la télévision de Radio-Canada. Merci à mon collègue journaliste Maurice Godin de m'avoir mis une telle idée en tête. Pour veiller au contenu de ce troisième tome, j'ai sollicité l'aide du vétéran journaliste Gilles Lesage. Je désire lui témoigner ma profonde reconnaissance pour les heures qu'il a passées à me lire et à me conseiller.

Je désire aussi exprimer toute ma gratitude à la Fondation des Prix Michener. Le jury, présidé par Clinton Archibald, m'a décerné la Bourse Michener-Deacon 2002, laquelle m'a permis de mener à terme la rédaction de ce troisième tome. Ce prix me fut remis à Rideau Hall, le 30 avril 2002, par la gouverneure générale du Canada, madame Adrienne Clarkson.

Merci à Corinne Côté-Lévesque, qui m'a autorisé à consulter le fonds d'archives de René Lévesque, ainsi qu'aux diplomates et hauts fonctionnaires qui m'ont fait confiance. Je me dois ici de remercier le personnel des Archives nationales du Québec, à Québec, dont monsieur Rénald Lessard pour son professionnalisme. À Montréal, les Archives nationales du Québec m'ont permis de consulter pour la première fois l'important fonds d'archives de Jacques Parizeau. À cet effet, je remercie spécialement Daniel Ducharme et François David. Je salue l'efficacité et la générosité de Michelle Tymocko, la bibliothécaire de Radio-Canada, et je remercie également le centre de documentation de Radio-Canada ainsi que le service des archives sonores et télévisuelles. Je tiens aussi à souligner l'aide constante que j'ai reçue de Lucie Deschênes et de Denis Patry du centre de documentation du Parti québécois à l'Assemblée nationale. Leur efficacité est digne de mention. Pour ce troisième tome, je rappelle la contribution exceptionnelle du photographe Jacques Nadeau. Par ailleurs, je m'en voudrais de ne pas exprimer toute ma gratitude à l'équipe de Québec Amérique qui m'a assisté et fait confiance tout au long de cet exigeant parcours. Je la remercie de m'avoir donné toute la latitude possible pour mener ma tâche à bien et j'aimerais souligner, particulièrement, le soutien que j'ai reçu de la part du directeur littéraire de cette maison d'édition, Normand de Bellefeuille. Sa sagesse, son empathie et sa très grande connaissance du monde des livres m'ont rassuré, guidé et inspiré tout au long de cette aventure. Merci Normand.

Enfin, j'aimerais saluer le courage dont a fait preuve Jacques Parizeau. Se prêter à un tel exercice n'est pas facile, d'autant plus qu'il équivalait, pour ce dernier, à accepter qu'un étranger pose un regard intime sur l'œuvre de toute une vie, et ce, sans aucun contrôle sur l'issue des entretiens. Au sujet d'étude et à tous les autres qui ont accepté de se confier à moi – ils sont plus de cent soixante –, je tiens à dire que rien de ce qui a été écrit dans cet ouvrage n'aurait été possible sans vous. Merci de m'avoir aidé à faire de cette biographie un ouvrage de référence pour la suite du monde.